조선왕조실록 朝鮮王朝實錄 Jo Seonwangjosillok

KB243921

왕조의 역사를 담은 왕조실록은 중국이나 일본, 베트남 등 여러 나라에서도 있지만 대부분 왕에 의해 그 내용이 변개되어 사실적이지 못하다.

"사관은 사초를 절대 발설할 수 없었으며,
작성 후 춘추관에 보관하여 왕도 함부로 열람할 수 없었다."

**왕도 보고 싶은 조선왕조실록(중)**

초판 인쇄 2024년 07월 15일
초판 발행 2024년 07월 25일

편집인 김흥중 손귀분 이남철 배용구
표제 선나리
제작총괄 배용구
펴낸곳 NEXEN MEDIA
임프린트명 실록청

우편번호 04559
주소 서울시 중구 마른내로 102
전화 070_7868_8799
팩스 02 _ 886_5442

등록 제2020-000159호 / 2009년 한터미디어로 등록
ISBN 979-11-90583-96-1-03910
ⓒ 2024, 넥센미디어

※ 값은 뒤표지에 표시되어 있습니다.
※ 잘못된 책은 구입처에서 교환해 드립니다.

조선으로 시간여행

# 왕도 보고 싶은 조선왕조실록

왕도 자기가 역사에 어떻게
기록되는지 알 수가 없었다.
그래서 왕은 좋은 평가를 받아
역사에 길이길이 남기 위해
바른 정치를 하려고 애썼다.

## 중권

제10대 연산군 이융
제11대 중종 이 역
제12대 인종 이 호
제13대 명종 이 환
제14대 선조 이 연
제15대 광해군 이혼
제16대 인조 이 종
제17대 효종 이 호
제18대 현종 이 연
제19대 숙종 이 순
제20대 경종 이 윤

에디터
김흥중 손귀분
이남철 배용구

실록청

머리말

## 왕도 볼 수 없었던 『조선왕조실록』 실록 속으로 시간여행 …

조선의 역사서에서 빼놓을 수 없는 것이 『조선왕조실록』입니다. 임금의 재위 기간 동안 있었던 모든 사실을 사관이 왕을 따라다니며 실시간으로 기록해 두었다가 왕이 죽은 후에 역사를 제대로 평가하기 위해서 일정한 시간이 지나서 편찬하였습니다. 보다 객관적으로 평가할 수 있었지요. 이 때문에 왕도 자기가 역사에 어떻게 기록되는지 알 수가 없었으며, 왕은 좋은 평가를 받아 역사에 길이길이 남기 위해 바른 정치를 하려고 더욱 노력했지요. 만약 이 실록이 없었다면, 우리가 조선의 역사를 이처럼 자세히 알기는 힘들겠지요.

조선왕조에서 '**조**'가 붙은 왕은 태조, 세조를 비롯해 7명이고 '**종**'이 붙은 왕은 18명이다. 연산군과 광해군은 묘호 자체가 없이 '**군**'으로 불린다.

실록은 권질의 방대함과 아울러 조선시대의 정치·외교·군사·제도·법률·경제·산업·교통·통신·사회·풍속·천문·지리·음양·과학·의약·문학·음악·미술·공예·학문·사상·윤리·도덕·종교 등 각 방면의 역사적 사실을 망라하고 있어서 세계에서 유례를 찾아보기 어려운 귀중한 역사 기록물입니다.

비록 지배층(궁중) 위주의 관찬 기록이라는 한계성이 있지만, 조선시대의 역사와 문화를 연구하는 데 있어서 가장 기본적인 자료가 되는 사기史記입니다.

공정성과 객관성을 지켜내기 위하여 매우 엄격한 규율에 따라 작성되었지요. 왕의 실록은 반드시 해당 왕의 사후에 작성되었으며, 임금은 어떠한 경우에도 실록을 열람할 수 없었습니다. 사관들은 독립성과 비밀성을 부여받아 사소한 사항까지도 왜곡 없이 있는 그대로 작성할 수 있었습니다.

그러나 오로지 궁정을 중심으로 한 사건의 기록이어서 지방의 실정을 단적으로 나타내지 못하는 흠도 있습니다. 또한 선조 때부터의 실록은 기사가 점차 간략하게 기록되었고, 또 붕당정치의 당쟁 때문에 내정에 관한 기사는 다소 조작 및 순화한 아쉬운 부분이 있습니다. 또한 외교에 관한 기사는 꾸밈이 적고, 중국·만주·일본·유구琉球 등과의 교섭 기록도 매우 많이 존재하여 동아시아사 연구의 사료로도 많이 이용됩니다.

> 나라를 창건한 사람은 '**조**'이고 계승자는 '**종**'이다. 창건자 '**조**'가 '**종**'으로 이어지다가 다시 '**조**'라는 묘호가 등장하면 또 다른 개국과 창건이 있었음을 뜻한다. 시조가 아닌데도 '**조**'를 갖고 있는 왕은 국도 자체를 옮기고 왕조를 재창건해 시조가 된 사람을 의미하므로, 한 왕조에서 '**조**'가 둘인 경우는 극히 드물다.

**『왕도 보고 싶은 조선왕조실록』 중권**은 10대 연산군 이융부터 16대 경종 이윤까지의 실록입니다. 자세히 보고 또 보아야 재미있습니다. 『조선왕조실록』이 그렇습니다.

지금까지 출간된 어떤 책 보다 조선의 역사를 생생하게 전달하기 위해 실록의 주요 기사를 많이 실었습니다. 각주의 용어해설도 도움이 될 것입니다. 지루함을 꼬집으면서 읽어도 좋습니다.

**- 본서의 특징 -**

1. 실록 기사 및 관련 내용과 부합하는 **인물사진**을 거의 다 실었습니다.
2. 이해하기 쉽게 각주에 **용어해설**을 정리하였습니다.
3. **상세 목차**를 만들어 한 권의 내용을 한눈에 볼 수 있도록 편집하였습니다.

2024년 6월

에디터 손 귀 분

## 상세목차



### 제10대 연산군 이융
### 유교적 통치 이념을 거부한 비운의 폐왕

## 제11대 중종 이역
## 신하들의 반정으로 준비 없이 즉위한 왕

## 제12대 인종 이호
성품이 조용하고 욕심이 적었던 왕



## 제13대 명종 이환
중종의 둘째 아들, 인종의 이복동생

## 제14대 선조 이연
조선 최대의 전란, 임진왜란을 겪은 왕

목차

## 제15대 광해군 이혼
명분보다 실리를 취한 왕

목차



## 제16대 인조 이종
서인들이 광해군을 내쫓고 왕으로 옹립

## 제18대 현종 이연
예송논쟁으로 세월을 보낸 왕



## 제19대 숙종 이순
현종의 외아들 14세에 왕 즉위

목차



## 제16대 경종 이윤
## 노론의 견제 속에 왕이 된 장희빈 아들,

## 『조선왕조실록』 목록

| 순서 | 실록명 | 권 | 책 | 편찬 연도 | 원래 이름 |
|---|---|---|---|---|---|
| 1 | 태조실록 | 15 | 3 | 1413년(태종 13년) | 태조강헌대왕실록 |
| 2 | 정종실록 | 6 | 1 | 1426년(세종 8년) | 공정왕실록 |
| 3 | 태종실록 | 36 | 16 | 1431년(세종 13년) | 태종공정대왕실록 |
| 4 | 세종실록 | 163 | 67 | 1454년(단종 2년) | 세종장헌대왕실록 |
| 5 | 문종실록 | 13 | 6 | 1455년(세조 1년) | 문종공순대왕실록 |
| 6 | 단종실록 | 14 | 6 | 1469년(예종 1년) | 노산군일기 |
| 7 | 세조실록 | 49 | 18 | 1471년(성종 2년) | 세조혜장대왕실록 |
| 8 | 예종실록 | 8 | 3 | 1472년(성종 3년) | 예종양도대왕실록 |
| 9 | 성종실록 | 297 | 47 | 1499년(연산군 5년) | 성종강정대왕실록 |
| 10 | 연산군일기 | 63 | 17 | 1509년(중종 4년) | 연산군일기 |
| 11 | 중종실록 | 105 | 53 | 1550년(명종 5년) | 중종공희휘문소무흠인성효대왕실록 |
| 12 | 인종실록 | 2 | 2 | 1550년(명종 5년) | 인종영정헌문의무장숙흠효대왕실록 |
| 13 | 명종실록 | 34 | 21 | 1571년(선조 4년) | 명종대왕실록 |
| 14 | 선조실록 | 221 | 116 | 1616년(광해군 8년) | 선조소경대왕실록 |
|  | 선조수정실록 | 42 | 8 | 1657년(효종 8년) | 선조소경대왕수정실록 |
| 15 | 광해군일기 | 187 | 64 | 1633년(인조 11년) | 광해군일기 |
|  |  | 187 | 40 | 1653년(효종 4년) |  |
| 16 | 인조실록 | 50 | 50 | 1653년(효종 4년) | 인조대왕실록 |
| 17 | 효종실록 | 21 | 22 | 1661년(현종 2년) | 효종대왕실록 |
| 18 | 현종실록 | 22 | 23 | 1677년(숙종 3년) | 현종순문숙무경인창효대왕실록 |
|  | 현종개수실록 | 28 | 29 | 1683년(숙종 9년) | 현종순문숙무경인창효대왕개수실록 |
| 19 | 숙종실록 | 65 | 73 | 1728년(영조 4년) | 숙종현의광륜예성영렬장문헌무경명원효대왕실록 |
| 20 | 경종실록 | 15 | 7 | 1732년(영조 8년) | 경종덕문익무순인선효대왕실록 |
|  | 경종수정실록 | 5 | 3 | 1781년(정조 5년) | 경종덕문익무순인선효대왕수정실록 |
| 21 | 영조실록 | 127 | 83 | 1781년(정조 5년) | 영종지행순덕영모의열장의홍륜광인돈희체천건극성공신화대성광운개태기영요명순철건건곤녕익문선무희경현효대왕실록 |
| 22 | 정조실록 | 54 | 56 | 1805년(순조 5년) | 정종문성무열성인장효대왕실록 |
| 23 | 순조실록 | 34 | 36 | 1838년(헌종 4년) | 순조연덕현도경인순희문안무정헌경성효대왕실록 |
| 24 | 헌종실록 | 16 | 9 | 1851년(철종 2년) | 헌종경문위무명인철효대왕실록 |
| 25 | 철종실록 | 15 | 9 | 1865년(고종 2년) | 철종희륜정극수덕순성문현무성헌인영효대왕실록 |
| 26 | 고종실록 | 52 | 52 | 1934년 | 고종통천융운조극돈륜정성광의명공대덕요준순휘우모탕경응명입기지화신열외훈홍업계기선력건행곤정영의홍휴수강문헌무장인익정효태황제실록 |
| 27 | 순종실록 | 22 | 8 | 1934년 | 순종문온무녕돈인성경효황제실록 |

## 『조선왕조실록』의 편찬 과정

태조가 승하한 1409년(태종 9년) 태종은 하륜에게 명을 내려 전조의 예에 의하여 태조실록을 편찬하게 하였는데, 사관이었던 송포 등은 당대의 사람이 실록을 편찬하면 올바른 역사를 편찬할 수 없다는 이유로 반대하였습니다. 하지만 태종은 그 의견을 묵살하고 하륜으로 하여금 태조실록을 편찬하게 하였습니다. 다음 정종과 태종이 승하한 뒤 세종 5년 정종실록과 태종실록을 편찬하려고 하였습니다. 이때에도 두어 대 지난 뒤에 편찬할 것을 주장하는 사람이 있었으나, 세종은 이것을 묵살하고 이듬해 3월부터 변계량으로 하여금 이를 편찬하게 하여 1426년(세종 8년)과 1431년(세종 13년) 각각 정종실록과 태종실록을 완성하였습니다. 이후 역대 임금의 실록은 그 임금이 사망한 뒤 곧 편찬하게 되었습니다. 조선왕조에서는 실록의 편찬을 위해 임시로 실록청 또는 찬수청을 설치하고 영의정 또는 좌우의정 가운데 한 사람을 총재관에 임명하여 총지휘하게 하고, 대제학과 기타 글 잘하는 사람을 뽑아서 당상과 낭청에 임명하고, 도청과 일방·이방·삼방 등 각방으로 나누어서 편찬하였습니다.

일방·이방·삼방 등 각방은 편찬 자료를 수집하여 1차 원고를 작성하는 것이 그 임무입니다. 세종이나 성종과 같이 재위 기간이 길고 자료가 많은 임금의 실록은 6빙으로 나누고, 세조나 명종과 같이 20년 내외로 재위한 임금의 실록은 3방으로 나누어서 편찬하였는데, 각 방은 연수를 평균 분담하였습니다. 예를 들면 명종의 경우 1방은 즉위년과 3·6·9·12·15·18·21의 8년을, 2방은 1·4·7·10·13·16·19·22의 8년을, 3방은 2·5·8·11·14·17·20의 7년을 담당하였습니다. 각 방이 연속한 8년 또는 7년을 담당하지 않고 두 해 건너 한 해씩 담당한 것은 연속한 3개년을 동시에 편찬하여 이것을 수정하는 도청(실록청의 한 부서)에 넘기고, 다음 3년도 이와 같이 하여 빠른 시일 내에 편찬을 완료하려고 하였습니다.

실록을 편찬하는 자료에 관해서는, 무오사화가 일어났을 때의 한 기술 가운데는 사초, 시정기, 승정원일기, 경연일기, 각사등록 등 상고할 수 있는 문서라면 모두 주워 모아 연대순으로 나누고 순서의 구별을 하여 편집하였습니다. 그러니까 실록의 편찬에는 정부의 모든 기관에서 기록한 문서류는 물론, 그밖에 개인의 문서까지도 참고가 되어 작성되었습니다.

실제로는 시정기가 이미 임금의 동정과 경연 강론을 위시하여 승정원일기, 각 사례사 중의 중요한 것, 상소하는 글이나 제수의 표표한 자, 등과 인원, 각사의 계하문서 등에 관한 자료를 참고하여 수찬된 것이기 때문에 기본 자료가 되었습니다. 중종 29년 6월 실록에 대하여 "대저 시정기를 근본으로 실록을 마련하여 만세에 전한다."라고 한 기록을 통해 알 수 있습니다.

이와 같이 시정기와 사초 등 모든 자료를 수집한 다음 각 방의 당상과 낭청이 날마다 실록청에 나와서 연월일 순의 편년체로 실록의 1차 원고를 작성하여 도청에 넘기면 각 방의 임무는 끝납니다. 도청에서 낭청이 먼저 초초(1차 원고)를 교열하여 잘못된 것은 정정하고 빠진 것은 추가하고 불필요한 것은 삭제하여 2차 원고인 중초를 작성합니다. 그러면 실록 편찬의 최고 책임자인 총재관과 도청 당상이 중초를 교열하여 문장과 체제를 통일함과 동시에 또한 많은 필삭을 가하여 정초(정서로 글을 작성)를 만들었는데, 이것으로 실록이 완성되는 것입니다.

이처럼 초초와 중초, 정초의 세 단계를 거쳐서 인쇄하여 사고(정부의 책 보관 창고)에 봉안하고, 실록의 기본 자료였던 춘추관 시정기와 사관의 사초 및 실록의 초초와 중초, 정초 등은 모두 실록의 편찬이 완료된 뒤에, 훗날의 시시비비를 막기 위하여 그 초고를 없애 버렸습니다. 이유는 기밀의 누설을 방지함과 동시에 종이를 재생하기 위해서였습니다.

## 『조선왕조실록』의 보존 과정

### ■ 조선 전기

조선에서 실록을 편찬한 것은 1413년(태종 13년) 『태조실록』 15권을 편찬하여 동년 4월 22일에 완성한 것이 처음이며, 1426년(세종 8년) 『정종실록』 6권을 편찬하고 1431년(세종 13년) 『태종실록』 36권을 편찬한 후, 태조·정종·태종의 3대 실록을 각 2부씩 등사하여 1부는 서울의 춘추관, 2부는 고려시대로부터 실록을 보관하던 충주사고에 보관하였습니다.

그러나 2부의 실록만으로는 그 보존이 매우 걱정되므로, 1445년(세종 27년) 다시 2부씩 더 베껴(등초) 전주·성주에 사고를 만들고 각 1부씩 나누어 보관하였으며, 이후 역대의 실록을 편찬할 때마다 출판하여 춘추관·충주·전주·성주의 4사고에 각 1부씩 보관하였다. 다만 태조·정종·태종의 3대 실록은 활자화하지 못하고 처음에 베낀 그대로 보관하였습니다.

성주사고지(1915년 촬영)

## ■ 임진왜란 때

1592년(선조 25년) 임진왜란에 왜구에 의해 춘추관·충주·성주 3사고의 실록은 모두 소실되고, 오직 전주사고의 실록만 전쟁으로 인한 화재를 면할 수 있게 되었습니다. 당시 전쟁 중인데도 전주사고의 실록을 내장산 혹은 해주·강화도·묘향산 등지로 나누어 보관했다가, 전쟁이 끝난 후 국가 재정이 곤란하고 물자가 모자람에도 불구하고 실록 재출판 사업을 일으켜, 1603년(선조 36년) 7월부터 1606년(선조 39년) 3월까지 2년 9개월 『태조실록』부터 『명종실록』까지 13대의 실록 804권을 출판하였습니다. 이때 출판한 부수는 3부였으나 전주사고에 있던 실록 원본과 교정본을 합하여 5부의 실록이 되었으므로 1부는 국가의 참고를 위하여 서울 춘추관에 두고, 다른 4부는 병화를 면할 수 있는 깊은 산속과 섬을 택하여 강화도 마니산·경상도 봉화 태백산·평안도 영변 묘향산·강원도 평창 오대산에 사고를 설치하고 각 1부씩 나누어 보관하였습니다. 춘추관·태백산·묘향산에는 신간본, 마니산에는 전주실록, 오대산에는 교정본을 보관하였으며, 1617년(광해군 9년) 『선조실록』을 편찬 출판한 후 또한 다섯 사고에 각 1부씩 보관하였습니다.

전주사고 측면

## ■ 조선 후기

그 뒤 춘추관에 보관했던 실록은 1624년(인조 2년) 이괄의 난 때 또 다시 소실되어 완전히 없어지고, 묘향산 실록은 1633년(인조 11년) 만주에서 일어난 후금(여진족, 훗날 청나라)과의 관계가 악화되어 전라북도 무주군 적상산으로 이전하고, 마니산 실록은 1636년(인조 14년) 병자호란 때 크게 파손되어 낙질(한 질을 이루는 여러 권의 책 가운데 빠진 책) 낙장(책의 빠진 책장) 된 것이 많았습니다. 그 후 현종 때에 마니산 실록은 보수되었으나 춘추관 실록은 영원히 복구하지 못하였습니다. 그리고 마니산 실록은 1660년 같은 강화도 내의 정족산성 안에 사고를 신설하고 1678년 정족산사고로 이전하였습니다. 인조 이후 실록은 정족산·적상산·오대산 사고의 실록만 남게 되었으며, 이후로 역대의 실록을 편찬할 때마다 출판하여 4사고에 추가 보존케 하였는데 전례에 따라서 정족산·태백산·적상산 사고에는 정인본, 오대산사고에는 교정본을 보관하였습니다. 이렇게 하여 이 4사고의 실록은 일제 침략 당시까지 완전히 보전되었습니다.

과정

## ■ 대일항쟁기

1910년 한일 병합 조약에 의해 대한제국이 멸망한 후 정족산 및 태백산사고의 실록은 규장각 도서와 함께 전의 종친부 자리에 설치한 소위 조선총독부 학무과 분실로 옮기고, 적상산 사고의 실록은 이왕직 장서각에 옮겼으며, 평창 오대산사고의 실록은 도쿄 제국대학에 가져다 두었는데 오대산본은 1923년 간토 대지진 당시에 788책 중 714책이 불타버렸고 일부 외부로 대출되었던 책들만 보존되어 오대산사고본 중 27책을 1932년 경성제국대학에 반환되었습니다. 정족산사고본과 태백산사고본은 1930년 규장각 도서와 함께 경성제국대학으로 옮겨졌습니다.

강화 정족산사고(일제강점기 촬영)

평창 오대산사고(일제강점기 촬영)

## ■ 해방 이후 현재까지

광복 당시까지 정족산사고본과 태백산사고본이 서울대학교 도서관에 남아 있고, 이왕직에 있는 적상산사고본은 광복 후 한국전쟁 당시 북한군이 탈취해 현재 북한 평양시 인민대학습당에 소장되어 있습니다. 그러므로 현재 온전히 남아 있는 실록은 서울대학교 중앙도서관에 보관되어있는 강화 정족산사고본과 경북 봉화 태백산사고본 정도입니다. 2006년에는 일제 강점기 당시 일본으로 유출된 오대산사고본이 도쿄대학으로부터 대한민국에 기증 형식으로 47책 이 전달되었습니다. 문화재청에서는 소장처를 서울대 규장각으로 결정하여 서울대 규장각에서 보관하고 있습니다.

봉화 태백산사고 전경(일제강점기 촬영)

## 사관이 기록하는 모습

맨 앞줄 2명이 실록을 작성하는 '**사관**'이다.

[간단 용어]

- **사관과 사초** : 정확한 직필로써 기록을 남긴 사관과 사관이 작성한 실록 편찬의 핵심 자료가 사초.
- **편찬** : 실록청에서 초초, 중초, 정초를 거쳐 활자로 인쇄를 하는 것.
- **세초** : 실록 편찬에 사용한 사초 등을 기밀 유지와 종이 재생을 위해 물에 씻어 필적을 지우는 의식.
- **봉안** : 실록을 실록함에 넣어 사고에 봉안하고 봉인하는 것.
- **포쇄** : 실록을 오랫동안 보관하기 위해 햇볕에 말리고 바람을 쐬어서 습기를 제거하는 작업.

## 포쇄 작업을 하는 모습

과정

실록을 오랫동안 보관하기 위해 햇볕에 말리고 바람을 쐬어서 습기를 제거하는 작업(포쇄) 모습이다.

[간단 용어]

- **시호** : 제왕·경상卿相·유현儒賢이 죽은 뒤에, 그 공덕을 칭송하여 임금이 추증追贈하던 이름.
- **묘호** : 임금의 시호.
- **능호** : 능의 이름.
- **승하** : 임금이 세상을 떠남을 높여 부르는 말.
- **추존** : 살아있을 때 임금으로 등극하지 못했거나 폐위되었지만, 죽은 후에 다시 왕으로 모시는 것.
- **간언** : 임금이나 윗사람에게 옳지 않은 일이나 잘못된 일을 고치도록 말하는 것.

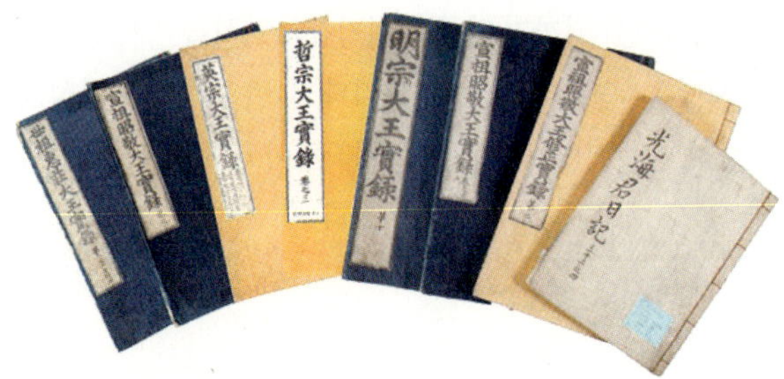


- 『조선왕조실록』 편찬 경위와 내용 -

**『연산군일기』**

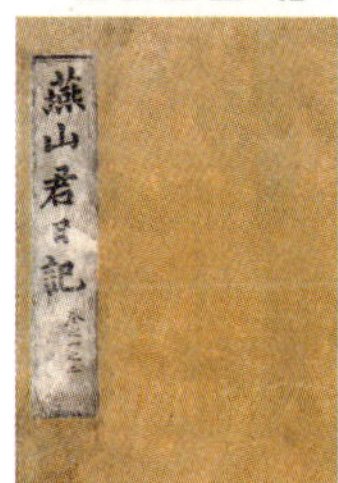


1494년 12월부터 1506년 9월까지 연산군 재위 기간의 사실을 기록하고 있습니다. 63권 17책. 1507년(중종 2년) 11월 편찬을 시작하여 1509년 9월 완성했으며, 편찬자는 성희안·신용개·김전·성세순·조계상 등입니다.

**『중종실록』**

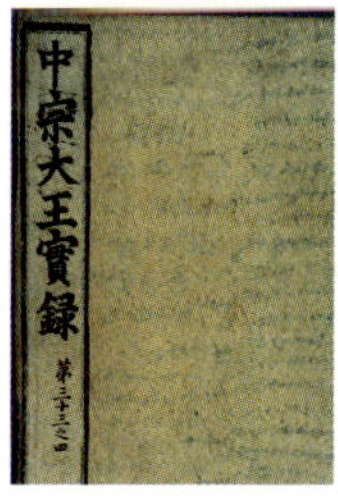


1506년 9월부터 1544년 11월까지 중종 재위 기간의 사실을 기록하고 있습니다. 권두서명은 『중종공희휘문소무흠인성효대왕실록』입니다. 105권 53책. 1546년(명종 1년) 5월 편찬에 착수하여 1550년 10월 완성되었으며, 편찬자는 이지·윤개·박수량·심통원 등입니다. 연산군이 폐위되었기 때문에 즉위년칭원법을 사용했습니다.

**『인종실록』**

1544년 11월부터 1545년 7월까지 인종 재위기간의 사실을 기록하고 있습니다. 권두서명은 『인종영정헌문의무장숙흠효대왕실록』입니다. 2권 2책으로 구성되어 있습니다. 이 책은 따로 편찬계획이 있었던 것이 아니고 『중종실록』을 편찬할 때 함께 편찬했습니다. 편찬자는 중종실록과 동일합니다.

과정

『명종실록』

1545년 7월부터 1567년 6월까지 명종 재위기간의 역사를 기록하고 있습니다. 권두서명은 『명종대왕실록』입니다. 34권 21책으로 구성되어 있습니다. 1568년(선조 1년) 9월 편찬을 시작하여 1571년 완성했습니다. 편찬자는 홍섬·오겸·이황·이탁 등입니다.

『선조실록』

1567년 7월부터 1608년 2월까지 선조 재위기간의 사실을 기록하고 있습니다. 권두서명은 『선조소경대왕실록』입니다. 221권 116책으로 구성되어 있습니다. 1609년(광해군 1년) 7월 편찬을 시작해 1616년 11월 완성하였습니다. 편찬자는 기자헌·이항복·이호민·유근 등입니다. 221권의 방대한 분량이나 대부분 임진왜란 이후 약 16년간의 사실을 기록하고 있다. 이는 임진왜란으로 실록의 자료가 되는 기록들이 모두 소실되었기 때문입니다.

『선조수정실록』

권두서명은 『선조소경대왕수정실록』입니다. 42권 8책으로 구성되어 있습니다. 『선조실록』은 임진왜란 이전의 기록이 상당히 간략할 뿐만 아니라 편찬자들이 북인이었기 때문에 서인인 이이·성혼·박순·정철 등에 대한 사실을 비판하고 있었습니다. 인조반정 이후 서인이 정권을 잡자 선조실록을 수정하자는 의견이 대두되었습니다. 1641년(인조 19년) 편찬을 시작하여 1657년(효종 8년) 9월 완성했습니다. 1년을 1권의 분량으로 편찬했다. 선조 즉위년서 29년까지의 30권은 이식이, 선조 30~41년의 12권은 채유후가 편찬했습니다.

『광해군일기』

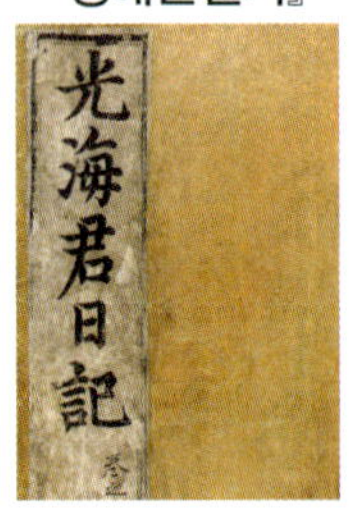


1608년 2월부터 1632년 3월까지 광해군 재위기간의 사실을 기록하고 있습니다. 187권 40책으로 구성되어 있습니다. 1624년(인조 2년) 연산군의 예에 따라 편찬했습니다.

『인조실록』

1623~49년까지 인조 재위기간의 사실을 기록하고 있습니다. 50권 50책으로 구성되어 있습니다. 1650년(효종 1년) 8월 편찬을 시작하여 1653년 6월 완성했습니다. 편찬자는 이경여·김육·오준·윤순지 등입니다.

『효종실록』

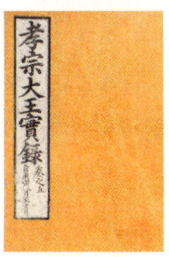


1649~59년 효종 재위 기간의 사실을 기록하고 있습니다. 21권 22책. 1660년(현종 1년) 5월 편찬을 시작해 1661년 2월 완성했습니다. 편찬자는 이경석·홍명하·이일상·심세정 등입니다. 이 실록은 효종이 재위한 10년간에 있었던 정치·외교·국방·경제·사회·문화 등 각 방면의 역사적 사실을 연월일순에 의해 편년체로 서술하였습니다. 총 21권 22책으로 구성되어 있습니다. 2017년에는 일본 경매에 등장한 '효종 실록' 1책을 국립고궁박물관이 추가로 사들였다.

『현종실록』

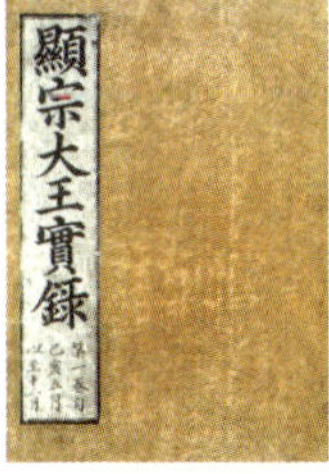


1659년 5월부터 1674년 8월까지 현종 재위 기간의 사실을 기록하고 있습니다. 권두서명은 『현종순문숙무경인창효대왕실록』입니다. 22권·부록 합23책으로 구성되어 있습니다. 1675년(숙종 1년) 편찬을 시작해 1677년 5월 완성했습니다. 편찬자는 허적·권대운·김석주·유명하·오정위 등입니다. 부록에는 현종의 행장이 수록되어 있습니다.

『현종개수실록』

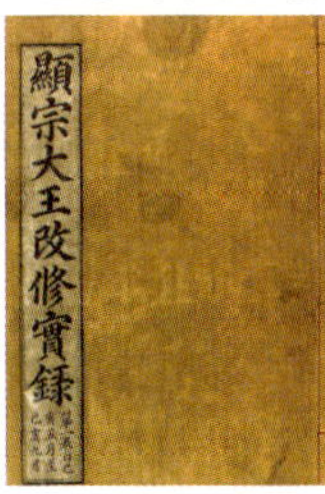


현종실록이 급하게 만들어져 착오·소략한 곳이 많고, 허적 등 남인이 중심이 되어 편찬되었기 때문에 1680년(숙종 6년) 서인이 남인을 숙청하고 정권을 잡으면서 개수에 착수하여 1683년 3월 완성했습니다. 28권·부록 합29책으로 구성되어 있습니다. 편찬자는 김수항·이단하·신정·신완·윤세기 등입니다.

『숙종실록』

1674년 8월부터 1720년 6월까지 숙종 재위 기간의 사실을 기록하고 있다. 권두서명은 『숙종현의광륜예성영렬장문헌무경명원효대왕실록』입니다. 65권 73책으로 구성되어 있습니다. 1720년(경종 즉위년) 11월 편찬을 시작해 1728년(영조 4년) 3월 완성했습니다. 편찬 기간이 긴 이유는 재위 기간이 길어서 기사 분량이 많았을 뿐 아니라 편찬 도중 노론·소론의 잦은 정쟁으로 편찬자가 자주 교체되었기 때문입니다. 편찬자는 김창집·최석항·송상·조문명 등입니다.

『경종실록』

1720년 6월부터 1724년 8월까지 경종 재위기간의 역사를 기록하고 있습니다. 권두서명은 『경종덕문익무순인선효대왕실록』이다. 15권 7책으로 구성되어 있습니다. 1726년(영조 2년) 편찬을 시작해 1732년 완성되었습니다. 편찬자는 이집·조문명·이덕수·서명균 등입니다.

『경종수정실록』

경종실록이 소론이 중심이 되어 편찬되었기 때문에 1778년(정조 2년) 영조실록 편찬 당시 이사겸의 건의로 선조개수실록·현종개수실록의 예에 따라 경종실록을 수정하기로 하고 1781년 완성되었습니다. 5권 3책으로 구성되어 있습니다. 편찬자는 정존겸·채제공·황경원·박천형 등입니다.

제10대 **연산군 이융**

# 유교적 통치 이념을 거부한 비운의 폐왕

| 생애 | 1476년~1506년 | 재위 기간 | 1494년~1506년 |
|---|---|---|---|
| 본관 | 전주 | 휘(이름) | 융 |
| 묘호 | 연산군 | 능호 | 연산군지묘 |

연산군의 가계도

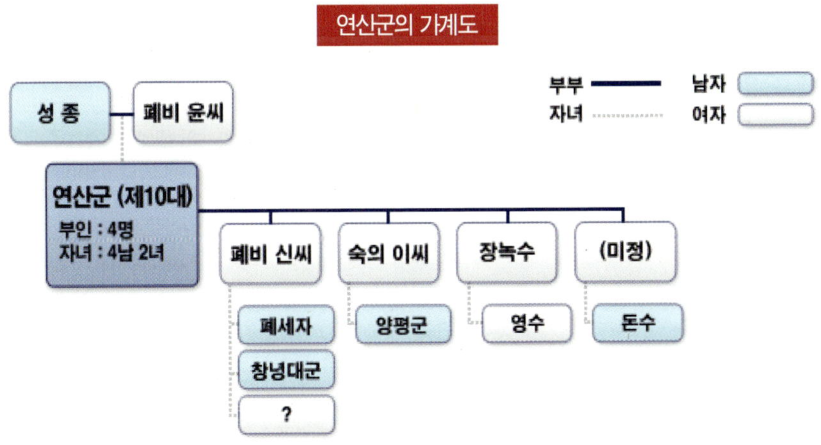

## 총서



연산군, 휘[1] 융은 성종 강정 대왕[2]의 맏아들이며, 어머니 폐비 윤씨, 판봉상시사 윤기견의 딸이 성화 병신년[3] 11월 7일(정미)에 낳았다. 계묘년[4] 2월 6일(기사)에 세자로 책봉하고, 영중추부사 한명회 등을 북경에 보내어 고명을 청하니, 5월 6일(정유)에 황제가 태감[5] 정동 등을 보내어 칙봉을 내렸다. 소시에, 학문을 좋아하지 않아서 동궁에 딸린 벼슬아치로서 공부하기를 권계하는 이가 있으매, 매우 못마땅하게 여겼다. 즉위하여서는, 궁안에서의 행실이 흔히 좋지 못했으나, 외정에서는 오히려 몰랐다. 만년에는, 주색에 빠지고 도리에 어긋나며, 포학한 정치를 극도로 하여, 대신·대간·시종을 거의 다 주살하되 불로 지지고 가슴을 쪼개고 마디마디 끊고 백골을 부수어 바람에 날리는 형벌까지도 있었다. 드디어 폐위하고 교동[6]에 옮기고 연산군으로 봉하였는데, 두어 달 살다가 병으로 죽으니, 나이 31세이며, 재위 12년이었다.

## 불행의 씨앗을 품고 왕위에 오르다

연산군 이융은 1476년(성종 7년)에 성종과 윤기무의 딸 폐비 윤씨 사이에서 태어났다. 성종의 첫째 아들로 이름은 융이고, 1483년(성종 14년) 8세의 나이로 세자에 책봉되었다.

성종은 원자의 모후를 폐해서는 안 된다는 여론에도 두 번째 왕비였던 윤씨를 폐위시켰다. 그리고 어린 원자가 자신의 어머니가 폐위되고 사사되었다는

---

1) **휘**諱 : 죽은 이의 이름.

2) **성종 강정 대왕**成宗康靖大王 : 조선조 제9대 임금. 성종은 그 묘호, 곧 사당의 칭호. 강정은 그 시호, 곧 생전의 공덕을 기린 칭호인데, 이 시호는 명나라에서 준 것이다. 대왕은 죽은 왕을 일컫는 칭호이며, 왕의 미망인을 대비라 하고, 죽은 왕비를 왕후라 일컫는 것과 같다.

3) **병신년** : 1476년(성종 7년).

4) **계묘년** : 1483년(성종 14년).

5) **태감**太監 : 관직명. 명나라에서는 궁내의 각감各監에 태감을 두었다. 뒤에 내시를 가리키는 속칭으로 쓰임.

6) **교동**喬桐 : 강화도 서북에 있는 섬.

사실을 알지 못하도록 함구령을 내렸다. 그래서 세자 융은 성인이 되어 왕위에 오를 때까지 생모의 죽음에 관한 진실을 알지 못하고 성종의 세 번째 왕비인 정현왕후 밑에서 자랐다. 그러나 세자 융과 정현왕후 사이에는 특별한 정이 없었다. 성종 역시 제왕으로의 자질이 부족하다고 생각되는 세자를 미덥지 않게 여겼다. 윤씨를 쫓아낸 장본인인 할머니 인수대비(소혜왕후 한씨) 역시 마음의 짐 때문인지 손자인 연산군에게 살갑게 대하지 않았다. 이래저래 연산군은 외로운 유년 시절을 보내야 했다.

세자 시절 연산군은 허침[7], 조지서[8], 서거정[9] 등에게서 학문을 배웠다. 그러나 연산군은 학문을 별로 좋아하지 않았다. 부왕인 성종은 이러한 점을 못마땅하게 여겼다.

---

7) **허침**許琛 : 1475년(성종 6년) 문과에 을과로 급제하여 지평, 교리를 거쳐 동부승지, 좌부승지, 이조참판, 예조참판, 대사헌, 우승지, 좌승지를 지내고 한 때 전라도관찰사로 선정을 베풀기도 했다. 연산군 때 형조참판, 병조참판을 하다가 무오사화 때 좌천되어 경상도관찰사로 있다가 병조참판, 호조참판, 형조참판, 이조참판으로 특진관을 겸하고 이조판서 등을 지냈다. 당대의 유명한 학자인 신종호, 조위, 유호인 등과 함께 학문과 덕행으로 이름을 떨쳐 세사(연산군)의 신임을 받았다. 1489년에 『삼강행실』을 정리하였으며, 1504년에 우의정을 거쳐 좌의정이 되었다. 성종 때 윤비 폐위를 반대했기 때문에 갑자사화 때에는 화를 면할 수 있었다. 그는 연산군의 옳지 못한 정치를 바로잡으려고 노력하였으나 이를 이루지 못하고 병으로 사망하였다.

8) **조지서**趙之瑞 : 1474년에 과거에 합격하여 관계에 진출, 이후 성종에 의해 허침과 함께 연산군의 스승으로 임명되었지만 연산군에게 온정주의적인 태도였던 허침과 반대로 연산군을 엄히 대하여 연산군의 미움을 샀고, 결국 갑자사화 때 처형되었다.

9) **서거정**徐居正 : 세종, 문종, 단종, 세조, 예종, 성종의 여섯 임금을 섬겼다. 1444년(세종 26년) 문과에 급제하여 사재감 직장을 지내고 이조 참의, 사헌부 대사헌(1478년), 의정부 좌찬성 등을 역임하였다. 1451년(문종 1년) 사가독서를 하고 집현전 박사·부수찬·응교를 역임하였다. 1456년(세조 2년) 문과중시에 급제, 이듬해 문신정시에 장원했다. 후에 공조참의가 되어 1460년 사은사로 명나라에 가서 그곳 학자들과 문장과 시詩를 논하여 해동海東의 기재라는 찬탄을 받았다. 여섯 왕을 섬겨 45년간 조정에 봉사하였고, 시문을 비롯한 문장과 글씨에도 능했으며, 시화詩話의 백미인『동문선』과 설화집인 『필원잡기』 등을 남겨 신라 이래 조선 초에 이르는 시문과 산문 문학을 집성했다. 문학 이외에도 여러 방면에 통달하여 세조 때 『경국대전』, 성종 때 『동국통감』, 『동국여지승람』 등 책의 편찬에 깊이 관여하였으며, 또한 왕명으로 『향약집성방』을 한글로 번역했다.

왕(연산군)이 오랫동안 스승 곁에 있었고 나이 또한 장성했는데도 문리를 통하지 못했다. 하루는 성종이 시험 삼아 서무를 재결시켜 보았으나 혼암해 분간하지 못하므로, 성종이 꾸짖기를 "생각해 보라. 네가 어떤 몸인가. 어찌 다른 왕자들과 같이 노는 데만 힘을 쓰고 학문에는 뜻이 없어 이같이 어리석고 어두우냐."했는데, 왕이 이 때문에 부왕 뵙기를 꺼려 불러도 아프다고 핑계하고 가지 않은 적이 많았다.

성종은 세자의 스승들에게 세자를 더욱 엄격하게 가르치라고 했다. 그러나 스승들의 권계勸戒는 연산군의 반발심만 키울 뿐이었다. 유난히 더 엄격했던 조지서는 특히 미움을 사서 연산군이 왕위에 오르자마자 화를 당하기도 했다. 성종의 마음에 차지 않는 세자였어도 연산군은 큰 풍파 없이 자리를 보전했고, 1494년(성종 25년)에 성종이 죽자 그 뒤를 이어 무사히 왕위에 올랐다. 이때 연산군의 나이 19세였다. 연산군이 왕위에 오를 당시 왕실에는 대비만 두 명이 있었다. 연산군의 할머니인 인수대비와 성종의 비인 정현왕후이다. 그러나 연산군은 이들의 섭정 없이 바로 친정을 시작했다.

## 성격이 집요하고 거칠었다

연산군 이융은 어렸을 때부터 성격이 집요하고 거친 면이 있었는데, 왕위에 오른 후 이러한 성격이 부각되면서 여러 가지 문제를 일으켰다. 그때마다 연산군의 눈 밖에 난 사람들은 어김없이 화를 당했다. 특히 생모인 폐비 윤씨의 죽음에 얽힌 사연을 모두 알고 나서 그와 연루된 인물들이 모두 참혹한 화를 입었으며, 유교적 통치이념에 입각해 군주로서의 자격을 논한 사람들 역시 죽임당하는 등 연산군 즉위 후 조정에 피바람이 휘몰아쳤다.

## 세자 시절 영의정 신승선의 딸과 결혼하다

연산군은 세자 시절 영의정 신승선[10]의 딸과 결혼해 슬하에 2남 1녀를 두었으며, 1명의 후궁에게서 2남 1녀를 두었다. 연산군이 왕위에 오르면서 왕비에 올랐던 신씨는 연산군의 폐위와 함께 폐비가 되어 거창군 부인으로 위호가 강등되었다.

## 강력한 절대 권력을 추구하다

연산군 이융은 조선왕조의 어떤 왕과도 성격이 다른 인물이었다. 무엇보다도 연산군은 조선의 통치이념 유교 윤리를 거부했으며, 어느 왕보다 더 강력한 절대 권력을 추구했다. 이런 태도는 유교 사상이 깊었던 신하들과 많은 마찰이 있었다. 유교적 이상주의 국가를 꿈꾸던 신하들과는 더욱 갈등이 심했다.

조선은 왕권 국가지만, 왕권을 지탱해 주는 힘은 양반 관료에게서 나왔다. 반대로 왕권을 견제하는 것도 양반 관료였다. 조선의 정치 체제는 양반 관료체제였다. 양반 관료들은 왕의 신하였지만, 때로는 왕권을 능가하는 발언권을 행사하기도 했다. 강력한 왕권을 행사한 왕들도 신료들과 갈등이 많았다. 연산군은 이런 체제가 마음에 들지 않았다.

연산군은 왜 유교적 통치이념을 거부했을까요? 유교적 통치이념은 왕의 '마음과 행실을 바르게 닦아 수양함'을 가장 큰 덕목으로 여겼다. 유교적 이념을 중시하는 양반 관료들은 자주 왕의 언행을 비판하거나 훈계하려 했다. 어렸을 때부터 학문에 흥미를 느끼지 못했던 연산군은 관료들이 높은 학식을 자랑하며 왕을 가르치는 태도에 염증을 느꼈다. 연산군의 성향은 집권 초기에는 크게 문제

10) **신승선**愼承善 : 조선 중기의 문신으로 연산군 이융의 장인이다. 딸이 중전 재위 당시 거창부원군에 봉해졌었다. 1444년 세종대왕 이도의 손녀이자 임영대군 이구의 여식인 중모현주 전주 이씨와 결혼하였고 이후 세조 때부터 음서 천거(1456년)와 과거 장원 급제 등으로 문과에 진출하여 영의정에 이르렀다.

가 되지 않았다. 연산군은 성종이 이룩한 태평성대의 분위기를 이어 가며, 바른 정치를 펼쳤다. 성종 말기에 형성된 향락과 퇴폐풍조를 바로잡고 부패한 관리들을 척결했다. 민생을 돌보고 국방에도 강한 의지를 보였다. 연산군은 자신의 학문적 성취는 높지 않았지만, 사가독서제도[11]를 마련하고, 『국조보감』을 편찬하는 등 학문을 장려했다. 이런 연산군의 선정은 오래가지 않았다. 유학을 숭배하는 신하들이 사사건건 간섭하고 훈계하는 것이 싫었다. 연산군은 왕이면 자기 마음대로 모든 것을 할 수 있어야 한다는 통치 철학을 갖고 있었다.

## 1498년 무오사화를 일으키다

조선 시대에는 모두 네 차례의 사화가 발생했다. 연산군 4년인 1498년의 무오사화, 연산군 10년(1504년)의 갑자사화, 중종 14년(1519년)의 기묘사화, 명종 즉위년(1545년)의 을사사화가 그것이다. 사림 세력이 화를 입었다는 뜻에서 '사화士禍'라고 부른다. 다만 무오사화는 사초史草가 화의 원인이 되었다고 해서 '사화史禍'라고도 한다.

연산군 이융은 두 번의 사화를 통해 자신을 귀찮게 괴롭히던 사림들을 제거하고 절대 왕권을 확립하고자 했다. 유학을 숭배하는 신하들은 성종 시대를 거치면서 공신 세력에 대항할 새로운 정치세력으로 부상했다. 그들은 자신들이 추구하는 유교적 이상주의에 반해 부패한 공신들을 탄핵하고, 왕에 대해서도 직언을 서슴지 않았다. 공신들은 연산군이 유학을 숭배하는 신하들을 싫어하

11) **사가독서賜暇讀書제도** : 1420년 세종이 집현전 학사 중 뛰어난 자를 선발해 유급휴가를 주고 연구에 전념하게 한 것에서 비롯되었다. 처음에는 자택에서 연구했으나 1442년부터 진관사에서 독서하게 해 상사독서라고도 불렀다. 성종이 부활시켜 홍문관의 젊은 학사를 대상으로 시행했다. 1517년에는 동호독서당을 설치하고 1528년에는 독서당 규칙을 만들어 계절마다 읽은 책의 목록을 보고하고, 월별·주별로 제술시험을 보아 불합격하면 퇴거시키게 했다. 인조 이후에는 침체하여 명맥만 유지하다가 정조 때 규장각을 설립하면서 폐지되었다. 사가독서 기간은 1~3개월이었으나 개월을 한정하지 않고 긴 휴가를 주기도 했다. 역대의 사가문신은 신숙주·이이·이민구 등이다.

는 정치적 이유로 그들을 몰아내고자 1498년(연산군 4년) 무오사화를 일으켰다.

무오사화를 주도한 사람은 유학을 숭배하는 신하들을 좋아하지 않았던 공신 이극돈, 유자광 등이었어요. 『성종실록』을 편찬하는 실록청의 당상 이극돈[12)]은 사초를 기록한 김일손과 사이가 좋지 않았다. 실록에 올릴 사초를 살펴보던 이극돈은 김일손이 김종직의 〈조의제문〉[13)]을 올려놓은 것을 발견하고 쾌재를 불렀다. 김일손을 비롯한 사림들을 제거할 만한 꼬투리를 잡았다. 김종직은 김일손의 스승이자 유학을 숭배하는 신하들의 우두머리였다. 김종직은 죽었지만 그를 걸고넘어지면 그의 제자들을 줄줄이 엮을 수 있었다.

〈조의제문〉은 항우에게 죽은 초나라 의제를 애도하는 글이다. 이는 세조의 왕위 찬탈을 빗댄 것이었다. 유학을 숭배하는 신하들은 세조가 조카 단종을 몰아내고 왕위에 오른 것은 유교적 사상에 어긋난다고 생각했다. 세조를 부정하는 것은 세조의 직계 자손 왕들의 입장으로는 용납할 수 없었다. 이극돈은 이러한 사실을 연산군에게 아뢰기 위해 유자광[14)]을 찾아갔다.

유자광은 세조 시절 이시애의 난 때 발탁되었는데, 예종 임금 때 남이의 반역을 고발하여 공신에 책봉된 대표적인 공신파였다.

유자광은 김종직이 쓴 〈조의제문〉을 연산군에게 아뢰었다. 안 그래도 귀찮은 유학을 숭배하는 신하들을 한 번 혼내 주고 싶었던 연산군에게 유자광의 고

12) **이극돈**李克墩 : 성종의 국상 때 빈전도감제조·산릉간심사가 되고, 1495년(연산군 1년) 우찬성으로서 지관사가 되어 『성종실록』을 편찬하였다. 1498년(연산군 4년) 『성종실록』을 편찬할 때 실록청 당상관으로서 사초를 정리하다가, 김종직의 제자 김일손의 사초에서 김종직의 〈조의제문〉과 훈구파의 비위 사실이 기록된 것을 발견하고서, 유자광과 함께 〈조의제문〉이 세조의 찬탈을 비난한 것이라고 연산군을 충동해 무오사화의 빌미를 일부 제공하였다.

13) **김종직의〈조의제문〉** : 성종 때 사림을 대표하던 김종직이 세조의 왕위 찬탈을 초나라 의제에 빗대어 풍자하며 쓴 글이다. 김종직이 지은 이 조의제문은 세조에게 죽임을 당한 단종을 항우에게 죽임을 당한 의제에 묘사한 것으로 세조의 왕위 찬탈을 비판한 것이다.

14) **유자광**柳子光 : 뛰어난 기개와 용력으로 세조의 총애를 받아 서얼이라는 신분의 한계를 극복하고 두 차례나 1등공신에 책록된 인물이다. 세조·예종·성종·연산군·중종까지 5대에 걸쳐 출세가도를 달렸지만 사림으로부터 남이의 옥사를 고변하고 무오사화를 일으킨 희대의 간신으로 규정되어 비참한 최후를 당했고 조선왕조 내내 지탄받았다.

연산군

함은 좋은 빌미가 되었다.

김종직

유자광은 세조 시절 이시애의 난 때 발탁되었는데, 예종 조에는 남이를 고변해 공신에 책봉된 대표적인 훈구파였다. 유자광이 함양 지방을 유람할 때 객사 현판에 자신의 시를 걸어 두었는데, 후일 함양군수로 부임한 김종직이 현판을 불태워 버린 일이 있었다. 유자광은 분했지만 성종의 신임을 받고 있는 김종직[15]에게 감히 대항하지 못했다. 이극돈의 이야기를 들은 유자광은 김종직이 이미 죽었지만 이번 기회에 지난날의 치욕을 앙갚음해야겠다고 생각했어요. 유자광은 곧바로 연산군에게 아뢰었다.

1498년 7월 15일부터 4일간의 실록은 다음과 같이 기록하고 있다.

**實錄記事 1498년 7월 15일, 유자광이 김종직의 〈조의제문〉을 구절마다 풀이해서 아뢰기를**

"이 사람이 감히 이러한 부도한 말을 했다니, 청컨대 법에 의해 죄를 다스리시옵소서. 이 문집 및 판본을 다 불태워 버리고 간행한 사람까지 아울러 죄를 다스리시기를 청하옵니다."

전교하기를

"어찌 이러한 마음 아픈 일이 있단 말이냐. 의의해 아뢰도록 하라. 국가에서 종친에게 그 녹을 잃지 않게 하니 그 은혜가 막중하거늘, 이총은 조관들과 결탁해서 장차 무엇을 하려는 것이냐? 만약 종친이라 해서 그 죄를 다스리지 아니한다면 여러 종친이 어찌 경계할 줄을 알겠느냐. 형장 심문을 하도록 하라."

– 『연산군일기』, 1498년 7월 15일

15) **김종직**金宗直 : 조선 세조 때 성리학적 정치 질서를 확립하려 했던 조선 초기의 문신으로 호는 점필재이며 세종 28년 과거에 응시, 『백룡부』를 지어 주목을 받았으나 낙방하였지만 단종 1년 태학에 들어가 『주역』을 읽으며 주자학의 원류를 탐구해 동료들의 경복을 받고 이해 진사시에 합격했다. 1482년 왕의 특명으로 홍문관응교지제교 겸 경연시상관에 임명됐으며 이때부터 제자들과 함께 사림파를 형성해 훈구파와 대립했다. 연산군 4년 제자 김일손이 사초에 수록한 〈조의제문〉의 내용이 문제가 돼 부관참시 당했다. 이 사건이 무오사화로 이어졌다.

### 實錄記事 1498년 7월 16일, 강귀손·유자광 등이 김종직에 관한 일을 논의하다

전교하기를,

"세조께서 일찍이 김종직을 불초하다 하셨는데, 종직이 이것을 원망하였기 때문에 글월을 지어 기롱하고 논평하기를 이에 이른 것이다. 신하가 허물이 있으매 임금이 책했다 해서 이렇게 하는 것이 가한가. 여러 재상들은 알아 두라."

윤필상이 함께 의논하여 종직의 문집 편집자를 국문하기를 청하니, 강귀손이 말하기를,

"편집한 자가 만약 그 글 뜻을 알았다면 죄가 참으로 크지만, 알지 못했다면 어찌할 것인가?"

유자광은 말하기를,

"어찌 우물쭈물하는가?"

또 이르기를,

"어찌 머뭇머뭇하는가?"

필상 등이 아뢰기를,

"신 등이 종직의 조의제문을 보니, 그 의미가 깊고 깊어 김일손의 '충분忠憤을 부쳤다.'는 말이 없었다면 진실로 해독하기 어려웠습니다. 그러나 그 뜻을 알고 찬집하여 간행하였다면 그 죄가 크오니, 청컨대 국문하소서."

귀손은 아뢰기를,

"처음 찬집자의 국문을 청하자고 발의할 때에, 신은 말하기를 '그 글뜻이 진실로 해득하기 어려우니, 편집한 자가 만약 그 뜻을 알았다면 진실로 죄가 있지만, 알지 못했다면 어찌하랴.' 하였는데, 자광의 말이 '어찌 우물쭈물하느냐?' '어찌 머뭇머뭇하느냐?' 고 하니, 신이 실로 미안하옵니다. 종직의 문집은 신의 집에도 역시 있사온데, 신은 일찍이 보고도 그 뜻을 이해하지 못했습니다. 신은 듣자오니, 조위가 편집하고 정석견이 간행했다 하옵는데, 이 두 사람은 다 신과 서로 교분이 있는 처지라서, 지금 신의 말은 이러하고 자광의 말은 저러하니, 자광은 반드시 신이 조위 등을 비호하고자 하여 그런다고 의심할 것이온즉, 국문에 참예하기가 미안합니다. 청컨대 피하겠습니다."

전교하기를,

"편집한 자나 간행한 자를 아울러 국문하도록 하라."

귀손에게 전교하기를,

"자광의 말이 비록 그러하다 할지라도 경이 그로써 피해서는 되겠는가?"

- 『연산군일기』, 1498년 4년 7월 16일

### 實錄記事 1498년 7월 16일, 김종직이 도연명의 술주시를 화답한 내용과 이에 대한 대신들의 논의

김종직이 도연명의 술주시述酒詩를 화답하였는데, 그 서문에 이르기를,

"나는 젊어서 술주를 읽고 그 뜻을 살피지 못했는데, 도연명의 시에 화답한 탕동간湯東磵의 주소註疏를 보고서야 소상히 영릉[16]을 애도하는 시임을 알게 되었다. 아아, 탕공湯公이 아니었다면 유유劉裕의 찬시簒弑의 죄와 연명의 충분忠憤의 뜻이 거의 숨어버릴 뻔하였도다.

그 수사[17]를 하기 좋아한 것은, 그 뜻이 '유유가 바야흐로 창궐하니, 이때에는 내 힘이 능히 용납되지 못하므로 나는 다만 내 몸을 깨끗이 할 따름이요, 언어에 나타내서 적족[18]의 화를 불러들이게 하여서는 안된다.'여긴 것이나, 지금 나는 그렇지 않다. 천년 아래 났으니, 어찌 유유가 두려울소냐. 그러므로 유유의 흉역凶逆을 모조리 폭로하여 탕공의 주소注疏 끝에 붙이노니, 후세의 난신적자亂臣賊子가 나의 시를 보고 두려워한다면 『춘추』의 일필에 비교할 수 있으리라."

그 시詩는 없어졌다. 윤필상 등이 아뢰기를,

"이 서문에 말한 것은 조의제문보다도 심한 점이 있어서 차마 말을 못하겠습니다."

드디어 그 시권을 올린 뒤 그 뜻을 해석하기를,

"그 '이는 영릉零陵을 애도하는 시다.'라고 한 것은, 영릉을 노산魯山에 비한 것이요, 그 '유유의 찬시簒弑의 죄'라 함은 유유를 세조에게 비한 것이요, 그 '『춘추』의 일필에 비교한다.' 함은 맹자孟子가 '『춘추』가 지어지자 난신 적자가 두려워했다.' 말했으므로 『춘추』에 비한 것이요, 그 '창천을 속일 수 있다 생각하여 높이 요·순의 훈업을 읍한다.' 함은, 유유의 수선受禪을 세조에게 비한 것이옵니다."

전교하기를,

"세상에 어찌 이와 같은 일이 있으랴! 그 제자마저 모조리 추핵하는 것이 어떠한가?"

노사신이 수창首倡하여 윤필상·한치형과 아뢰기를,

"연루자는 마땅히 국문해야 할 것이오나 만약 제자라 해서 모조리 추핵한다면 소요를 이룰까 걱정이옵니다. 동한東漢이 당인 다스리기를 너무 심하게 하여 종말에 쇠란하였으니, 지금 만연시킬 수 없습니다."

– 『연산군일기』, 1498년 4년 7월 16일

---

16) **영릉**零陵 : 진 공제晉恭帝인데, 유유劉裕에게 선위했음.

17) **수사**廋詞 : 은어隱語.

18) **적족**赤族 : 일족이 모두 살해 당함.

**實錄記事 1498년 7월 17일, 전라도 도사 정종보에게 김종직의 문집 판본을 불태울 것을 명하다**

전라도 도사 정종보에게 유시하기를,

"도내에서 개간한 김종직의 문집 판본을 즉시 훼판하여 불태우라."

예조에 전교하기를,

"중외의 사람 중 혹 김종직의 문집을 수장한 일이 있으면 즉시 수납하게 하고, 수납하지 않는 자는 중히 논죄하도록 하라."

- 『연산군일기』, 1498년 4년 7월 17일

**實錄記事 1498년 7월 17일, 김일손의 사초에 실린 김종직의 조의제문에 대한 왕의 전교와 신하들의 논의**

전지하기를,

"김종직은 초야의 미천한 선비로 세조조에 과거에 합격했고, 성종조에 이르러서는 발탁하여 경연에 두어 오래도록 시종의 자리에 있었고, 종경에는 형조판서까지 이르러 은총이 온 조정을 경도하였다. 병들어 물러가게 되자 성종께서 소재지의 수령으로 하여금 특별히 미곡米穀을 내려주어 그 명을 마치게 하였다. 지금 그 제자 김일손이 찬수한 사초내에 부도不道한 말로 선왕조의 일을 터무니없이 기록하고 또 그 스승 종직의 조의제문을 실었다. 그 말에 이르기를, '정축 10월 어느 날에 나는 밀성密城으로부터 경산京山으로 향하여 답계역에서 자는데, 꿈에 신神이 칠장七章의 의복을 입고 헌칠한 모양으로 와서 스스로 말하기를 「나는 초나라 회왕의 손자 심心인데, 서초 패왕[19]에게 살해 되어 빈강郴江에 잠겼다.」 하고 문득 보이지 아니하였다. 나는 꿈을 깨어 놀라며 생각하기를 「회왕懷王은 남초南楚 사람이요, 나는 동이東夷 사람으로 지역의 거리가 만여 리가 될 뿐이 아니며, 세대의 선후도 역시 천 년이 훨씬 넘는데, 꿈속에 와서 감응하니, 이것이 무슨 상서일까? 또 역사를 상고해 보아도 강에 잠겼다는 말은 없으니, 정녕 항우項羽가 사람을 시켜서 비밀리에 쳐 죽이고 그 시체를 물에 던진 것일까? 이는 알 수 없는 일이다」 하고, 드디어 문文을 지어 조문한다.

하늘이 법칙을 마련하여 사람에게 주었으니, 어느 누가 사대 오상[20] 높일 줄 모르리오. 중화라서 풍부하고 이적이라서 인색한 바 아니거늘, 어찌 옛적에만 있고 지금은

19) **서초 패왕**西楚霸王 : 항우項羽.

20) **사대**四大 **오상**五常 : 사대四大는 천대天大·지대地大·도대道大·왕대王大를 이름이요, 오상五常은 오륜五倫을 이름.

없을손가. 그러기에 나는 이인夷人이요 또 천 년을 뒤졌건만, 삼가 초 회왕을 조문하노라. 옛날 조룡[21]이 아각牙角을 농弄하니, 사해四海의 물결이 붉어 피가 되었네. 비록 전유鱣鮪, 추애鰌鯢라도 어찌 보전할손가. 그물을 벗어나기에 급급했느니, 당시 육국六國의 후손들은 숨고 도망가서 겨우 편맹編氓가 짝이 되었다오. 항양項梁은 남쪽 나라의 장종將種으로, 어호魚狐를 종달아서 일을 일으켰네. 왕위를 얻되 백성의 소망에 따름이여! 끊어졌던 웅역[22]의 제사를 보존하였네. 건부[23]를 쥐고 남면南面을 함이여! 천하엔 진실로 미씨[24]보다 큰 것이 없도다. 장자長者를 보내어 관중關中에 들어가게 함이여! 또는 족히 그 인의仁義를 보겠도다. 양흔 낭탐[25]이 관군[26]을 마음대로 축임이여! 어찌 잡아다가 제부[27]에 기름칠 아니했는고. 아아, 형세가 너무도 그렇지 아니함에 있어, 나는 왕을 위해 더욱 두렵게 여겼네. 반서反噬를 당하여 해석[28]이 됨이여, 과연 하늘의 운수가 정상이 아니었구려. 빈의 산은 우뚝하여 하늘을 솟음이야! 그림자가 해를 가리어 저녁에 가깝고. 빈의 물은 밤낮으로 흐름이여! 물결이 넘실거려 돌아올 줄 모르도다. 천지도 장구長久한들 한이 어찌 다하리 넋은 지금도 표탕飄蕩하도다. 내 마음이 금석金石을 꿰뚫음이여! 왕이 문득 꿈속에 임하였네. 자양紫陽의 노필老筆을 따라가자니, 생각이 진돈[29]하여 흠흠欽欽하도다. 술잔을 들어 땅에 부음이어! 바라건대 영령은 와서 흠향하소서.' 하였다. 그 '조룡이 아각을 농弄했다.'는 조룡은 진 시황인데, 종직이 진 시황을 세조에게 비한 것이요, 그 '왕위를 얻되 백성의 소망을 따랐다.'고 한 왕은 초 회왕의 손자 심心인데, 처음에 항량이 진秦을 치고 손심을 찾아서 의제를 삼았으니, 종직은 의제를 노산[30]에게 비한 것이다. 그 '양흔 낭탐羊狠狼貪하여 관군冠軍을 함부로 무찔렀다.' 고 한 것은, 종직이 양흔 낭탐으로 세조를 가리키고, 관군을 함부로 무찌른 것으로 세

21) **조룡**祖龍 : 진 시황秦始皇.

22) **웅역**熊繹 : 주 성왕周成王 때 사람인데 초楚의 시봉조始封祖임.

23) **건부**乾符 : 천자의 표시로 갖는 부서符瑞.

24) **미씨**芈氏 : 초楚나라의 성.

25) **양흔 낭탐**羊狠狼貪 : 항우項羽를 비유함.

26) **관군**冠軍 : 경자 관군卿子冠軍.

27) **제부**齊斧 : 정벌하는 도끼임. 천하를 정제한다는 뜻에서 나옴.

28) **해석**醢腊 : 젓과 포.

29) **진돈**蜳蜳 : 충융沖瀜과 같은데, 포외怖畏의 기운이 넘쳐서 안정하지 못한다는 뜻임.

30) **노산**魯山 : 단종.

조가 김종서를 베인 데 비한 것이요. 그 '어찌 잡아다가 제부齊斧에 기름칠 아니 했느냐.'고 한 것은, 종직이 노산이 왜 세조를 잡아버리지 못했는가 하는 것이다. 그 '반서反噬를 입어 해석醢腊이 되었다.'는 것은, 종직이 노산이 세조를 잡아버리지 못하고, 도리어 세조에게 죽었느냐 하는 것이요. 그 '자양紫陽은 노필老筆을 따름이여, 생각이 진돈하여 흡흡하다.'고 한 것은, 종직이 주자朱子를 자처하여 그 마음에 부賦를 짓는 것을, 『강목』의 필筆에 비의한 것이다. 그런데 일손이 그 문文에 찬贊을 붙이기를 '이로써 충분忠憤을 부쳤다.' 하였다. 생각건대, 우리 세조 대왕께서 국가가 위의危疑한 즈음을 당하여, 간신이 난을 꾀해 화禍의 기틀이 발작하려는 찰라에 역적 무리들을 베어 없앰으로써 종묘 사직이 위태했다가 다시 편안하여 자손이 서로 계승하여 오늘에 이르렀으니, 그 공과 업이 높고 커서 덕이 백왕百王의 으뜸이신데, 뜻밖에 종직이 그 문도들과 성덕을 기롱하고 논평하여 일손으로 하여금 역사에 무서誣書하는 지경에까지 이르렀으니, 이 어찌 일조일석의 연고이겠느냐. 속으로 불신不臣의 마음을 가지고 세 조정을 내리 섬겼으니, 나는 이제 생각할 때 두렵고 떨림을 금치 못한다. 동·서반 3품 이상과 대간·홍문관들로 하여금 형을 의논하여 아뢰도록 하라."

정문형·한치례·이극균·이세좌·노공필·윤민·안호·홍자아·신부·이덕영·김우신·홍석보·노공유·정숙지가 의논드리기를,

"지금 종직의 조의제문을 보오니, 입으로만 읽지 못할 뿐 아니라 눈으로 차마 볼 수 없사옵니다. 종직이 세조조에 벼슬을 오래하자, 스스로 재주가 한 세상에 뛰어났는데 세조에게 받아들임을 보지 못한다 하여, 마침내 울분과 원망의 뜻을 품고 말을 글에다 의탁하여 성덕을 기롱했는데, 그 말이 극히 부도不道합니다. 그 심리를 미루어 보면 병자년에 난역을 꾀한 신하들과 무엇이 다르리까. 마땅히 대역大逆의 죄로 논단하고 부관 참시해서 그 죄를 명정하여 신민의 분을 씻는 것이 실로 사체에 합당하옵니다."

유지는 의논드리기를,

"종직의 불신한 그 심리는, 죄가 용납될 수 없사오니 마땅히 극형에 처하옵소서."

박안성·성현·신준·정숭조·이계동·권건·김제신·이계남·윤탄·김극검·윤은로·이집·김무·김경조·이숙함·이감은 의논드리기를,

"종직이 요사한 꿈에 가탁하여 선왕을 훼방하였으니, 대역부도입니다. 마땅히 극형에 처해야 하옵니다."

변종인·박숭질·권경우·채수·오순·안처량·홍흥은 의논드리기를,

"종직이 두 마음을 품었으니 불신한 죄가 이미 심하온즉, 율에 의하여 처단하는 것이 편하옵니다."

이인형·표연말이 의논드리기를,

"종직의 조의제문과 지칭한 뜻을 살펴보니 죄가 베어 마땅하옵니다."

이극균·이창신·최진·민사건·홍한·이균·김계행이 의논드리기를,

"종직의 범죄는 차마 말로 못하겠으니, 율문에 의하여 논단해서 인신人臣으로 두 마음 가진 자의 경계가 되도록 하옵소서."

정성근이 의논드리기를,

"종직이 음으로 이런 마음을 품고 세조를 섬겼으니, 그 흉악함을 헤아리지 못하온즉 마땅히 중전重典에 처해야 하옵니다."

이복선이 의논드리기를,

"종직이 조의제문을 지은 것이 정축년 10월이었으니, 그 불신不臣의 마음을 품은 것이 오래이었습니다. 그 조문을 해석한 말을 살펴보니, 비단 귀로 차마 들을 수 없을 뿐 아니라 역시 눈으로도 차마 보지 못하겠습니다. 그 몸이 비록 죽었을지라도 그 악을 추죄할 수 있사오니, 마땅히 반신의 율에 따라 논단하소서. 종직의 귀신이 지하에서 반드시 머리를 조아리며 달갑게 복죄할 것입니다."

이세영·권주·남궁찬·한형윤·성세순·정광필·김감·이관·이유녕이 의논드리기를,

"지금 종직의 글을 보오니, 말이 너무도 부도不道하옵니다. 난역으로 논단하는 것이 어떠하옵니까?"

이유청·민수복·유정수·조형·손원로·신복의·안팽수·이창윤·박권이 의논드리기를,

"종직의 조의제문은 말이 많이 부도하오니, 죄가 베어도 부족하옵니다. 그러나 그 사람이 이미 죽었으니 작호를 추탈하고 자손을 폐고하는 것이 어떠하옵니까?"

문형 등의 의논에 따랐다. 어필로 집의 이유청 등과 사간 민수복의 논의에 표를 하고, 필상 등에게 보이며 이르기를,

"종직의 대역이 이미 나타났는데도 이 무리들이 논을 이렇게 하였으니, 이는 비호하려는 것이다. 어찌 이와 같이 통탄스러운 일이 있느냐. 그들이 앉아 있는 곳으로 가서 잡아다가 형장 심문을 하라."

이때 여러 재상과 대간과 홍문 관원이 모두 자리에 있었는데, 갑자기 나장 십여 인이 철쇄를 가지고 일시에 달려드니, 재상 이하가 놀라 일어서지 않는 자가 없었다. 유청 등은 형장 30대를 받았는데, 모두 다른 정情이 없음을 공초하였다. -『연산군일기』, 1498년 4년 7월 17일

### 實錄記事 1498년 7월 17일, 김일손이 밝힌 김종직 제자들의 명단

전교하기를,

"김종직의 제자를 끝까지 추궁할 필요는 없다. 그러나 내가 그 사람됨을 알고자 하니, 모조리 써서 아뢰라."

윤필상 등이 아뢰기를,

"종직의 제자는 이미 김일손의 사초에 모두 기록되어 일찍이 대내로 들어 갔습니다."

전교하기를,

"그 사초에 기록된 종직의 제자 신종호 등 약간 명도 과연 모두가 일손처럼 수업을 하였느냐, 그렇지 않는 자도 있느냐? 또 그의 말에 '나머지 사람도 오히려 많다.' 하였는데, 누군가 물어보라."

윤필상 등이 물으니, 일손이 대답하기를,

"신종호는 종직이 서울에 있을 적에 수업하였고, 조위는 종직의 처제로서 젊어서부터 수업하였고, 채수·김전·최보·신용개·권경유·이계맹·이주·이원은 제술로 과차받았고, 정석견·김심·김흔·표연말·유호인·정여창도 역시 모두 수업하였는데, 어느 세월에 수업했는지는 알지 못합니다. 이창신은 홍문관 교리가 되었을 적에 종직이 응교로 있었는데, 창신이 『사기』의 의심난 곳을 질문하였으며, 강백진은 삼촌 조카로서 젊었을 적부터 수업하였고, 유순정은 한문[31]을 배웠고, 권오복은 종직이 동지성균 시절에 관에 거접하였고, 박한주는 경상도 유생으로서 수업하였고, 김굉필은 종직이 상喪을 만났을 때에 수업했습니다. 그 나머지도 오히려 많다고 한것은, 이승언·곽승화·장자건 등입니다."

– 『연산군일기』, 1498년 4년 7월 17일

### 實錄記事 1498년 7월 17일, 사초 사건으로 김종직의 제자들을 국문할 것을 명하다

왕이 실록청에서 올려온 사초史草를 내보이니, 바로 권경유가 기록한 것이었다. 그 사초에 이르기를,

"김종직이 일찍이 조의제문을 지었는데, 충의가 분발하여 보는 사람이 눈물을 흘렸다. 그 문장은 여사餘事다."

전교하기를,

"이 무리들의 기롱과 논평이 이 지경에 이르고 있으니, 무릇 제자라 하는 자는 모조리

31) **한문**韓文 : 한유韓愈의 글.

구금하여 국문하는 것이 어떠하냐?"

윤필상이 아뢰기를,

"성상의 하교가 지당하시옵니다."

노사신·한치형이 아뢰기를,

"그 수업했다 이르는 자도 만약 종직의 평일의 논을 들었다면 구금하여 국문하는 것이 또한 가하겠으나, 제술에서 과차科次만 받은 자는 분간하는 것이 어떠하옵니까?"

드디어 일손이 써낸 수업하고 과차한 제자들의 명단을 올리니, 전교하기를,

"권경유權景裕는 단지 과차인데도 그 사초가 이러하니, 비록 과차만 한 자에 있어서도 역시 국문하지 않을 수 없소. 나는 사예邪穢를 깨끗이 씻을 작정이니, 경 등도 이 뜻을 알아주오."

필상 등이 모두 아뢰기를,

"성상의 하교가 지당하옵니다."

마침내 잡아가두었다.

– 『연산군일기』, 1498년 4년 7월 17일

## 實錄記事 1498년 7월 18일, 사초 사건에 연루된 심원·이주의 공초 내용

윤필상 등이 아뢰기를,

"김일손의 공사에 '권경유의 말이, 성종조에 주계정 심원이 상소하여 세조조의 구신을 쓰지 말라고 청했다.' 하오니, 청컨대 국문하소서."

'가하다.'고 전교를 내렸다. 심원이 공초하기를,

"지난 무술년에 흙비가 내리니, 성종께서 하교하여 좋은 말을 구하시므로, 신이 상서上書에 '세조조에는 한 가지 재주와 한 가지 예술만 있는 자라도 다행히 풍운風雲의 제회際會를 만나서 많이 등용이 되었으나, 오늘날에 있어서는 진실로 쓸모가 없는데도 오히려 용납되는 자가 있습니다.'라고 이른 것은, 대개 임원준任元濬을 지칭한 것으로, 그 아들 사홍이 도승지로 승정원에 있기 때문에 이렇게 범칭한 것입니다. 이때 홍문관에서도 또한 상소하여 원준 부자의 소인상을 논하였으므로 아울러 파직이 되었습니다. 신은 신이 상서한 바의 뜻이 원준 부자에게 있었기 때문에 마침내 대죄待罪를 하니, 성종께서 인견하시고 신에게 물으시므로, 신이 원준의 간사한 형상을 모조리 아뢰자 성종께서 명하여 홍문 관원에 복귀시킨 다음, 원준 부자는 죄를 주었습니다. '세조의 구신을 아울러 서용하지 말 것을 청하였다.'는 것은 신의 본의가 아니옵니다."

이주가 공초하기를,

"신이 정언正言으로 있을 때 설재設齋가 미편하다는 것을 논하여 서계하기를, '성종은 나의 임금이온데, 신이 멀지 않아 죽으면 무슨 면목으로 성종을 지하에서 뵈오리까. 바라옵건대 신의 직을 파하시고 신의 죄를 다스려서 신으로 하여금 성종을 지하에서 뵐 적에 할 말이 있게 해 주시오면 이는 전하의 은사이옵니다.' 하였는데, 이른바, '성종은 나의 임금이다.' 한 것은 옛날에도 역시 나의 임금[吾君]이라는 말이 있었기 때문이오며, '할 말이 있다.'고 한 것은 신이 간관諫官으로서 그 책임을 다해야만 다른 날 선왕을 지하에서 뵐 때 할 말이 있기 때문이옵니다. 대저 말이 격절하지 아니하면 천의天意를 움직이지 못하므로 감히 이와 같이 서계한 것입니다." - 『연산군일기』, 1498년 4년 7월 18일

**實錄記事 1498년 7월 18일, 김종직의 시호를 의론한 이원, 행장을 지은 표연말의 공초 내용**

윤필상 등이 아뢰기를,

"이원이 종직의 시호를 의론하면서 아름다움을 칭찬한 것이 공자孔子와 같았으며, 표연말이 종직의 행장을 지었으니, 청컨대 아울러 국문하옵소서."

'가하다.'고 전교하였다. 이원은 공초하기를,

"신은 일찍이 종직에게 수업하지 않았습니다. 다만 종직이 동지성균으로 있을 적에 신이 생원으로 성균관에 거접하면서 목은의 관어대부를 차운하여 종직의 과차로 나아가니, 종직이 칭찬을 하였습니다. 일손이 신더러 그 제자라 한 것은 아마도 이 때문일 것이오며, 그 문집도 신은 일찍이 보지 못하였고, 이른바 '육군六君'이란 것도 역시 알지 못하옵니다.

신이 봉상 참봉이 되어 종직의 시호를 의론하기를 '종직은 천자天資가 순수하고 아름다우며 온량하고 자애하였고, 일찍이 시례를 배워 자신이 이 도를 책임하여 덕에 의거하고 인仁에 의지하고, 충신하고 독경하여 사람 가르침을 게을리하지 아니하고, 사문斯文을 일으키는 것으로써 자기 직책을 삼았다. 그 학문을 하는 데는 왕도를 귀히 여기고 패도를 천히 여겼고, 그 일에 임해서는 지극히 간략하여 번거함을 제거하였고, 그 사람을 가르침은 문文을 널리 배워 예로 간략하고, 어버이를 섬기면 그 효를 다하고 임금을 섬기면 그 충을 다했으며, 사람의 선을 가리지 않고 사람의 악을 드러내지 않았으며, 청淸해도 애隘하지 않고 화和해도 흐르지 않았으며, 문장과 도덕이 세상에 특출하였으니, 참으로 삼대 시대의 유재인 동시에 사문斯文에 대한 공이 중하다.' 하였습니다. 그러나 신은 본시 종직의 사람됨을 알지 못하옵고, 다만 표연말이 지은 행장에 극구 칭찬하였기 때문에 이에 인하여 이렇게 의론한 것이온데, 그때에 신이 과찬을 한

것으로써 죄를 받았습니다."

표연말이 공초하기를,

"신은 함양에 사옵는데, 종직이 본군의 군수로 와서 신이 비로소 알게 되었습니다. 그 후 신이 향시에 합격하고 경의에 의심나는 곳을 질문하였으며, 그 문집은 신이 보았으나 단 조의제문은 문의를 해득하지 못했으며, 그 시집詩集은 당시에 보지 못했으므로 이른바 '육군'이 어느 사람을 지적한 것인지 알지 못하옵니다. 다만 신이 종직의 행장을 지으면서 쓰기를 '공의 도덕과 문장은 진실로 일찍이 현관으로 등용되어 사업에 베풀었어야 할 것인데 어버이를 위하여 외직外職을 빌어 오래 하리下吏에 머물러 있었고, 늦게야 임금의 알아줌을 입어 빨리 육경으로 승진되어 바야흐로 크게 쓰이게 되었는데, 공의 병은 이미 어찌할 수 없는 지경에 이르러 두 번 다시 조정에 오르지 못하였으니, 어찌 우리 도의 불행이 아니랴! 의논하는 자는, 「공이 조정에 선 지 오래지 않아서 비록 큰 의논을 세우지 못하고 큰 정책을 진술하지 못했다.」 하지만, 한 세상의 사문斯文의 중망을 짊어지고 능히 사도師道로서 자처하여 인재를 작성함에 있어서는 근세에 한 사람일 따름이다.' 하였습니다."

– 『연산군일기』, 1498년 4년 7월 18일

**實錄記事 1498년 7월 18일, 유자광이 사초를 수검할 것을 건의하다. 이에 대해 강귀손이 논박하다**

유자광이 실록청에서 초한 사초에 누락이 있는가 의심하여 다시 수검할 것을 청하자고 하니, 성준은 말하기를,

"이는 우리들이 모르는 바이다. 무릇 사람들이 입계入啓하는 일에 있어서 이와 같이 독차지하는 것은 마땅하지 않다."

강귀손도 또한 불가하다 말하니, 자광이 드디어 정지하였다. 귀손이 남곤으로 하여금 좌중에서 말하게 하기를,

"지금 국옥鞫獄에는 위관委官이 있고 의금부도 있지만, 일찍이 그 일을 힘써 주장하지 아니했는데, 힘써 주장한 자는 오직 무령군[32] 일 따름이다. 비밀에 속하는 일은 진실로 단독으로 아뢰는 것이 당연하지만 만약 공공연한 일이라면 마땅히 공의를 거쳐서 아뢰어야 하는데, 사초를 다시 초한 일은 좌중이 모두 모르고 무령군이 단독으로 아뢰니, 그윽이 미편하다고 생각한다."

자광이 노하여 피혐할 것을 청했으며 귀손도 또한 그 뜻을 아뢰었는데, 전교하기를,

32) **무령군**武靈君 : 유자광이 남이南怡를 무고하고 이 군호를 받음.

"지금 큰 일이 바야흐로 벌어지고 있으니, 경 등이 아뢰는 것은 수리하지 않겠다."

- 『연산군일기』, 1498년 4년 7월 18일



김종직은 부관참시[33] 되었고, 이를 사초에 기록한 김일손은 능지처참[34] 되었다. 권오복, 권경유, 이목, 허반 등 수많은 유학을 숭배하는 신하들도 파당을 만들어 선왕(세조)을 무고했다는 죄로 참형을 했다.

무오사화를 계기로 성종 이후 새로운 정치세력으로 떠오르던 유학을 숭배하는 신하들은 크게 위축되었고, 조정에는 연산군에게 아부하며 치부하는 신하들만 남았다. 비판과 견제할 사람이 사라진 조정에서 연산군은 절대 권력을 휘두르게 된다.

**實錄記事 1498년 7월 27일, 김일손 등을 벤 것을 종묘 사직에 알리고 중외에 사령을 반포하다**

김일손 등을 벤 것을 종묘 사직에 고유하고, 백관의 하례를 받고 중외에 사령赦令을 반포하기를,

"삼가 생각하건대 우리 세조 혜장 대왕께서 신무神武의 자질로 국가가 위의危疑하고 뭇 간신이 도사린 즈음을 당하여, 침착한 기지와 슬기로운 결단으로 화란禍亂을 평정시키시니 천명과 인심이 저절로 귀속되어, 성덕과 신공神功이 우뚝 백왕百王의 으뜸이었다. 그 조종에게 빛을 더한 간대艱大한 업적과 자손에게 끼친 연익燕翼의 모훈을, 자자손손 이어받아 오늘에까지 이르러 아름다웠었는데, 뜻밖에 간신 김종직이 화심禍心을 내포하고, 음으로 당류를 결탁하여 흉악한 꾀를 행하려고 한 지가 날이 오래되었노라. 그래서 그는 항적이 의제를 시해한 일에 가탁하여, 문자에 나타내서 선왕을 헐뜯었으니, 그 하늘에 넘실대는 악은 불사不赦의 죄에 해당하므로 대역으로써 논단하여 부관

33) **부관참시**剖棺斬屍 : 죽은 뒤에 큰 죄가 드러난 사람을 극형에 처하던 일로 무덤을 파고 관을 꺼내어 시체를 베거나 목을 잘라 거리에 내걸었던 형벌이다.

34) **능지처참**陵遲處斬 : 살아있는 채로 살을 회 뜨는 형벌로, 사형 중에서도 반역 등 일급의 중죄인에게 실시하는 가장 무거운 형벌이다. 죄인의 사지를 말이나 소 등에 묶고 각 방향으로 달리게 하여 사지를 찢는 형벌인 거열, 오우분시가 능지처참으로 잘못 알려져 있다. 고대 중국에서부터 내려온 형벌이며, 중세 유럽과 조선에서 집행되었다.

참시를 하였고, 그 도당 김일손·권오복·권경유가 간악한 붕당을 지어 동성 상제하여 그 글을 칭찬하되, 충분이 경동한 바라 하여 사초에 써서 불후의 문자로 남기려고 하였으니, 그 죄가 종직과 더불어 과科가 같으므로 아울러 능지처사하게 하였노라.

그리고 일손이 이목·허반·강겸 등과 더불어 없었던 선왕의 일을 거짓으로 꾸며대서 서로 고하고 말하여 사史에까지 썼으므로, 이목·허반도 아울러 참형에 처하고, 강겸은 곤장 1백 대를 때리고 가산을 적몰하여 극변으로 내쳐 종으로 삼았노라.

그리고 표연말·홍한·정여창·무풍정 총摠 등은 죄가 난언에 범했고, 강경서·이수공·정희량·정승조 등은 난언임을 알면서도 고하지 않았으므로 아울러 곤장 1백 대를 때려 3천 리를 밖으로 내치고, 이종준·최부·이원·이주·김굉필, 박한주·임희재·강백진·이계맹·강혼 등은 모두 종직의 문도로서 붕당을 맺어 서로 칭찬하였으며, 혹은 국정을 기의하고 시사를 비방하였으므로, 희재는 곤장 1백 대를 때려 3천 리 밖으로 내치고, 이주는 곤장 백 대를 때려 극변으로 부처하고 이종준·최보·이원·김굉필·박한주·강백진·이계맹·강흔 등은 곤장 80대를 때려 먼 지방으로 부처함과 동시에 내친 사람들은 모두 봉수군이나 정로한의 역役에 배정하였고, 수사관 등이 사초를 보고도 즉시 아뢰지 않았으므로 어세겸·이극돈·유순·윤효손 등은 파직하고, 홍귀달·조익정·허침·안침 등은 좌천시켰다. 그 죄의 경중에 따라 모두 이미 처결되었으므로 삼가 사유를 들어 종묘 사직에 고하였노라.

돌아보건대 나는 덕이 적고 일에 어두운 사람으로 이 간당을 베어 없앴으니, 공구한 생각이 깊은 반면에 기쁘고 경사스러운 마음도 또한 간절하다. 그러므로 7월 27일 새벽을 기하여 강도·절도와 강상에 관계된 범인을 제외하고는 이미 판결이 되었든 판결이 안되었든 모두 사면하노니, 감히 유지를 내리기 이전의 일로써 서로 고발하는 자가 있으면 그 죄를 다스릴 것이다.

아! 인신人臣이란 난리를 만들 뜻이 없어야 하는 것이다. 부도不道의 죄가 이미 굴복하였으니, 뇌우雷雨가 작해[35]하듯이 마땅히 유신惟新의 은혜에 젖도록 하겠다. 그러므로 이에 교시하는 것이니, 이 뜻을 납득할 줄 안다."

– 『연산군일기』, 1498년 7월 27일

35) **뇌우雷雨가 작해作解** : 『주역』 해괘解卦 대상大象에 '뇌우雷雨가 작作하는 것이 해解이니, 군자가 이용하여 과過를 사하고 죄를 유宥한다.' 하였음.

## 實錄記事 1498년 7월 29일, 유자광에 대한 평가 내용과 무오사화의 전말

사헌부가 '근일에 간당을 베어 없앤 일에 있어, 윤필상 등에게 상을 준 것은 진실로 당연하거니와, 다만 유자광에게는 이미 한 자급을 가했는데 그 아들 유진마저 또 당상으로 승진시키고, 김자원 이 내시로서 임금의 명령을 출납하는 것은 바로 그 직분이온데 역시 한 자급을 올린다는 것은 심히 온당치 않다.'고 하여, 지평 정인인으로 하여금 아뢰게 하니, 승지 홍식 이 인인에게 하는 말이,

"지난날 어서를 내려 이르시기를, '지금 관은寬恩을 베푼 일에 대하여 감히 그르다 하는 자는 법률에 의해 처단하고 절대로 놓아두지 않는다.' 하셨는데, 성상聖上의 분부가 이러했더라도 감히 들어가서 아뢰겠는가."

인인麟仁은 두렵고 위축되어 마침내 물러갔다. 유자광은 부윤 유규의 서자로 날래고 힘이 세었으며 높은 나무를 원숭이와 같이 잘 탔다. 어려서 무뢰자가 되어, 장기와 바둑을 두고 재물을 다투기도 했으며 새벽이나 밤에 떠돌아다니며 길가에서 여자를 만나면 마구 끌어다가 음간淫姦을 하므로 유규는 그 소출이 미천한 데다가 또 방종하고 패악함이 이러하니, 여러 번 매질을 하였을 뿐만 아니라 자식으로 여기지 아니하였다. 처음에 갑사에 소속되어 건춘문에서 파수를 보다가 상소하여 자천하니, 세조가 그 사람됨을 장하게 여겨 발탁하여 썼다. 또 무자년에 고변한 공로로써 훈봉을 받아 1품의 품계로 건너뛰었다.

그는 일찍이 호걸 지사라 자칭하여 성질이 음흉하여 남을 잘 해쳤고 재능과 명예가 자기 위에 솟아난 자가 있으면 반드시 모함하려고 하였다. 그래서 한명회의 문호가 귀성貴聖함을 시기했는데, 마침 성종께서 간하는 말을 기꺼이 받아들이는 것을 보고, 기발한 언론으로써 왕의 좋아하는 바를 맞추고자 하여, 마침내 명회가 발호할 뜻이 있다고 상소하였는데, 왕이 죄로 여기지 아니하였다. 뒤에 임사홍·박효원 등과 더불어 현석규를 밀어내려고 하다가 실패하여 동래로 귀양갔었는데, 이윽고 석방되어 왔다. 그러나 왕은 그가 국정을 어지럽게 하는 사람이라는 것을 알고 다만 훈봉만 회복시킬 뿐 일찍이 일을 다스리는 소임을 제수하지 아니하니, 자광은 은택을 엿보고 못하는 바가 없이 꾀를 부렸는데도 마침내 팔리지 않으니, 마음에 항상 불만을 품었었다. 그러던 중, 이극돈 형제가 조정에서 권세를 잡는 것을 보고 그가 족히 자기 일을 성취시킬 만한 사람이라는 것을 알고 문득 몸을 기울여 아부하여 같이 서로 결탁하였다.

일찍이 함양 고을에 노닐면서 시를 지어 군재에게 부탁하여 판자에 새겨 벽에 걸게 하였는데, 그 후 김종직이 이 고을 원이 되어 와서 말하기를, '유자광이 무엇이기에 감히 현판을 한단 말이냐' 하고, 즉시 명하여 철거하여 불사르게 하였다. 유자광은 성나고 미워서 이를

갈았으나, 종직이 임금의 총애를 받아 한창 융성하므로 도리어 스스로 납교를 하고 종직이 졸하니 만사를 지어 통곡했으며, 심지어는 왕통·한유에게 비하기까지 하였다.

김일손이 일찍이 종직에게 수업하였는데, 헌납이 되자 말하기를 좋아하여 권귀權貴를 기피하지 아니하고, 또 상소하여 '극돈과 성준이 서로 경알[36]하여 장차 우牛·이李[37]의 당黨을 이루려 한다.'고 논하니, 극돈은 크게 노하였다. 급기야 사국史局을 열어 극돈이 당상堂上이 되었는데, 일손의 사초를 보니 자기의 악한 것을 매우 자상히 썼고 또 세조조의 일을 썼으므로, 이로 인하여 자기 원망을 갚으려고 하였다. 하루는 사람을 물리치고 총제관 어세겸에게 말하기를, '일손이 선왕을 무훼하였는데, 신하가 이러한 일을 보고 상께 주달하지 않으면 되겠는가. 나는 그 사초를 봉하여 아뢰어서 상의 처분을 듣는 것이 우리에게 후환이 없을 것으로 생각된다.' 하니, 세겸이 깜짝 놀라서 대답도 하지 못하였다.

오래 있다가 유자광에게 상의하니, 자광은 팔을 내두르며 말하기를, '이 어찌 머뭇거릴 일입니까.' 하고, 즉시 노사신·윤필상·한치형을 가서 보고 먼저 세조께 은혜를 받았으니 잊어서는 안 된다는 뜻을 말하여, 그 마음을 감동시킨 뒤에 그 일을 말하였으니, 대개 사신·필상은 세조의 총신이요, 치형은 궁액과 연줄이 닿으므로 반드시 자기를 따를 것으로 요량하여 말한 것인데, 과연 세 사람이 모두 따랐다. 그래서 차비문 안에 나아가 도승지 신수근을 불러내어 귀에다 대고 한참 동안 말한 뒤에 이어서 아뢴 것이다.

처음에 수근이 승지가 될 적에 대간과 시종이 '외척이 권세를 얻을 조짐이다.'고 해서 강력히 불가함을 아뢰었으므로, 수근 이 원망을 품고 항상 사람들에게 말하기를, '조정이 문신들의 손안의 물건이니, 우리들은 무엇을 하겠느냐.' 하였다.

이때에 이르러 뭇 원망이 서로 뭉칠 뿐 아니라, 왕 역시 시기하고 포학하여 학문을 좋아하지 않으므로 더욱 문사文士를 미워하여, 종내는 말하기를, '명예만을 노리고 군상을 업신여겨 나로 하여금 자유를 얻지 못하게 하는 것이 모두 그 무리이다.' 해서 항상 우울하고 즐거워하지 않아 한 번 본때를 보이려 했지만, 미처 손을 쓰지 못하던 찰나에 자광의 아뢰는 바를 듣고는, 국가에 충성하는 일이라 생각하여 장대奬待를 특별히 후히하고, 명하여 남빈청에서 죄수를 국문하게 했다. 그리고 내시 김자원으로 하여금 출납을 맡게 하니, 딴 사람은 참견하지 못하였다.

---

36) **경알**傾軋 : 질투심으로 간책奸策을 써서 남을 모함함.

37) **우**牛·**이**李 : 당나라 우승유·이종민을 이름. 우승유는 목종 때에 평장사가 되었고 경종 때에 기장군공을 봉받았는데, 당국當國하자 종민과 서로 결탁하여 권세가 천하를 떨치니, 세상이 우·이라 칭하였음.

자광은 옥사를 자임自任하고 매양 자원子猿이 교지를 전할 적에 반드시 앞에 나아가 공근한 태도를 극진히 보이고, 그 전교의 사연이 만약 엄하고 심각할 경우에는 스스로 상의 뜻에 맞았다 생각하여 다시 부복俯伏하여 마치 신사申謝하는 것 같이 하였다. 그리고 다 듣고 물러나와서 흔연히 자부하는 기색이 있어, 마침내는 좌중에다 대고 크게 말하기를, '오늘날은 바로 조정을 개배改排하는 때이니, 모름지기 이와 같은 큰 처치가 있어야 하며, 심상하게 다스려서는 아니된다.' 하였다. 그리고 또 아뢰기를, '이 사람들은 도당이 매우 성하여 변을 예측할 수 없으니, 방호防護를 엄밀하게 해야 합니다.' 하고 금위병을 뽑아서 궁정을 파수하여 출입을 엄금시켰으며, 일손 등이 국문을 받으러 갈 적에는 군사로 하여금 좌우로 붙잡고 다니게 했으며, 하옥할 때도 역시 마찬가지로 하였다.

자광은 오히려 옥을 다스리는 일이 점점 해이하여 자기 뜻을 미진할까 걱정하여 낮과 밤으로 단련할 바를 꾀했는데, 하루는 소매 속에서 한 권 책자를 내놓으니, 바로 종직의 문집이었다. 그 문집 가운데서 조의제문과 술주시述酒詩를 지적하여 여러 추관推官들에게 두루보이며 말하기를, '이는 다 세조를 지목한 것이다. 일손의 악은 모두가 종직이 가르쳐서 이루어진 것이다.' 하고, 즉시 스스로 주석을 만들어 글귀마다 풀이를 하여 왕으로 하여금 알기 쉽게 한 다음, 이어서 아뢰기를, '종직이 우리 세조를 저훼詆毁함이 이에 이르렀으니, 그 부도한 죄는 마땅히 대역으로 논해야겠으며, 그가 지은 글도 세상에 유전하는 것이 마땅치 못하오니, 아울러 다 소각해버리소서.' 하니, 왕이 좇았다. 그래서 종직의 문집을 수장한 자는 이틀 안에 각기 자진 납상하여 빈청 앞뜰에서 불태우게 하고, 여러 도道의 관우에 유제한 현판도 현지에서 철훼하도록 하였다. 성종께서 일찍이 종직에게 명하여 환취 정기環翠亭記를 짓게 하고 미간楣間에 걸었었는데, 그것마저 철거할 것을 청하였으니, 함양의 원한에 대한 보복이었다.

자광이 왕의 노한 틈을 타서 일망 타진할 양으로, 필상 등에게 눈짓하며 말하기를, '이 사람의 악은 무릇 신하된 자로서는 불공 대천의 원수이니, 마땅히 그 도당들을 추구하여 일체를 뽑아버려야 조정이 바야흐로 청명해질 것이오. 그렇지 않으면 나머지 도당이 다시 일어나서 화란禍亂이 미구에 다시 일어나게 될 것이다.' 하니, 좌우가 다 묵연히 말이 없었는데, 유독 사신思愼이 손을 저어 말리면서 하는 말이 '무령武靈은 어찌하여 이런 말을 하오. 저 당고黨錮의 일을 들어보지 못했소. 금망禁網을 날로 준엄하게 하여 선비들로 하여금 족적을 용납할 곳이 없게 하다가 한漢나라도 역시 망하고 말았으니, 청론을 하는 선비가 마땅히 조정에 있어야 하오, 청론이 없어지는 것이 국가의 복이 아니거늘, 무령은 어찌 말을 어긋나게 하오.' 하였으니, 무령이란 자광의 봉호封號이다. 자광은 사신의 말을 듣고 조금 저지되기는 했으나, 뜻이 오히려 쾌하지 아니하여 무릇 옥사에 연결된 자는 반드시 끝까지 다스려 마지 않으려 하니, 사신이 또 말리며 말하기를, '당초에 우리가 아뢴 것은 사사史事를 위함인데, 지금 지엽枝葉에까지 만연되어 사사에 관계되지 아니한 자가 날마다 많이 갇히고 있으니, 우리들의 본의가 아니지 않소.' 하니, 자광은 좋아하지 아니하였다. 급기야 죄를 결정하는 날에 사신의 논의가 유독 같지 아니하니, 자광은 낯빛을 붉히며 힐책하다가 각기 양론을 아뢰었는데, 왕은 자광 등의 의논을 좇았다.
이날 대낮이 캄캄하여 비가 물 쏟는 듯이 내리고, 큰바람이 동남방에서 일어나 나무가 뽑히며 기와가 날아가니, 성중 백성들이 놀라 넘어지고 떨지 않는 자가 없었는데, 자광은 의기가 만족하여 양양하게 제 집으로 돌아갔다. 이로부터 자광의 위엄이 중외에 행해져서 조정이 독사毒蛇처럼 보고 감히 그 뜻을 거스르는 자가 없었다. 자광은 바야흐로 제 세상인양 돌아보고 꺼리는 것이 없으니, 이욕만 즐기는 염치 없는 무리들이 따라 붙어 노상 문에 가득했으며, 유림들은 기가 죽어서 들어앉아 탄식만 하고 있으므로 학사는 쓸쓸하여 몇 달 동안 글을 읽고 외우는 소리가 없었다. 부형들은 그 자제를 경계하기를, '공부는 과거에 응할 만하여 그만두어야 한다. 많이 해서 무엇하느냐.' 하니, 식자들이 탄식하기를, '무술의 옥은 정류正類가 사당邪黨을 다스린 것이요, 무오의 옥은 사당이 정류를 모함한 것이다. 20년 사이에 일승 일패를 했는데 치治와 난亂이 따랐으니, 애석하도다! 군자의 형 쓰는 것은 항상 관완에 치우치고, 소인의 원망을 보복함은 반드시 잔멸하고야 말도다. 만약 무술년의 군자들이 능히 그 율을 다 썼던들 어찌 오늘의 화가 있겠는가.' 하였다.

*대낮이 캄캄하여 비가 물 쏟는 듯이 내리고, 큰바람이 동남방에서 일어나 나무가 뽑히며 기와가 날아가니, 성중 백성들이 놀라 넘어지고 떨지 않는 자가 없었는데, 자광은 의기가 만족하여 양양하게 제 집으로 돌아갔다.*

– 『연산군일기』, 1498년 7월 29일

## 1504년 금삼에 깃든 피가 불러온 화, 갑자사화가 일어나다

갑자사화는 무오사화로 사림파가 큰 타격을 입은 상태에서 연산군이 훈구파까지 제거한 사건이었다. 구체적인 계기는 연산군 생모인 윤씨의 복위문제였다. 성종은 성종비 윤씨가 질투가 심하고 왕비의 체모에 벗어난 행동을 많이 하자 1479년 폐비하고 사사했다. 임사홍의 밀고로 이 사실을 알게 된 연산군은 이와 관련된 성종의 후궁인 엄숙의·정숙의를 죽이고 그의 아들 안양군과 봉안군도 귀양을 보내 사사했다. 또한 윤씨를 왕비로 추존하고 성종 묘에 배사했다.

연산군의 두 번째 사화는 1504년(연산군 10년) 일어난 갑자사화이다. 연산군의 생모 폐비 윤씨 죽음에 관여한 많은 공신이 화를 입었다. 갑자사화를 주도한 인물은 임사홍과 신수근이었다.

임사홍[38]은 예종, 성종과 사돈을 맺은 외척으로 간교한 성격 때문에 크게 출세하지는 못했지만, 연산군을 만나면서 기를 펴기 시작했다. 신수근[39]은 연산군의 왕비 신씨의 오빠였어요. 그는 임사홍과 결탁해 연산군 곁에서 권력을 잡고 있었다.

갑자사화의 불씨를 일으킨 신하는 임사홍이었다. 임사홍은 연산군에게 어머니 폐비 윤씨가 죽은 내막을 소상히 고했다. 연산군은 즉시 관련자들을 색출해 문책하라고 명했다. 무오사화 이후 위축된 유학을 숭배하는 신하들을 따돌리고 득세하고 있던 많은 공신파가 연루되어 있었다.

연산군은 이들을 한 번쯤 크게 혼내 주려고 벼르던 중이었다. 연산군의 사치와 향락은 날이 갈수록 심해져 국가재정이 파탄 날 지경에 이르렀다. 연산군은 공신들이 소유하고 있던 공신전(공신에게 주던 세습의 논밭)을 빼앗으려고 했고, 공신들이 크게 반발했다. 한 번 마음에 안 들면 복수를 해야 직성이 풀리는 연산군은 임사홍의 고변은 좋은 빌미가 되었다.

갑자사화로 폐비 윤씨의 죽음에 찬성했던 훈구파 윤필상[40], 이극균[41], 성

38) **임사홍**任士洪 : 훈구파의 거물로 갑자사화를 일으키는 데 결정적인 역할을 했다. 1478년(성종 9년) 유자광 등과 함께 파당을 만들어 횡포를 자행하고 조정의 기강을 흐리게 한 죄로 사헌부와 사간원의 탄핵을 받아 의주로 유배당했다. 1498년(연산군 4년) 유자광 등이 무오사화를 일으켜 김일손을 비롯한 사림파를 축출하자, 이들과 결탁하여 전횡을 일삼았다. 1504년 연산군의 생모 윤비의 폐위 및 사사 경위를 연산군에게 밀고하여 갑자사화를 일으켰다. 1506년 중종반정 때 아버지와 함께 처형당했다.

39) **신수근**愼守勤 : 연산군의 처남이자 중종의 장인이었던 신수근은 중종반정을 주도한 박원종의 회유를 거부하고 살해당한 뒤 역적으로 기록되었지만 훗날 영조와 사림으로부터 고려 말의 정몽주와 같은 충신으로 추앙받았다.

40) **윤필상**尹弼商 : 세조, 성종, 연산군에 이르는 왕들의 신임을 받아 연산군 때에는 궤장을 받기도 했으나, 갑자사화가 일어났을 때 윤씨 폐비에 동조했던 과거 행적으로 인해 사사되었다.

준[42], 이세좌, 권주[43] 등이 사사되었고, 한치형[44], 한명회[45], 정창손, 어세겸[46], 심회[47] 등은 부관참시되었다. 홍귀달, 심원, 이유녕, 변형량 등 다수의 유학을 숭배하는 신하들도 화를 입었다. 갑자사화는 표면적으로는 연산군이 억울하게 죽은 어미의 한을 풀어 준 복수극처럼 보였으나, 실제로는 연산군과 궁중에 있던 신하들이 권력 독점을 위해 벌인 정치극이었다.

갑자사화 당시 연산군은 패륜적 행위도 서슴지 않았다. 폐비 윤씨의 죽음에 빌미를 제공하고 실질적으로 주도했다는 혐의로 성종의 후궁 숙의 엄씨와 숙의 정씨, 할머니 인수대비도 죽음으로 몰아넣었다.

연산군은 폐비 윤씨와 관련된 실록의 기사는 다음과 같다.

---

41) **이극균**李克均 : 여러 차례 연산군의 황음荒淫을 바로잡으려고 애쓴 것이 화근이 되어, 이듬 해 갑자사화 때 조카 이세좌와 함께 연루되어 인동으로 귀양가서 사사되었고, 뒤에 신원되었다.

42) **성준**成俊 : 갑자사화 때 앞서 성종비 윤씨의 폐위와 사사에 관여한 죄로 직산에 유배되고 이어 배소에서 잡혀와 교살되었다.

43) **권주**權柱 : 1505년 6월 폐비 윤씨의 사사 때에 사약을 받들고 간 일이 거듭 논죄되면서 결국 사사되었고, 형제자매도 아울러 외방에 부처되었다. 1506년(중종 1년) 9월 좌참찬에 추증되면서 신원되었고, 같은 해 11월 다시 장례를 치르도록 허용되었다.

44) **한치형**韓致亨 : 1504년 갑자사화 때, 일찍이 그가 연산군의 생모인 윤비를 폐출시킨 모의에 가담하였다 하여 윤필상·한명회 등과 함께 부관참시되고 일가가 몰살되었으며, 중종반정 후 신원되었다.

45) **한명회**韓明澮 : 세조 즉위 이래 성종 때까지 고관 요직을 두루걸쳤다. 4차례에 걸쳐 1등공신으로 책봉되면서 많은 토지와 노비를 상으로 받아 권세와 부를 누렸다. 한강 남쪽에 정자를 짓고 그 이름을 '압구(현재 서울 압구정)'라 하였다. 명나라 사신이 와서 구경하려 하자 궁중에서만 쓰는 용봉차일을 쳐서 화려하게 꾸미려 하였다. 그러나 성종이 허락하지 않자 이에 좋지 않은 기색을 보이게 되었다. 이러한 무례함이 대간들의 탄핵 대상이 되어 외지로 유배되기도 하였다. 1504년(연산군 10년)의 갑자사화 때 연산군의 생모 윤비 폐사에 관련되어 부관참시되었다가 뒤에 신원되었다.

46) **어세겸**魚世謙 : 무오사화가 일어나자, 사초를 보고서도 보고하지 않았다고 하여 파직당했으나 그해 겨울에 복직했으며, 죽은 뒤 연산군의 생모인 폐비 윤씨의 문제로 갑자사화가 일어나자 1479년 윤씨를 폐하는 논의에 관련되었다 하여 부관참시를 당했다.

47) **심회**沈澮 : 1504년(연산군 10년) 갑자사화 때 연산군의 모친인 윤비의 폐출 사건에 동조했다는 죄로 관직이 추탈되고 부관참시를 당했으나, 뒤에 신원되었다.

### 實錄記事 1504년 4월 1일, 폐비에 사약 내린 일에 관련된 자를 아뢰게 하다

왕이 춘추관에서 상고한, 폐비에게 사약 내린 전말의 단자單子를 내려보내며, 이르기를,

"도승지가 의정부·춘추관 당상 및 예문관 관원과, 함께 다시 그때 옛일을 인용하여 일이 되게 한 자와, 폐위함이 불가하다고 간하다가 죄를 받은 자, 사약을 내릴 때 간하지 않고 명대로 가서 일 본 자를 유類대로 뽑아 아뢰라." - 『연산군일기』, 1504년 4월 1일

### 實錄記事 1504년 4월 9일, 의금부 도사 안처직이 이세좌가 목매 죽었음을 아뢰다

의금부 도사 안처직이 와서 복명하여 아뢰기를,

"신이 이달 4일 밝을 무렵에 곤양군 양포역에 가서, 이세좌가 남해까지 가지 못하고 겨우 이 역에 온 것을 만났습니다. 신이 역 한쪽 나무 아래 앉아 세좌를 불러 말하기를 '위에서 너에게 죽음을 내렸으니 속히 죽도록 하라.' 하니, 세좌가 손을 모아 잡고 땅에 엎드려 말하기를 '신이 중죄를 범하였는데 몸과 머리가 나누어짐을 면하게 되었으니, 성상의 은혜가 지극히 중한데 감히 조금인들 지체하겠습니까?' 하고 또 혼잣말로 '자진하기란 정말 어렵다.' 하더니, 정자나무를 쳐다보며 말하기를 '이 나무에 목맬 수 있다. 그러나 가리운 것이 없어 안 되겠다.' 하면서, 그 곁 민가로 가서 종에게 말하기를 '내 행장 속에 명주 홑이불이 있으니, 한 폭을 찢어 오라.' 하였습니다. 그리고 말하기를 '내가 죽은 뒤에 개가 찢어먹지 못하게 하기를 바랄 뿐이다.' 하고 그만 조용히 상 위로 올라가 명주 폭으로 두 번 그 목을 매어 대들보 위에 달고, 발을 상 아래로 떨어뜨렸는데, 좀 있다가 기운이 끊어졌습니다. 신이 한참 앉아 있다가 군수를 불러 함께 맨 것을 풀고 생기가 없음을 살핀 뒤에 돌아왔습니다."

왕이 묻기를,

"세좌가 무슨 옷을 입었더냐?"

처직이 아뢰기를,

"세좌가 한삼 과두汗衫裹肚와 감다색紺茶色 찢어진 철릭에다 위에 흰 베옷을 입었으며, 초립을 쓰고 녹비화鹿皮靴를 신고 검고 가는 띠를 띠었는데, 목을 맬 때 흰 옷과 한삼을 풀고 갓과 띠를 끄르고 죽었습니다."

또 묻기를,

"세좌가 죽을 때에 안색이 어떠하더냐?"

처직이 아뢰기를,

"안색은 변하지 않고, 평상시와 같았습니다."

승정원에 묻기를,

"세좌가 울지 않고 안색이 전과 같았으니, 죽게 되어서도 그 기염을 꺾지 않으려 한 것이 아닌가? 또 옛날에도 이 같은 자가 있었는데, 어질다고 보느냐?"

승지 박열·권균이 아뢰기를,

"무릇 사람은 기국과 도량이 다르므로, 죽을 때에 놀라서 전도하는 자가 있고, 조용히 죽음에 나가는 자가 있습니다. 그러나 절개에 죽고 의에 죽는 것이라면 가하지만, 세좌로 말하면 진실로 조용히 죽음에 나갈 때가 아닙니다." - 『연산군일기』, 1504년 4월 9일

### 實錄記事 1504년 4월 18일, 유순·허침 등이 폐비의 일에 관련된 자들의 처벌을 의논하다

전교하기를,

"폐비 때에 이파가 옛일을 인용하여 찬성했으니 그 죄가 난신과 다름이 없다. 널을 쪼개 시체를 베고 가산을 적몰하며, 자손을 금고[48]하여야겠다. 신하로서 인군을 섬길 때는 죽든 살든 한 절개를 가져야 하는 것인데, 윤필상이 전에는 그렇게 의논하고, 지금 추숭할 때에는 의논을 이렇게 하여 반복하며 뜻을 순종하니, 그 죄를 논하지 않을 수 없다. 주紂가 비록 무도하였지만 죄악이 가득 찬 뒤에야 정토하였는데, 차마 괴로움을 주지 않고 제 스스로 불에 타 죽게 한 것은 〈주나라 무왕이〉 신하로서 인군을 쳤기 때문이다. 대저 신하로서 인군에게 간하다가 듣지 않으면 부질斧鑕 아래서 죽기를 청해야 할 것인데, 정창손 등은 힘써 간하지 아니하여, 북[杼]을 던지는 의심을 이루게 하였다. 그 몸은 이미 죽어 장사지냈지만 서인의 준례에 의하여 그 아들들을 나누어 정배하는 것이 가하다. 의정부·한성부·대간·홍문관·육조를 불러 의논하라."

유순·허침·강귀손·신준·이계동·박숭질·이집·정미수·안처량·신용개·장순손·한형윤·허집·윤구·유빈·노공유·이복선·남궁찬·성희안·이과·정광필·손주·이중현·윤은보·심정·정붕이 의논드리기를,

"이파는 널을 쪼개 시체를 베며 가산을 적몰하고 자손을 금고하고, 윤필상은 고신을 다 빼앗고 가산을 적몰하며 아들과 함께 외방에 부처하며, 정창손·한명회·심회·정인지·김승경은 고신을 추탈하고, 장사를 서인의 준례에 의하여 묘의 석물을 제거하며, 그 아들도 고신을 빼앗고 나누어 정배하는 것이 사세에 합당합니다."

성세명·신숙근·이충걸·김준손·김숭조·김지·이현보는 의논드리기를,

---

48) **금고**禁錮 : 벼슬길에 못 나오는 것.

"성상의 하교가 지당하십니다. 다만 필상의 죄는 심회 등보다 중하니, 경하게 논할 수 없습니다."

- 『연산군일기』, 1504년 4월 18일

### 實錄記事 1504년 4월 21일, 폐비의 일을 다시 상고하여 아뢰게 하다

전교하기를,

"왕비를 폐위할 때 함께 의논한 재상으로서 빠진 자가 있는가? 그 몸은 죽었더라도 부관 참시하는 형벌이 있다."

좌의정 유순, 승지 박열이 아뢰기를,

"춘추관으로 『실록』을 상고하게 하소서."

전교하기를,

"지금의 일로 보면, 사관史官이 사실을 적는 데 있어서도 경연에서 아뢴 것을 누락한 것이 있으니, 국사에 있지 않는 것이라도 역시 널리 상고하여 아뢰도록 하라."

- 『연산군일기』, 1504년 4월 21일

### 實錄記事 1504년 4월 23일, 폐비의 일에 관련된 자를 처벌하다

전교하기를,

"회릉께서 폐위당할 때 귀인 권씨와 봉보부인[49] 백씨, 전언典言 두대豆大 등이 모두 모의에 참여하였으니, 백씨와 두대는 모두 관을 쪼개어 능지하며, 권씨는 이장하되 묘를 만들지 못하게 하며, 또 묘소의 석물石物을 철거시키고, 그 아들들은 모두 나누어 먼 곳으로 정배하며, 아들이 없는 자는 아울러 형제를 정배하고 싶으니, 삼공 육경에게 물어서 아뢰라."

영의정 성준 등이 아뢰기를,

"성상의 하교가 지당합니다."

전교하기를,

"권 귀인은 폐하여 서인을 삼고, 봉보 부인 백씨는 부관참시하며, 그 지아비 강선은 장 1백을 때려 먼 지방으로 보내어 종을 삼고, 가산을 적몰하라."

- 『연산군일기』, 1504년 4월 23일

49) **봉보 부인**奉保夫人 : 임금의 유모 종1품 품계.

### 實錄記事 1504년 윤4월 5일, 유순·허침 등이 폐비의 일을 상고하여 아뢰다



유순·허침·이집·김수동이, 『실록』을 상고하여 아뢰기를,

"회릉[50]이 폐위당할 때, 언문 글 쓴 자는 나인이기 때문에 상고할 수 없으며, 『실록』에 오르지 않은 것은 상고할 근거가 없습니다. 나인으로서 그 일에 간섭한 자는 권 숙의·엄 숙의·정 숙원이며, 일을 의논한 사람은 전에 벌써 상고하여 아뢰고 빠진 자는 없습니다. 다만 언문을 가지고 온 자는 노공필·성준이었습니다."

전교하기를,

"준과 공필의 죄는 윤필상과 벌이 같을 것이다."

순 등이 아뢰기를,

"필상은 그 일에 참여하여 의논하였으니, 준과 공필은 이와 차이가 있습니다. 회릉이 폐위되어 사삿집에 거처할 때에 대사헌 채수가 그것이 불가함을 간했습니다. 그리고 성종께서 의논하여 그 죄를 다스리고자, 공필을 명하여 가서 삼전[51]께 아뢰게 하니, 삼전께서 언문 편지를 붙여서 성종成宗께 아뢰게 하였으며, 준은 대사를 다 정한 후에 명을 받들어 삼전께 고하니, 삼전께서 언문 편지를 준에게 주어 아뢰게 하였습니다. 두 사람은 다만 삼전 및 성종의 명으로 왕복하며 회계回啓했을 뿐이요 건의한 일이 없으니, 그 죄는 필상과 차이가 있습니다."

전교하기를,

"그 죄가, 필상과 함께 벌줄 수는 없다 하더라도, 역시 경하게 논할 수 없는 일이니, 그들의 죄를 의논해서 아뢰라."

순 등이 아뢰기를,

"준과 공필은 직첩을 거두고, 외방에 부처하며, 그 아들도 함께 직첩을 거두소서. 또 공필은 전에 벌써 외방에 부처하였으니 먼 고을로 옮겨 정배하소서."

그대로 따랐다. 그리고 순 등에게 전교하기를,

"준은 국가에 유익한 자이다. 재상과 조정 선비에 죄를 입은 자가 매우 많아 조정에서 임용함이 부족하기는 하지만, 큰일을 처리하는 데는 그렇게 하여야 하겠다. 금년에 가뭄이 너무 심한 것을 보니, 내가 어질지 못하기 때문에 천심이 화협하지 않아 그런 것이다. 예전에 이르기를 '한 여인이 원망하면 6월에도 서리가 내린다.' 하였으니, 재

50) **회릉**懷陵 : 폐비 윤씨의 묘.

51) **삼전**三殿 : 3왕대비.

상과 조정 선비로 죄를 입고 부처된 자가 매우 많으므로, 사사로이 근심하고 원망하기 때문에 이런 가뭄이 있는 것이다."

순이 아뢰기를,

"큰일을 처리하는 데에는 그러하여야 합니다. 또 죄 있는 사람이 어찌 감히 원망하겠습니까? 혹 원망하더라도 어찌 죄 있는 자의 원망이 이런 가뭄을 가져오겠습니까? 이것은 신 등이 어질지 못하기 때문입니다. 신이 의당 사면을 청할 것인데, 근자에 일이 많아서 미처 못하였습니다."

승지 권균이 순의 말을 듣고 말하기를,

"어찌 공구 수성의 일을 아뢰지 않습니까?"

전교하기를,

"조정이 모두 어질고 유능한데, 내가 어질지 못하기 때문에 그렇게 되는 것이다."

또 전교하기를,

"권 숙의도 엄·정과 같이 죄주고, 또 그 가산을 몰수하게 하라."

승지 이계맹이 아뢰기를,

"엄·정은 아비를 참형에 처하고, 형제를 장 1백을 처하여 아주 먼 변방으로 보내어 종이 되게 하였습니다. 권 숙의는 부모와 동생이 없고 다만, 성 다른 삼촌 조카 유지형과 허밀이 있는데 어떻게 죄를 주어야 하겠습니까?"

전교하기를,

"3등을 감해서 형장 때려, 아주 먼 변방으로 보내어 종이 되게 하라."

– 『연산군일기』, 1504년 윤4월 5일

### 實錄記事 1504년 윤4월 17일, 폐비에 관여한 자에 대하여 승정원이 서계하다

승정원이 시계하기를,

"기해년 6월 5일, 회릉을 폐위할 때, 승지는 홍귀달·김승경·이경동·김계창·채수·변수요, 주서는 신경·홍형이요, 사관은 최진·이세영이며 언문 글을 번역한 것은 채수·이창신·정성근이었습니다. 그리고 임인년 8월 16일 〈사약 내릴 때〉 승지는 노공필·이세좌·성준·김세적·강자평·권건이요, 주서는 이승건·권주이고, 사관은 신복의·홍계원이고, 언문을 펴 읽은 이는 내관 안중경이며, 언문을 풀어 보인 것은 강자평이었습니다."

전교하기를,

"정승 등은 그 죄를 의논하여 아뢰라."

유순 등이 서계하기를,

"경동·계창·변수는 직첩을 거두고 신경은 파직하고, 홍형은 직첩을 거두고 최진은 파직하고, 채수·이창신은 직첩을 거두어 먼 지방에 부처하고, 정성근과 그 아들들은 직첩을 거두어 외방에 부처하소서. 김세적·강자평·권건·이승건은 직첩을 거두고, 권주·신복의는 파직하고, 홍계원은 직첩을 거둠이 어떻겠습니까?"

그대로 따랐다.

- 『연산군일기』, 1504년 윤4월 17일

實錄記事 1506년 8월 15일, 폐비 윤씨의 기일에도 나인들과 음난 행위를 하다

왕이 후원에서 나인들을 거느리고 종일 희롱하고 놀며 노래하고 춤추었는데, 이날은 곧 폐비 윤씨의 기일이었다. 왕은 또 발가벗고 교합하기를 즐겨 비록 많은 사람이 있는 데서도 피하지 않았다.

- 『연산군일기』, 1506년 8월 15일

## 장녹수가 권세를 혼자 쥐고 자기 마음대로 하다

무오사화와 갑자사화로 권력을 독점한 연산군과 궁중파들의 학정은 날로 심해졌다. 연산군은 홍문관과 사간원을 폐지하고 사헌부의 지평 이원을 없애 언로를 막았다. 정치 논쟁을 막기 위해 경연도 폐지했으며, 학문의 전당 성균관을 기생과 어울리는 장소로 만들었다. 연산군은 자신의 뜻에 거스르거나 자기의 잘못을 비난하는 사람이 있으면 가차 없이 죄를 물어 참형에 처했는데, 죽을 각오를 하고 직언한 환관 김처선은 직접 활을 쏘아 죽이기까지 했다.

연산군은 장녹수[52]에게 빠졌다. 장녹수는 연산군의 총애를 등에 업고 전횡을 일삼았다. 장녹수에 관한 다음과 같은 기록이 남아 있다.

52) **장녹수**張綠水 : 아름다운 용모와 뛰어난 춤과 노래로 연산군에게 발탁돼 입궁한 연산군의 후궁. 제안대군의 종으로 가노와 혼인해 자식까지 있었으나, 용모가 아름답고 춤과 노래가 빼어나 연산군의 발탁으로 입궁했다. 내명부 종4품 숙원에 봉해지고, 많은 재물과 노비를 하사받는 등 연산군의 총애를 받고 이를 이용해 상벌을 마음대로 내리기도 했다. 사치를 부리고 오빠와 자녀들을 양인 신분으로 올려주는 등의 행동이 연산군의 실정을 부추기면서 중종반정 때 처형됐다.

### 實錄記事 1502년 11월 25일, 김효손을 사정으로 삼다

김효손을 사정으로 삼았다.

"김효손은 장녹수의 형부이고, 장녹수는 제안대군[53]의 가비(양반집에서 사사로이 부리던 계집종)였다. 성품이 영리해 사람의 뜻을 잘 맞추었는데, 처음에는 집이 매우 가난해 몸을 팔아서 생활했으므로 시집을 여러 번 갔다. 그러다가 대군의 가노의 아내가 되어서 아들 하나를 낳은 뒤 노래와 춤을 배워서 창기가 되었는데, 노래를 잘해서 입술을 움직이지 않아도 소리가 맑아서 들을 만했으며, 나이는 30여 세였는데도 얼굴은 16세의 아이와 같았다. 왕이 듣고 기뻐해 드디어 궁중으로 맞아들였는데, 이로부터 총애함이 날로 융성해 말하는 것은 모두 좇았고, 숙원으로 봉했다. 얼굴은 중인 정도를 넘지 못했으나, 남모르는 교사와 요사스러운 아양은 견줄 사람이 없으므로, 왕이 혹해 상사가 거만이었다. 부고의 재물을 기울여 모두 그 집으로 보내었고, 금은주옥을 다 주어 그 마음을 기쁘게 해서, 노비, 전답, 가옥도 또한 이루 다 셀 수가 없었다. 왕을 조롱하기를 마치 어린아이같이 했고, 왕에게 욕하기를 마치 노예처럼 했다. 왕이 비록 몹시 노했더라도 녹수만 보면 반드시 기뻐해 웃었으므로, 상주고 벌주는 일이 모두 그의 입에 달렸으니, 김효손은 그 형부이므로 현달한 관직에 이를 수 있었다."

- 『연산군일기』, 1502년 11월 25일

연산군이 장녹수에게만 빠져 있었던 것은 아니었다. 그는 궁인과 기생은 물론 여염집 아녀자들까지 거침없이 희롱했으며, 심지어 친족과 간음하는 등 패륜적 행위를 불사했다. 전국에서 운평[54]을 뽑아 대궐에 들여 '흥청[55]'이라고 하고, 밤

53) **제안대군**齊安大君 : 1470년(성종 1년) 5세의 나이로 제안대군에 봉해져 녹봉과 직전을 시급받았으며, 후일 세종의 제 5자인 평원대군 임의 후사로 입양되었다. 12세에 사도시정 김수말의 딸과 혼인하였으나 어머니 안순왕후에 의하여 내쫓긴 바 되어, 14세에 다시 박중선의 딸과 혼인하였지만 김씨를 끝내 못잊어하자 1485년 성종이 복합을 허락하였다. 1498년(연산군 4년) 안순왕후의 상을 입은 뒤부터는 홀로 거처하였으며, 평생 여색을 가까이하지 않았고, 다만 성악을 즐기고 사죽관현을 연주하기를 좋아하였다. 그래서 연산군이 네 차례나 음률을 아는 여자를 궁중으로 맞아들여 그에게 내렸으나 따르지 않았다. 『패관잡기』에는 그를 평하여 "성품이 어리석다."고 하면서, 한편으로는 "진실로 어리석은 것이 아니라 몸을 보전하기 위하여 스스로를 감춘 것"이라는 또 다른 평가를 내리고 있다. 그는 결국 왕위계승을 둘러싼 왕실 세력과 훈신의 각축 속에서 희생된 인물이었다. 슬하에 자식이 없었다.

54) **운평**運平 : 가무를 담당하던 기생.

낮으로 풍악을 울렸다. 여기에서 "흥청거리다."라는 말이 유래되기도 했다.

연산군은 도성 안 대궐에 가까운 인가를 철거하고, 동서로 돌성을 쌓아 한계를 정한 후 금표[56]를 세워 사냥터로 삼았다. 여기에 함부로 들어가면 큰 벌을 받았다. 수리도감을 두고 공사를 크게 일으켜 궁실을 넓히고, 강가나 시냇가에 높은 누각과 정자를 지어 수시로 오가며 즐겼다. 놀기 좋게 땅을 고르거나 물길을 바꾸고 큰 연못을 파는 등 대규모 토목 공사가 끊이지 않았다. 토목 공사에 백성들이 징발되어 고통이 컸으며 국가재정도 거덜 났다. 백성들의 불만이 고조되면서 여기저기서 언문(한글) 투서가 나붙었다. 연산군은 아예 언문금지령을 내렸다. 연산군의 학정은 민생을 도탄에 빠뜨렸다.

대부분의 사초 기록이 연산군을 몰아내고 정권을 잡은 반정 세력에 의해 쓰였기 때문에 사실이 왜곡되거나 과장되었어요. 왕을 몰아내려면 그만한 명분이 있어야 하기 때문이었다.

## 중종반정으로 폐위되다

1506년(연산군 12년) 9월 2일 반란군이 궁궐로 향했다. 연산군의 행태를 더 이상 참고 볼 수 없었던 성희안[57], 박원종[58], 유순정[59] 등이 반정을 주도했다. 궁궐

55) **흥청**興清 : 연산군 10년 나라에서 모아들인 기녀.

56) **금표**禁標 : 출입 금지를 알리는 푯말.

57) **성희안**成希顔 : 1504년(연산군 10년) 이조참판 겸 오위도총부도총관의 직에 있었으나 양화도 놀이에서 왕의 비행을 풍자한 시를 지은 일로 무관의 말단직으로 좌천되었다. 1506년 그는 지중추부사 박원종과 함께 연산군을 폐출시킬 것을 밀약하고, 호조판서 유순정의 호응을 얻어 군대를 동원하여 거사했다. 정변이 성공한 뒤 연산군을 폐하여 강화도에 안치하는 한편 진성대군을 새 왕으로 추대했다.

58) **박원종**朴元宗 : 음보로 선전관에 등용된 뒤 1486년(선종 17년) 무과에 급제해 선전내승이 되었다. 연산군이 즉위한 뒤 승정원의 여러 벼슬을 거쳤으나, 1500년 평안도병마절도사로 좌천되었다. 그뒤 1502년 평성군에 봉해지고 강원도관찰사·동지의금부사를 지내고, 1506년 경기도관찰사를 지내다 연산군의 미움을 받아 삭직되었다. 그해에 성희안·유순정 등 훈구세력과 함께 반정을 일으켜 중종을 옹립하는 데 주도적 역할을 했다.

을 지키던 군사들, 시종들까지 도망가기에 바빴고 아무도 연산군을 보호하기 위해 나서는 사람이 없었다. 궁궐에 들이닥친 반정 세력들은 대비 정현왕후의 재가를 얻어 연산군을 왕위에서 몰아내고 진성대군을 새 왕으로 추대하니 이것이 바로 '중종반정'이라 한다.

유순정

여기서 주목해야 할 것은 중종반정이 신하들에 의해 주도되었다는 것이다. 조선 역사에서 태종이나 세조처럼 형식이야 어찌 되었든 계승 서열을 무시하고 왕위를 찬탈한 경우가 있었다. 이것은 왕 자신의 뜻에 따라 시도된 것이었다. 연산군을 폐출한 중종반정은 신하들이 왕을 몰아낸 최초의 사건이었다. 중종은 반정 세력이 자신을 호위하기 위해 궐 밖 사저로 군사를 보낼 때까지 자신이 왕으로 추대될 것이라는 사실을 전혀 몰랐다.

**實錄記事 1506년 9월 2일, 중종이 경복궁에서 즉위하고, 연산군을 폐하여 교동현에 옮기다**

금상(중종)이 경복궁에서 즉위하고 왕을 폐하여 교동현으로 옮겼다.

처음에 왕의 어머니 폐비 윤씨가 성질이 모질고 질투하였다. 정희[60], 소혜[61], 안순[62] 세 왕후가 윤씨의 부도한 짓이 많음을 보고 매우 걱정하여 밤낮으로 훈계하였으나, 더욱 순종하지 않고 악행이 날로 심하므로, 성종이 할 수 없이 의지[63]를 품하여 위로 종묘에 아뢰고 왕비를 폐하였었다.

왕은 그때 아직 강보(포대기) 속에 있었는데, 자라남에 미쳐 성종은 그가 어머니 여읜 것을

59) **유순정**柳順汀 : 김종직의 문하에서 학업을 닦고 활을 잘 쏘아서 무인 중에서도 비교할 자가 드물었다. 1487년(성종 18년) 진사로 별시 문과에 장원으로 급제해 홍문관전적에 임명되었다. 연산군이 즉위하자 사헌부헌납으로서 임사홍의 잔악함을 논박하였다. 1503년에는 공조참판으로서 하정사가 되어 명나라에 다녀왔으며, 이듬해 평안도관찰사가 되었다. 이때 연산군의 밤사냥이 불편함을 진언했다가 임사홍의 모략으로 추국당하였다. 1506년 이조판서로서 박원종·성희안 등과 종반정을 모의, 거사해 그 공으로 정국공신 1등에 책록되었다.

60) **정희**貞喜 : 세조비 윤씨尹氏.

61) **소혜**昭惠 : 덕종德宗비 한씨韓氏.

62) **안순**安順 : 예종睿宗비 한씨.

63) **의지**懿旨 : 왕비의 명령. 여기에서는 대비大妃의 명령.

불쌍히 여기고, 또 적장(정실이 낳은 장자와 장손)이기 때문에 왕세자로 세웠다. 그런데 시기와 모짐이 그 어미와 같고 성질이 또한 지혜롭지 못하므로 성종은 당시의 단정한 선비들을 골라 뽑아 동궁의 관원으로 두어 훈회하고 보도[64]함을 특별히 지극하게 하였다.

왕이 오랫동안 스승 곁에 있었고 나이 또한 장성했는데도 문리를 통하지 못했다. 하루는 성종이 시험삼아 서무를 재결시켜 보았으나 혼암하여 분간하지 못하므로 성종이 꾸짖기를 '생각해 보라. 네가 어떤 몸인가. 어찌 다른 왕자들과 같이 노는 데만 힘을 쓰고 학문에는 뜻이 없어 이같이 어리석고 어둡느냐.'하였었는데, 왕이 이 때문에 부왕 뵙기를 꺼려 불러도 아프다고 핑계하고 가지 않은 적이 많았다.

하루는 성종이 소혜왕후에게 술을 올리면서 세자를 명소하였으나, 또한 병을 칭탁하고, 누차 재촉해도 끝내 오지 않으므로, 성종이 나인을 보내어 살피게 하였더니, 병이 없으면서 이르기를 '만약 병이 없다고 아뢰면 뒷날 너를 마땅히 죽이겠다.'하매, 나인은 두려워서 돌아와 병이 있다고 아뢰었다. 성종은 속으로 알고 마음에 언짢게 여기며 그만두었었다. 이로부터 세자를 폐하고 싶은 마음이 많았으나 금상(현재 왕)이 아직 어리고, 다른 적자가 없으며, 또한 왕이 어리고 약하여 의지할 곳이 없음을 불쌍히 여겨 차마 못하였다.

*장녹수에게 빠져 날로 방탕이 심해지고 또한 광포한 짓이 많으므로 소혜왕후가 걱정이 되어 누차 타일렀지만 도리어 왕의 원망만 사게 되었다.*

성종이 승하하자 왕은 상중에 있으면서도 서러워하는 빛이 없으며, 후원의 순록을 쏘아 죽여 그 고기를 먹으며 놀이 즐기기를 평일과 같이 하였고, 심지어 군신들을 접견하고 교명[65]을 내리면서도 숨기고 가리며 거짓 꾸미기를 힘썼는데, 외부 사람들은 알지 못했었다. 그러나 그 초년에는 선조의 옛 신하들이 많이 남아 있어 아직 조정이 완전하므로 정령[66]이 문란하지 않았는데, 무오년 주륙[67]이 있는 뒤부터는 왕의 뜻이 점차 방자해져, 엄한 형벌로 아랫사람들을 억제하매, 선비의 기개가 날로 꺾여 감히 정언 극론을 하는 사람이 없으므로 왕이 더욱 꺼릴 것 없어 멋대로 방탕해졌다.

임술·계해년 무렵에 이르러서는 장녹수에게 빠져 날로 방탕이 심해지고 또한 광포한 짓이 많으므로 소혜왕후가 걱정이 되어 누차 타일렀지만 도리어 왕의 원망만 사게 되었다. 외부

64) **보도**輔導 : 도와서 바르게 이끎.

65) **교명**敎命 : 왕비 또는 세자 등을 책봉하던 임금의 명령.

66) **정령**政令 : 정치상의 명령 또는 법령.

67) **주륙**誅戮 : 죄를 물어 죽임.

에까지 왕왕 듣고 서로 보여 귓속말을 하며 그윽이 근심하게 되므로, 소혜왕후가 또다시 몰래 대신들에게 유시를 내려 간절히 간하게 하니, 왕이 더욱 분해했다. 그리하여 항상 조정에 구애되어 하고 싶은 대로 못하는 것을 불만스럽게 여겼으나 발로할 수 없었다.

이때 임사홍이 음험하고 간사한 자로 선조 때부터 내쫓긴 지 거의 30년이나 되므로 항상 이를 갈다가, 그 아들 임숭재가 옹주에게 장가듦으로 인하여 금중[68]을 출입할 수 있게 되자 왕의 뜻을 짐작하고 마침내 조정을 위협하는 술책으로써 가만히 뜻을 갖추니, 왕이 크게 기뻐하여 급히 숭품[69]에 발탁, 아무 때나 불러 보았으며, 무릇 하고 싶은 일이 있으면 묻지 않는 것이 없었는데, 사홍이 부름을 받으면 반드시 미복[70]으로 어둠을 타 편문[71]으로 들어갔고 왕은 항상 내 벗 활치옹[72]이 왔다 하였으니, 아마 사홍이 이가 부러져 사이가 넓었기 때문이리라. 왕은 이에 크게 형륙[73]을 자행하였는데 언관들을 추구[74]하여 대신으로부터 대간·시종들까지 거의 다 죽이거나 귀양 보내어 조정이 텅 비었고, 폐비한 일을 원망하여 성종의 후궁을 장살[75]하고 그 자녀를 귀양 보내거나 죽이고, 그 며느리를 남의 첩으로 시집보내거나 제군·부마(임금의 사위)에게 주어 갖게 하였고, 소혜왕후를 후욕(꾸짖고 욕함)하여 마침내 근심과 두려움으로 병나 죽게 하고서는 그 상기[76]를 단축하되 날을 달로 치는 제도로써 하였고, 대행[77]이 아직 빈소에 있는데도 풍악을 그치지 않았다. 폐비하는 의논에 참여한 자와 추숭[78]을 불가하다고 의논한 자를 모두 중형에 처하되, 죽은 자는 그 시체를 베고 가산을 몰수하며, 그 족속을 연좌하고, 살아 있는 자는 장신하여 멀리 귀양보냈는데, 교리 권달수는 먼저 주창하였다 하여 죽임을 당했다.

드디어 조종들의 옛 제도를 모두 고쳐 혼란케 하였는데, 먼저 홍문관 사간원을 혁파하고

68) **금중**禁中 : 궁궐의 안.

69) **숭품**崇品 : 문무관의 벼슬의 하나.

70) **미복**微服 : 지위가 높은 사람이 무엇을 몰래 살피러 다닐 때 입는 남루한 옷.

71) **편문**便門 : 드나들기 편한 곳에 낸 문.

72) **활치옹**豁齒翁 : 잇몸이 붓고 곪는 병.

73) **형륙**刑戮 : 죄인을 형벌에 따라 죽이는 일.

74) **추구**追究 : 근본을 캐어 들어가 연구함.

75) **장살**杖殺 : 형벌로 매를 쳐서 죽임.

76) **상기**喪期 : 상복을 입는 동안.

77) **대행**大行 : 임금이나 왕비가 죽은 뒤, 시호를 정하기 전에 이르던 칭호.

78) **추숭**追崇 : 왕위에 오르지 못하고 죽은 사람에게 임금의 칭호를 주던 일.

또 사헌부의 지평 2원을 없앰으로써 언로를 막았고, 손바닥 뚫기·당근질하기·가슴빠개기·뼈바르기·마디마디 자르기·배가르기·뼈를 갈아 바람에 날리기 등의 이름이 있었으며, 말이 조금만 뜻에 거슬리면 명령을 거역한다 하고, 말이 내간에 미치면 촉상[79]이라 지적하여, 얽어 죄를 만들되, 기제서를 경률로 삼고 족속을 멸하는 것을 상전[80]으로 여겨 한 번만 범하면 부자 형제가 잇달아 잡혀 살륙되고 일가까지도 또한 찬축[81]을 당했고, 익명서 및 다른 죄로 잡힌 자가 사연이 서로 연루되어 옥을 메웠는데, 해를 넘기며 고문하여 독한 고초가 말할 수 없었다.

심지어 옛 당직청이 협소하다 하여 이내 복야청으로 옮겨 넓히되 밀위청이라 하고 감옥의 관원을 더 두었으며, 죄수를 신문함에 있어서도 반드시 삼공(삼정승)과 승지·금부 당상이 섞여 다스리게 하였는데, 사대부로서 매를 맞는 자가 빈 날이 없었으나 모두 그 죄가 있어서가 아니었고, 또 비방하는 의논이나 우어[82]를 금하는 법을 만들어 감찰로 하여금 날마다 방방곡곡을 사찰하였다가 초하루 보름으로 아뢰게 하였고, 온갖 관사와 여러 부[83]도 또한 초하루 보름으로 시사[84]를 비방하는 자가 있나 없나를 적어 아뢰게 하여, 비록 부자간이라도 관에 보고한 뒤에라야 서로 만나도록 하므로, 모두 서로 손을 저어 말을 막았고, 사람마다 스스로 위태롭게 여겨 길에서 눈짓만 했다.

또 도성 사방에 백 리를 한계로 모두 금표를 세워 그 안의 주현과 군읍을 폐지하고 주민을 철거시켜 비운 뒤에 사냥터로 삼고, 만약 여기에 들어가는 자는 당장 베어 조리를 돌리고, 기전[85] 수백 리를 한없는 풀밭으로 만들어, 금수를 기르는 마당으로 삼았다. 그리고 내수사 종 중 부실富實한 자를 가려 들어가 살게 하여 몰이하는 데 편리하게 하니, 본래 살던 사람들이 뿔뿔이 흩어지고 사망하여 길에 즐비하였고, 능침이 다 금표 안에 들어가 지키는 사람이 없어 향화(향불) 역시 끊겼다.

또 도성 안 대궐에 가까운 인가를 철거하고 동서로 돌성을 쌓아 한계를 정하고 문묘[86]의

79) **촉상**屬上 : 위를 범하는 것.

80) **상전**常典 : 공로의 대소에 따라 상을 주는 격식.

81) **찬축**竄逐 : 죄인을 먼 곳으로 귀양 보냄.

82) **우어**偶語 : 두 사람이 마주 대하여 이야기함.

83) **부**府 : 대도호부사·도호부사가 있던 지방 관아.

84) **시사**時事 : 그 당대 사회에서 일어난 일.

85) **기전**畿甸 : 경기도 지방 일대.

86) **문묘**文廟 : 공자를 모신 사당.

신판을 옮긴 뒤 그 안에 짐승을 길렀으며, 수리 도감을 두고 크게 공사를 일으켜 사방의 공장[87]을 모으고 민호(민가)를 징발, 모두 서울에 집중시켜 궁실을 넓히고, 대사[88]를 더 지어 강가나 물구비에 그들먹하게 벌여 놓으며, 높은 곳은 깎고 낮은 곳은 메워 큰길을 이리저리 내고, 밤낮으로 시녀들과 오가며 놀았다. 그중에서 가장 큰 것은 삼각산 밑 장의 사동에 있는 탕춘정인데, 시냇물이 구비쳐 흐르는 위에 위치하여 단청이 수면에 현란하고, 시내를 가로 질러 낭원을 벌여 지었는데 규모가 극히 웅장하였다. 일찍이 강물을 끌어 정자 밑에 이르게 하고 또 산을 뚫어 다른 시냇물을 끌어 정자 밑에 합류시키려 했는데, 모두 이루지 못했다.

창덕궁 후원에 있는 것은 서총대라 하는데, 높이가 수십 길이며 넓기도 높이와 걸맞았다. 그 아래 큰 못을 파는데 해가 넘도록 공사를 마치지 못했다. 또 임진강 가 툭 내민 석벽 위에 별관을 지어 유행[89]하는 장소를 만들었는데, 굽이진 원과 빙 두른 방이 강물을 내려다보아 극히 사치스럽고 교묘하다.

또 이궁[90]을 장의사동과 소격서동에 짓게 하여 바야흐로 재목을 모아 역사를 하는데, 모든 역사를 감독하는 벼슬아치들이 독촉하기를 가혹하고 급하게 하여 때리는 매가 삼단과 같으며, 조금만 일정에 미치지 못하면 또한 반드시 물건을 징수하므로, 원망과 신음이 길에 잇달았다.

축장군·축성군·서총정군·착지군·이궁 조성군·인양전 조성군·재목 작벌군·유하군이라고 부르는 따위의 징발하는 명목을 다 셀 수가 없다. 그러므로 중외[91]가 모두 지치고 공사가 탄갈[92]하여 유리 멸망이 서로 잇달아 온 고을이 거의 비게 되었으며 서울에서 역사하는 자는 주리고 헐벗고 병들어서 죽는 자가 태반이었다. 마을과 거리에 시체가 쌓여 악취를 감당할 수 없는데, 더러는 굶주리고 지친 나머지 길가에 병들어 쓰러진 자가 아직 숨이 붙어 있지만, 그 근방에 사는 사람들이 시체를 버려두었다는 죄를 입을까 겁내어 서로 끌어다 버리므로 죽지 않는 자가 없었다.

구수영은 영응대군의 사위이고, 그 아들은 또 왕의 딸 휘순 공주에게 장가들어, 아첨과

87) **공장**工匠 : 공방에서 연장으로 물품을 만들던 사람.

88) **대사**臺榭 : 높고 큰 누각이나 정자.

89) **유행**遊幸 : 대궐 밖으로 거동함.

90) **이궁**離宮 : 임금이 거둥할 때 머물던 별궁.

91) **중외**中外 : 조정과 민간.

92) **탄갈**殫竭 : 마음이나 힘을 남김없이 다 쏟음.

간사로 왕에게 굄을 받았는데, 그는 미녀를 사방으로 구하여 바치니, 왕이 매혹되어 수영을 발탁, 팔도 도관찰사를 삼으니 권세가 중외를 기울였다.

이때부터 내총[93]이 점차 성하였는데, 그중에서 가장 굄을 받은 것이 전숙원과 장소용이다. 왕이 두 후궁에게는 하는 말을 따르지 않음이 없고, 하려는 것을 해주지 않는 것이 없으므로, 옥사[94]를 농간하고 벼슬을 팔며 남의 재물·장획[95]·가사를 빼앗는 등 못하는 짓이 없었고, 조금이라도 자기 뜻에 거슬리면 반드시 화로써 갚으므로 종척이나 경대부들이 그들의 침해와 모욕을 받지 않는 사람이 없으니, 주인을 배반하고 이익을 노리는 무뢰배로서 일가라 일컫고 투탁하는 자가 다 셀 수 없었다. 두 집의 도서나 서찰을 가진 자가 사방에 널려 이르는 곳마다 소란을 피우며 수령을 업신여기고, 백성들에게 못살게 굴어 기세가 넘쳤으나 아무도 감히 범접하지 못하고 조심스럽게 빌며 사양하고 움츠려 피할 뿐이었다.

왕이 이들을 위하여 큰 집을 짓되, 대관에게 감독하게 하여 지어 주었는데, 그들이 만약 부모를 뵈러 출입할 때면, 중관 및 승지·주서·재상들이 모두 따라가며 앞에서 인도하고 뒤를 감싸 마치 왕비의 행차와 같았다. 또 시녀 및 공·사천과 양가의 딸을 널리 뽑아 들이되, 사자[96]를 팔도에 보내어 빠짐없이 찾아내어 그 수효가 거의 만 명에 이르렀으며, 그들의 급사·수종과 방비라고 일컫는 자도 그 수와 같았으며, 7원 3각을 설치하여 거처하게 했는데, 운평·계평·채홍·속홍·부화·흡려 따위의 호칭이 있었으며, 따로 뽑은 자를 흥청악[97]이라 하고 악에는 세 과가 있었는데, 굄을 거치지 못한 자는 지과라 하고 굄을 거친 자는 천과라 하며, 굄을 받았으되 흡족하지 못한 자는 '반천과라 하고, 그중에서 가장 굄을 받은 자는 작호를 썼는데, 숙화·여원·한아 따위의 이름이 있으며, 그 기세와 굄이 전숙원이나 장 소용과 더불어 등등한 자도 또한 많았다.

왕이 그 속에 빠져 오직 날이 부족하게 여기며 흥청 등을 거느리고 금표 안에 달려 나가 혹은 사냥, 혹은 술 마시며 가무하고 황망하였다. 성질이 광조하여 한곳에 오래 머물지 못하고 내달려 동쪽에 있다 서쪽에 있다 하므로 비록 가까이 모시는 나인이라도 그 행방을 헤아리지 못했다. 또 자전[98]을 효도로 받든다 하고 날마다 연회를 베풀되 때로는 밤중

---

93) **내총**內寵 : 궁녀에 대한 임금의 사랑.

94) **옥사**獄事 : 역적이나 살인범 등의 중대한 범죄를 다스림.

95) **장획**臧獲 : 남의 집에 딸려 대대로 그 집에서 천한 일을 하던 사람.

96) **사자**使者 : 명령이나 부탁을 받고 심부름하는 사람.

97) **흥청악**興淸樂 : 나라에서 모아들인 기녀의 무리인 흥청으로 편성된 악단.

에 달려가 연회를 베풀기도 하고 때로는 시종들을 핍박하여 험한 곳에 놀이를 나가기도 하였는데, 대비 또한 능히 감당치 못하면서도 두려워 감히 어기지 못하였으며, 언제나 내연을 베풀되 반드시 종재·사대부의 아내를 입참하도록 하였는데, 연달아 밤낮으로 나오지 못하는 자가 있으므로 추문이 파다하였다.

이때 대비는 경복궁으로 옮겨 거처하였는데, 왕은 대비를 위하여 경회루 연못에 관사의 배들을 가져다가 가로 연결하고 그 위에 판자를 깔아 평지처럼 만들고 채붕[99]을 만들었으며, 바다에 있는 삼신산을 상징하여 가운데는 만세산, 왼쪽엔 영충산, 오른쪽엔 진사산을 만들고 그 위에 전우[100]·사관·인물의 모양을 벌여 놓아 기교를 다하였고, 못 가운데 비단을 잘라 꽃을 만들어 줄줄이 심고 용주 화함을 띄워 서로 휘황하게 비췄는데, 그 왼쪽 산엔 조정에 있는 선비들의 득의양양한 모양을 만들고 오른쪽엔 귀양 간 사람들의 근심되고 괴로운 모양을 만들었다.

왕은 스스로 시를 지어 걸고 또 문사들도 짓되, 모두 세 산을 명명한 뜻을 서술하게 하고 날마다 즐겁게 마시며 놀되, 화초와 인물의 형상이 비를 맞아 더러워지면 곧 새것으로 바꾸었다. 대비가 억지로 잔치에 참석은 하였지만 연회가 파하면 늘 한숨 쉬며 즐거워하지 않았다.

*왕은 스스로 시를 지어 걸고 또 문사들도 짓되, 모두 세 산을 명명한 뜻을 서술하게 하고 날마다 즐겁게 마시며 놀되, 화초와 인물의 형상이 비를 맞아 더러워지면 곧 새것으로 바꾸었다.*

또 궁내에 조준방을 두어 매와 개를 무수히 기르므로 먹이는 비용이 걸핏하면 1천으로 헤아렸고, 사방의 진기한 새와 기이한 짐승을 모아들여 역시 그 속에 두되, 따로 응군이란 것을 두어 내응방에 소속시키고 번갈아 바꾸도록 하여 1만 명이나 되는데 두 대장에게 나누어 소속시키고, 또 위장이 있어 여러 장수들의 수를 서로 통솔하게 하고, 고완관과 해응관을 두어 매와 개를 몰아 사냥하는 일을 살피도록 하는데, 모두 미치고 방종한 무뢰한이었다. 왕이 사냥을 하려 하면 대장 이하가 각기 응군을 거느리고 달려오는데 이것을 내산행이라 했다. 또 사방의 준마를 모아 용구·인구·운구·기구·신준방·덕기방·봉순사를 따로 두어 기르되, 사복시의 관원을 더 두어 오로지 감목하게 하여, 유행·출엽할 때 썼다.

왕은 스스로 자신의 소행이 부도함을 알고 내심 부끄러워하여 인도를 혼란시켜 자기와

---

98) **자전**慈殿 : 임금의 어머니.

99) **채붕**彩棚 : 나무로 단을 만들고 오색 비단 장막을 늘어뜨린 일종의 장식 무대.

100) **전우**殿宇 : 신령이나 부처를 모신 집.

같게 만들려고 하여, 사대부의 친상을 단축하였으며, 효행이 있는 사람을 궤이하다 하여 죽였고, 형제들을 핍박하여 그 첩을 서로 간범하게 하니, 삼강이 끊어지고 이륜[101]이 소멸되었다. 그래서 모든 사람이 배반하고 친척들이 이탈하여 중외가 다 원망하는데, 오직 사홍·수영 및 간사하고 아첨하는 군소무리들이 세력을 믿고 스스로 방자하므로, 당시 대신의 반열에 있는 자들은 방관할 뿐 어찌 할 수 없었다. 총애를 탐내며 화를 두려워함이 날로 더하여 사직을 보전할 계책을 도모하는 자는 아무도 없었다.

왕은 항상 귀양간 사람들이 원한 때문에 일을 일으킬까 염려하여 모두 절도에 유배시켜 고역을 치르게 하고, 2품 당상을 진유 근리사라 칭하여 보내되 각기 종사관 1명씩을 거느리고 가서 검찰하고 구류당한 죄수들을 얽매어 자유롭지 못하게 하니, 사람들이 모두 죽음이 조석간에 있음을 알았다.

왕은 오랠수록 더욱 의심하여 모두 없애려고 하였으며, 이장곤이 가장 용맹한 사람이니 마침내 변을 일으킬까 싶다 하여, 경사로 잡아 보내게 하여 장차 먼저 죽이려고 하므로 장곤이 듣고 곧 망명하니, 왕은 크게 노하여 상금을 걸고 체포를 서둘되, 경조관을 보내어 모든 도에 있는 관원과 함께 군대를 풀어 찾게 하니, 도하[102]가 흉흉하여, 혹자는 이장곤이 망명하여 무리들을 모아 거병한다 하였다.

평성군박원종과 전 참판 성희안이 한 마을에 살았는데, 서로 만나 시사를 논할 적마다 '이제 정령이 혼암 가혹하여 백성이 도탄에 빠졌으니 종묘사직이 장차 전복될 것인데, 나라를 담당한 대신들이 한갓 교령을 승순하기에 겨를이 없을 뿐, 한 사람도 안정시킬 계책을 도모하는 자가 없다. 우리들은 함께 성종의 두터운 은혜를 입었는데, 어찌 차마 앉아서 보고만 있겠는가. 천명과 인심을 보건대 이미 촉망된 바 있거늘, 어찌 추대하여 사직을 바로 잡지 않을 수 있으랴.'하고, 드디어 큰 계책을 정했는데 모사에 참여할 자가 있지 않았다.

부정 신윤무는 왕의 총애와 신임을 받는 이로서 평소에 늘 근심하고 두려워하기를 '일조에 변이 있게 되면 화가 장차 몸에 미치리라.'생각하고, 원종 등에게 가서 말하기를 '지금 중외가 원망하여 배반하고 왕의 좌우에 친신하는 사람들도 모두 마음이 떠났으니, 환란이 조석간에 반드시 일어날 것이오. 또 이장곤은 무용과 계략을 가진 사람인데, 이제 망명하였으니 결코 헛되이 죽지는 않으리다. 만약 귀양간 사람들을 불러 모으고, 군읍에 격문을 보내어 군사를 일으켜 대궐로 쳐 들어온다면, 비단 우리들이 가루가 될 뿐 아니라, 사직

101) 이륜彝倫 : 떳떳이 지켜야 할 사람의 도리.

102) 도하都下 : 서울 지방.

이 장차 다른 사람의 손에 넘어갈 것이니, 일이 그렇게 된다면 비록 하고자 한들 미칠 수 없게 될 것이오.'하니, 원종 등이 뜻을 결정하였다. 이조 판서 유순정은 함께 일할 수 있다 하고, 그 계획을 말하자 따르므로 이어 장정·박영문을 불러 윤무와 더불어 무사를 모을 것을 언약하였다. 또 용구의 모든 장수들과 각기 응군을 거느리고 오기로 약속하였다. 이윽고 무인일(9월 1일) 저녁에 모두 훈련원에 모여 희안이, 김수동·김감에게 달려가 함께 가자고 하니, 감은 즉시 따랐고 수동은 두려워 망설이다가 결국 따랐다. 또 유자광이 지모가 많고 경력이 많다고 하여, 역시 불러 함께 하는 한편 용사들을 임사홍과 신수근·신수영의 집에 보내어 추살하고, 또 사람을 보내어 신수겸을 개성부에서 베니, 이를 들은 도중의 대소인들이 기약도 없이 모여 들어 잠깐 동안에 운집하자 즉시 모든 장수들을 편성하고 용구마를 내어 주어 각기 군사를 거느리고 궁성을 에워싸고 지키게 하였으며, 또 모든 옥에 있는 죄수들을 놓아 종군하게 하니, 밤이 벌써 3경이었다.

윤형로를 금상의 사제에 보내어 그 사유를 아뢰고 그대로 머물러 모시게 하고, 이어서 운산군 이계와 무사 수십 명을 보내어 시위하여 비상에 대비하게 하였다. 희안 등은 모두 돈화문 밖에 머물러 날이 새기를 기다리니, 숙위하던 장사와 시종·환관들이 알고 다투어 수채 구멍으로 빠져 나가 잠시 동안에 궁이 텅 비었다.

승지 윤장·조계형·이우가 변을 듣고 창황히 들어가 왕에게 사뢰니, 왕이 놀라 뛰어나와 승지의 손을 잡고 턱이 떨려 말을 하지 못하였다. 장 등은 바깥 동정을 살핀다고 핑계하고 차차 흩어져 모두 수채 구멍으로 달아났는데, 더러는 실족하여 뒷간에 빠지는 자도 있었다.

원종 등은 내시를 시켜 장사 두어 명을 거느리고 왕에게 가 옥새를 내놓고 또 동궁에 옮길 것을 청하였으며, 전동·심금손·강응·김효손 등을 군중(군대의 안)에서 베었다.

여명에 궁문이 열리자 원종 등이 경복궁에 나아가 대비에게 아뢰기를 '주상이 크게 군도를 잃어 종묘를 맡을 수 없고 천명과 인심이 이미 진성대군 이역에게 돌아갔으므로, 모든 신하들이 의지[103]를 받들어 신성 대군을 맞아 대통을 잇고자 하오니, 청컨대 성명을 내리소서.'하니, 대비는 전교하기를 '나라의 사세가 이에 이르렀으니 사직을 위한 계책이 부득이하다. 경 등이 아뢴 대로 따르리라.'하였다.

순정이 전지를 받들고 즉시 금상의 사제로 가 아뢰니, 상이 굳이 사양하기를 '조정의 종묘사직을 위한 대계가 진실로 이러해야 마땅하나 내가 실로 부덕하니 어떻게 이를 감당하겠는가.'하고, 재삼 거절한 뒤에야 비로소 허락하였다. 순정이 호종 시위하여 경복궁에 들어가니, 길에서 첨앙하는 백성들이 모두 눈물을 흘리며 모두들 '성주를 만났으니 고화

103) **의지**懿旨 : 왕비의 명령. 여기에서는 대비大妃의 명령.

(화환禍患) 속에서 벗어나게 되었다.'고 하였다.

신시에 근정전에서 즉위하여 백관의 하례를 받고 대사령을 중외해 내렸으며, 대비의 명에 의하여 전왕을 폐위 연산군으로 강봉하여 교동에 옮기고, 왕비 신씨를 폐하여 사제로 내쳤으며, 세자 이황 및 모든 왕자들을 각 고을에 안치시키고, 전비·녹수·백견을 군기시 앞에서 베니, 도중[104] 사람들이 다투어 기왓장과 돌멩이를 그들의 국부에 던지면서 '일국의 고혈이 여기에서 탕진됐다.'고 하였는데, 잠깐 사이에 돌무더기를 이루었다.

책공을 의정하게 하자, 원종 등이 여러 종실·재상들과 공을 나눔으로써 뭇사람의 마음을 안정시키려 하니, 처음부터 모의에 참여하지 않은 유순 등 수십 인이 다 정국공신에 참여되었다. 당초에 원종 등이 돈화문 밖에 모여 순에게 사람을 보내어 순을 부르니, 순이 변이 있는 줄 알고 어찌할 바를 몰라 나와 문틈으로 엿보다가 도로 들어가기를 너덧 차례나 하였으며, 또 문틈으로 말하기를 '나는 구항에서 죽고 싶지 않으니, 이번 일이 가하오. 마음대로 하오.'하고, 오랫동안 다른 일이 없음을 알고서야 나왔다. 그리고 구수영은 당초 원종 등이 거의했다는 말을 듣고, 즉시 훈련원에 달려가 제장들을 보았다. 여러 장수들이 서로 돌아보며 놀랬지만, 벌써 와서 몸 바치기를 허하였으므로, 마침내 훈적에 참여할 수 있었다.

이때 적인[105] 유빈, 이과, 김준손 등은 무리들을 불러 모아 전라도에서 거병하기로 하고, 조숙기 등은 또한 경상도에서 거병하기로 의논하여, 모두 금상을 추대하려 하였다가 상이 이미 즉위했다는 말을 듣고 곧 중지하였다.

처음에 왕이 백관에게 충 자·성 자를 새겨 사모의 앞뒤에 붙이게 하였으니, 대개 충성으로써 책려하려 한 것이요, 모든 유행[106]과 출입을 행행[107]이라 일컬음을 금하고 거동이라 하게 하였으며, 또 흥청을 선치하되 기필코 1만 명을 채우려고 했었는데, 교동으로 폐천되어 가시 울타리 안에 거처하게 되자 백성들이 왕을 뒤쫓아 원망하여 이가[108]를 지어 부르기를,

---

104) **도중**都中 : 어떤 조직이나 단체의 안. 또는 그에 속하는 사람 전부.

105) **적인**謫人 : 귀양간 사람.

106) **유행**遊行 : 유람하기 위하여 각처로 돌아다님.

107) **행행**行幸 : 임금이 궁궐 밖으로 거둥하던 일.

108) **이가**俚歌 : 항간에 유행하는 속된 노래.

충성이란 사모요
거동은 곧 교동일세
일 만 흥청 어디 두고
석양 하늘에 뉘를 좇아가는고
두어라 예 또한 가시의 집이니
날 새우기엔 무방하고 또 조용하지요

하였으니, 대개 사모[109]와 사모[110], 거동과 교동은 음이 서로 가깝고, 방언에 각시와 가시는 말이 서로 유사하기 때문에 뜻을 빌어 노래한 것이다.

폐부 신씨는 어진 덕이 있어 화평하고 후중하고 온순하고 근신하여, 아랫사람들을 은혜로써 어루만졌으며, 왕이 총애하는 사람이 있으면 비妃가 또한 더 후하게 대하므로, 왕은 비록 미치고 포악하였지만, 매우 소중히 여김을 받았다. 매양 왕이 무고한 사람을 죽이고 음난, 방종함이 한없음을 볼 적마다 밤낮으로 근심하였으며, 때론 울며 간하되 말뜻이 지극히 간곡하고 절실했는데, 왕이 비록 들어주지는 않았지만, 그렇다고 성내지는 않았다. 또 번번이 대군·공주·무보·노복들을 계칙하여 함부로 방자한 짓을 못하게 하였는데, 이때에 이르러서는 울부짖으며 기필코 왕을 따라가려고 했지만 되지 않았다.

– 『연산군일기』 1506년 9월 2일

## 실패한 군주, 패륜 행위를 한 폭군으로 기억되다

왕권 국가 조선에서 신하가 왕을 몰아내는 초유의 사태가 어떻게 발생한 것일까? 이것은 조선의 양반 관료체제가 얼마나 견고한 조직인지를 보여주는 극명한 사례이다. 절대 권력을 꿈꿨던 연산군은 자신에게 방해가 되는 양반 관료체제를 붕괴시키려고 했다. 피투성이가 되었을망정 조선의 양반 관료체제는 무너지지 않았고, 백성과 함께 역으로 왕을 갈아치웠다.

연산군이 만약 현명한 군주였다면 공신파와 유학을 숭배하는 신하들 두 세력이 서로를 견제하게 했을 것이다. 세력 균형 속에서 왕권을 강화하다가, 경우에 따라서 한쪽 편을 들어주어 자신에게 유리한 방향으로 얼마든지 정국을 이

109) **사모**紗帽 : 검은 사붙이로 만든 예모.

110) **사모**詐謀 : 남을 속이려는 꾀.

끌어 갈 수도 있었다. 연산군은 그런 힘의 논리를 이해하지 못했고, 전권을 휘두르다가 파국을 맞았어요. 연산군이 아주 무능한 사람은 아니었다.

연산군은 심성도 여리고 감성도 풍부하여 시를 130여 편을 썼고, 연산군일기에 120여 편의 시가 남아 시심을 오늘에 전하고 있어요. 서모 자순대비(장현왕후)를 친모로 생각하고 깍듯이 모셨고, 훗날 중종으로 즉위한 이복동생 진성대군도 사랑했다. 연산군이 진성대군을 견제했더라면 진성대군이 중종이라는 용상의 자리에 오르지도 못했고 살육이 춤추는 광기의 시대에 살아남지 못했다.

연산군은 학문도 깊었지만, 어머니가 관련된 궁중의 권력 투쟁에 연루되어 불행을 자초했어요. 연산군은 실패한 군주, 패륜적 행위를 한 폭군으로 평가받고 있다.

## 강화도 유배 중 31세 나이로 죽다

연산군이 강화도로 유배되자 그를 독살하려는 시도가 수없이 많았으나 그를 동정했던 강화 부사의 노력으로 독살을 모면했다. 함께 유배되었던 연산군의 왕자들도 사사, 처형당했다. 중종은 조카들의 나이가 어리고 정세가 좋지 않다는 점을 들어 처벌을 반대했지만, 대신들의 강력한 요청을 수용하였다. 공신들은 훗날 누군가 연산군의 아들 왕자들을 왕으로 추대하려는 세력이 결집하게 될 것을 염려했다.

강화도에 유배되어 유배 생활 중 폐세자가 사사되었다는 소식을 접하고 식음을 전폐하며 괴로워했다. 다시 강화군 교동도에 유배된 지 2개월 후 강화군 교동도에서 1506년 11월 6일 역질과 화병 등 후유증으로 죽었다. 연산군은 숨을 거두기 직전 부인 폐비 신씨가 보고 싶다는 말을 남겼다고 한다. 사망 당시 연산군의 나이는 향년 31세였다.

### 實錄記事 1506년 11월 8일, 연산군이 사망하니 대신들과 상사 문제를 논의하다

교동 수직장 김양필·군관 구세장이 와서 아뢰기를,

"초6일에 연산군이 역질로 인하여 죽었습니다. 죽을 때 다른 말은 없었고 다만 신씨를 보고 싶다 하였습니다."

하였다. [신씨는 곧 폐비다.] 상이 애도하고 중사 박종생을 보내, 수의를 내리고 그대로 머물러 장례를 감독하도록 하고,

"연산군을 후한 예로 장사 지내라."

전교하였다. 또 의정부와 모든 부원군 이상, 증경 정승, 육조 판서, 한성부 판윤, 예조 참의 이상으로 하여금 의논하게 하였는데, 영의정 유순·무령 부원군 유자광·좌의정 박원종·우의정 유순정·능천 부원군 구수영·고양 부원군 신준·연창부원군 김감·해평 부원군 정미수·창산 부원군 성희안·좌찬성 박안성·우찬성 노공필·좌참찬 이손·공조 판서 권균·예조 판서 송일·호조 판서 이계남·형조 판서 이집·한성부 판윤 전임·예조 참판 김전·예조 참의 박의영 등이 계하기를,

"연산군의 상사는 마땅히 왕자군의 예를 사용하소서."

상이 윤허하였다. 유순 등이 또 아뢰기를,

"조시朝市 정지하는 일은 거행할 수 없고, 묘지기도 없어야 합니다."

정승 등이 아뢰기를,

"예로부터 폐위된 왕의 경우에 혹 사세 부득이한 이도 있었지만, 연산군은 그렇지 않습니다. 비록 군으로 봉하였다 하지만 그 죄가 종사에 관계될 뿐만 아니라 위로 선왕에게 득죄하고 아래로는 신민에게 득죄를 하였는데, 조시를 정지하는 것은 거애擧哀를 의미하는 것이어서 정례情禮에 맞지 않습니다. 그래서 거행해서는 안됩니다. 그리고 묘지기는 공의가 또한 불가하다고 합니다."

전교하기를,

"정조시·묘지기 등의 일을 예를 어겨서는 안되나, 그 지방 관원으로 하여금 금화禁火·금벌禁伐하게 하라."

예관을 보내 본도 감사·도사都事와 더불어 염장하는 여러가지 일을 곡진히 조처하여 왕자군의 예로 강화에 장사지내게 하고, 수행 시녀는 3년, 수행 방자는 백일 동안 복을 입게 하는 한편, 조석 상식과 삭망전은 백일만에 그치게 했으며, 수행 내관은 백일 기한으로 서로 교체하여 왕래하면서 담복으로 제사를 지내게 하였으며, 주상은 소선으로 수라를 올리게 하고 경연을 정지하였다.

- 『중종실록』, 1506년 11월 8일

연산군은 왕의 묘호를 받지 못했다. 연산군의 폐출은 모든 양반과 백성에게 인심을 잃으면 왕도 쫓겨날 수 있다는 뼈저린 교훈을 남겼다. 연산군의 죽음 이후 그의 식솔들 역시 궁에서 쫓겨나 비참하게 살았다. 연산군의 묘는 연산군과 배우자 폐비 신씨가 안장되어 있으며, 서울시 도봉구 방학동에 있다.

연산군은 재위 도중 반정으로 폐위되고 '군'으로 강등되어 재위한 임금임에도 불구하고 묘소 명칭을 '능'이 아닌 '묘'로 지정되었고, 연산군의 묘비 앞면에는 '연산군지묘'라고 새겨져 있다.

신의 정원, 연산군묘와 폐비 윤씨 회릉으로 사진여행

연산군과 거창군부인 신씨의 묘

연산군묘는 조선 10대 연산군과 거창군부인 신씨의 묘소이다. 묘소는 대군묘제로 조성하였다. 쌍분의 형태로 조성되어 병풍석과 난간석을 생략하고, 문석인 2쌍, 망주석, 장명등, 상석, 향로석을 배치하였다. 앞에서 바라보았을 때 왼쪽이 연산군묘, 오른쪽이 거창군부인묘소로 각 봉분 앞에는 묘표석을 세웠다. 묘소 밑에는 재실이 있다. 같은 묘역 안에는 태종의 후궁 의정궁주 조씨의 묘소, 연산군의 딸(휘순공주)와 사위(능양위 구문경)의 쌍분이 조성되어 있다.1506년(중종 1년)에 연산군이 유배지 강화 교동에서 31세로 세상을 떠나, 강화도에 묘소를 조성하였다. 이후 1512년(중종 7년)에 거창군부인 신씨가 중종에게 묘소이장을 요청하여 양주 해촌(현 도봉구 방학동)에 태종의 후궁 의정궁주 조씨 묘소 위쪽으로 이장하였다. 그 후 1537년(중종 32년)에 거창군부인 신씨가 62세로 세상을 떠나자 연산군묘 왼쪽에 묘를 조성하였다.

맨 뒷쪽이 연산군 부부 묘, 중간이 의정궁주 묘, 맨 앞쪽이 연산군 사위 부부 묘이다. 역대 임금과는 달리, 재위 도중 반정으로 폐위되었고 '군君'으로 강등됨에 따라 재위한 임금임에도 불구하고 묘소 명칭을 '능陵'이 아닌 '묘墓'로 지정하였다. 따라서 대군의 예우로 묘를 조성하였기 때문에 통상적인 능침의 형태보다 꼼꼼하지 못하고 엉성한 것이 특징으로, 봉분과 담장, 묘비 각 1쌍, 혼유석과 망주석 각 1쌍, 장명등 1쌍, 향로석 1좌, 재실은 갖추어져 있으나, 능에 세우는 문인석은 있으나 석호, 석양, 석마, 사초지, 무인석 등은 없다.

연산군과 거창군부인 신씨묘

본래 연산군묘역은 세종의 아들 임영대군의 땅이었다. 임영대군은 왕명으로 후사없이 세상을 떠난 두 후궁의 제사를 맡게 되었는데, 한 명은 태조의 후궁 성비 원씨이고, 또 한 명은 태종의 후궁 의정궁주 조씨이다. 이후 1449년(세종 31)에 성비 원씨가 세상을 떠나자 먼저 묘를 조성하였고, 1454년(단종 2)에 의정궁주 조씨가 세상을 떠나자 현재의 자리에 묘를 조성하였다. 이후 임영대군의 장자 오산군묘가 조성되면서 오산군파에서 묘역을 관리하였다. 1512년(중종 7)에 거창군부인 신씨가 연산군묘의 이장을 요청하여 임영대군의 땅인 현재의 자리에 이장하였다. 임영대군은 거창군부인의 외할아버지로, 임영대군의 첫째사위가 거창군부인의 아버지인 신승선이 된다. 즉, 거창군부인 신씨는 외할아버지인 임영대군의 땅에 연산군묘를 이장한 것이다.

제11대 **중종 이역**

# 신하들의 반정으로 준비 없이 즉위한 왕

| 생애 | 1488년~1544년 | 재위 기간 | 1506년~1544년 |
|---|---|---|---|
| 본관 | 전주 | 휘(이름) | 역 |
| 묘호 | 중종 | 능호 | 정릉 |

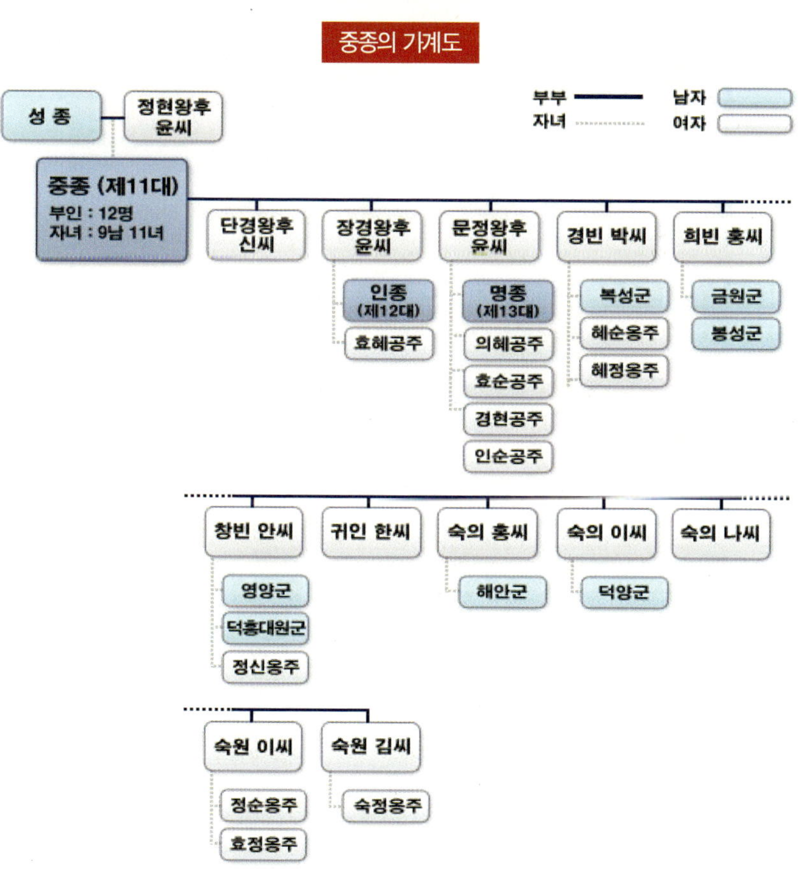

〈중종 이역 어진〉

## 총서

왕의 휘는 역懌이요, 자는 낙천樂天이다. 성종대왕의 둘째 아들이며, 모비母妃는 정현왕후 윤씨이다. 연산군이 사리에 어둡고 마음이 포악하여 종묘와 사직이 위태롭게 되자, 여러 사람이 의논하여 추대했다. 성품이 어질고 효성스러우며 부지런하고 검소하며 청단[111]을 잘하였다. 제사를 삼가하고 백성을 불쌍히 여기며, 공손하게 아랫사람을 대하고 너그럽게 간쟁을 용납하였다. 성심으로 중국을 섬겨 시종 변함이 없었고, 이단異端을 신봉하지 않았으며, 유람과 사냥, 성색을 좋아하지 아니하고 완희玩戲와 사치한 일도 또한 마음에 두지 않았다. 중년에는 학문을 좋아하고 착한 일을 즐겨하여 옛날 정치에 뜻을 집중하였으나, 신진만을 전임專任하였으므로 일이 과격한 것이 많아 뜻을 능히 성취하지 못하였다. 그뒤에 비록 여러 차례 간사한 사람들에게 속임을 당하였으나, 능히 다시 개오開悟하였으니, 학문의 힘에 힘입은 것이었다. 39년 동안 재위하였고, 향년 57세였다.



**實錄記事 1506년 9월 9일, 장녹수 등을 참하고 폐주의 금인·화압·승명패를 철패하다**

대신 등이 모두 아뢰기를,

"숙용 장녹수·숙용 전전비田田非·숙원 김귀비 등 세 사람은 모두 화근의 장본인이니, 마땅히 속히 제거하여야 합니다."

하니, 그리하라고 전교하였다.

모두 참형에 처하고, 가산을 적몰하였다. 또 아뢰기를,

"폐주[112]가 쓰던 헌천 홍도憲天弘道의 금인金印 및 상서원에 간직된 여러 화압花押과 승명패는 모두 철폐하기를 청합니다."

하니, '그리하라.' 전교하였다. 또 아뢰기를,

"폐주가 기르던 사나운 짐승은 없애버리고 날짐승은 놓아보내며 매와 개는 무사武士에게 나누어 주소서."

하니, '그리하라.' 전교하였다.

– 『중종실록』, 1506년 9월 2일

111) **청단聽斷** : 직언을 받아들여 과단성 있게 처리함.

112) **폐주廢主** : 연산군.

## 1506년 9월 2일 중종반정을 일으키다



무인[113)]

지중추부사 박원종·부사용 성희안·이조 판서 유순정 등이 주동이 되어 건의하고서, 군자 부정 신윤무·군기시 첨정 박영문·수원 부사 장정·사복시 첨정 홍경주와 거사하기를 밀약하였다.

거사하기 하루 전날 저녁에 희안이 김감·김수동의 집에 가서 모의한 것을 갖추 고하고, 이어 박원종·유순정과 더불어 훈련원에서 회합하였다. 무사와 건장한 장수들이 호응하여 운집하였고, 유자광·구수영·운산군 이계·운수군 이효성·덕진군 이예도 또한 와서 회합하였다. 여러 장수들에게 부대를 나누어 각기 군사를 거느리고 뜻밖의 일에 대비하게 하였다가, 밤 3경에 원종 등이 곧바로 창덕궁으로 향하여 가다가 하마비동 어귀에 진을 쳤다. 이에 문무백관과 군민 등이 소문을 듣고 분주히 나와 거리와 길을 메웠다. 영의정 유순·우의정 김수동·찬성 신준과 정미수, 예조 판서 송일·병조 판서 이손·호조 판서 이계남·판중추 박건·도승지 강혼·좌승지 한순도 왔다.

먼저 구수영·운산군·덕진군을 진성대군(중종 잠저 때의 군호) 집에 보내어, 거사한 사유를 갖추 아뢴 다음 군사를 거느리고 호위하게 하였다. 또 윤형로를 경복궁에 보내어 대비께 아뢰게 한 다음, 드디어 용사를 신수근·신수영·임사홍 등의 집에 나누어 보내어, 위에서 부른다 핑계하고 끌어내어 쳐 죽였다. 또 무사를 의금부의 밀위청에 보내어, 죄수를 석방하여 모두 군대에 들어가게 하였다. 드디어 전동·김효손·강응·심금·손사랑·손금순·석장동 및 김숙화의 가인들을 잡아와서 군문 앞에서 참수하였다. 궁궐 안에 입직하던 여러 장수와 군사들 및 도총관 민효증 등은 변을 듣고 금구(궁궐 안의 도랑)의 수채 구멍으로 먼저 빠져나가고, 입직하던 승지 윤장·조계형·이우와 주서 이희옹, 한림 김흠조 등도 수채구멍으로 빠져나갔으며, 각문을 지키던 군사들도 모두 담을 넘어 나갔으므로 궁궐 안에 텅 비었다.

날이 밝을녘에, 박원종 등이 궐문 밖에 진군하여, 신계종은 약속을 어긴 죄로 당직청에 가두고, 유자광·이계남·김수경·유경을 궁궐 문에 머물러 두어 군사를 정비하여 결진하게 하였다. 그런 다음 백관·군교를 거느리고 경복궁에 달려가서, 일치된 의견으로 대비에게 의계하기를,

"지금 위에서 임금의 도리를 잃어 정령이 혼란하고, 민생은 도탄에서 고생하며, 종사는

---

113) **무인** : 원문에는 '구월 무인삭九月戊寅朔'으로 되었으나, 『만세력』에 의하면, 병인丙寅 8월 초하루는 무신戊申이고 작으며, 9월 초하루는 정축丁丑이고 작으며, 10월 초하루는 병오丙午이니, 아마 원문이 착오인 듯하므로, 『만세력』에 의해 정축을 초하루로 잡고, 무인은 2일로 고쳤음.

위태롭기가 철류[114]와 같으므로, 신 등은 자나 깨나 근심이 되어 어찌할 줄을 모르겠습니다. 진성대군은 대소 신민의 촉망을 받은 지 이미 오래이므로, 이제 추대하여 종사의 계책을 삼고자 감히 대비의 분부를 여쭙니다."

대비가 굳이 사양하기를,

"변변치 못한 어린 자식이 어찌 능히 중책을 감당하겠소? 세자는 나이가 장성하고 또 어지니, 계사할 만하오."

영의정 유순 등이 다시 아뢰기를,

"여러 신하들이 계책을 협의하여 대계가 정하여졌으니, 고칠 수 없습니다."

하고, 이어 유순정·강혼을 보내어 여러 사람을 거느리고 진성대군을 사저에서 맞아오게 하였다. 대군이 재삼 굳이 사양하였으나 중의에 못 이겨 드디어 연을 타고 궁궐로 나아가 사정전에 들었다.

유순 등이 의논하기를,

"예로부터 폐립할 때 죄를 추궁한 일이 없었던 경우는 오직 창읍왕[115]뿐이었다. 지금은 모름지기 잘 처리하여야 한다. 마땅히 사람을 보내어 가서 고하기를, '인심이 모두 진성에게 돌아갔다. 사세가 이와 같으니, 정전을 피하여 주고 옥새를 내놓으라.'하면, 반드시 이를 좇을 것이다."

드디어 승지 한순·내관 서경생을 창덕궁에 보내어, 경생으로 하여금 갖추 고하게 하니, 대답하기를,

"내 죄가 중대하여 이렇게 될 줄 알았다. 좋을 대로 하라."

하고 곧 시녀를 시켜 옥새를 내어다 상서원 관원에게 주게 하였다.

미시에 백관이 궐정에 들어와 반열을 지어선 다음, 먼저 대비의 교지를 반포하였다.

그 글은 대략 다음과 같다.

"우리 국가가 덕을 쌓은 지 백년 깊고 두터운 은택이 민심을 흡족하게 하여, 만세토록 뽑히지 않을 기초를 마련하였는데, 불행하게도 지금 크게 임금이 지켜야 할 도리를 잃어 민심이 흩어진 것이 마치 도탄에 떨어진 듯하다. 대소 신료가 모두 종사를 중히 여겨 폐립의 일로 와서 아뢰기를, '진성 대군 이역은 일찍부터 인덕이 있어 민심이 쏠리고 있으니, 모두 추대하기를 청합니다.'하였다.

내가 생각하니, 어리석은 이를 폐하고 밝은 이를 세우는 것은 고금에 통용되는 의리이다. 그래서 여러 사람의 의견을 따라 진성을 사저에서 맞아다가 대위에 나아가게 하고

114) **철류**綴旒 : 끊어질 듯 이어진 모양인데 나라의 위태로움.

115) **창읍왕**昌邑王 : 한 무제의 손자로 이름은 하. 소제의 뒤를 이어 즉위했으나, 향연과 음란을 일삼다가 곽광에 의하여 즉위한 지 27일 만에 폐위되었다.

전왕은 폐하여 교동에 안치하게 하노라. 백성의 목숨이 끊어지려다가 다시 이어지고, 종사가 위태로울 뻔하다가 다시 평안하여지니, 국가의 경사스러움이 무엇이 이보다 더 크랴? 그러므로 이에 교시를 내리노니, 마땅히 잘 알지어다."

중종

군신이 부복하여 명을 듣고, 기뻐서 뛰며 춤추었다. 이에 진성대군이 익선관과 곤룡포로 경복궁 근정전에서 즉위하여 백관의 하례를 받고 사면령을 반포하였다.

그 글은 대략 다음과 같다.

"덕이 없는 내가 종실의 우두머리 자리에 있으면서, 오직 겸손하게 몸을 단속하여 삼가 종저를 지킬 뿐이었다. 근년 임금이 그 도리를 잃어 형정이 번거롭고 가혹해졌으며 민심이 궁축하여도 구제할 바를 알지 못하였는데, 다행히도 종척과 문무의 신료들이 종사와 백성들에 대한 중책을 생각하여 대비의 분부를 받들고 같은 말로 추대해서 나에게 즉위할 것을 권하므로, 사양하여도 되지 않아 금월 초2일에 경복궁에 대위에 나아갔노라. 경사가 종방에 관계되어 마땅히 관전을 반포하여야 할 것이다. 금월 초2일 새벽 이전까지의 모반 대역과 고독[116]·염매[117]와 고의로 사람을 죽이려고 모의했거나 죽인 죄, 처첩으로서 남편을 죽였거나 노비로서 주인을 모살했거나 자손으로서 부모·조부모를 모살했거나 현행 강도이거나 강상에 관계되는 것을 제외하고는, 도류·부처되었거나 충군·정속·안치되었거나 갑자(연산군 10년의 갑자사화) 이후에 귀양 갔거나 갇힌 사람은 이미 발각되었든 아직 발각되지 않았든, 이미 판결되었든 아직 판결되지 않았든 모두 석방하여 면제하노라. 감히 사면령 이전의 일을 가지고 고발하는 자는 그 고발한 죄로 죄줄 것이다. 벼슬에 있는 자는 각각 한 자급을 올려주고, 자궁자는 대가[118]하여 주노라.

근년 옛 법도를 고쳐서 어지럽혀 새로운 조항을 만든 것은 아울러 모두 탕제하고, 한결같이 조종이 이루어놓은 법을 준수할 것이다. 아! 무강한 아름다움을 맞았으니 다시 무강한 근심을 생각하게 되고, 비상한 경사가 있으니 마땅히 비상한 은혜를 베풀어야 할 것이다. 그러므로 이에 교시하노니, 마땅히 잘 알지어다."

정신이 모두 만세를 부르니 환성이 우레같이 끓어올랐다. 경차관을 팔도에 나누어 보내어 교시를 반포하였다.

- 『중종실록』 1506년 9월 2일

116) **고독**蠱毒 : 독충의 독약으로 사람을 상해하는 것.

117) **염매**魘魅 : 부적·저주·요술로 사람을 상해하는 것.

118) **대가**代加 : 당하관으로서 더 올라갈 품계가 없는 자는 경우에 따라 아들·사위·동생이나 조카들에게 자기 대신 품계를 받게 했다. 정3품에는 당하관과 당상관이 있는데, 정3품 당하관은 당하관으로는 더 승진할 수가 없으므로 자급이 다하였다는 뜻으로 자궁하였다 함. 조선 시대 품계로 통훈 대부가 이에 해당된다.

## 연산군의 이복동생, 반정으로 즉위하다

중종은 1506년 중종반정으로 갑자기 왕위에 올라 연산군 때 파괴되었던 여론 제도 등 유교 정치의 복구와 교육과 학문의 강화를 최대 과제로 삼고 개혁 정치를 시도했다. 사림파(유학을 숭상하는 선비들)가 주도한 개혁 정치는 공신파의 반발을 불러 기묘사화가 일어났고, 외척들이 득세하면서 세력다툼이 끊이지 않았다. 성리학적 윤리를 향촌 사회에 제도적으로 정착시키려 했고 『경국대전』 등을 간행하여 법제의 확립에 힘을 썼다.

조선 제11대 왕 중종은 성종의 둘째 아들이며 연산군의 이복동생이다. 어머니는 계비 정현왕후 윤씨이다. 중종은 1494년(성종 25년) 진성대군에 봉해졌다. 중종은 1506년(연산군 12년) 연산군 재위 기간 동안 두 번의 사화와 실정에 반감을 품은 성희안·박원종·유순정 등에 의해 연산군이 폐위된 뒤 왕으로 추대되었다. 실록에는 중종의 성품에 대해 '어질고 효성스러우며 부지런하고 검소하며 상소를 잘 듣고 판단도 잘했다.'라고 기록하고 있다.

> 반정하던 날 먼저 군사를 보내어 사제(중종이 있던 집)를 에워쌌는데, 대개 해칠 자가 있을까 염려해서입니다. 임금이 놀라 자결하려고 하자 부인 신씨가 말하기를 "군사의 말 머리가 이 궁을 향해 있으면 우리 부부가 죽지 않고 무엇을 기다리겠습니까. 그러나 만일 말 꼬리가 궁을 향하고 말 머리가 밖을 향해 있으면 반드시 공자를 호위하려는 뜻이니, 알고 난 뒤에 죽어도 늦지 않습니다." 하고, 소매를 붙잡고 굳이 말리며 사람을 보내 살게 했더니 말 머리가 과연 밖을 향해 있었다. -『연려실기술』 권7, 중종 조 고사본말

중종반정은 성희안, 박원종, 유순정 등의 주도로 이루어졌습니다. 성희안은 성종의 총애를 받던 훈구파로 연산군이 즉위한 후에도 이조참판까지 지냈다. 그러나 연산군의 방탕함을 비난하는 글을 짓는 바람에 왕의 눈 밖에 나서 미관말직으로 좌천되었다. 이러한 연유로 역심을 품게 된 성희안은 반정의 계획을 세우고 박원종을 거사에 끌어들였다.

박원종은 월산대군의 부인으로 연산군과 추문이 있던 박씨 부인의 동생입

니다. 평소 연산군에게 불만이 많았던 박원종은 성희안의 제안에 적극적으로 응했다. 박원종은 무신 출신이었기 때문에 군사를 동원하는 데 유리했다.

반정에 앞서 박원종은 신수근을 찾아가 장기를 두다가 궁을 바꾸어 두자고 했다. 반정을 암시한 것이다. 박원종은 신수근에게 딸과 여동생 중 누가 더 중하냐고 넌지시 물었다. 이 말은 딸과 혼인한 중종과 여동생과 혼인한 연산군 중 누구의 편에 서겠느냐는 의미였다. 신수근은 버럭 화를 내며 "차라리 내 목을 베어가라."라고 했다. 결국 신수근은 반정이 일어난 후 제일 먼저 제거되었다.

성희안과 박원종은 이조판서였던 유순정에게 거사 계획을 알렸다. 유순정은 처음에는 머뭇거렸으나 결국 그들의 거사에 동참하기로 했다. 그 후 신윤무, 박영문, 장정, 홍경주 등이 가담했다.

반정이 성공한 후 반정에 가담한 사람들은 모두 공신의 지위를 얻었다. 특히 반정의 핵심 3인방인 성희안, 박원종, 유순정은 각각 이조판서, 우의정, 병조판서에 올라 정권을 잡았다. 즉위 초에 아무런 준비 없이 왕위에 오른 중종은 자신을 왕으로 옹립한 반정공신들에게 대항할 힘이 없었다. 이들 반정 세력은 연산군의 학정으로 문란해진 국가 기강을 바로잡는 데 큰 역할을 했다. 그러나 왕도 어찌하지 못하는 막강한 세력을 이용해 뇌물을 받고 훈공의 등급을 정하고, 관작을 남발하는 등 비난받을 일을 행하기도 했다. 특히 반정 세력으로서 마땅히 타도해야 할 유자광에게조차 반정공신[119]의 자격을 준 것은 반정의 정당성마저 훼손하는 처사였다.

119) **반정공신**反正功臣 : 조선 전기 훈구세력의 형성기반이 3공신(개국·정사·좌명) 계열에서 출발한다면, 반정공신의 추이는 16~17세기를 거치며 공신집단 중심의 정국 운영이 마감되는 과정을 보여준다는 점에서 정치사적 의미를 지닌다. 정국공신은 1506년 9월 중종반정이 성공한 직후에 책정되었다. 반정의 핵심 인물인 박원종·성희안·유순정이 공신 선정을 주도했다. 처음에는 3등으로 분류했다가 4등으로 재조정하고 인원을 추가했다.

## 힘없는 왕이었다

중종은 힘없는 왕이었다. 첫 번째 부인 단경왕후 신씨의 폐비 문제에서 여실히 드러난다. 왕위에 오르기 전 좌의정 신수근의 딸과 혼인했고, 왕위에 오르면서 부인 신씨도 자연스레 왕비가 되었다. 왕의 장인 신수근은 중종반정으로 역적으로 몰려 숙청되었고 역적의 딸을 왕비로 두면 후탈이 우려될 수밖에 없었기에 반정 세력들은 단경왕후 신씨를 폐비시킬 것을 종용했다. 중종과 단경왕후는 사이에 자식은 없었으나 금슬이 무척 좋았다. 중종은 폐비만은 막아 보려고 간청했으나, 신하들의 뜻을 꺾지 못하고 단경왕후를 폐비했다.



### 實錄記事 1506년 9월 9일, 신수근의 딸을 궁밖으로 내치다

유순·김수동·유자광·박원종·유순정·성희안·김감·이손·권균·한사문·송일·박건·신준·정미수 및 육조 참판 등이 같은 말로 아뢰기를,

"거사할 때 먼저 신수근을 제거한 것은 큰 일을 성취하고자 해서였습니다. 지금 수근의 친딸이 대내大內에 있습니다. 만약 궁곤(중전)으로 삼는다면 인심이 불안해지고 인심이 불안해지면 종사에 관계됨이 있으니, 은정恩情을 끊어 밖으로 내치소서."

전교하기를,

"아뢰는 바가 심히 마땅하지만, 그러나 조강지처인데 어찌하랴?"

모두 아뢰기를,

"신 등도 이미 요량하였지만, 종사의 대계로 볼 때 어찌겠습니까? 미뭇거리지 마시고 쾌히 결단하소서."

전교하기를,

"종사가 지극히 중하니 어찌 사사로운 정을 생각하겠는가. 마땅히 여러 사람 의논을 좇아 밖으로 내치겠다."

얼마 뒤에 전교하기를,

"속히 하성위 정현조의 집을 수리하고 소제하라. 오늘 저녁에 옮겨 나가게 하리라."

- 『중종실록』, 1506년 9월 9일

첫 번째 부인 신씨가 폐비 된 후 영돈녕부사 윤여필의 딸 장경왕후 윤씨를을 두 번째 왕비로 맞아들였다. 장경왕후는 1남 1녀를 낳았으나 1515년(중종 10년) 2월 25일 원자(12대 인종)를 낳은 지 엿새 만에 죽었다(중종 10년 3월 2일). 장경왕후가 죽자 한때 사림파들은 폐비 신씨를 복위시키려고 했으나 반정공신들의 반대로 뜻을 이루지 못했다.

### 實錄記事 1515년 3월 2일, 삼경 오점에 중궁(장경왕후)이 승하하다

이날 삼경 오점에 중궁 윤씨가 승하하였다. 곧 정원에 전교하기를,

"일이 여기에 이르니 어찌할 바를 모르겠다. 상장喪葬에 관한 여러 가지 일을 곧 준비하도록 하라."

도승지 손중돈·동부승지 허굉이 아뢰기를,

"신들도 또한 어찌할 바를 모르겠습니다. 어찌 이런 일이 있을 수 있겠습니까? 대신과 예조 판서를 부르시어 함께 상사喪事를 의논케 하소서." -『중종실록』, 1515년 3월 2일

### 實錄記事 1520년 4월 22일, 왕세자를 책봉하다

왕세자를 책봉하였다. 그 책문은 이러하였다.

"적장을 세워서 천경[120]을 좇음은 긍고[121]의 대분[122]이요, 명위를 정하여 민지[123]를 복종시키는 것은 나라를 가진 자의 통규이므로, 구장을 상고하여 보전[124]을 거행한다. 너 원자 호는 온문[125]이 자질에 있고 충유[126]가 마음속에 모여 있어, 효성은 본심에서 나와 일찍부터 참된 애경愛敬을 다하고 학문은 가르침에 의하지 않고도 날로 진취하는 공功을 높여 가니, 청궁[127]에 위位를 바르게 하고 홍업[128]에 경사를 펴야 마땅하

120) **천경**天經 : 하늘의 상도常道.

121) **긍고**亘古 : 만고, 영구.

122) **대분**大分 : 대강大綱, 대도大道.

123) **민지**民志 : 민심.

124) **보전**寶典 : 진중珍重한 전례典禮.

125) **온문**溫文 : 마음이 온화하고 거동이 예절에 맞음.

126) **충유**沖裕 : 온화하고 너그러움.

127) **청궁**青宮 : 동궁東宮, 세자궁世子宮.

므로, 너를 책봉하여 왕세자로 삼는다. 아, 그 명을 공경히 받들어 그 간난艱難을 길이 생각하며, 위선爲善에 힘써서 하루라도 게을리하지 말고, 병심[129]에 공신恭愼하여 선왕께 부끄러움이 없도록 해야 하므로, 이에 교시하니 잘 알지어다."

그 교명문은 이러하였다.

"세자를 세우는 것은 참으로 큰 근본을 위함이며, 조종을 봉사하며, 제기祭器를 맡는 것은 원량[130]에게 맡겨야 마땅하므로, 이제 너 이호를 책봉하여 왕세자로 삼으니, 너는 도道를 즐거워하고 스승을 높이며 어진 사람을 가까이하고 간사한 자를 멀리하여, 삼선[131]의 가르침에 잘 따라서 일국의 평안을 길게 하라." - 『중종실록』, 1520년 4월 22일

중종은 1517년(중종 12년) 세 번째 왕비로 문정왕후 윤씨를 맞아들였다. 문정왕후는 영돈녕부사 윤지임의 딸로, 13대 왕 명종의 어머니다. 문정왕후는 명종 외에도 4명의 딸을 더 낳았다.

중종은 후궁 경빈 박씨가 낳은 복성군을 비롯해 9명의 후궁에게서 아들 7명과 딸 6명을 더 낳아, 슬하에 9남 11녀를 두었다.

## 조광조의 개혁정치가 실패하다

중종은 연산군 때 파괴되었던 여론 제도 등 유교 정치의 복구와 교육과 학문의 강화를 최대의 과제로 삼고 개혁 정치를 시도했다. 성리학을 장려하고 사화를 입은 사림파를 복권 및 홍문관을 강화하고, 문신의 월과·사가독서·춘추과시 등을 엄격히 시행했다. 1513년(중종 8년) 김세필·김안국 등에게 『성리대전』 연구와 경연에서 강의를 하도록 했다. 1515년 사림파의 추앙을 받던 조광조[132]를

128) **홍업**洪業 : 큰 기업基業.

129) **병심**秉心 : 바른 마음을 지킴.

130) **원량**元良 : 세자.

131) **삼선**三善 : 신하로서 임금을 섬기고, 아들로서 어버이를 섬기고, 어린 사람으로서 어른을 섬기는 일.

132) **조광조** 趙光祖 : 조선 중종 때 도학 정치를 주창해 급진적인 개혁 정책을 시행한 조선 중기의 문신으로 호는 정암이다. 중종 5년 사마시에 장원으로 합격하고 이어 알성문과에 급제해 왕의 신임

중종

조광조

6품직으로 등용했다. 조광조는 성리학을 정치와 교화의 근본으로 삼고 도학(유교 도덕에 관한 학문)에 근거한 지치주의[133]적 이상 정치를 행하였다.

중종은 조광조·김안국·이장곤 등을 중심으로 하는 사림파의 건의를 받아들여 성리학적 사회 질서를 정착시키기는 조치들을 단행했다. 1517년 중국의 여씨향약[134]을 본받아 전국적으로 향약[135]을 실시하여 향촌을 성리학적 질서로 편성했다.

중종은 소격서[136]를 폐지하여 도교적인 의식을 없애고, 도승제도[137]를 폐지하여 도성 안에 새로이 절을 짓지 못하게 하는 등 불교를 억눌렀다. 정치제도의 개혁을 시도하여, 과거제를 폐지하고 현량과[138]를 두었다. 이 제도로 1519년 김식·박훈 등 28명을 뽑았으며, 이후 김정[139]·김구[140]·기준[141] 등이 등용되

---

을 얻게 됐다. 연산군이 정치적 혼란을 야기한 뒤 분위기를 새롭게 하고자 했을 때, 정치사상을 주장하면서 중종으로 하여금 이상 정치를 실현하게 했다. 하지만 훈구파의 탄핵으로 사사의 명을 받았고, 정광필의 변호로 유배에 그쳤으나 현량과가 폐지되면서 다시 사사됐다.

133) **지치주의**至治主義 : 학자·정치가 조광조 등이 인간 세상을 하늘의 뜻이 펼쳐진 이상세계가 되도록 해야 한다고 주장한 유교 교리 및 정치사상.

134) **여씨향약**呂氏鄕約 : 중국 송나라 때 여대균의 향리인 산시성의 란톈에서 실시한 향촌 자치 규약. 덕업상권, 과실상규, 예속상교, 환난상휼 따위를 강령으로 조선 후기에 실시된 향약의 모체가 되었다.

135) **향약**鄕約 : 권선징악과 상부상조를 목적으로 만든 향촌의 자치 규약.

136) **소격서**昭格署 : 하늘과 땅, 별에 지내는 도교의 제사를 맡아보던 관아.

137) **도승제도**道僧制度 : 국가가 사람을 제도하여 승려로 만드는 제도.

138) **현량과**賢良科 : 조광조가 건의하여 실시한 천거시취제 채용이다. 학문과 덕행, 재주가 뛰어난 인재를 천거하게 하여 조선 군주가 직접 면접으로 선발, 관료로 임명하는 것이다. 현량과가 사림파의 관리직 진출의 등용문이 되자, 훈구파는 인재의 천거에 공정을 기할 수 없다는 이유로 현량과를 반대했다. 그러므로 현량과의 실시는 위훈삭제 문제와 함께 기묘사화를 유발시키는 원인이 되었다.

139) **김정**金淨 : 사림세력을 중앙 정계에 추천했으며 조광조의 정치적 성장을 도왔다. 이후 기묘사화로 제주도에 유배되었다가, 다시 신사무옥에 연루되어 사약을 받고 죽었다.

140) **김구**金絿 : 1519년 11월 훈구세력이 일으킨 기묘사화로 개령에 유배되었다가 수개월 뒤에 죄목이

어 조광조 등의 개혁 정치를 뒷받침하는 중요한 정치세력이 되었다.

그러나 조광조는 훈구파의 반발에도 계속해서 과격하고 급진적인 개혁정책들을 과감하게 추진해 나갔습니다. 궁중의 여악[142]을 폐지하고 소격서를 혁파했다.

이때부터 조광조의 개혁을 지지하던 중종의 태도에 변화가 생기기 시작했다. 조광조의 지나치게 급진적이고 과격한 개혁 의지에 중종이 점차 염증을 느끼기 시작한 것이다. 특히 도학 정치의 이상을 실현하기 위해 군주의 자질과 학문적 윤리를 지나치게 강조하는 조광조의 태도에 중종은 피곤함까지 느꼈다.

## 기묘사화와 훈구 권신이 득세하다

기묘사화는 1519년(중종 14) 11월에 조선에서 중종의 주도로 남곤, 심정, 홍경주, 김전 등이 조광조, 김식 등 신진 사림의 핵심 인물들을 몰아내어 죽이거나 혹은 귀양보낸 사건이다. 조광조 등의 세력 확장과 위훈 삭제에 대한 불만이 원인 중 하나였다. 신진 사림파의 급진적인 개혁정책 역시 그들을 지지하던 정광필, 안당 등의 반감을 사면서 지원받지 못하였다. 남곤, 심정, 김전, 홍경주, 고형산 등은 후궁과 궐내 세력을 이용하여 조광조 일파의 제거 여론을 조성하여 제거하는 데 성공한다.

중종은 당시 승지들도 모르게 대소신료에게 갑자기 입궐명령을 내렸고, 홍경주, 김전, 남곤, 심정, 정광필, 안당 등은 갑자기 소환명령을 받고 경복궁의 북쪽 문이었던 신무문을 통해 들어와 승지들 모르게 회의를 열었다. 일설에는 이를 중종의 친위쿠데타로 보는 견해도 있다. 일명 북문지화北門之禍라고도 부른다.

---

추가되어 남해에 이배된 지 13년 만에 임피로 가깝게 옮겼다가, 2년 뒤에 풀려나와 고향인 예산으로 돌아오게 되었다. 유배 중 부모가 모두 죽고 그 때문에 김구도 병을 얻어 죽었다.

141) **기준**奇遵 : 1519년 기묘사화가 일어나자 조광조를 위시해 김식·김정 등과 함께 하옥되고, 이어 아산으로 정배되었다가 이듬해 죄가 가중되어 다시 온성으로 이배되었다. 모친상을 당해 고향에 돌아갔다가 1521년 송사련의 무고로 신사무옥이 터져 다시 유배지에 가서 교살되었다.

142) **여악**女樂 : 궁중 연회 때 기생이 악기를 타고 노래 부르며 춤추는 것.

### 實錄記事 1519년 11월 15일, 정광필·홍경주·김전 등이 조광조 등의 죄를 아뢰다

금부의 당상들을 비현합에 불렀다. 정광필·안당·김전·남곤·이장곤·홍숙·성운·채세영·권예·심사순 등이 입시하니, 임금이 성운에게 명하여 추고 전지를 기초하게 하였다. 영의정 정광필·남양군 홍경주·공조 판서 김전·예조 판서 남곤·우찬성 이장곤·호조 판서 고형산·화천군 심정·한성부 좌윤 손주·병조 참판 방유령·참의 김근사·참지 성운·호조 참의 윤희인 등이 아뢰기를,

"조광조 등을 보건대, 서로 붕당을 맺고서 저희에게 붙는 자는 천거하고 저희와 뜻이 다른 자는 배척하여, 성세로 서로 의지하여 권요의 자리를 차지하고, 위를 속이고 사정을 행사하되 꺼리지 않고, 후진을 유인하여 궤격[143]이 버릇이 되게 하여, 젊은 사람이 어른을 능멸하고 천한 사람이 귀한 사람을 방해하여 국세國勢가 전도되고 조정이 날로 글러가게 하므로, 조정에 있는 신하들이 속으로 분개하고 한탄하는 마음을 품었으나 그 세력이 치열한 것을 두려워하여 아무도 입을 열지 못하며, 측목[144]하고 다니며 중족[145]하고 섭니다. 사세가 이렇게까지 되었으니 한심하다 하겠습니다. 유사에 붙여 그 죄를 분명히 바루소서."

임금이 이르기를,

"죄인에게 벌이 없을 수 없고 조정에서도 청하였으니, 빨리 정죄하도록 하라."

정광필이 아뢰기를,

"한 사람이 중의衆意를 모아서 죄안을 만드는 것이 좋겠습니다."

임금이 이르기를,

"남곤이 좋겠다."

남곤이 조금 앞으로 나아가 붓을 들고 엎드렸다. 정광필이 문안 가운데의 한 어구를 가리키며 아뢰기를,

"위를 속이고 사정을 행사하였다는 것은 사실과 맞지 않는 듯합니다. 이 사람들이 과격하기는 하였으나, 위를 속이고 사정을 행사하였다는 것은 그 정상에 어그러질 듯합니다."

임금이 이르기를,

"과연 고쳐야 하겠다. 사람이 죄를 받음에 있어서는 사실대로 해야 승복할 것이다. 조

143) **궤격**詭激 : 언행이 정상을 벗어나고 격렬함.

144) **측목**側目 : 두려워서 바로보지 못하고 곁눈으로 보는 것.

145) **중족**重足 : 두려워서 활보하지 못하고 발을 포개 모아 서 있거나 발을 좁게 띠어 걸음.

정의 뜻에 따라서 하라."

그래서 조광조·김정·김구·김식·윤자임·박세희·박훈의 이름을 쓰니, 임금이 이르기를,

"기준奇遵도 아울러 써야 한다. 심달원 같은 자는 셈할 것도 없다. 이구는 입직한 한림인데 어찌 죄줄 수 있겠는가?"

정광필이 아뢰기를,

"누구를 우두머리로 합니까?"

임금이 이르기를,

"조광조를 우두머리로 하라."

정광필이 아뢰기를,

"이 사람들에 대한 추고 전지에, 상층 사람에게는 격론하였다는 등의 말로 문죄하고, 그 다음 사람들에게는 화부和附하였다는 등의 말로 문죄하는 것이 마땅할 듯합니다."

[김식 이상을 상층이라 하고, 윤자임 이하를 그 다음이라 한 것이다.]

임금과 좌우가 다 옳다 하매, 정광필이 아뢰기를,

"이들이 늘 한 짓은 다 정의에 핑계대었으므로 그 죄를 이름붙여 말하기 어려우니, 짐작해서 해야 할 것입니다."

의금부에 전지를 내렸다.

"조광조·김정·김식·김구 등은 서로 붕당을 맺고서 저희에게 붙는 자는 천거하고 저희와 뜻이 다른 자는 배척하여, 성세로 서로 의지하여 권요의 자리를 차지하고, 후진을 유인하여 궤격이 버릇이 되게 하여 국론과 조정을 날로 글러가게 하였으나, 조정에 있는 신하들이 그 세력이 치열한 것을 두려워하여 아무도 입을 열지 못하게 된 일과, 윤자임·박세희·박훈·기준 등이 궤격한 논의에 화부한 일들을 추고하라."

– 『중종실록』, 1519년 11월 15일

연산군 때의 무오·갑자사화로 김종직당하여 유학은 쇠퇴하고 기강도 문란해졌는데, 연산군을 폐하고 왕위에 오른 중종은 연산군의 악정을 개혁함 동시에 중종반정 이후 무한대로 축재와 권력남용을 하여 공신 세력을 견제할 목적으로 연산군 때 쫓겨난 신진사류를 등용하고, 대의명분과 오륜의 도를 가장 존중하는 성리학 크게 장려하였다.

이때 조광조 등 젊은 선비들이 대거 등용되었다. 조광조는 김종직의 제자 중 성리학에 대한 연구가 가장 깊었던 김굉필의 제자로 한국 성리학의 정통을 계

승한 사람이었다.

김종직이 출사한 이래 계속 중앙으로의 진출을 꾀하던 사림파의 뜻과도 부합되었으므로 이들은 중종의 영입 노력을 적극 수용하였다.



중종반정으로 공신이 된 박원종, 유자광, 유순정, 성희안, 홍경주 등은 권력을 장악하여 세력을 확장했고, 이들 공신들의 권력남용은 왕권을 넘보는 수준에까지 이르렀다.

왕권까지 우습게 보는 도를 넘어선 훈구파 공신들의 월권행위에 제동을 할 필요성을 느꼈던 중종은 새로운 대안 세력을 모색하게 된다. 또, 중종 반정 이후 신료들 사이에 왕을 선택할 수 있다(택군)는 사상이 은연중에 조성되어 중종 등의 불안감을 증폭시켰다.

사림파가 성리학을 지나치게 중시한 나머지 고려 이래 수 백 년간 장려하여 온 사장의 학을 배척하자 남곤·이행 등의 사장파와 서로 대립하게 되었으며, 또한 현실을 돌보지 않고 주자학에 따라 종전의 제도를 급진적으로 혁파하려 하였고, 풍속·습관까지 바꾸려 했기 때문에 남곤, 심정, 정광필 등 보수파의 훈구재상과 서로 대립하게 되었다.

당시의 훈구 재상으로 조광조 등의 탄핵을 받지 않은 사람은 거의 없었으며, 모두 세력을 잃고 불평을 품게 되었다. 특히 조광조 등이 정국공신 가운데는 공신으로서의 자격이 없는 사람이 많으니 이들의 공신호를 박탈하자고 건의하여, 마침내 전 공신의 4분의 3에 해당하는 76명의 공신호를 박탈하자 이에 놀란 훈신들은 수단을 가리지 않고 모략·중상에 나섰으니, 이것이 조광조 일파의 젊은 선비들이 화를 당하게 된 직접적 원인의 하나였다.

불평이 많은 훈구파의 홍경주, 김전, 고형산 등과 심정, 남곤 등은 연합하여 조광조 일파를 타도할 계획을 세운다. 홍경주는 그 자신의 딸이 희빈으로 중종을 모시고 있는 것을 이용하고, 심정, 남곤 등은 경빈 박씨 등과 친분이 있는 것을 이용, 이들 후궁들에게 호소하여 조광조 타도에 발 벗고 나섰다. 희빈 홍씨와 경빈 박씨 등은 나인들을 시켜 궁궐 안팎의 나뭇잎에 꿀을 발라서 벌레들이 파먹게 한다. 희빈 등은 천하의 인심이 조광조를 지지하니 조광조는 공신들을 제거한 후에 스스로 임금 될 꿈을 꾸고 있다는 소문을 퍼뜨리는 동시에 대궐 안의 나뭇잎에 꿀로 "走肖爲王주초위왕"이라는 4자를 써서 벌레가 파먹게 하고, 이것이 묘하게 글자로 남은 것을 임금에게 보여 큰 충격을 주었다. 이때 "走肖"는 "趙조"의 파자에 해당하며, 이는 은연중에 조광조가 왕위에 오른다는 참언이었다.



한편 북문으로 조정에 들어온 고관들은 비밀리에 회의를 진행한다. 남양군 홍경주와 예조판서 남곤, 공조판서 김전, 호조판서 고형산, 도총관 심정 등은 비밀리에 모의한 끝에 홍경주가 일당을 대표하여 조광조 등이 당파를 만들어 과격한 일을 자행하고 정치를 어지럽히니 처벌해야 한다고 임금 중종에게 밀고하였다.

중종은 대사헌 조광조와 우참찬 이자, 도승지 유인숙, 좌부승지 박세희, 우부승지 홍언필을 비롯하여 조광조파로 지목되는 많은 사람을 잡아 가두게 하였다.

홍경주, 김전, 심정 등은 당장 이들을 때려죽이려 하였으나 병조판서 이장곤과 좌의정 안당이 임금께 간절히 말렸고, 영의정 정광필은 "젊은 선비들이 현실을 모르고 옛날 제도를 그대로 인용하여 실시하고자 한 것"이라 눈물을 흘리며 간곡히 말렸으나 왕은 듣지 않았다. 남곤은 유배나 파면 선에서 해결하면 될 것이라고 의견을 피력했지만 역시 거절당한다. 이후 이장곤과 안당은 이로 인하여 옥에 갇혔다.

조광조는 능주에 귀양갔다가 곧 사약을 받고 죽었으며, 김정과 기준, 한충, 김식 등은 귀양갔다가 사형 또는 자살, 김구, 박세희, 박훈 등은 귀양을 갔는데 모두 30대의 청년이었다. 또 그들을 옹호하던 안당과 김안국, 김정국 형제와 김세필은 파면되었다.

김전은 영의정, 남곤은 좌의정이 되고, 이유청은 우의정이 되었고 현량과도 곧 폐지되었다. 이 옥사가 기묘년에 일어났으므로 기묘사화라 하며, 이때 죽은 사람들을 후에 기묘명현이라 했다.

## 외세 침입으로 국방 대책을 강화하다



중종 왕 때 남쪽은 왜구, 북쪽은 야인의 침입이 많았다. 1510년 삼포[146]에 거주하던 왜인이 쓰시마도주의 지원을 받아 폭동을 일으켜 경상도 해안 일대에 커다란 피해가 있었다. 1512년 임신약조[147]를 체결하고 무역선·쌀과 콩을 줄이고 제포만을 개항하는 등 왜인 왕래를 엄격히 제한했다. 이후에도 왜구의 침입이 끊이지 않아 1522년 추자도 염전에 왜변이 일어났고, 1525년 전라도에 왜구가 침입해왔다.

1544년 경상도 사량진에 왜구가 침입한 것을 계기로 일본 국왕의 사신을 제외하고 모든 왜인의 출입을 금지했다. 북쪽 변경지방 6진·4군 지역에 야인들이 침입하여 사람과 말·재물을 약탈하니 조정은 순변사[148]를 파견하여 이들을 회유하는 동시에 의주산성을 쌓는 등 방어선을 마련했다. 외세의 침입에 대비한 제도적 정비도 이루어져 정로위[149]·비변사[150]가 설치되었다.

---

146) **삼포**三浦 : 지금의 부산진에 해당하는 동래의 부산포, 지금의 경상남도 창원시 진해구 웅천동에 해당하는 웅천의 제포(내이포), 지금의 경상남도 방어진과 장생포 사이에 해당하는 울산의 염포를 말한다.

147) **임신약조**壬申約條 : 1512년(중종 7년) 조선과 대마도사이에 맺은 약조이다. 삼포 왜란이 있은 후 조정은 3포를 폐쇄하고, 왜인과의 교통을 끊으니, 물자의 곤란을 받게 된 대마도주는 아시카가 막부를 통해서 승려 붕중을 보내서 교역을 간청해 왔다. 본래 조정에서는 대마도와의 교역의 필요성을 느끼지는 않았으나, 그곳은 물자가 궁핍하여 일방적으로 조선에 의존하여 왔고, 또 조선에 인접한 왜구의 근거지인 까닭에 그것을 무마하는 해방정책海防政策의 일환으로서의 의미가 있으므로 전일의 반민을 처벌하고 그 적도의 수급을 사형에 처할 것을 조건으로 삼아, 이를 확인한 후에 이 약조를 체결하였다.

148) **순변사**巡邊使 : 왕명으로 군무를 띠고 변경을 순찰하던 특사.

149) **정로위**定虜衛 : 야인의 침입을 막기 위하여 설치한 군대.

150) **비변사**備邊司 : 원래 비변사는 국방 문제에 대처하는 임시 기구로 출발하였다. 비변사는 왜구와 여진의 침입이 계속된 성종 때 의정부와 병조 이외에 국경 지방의 요직을 지낸 인물을 필요에 따라 대책 마련에 참여시키게 되고, 이들을 지변사재상이라 한 것이 시원이다.

## 백운동서원을 세워 안향을 모시다

안향

중종은 즉위 초부터 성리학을 장려하고 향약을 실시하는 등 성리학적 윤리를 향촌 사회에 제도적으로 정착시키려 했어요. 기묘사화로 사림파가 제거된 뒤에도 정책은 계속 추진되었어요. 『소학』·『이륜행실』·『속삼강행실』 등을 간행했으며, 1541년 백운동서원[151]을 세워 안향[152]을 모시도록 했다.

### 實錄記事 1541년 5월 22일, 주세붕을 풍기 군수에 제수하다

주세붕을 풍기 군수에 제수하였다. [옛 순흥부이다.]

주세붕

사신은 논한다. 풍기는 안향의 고향인데, 주세붕이 안향의 옛 집 터에 사우를 세워 봄·가을에 제사하고 이름을 백운동서원이라 하였다. 좌우에 학교를 세워 유생이 거처하는 곳으로 하고, 약간의 곡식을 저축하여 밑천은 간직하고 이식을 받아서, 고을 안의 모든 백성 가운데에서 준수한 자가 모여 먹고 배우게 하였다. 당초 터를 닦을 때에 땅을 파다가 구리 그릇 3백여 근을 얻어 경사京師에서 책을 사다 두었는데, 경서뿐만 아니라 무릇 정·주程朱의 서적도 없는 것이 없었으며, 권과勸課도 게을리하지 않았다. 전에 형으로서 아우를 송사하여 그 재물을 빼앗으려는 백성이 있었는데, 주세붕이 그 백성을 시켜 제 아우를 업고 종일 뜰을 돌게 하되, 게을러지면 독촉하고 앉으면 꾸짖었다. 몹시 지치게 되었을

---

151) **백운동서원**白雲洞書院 : 우리나라 최초의 서원인 백운동 서원(나중에 소수서원)은 중종 때(1541년) 풍기군수인 주세붕이 안향이 살던 경상도 순흥면의 백운동에 그를 기리기 위해 사당을 세우고 자제들의 교육 장소로 삼은 곳이다. 그 후 명종 때(1550년) 풍기군수로 부임한 이황의 건의로 왕의 친필로 소수 서원으로 사액되어 소위 사액 서원의 시초가 되었다.

152) **안향**安珦 : 고려 충렬왕 때 원나라에서 성리학을 도입하고 섬학전을 설치하여 이를 보급한 고려의 문신으로 충렬왕 때 원의 문화적 영향을 많이 받으면서 원나라를 왕래하며 학풍을 견학하고 이를 최초로 국내에 들여왔다. 이는 한국 유학의 새로운 경지를 개척해 고려의 불교 세력과 대항하고 나아가 그것을 압도하면서 조선시대의 건국이념으로까지 성장했다.

때에 그 백성을 불러 묻기를 '너는 이 아우가 어려서 업어 기를 때에도 다투어 빼앗을 생각을 가졌었느냐?' 하니, 그 백성이 크게 깨달아 부끄럽게 여기고 물러갔다. 또 생원 이극온이 제 아우를 송사하여 다툰 일이 있었는데, 주세붕이 흰 종이 한 폭에 왼쪽에는 이理자를 쓰고 오른쪽에는 욕欲자를 써서 이극온에게 주고 찬찬히 타이르기를 '네가 곧거든 이 자 아래에 이름을 적고 너에게 욕심이 있었거든 욕 자 아래에 적으라.' 하니, 이극온이 붓을 잡고 낯을 붉히며 머뭇거리고 결단하지 못하였다. 그러자 주세붕이 소리를 돋우어 '너는 생원인데 어찌 이와 욕을 분별할 줄 모르겠느냐, 빨리 적으라.' 하니, 이극온이 곧 욕 자 아래에 적고서 간다는 말도 없이 달아났다. 주세붕이 5년 동안 벼슬을 살았는데, 정사를 행하는 것이 이와 같았다. 처음에는 사람들이 다 헐뜯고 비웃었으나, 성신誠信이 점점 젖어들어서 오래되자 교화되니, 전일 헐뜯고 비웃던 자들이 다 감복하였다. 주세붕은 유가儒家의 찌끼만을 겨우 알아서 오활하게 처사하였는데도 사람들이 감화되는 것이 이러하였으니, 풍속이 경박한 죄는 백성에게 있지 않다는 것이 분명하다. - 『중종실록』, 1541년 5월 22일

『경국대전』·『대전속록』·『대전후속록』 등을 간행하여 법제를 확립했다. 간행사업이 활발히 진전된 것은 재위 기간 동안의 인쇄술이 발달되었기 때문이다. 1516년 주자도감을 두어 구리활자를 주조하고, 『사성통해』·『신증동국여지승람』 등 서적을 편찬·간행했다.

1536년 찬집청[153]을 설치하여 각종 서적의 번역·편수를 맡기고, 1540년 역대 실록의 사본을 만들어 사고에 보관하도록 했다. 1522년 악포금단절목을 반포하여 악포(품질이 나쁜 베)의 유통을 막고, 두승(곡식의 양을 재는 말과 되)을 새로 만들어 도량형을 일원화했다.

1524년 전라도·강원도·평안도에 양전(논밭을 측량함)을 실시했으며, 1530년 상의원[154]에서 서양의 옷감을 무역할 수 있게 했어요. 지폐·동전의 사용을 장려하고, 관천기목륜·간의혼상 등 농업과 관계된 천문기구를 새로 만들었다.

1534년 2월 명나라에 기술자를 파견해 이두석·정청의 조작법과 훈금술(금세공 기술)을 도입했다. 1536년 창덕궁에 보루각[155]을 설치해 누각(물시계)에 관한 일

153) **찬집청**撰集廳 : 문헌을 편찬하고 집대성하는 일을 맡아보던 임시 관아.

154) **상의원**尙衣院 : 임금의 의복과 궁내의 일용품, 보물 따위의 관리를 맡아보던 관아.

을 보게 하였다. 1538년 천문·지리·명과학[156]에 관한 서적을 명나라에서 도입하여 연구개발에 힘쓰게 했다.



## '작서의 변'과 '가작인두의 변'이 일어나다

작서의 변灼鼠之變은 조선 중종 대에 발생한 궁중 저주사건으로, 경빈 박씨와 복성군 모자가 사건의 범인으로 지목되어 폐서인되고 쫓겨난 사건이다. 1532년 유생 이종익은 중종의 장녀인 효혜공주의 남편 김희가 아버지 김안로의 사주를 받아 작서의 변을 저질렀다고 주장했다. 하지만 이후 이 사건의 주모자가 경빈 박씨와 복성군이 아니었음이 밝혀지며 복성군은 1541년(중종 36년) 복권되었다. 또한 혜순옹주와 혜정옹주, 두 옹주와 김인경도 신원되었다.

작서灼鼠란 '불에 탄灼 쥐鼠'를 의미한다. 불에 탄 쥐의 시체를 누군가가 세자(인종)의 동궁 북쪽 나무에 매달아 놓았음이 사건의 시작이었기 때문이다.

중종의 후궁인 경빈 박씨는 중종의 맏아들인 복성군을 낳아 총애를 받았다. 당시 왕비였던 장경왕후가 원자(인종)를 낳고 1주일만에 사망하자 경빈은 왕의 가장 많은 총애를 받는 후궁으로서 중전의 재목으로 거론되며 스스로도 중전의 자리에 오르기를 희망하였다.

하지만 정광필만은 경빈의 집안이 미천하고 장차 원자(인종)와 복성군 간의 왕위 쟁탈을 염려하며 반대하였다. 마침내 경빈의 뜻은 저지되고 중종은 문정왕후를 새로운 왕비로 책봉하였다.

당시 중종의 총애를 받던 경빈 박씨와 희빈 홍씨는 왕의 총애를 업고 사화에 관여하며 개입하였는데, 사림들은 이들의 행동을 왕의 성총을 흐리는 행동이라며 비난하였으며 사간원과 헌부의 대신들을 비롯하여 사관들 또한 이들을 성품을 노골적으로 비난하였다.

155) **보루각**報漏閣 : 자격루를 표준시계로 하여 설치하였던 전각.

156) **명과학**命課學 : 운명, 길흉, 화복 따위에 관한 문제를 논하는 학문.

발단은 1527년(중종 22년) 2월 25일, 당시 왕세자(인종)의 12번째 생일날에 누군가가 죽은 쥐를 가져다 사지를 찢고 불에 지져 세자의 침실 밖에 매달아 놓았다. 이 일은 세자의 생일 당시에는 널리 알려지지 않았다. 사건 발생 한 달이 지난 3월 말에 세자의 외조부인 윤여필이 심정에게 이 사실을 말했고, 심정이 좌의정 이유청에게 알렸으며 이유청이 최종적으로 중종에게 아뢰어 사건의 주모자를 죄줄것을 청하면서 알려지게 되었다.



**實錄記事 1527년 3월 22일, 대신들이 면대를 청하여 세자의 침실에 쥐를 매달아 앙법한 사람을 죄줄 것을 청하다**

좌의정 이유청·우의정 심정·우찬성 이항·좌참찬 안윤덕 등이 아뢰기를,

"근래 재변이 잇달아 나타나고 햇무리가 져 양이까지 생겼으니 이는 반드시 조치하게 된 까닭이 있는 것입니다. 하지만 어찌 재변을 구제할 방법이 없겠습니까? 면대하기를 청합니다."

상이 사정전으로 나아가 인견했다. 이유청이 아뢰기를,

"근래 재변이 매우 많습니다. 하늘에 흰 기운이 뻐친 것이 병상이라고는 하지만 어찌 이유없이 생겼겠습니까? 또 햇무리가 지고 양이가 생기기도 하는 변이 근래 잇달았습니다. 이는 틀림없이 재상이 어질지 못하기 때문에 이러한 일이 생기는 것입니다. 신 등은 지극히 송구스럽습니다. 듣건대 동궁에 요괴로운 일이 있었다고 하는데 그것이 사실인지는 모르겠습니다. 진실로 이런 일이 있었다면 지극히 경악스러운 일로 어찌했으면 좋을지 모르겠습니다."

심정은 아뢰기를,

"재변이 근래 더욱 심하게 발생하고 있으니 하늘이 분명하게 경계하는 뜻을 알 수 있습니다. 삼가 듣건대 세자궁에 요괴로운 일이 있었다고 하는데, 생각하기로는 근래의 재변이 이 때문에 발생한 것 같습니다. 위에서도 보통으로 여겨 조처해서는 안 됩니다. 또 성상께서는 고금의 사적을 두루 아시고 계시는 바 조종조의 일만 가지고 보더라도 동궁에 모후가 없으면 으레 이런 괴변이 있었으니 이보다 더 경악스러운 일이 어디 있겠습니까? 이는 내간의 일이므로 밖에서 추문하자고 청할 수가 없습니다. 따라서 내간에서 자체로 추문하여 그 사람을 색출하여 통쾌하게 다스린다면 간모가 절로 위축되어 없어져 내외가 모두 편안할 것입니다."

상이 이르기를,

"동궁의 일은 안에서도 아직 못들었는데 외간에서 먼저 들은 것이 있는가? 그렇다면 그것이 무슨 일인가?"

심정이 아뢰기를,

"기미幾微에 관한 일은 그것이 조금만 비쳐도 속히 명쾌하게 결단해서 외인으로 하여금 속시원히 알게 해야 합니다. 일이 만약 긴급하게 된 경우에는 신 등도 아뢰기가 또한 어려운 것입니다. 그래서 미리 아뢰는 것입니다. 전일 세자의 생신일에 죽은 쥐를 가져다 사지四肢를 찢어 불에다 지진 다음, 이를 세자의 침실 창문 밖에다 매달아 놨었다 합니다. 그런데 이달 초하룻날 또 그랬다고 합니다. [세자의 외구外舅인 윤여필이 심정에게 이런 말을 했는데 심정이 또 이유청에게 말했다. 이유청도 당초엔 아뢸 뜻이 없었지만 관계되는 바가 중대했기 때문에 부득이 정원政院과 함께 아뢴 것이다.] 이 말이 사실인지 아닌지는 모르겠습니다만 신하의 입장에서 듣기에 관계되는 바가 중대하기 때문에 아뢰는 것입니다. 신 등이 되풀이 생각해봐도 궁금宮禁에 틀림없이 간사한 사람이 있어 이런 모의를 얽어내고 있는 것 같습니다. 비록 그가 누군지 분명히는 모르지만 조금이라도 의심이 가는 사람이 있으면 숨기지 말고 통렬히 치죄해야 합니다."

상이 깜짝 놀라면서 이르기를,

"동궁에 이런 요괴스런 일이 있었단 말인가? 즉시 추문해야겠다."

이유청이 아뢰기를,

"동궁에는 시위侍衛하는 사람이 매우 많으니 반드시 보고 들은 사람이 있을 것입니다. 하문해 보시면 알 수 있을 것입니다."

심정은 아뢰기를,

"이 일은 세자의 복을 빌기 위한 것이 아니라, 틀림없이 동티내어 국본[157]을 동요시키려는 것일 것입니다."

상이 이르기를,

"이 일이 외간에는 전파되었는데도 나는 전혀 모르고 있었다. 세자의 측근에게 물어보면 알 수 있겠다."

빈청에 자전의 뜻을 내리기를,

"대신이 아뢴 일은 나도 일찍이 들었었다. 그래서 상께 아뢰어 추문하려 했었지만, 증거가 없는 일로 궁내에서 큰 옥사의 단서를 일으킬 수는 없으므로 사실을 따지지 않았

157) **국본**國本 : 세자.

고 아뢰지도 않았다. 이 뜻을 알아주기 바란다."

전교하기를,

"경 등이 아뢴 일로 세자궁 안에 있는 사람을 추문했더니 그의 공사供辭가 이러했다. [공사는 궐정에서 추국할 때 보이므로 여기에는 기록하지 않는다.] 이 일은 과연 요괴로운 술법이므로 의당 추문해야 한다. 그러나 일이 익명서의 경우와 같고 또 술법이 어떻게 하는 것인지도 모르니 어떻게 조처했으면 좋겠는가?" -『중종실록』, 1527년 3월 22일



사건 현장을 처음 목격한 중종의 또다른 후궁인 상궁 안씨(창빈 안씨)의 여종 내은덕을 시작으로, 세자궁의 시녀 은금銀今과 중월仲月 및 무수리 현비玄非 등이 공사를 받았다. 누군가가 쥐의 눈, 코, 입을 지지고 꼬리를 반쯤 자른 것을 세자궁 뿐만 아니라 대전 근방에도 두었는데, 왕실을 저주하는 주술 행위는 역모죄에 해당하는 중죄였다. 이 사건은 옥사로 확대되었고, 중종의 총애를 받던 귀인 홍씨(희빈 홍씨)와 경빈 박씨 또한 용의선상에 오르며 궁인들에게 거론되었다.

이에 경빈 박씨와 혜순옹주의 계집종들을 붙잡아 6번이나 형신을 가했으나 모두 자복하지 않았다. 대간과 삼사가 계속 경빈 박씨와 복성군에게 죄를 주고 내쫓으라고 주청하자 4월 21일 중종은 박씨를 폐서인하기로 결정했다. 이때 승정원이 교지를 작성하기로 했는데, 박씨가 범인이라고 자복한 사람이 아무도 없었기 때문에 작성하기를 힘들어하여, 중종에게 지침을 내려달라고 했다. 이때 중종은 '대비께서 경빈이 의심스럽다는 글을 내리셨으니 그에 의지하라'며 슬쩍 책임을 대비에게 돌렸다. 4월 23일, 정현왕후는 중종에게 비망기를 내려 '내가 비록 경빈을 의심하긴 했어도 범인으로 확정 지은 것은 아니다' 하였다. 이날 대간이 합사하여 경빈을 내쫓을 것을 열한 번이나 아뢰었으나 중종은 경빈에게 죄를 줄 수 없다고 말하였다.

4월 26일, 중종은 마침내 경빈 박씨와 아들 복성군을 폐하여 서인으로 강등하고 경상도 상주로 추방하였으며, 경빈의 아버지를 비롯한 인척들 역시 파직되었다. 작서의 변 사건 때 혜순옹주를 모시는 계집종 모이강·자귀·귀인, 경빈의 방자와 비자인 사비·춘월·덕복 등에게 인형을 만들어 참형을 시행한 일과 쥐를 지진

일에 대해 추문하면서 한 차례 형신을 가했으나 자복하지 않았다.(『중종실록』, 1527년 4월 15일) 혜정옹주의 남편인 홍여는 이 사건으로 신문을 받던 중 고문을 이기지 못하고 사망하였다. 이어 혜순옹주와 혜정옹주는 작서의 변으로 어머니 경빈 박씨와 오빠 복성군이 사사됨과 함께 폐서인되었으며, 혜순옹주의 남편 김인경 또한 이 사건에 연루되어 변방으로 유배를 갔다.(『중종실록』 28년 5월 26일)



하지만 이후 이 사건의 주모자가 경빈 박씨와 복성군이 아니었음이 밝혀지며 복성군은 1541년 복권되었다. 사건의 주모자가 밝혀지면서 두 옹주와 김인경은 신원되었다.(『중종실록』 36년 11월 9일)

가작인두의 변은 1533년(중종 28년), 동궁의 빈청 남쪽 바자把子 위에 사람의 머리 모양을 한 물건이 발견되었다. 이 형상에 누군가가 머리카락을 붙이고 이목구비 등을 새겨 목패에 단 다음, 목패에 '세자의 몸을 능지할 것', '세자 부주父主의 몸을 교살할 것', '중궁을 참할 것'과 같은 내용을 적어놓았는데, 이 저주 사건으로 인해 6년 전 폐출된 복성군 모자와 혜정옹주의 남편인 당성위 홍여가 연루되었다. 5월 23일, 의녀醫女 2인을 상주로 보내어 박씨에게 사약을 내렸다.

이후 홍문관과 시강원, 대간의 대신들이 복성군과 혜정옹주의 남편인 당성위 홍려의 사사를 요구하였으나 중종은 강하게 거부하였다. 반복된 주청 끝에 복성군은 결국 1533년 5월 26일 사사되었으며, 두 옹주 역시 옹주의 작호를 박탈당하고 폐서인되었다. 조선 역사상 재위 중의 국왕이 아들을 죽인 최초의 사례이기도 하다. 혜순옹주의 남편인 광천위 김인경은 유배되었고, 혜정옹주의 남편인 당성위 홍여는 모진 고문 끝에 사망했다.

실록은 '작서의 변'을 다음과 같이 기록하고 있다.

### 實錄記事 1533년 5월 23일, 복성군을 안치하고 박씨의 사사를 명하다

삼공과 추관 등에게 의논하기를,

"대간이 복성군과 박씨를 통쾌하게 결단하여 처치하라고 아뢰었다. 이 일을 어떻게 조처해야 되겠는가? 큰 일에서 단서가 나온 것은 아니더라도 여론이 이미 박씨를 의심하

중종

고 있기 때문에 여러날 논계하고 있다. 내 생각에는 바야흐로 큰일을 추국하고 있는데 그의 죄를 먼저 다스릴 수는 없을 것 같기에 망설이고 있는 것이다. 박씨가 모의에 가담하지는 않았으나 지금 박씨를 위해서 했다는 말이 있으니, 일의 형편상 목숨을 보전할 수 없게 되었다. 죄에는 경중이 있는 것이니 사약을 내려야 되겠는가, 대죄로 결정해야 되겠는가?

다만 박씨를 위해서 했다는 말은 있지만 복성군을 위해서 했다는 말은 없다. 복성군이 모의에 대해서 알고 있는지, 모의에 가담했는지는 알 수 없는 일이다. 그러나 당연히 처치해야 될 일인데, 죄에는 경중이 있는 것이다. 전일에는 임의대로 외방에 있게 하였었지만, [상주에 거주한 것을 말함.] 지금은 먼 곳에 부처해야 되겠는가, 아니면 안치[158] 시켜야 되겠는가? 어떻게 했으면 좋겠는가?"

위관 등이 같이 의논하여 아뢰기를,

"대간인들 처리하기 곤란한 줄 모르고 아뢰었겠습니까? 국가의 대계를 위해서 아뢴 것입니다. 이는 위에서 결단하시기에 달렸습니다."

전교하였다.

"박씨에게는 사약을 내리고 복성군은 먼 곳에 안치시키라. 보통 사람에게 사약을 내릴 적에는 단지 도사만을 보냈었다. 박씨가 폐서인[159]이 되기는 했지만 지금 낭관과 나장을 보내어 살펴보게 할 수는 없다. 조종조에서 부인에게 사약을 내리는 예에 따라 도사와 의녀醫女에게 아울러 말을 지급하여 보내고, 그의 죄를 나라 안팎에 분명히 보이게 하라."

- 『중종실록』, 1533년 5월 23일

### 實錄記事 1533년 5월 24일, 대간이 홍여의 추국을 아뢰니 전교하다

대간이 아뢰기를,

"작서의 변을 모의하여 동궁東宮을 해치려고 한 것은, 그 의도가 다른 데 있는 것이 아니라 이미(복성군)에게 있었던 것입니다. 지금 이 악역의 변고도 동궁에서 발생했으니, 이는 박씨를 위한 것이 아니라 미를 위한 계교인 것입니다. 간흉들이 미를 기화로 여기기 때문에 예상치 못한 변고가 끊임없이 자주 일어나고 있습니다. 이 화근을 없애지 않으면

158) **안치**安置 : 유배형의 하나. 보통 귀양은 귀양 간 땅에서 다시 구속을 받지 않았으나 안치는 귀양간 땅에서 다시 일정한 장소에 거주를 제한하는 것임. 왕족이나 고급 관리에게 적용하였음. 안치에는 절도 안치·본향 안치·위리 안치가 있음.

159) **폐서인**廢庶人 : 존귀한 신분을 박탈하여 일반 서인庶人으로 강등시키는 것.

화란이 그치지 않을 것이니, 따라서 종묘 사직의 안위가 이번 처치에 달려 있습니다. 즉시 대의에 입각하여 결단, 종묘 사직의 대계를 안정시키소서. 그리고 어제 궐정에서 추국한 죄인은 어제 이미 복죄했습니다. 홍여는 바로 수모자이고 옥사가 이미 이루어졌는데 자복만 받았을 뿐 다른 것은 다시 묻는 일이 없었습니다. 어제 밤에 단지 한 차례 형문했을 뿐 다시 취복하지 않은 채 보통의 옥사로 조처했으니, 지극히 부당합니다. 궐정에서 추국하는 예에 따라 일수를 헤아리지 말고 추국하여 자복을 받아야 합니다. 그런데 문사관 송인수와 이억손은 대옥이 끝나지도 않았건만 금부로 가지 않았습니다. 다 같은 옥사에 경중이 있는 것 같으니 지극히 잘못된 일입니다. 가서 참예하게 하소서."

*작서의 변이 미(복성군) 때문에 발생했다고 하더라도 그 모의에 관계가 있는 자는 박씨이다. 지금에 와서 또 이런 일이 발생한 것은 박씨가 생존해 있기 때문에 그에게 아부하려는 것이었다.*

전교하였다.

"작서의 변이 미(복성군) 때문에 발생했다고 하더라도 그 모의에 관계가 있는 자는 박씨이다. 지금에 와서 또 이런 일이 발생한 것은 박씨가 생존해 있기 때문에 그에게 아부하려는 것이었다. 미는 그때에도 전연 모의에 간예한 바 없었고 지금도 간예하지 않았으며, 또 간인들 가운데 한 사람의 입에서도 거론되지 않았다. 지금 박씨는 이미 세상을 떠났고 비도 안치시켰으니, 기내할 마음이 끊겨 아부할 리가 없을 것임은 물론 저절로 진정될 것이다. 어미와 자식을 동시에 대죄로 결단한다면 사람들이 보고 듣기에 어찌 흉흉하지 않겠는가. 예부터 자신이 간여하지 않고 사람들의 입에만 오른 경우에는 안치시킬 뿐이었다. 내가 다른 뜻이 있는 것이 아니고 마음으로 헤아린 것이 이러했다. 대신들도 범연히 의논했겠는가. 결단코 다시 고칠 수 없다. 윤허하지 않는다. 홍여는 예(例)에 따라 일수를 계산하지 말라. 문사관은 가서 참예하라."

-『중종실록』, 1533년 5월 24일

### 實錄記事 1533년 5월 24일, 홍문관 부제학 권예 등이 복성군의 제거를 아뢰니 전교하다

홍문관 부제학 권예 등이 차자를 올리기를,

"의(義)가 있는 곳에서는 은애를 행할 수 없습니다. 성왕은 사사로운 은애 때문에 천하의 공의를 해치지 않았으므로 난신 적자가 두려워했던 것입니다. 지금은 대역부도한 일이 적괴의 계모에 의해 발생, 종묘 사직의 변고가 이 지경에 이르렀는데도 조정의 상하가 그저 고개를 수그린 채 묵묵히 앉아 그 욕을 받고 있습니다. 이러고도 나라에 사람이 있으니, 혈기가 있는 사람이면 통분하게 여기지 않는 사람이 없거든, 하물며 나라의 먼 장래를 걱정하는 사람이겠습니까?

상의 전교에 이미(복성군)는 전후의 범죄에 간여한 바가 없었다고 하였습니다. 박씨가 지난날 후궁으로 있을 적에 은혜를 믿고 교만 방자하여 인심을 끌어 모으고 권간들과 결탁했습니다. 이것이 단지 총애를 오래도록 독점하기 위한 것뿐이었겠습니까? 그의 마음은 미를 위해 기반을 구축하여 바라서는 안 될 것을 엿본 것이었습니다. 그렇기 때문에 국인이 둘로 갈라져서 은밀히 손을 마주잡고 시세를 살피고 있었습니다. 그러다가 정해년[160]에 이르러 흉모가 발생했고, 그 역모의 정상을 성감 앞에 숨길 수가 없었습니다. 그러나 권간들이 은밀히 법을 농락하여 천주에서 벗어나게 했으므로, 분수에 벗어난 야망이 갈수록 점점 더 불어났습니다. 그리하여 심복이 된 주구들이 내외에 잠복해 있으면서 다투어 사력을 다했으므로 종묘 사직이 위기에 직면했었습니다.

다행히 하늘이 역적의 마음을 꾀어 역모의 자취가 절로 드러남으로써 패몰되었고, 잔당들이 모두 죄를 받았습니다. 그러나 괴수는 죽음에서 벗어났으므로 간사함 무리들이 스스럼없이 붙좇고 있었습니다. 이들이 뒷날 미(복성군)를 위해 계교를 세운다면 반드시 오늘보다 더 참혹한 일이 벌어질 것입니다. 그때 가서 뉘우친들 무슨 소용이 있겠습니까? 대신은 국가를 위하여 도모함에 있어 사직을 편안히 하는 것을 급선무로 삼아 자기 몸은 돌볼 겨를이 없이 해야 되는 것입니다. 어제 옥사를 결단할 때 공론을 막을 수 없다는 것을 알고서는 구차스럽게 종묘 사직의 대계를 위해서라고 하고, 전하가 미를 법에 의거하여 처치하려 하지 않음을 헤아리고는 왜곡되게 순종하는 말을 하여 상의 뜻에 영합했습니다. 이렇게 머뭇거리며 이쪽과 저쪽의 눈치만 살피면서 전혀 가부가 없으니 전하께서는 누구와 나라를 다스리려고 하십니까? 추국하는 추관들도 옥사에 관련된 자들을 다시 끝까지 힐문하지 않고 갑자기 옥사를 결단함으로써 고의로 완만하게 했습니다. 신하들이 이러하니 종묘 사직을 어느 지경에 가져다 놓게 될지를 모르겠습니다. 통곡할 만한 일입니다. 삼가 바라건대 전하께서는 위로는 조종께서 부탁하신 중책을 생각하시고 아래로는 신민들의 통분한 심정을 따르시어, 사사로운 애정 때문에 대의를 폐기해서는 안 됩니다."

전교하였다.

"전에 있었던 작서의 변에는 박씨가 간여되었었다. 그러나 이번의 이 일은 간사한 무리들이 박씨에게 아부하려는 뜻에서 한 일이요 미(복성군)는 조금도 간여되지 않았다. 따라서 안치시키는 것은 엄중한 처벌이다. 박씨가 이미 세상을 떠났으니 빌붙을 데가 없어졌으므로 간사한 자들의 기대도 끊겼으니, 저절로 진정될 것이다." -『중종실록』, 1533년 5월 24일

160) **정해년** : 1527년(중종 22년).

## 實錄記事 1533년 5월 24일, 대간이 복성군의 제거를 아뢰니 전교하다

대간이 차자를 올리기를,

"작서의 변은 박씨가 어미로서 자식을 위하여 모의한 것입니다. 어미가 자식을 위하여 모의했는데 자식이 그것을 모를 리가 있겠습니까? 흉역을 저지른 홍여도 이미와 같은 집안이었고, 흉측한 무리들의 공초에도 박씨를 위해서 동궁을 해치려했다는 말이 있었습니다. 이들이 동궁을 해치려고 한 의도가 과연 누구를 위해서였겠습니까. 홍여는 같은 집안으로서 어미와 서로 호응하여 자신을 위하여 모의하는데도, 집에 있으면서 자신을 위한 모의를 몰랐다고 할 수 있겠습니까?

구차스럽게 한 아들을 온전히 살리려는 것은 한때의 작은 은애이고 난적을 용서하지 않는 것은 만세의 대의입니다. 전후의 흉모에 미(복성군)가 실제로 간여한 정적이 환히 드러나 길가는 사람들까지 모두 알고 있습니다. 그런데도 전하께서는 매양 미의 이름이 공초에 보이지 않았다고 핑계대시면서 작은 은애 때문에 대의를 무너뜨리려 하니, 이는 같은 집안의 일만 중히 여기고 종묘 사직은 생각하지 않는 처사입니다.

대신들도 대사를 결단함에 있어서 나라를 구하는 데는 뜻이 없고 오로지 상의 뜻을 맞추기에 여념이 없습니다. 이는 자기 한몸만 알고 국가가 있다는 것을 모르는 행위입니다. 대역은, 사람이면 다같이 주멸해야 되는 것입니다. 임금이 대역죄를 관대하게 조처한다면 이는 나라를 버리는 것이요, 신하가 대역죄를 관대하게 조처한다면 이는 임금을 잊은 것입니다. 지금 흉도들이 모두 주멸되었는데도 홍여는 괴수로서 여러날 목숨을 보전하고 있습니다. 고금과 천하를 통하여 난신 적자를 처형함에 있어 사람에 따라 그 법을 달리한 적은 없었습니다. 신들은 역적의 살점을 먹고 그 가죽을 깔고 앉고 싶은 마음이 사람마다 같지 않을 줄은 생각지도 못했습니다. 삼가 바라건대 전하께서는 통쾌하게 미(복성군)의 죄를 바루 잡아 종묘 사직의 대계를 안정시키시고, 속히 홍여의 옥사를 결단하여 신민의 분을 풀게 하소서."

전교하였다.

"이제 상차를 보니 그 내용에 '작은 은애 때문에 대의를 무너뜨리려 한다.' 했으나 그럴 리가 있겠는가. 미(복성군)가 간모에 간여했다면 진실로 아낄 것이 없다. 그러나 간여하지 않았으니 안치시키면 된다. 개정할 수 없다. 홍여의 일은 이미 위관들에게 말하였다. 그들의 의논을 보아서 추국하도록 하겠다."

– 『중종실록』, 1533년 5월 24일

### 實錄記事 1533년 5월 25일, 대간이 복성군의 제거를 아뢰고 정광필을 탄핵하니 전교하다

대간이 아뢰기를,

"상의 분부에 이미는 간여하지 않았고 박씨는 이미 세상을 떠났다고 했습니다. 하지만 지금의 사정은 반드시 그런 것만은 아닙니다. 전후에 발생한 변고가 어찌 박씨 때문에 발생한 것이겠습니까. 간흉들의 모의는 모두가 미에게 관계된 것으로 뒷날 부귀를 누릴 수 있는 발판을 마련하기 위한 것입니다. 이런데도 미가 간여하지 않았다고 하여 화근을 없애지 않을 수 있겠습니까? 속히 결단하소서. 영의정 정광필은 일국의 수상으로서 종묘 사직의 대계를 결단하는 마당에 그의 의향이 대의에 어긋났습니다. 화근을 없애서 국가를 안정시키려는 것은 대의에 있어 당연한 것인데, 광필은 영산군 등의 일을 인용하여 구원하였습니다. 홍여의 대역은 신자臣子이면 누구나 다같이 통분해야 될 일인데도 광필은 나이가 아직 장성하지 않았다는 것으로 은연중 벗어날 길을 열어주었습니다. 이것이 과연 태도를 분명히 하는 자의 소행이라고 할 수 있겠습니까? 예조 판서 홍숙의 그의 손자인 홍여를 정죄하게 된다면 절로 해당되는 율이 있을 것입니다. 그러나 예조는 중요한 곳이므로 장관을 오랫동안 비워둘 수가 없습니다. 오늘 정사[161]에서 차임하소서."

전교하였다.

"미는 하찮은 사람이다. 그가 살아 있거나 죽어 없어지거나 관계되는 것이 무엇이건대 애석히 여겨 사은을 보이려 하겠는가. 단 일죄[162]로 결단하는 것은 모름지기 사실이 드러난 뒤에야 할 수 있는 것이기 때문에 윤허하지 않는다. 영의정이 아뢴 것은 그 뜻을 모르겠다. 그러나 대신에게 다른 뜻이 있었겠는가? 홍숙은 체직시키라."

– 『중종실록』, 1533년 5월 25일

### 實錄記事 1533년 5월 26일, 홍문관 부제학 권예 등이 복성군의 제거를 아뢰니 전교하다

홍문관 부제학 권예 등이 차자를 올렸다.

"화환의 기미가 드러나지 않은 데에 숨겨져 있어도 현명한 사람은 오히려 그 기미를 알아차리기 때문에 환란이 닥쳐올 것을 생각하며 미리 예방합니다. 하물며 살을 저미는 화가 이미 구제하기 어려운 지경에 이르렀는 데야 말해 무엇하겠습니까.

대체로 사람이 곤란한 일을 당해서 조처할 경우, 사정에 끌려 고식적으로 하는 사람이

---

161) **정사**政事 : 인사 행정人事行政.

162) **일죄**一罪 : 사형死刑.

많고 먼 앞날을 생각하여 용단을 내리는 사람은 적습니다. 이는 은혜가 의를 가려 공적인 것이 사적인 것을 이기기 어렵기 때문입니다. 이미(복성군)의 일가가 오랫동안 흉모를 품고 분수에 벗어나는 지위를 엿보아 왔습니다. 역적 홍여는 장획을 시켜 내수[163]와 유대를 공고히 하여 은밀히 의논하면서 못하는 짓이 없었습니다. 역비가 체포당하던 날 갑자기 글을 저장하는 상자를 불태웠으니, 미가 그 어미와 교통하면서 역적 모의를 한 정상이 분명히 드러나 숨길 수가 없습니다. 전하께서는 당연히 작은 안스러움을 참고 대의에 의거 제재하셔야 되는데도 매양 간인奸人들의 입에 오르지 않았다고만 핑계대십니다. 이는 사적인 온정이 마음을 가려 스스로 죄악의 소재를 모르시는 것입니다.

미(복성군)는 바로 나라의 화를 빚어 내는 하나의 매개체입니다. 역모가 자주 일어나는데도 천형을 시행하지 않고 있으니, 뒷날에 화 일으키기를 즐기는 무리들이 이를 빙자하여 난을 유발시키게 되면 엄청난 환란이 종묘 사직에 닥치게 될 것입니다. 그때에 가서는 아무리 뉘우치고 구제하려 해도 일이 이미 크게 무너져 손을 쓸 수가 없게 되는 것입니다. 적자 하나를 비호하기 위해 스스로 화의 근원을 남겨두어서야 되겠습니까. 적자 하나의 생사와 종묘 사직의 안위를 견주어본다면 어느 것이 중하고 어는 것이 가볍습니까? 신들이 아직 드러나지 않은 일을 가지고 일찍이 조처하려 하는 것이라면 전하께서 오히려 결단하기를 어렵게 여길 수도 있겠습니다. 그러나 지금은 역적의 정상이 이미 확연히 드러났고 지얼들이 죄를 받았는데도 수악만이 빠졌으니, 실형이 너무 심합니다. 신들이 천위를 범하면서 여러날 차자를 올려 논하는 것은, 단지 종묘 사직의 대계를 위한 것뿐입니다. 삼가 전하께서는 속히 사정을 끊으시어 종묘 사직을 편안하게 하소서."

– 『중종실록』, 1533년 5월 26일

### 實錄記事 1533년 5월 26일, 흉모 연루자들을 벌하다

장순손·한효원·김근사 등이 의논을 써서 아뢰었다. 이어 아뢰기를,

"저번 정부에 하문할 적에 이미를 안치시키시려 했었고, 신들도 그것이 옳겠다고 여겼기 때문에 상의 분부를 지당하다고 했었습니다. 그런데 지금 조정에서 종묘 사직에 크게 관계되는 죄라고 하기 때문에 신들이 다시 의논하여 아뢰니다."

그 의논은,

"전일 박씨가 저지른 흉모와 이번에 홍여가 범한 죄는 모두가 미 때문에 발생된 것으로, 대간이 아뢴 바와 같이 바로 종묘 사직의 대계에 관계된 일입니다. 두 옹주는 속적을

---

163) **내수**內竪 : 미嵋를 가리킴.

끊어버려야 되고 인경도 외방으로 내쳐야 되며, 박수림 3부자父子도 대간이 아뢴 대로 시행해야 됩니다. 홍여가 비록 장하에서 죽었지만 수견 등이 진술한 공초에 죄를 범한 정상이 다 드러났습니다. 비상한 대악은 비상한 법전에 따라 집행해야 됩니다. 단, 근래 옥사를 결단함에 있어 자복하지 않고 죽은 자는 연좌시키지 않는 것이 예입니다. 한결같이 율문에만 따른다면 예와 다르게 되니, 짐작하여 논단하소서. 이항이 종처럼 박씨를 섬겼다는 일은, 대간이 아뢴 바와 같다면 마땅히 무거운 법으로 다스려야 됩니다. 단, 지금의 흉모에는 간예하지 않았으니 드러내어 처형하는 것은 과중한 것 같습니다. 정광필은 아뢴 바가 잘못된 것이긴 하지만 의견을 진달한 것일 뿐 다른 뜻이야 있었겠습니까? 이 때문에 수상을 체직시키는 것은 온당치 못한 것 같습니다."

대신들의 의논에 답하기를,

"미의 일은 조정의 의논이 이러하니 사약을 내려야 하겠다. 박수림 등과 김인경은 먼 곳에 부처[164]하라. 두 옹주는 폐서인하도록 하겠다. 그러나 다시 의논할 일이 있다. 홍여가 자복하지 않고 죽었으니, 홍서주와 홍숙은 율에 따라 죄줄 수 없다. 서주는 먼 변방으로 귀양보내라. 홍숙은 고신[165]을 다 빼앗도록 해야겠는가 아니면 함께 먼 변방으로 귀양보내야 되겠는가? 다시 의논하라. 이항의 일은 대간이 아뢴 것이 온당한 것 같다. 이번 일은 재상 자리에 있는 권간이 상응하여 발생한 것이니, 대간이 아뢴 대로 하는 것이 어떻겠는가. 영상은 실수한 말이 있었지만 무슨 딴 뜻이야 있었겠는가. 단지 연방할 때 병이라 핑계대고 들어오지 않았는데 정말 병들었다면 처음부터 오지 않았어야 했다. 그런데 대궐에 들어와서 병이라 핑계대었고 강요한 뒤에야 들어왔다. 지금 체직하지 않더라도 대간들의 아룀이 여기에서 그치지는 않을 것이다. 이번 일은 대역이므로 당연히 통쾌하게 정죄해야 된다. 다시 의논하라."

순손 등이 아뢰기를,

"신들은 처음에는 자세히 몰랐었습니다. 그런데 위에서 환히 아셨고 공론도 저러하니, 상의 분부가 지당합니다. 홍숙은 고신을 모두 추탈하고 홍서주는 먼 변방에 귀양보내는 것이 또한 온당하겠습니다."

전교하였다.

---

164) **부처**付處 : 중도 부처中途付處의 준말. 유배流配에 처한 죄인에게 그 정상을 너그럽게 침작하여 배소配所로 가는 도중에 어느 한 곳을 지정하여 있게 함.

165) **고신**告身 : 벼슬아치로 임명된 사람에게 주는 사령장辭令狀. 4품 이상은 교지敎旨, 5품 이하는 직첩職牒.

"미에게는 사약을 내리라. 두 옹주는 폐서인하고, 김인경은 먼 변방에 귀양보내라. 박수림·박인형·홍서주도 먼 곳으로 귀양보내고, 홍숙은 고신을 죄다 추탈하라. 이항에게는 사약을 내리고, 정광필은 체직하라."

[미에게 사약을 내릴 적에 상이 슬픈 마음으로 정원에 전교하였는데, 이 전교를 들은 사람은 오열하지 않는 이가 없었다. 전교는 다음과 같다. "미가 어느 곳에서 죽느냐! 그가 죄 때문에 죽기는 하지만 바로 나의 골육이다. 시체나마 길에 버려지지 않게 거두어 주어야 하겠으니, 그의 관을 상주로 실어보내도록 하라. 이 뜻을 감사에게 하유하고, 지금 가는 도사에게도 아울러 이르라. 그리하여 연로의 각 고을로 하여금 역군을 내어 호송하게 하라.".]

사신은 논한다. 미가 작서의 변이나 목패를 매단 모의에 간예하였다면 종묘 사직에 관계되는 죄이므로 드러내어 처형해도 애석할 것이 없겠다. 그러나 간흉의 무리들이 거짓 공론을 빙자하여 군부를 협박, 임금이 사랑하는 아들을 죽이면서도 조정으로 하여금 감히 입을 열지 못하게 했다. 그런데 홀로 정광필만이 몸을 돌보지 않고 분발하여 경명군과 영산군의 일을 인용하여 아뢰었으므로 사람들이 모두 의롭게 여겼다.

또 논한다. 항은 성품이 조급하고 각박하여 부드럽고 너그러운 아량이 없었다. 잔인하고 가혹한 이빈과 함께 양사의 장이 되어서는 팔을 내젓고 혀를 마구 놀려 사류들을 차례로 비방하여 일망타진했으니, 이미 군자의 마음을 지켜서 몸을 보호하는 도리에 어긋났다. 뒷날 김안로가 이조 판서가 되었을 적에 마침 대사헌 자리가 비었으므로 드디어 항을 의망하여 낙점받았다. 이러고 나서 안로는 얼굴에 희색이 가득하여 참판 신공제를 돌아보면서 '호숙이 낙점을 받았으니 매우 기쁘다.' 했었다. 그러고 얼마 안 되어 항이 안루를 탄핵하여 내쫓았다. 항은 매양 '뒷날 안로가 면방되는 날은 바로 내가 땅속으로 들어가는 날이다.' 했었는데, 마침내 그의 손에 죽었다. 단, 항이 박빈에게 빌붙었다고 허위 사실을 날조하여 죽인 그것이 억울할 뿐이다.

또 논한다. 조정이 같이 의논하여 미에게는 사약을 내리고, 박수림 등은 먼 곳으로 귀양보냈다. 홍숙은 고신을 모두 추탈했고, 이항에게는 사약을 내렸고, 정광필은 수상에서 체직시켰고, 박씨는 이보다 앞서 사약을 받게 했다. 정광필이 이 옥사에 대해 의심을 품고 결정을 미루면서 '견성군은 반정한 처음 인심이 위의스러웠기 때문에 부득이 일죄로 다스렸지만, 영산군과 경명군은 모두 간인의 입에 자주 올랐었다는 것으로 금고시켰었으니, 복성군도 영산군의 예에 따라 금고만 시키자.'고 했기 때문에 시론이 비난했고 수상에서 체직되기에 이르렀다. 그러나 광필은 충후하고 자애스런 마음을 지녔기 때문에 본디 재보의 물망이 있었고, 사림 가운데 도움받은 자도 많았다. 그런데 뜻밖에 체직되었으니 이미 인정에 어긋난 조처였다. 하물며 용렬한 김근사로 대신했음에랴! 여론이 애석하게 여겼다. 항은 대사헌으로 있을 적에 안로를 지척하여 내쫓았다. 항이 간사하기는 하지만 자기가 저지른 죄 때문에 죽은 것이 아니었으므로 여론이 심하다고 여겼다.

[정광필은 수상으로서 궐내에서 죄인을 추국할 적에 병을 핑계대면서 들어가지 않았고, 또 고사를 인용하면서 심각하게 다스리려 하지 않았기 때문에 대간이 그를 논계하여 체직시켰다. 그리하여 좌상 장순손이 대신 영상이 되고 우상 한효원이 좌상이 되고 이상 김근사가 우상이 되었다. 당시의 정사는 모두 대각에 달려 있었으므로, 대간이 논하는 일은 기필코 윤허를 얻어내고야 말았고 상도 모두 마음을 굽혀 따랐다. 처음에 대신 김극성·유여림·조계상·성세창 등이 대관이 뜻에 거스렀다가 모두 유배당하였었다. 이때에 공경들은 위의 사람들이 당한 것에 경계, 화가 자신에게 미칠까 두려워하여 그저 그들의 뜻에만 맞출뿐 경연의 자리에서도 서로 가부를 논하지 못하고, 구차스럽고 입을 다문 채 그들의 의견에 견제되어 갈 뿐이었다.] - 『중종실록』, 1533년 5월 26일



## 實錄記事 1533년 5월 27일, 복성군의 시신 운반에 대해 전교하다

정원이 아뢰기를,

"대간이 홍여를 정죄한 뒤 중외에 효유하라고 했습니다. 그러나 지금 자복하지 않은 채 장하에서 죽었으니, 중외에 효유하는 일을 어떻게 해야 되겠습니까? 감히 취품합니다."

[이날은 답하지 않았다.]

정원에 전교하기를,

"전에는 지친인 경우에는 대의에 입각하여 사약을 내렸어도 상구喪具는 후하게 내렸었다. 지금 이 이미(복성군)에 대한 일은 조정이 다같이 그르다고 하는 일이기 때문에 말할 수 없는 것 같다. 다만 미가 상주를 떠나지 않고 죽는다면 모르거니와, 이미 상주를 더나 적소에 도착하기 전에 죽는다면 그의 시체가 반드시 길바닥에 버려질 것인데, 그의 외친外親도 모두 귀양가 버려서 거두어 줄 사람이 없을 것이므로 내 마음이 편치를 못하다. 보통 사람의 시체라도 들판에 버려져 있으면 오히려 묻어 주는 법이다. 시체가 있는 해당 고을로 하여금 관곽을 만들어 시체를 거두게 하라고 감사에게 하유하는 것이 어떻겠는가. 그러나 감사도 미가 가 있을 곳을 분명히 모를 것이다. 약을 가지고 가는 도사에게 하유하는 것이 어떻겠는가?"

정원이 의논하여 아뢰기를,

"미의 일에 대해 감사에게 하유하는 것은, 과연 감사도 미가 어느 곳에 있는지 분명히 모를 것입니다. 도사 이창무李에게 하유하여 시체가 있는 해당 고을로 하여금 관곽을 만들어 거둔 시체를 상주로 운송하게 하는 것이 마땅하겠습니다."

전교하였다.

"아뢴 대로 하라. 연로의 각 고을에서도 조치하여 운송하게 할 것으로 즉시 서장을 작성, 역말을 띄워 감사에게 하유하라." - 『중종실록』, 1533년 5월 27일

## 권력의 비대화를 막지 못했다

중종은 권신들에게 휘둘린 연약한 군주가 아닌 권신들을 단숨에 제압할 정도로 정국을 이끌어가는 능력을 소유한 왕이었다. 중종은 정국 주도 능력을 조선의 폐해를 없애기 위해 노력하지 않았다. 자신은 검소하게 생활하였지만, 자식과 종친들이나 신하들의 사치를 막지 못했고, 학풍이 땅에 떨어진 상황을 걱정하면서도 선비들을 죽이는 사화를 주도한 왕이었다. 중종은 왕조와 자신에게 주어진 왕좌를 신하들의 지나친 권력 비대화로부터 지키기 위해 노력만 했던 임금이었다.

### 實錄記事 1544년 11월 14일, 정승과 승지·사관을 불러 전위의 뜻을 밝히다

대간이 합사하여 아뢰기를,

"상의 옥체가 미령하시어 오래도록 낫지 않아 더욱 위중해지는데도 의원만 수시로 들어가 진찰하고 대신은 한 번도 들어가 문후하지 못하니 지극히 미안합니다. 대신이 들어가 문후하게 하소서."

답하기를,

"아뢴 뜻이 지당하다. 의논할 일이 있으니, 두 정승과 약방 제조·승지·사관은 근처에 대기하여 명을 기다리라."

정원과 사관이 명정전으로 나아오니, 전교하기를,

"두 정승과 담당 승지·사관 등은 들라."

좌의정 홍언필, 우의정 윤인경이 아뢰기를,

"지금 대간의 아룀에 따라 신들을 불러 보려 하시나, 상의 옥체에 미령하신 지 오래되어 의관을 접견하시는 일까지도 힘이 드신다고 하니 지극히 미안합니다. 만약 부득이 신들을 불러 보시려면 편한 대로 하시는 것이 어떻겠습니까?"

답하기를,

"대간이 비록 아뢰지 않더라도 진작부터 불러 보려고 했었다."

얼마 있다가 전교하기를,

"옷차림을 허술하게 하고 대신을 접견하기가 매우 미안하기 때문에 조복을 걸치고 보려 한다. 즉시 들어오라."

이에 홍언필·윤인경·임열·왕희걸·강사안·이감 등이 내관 이승호를 따라 침전 안으로 들어가 뵙자, 상이 익선관을 쓰고 조복을 걸치고 이불을 두르고 앉았고, 세자는 관대하고 그 옆에 엎드려 있었으며, 내시 2인도 시립해 있었다. 홍언필 등이 차례로 방 안에 들어가 엎드리니 상이 촛불을 당겨 놓으라고 명하고 [이때 해가 넘어가려 하였으므로 방 안은 어두웠다.] 붓을 잡고 작은 종이에다 글을 쓰려 하였으나 잘 안 되는 듯하였다. 이어 이승호에게 주면서 이르기를,

"너는 이 뜻을 대신에게 고하라."

그 작은 종이에 쓰기를,

"나의 병이 뜻밖에 이렇게까지 되었으니 다른 말은 다시 할 것이 없고 기운 또한 피곤하니 어찌 많은 말을 할 수 있겠는가. 천명과 인사가 이미 이와 같으니 재상들은 지금 많이 불러보지는 못하나 전위하는 일을 확실히 말하겠다. 조정은 이미 내가 평소 전위하려고 한 뜻을 알고 있으므로 다시 번거롭게 말하지 않는다."

이어 홍언필 등에게 이르기를,

"내 병이 이러하니 위장·분소 순장·감군에 대한 낙점 등의 일을 세자로 하여금 하도록 하고자 하니 필획이 다를지라도 해로울 것이 있겠는가. 내가 비록 형체는 있으나 사람 구실을 할 수 없다. 노열 증세가 일시적으로 잠시 뜸했다가는 또 금방 발작해서 왕래가 무상하다. 내가 국사를 볼 수 없는 사실을 조정 대소인이 누가 모르겠는가. 세자에게 전위를 해야 인심에도 합할 것이니 조정 상하가 억지로 고집해서는 안 되고 대신들도 내 뜻을 따르면 매우 다행하겠다. 내가 말하는 어조만 보아도 병이 중하다는 것을 알 것이니 이 밖에 무슨 말을 하겠는가. 내가 마침 대신을 불러 보려고 하는데 대간이 말을 하여 내가 매우 감격했다. 나는 이 자리에 있을 수 없으니, 이 말 외에 무슨 말을 하겠는가." [이때 상의 병환이 아주 위독하여 숨이 곧 끊어질 지경이었고 말도 이어지지 않았으며, 편히 앉아 있지도 못하므로, 좌우가 모두 소리 없이 울었다.]

홍언필 등이 말을 하려 하니, 상이 이르기를,

"하고 싶은 말이 무엇인가? 나는 병중에 귀가 어두워 들을 수가 없다. 큰 소리로 말하라."

홍언필이 아뢰기를,

"심열 증세는 반드시 근원이 있기 때문이라고 생각됩니다. 특히 마음 쓰시는 일이 계신가 염려되어 조정에서는 정성을 다해 알고자 합니다. 일찍이 민망한 생각을 서계하려고 하다가 하지 못했습니다. 심열 증세가 무슨 까닭으로 오래도록 회복이 되지 않으십니까? 혹 마음 쓰시는 일이 있어 이러한 증상을 불러온 것이 아닙니까? 지금의 하교는

이와 같으시나 조리하신다면 자연 회복되실 것입니다. 조종들께서도 어찌 질병을 겪고 회복되신 일이 없었겠습니까. 마음을 쓰지 마시고 오랫동안 조리하시면 치료될 수 있을 것입니다."

상이 이르기를,

"나에게 특별히 마음 쓰는 일은 없고, 소소하게 마음 쓰는 일이야 전일에 어찌 없었겠는가. 그러나 지금은 마음에 걸리는 것이 전혀 없다."

홍언필이 아뢰기를,

"성심이 석연하시어 염려가 없으시다니 매우 다행입니다."

상이 이르기를,

"지금 전위한다면 내 병이 어찌 조금이라도 낫지 않겠는가. 병세가 이같이 되어 옷도 갖춰 입지 못하고 대신을 불러 보는 형편이니, 어찌 범연하게 생각한 것이겠는가. 조정에서 진실로 나를 살리려고 한다면 조종조의 고사를 따르는 것이 옳다. 내가 감히 헛말을 하는 것이 아니니, 대신들은 반복해서 헤아려야 한다. 오늘 소란스러울 듯하여 다른 대신들은 아울러 불러 말하지 않았다."

윤인경이 아뢰기를,

"신들이 재상의 자리에 있으면서 상의 증상이 어떠하시다는 것을 모르고 의원들에게 물으니, 별로 다른 증세는 없고 다만 심열이 왕래할 뿐이라고 하였습니다. 성상의 마음에 과연 불편스러운 일이 있으십니까? 신들이 계달하려다가 미처 못하여 민망한 생각이 망극합니다. 전교하신 일은 어찌 이같이 하실 수 있겠습니까. 옛 제왕 중에는 역년(한 왕조가 왕업을 누린 햇수)이 긴 사람도 많았으니 잡념을 없애버리시고 조리하신다면 크게 다행이겠습니다."

상이 이르기를,

"앞서 밀한 감군·위장·분소에 관한 일은 비록 필획이 다르더라도 세자로 하여금 하게 하라."

세자가 엎드려 흐느껴 울면서 아뢰기를,

"대신이 어찌 범연히 헤아려서 아뢰었겠습니까. 여러 가지 생각을 하지 마소서."

홍언필이 아뢰기를,

"이러한 일은 병을 조섭하실 때에 염려하실 일이 아닙니다. 세자 또한 반드시 마음 아파하실 것입니다."

상이 이르기를,

"세자에게 자리를 물려주고, 대신들이 따른 뒤에라야 내 노열이 덜해질 것 같다. 이러한 때에는 자리를 벗어나지 않을 수 없다."

홍언필이 아뢰었다.

"신이 미열합니다마는, 조정에서 상을 모신 지가 40년이 되었습니다. 상을 위하는 생각이 어찌 한이 있겠습니까. 대체로 심열은 모두 심려 때문에 나오는 것이니 잡념을 없애면 즉시 회복되는 것입니다. 신들이 오래도록 모시고 있기가 미안하여 우선 물러가겠습니다."



사신은 논한다. 상이 즉위한 이래 권간이 용사하여 조정을 제멋대로 어지럽혀서 골육에까지 화가 미쳤으니 심려가 마침내 병이 된 것은 당연하다. 이미 밝은 예지로 사물을 통촉하지 못하고 간흉에게 권력을 맡겼으며, 또 임금의 대권을 행사하지도 못하고 억지로 따르다가 이것이 쌓여서 고황(심장과 횡격막의 사이)에 병이 들어 끝내 구제할 수 없는 슬픔에 이르게 되었으니, 아! 슬프다. 병세가 이와 같은데 어찌 다른 생각이 있겠는가. 옛날의 제왕들도 전위한 사실이 많이 있었다.

상이 오후부터 혼수상태에 빠져 위독하다

상이 오후부터 혼수상태에 빠져 잠만 자며 전혀 말을 하지 못하였다. 전일에 비해 점차 위독해졌다. 오격관중산과 소합원을 올렸다. - 『중종실록』, 1544년 11월 14일

## 39년 재위, 57세에 승하하다

중종은 1544년 11월 14일에 세자 인종에게 왕위를 물려주고, 1544년 11월 15일 창경궁 환경전에서 재위 39년 만에 승하하였다.

### 實錄記事 1544년 11월 15일, 유시에 상이 환경전 소침에서 훙하였다

유시酉時. 상이 환경전 소침에서 훙하였다.

사신은 논한다. 상은 인자하고 현명하여 세상에 뛰어난 자질로 혼암한 폐조의 시대를 당하여 효도와 우애를 독실히하고 신하의 도리에 극진하였다. 폐주의 난정이 더욱 혹독하여 백성들이 도탄에 빠지자 황천의 돌보심으로 천명이 돌아오게 되었다. 신민의 추대를 사양할 수가 없어 드디어 임금의 자리에 오르니 귀신과 사람이 모두 기뻐하고 종묘와 사직이 의탁할 곳이 있게 되었다. 중흥한 공적은 너무도 높아서 어떻게 이름지을 수 없다. 즉위한 이래 학문에 있어서는 정일精一의 묘리妙理를 궁구했고, 뜻은 당唐·우虞의 다스림에 간절하여 백성을 언제나 불쌍히 여겼고 간언을 따르는 데 어김이 없었다. 재위 39년 동안

에 치도를 이루기 위해 근심하고 괴로와한 것이 모두가 하늘을 두려워하고 백성을 사랑하는 정사였으니 진실로 세상에 드문 현주賢主라 할 수 있다. 애석하게도 인자하고 온화함은 넉넉했으나 과단성이 부족하여 진퇴시키고 용사用捨하는 즈음에 현·불초賢不肖가 뒤섞이게 하는 실수를 면하지 못했다. 그래서 군자와 소인이 번갈아 진퇴함으로써 권간權奸이 왕명을 도둑질하여 변고가 자주 일어났고 정치가 조금도 나아지지 않았으며, 재변이 중첩해서 일어나 삼한의 신민이 끝내 다시는 삼대의 정치를 볼 수 없게 되었으니, 임금은 있으나 신하가 없다는 탄식이 어찌 한이 있겠는가. 이와 같이 옛것을 좋아하고 선을 즐기는 정성으로 만일 함께 일을 할 만한 신하를 얻어서 일을 맡기고 소인이 그 사이에 끼어들지 못하게 하였다면 군신이 덕을 함께 하고 시종 서로 신임하여 완성된 미덕을 이루었으리니, 그 치적이 융성함과 공업의 성대함이 어찌 여기에 그칠 뿐이었겠는가.

사신은 논한다. 신은 상고하건대, 중종 대왕은 공검 인자하시어 재위 40년 동안에 안으로는 성색을 즐기는 일이 없었고, 밖으로는 사냥하며 즐기는 데 빠진 적이 없었다. 즉위한 이래로 힘써 치도를 강구하여, 조야朝野가 모두 바라보고 태평을 기약했는데 신하의 보좌를 받을 즈음에 적합한 사람을 얻지 못하여, 처음에는 기묘년에 징계되고 나중에는 정유년에 실수하여[166] 조정이 조용하지 않고 붕당을 지어 서로 모함함으로써 드디어는 어진 이를 좋아하고 선행을 즐기는 마음이 잠시 열렸다가 끝내 닫혀지고 말았다. 이는 다름이 아니라, 조광조 등이 옛것을 사모한다는 이름만 있었고 옛것을 사모하는 실상은 없이 한갓 번잡하게 고치는 것만 일삼았으며 점차로 개선해 나가는 방도를 생각하지 않고, 오직 배척만을 힘써 자신의 흉중에 품은 생각을 대폭적으로 실행하려 한 데서 말미암은 것이니, 삼대의 정치가 진실로 이러한 것인가. 그후로는 비록 아름다운 말과 착한 행실을 누가 혹 앞에서 진술하더라도 전후로 징계된 바 있어 허심탄회한 마음으로 청납聽納하는 일이 없었으니, 이것이 이른바 '아무리 슬기 있는 사람도 뒤끝을 잘 맺기 어렵다.'는 것이다. 그러나 그 잘못을 추구해보면 모두가 기묘년 사람들이 단서를 열어놓은 것이다. 그러나 인후한 성덕으로 부지런하고 공손하게 상국을 정성으로 섬기고, 오랑캐를 도로써 통솔하며, 백성들의 질고를 잘 알아 크고 작은 고통을 어루만져 구휼함에 힘입어 나라 안이 소생되고 원망이 없어졌으니, 참으로 중흥의 성군이라고 할 만하다. 묘호를 중종이라 하였으니 그 또한 이 때문인가 보다.

---

166) **기묘년에 징계되고 나중에는 정유년에 실수하여** : 기묘년은 곧 조광조 일파에게 참화를 입힌 기묘사화를 말하고, 정유년의 실수란 정유년인 중종 32년 김안로의 농간으로 윤원로·윤원형 형제를 유배시킨 일을 가리킨다.

사신은 논한다. 상은 인자하고 유순한 면은 남음이 있었으나 결단성이 부족하여 비록 일을 할 뜻은 있었으나 일을 한 실상이 없었다. 좋아하고 싫어함이 분명하지 않고 어진 사람과 간사한 무리를 뒤섞어 등용했기 때문에 재위 40년 동안에 다스려진 때는 적었고 혼란한 때가 많아 끝내 소강小康의 효과도 보지 못했으니 슬프다.
사신은 논한다. 인자하고 공검한 것은 천성에서 나왔으나 우유부단하여 아랫사람들에게 이끌리어 진성군을 죽여 형제간의 우애가 이지러졌고, 신비愼妃를 내치고 박빈朴嬪을 죽여 부부의 정이 없어졌으며, 복성군과 당성위를 죽여 부자간의 은의恩義가 어그러졌고[167), 대신을 많이 죽이고 주륙誅戮이 잇달아 군신의 은의가 야박해졌으니 애석하다.

– 『중종실록』 1544년 11월 15일

묘호는 중종, 시호는 공희휘문소무흠인성효대왕, 능호는 정릉이다. 정릉은 중종의 단릉으로 서울시 강남구 선릉로 100길 1에 있는 선정릉 내에 있다.

---

167) **부자간의 은의恩義가 어그러졌고** : 진성군은 성종의 서자로, 중종 2년(1507년)에 모반을 꾀했던 이과의 추대를 받았다 하여 간성에 유배되었다가 사사되었고, 신비愼妃는 중종의 초비初妃였으나 친정 아버지 신수근이 중종 반정을 반대했다 하여 성희안·박원종 등에게 피살되자, 반정 후 7일 만에 궁에서 쫓겨나 서인이 되었다. 박빈朴嬪은 곧 경빈 박씨를 가리키는 것으로 중종 22년(1527년) 세자를 저주한 이른바 작서의 변이 일어나자 경빈 박씨의 아들 복성군 미가 의심을 받고 귀양갔는데, 결국 이들은 중종 28년(1533년), 박빈 소생인 혜정 옹주의 남편 당성위 홍여와 함께 세자 저주의 진범으로 혐의를 뒤집어쓰고 사사되었다. 그러나 후일 이것이 모두 김안로의 계략이라는 것이 드러나 신원되었다.

## 신의 정원, 중종의 정릉으로 사진여행

정릉 능침 정면

정릉 정자각과 봉분

정릉은 조선 11대 중종의 능이다. 단릉의 형식으로 왕 한분을 모신 능이다. 진입 및 제향공간에는 홍살문, 향로와 어로, 정자각, 비각이 배치되어 있다. 능침은 선릉과 같이 『국조오례의』를 따르고 있다. 석양과 석호의 전체적인 자세는 선릉과 비슷하면서도 세부적인 표현에 있어서는 조금 더 사실적인 묘사가 돋보인다. 문무석인은 높이가 3m가 넘을 정도로 큰 편이며, 얼굴의 퉁방울눈이 특이하며 코 부분이 훼손되고 검게 그을려 있어 정릉의 수난을 상기시켜 준다.

1544년(중종 29)에 중종이 세상을 떠나자 이듬해인 1545년에 두 번째 왕비 장경왕후 윤씨의 희릉 서쪽 언덕에 능을 조성하고 능호를 정릉이라 하였다. 그러나 17년 후인 1562년(명종 17)에 세 번째 왕비 문정왕후 윤씨에 의해서 중종의 능을 선릉 부근으로 천장하였다. 문정왕후는 봉은사 주지였던 보우와 논의하여, 중종의 능침이 풍수지리상 좋지 않으므로 선릉 동쪽 언덕이 풍수상 길지라 하여 천장한 것이었으나, 지대가 낮아 비가 오면 홍수 피해가 자주 있던 자리였다. 결국 중종과 함께 묻히기를 바랐던 문정왕후는 그 뜻을 이루지 못하고, 현재 태릉에 능을 조성하였다. 그 후 정릉은 임진왜란 때 선릉과 함께 왜구에 의해 능이 파헤쳐지고 재궁이 불태워지는 수난을 겪기도 하였다.

제12대 **인종 이호**

# 성품이 조용하고 욕심이 적었던 왕

| 생애 | 1515년~1545년 | 재위 기간 | 1544년~1545년 |
|---|---|---|---|
| 본관 | 전주 | 휘(이름) | 호 |
| 묘호 | 인종 | 능호 | 효릉 |

인종의 가계도

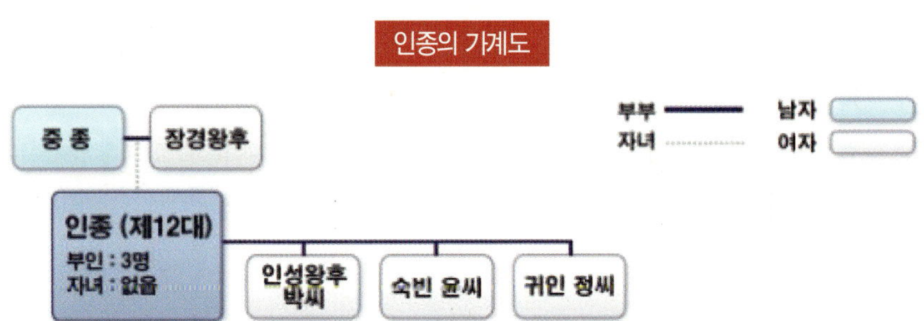

## 총서



왕의 휘는 호峼이니 중종 대왕의 맏아들이고 모비는 장경왕후 윤씨이다. 어릴 때부터 재지才智가 빼어나 3세에 능히 글의 뜻을 알았고 6세에 세자로 책봉되었다. 성품이 매우 고요하고 욕심이 적으며 인자하고 공손하며 효성과 우애가 있었으며 학문에 부지런하고 실천이 독실하였으므로 동궁에 있은 지 25년 동안에 어진 덕이 널리 알려졌다. 선왕의 대업을 이어받게 되어서는 중외가 지치至治를 기대했었는데, 상중喪中에 너무 슬퍼한 탓으로 갑자기 승하하게 되었고 또 뒤를 이을 아들도 없었으니, 애석하다. 1년간 재위하였고 수壽는 31세이다.

## 조선왕조에서 재위 기간(8개월)이 가장 짧았다

조선 제12대 인종은 중종의 뒤를 이어 왕위에 올랐으며, 재위 기간은 약 8개월로 조선왕조에서 재위 기간이 가장 짧은 왕이다. 재위 기간이 짧아 업적도 거의 없고 조선왕조에서 가장 인지도가 떨어지는 왕이다.

1520년(중종 15년) 세자로 책봉되었다. 25년간 세자의 자리에 있다가 1544년 즉위하였다. 이듬해 기묘사화로 파방된 현량과를 복구하였다. 또한 조광조 등의 기묘명현을 신원하였다. 성품이 조용하고 욕심이 적었으며, 어버이에 대한 효심이 깊고 형제간의 우애가 돈독하였다.

## 1520년 4월 22일 왕세자로 책봉받다

사정전에 나아가 거행하였는데 여러 의식은 『오례의』에 실려 있는 대로 하였다. 그 책문은 이러하였다.

"적장을 세워서 천경(하늘이 정함)을 좇음은 긍고(건너서 알림)의 대분(크게 나눔)이요, 명위를 정하여 민지(국민이 바라는 바)를 복종시키는 것은 나라를 가진 자의 통규(일반에게 다 같이 통하여 적용되는 규정)이므로, 구장을 상고하여 보전을 거행한다. 너 원자 호는 온문이 자질에 있고 충유가 마음속에 모여 있어, 효성은 본심에서 나와 일찍부터 참된 애경을 다하고 학문은 가르침에 의하지 않고도 날로 진취하는 공을 높여 가니, 청궁에 위를 바르게 하고 홍업에 경사를 펴야 마땅하므로, 너를 책봉하여 왕세자로 삼는다. 아, 그 명을 공경히 받들어 그 간난을 길이 생각하며, 위선에 힘써서 하루라도 게을리 하지 말고, 병심에 공신하여 선왕께 부끄러움이 없도록 해야 하므로, 이에 교시하니 잘 알지어다."



그 교명문은 이러하였다.

"세자를 세우는 것은 참으로 큰 근본을 위함이며, 조종을 봉사하며, 제기를 맡는 것은 원량에게 맡겨야 마땅하므로, 이제 너 이호를 책봉하여 왕세자로 삼으니, 너는 도를 즐거워하고 스승을 높이며 어진 사람을 가까이하고 간사한 자를 멀리하여, 삼선의 가르침에 잘 따라서 일국의 평안을 길게 하라."

-『중종실록』, 1520년 4월 22일

3세 때부터 글을 읽기 시작했다. 1522년 관례를 행하고 성균관에 들어가 매일 세 차례씩 글을 읽었다. 왕세자로 있을 때는 화려한 옷을 입은 시녀를 궁 밖으로 내쫓을 만큼 검약한 생활을 했다.

형제간의 우애도 돈독하였다. 누이 효혜공주가 어려서 죽자 이를 불쌍히 여기는 마음이 깊어 병을 얻었다. 시형인 복성군 이미가 그의 어머니인 박빈의 교만으로 인해 귀양 가게 되었을 때, 이를 석방할 것을 간절히 원하는 소를 올렸다.

이에 중종도 그의 우애 깊음에 감복해 복성군의 작위를 다시 주었다. 중종의 병이 위독할 때는 반드시 먼저 약의 맛을 보고, 손수 잠자리를 살폈다. 부왕의 병이 더욱 위중하자 침식을 잊고 간병에 더욱 정성을 다했다.

1545년(인종 1년) 병이 위독해지자 대신 윤인경을 불러 경원대군(훗날 명종)에게 왕위를 물려주었다.

## 중종의 각별한 사랑을 받다

인종은 1515년(중종 10년) 중종과 두 번째 부인 장경왕후 윤씨 사이에서 태어났다. 1520년(중종 15년) 왕세자에 책봉되었고, 1544년(중종 39년) 즉위했다.

모후 장경왕후가 인종을 낳고 엿새 만에 죽어서 중종의 세 번째 부인 문정왕후 윤씨 밑에서 자랐다. 문정왕후는 처음에는 인종에게 극진했으나 경원대군을 낳은 이후부터 인종을 미워하기 시작했다. 인종은 더욱 부왕 중종에게 의지했고, 중종은 인종에 대한 사랑이 각별했다.

인종은 실록에 '성품이 매우 고요하고 욕심이 적으며, 인자하고 공손하며, 효성과 우애가 있었으며, 학문에 부지런하고 실천을 잘했으며, 동궁(왕세자) 생활 25년 동안의 어진 덕이 널리 알려졌다.'라고 실려 있다.

중종이 말년 병이 들자 효성이 지극했던 인종은 직접 병시중하면서 부왕의 곁을 지켰어요. 중종을 극진하게 보살피는 바람에 도리어 본인이 건강을 해칠 정도였다.

중종이 죽고 왕위에 오른 후에도 인종은 슬픔을 오래도록 잊지 못했다. 슬픔이 채 가시기도 전에 자신도 병이 깊어 세상을 떠났다.

## 자식이 없었다

인종은 1524년(중종 19년) 박용의 딸을 세자빈으로 맞이했다. 세자빈 박씨는 당시 11세였으며, 1544년(중종 39년) 즉위하면서 인성왕후가 되었다. 인종과 인성왕후 사이에는 자녀가 없었다.

## 대윤과 소윤이 대립하다

인종은 25년 동안 세자 자리에 있었다. 조정은 권신 정치의 득세로 세자(인종)의 외척(장경왕후 윤씨의 친정)과 문정왕후 윤씨의 친정 집안이 서로 대립하고 있었다. 전자를 대윤, 후자를 소윤[168]이라 한다.

---

168) **대윤과 소윤** : 대윤과 소윤은 조선 중기 중종의 친인척을 가리키는 것을 말한다. 중종의 두 번째 부인 장경왕후 윤씨가 죽고 중종의 세 번째 왕비가 된 것은 같은 파평윤씨 출신의 문정왕

1544년(중종 39년) 11월 인종은 왕위에 올랐다. 인종을 감싸던 대윤이 요직을 차지했다. 두 권신 세력의 다툼은 대윤의 승리로 끝나는 듯했다. 문정왕후의 비호를 받고 있는 소윤도 여전히 건재했다. 윤원형은 공조참판에 기용되는데, 상심한 문정왕후의 마음을 위로하기 위한 인종의 배려였다.

김인후

인종은 권신 정치의 굴레에서 벗어나 독자적인 친정 체제를 구축하고자 했다. 이언적[169], 송인수[170], 김인후[171] 등 사림을 등용했다. 1545년, 기묘사화 때 희생된 조광조, 김정[172], 기준 등을 복직시켰다. 중종 때 실패한 정치를 개혁하고자 했

---

후였다. 이로써 서열상으로 전임 왕비였던 장경왕후의 일족인 윤임, 윤여필 등을 대윤, 후임 왕비인 문정왕후의 일족인 윤지임, 윤원형, 윤원로 등을 소윤이라 하였다. 대윤의 윤여필과 소윤의 윤지임은 7촌 숙질간으로 인종의 외삼촌 윤임은 명종의 외할아버지인 윤지임과 8촌 형제간이었다. 한편 소윤 윤지임의 아들 윤원량의 딸이 다시 인종의 후궁 숙빈 윤씨로 간택되면서, 법적 친족이자 이중 인척 관계를 형성했다.

169) **이언적**李彦迪 : 주리적 성리설을 주장했고, 이 설은 이황에게 계승되어 영남학파의 중요한 성리설이 되었다. 손숙돈과 조한보 사이에 벌어진 '무극태극' 논쟁에 참여하여, 수리석 관섬에서 양자의 견해를 모두 비판했다. 김안로 등 훈신들의 잘못에 휘말린 중종을 비판하고 간언하는 10가지 조목인 「일강십목소」를 통해 자신의 정치 사상을 드러내고 있다.

170) **송인수**宋麟壽 : 성리학의 대가이자 기호사림파의 핵심 인물이다. 1521년 별시문과에 급제해 홍문관정자가 되었고, 김안로의 권력 남용을 규탄하는 탄핵문을 제출하였다. 1537년 김안로 세력이 몰락하자 돌아와 1538년 예조참의 겸 성균관대사성으로 후학들에게 성리학을 강론했다. 대사헌·이조참판 등을 지내다 1543년 전라도관찰사로 좌천되었으며, 이때 『사서삼경』을 간행하는 등 유학 장려에 힘썼다. 1544년 인종이 즉위하자 명나라에 다녀온 뒤 대사헌이 되었다.

171) **김인후**金麟厚 : 1528년(중종 23년) 성균관에 들어가 수학하고 1531년 사마시에 합격한 뒤, 1533년 성균관에서 퇴계 이황을 만나 함께 학문을 닦았다. 1540년 별시 문과에 급제하여 권지승문원 부정자에 등용되었으며, 이듬해 호당에 들어가 사가독서하고, 홍문관저작이 되었다. 1543년 홍문관박사 겸 세자시강원설서가 되어 세자를 보필하고 가르치는 직임을 맡았다. 1544년 중종이 승하하자, 이듬해 5월에 제술관으로 서울에 올라왔다. 1545년 7월에 인종이 갑자기 승하하고, 곧이어 을사사화가 일어나자 병을 이유로 사직하고 고향 장성으로 돌아가 성리학 연구에 전념하였다.

172) **김정**金淨 : 사림세력을 중앙정계에 추천했으며 조광조의 정치적 성장을 도왔다. 왕도정치를 실현하기 위해 미신 타파와 향약의 실시, 정국공신의 위훈삭제 등과 같은 개혁을 시도했다. 기

다. 이런 정치적 뜻을 이루기에는 인종의 생명이 너무 짧았다.

조광조

## 현량과를 부활하다

인종은 조선 시대 성군으로 칭송받는데, 재위 기간은 8개월로 조선의 임금 중 재위 기간이 가장 짧다. 효성이 지극하고 성품이 매우 너그러웠으며 사치와 여자를 멀리하여 후세 사람들은 성군으로 칭송한다.

즉위 후 기묘사화로 폐지된 현량과[173]를 부활시켰고, 계모 문정왕후의 악독한 성격에 시달렸으며, 자식을 한 명도 낳지 못하고 세상을 떠났다.

## 31세 나이로 승하하다

인종은 왕위에 오르기 전부터 건강이 좋지 않았다. 왕위에 오른 후에도 병을 달고 살았다. 몸의 병도 깊었지만, 마음의 병은 더욱 깊었다. 부왕에 대한 효성뿐만 아니라 계모 문정왕후에 대한 효성도 극진했다.

인종은 병세가 악화되어 경원대군에게 왕위를 물려준다는 유언을 남기고 1545년(인종 1년) 7월 1일에 승하했다. 그때 나이 31세였으며, 재위 기간은 8개월 불과했다.

---

묘사화로 제주도에 귀양 갔을 때 『제주풍토록』을 썼는데, 각 지방의 생활풍속을 경시했던 이전의 기행문학과는 달리 제주도의 독특한 풍물을 자세히 기록했다. 기묘사화로 제주도에 유배되었다가, 다시 신사무옥에 연루되어 사약을 받고 죽었다.

173) **현량과**賢良科 : 본래의 명칭은 천거과·천과·천거별시다. 조선 초기에는 정도전이 편찬한 『조선경국전』에 '거유일'이란 항목을 두어 관료를 선발하는 방법의 하나 성종 때 한때 활발하게 쓰이다가 연산군 때에는 거의 쓰이지 않았으며, 1506년에는 마침내 천거법을 혁파했다.

**實錄記事 1545년 7월 1일, 묘시에 상이 청연루 아래 소침에서 훙서하였다**

사신은 논한다. 상은 자질이 순미하여 침착하고 온후하며 학문은 순정하고 효우는 타고난 것이었다. 동궁에 있을 때부터 늘 종일 바로 앉아 언동은 때에 맞게 하였으니 사람들이 그 한계를 헤아릴 수 없었다. 즉위한 뒤로는 정사할 즈음에 처결하고 보답하는 데에 이치에 맞지 않은 것이 없었고, 때때로 어필로 소차에 비답하되 말과 뜻이 다 극진하므로 보는 사람이 누구나 탄복하였다. 외척에게 사정을 두지 않고 시어에게 가까이하지 않으므로 궁위가 엄숙하였다. 중종이 편찮을 때에는 관대를 벗지 않고 밤낮으로 곁에서 모셨으며 친히 약을 달이고 약은 반드시 먼저 맛보았으며 어선을 전연 드시지 않았다. 이렇게 한 것이 거의 20여 일이었고 대고를 만나게 되어 음료를 마시지 않은 것이 5일이었으니 애통하여 수척한 것이 예도에 지나쳐서 지극히 쇠약하여 거의 스스로 견딜 수 없었다. 졸곡이 되어 조정이 권제를 따르기를 청하였으나 고집하여 허락하지 않다가, 대신이 백관을 거느리고 청하게 되어서야 비로소 허락하였으나 실은 실행하지 않았다. 창덕궁에서 경복궁으로 이어하여서는 중종이 평일에 거처하던 곳을 보고 가리키며 '여기는 앉으신 곳이고 여기는 기대신 곳이다.'하고 종일 울며 슬피 사모하여 마지않았다. 병이 위독하던 밤에는 도성 사람들이 모여서 밤새도록 자지 않고 궐문에서 오는 사람이 있으면 문득 상의 증세가 어떠한가 물었으며, 승하하던 날에는 길에서 누구나 다 곡하여 울며 슬퍼하는 것이 마치 제 부모를 잃은 것과 같았다.

– 『인종실록』 1545년 7월 1일

묘호는 인종, 시호는 헌문의무장숙흠효대왕이다. 능은 효릉이다. 효릉은 인종과 인성왕후 박씨의 능으로 정자각 위쪽이 인종, 오른쪽이 인성왕후의 능으로 쌍릉으로 경기도 고양시 덕양구 서삼릉길 233-126에 위치하고 있다.

## 신의 정원, 인종 이호의 효릉으로 사진여행

효릉 전경

효릉 능침 정면

효릉은 조선 12대 인종과 인성왕후 박씨의 능이다. 효릉은 같은 언덕에 왕과 왕비의 봉분을 나란히 조성한 쌍릉의 형식으로 정자각 앞에서 바라보았을 때 왼쪽이 인종, 오른쪽이 인성왕후의 능이다. 진입 및 제향공간에는 홍살문, 판위, 향로와 어로, 정자각, 비각이 배치되어 있다. 인종의 능침은 『국조오례의』의 형식에 따라 병풍석과 난간석을 둘렀다. 효릉 조성 당시에는 병풍석이 없었으나 1578년(선조 11년)에 인성왕후의 능을 조성할 때 병풍석을 추가로 설치하였다. 인성왕후의 능침은 병풍석을 생략하고 난간석만 둘렀다. 그 밖에 문무석인, 석마, 장명등, 혼유석, 망주석, 석양과 석호를 배치하였다.

제13대 **명종 이환**

# 중종의 둘째 아들, 인종의 이복동생

| 생애 | 1534년~1567년 | 재위 기간 | 1545년~1567년 |
|---|---|---|---|
| 본관 | 전주 | 휘(이름) | 환 |
| 묘호 | 명종 | 능호 | 강릉 |

**명종의 가계도**

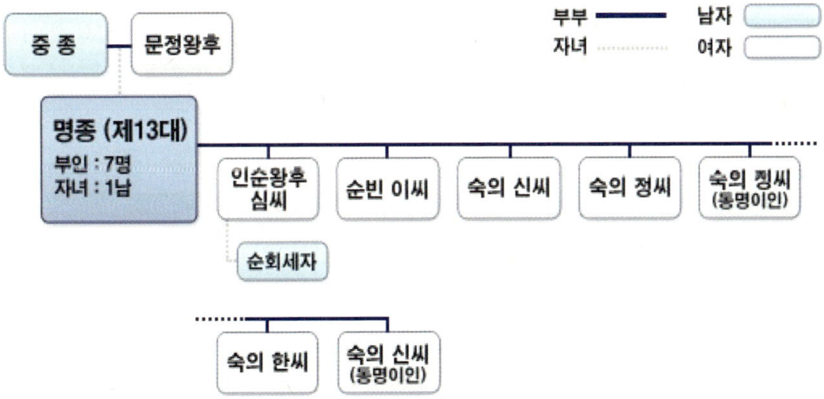

부부 ——— 남자
자녀 ······ 여자

중 종 — 문정왕후

명종 (제13대)
부인 : 7명
자녀 : 1남

인순왕후 심씨
순회세자

순빈 이씨

숙의 신씨

숙의 정씨

숙의 정씨 (동명이인)

숙의 한씨

숙의 신씨 (동명이인)

## 총서

왕의 휘는 환峘, 자는 대양對陽이다. 중종의 둘째 아들이고 인종의 이모제異母弟이며, 모비母妃는 성렬 대비 윤씨이다. 천성이 자효慈孝하고 공근恭勤하였으며 본디 문예를 좋아하였다. 그러나 어린 나이로 왕위에 올라 모비가 청정聽政하게 되었으므로 정치가 외가에 의해 좌우되었다. 그리하여 뭇 간인奸人이 득세하여 선량한 신하들이 많이 귀양 또는 살해되었으므로 주상의 형세는 외롭고 위태로왔다. 친정親政한 뒤에도 오히려 외척을 믿고 환관을 가까이하여 정치가 날로 문란해지더니, 끝내는 다행히 깨달아서 이양과 윤원형의 무리를 내쳤으므로 국가가 다시 안정되었다. 재 23년에 수壽는 34세였다.

## 1545년 7월 4일, 조정에 공포한 대행왕의 유교

영의정 윤인경이, 중전이 언문으로 쓴 대행왕의 유교(임종 때의 설교)를 주서 안함에게 주어 승정원에 보이니, 승지·사관 등이 둘러앉아 펴서 읽고 누구나 다 통곡하였다. 곧 문자로써 번역하여 별지에 써서 조정에 공포하였는데 그 글에 이르기를,

> "대행왕께서 임종 때에 전교하기를 '내가 우연히 이 병을 얻어서 부왕께 종효[174]하지 못하게 되었으니, 망극한 심정을 어떻게 죄다 말할 수 있겠는가. 산릉은 백성의 폐해를 덜도록 힘쓰고 반드시 부왕과 모후(임금의 어머니) 두 능의 근처에 써야 한다. 상장[175]의 모든 일은 되도록 소박하게 하고 상례도 일체 예문을 따르게 해야 한다. 내가 죽었다고 생각하지 말고, 말할 일이 있거든 반드시 대신에게 의논하여 일체 그 말을 들어야 한다. 동궁(왕세자)에 있을 때부터 오래 있던 사부(스승)와 요속[176]도 많이 있으니, 어찌 내 뜻을 아는 사람이 없겠는가. 송종[177]하는 모든 일은 절대로 사치하지 말도록

174) **종효**終孝 : 부모의 임종 때 곁에서 정성을 다함.

175) **상장**喪葬 : 장사 지내는 일과 상중에 하는 모든 예식.

176) **요속**僚屬 : 계급적으로 아래인 동료.

177) **송종**送終 : 장례에 관한 모든 일. 또는 장례를 끝마침.

하라.'하셨는데, 반복하여 백성의 폐해를 더는 것을 생각하고 전교하셨다. 망극한 중에 전교하신 것을 들었으므로 죄다 기억하지 못하여 대강만을 전한다."

하였다. 이어서 전교하기를,

"나도 어찌 오래 살 수 있겠는가. 위급하게 되면 어느 겨를에 처리할 일을 알리겠는가. 대행왕의 능소를 정한 뒤에 그 같은 언덕 안에 나를 묻을 곳도 아울러 정하는 것이 내 지극한 바람이다. 대행왕을 위하여 정한 경역이 길면 상당·하당을 만들어야 할 것이고, 모자란다면 합장하는 것도 전례가 있다."



사신은 논한다. 아, 애통하다. 대행왕의 유교를 차마 볼 수 있으랴. 백성을 사랑하는 염려를 성회에서 늦추지 아니하여 병환이 위독하신데도 한탄하여 '백성이 마침내 어떻게 되겠는가?'하고, 홍서[178]할 때에도 백성의 폐해를 덜라고 분부하셨으니, 대개 중종의 상이 있고 나서 산릉의 일이 겨우 끝나자, 잇달아 네 중국 사신의 일로 온 나라 백성의 재력이 이미 다한 데에 성념이 근간(살뜰한 정성)하여 마지않았으니 어찌 이 때문에 더욱이 마음이 타지 않았겠는가. 하늘이 나이를 더 주어 그 인심·인정을 우리 동방에 크게 펴게 하였다면, 그 치화를 어찌 헤아릴 수 있겠는가. 하늘이 동방을 돕지 아니하여 우리 백성이 지치의 은택을 입지 못하게 하였다. 아, 애통하다.

또 사신은 논한다. 홍서할 때에 '일체 예문을 따르라.'고 훈계한 까닭은 어찌 나라의 일이 예에 어긋나는 것이 심한 것을 늘 보았고 중종의 상 때에 어긋난 일이 더욱 많아 깊이 한탄한 나머지 이렇게 분부한 것이 아니겠는가. 아, 대렴·소렴을 미리 하고도 염하는 것을 돌보지 않고 궁인에게 맡겼으니, 조정에 있는 신하가 그 분부를 저버리지 않았다고 할 수 있겠는가.

또 사신은 논한다. 대행왕은 평시에 눕거나 기대어 피로해 졸은 적이 없고 늘 한 방에 바로 앉아 있는 것이 담담하여 마치 서생(유학을 공부하는 사람)같았고 편찮을 때에도 조금도 게을리하지 않았는데, 증세가 위중하여져서야 비로소 눕기도 하고 앉기도 하였으므로 측근의 신하들이 비로소 그 병환이 깊어진 것을 알았다. 경회루에 벼락 치던 날에는 대행왕의 증세가 이미 위독하였는데, 측근 신하가 '놀라지 않으셨습니까?'하고 물었으니 '마음이 안정된 지 이미 오랜데 무슨 놀랄 것이 있겠는가.'하고, 또 '어느 곳에 벼락이 쳤느냐?'고 묻자, 측근 신하가 성려[179]를 놀라게 할 것이 염려되어 숨겨서 말하기를 서쪽에 벼락이 친듯하나 아직은 확실히 알지 못하겠습니다.'하니 '미안

178) **홍서**薨逝 : 왕공·귀인의 죽음을 높여 이르는 말.

179) **성려**聖慮 : 임금의 염려를 높여 이르는 말.

하다는 뜻을 재상에게 말하고 싶다.'하였다. 또 늘 측근 신하에게 말하기를 '음식을 조절하고 약을 먹으면 권제를 따르지 않더라도 지탱할 수 있으리라고 생각하였는데, 마침내 이 지경에 이르게 되었다. 이제 권제를 따르더라도 무슨 보탬이 되겠느냐.'하였고, 정신을 잃게 되어서는 스스로 헛소리를 하였는데, 번번이 경연[180]에 관한 일을 말하거나 청강하지 못하는 것을 한탄하는 소리였다. 초하룻날 밤 기절하였다가 되살아났을 때에 정염이 들어가 진맥하려는데 궁인(나인)이 손을 끌어내니, 대행왕이 이미 말은 못하게 되었으나 마음속에는 매우 싫어하는 듯이 손을 움츠리고 내놓지 않았다. 윤임이 곁에 있다가 그 뜻을 알고서 궁인을 뿌리쳐 보내고 나아가 손을 끌어내니, 정염이 그제야 진찰하였다. 아, 이 몇 가지 작은 일로도 대행왕의 수양이 크다는 것을 알 수 있다.

– 『인종실록』, 1545년 7월 4일



## 1545년 7월 6일, 근정전에서 12세에 즉위하다

미시[181](에 사왕[182]이 면복(임금의 정복)을 갖추고 여차에서 나와 사정전[183]의 동쪽 뜰에 있는 욕위에 나아가 꿇어앉아, 사향이 향을 올린 뒤에 사배(네 번 절함)하고 나서, 동쪽 섬돌로부터 올라가 향안[184] 앞에 나아가 꿇어앉았다. 영의정 윤인경이 유교를 받들고 나와서 사왕에게 주니 사왕이 유교를 받아서 보고 나서 도승지 송기수에게 주고, 좌의정 유관이 대보(귀중한 보물)를 받들고 나와서 사왕에게 주니 사왕이 받아서 좌승지 최연에게 주었다. 왕이 동쪽 뜰에 있는 욕위로 내려가 사배하고 나서, 사정문 밖에 있는 악차[185]로 나갔다. 통례원[186]이 백관(모든 벼슬아치)의 반열[187]이 정제되었음을 고하자, 왕이 악차에게 나와 여(가마)를 타고 나와

180) **경연**經筵 : 어전에서 경서를 강론하게 하던 일.

181) **미시**未時 : 오후 1시에서 3시까지.

182) **사왕**嗣王 : 왕위를 이은 임금.

183) **사정전**思政殿 : 경복궁 안에 있는 임금이 평상시에 거처하는 전각.

184) **향안**香案 : 제사 때 향로나 향합을 올려놓는 상.

185) **악차**幄次 : 임금이 거둥할 때 잠깐 쉴 수 있도록 장막을 친 곳.

186) **통례원**通禮院 : 조회·제사에 관한 의식을 맡아보던 관아.

서 근정문에서 즉위하였다. 백관이 사배삼고두[188]하고 산호[189]하고 또 사배하고 나서 상이 대내[190])로 돌아와 면복을 벗었다. -『인종실록』, 1545년 7월 6일



### 實錄記事 1545년 7월 6일, 사유를 반포하다

사유[191]를 반포하였다. 그 교서는 이러하다.

"하늘이 하국下國에 재앙을 일으킨 것이 이때보다 심한 적이 없으니, 나라가 상천(하늘)에 죄를 얻은 것이 어찌하여 이런 극도에 이르렀는가. 우러러 울부짖어도 미치지 못하고 어루만져 억눌러도 되살아난다. 생각하건대, 우리 대행 대왕께서는 덕은 태어나면서 슬기롭고 효는 날 때부터 도타우셨으므로, 동궁(왕세자)에 계시던 25년 동안에 늘 학문에 종사하여 시종 변하지 않았고, 침문(침실로 드나드는 문)에 이르러 하루에 세 번 뵈어 찬선[192]을 보살피고 늘 한난(춥고 따뜻함)을 물으셨으며, 친족을 우애하는 마음이 있어 동기(형제자매)가 흉액에 걸린 것을 풀어주고, 예로 사람에게 겸손하여 많은 선비들의 귀복[193]함을 얻으셨다. 선왕께서 부탁하신 바요 조종께서 의뢰하신 바인데, 어찌하여 천명이 길지 아니하여 해독이 모여들었는가. 그 훌륭한 통서[194]를 이었더라도 참으로 많은 어려움을 감당하지 못하였다. 사람들이 바야흐로 덕화(덕행으로 교화시킴)가 이룩되는 것을 보려 하였는데, 하늘은 바지 지치[195])의 회복을 바라지 않는 듯하였다. 재앙을 준 것을 뉘우치지 않고 어찌하여 나에게 잔인한가.

그래서 위독한 병환 중에도 후계 문제를 잊지 않고 이 어린 아우를 생각하여 빨리 승조(왕통을 계승함)를 명하셨다. 슬픔이 마음에 절박하고 말씀이 귓전에 있으나, 믿는 바를 이미 잃었으니 또한 장차 누구를 따르겠는가. 이에 유교[196]를 받은 신하가 중대한 부

187) **반열**班列 : 품계나 신분, 등급의 차례.

188) **사배삼고두**四拜三叩頭 : 네번 거듭 절하고 머리를 조아림.

189) **산호**山呼 : 임금의 만수무강을 비는 뜻으로 부르는 만세.

190) **대내**大內 : 임금이 거처하는 곳.

191) **사유**赦宥 : 죄를 용서함.

192) **찬선**饌膳 : 사람이 먹고 마실 수 있도록 만든 모든 것.

193) **귀복**歸服 : 상대의 편으로 귀순하여 복종하며 따름.

194) **통서**統緖 : 한 갈래로 이어 온 계통.

195) **지치**至治 : 세상이 잘 다스려진 정치.

탁을 함께 도왔다. 마지못해 즉위하는 것을 슬퍼하고 애써 유명[197]을 따르는 것을 통탄하면서 가정[198] 24년 7월 6일 병인에 경복궁의 근정문에서 즉위하여, 왕대비를 대왕대비로 높이고, 왕비를 대왕비로 높이고, 부인 심씨를 왕비로 삼는다. 이미 크고 어려운 사업이 어린 이 몸에 끼쳐졌으니, 왕명을 선포하여 원근에 은택을 베푼다.

이날 어둑새벽 이전의 모반대역[199]·모반[200]·자손 모살구 매조부모부모·처첩 모살부·노비 모살주·고독[201]·염매·모고살인·관계강상·장오[202]·강도를 제외한 죄는 이미 발각되었건 발각되지 않았건 이미 결정하였건 결정하지 않았건 모두 용서한다. 감히 유지[203] 이전의 일을 서로 고언[204]하는 자는 그 죄로써 죄준다. 벼슬에 있는 자는 각각 한 계자를 올리되 자궁[205]된 자는 대가[206]한다. 직첩[207]을 거둔 자는 도로 준다. 도·유·부처·정속된 자는 경중을 가려서 방석[208]한다. 아, 그지없이 조심하면 이제부터 새로와지고, 은미한 곳에서도 신명을 대한 듯이 하면 장래에 명을 유지할 것이다. 그러므로 교시(가르쳐 보임)하니 잘 알아야 할 것이다." [의정부 우참찬 신광한이 지었다.]

– 『인종실록』, 1545년 7월 6일

## 實錄記事 1545년 7월 7일, 영의정 윤인경·좌의정 유관이 대상을 당해 삼전에 문안하다

영의정 윤인경과 좌의정 유관이 삼전에 문안하니, 대왕대비가 답하였다.

"미망인이 박덕하고 박복하여 거듭 큰 변고를 당하니 다만 통곡할 따름이다. 이제 주상이 어린 나이로 보위를 계승하였으니 국가의 대사를 오로지 대신만 믿는 바이다.

196) **유교**遺敎 : 임금이나 부모가 죽을 때에 내린 명령.
197) **유명**遺命 : 임금이나 부모가 죽을 때에 남긴 명령이나 당부.
198) **가정**嘉靖 : 명대 세종의 연호, 1522~1566년.
199) **모반대역**謀反大逆 : 국가나 군주의 전복을 꾀함.
200) **모반**謀叛 : 자기 국가를 배반하고 남의 국가를 좇기를 꾀함.
201) **고독**蠱毒 : 뱀·지네·두꺼비 따위의 독.
202) **장오**贓汚 : 관리가 관청 소유의 물품을 사적으로 취함.
203) **유지**宥旨 : 임금이 죄인을 특사하던 명령.
204) **고언**告言 : 제삼자가 어떤 범죄 사실을 신고함.
205) **자궁**資窮 : 당하관이 더 올라갈 자리가 없다는 뜻으로, 당하 정삼품이 되었음을 이르던 말.
206) **대가**代加 : 가족을 대신하여 그 품계를 받게 하는 일.
207) **직첩**職牒 : 벼슬아치의 임명 사령서.
208) **방석**放釋 : 국가가 교도소나 감옥, 유치장에 수감되어 있는 자를 자유롭게 풀어 줌.

또 지난날 근거 없는 낭설을 유포하는 무리들이 사특한 말을 조작하여 나라를 어지럽히려 하였으므로 지금까지도 인심이 의구심에서 벗어나지 못하고 있다. 다시 이런 사특한 말을 하는 자가 있으면 마땅히 엄히 다스릴 것이다. 그러나 이왕의 낭설에 대해서는 위에서 털끝만한 사심도 없으므로 이를 다 탕척하고 힘써 인심을 안정시켜 조정을 편안하게 하려고 하니, 대신들도 의당 이 뜻을 알아서 인심을 진정시키고 충성을 다하여 나라를 돕도록 하라."

사신은 논한다. 가령 하늘이 인종을 오래 살게 하였다면 비록 대소윤이란 설이 있다 하더라도 절로 봄눈 녹듯 했을 것이고, 하늘이 명종에게 어진 보필을 주었다면 대소윤 사이에 틈이 있다고 하더라도 또한 화단[209]이 해소되어 난이 그치게 되었을 것이다. 모후[210]가 어린 임금을 옹립하여 국가의 형세가 매우 위태로운 때에 유관이 대신으로서 국권을 담당하였는데 그는 충직함은 남음이 있지만 지식이 부족한 탓으로 대소윤을 모두 파출하여 국난을 풀게 할 줄은 모르고 유독 윤원로를 다스리는 데만 급급하였으므로 그 자취가 흡사 대윤을 방조하고 소윤을 공격하는 것 같이 되었다. 그래서 대비가 더욱 진노하게 되었고 윤원형의 무리도 구실을 얻게 되어 공적인 명분을 가탁하여 사적인 원한을 갚기 위해 살육과 찬적[211]을 마구 자행하여 하늘이 행할 직분을 더럽혔으므로 그 재앙이 수십 년 이르도록 그치지 않았던 것이다. 예로부터 외척들이 권세를 다투어 서로 도모할 경우 국사를 크게 그르치는데 이르지 않은 적이 없었다. 그렇다면 모후의 마음으로는 비록 사사로운 마음을 다 씻어버리고 조정을 안정시키려고 한들 누구와 더불어 탕척할 것이며, 비록 대신들에게 충성을 다해 나라를 돕기를 힘입으려 한들 누구에게 의뢰하겠는가? 아, 마음 아픈 일이다.

– 『명종실록』, 1545년 7월 7일

명종은 이복형 인종의 뒤를 이어 12세 나이로 즉위하였어요. 즉위 후 어머니 문정왕후가 수렴청정을 했다. 명종 시대는 을사사화[212]와 양재역벽서사건[213]으

209) **화단**禍端 : 화를 일으킬 실마리.

210) **모후**母后 : 임금의 어머니.

211) **찬적**竄謫 : 파면하고 귀양을 보내는 일.

212) **을사사화**乙巳士禍 : 외척인 윤원로·윤원형 형제가 조카 경원대군으로 세자를 교체하려 세자의 외숙인 윤임과 충돌했다. 세자였던 인종이 왕위를 계승하여 사림파를 중용했으나 8개월 만에 세상을 떠났다. 이에 경원대군이 명종으로 즉위했다. 윤씨 형제는 명종의 보위를 굳힌다는 미명 아래 을사사화를 일으켜 윤임 등을 축출했다. 홍문관과 양사의 사림파가 그 부당성을

로 대윤의 대신들과 사림들이 대거 숙청되었고, 권세를 얻은 외척 윤원형 일파의 부정부패가 엄청나서 백성들의 반감이 많았다. 보우를 통한 불교 중흥으로 유학자들의 반감을 컸고, 정국이 혼란으로 유명한 의적 임꺽정의 활약도 있었다.



## 후사가 없는 인종의 뒤를 잇다

인종의 뒤를 이어 왕위에 오른 명종은 1534년(중종 29년) 중종과 셋째 부인 문정왕후 윤씨 사이에서 태어났다. 인종의 이복동생으로, 출생과 함께 경원군에 봉해지고 인종이 즉위한 1544년(인종 1년) 경원대군에 봉해졌다.

1545년(명종 1년) 7월 6일 명종은 나이 12세에 조선의 13대 왕에 즉위했다. 너무 나이가 어렸기 때문에 어머니 문정왕후가 수렴청정하게 되었다. 윤원형을 비롯한 소윤 일파가 정치 전면에 실세로 부상했다.

## 6명의 후궁을 두었으나 자식은 없었다

명종의 비는 인순왕후 심씨로 심강의 딸로 1542년(중종 37년) 경원대군과 결혼했으며, 즉위와 함께 왕비에 책봉되었다. 명종과 인순왕후 심씨는 1551년(명종 6년) 순회세자를 낳았다. 순회세자는 명종의 유일한 자식으로 1557년(명종 12년) 7

---

지적하고 항의하자 사림파 관원을 파직시키고 윤임 등과 종친인 계림군을 역모로 몰아 죽이고 정권을 장악했다.

213) **양재역벽서사건**良才驛壁書事件 : 외척으로서 정권을 잡고 있던 윤원형 세력이 반대파 인물들을 숙청한 사건을 말한다. 정미사화라고도 한다. 중종 말년부터 경원대군의 외숙인 윤원로·윤원형을 중심으로 한 소윤 일파와 세자의 외숙인 윤임을 중심으로 하는 대윤 일파 사이의 대립이 심화되었다. 중종의 뒤를 이은 인종이 재위 8개월 만에 병으로 죽고 경원대군이 즉위하는 한편, 윤원형의 누이인 문정왕후가 수렴청정을 실시하자, 소윤 세력은 역모를 씌워 대윤을 중심으로 한 반대 세력을 숙청하였다. 이것이 을사사화다. 그 과정에서 사림 계열의 인물들까지도 많이 희생되었다. 이와 같은 상황에서 소윤 세력이 자신들에 대한 정적으로서 잠재력을 가지고 있는 잔존 인물들을 도태시키려고 일으킨 것이다.

세 나이로 세자에 책봉되었고, 2년 후 윤옥의 딸과 결혼을 했으나 1563년(명종 18년) 13세의 나이로 죽었어요. 명종은 6명의 후궁을 두었으나 자식은 없었다.

## 을사사화, 소윤 일파가 대윤 세력을 제거하다



중종의 두 번째 부인 장경왕후 윤씨가 죽고 중종의 세 번째 왕비가 된 것은 같은 파평윤씨 출신의 문정왕후였다. 이로써 서열상으로 전임 왕비였던 장경왕후의 일족인 윤임, 윤여필 등을 대윤, 후임 왕비인 문정왕후의 일족인 윤지임, 윤원형, 윤원로 등을 소윤이라 하였다. 대윤의 윤여필과 소윤의 윤지임은 7촌 숙질간으로, 인종의 외삼촌 윤임은 명종의 외할아버지인 윤지임과 8촌 형제간이었다. 한편 소윤 윤지임의 아들 윤원량의 딸이 다시 인종의 후궁 숙빈 윤씨로 간택되면서, 법적 친족이자 이중 인척 관계를 형성했다.

대윤과 소윤은 가까운 일가였다. 대윤의 영수 윤임의 증조부 윤사윤은 소윤의 영수 윤원형의 고조부 윤사흔의 형이었고, 윤사분, 윤사윤, 윤사흔 형제는 판도판서 윤승례의 손자이자 세조의 장인 윤번의 아들들이었다. 한편 세조의 비 정희왕후 윤씨는 윤사분, 윤사흔 형제의 누이동생이었다.

한편 성종비 정현왕후의 아버지 윤호는 윤번의 삼촌 문하평리 윤승순의 증손이자 사촌 윤곤의 손자였다.

명종의 즉위와 함께 정권을 잡은 소윤 일파는 정적 대윤 일파를 비롯해 자신들의 뜻에 반하는 세력들을 제거하기 위해 을사사화를 일으켰다. 을사사화를 주도한 인물은 윤원형과 이기였다. 이기는 인종이 즉위하고 대윤이 정권을 잡았을 때 쫓겨난 인물로, 대윤 일파에게 원한을 가지고 있었다. 명종의 즉위와 함께 조정에 복귀한 이기는 대윤 일파를 탄핵했다.

백인걸을 비롯한 사림들이 윤임[214] 등에 대한 탄핵이 정당하지 못했다고

214) **윤임**尹任 : 인종의 외척이자 대윤의 거두로 소윤과 대립하다가 을사사화 때 화를 당했다. 중종의 비 장경왕후의 오빠이다. 인종이 세자로 있을 때, 문정왕후가 경원대군을 낳아 왕위계승의

강하게 반발했다. 대비 문정왕후는 노여워하며 백인걸을 의금부에 가두고 그에 동조했던 관원들을 파직했다. 탄핵된 윤임 등을 귀양 보냈다. 권벌이 유관과 유인숙의 억울함을 호소하는 상소를 올렸다. 소윤파 정순붕은 권벌이 역적들을 옹호한다고 주장했다. 대윤 일파 윤임, 유관, 유인숙은 사사[215] 되었고, 그들을 옹호했던 권벌도 해임되는 을사사화가 일어났다.



김명윤[216] 이 성종의 아들 계성군의 양자이자 윤임의 생질 계림군과 중종의 아들 봉성군이 역모를 꾸몄다고 고변하는 일이 일어났다. 실록에는 고변의 내용을 다음과 같이 기록하고 있다.

**實錄記事 1545년 9월 1일, 경기 관찰사 김명윤이 계림군 이유 등의 불궤를 고변하다**

경기 관찰사 김명윤이 와서 아뢰기를,

"신은 외관이지만, 관계가 중대한 일이 있어 아뢰고자 왔습니다."

서계하라고 전교하였다. 김명윤이 이것은 매우 비밀스러운 일이니 반드시 계하한 뒤에 보라고 쓴 봉서 한 통을 내어 놓고는 이어 입계하기를,

---

문제가 발생하자 김안로와 함께 세자 보호를 주장하여 문정왕후측과 대립했다. 1537년 10월 김안로가 사사되면서 윤원로· 윤원형 일파가 집권하자, 대윤 일파를 이끌며 윤원형의 소윤 일파와 대립했다. 1544년 중종이 죽고 인종이 즉위하자 형조판서·찬성에 올라 윤원로·윤원형을 파직시켰으나, 이듬해 7월 인종이 경원대군에게 전위하고 죽자 문정왕후의 수렴청정이 시작되었다. 을사사화 때 남해로 귀양가던 도중 충주에서 사사되었으며, 대윤과 가까웠던 유관·유인숙 등도 모두 숙청되었다.

215) **사사**賜死 : 죽일 죄인을 대우하여 사약을 내려 스스로 죽게 하던 일.

216) **김명윤**金明胤 : 기묘사화 후 현량과가 무효로 된 뒤에 음직으로 남아 있다가, 1524년 별시 문과에 병과로 급제했다. 이때 모든 현량과 출신들이 쫓겨났으나 홀로 조정에 남아 있어서 사림의 비난을 받았다. 그 뒤 1525년 형조좌랑에 이어 예조참의·도승지·경기관찰사 등을 역임했다. 윤원형과 함께 을사사화를 일으킨 주역으로 윤임이 봉성군 이완을 추대하여 대위를 엿본다고 무고하여, 이른바 을사추성정난공신이 되어 광평군으로 봉해졌고, 개성유수·형조참판·평안도관찰사·동지중추부사·호조참의·우참찬을 역임했다. 그 뒤 병조판서·이조판서 겸 판의금부사·의정부좌찬성·지경연사·판돈녕부사 등을 지냈다. 『중종실록』에는 "오직 시의時議에 따라 붙는 것으로 발신發身의 발판으로 삼았다."고 평하고 있는 것으로 보아, 당시 사림의 지탄의 대상이 되었음을 알 수 있다.

"일의 대강을 조정에서 이미 처리하였으므로 외관인 신으로서는 아뢰기가 어렵습니다. 그러나 후한 국은을 입은 신이 아뢰야 할 것인데도 아뢰지 않는다면 이는 국가를 저버리는 행위입니다. 그러므로 외관임을 불구하고 감히 이렇게 와서 아뢰는 것입니다. 이뢸 일이 이뿐만이 아니나, 서계하기 때문에 그 대략만을 뽑았습니다."

전교하기를,

"경이 외관으로 있으나 들은 것이 있으면 바로 아뢰기 때문에 내가 듣고 알 수 있는 것이다. 이와 같이 하지 않으면 위에서 어떻게 이런 줄을 알겠는가. 종사에 관계된 일을 경이 말해 주니, 경은 충신이라 할 수 있다. 나는 매우 가상히 여긴다."



김명윤이 아뢴 글을 정원에 내리면서 이르기를,

"원상 및 병방 승지·사관 등은 방안으로 들어가 사람을 물리고 이 서계를 보라."

좌찬성 이언적, 승지 송세형, 주서 안함, 검열 안명세 등이 승전 내관과 방안으로 들어가 뜯어 보니, 그 서계에,

"조정에서 종사의 대계를 위하여 이미 세 사람의 죄를 확정하였으니, 참으로 국가의 무한한 복입니다. 그러나 윤임이 저지른 흉측한 모의는 틀림없이 동모한 사람이 있을 것이며 그런 소문이 퍼진 지가 또한 오래인데도 지금까지 조정에서 그 사람을 처치했다는 말을 듣지 못하겠으니, 신은 무슨 까닭인지 모르겠습니다.

계림군 이유는 윤임의 3촌 조카로서, 윤임이 그에게 의지하여 흉측한 모의를 하였으니 이유도 반드시 그 실정을 알았을 것입니다. 이미 그 실정을 알고서도 그 즉시 고변하지 않았으니, 용서할 수 없는 죄이어서 당연히 처치한 바가 있어야 할 터인데도 조정에서는 아직까지 처치함이 없습니다. 이는 필시 범죄의 괴수가 이미 제거되었으니 이런 것쯤은 염려할 것이 없다고 여겨 버려두고 거론하지 않는 것일 겁니다.

그러나 신의 어리석은 생각으로는 사실이 이미 명백히 드러났으니, 이유[217]가 아무리 스스로 빠져나갈 계책을 생각해도 반드시 될 리가 없을 것인데, 부도한 무리들이 바로 이 점을 이용해 불궤를 도모할 것은 필연의 이치입니다. 그런데 만약 모반이

217) **이유**李瑠 : 1545년(명종 즉위년) 인종의 외척 대윤 윤임 일파와 소윤 윤원형 일파 사이에 정권쟁탈전이 벌어졌을 때, 윤임을 축출하기 위하여 경기감사 김명윤이 밀계를 올리기를 "인종의 병환이 위중하자 윤임은 자신의 신변에 위협을 느껴, 임금의 아우(명종)를 추대하는 것을 원하지 않고 자신의 생질인 계림군 유를 세우고자 한다."고 하였다. 그 일로 윤임이 제거되자, 계림군은 미리 겁을 먹고 양화도에서 배를 타고 도망쳐 황룡산 기슭에 있는 이웅의 집에 이르러 머리를 깎고 중이 되어 숨어 있다가, 토산현감 이감남에게 체포되어 서울로 압송되어 거열형車裂刑을 당하였다.

발생한 뒤에 처치한다면 반드시 성상의 심려를 다시 번거롭게 할 것이니, 삼가 바라건대 여러 대신들과 의논하여 빨리 선처하소서.

봉성군 이완은 신의 죽은 아내의 가까운 친척인데 [김명윤이 홍경주의 딸에게 장가들었는데 이완은 바로 홍경주의 외손자이다.] 나이가 아직 어리니 필시 계략이 없을 것입니다. 그러나 이완이 여러 왕자군 중에서 조금 뛰어났다 하여 무지한 무리 중에 간혹 칭찬하는 자가 있으니, 국가가 위험한 시기를 당하여 공훈을 탐내고 재앙을 일으키기를 좋아하는 무리들이 이에 의지하여 반란의 계제로 삼을 자가 없다고 또한 보장할 수 없습니다. 아울러 처치하소서.



신은 대대로 열성의 은혜를 입었기에 밤낮으로 국가를 위하여 깊이 생각하였습니다. 민제인은 항상 국가를 걱정하는 마음을 가진 데다가 또 언책의 자리에 있기 때문에, 날짜는 기억할 수 없지만 지난8월 초순경에 그의 집에 찾아가 국가의 일을 이야기하며, 윤원로 혼자만이 죄를 받는 것은 불공정하다면서 속마음을 털어놓고 이야기하던 중에 마침 손님이 왔고 또 해가 저물어 성문을 닫을 무렵이기에 이야기를 다하지 못하고 돌아왔었습니다. 그후 얼마 안 되어 몇몇 대신들이 윤임의 흉측한 음모를 가지고 계달하기는 하였지만, 신이 염려한 일은 언급하지 아니하였으므로 여러 신하들의 의심이 아직껏 다 풀리지 않고 있습니다. 이에 밤낮으로 생각한 끝에 직책이 외관에 있다는 것도 헤아리지 않고 감히 이렇게 와서 아뢰는 것입니다."

정원에 전교하기를,

"이유는 소가小家가 많아 소재처가 분명하지 아니하니 의금부 낭청·선전관·내관 등을 나누어 파견하여 다방면으로 수색 체포해서 놓치지 않도록 할 것이며, 봉성군은 나이가 아직 어려 그에 대해 아는 바가 없을 것이니 신문하지 말라. 그리고 정부 당상·영중추 부사·육경·판윤·양사의 장관 등을 명초하라."

영중추부사 홍언필, 영의정 윤인경, 우의정 이기, 좌찬성 이언적, 우참찬 신광한, 대사헌 허자, 이조 판서 임백령, 병조 판서 민제인, 예조 판서 윤개, 한성부 판윤 윤사익, 형조 판서 정옥형, 호조 판서 심연원, 이조 참판 신거관, [거관은 금부 당상인 까닭으로 부르지 않았는데도 왔다.] 대사간 나세찬 등이 빈청에 모였다. 홍언필 등이 아뢰기를,

"의금부 낭청·선전관 등이 이유의 집에 갔었지만 그를 체포하지 못하였습니다. 누군가가 이유가 고양에 가 있다고 하므로 바로 낭청을 파견하였으니 우선 그의 조카들을 체포하여 왔습니다."

답하기를,

"아뢴 뜻은 알았다. 이와 같이 간사한 모의를 위에서도 모른 것이 아니었다. 그러나

종실이기 때문에 치죄하지 않았던 것이며, 또 윤임 등을 이미 제거하였으니 그런 모의는 자연히 없어질 것으로 여겼기 때문에 내버려 두었던 것이다. 그러나 이제 강력히 조치해야겠으니 기필코 체포해야 한다. 선전관 등을 파견하되 군사 1백 50명을 거느리고 가 군사마다 횃불 하나씩을 들려 성위를 나누어 지키면서 야경을 서도록 하는 한편, 이유의 친척인 도정 윤여해(윤여필의 아우), 정랑 정자(이유의 처남), 주서 이덕응(윤임의 사위), 저작 최홍도(이유의 동서) 등 10여 명을 불러들여 이유의 소재처를 추문하여 보고하도록 하라." - 『명종실록』, 1545년 9월 1일



사사된 윤임, 유관, 유인숙의 아들들과 계림군의 친인척, 봉성군을 옹립하려 했다는 혐의를 가진 사람들이 모두 고초를 받고 좌천되었다. 을사사화로 소윤 일파는 확실하게 정권 교체에 성공했다.

### 實錄記事 1545년 9월 11일, 윤임·유관·유인숙 등의 참형을 명하다

명하여 의금부 낭청을 보내어 윤임은 성산에서 [양화진 근처] 유관은 과천에서, 유인숙은 문의에서 추참[218]하고 3일간 효수[219]한 다음 그 수급과 수족을 사방에 돌려 보이게 하였다. 또 이휘·이덕응은 군기시 앞에서 참하여 3일간 효수한 다음 그 수급과 수족을 사방에 돌려 보이게 하였고, 이유의 아들 이시·이형·이후와 유인숙의 아들 유희민, 윤임의 아들 윤흥례, 금이 등은 노량에서 교형에 처하게 하였다. 의금부 낭청을 보내어 윤임의 아들 윤흥인은 여산에서, 유인숙의 아들 유희증·유희맹·유희안은 문의에서, 유관의 아들 유광찬은 천안에서 교형에 처하게 하였다. [윤흥인은 낙안으로 귀양가다가 당도하기 전에 여산에 수감되어 있었다. 유희증 등은 아버지의 시체를 가지고 돌아오는 중에 문의文義에 수감되어 있었고, 광찬은 그의 처부妻父가 온양에 있는 까닭에 천안으로 옮겨 수감하였었는데, 그들이 있는 곳으로 가서 죽였다.]

사신은 논한다.

유광찬이 죽을 적에 나졸이 그를 난폭하게 다루어 갖은 구타와 욕을 다 당하였으나 얼굴빛이 흐트러지지 않은 채 차분하게 '죽는 것도 달게 여기는데 구타와 욕지거리하는 것쯤이야 무엇이 두렵겠는가. 너희들 마음대로 하라.' 하였다. 죽음에 임박하여 시詩를 지어 그의 족속에게 보냈는데 그 시에, 평생에 나쁜 마음 가지지 않으려 했었는데 지금 옥에

---

218) **추참**追斬 : 쫓아가서 뒤에서 사람을 벰.

219) **효수**梟首 : 죄인의 목을 베어 높은 곳에 매달던 일.

갇혔으니 원통함이 너무 깊구나 날마다 하늘을 바라보았건만 하늘은 말이 없으니 하늘의 뜻 믿기 어려움을 이제야 알았네 하였는데, 이를 들은 사람들은 눈물을 뿌리지 않는 사람이 없었다. 정희등을 [정희등에게 노모가 있었는데 정희등이 귀양가게 되었다는 소식을 듣고 대면하여 영결하고 싶어 성 밖으로 나갔다가 정희등이 죽었다는 말이 들리자, 종자從子는 돌아가려고 하고 그의 어머니는 돌아가지 않으려고 하여 서로 가자거니 그만두자거니 다투면서 노상에서 방황하며 통곡하니, 길가는 이들치고 가슴 아프게 여기지 않는 사람이 없었다.] 용천에, 정욱을 곤양에, [도중에 죽었다.] 정자를 광양에 안치하였는데, 이는 성옥成獄이 되지 않았다는 것으로 특명이 있었기 때문이었다. 나식을 흥양에 유배하고, 나숙을 풍전역에 박광우를 동선역에다 도형에 처하였다. 윤임·유관·유인숙·이유·이휘·이덕응 등의 어미·딸·아내·첩 및 나이 어린 아들들을 몰입하여 종으로 삼고 재산을 적몰하였으며, 형·아우·숙부·조카 등은 외방으로 귀양보냈다.

명종

사신은 논한다.

정유년[220] 이후부터 조정에 대윤·소윤 이란 말이 있었는데 일을 만들어 내기 좋아하는 뭇 소인들이 부회해서 말들이 많은 가운데 당류를 지적하여 구분하였다. 이기·임백령·정순붕·최보한 등은 남몰래 윤원형 형제와 결탁하여 중종을 동요, 세자를 바꿔 세울 뜻이 많았었다. 당시 유관이 유악의 중신으로서 큰 소리로 그 뜻을 꺾어버리자 윤원형의 무리들이 그 흉계를 시행하지 못한 것을 분하게 여겨 마침내 틈이 벌어져 원수같이 되었다. 임백령은 윤임과 같은 동네 사람으로 대윤·소윤 사이를 이간시켜 불측한 일을 모의한 것이 많았었다. 인종이 승하한 뒤에 윤원형은 자기가 때를 얻은 것을 기뻐하여 은밀히 보복할 생각을 품고 유언비어를 위에 아뢰어 없는 죄를 꾸며서 공동恐動시켰다. 그러자 자전이 윤원형에게 밀지를 내려 위구스럽다는 뜻으로 효유하였다. 이에 이기·임백령·정순붕·허자 등이 고변하였다. 좌의정 유관, 형조 판서 윤임, 이조 판서 유인숙을 외방으로 귀양보내자 온 조정이 과중하다고 논하였다. 그러자 이기의 무리들이 짐짓 애석하게 여기는 척하면서 함께 간쟁하는 대열에 참여함으로써 안으로는 상의 마음을 격분케 하는 한편 겉으로는 영구하는 것처럼 하였다. 그 정적情迹이 훤히 드러나 사류士類가 모두 곁눈질로 보았다. 정순붕이 병을 칭탁하고 집에 있으면서 드디어 상소를 올려 유관 등이 종묘 사직을 위태롭게 하려고 모의한 정상을 극론하고 또 권벌이 그들을 신구한 죄에 대해서도 논하니, 드디어 정부·육경·양사와 옥당의 장관을 충순당忠順堂으로 명소命召하여 자전이 수렴垂簾하고 정순붕의 상소를 보이면서 '모두들 유관 등을 처벌한 것이 과중하다고 하는데 이 상소를 보라. 경들이 죄인을 신구하는 까닭이 무엇인가?' 하니, 이기가 바로 '상소의

220) **정유년** : 1537년(중종 32년).

내용이 정말 그렇습니다.' 하였고, 임백령은 좋게 말을 꾸며 사림士林에게 화禍가 끼칠까 염려하는 척하였지만 속으로는 해치려는 뜻이 있었으며, 허자는 묻는 데 따라 대답만 할 뿐이었다. 이언적은 눈물을 흘리면서 '살리기를 좋아하고 죽이기를 싫어하는 것은 임금의 아름다운 덕입니다. 성명成命이 일단 내려지면 감히 다시 청할 수 없으니 짐작하여 처벌하소서.' 하고, 나머지 사람들도 모두 각각 의견을 진달하였다. 자전이 '경들과 의논하여 조처하려는 것이 아니라 나의 의견을 말하고 처리하려는 것이었다. 속히 나아가라.' 하였는데 말이 대단히 거칠었다. 마침내 차례대로 나아가 경회루 문 밖에 줄지어 앉았는데, 대내에서 유관·유인숙·윤임은 사사賜死하고 이임은 변방으로 귀양보내며 권벌은 병조 판서에서 체직시키라는 명이 내렸다. 이때 홍언필이 전임 의정으로서 반차의 서열이 수반이었는데 그로 하여금 3인을 사사한다는 교서를 짓게 하니, 홍언필이 머리를 숙이고 눈을 감은 채 한참 있다가 '애석하구나, 애석해.' 하고서는, 마침내 큰 소리로 '죄가 참으로 그러하니 어찌할 수 없다.' 하고서 교서를 썼다. 그리고 중외에 반사하도록 명하고 신광한에게 빈사하는 글을 짓게 하였는데, 반이 삼고[221]라서 정신이 흐리다는 핑계로 한 자도 쓰지 않으니, 최연이 도승지로서 대신 지었다. 신광한의 문장으로 어찌 참으로 한 글자도 못 쓸만한 것이었겠는가. 또 논공論功하여 상을 내리라고 하교하니, 이기·임백령은 기쁨이 얼굴빛에 나타나고 신바람이 나 옷소매를 팔랑거리면서 자리에 가만히 앉아 있지를 못하였고, 허자도 스스로 잘난 체하는 태도가 있자, 권벌은 말을 피하기 위해 좌우左右에게 두루 인사하고 먼저 나갔다. 그러자 허자가 비웃어 손가락질하면서 저 사람이 왜 절을 하는가 하였다. 세 사람의 사사는 그들의 죄가 아닌 것으로 사람들이 모두 오랜 혐의에서 기인된 것이라는 데 분노하여 논의가 그치지 않았다. 이튿날 상이 사관史官에게 명하여 정순붕에게 가서 녹공錄功할 뜻을 효유하게 하니, 정순붕이 거짓 크게 놀란 척하면서 '과연 이런 것을 공으로 여겨 논공할 수 있겠는가. 어찌 이런 일이 있을 수 있겠는가.' 하면서 두세 번 거짓 놀란 척하면서 다른 말은 할 여가도 없었다. 마침내 정순붕을 세1등으로 삼고 임백령·이기·허자 등을 차등으로 삼았는데, 윤원형 등 20여 명도 참여되었다. 사람들의 여론이 흉흉하자 임백령 등은 비록 스스로 자기의 공으로 삼아 남몰래 상의 뜻을 견고히 하였으면서도 겉으로나마 부끄러워하고 겸양하는 척하였으나, 이기는 언제나 조정에 갈 적마다 기꺼워 우쭐거리면서 '이 일은 내가 실지로 먼저 알았다.' 하였다. 계림군桂林君 이유李瑠는 윤임의 외생[222]으로서 화가 자신에게 미칠까 두려워한 나머지 몸

221) **삼고**三鼓 : 삼경三更.

222) **외생**外甥 : 생질甥姪.

을 빼어 도망가 사람들이 간 곳을 몰랐었는데 김명윤金明胤이 와서 고발하였다. 이리하여 다시 대옥大獄이 벌어져 연좌되어 체포된 죄수가 수십 명이나 되었는데 모두가 이덕응의 공초에서 나온 것이다. 이덕응은 윤임의 사위로서 당초에 체포되어 추문당할 적에 송세형宋世珩이 승지로서 역시 추관推官의 반열에 있었는데 울면서 이덕응에게 '네가 윤임의 흉모를 모조리 진술하면 살아날 수 있을 것이다. 함께 죽은들 무슨 이익이 있겠는가.' 하면서 간곡하게 꾀자, 이덕응이 죽음을 두려워하고 살기를 바란 나머지 그의 말을 믿고서 하지 아니한 말이 없어 마침내 대옥이 이루어졌다. 임백령이 집에 있다가 이덕응의 공초를 듣고 미칠 듯이 기뻐하였다. 그때 한주가 그의 형 한숙도 공초에서 나왔다는 소식을 듣고 임백령에게 가서 물어보니, 임백령이 앉았다가 섰다가 하면서 손을 어루만지며 큰 소리로 '내가 본디 이들의 흉모를 알았었다.' 하였다. 이로부터 각자 사직을 편안히하고 위의스러움을 안정시킨 공로를 자부하여 평상시 자기에게 아부한 사람은 충량忠良스런 사람으로 여기고 자기와 의견을 달리한 사람은 두 마음을 가진 사람으로 여겨 저편 이편으로 판별하였다. 이기와 임백령의 무리는 사류에 끼이지 못한 지가 오래였기 때문에 당시의 청류인 진신縉紳들이 모두 미움과 모함을 당하여 마침내 사림의 화가 일어났는데 국조國朝에서 명분없는 화가 이때보다 더 참혹한 적은 없었다. 하루는 상이 이기와 임백령을 빈청으로 불러 하문하기를 '원종 공신의 녹훈이 너무 지나친 것 같으니 삭제할 만한 사람이 있으면 삭제하라.' 하니, 이기가 바로 '상의 말씀이 지당합니다. 삭제하겠습니다.' 하였다. 백령이 이기에게 귓속말로 '이런 무리들은 삭제하여야 된다. 그러나 하면 아마 상께서 일마다 모두 이럴 것으로 의심하지 않겠는가?' 하니, 이기가 깜짝 놀라면서 '과연 그렇다.' 하고서 마침내 '지금의 원종 공신은 모두 녹훈할 만한 공들이 있어 십분 정밀하게 뽑았는데 어찌 지나친 것이 있을 수 있겠습니까.' 하였다. 이로써 본다면 이기는 뛰어난 흉물이고 임백령은 뛰어난 간인인데, 여기에다 정순붕의 잔혹스러움과 윤원형의 험독스러움이 합쳐져서 한 동아리가 되어 큰 화를 빚어내어 당시의 명사名士들을 일망타진한 것이니 어찌 천운이 아니겠는가.

[조율한 내용은 다음과 같다.

"윤임은 화를 일으킬 마음을 품고서 국모를 해치기를 도모하여, 대행 대왕의 병세가 위급할 때에 봉성군이 입시하고 있으면 도모하여 즉위시킬 수 있다고 여겼으며, 병세가 매우 위급할 적에 봉성군이 문안드리러 안으로 들어감을 인하여 대행 대왕에게 주달하고서 즉시 전위케 하면 누가 그것을 막을 수 있겠는가고 여겼으며, 금상이 왕위를 계승하여 윤원로가 뜻을 얻게 되면 그의 가문이 필시 멸족당할 터이니 계림군이나 봉성군 중에서 즉위시키면 금상은 축출될 것이라고 여겼다. 그리하여 부자간에 항상 사랑방에 앉아 비밀히 모의하면서 하인들로 하여금 모르게 하였다. 유인숙에게 준 서간의 내용은 봉성군을 계승시키려는 것이었는데 의견을 같이 하여 함께 폐립을 모의한 사람은 유관·유인숙이다. 지난 7월 24일 밤 이유가 윤임의 집에 오자 그와 함께 뜰에 앉아 이유에게 말하기를 '주상이 나이가 어리고 또 안질도 있어 항상 궐내로 출입할 때에 남들이 알까 염려하여 갑장으로 둘러싸 가리곤 한다. 한쪽 눈만 병이 있어도 즉위시킬 수 없는데 더구나 양쪽 눈이 병이 있는 데이겠는가. 네가 당연히 즉위하여야 된다.' 하면서, 옷자락으로 자신의 눈을 가리고 걸어가면서 안질을 가리는 흉내를 내었다. 항상 궐내에 서간을 통하여 주상의 안질이 어떠한가를 물었으며 또 여러 곳에 은밀히 물어 보았다. 그의 생각은 만약 주상이 안질로 인하여 온갖 정사를 총괄하여 다스리지 못하게 되면 그의 흉모를 이루어 자신을 보전하려 한 것으로 주상이 안질이 있다고 사칭하여 종묘 사직을 위태롭게 하려고 모의한 죄이다. 유관은 윤임과 남몰래 결탁하여 대행 대왕의 병세가 크게 위급할 적에 후사에 대해 여쭐 것을 윤임과 서로 통하여 비밀리에 논의하여 종묘 사직을 위태롭게 하려고 모의한 죄이다. 유인숙은 윤임과 사돈을 맺었으므로 남몰래 두 마음을 품고서 주상이 현명하다는 말을 듣기 싫어하여 기뻐하지 않는 낯빛을 드러냈으며 남몰래 서로 서간을 통하여 종묘 사직을 위태롭게 하려고 모의한 죄이다. 이유는 윤임과 함께 종묘 사직을 위태롭게 하려고 모의한 죄이다. 이휘는 남몰래 윤임에게 아부하여 은밀히 두 마음을 품고서 널리 사람의 의견을 채탐하여 역모를 조성한 죄이다. 이덕응은 윤임의 사위로서 윤임의 역모에 처음부터 끝까지 동참한 죄이다. 이상은 『대명률』의 모반대역조를 적용, 윤임·유관·유인숙·이유·이휘·이덕응 등은 수범과 종범을 구분할 것 없이 모두 능지 처사에 처한다. 그들의 아들로서 나이 16세 이상은 모두 교형에 처하고 15세 이하와 어미·딸·아내·첩·할아비·손자·형·아우·누님·누이 및 아들의 아내·첩 등은 공신의 집에 주어 노비로 삼고 재산은 관에 몰입한다. 단 남자로서 나이 80세이거나 위중한 병이 있는 사람, 부인으로서 나이 60세이거나 폐질이 있는 사람은 모두 연좌를 면제한다. 백부·숙부와 형제의 아들은 호적의 이동異同에 관계없이 모두 유 삼천리流三千里에 안치시키고, 연좌된 사람일지라도 동거한 사람이 아니면 재산을 관에서 몰수하는 규정에 해당시키지 않는다. 만약 여자로서 이미 정혼하였으면 그 남편 집으로 보내고, 자손이 과방[223]하여 남에게 입후된 사람과, 아내로 맞기로 약속하고 아직 성혼하지 않은 사람은 모두 추후하여 연좌시키지 않는다. 나식은 취초에 의하면 이휘가 그의 집에 와서 왕자들이 여럿이라는 것을 말하고 이어 봉성군이 어질다고 칭찬하였는데 나식이 이휘가 와서 물은 뜻을 모르고서 대답하기를 '정통은 자연 돌아갈 데가 있는데 어째서 이런 잡된 말을 하는가.' 하였고, 다른 날 이휘가 또 말하기를 '소윤 등을 요직에 앉히는 것이 어떠한가?' 하니, 나식이 대답하기를 '이들은 사람들이 많이들 비방하니 요직에 등용할 필요가 없다.'' 하였다고 하였으니, 『대명률』의 모반을 알고도 고변하지 아니한 죄를 적용하여 장 일백杖一百 유 삼천리流三千里에 처한다. 박광우는 중학에서의 모임이 끝난 뒤에 유관을가서 만났으니, 그 죄는 『대명률』의 제서를 훼손한 비율比律을 적용하여 장 구십 도 이년반에 처한다. 나숙은 취초에, 이휘가 그의 집에 와 말하기를 '주상과 대군의 형제간에 이간될 조짐이 있고 또 여러 왕자들이 많아서 정통이 장차 다른 사람에게로 돌아갈까 염려스럽다.' 하니, 나숙이 '주상이 비록 후사가 없으시지만 대군이 아직 있으니 정통이 자연 돌아갈 데가 있는데 어째서 이런 무리한 말을 하는가?' 하였으며, 이휘가 또 '그렇다면 소윤 등을 요직에 앉히는 것이 어떠한가?' 하니, 나숙이 '윤원로는 잡된 말을 많이 하니 이런 사람을 대군에게 가까이하게 해서는 안 된다. 이런 무리들이 대군에게 친근히 하지 못하게 해야만 대군의 과오가 없어져 정통이 자연 바르게 될 것이다.' 하였다 한다. 그 죄는 『경국대전』 추단조에 난언을 한 자와 이를 알고도 고발하지 아니한 자의 경우를 적용하여 장 일백 도삼년에 처한다. 모두 장을 집행하고 고신을 다 빼앗는다."]

– 『명종실록』, 1545년 9월 11일

---

223) **과방**過房 : 남에게 양자로 들어감.

## 문정왕후가 수렴청정하다

명종이 어린 나이로 왕위에 오르자 모후(임금의 어머니) 문정왕후가 8년간 수렴청정을 했다. 문정왕후는 타고난 자질로 강직하고 엄숙했다. 소윤 일파와 정국을 이끌어 감에 있어서 정사에 비판적인 인사들을 가차 없이 내치는 등 단호한 면모를 보였다. 명종은 명색이 왕이었지만 어머니의 그늘에 가려 전혀 자기의 목소리를 낼 수가 없었다. 문정왕후의 수렴청정은 명종이 성인이 되어 친정하게 된 후에도 마찬가지였다. 이런 사정으로 명종은 '눈물의 왕'이라는 별명이 붙기도 했다.



명종이 스스로 정치적 견해를 밝히고 자신의 의지대로 정책을 집행하기 위해서는 어머니 문정왕후와 외숙 윤원형을 비롯한 소윤 일파의 벽을 뛰어넘어야 했다. 명종에게는 자력으로 친정 체제를 구축할 힘이 없었다.

## 보우가 불교를 중흥시키다

문정왕후가 집권하는 동안 가장 눈에 띄는 정책은 불교 중흥책이었다. 조선은 억불숭유의 국시였지만, 문정왕후는 개인적인 불심으로 정책적, 전폭적으로 불교를 지지하고 장려했다. 명종을 대신해 섭정하던 문정왕후의 정치세력을 배경으로 당시 극심한 탄압 속에서 소멸해가던 불교를 보우[224]가 중흥시켰다.

보우

문정왕후의 불교 정책을 이끌어 간 핵심 인물은 승려 보우였다. 정만종의

---

224) **보우**普愚 : 보우의 호는 허응 또는 나암이다. 15세에 금강산 마하연암에 출가하여 금강산 일대에서 수행했다. 강원감사의 천거로 문정왕후의 신임을 얻어 1548년(명종 3년) 봉은사 주지가 되었다. 1565년(명종 20년) 문정왕후가 죽자 곧바로 유생들이 보우의 탄핵과 불교 정책의 폐지를 강력하게 상소하므로 명종은 그를 제주도에 귀양 보냈고, 거기서 제주 목사 변협에게 피살되었다.

휴정

추천으로 문정왕후와 인연을 맺은 보우는 막강한 권력을 등에 업고 불교를 개혁하고 중흥시키려는 원대한 포부를 가지고 있었다. 우선 성종 대에 폐지된 도첩제를 부활시켜 불법승의 폐해를 없애려고 했다. 강제로 통합되었던 양종(불교의 교종과 선종)을 다시 분리해 봉은사에 선종을, 봉선사에 교종을 두었어요. 보우의 불교 정책은 성리학을 중시하는 관료들과 유생들의 반발을 샀다. 문정왕후의 비호 아래 보우는 도대선사[225]로 승승장구했다.

유정

보우는 윤원형·상진과 더불어 300여 사찰을 국가공인 정찰로 하고, 도첩제[226]에 따라 2년 동안 4,000여 명의 승려를 뽑는 한편, 승과시를 부활시켜 휴정[227]·유정[228] 등을 발탁했다.

보우의 불교 중흥 정책은 1565년(명종 20년) 문정왕후가 죽으면서 끝났다. 보우는 유림들의 기세에 밀려 승직(승려의 직무)을 박탈당하고, 제주도로 귀양 갔다가 피살되었고, 15년 동안 추진되었던 불교 중흥 정책도 모두 취소되었다.

225) **도대선사**都大禪師 : 선종의 법계 가운데 하나로 선종의 법계 가운데 가장 높은 등급.

226) **도첩제**度牒制 : 백성이 출가하는 것을 억제하기 위하여 승려가 되려는 자에게 일정한 대가를 받고 허가장을 내주던 제도.

227) **휴정**休靜 : 임진왜란 때 승군을 이끌고 평양탈환작전에 참가하여 공을 세웠다. 묘향산인 또는 서산대사로 불렸다. 1549년 승과에 합격했다.

228) **유정**惟政 : 의승도대장으로 1593년 1월의 평양성 탈환작전에 참가, 서울 부근 삼각산 노원평과 우관동 전투에서 공을 세웠다. 1604년 일본과 강화를 맺기 위한 사신으로 파견되어 1605년 포로로 잡혀갔던 조선인 3,000여 명을 데리고 귀국했다. 1610년 8월 입적했다. 사명대사로 불렸다.

## 희대의 도적, 임꺽정이 출현하다



조선 중기 15, 16세기는 백성들의 삶이 어려워지자 도적 떼가 들끓고, 크고 작은 민란이 끊이지 않고 일어났다. 흉년이 겹치고 왕과 권신들이 토지를 독점하면서 먹고 살기가 힘들어진 농민들이 삶의 터전을 버리고 스스로 도적의 소굴로 많이 들어갔다.

명종 왕 때 도적들이 많이 일어났는데, 그중에서도 임꺽정[229]이라는 희대의 도적이 출현해 조정에서는 임꺽정을 잡으려고 혈안이 되었다. 임꺽정은 황해도 지역을 기반으로 전국에 걸쳐 활동했는데, '의적'이라고 불리며 백성들의 비호를 받기도 했다. 이익은 『성호사설』에서 홍길동, 장길산과 함께 조선의 3대 도적으로 꼽았다.

조정의 임꺽정 소탕 작전은 3년간 계속되었다. 1560년(명종 15년) 임꺽정 패거리의 어머니 서림이 잡히면서 임꺽정과 관련된 정보를 얻었고, 이를 바탕으로 관군이 출동해 임꺽정과 일당을 잡았다. 임꺽정은 무리를 이끌고 구월산으로 들어가 끝까지 항전했지만 수적 열세를 극복하지 못하고 체포되었다.

임꺽정의 출현과 도적 떼들의 잦은 민란은 백성들의 삶이 얼마나 어려웠는지를 보여주었다. 민생이 어려워진 데는 자연재해로 인해 흉년이 겹친 것도 하나의 이유가 될 수 있지만, 무엇보다도 권신들이 득세하면서 정치가 문란해졌기 때문이었다. 힘 있는 사람이 토지와 경제적 이익을 독점하는 사회·경제적 착취가 극에 달했다.

---

229) **임꺽정** 林巨正 : 조선의 3대 도적으로 불리는 조선 중기의 의적. 16세기 중반 몰락 농민과 백정 및 천민들을 규합하여 지배층의 수탈정치에 저항하여 정국을 위기로 몰아넣었던 도적으로 다른 이름은 임거정, 임거질정으로 이익은 『성호사설』에서 홍길동, 장길산과 함께 조선의 3대 도적으로 꼽았다. 경기도 양주에서 백정 신분으로 태어나 황해도에서 생활했다. 1559년경 황해도, 경기도, 평안도, 강원도까지 세를 확장했고, 빼앗은 재물을 빈민들에게 나누어주어 의적으로서의 성가를 높였다. 1561년 들어 관군의 대대적인 토벌로 세력이 점차 위축되다가 1562년 1월 체포당해 15일 만에 처형을 당했다.

實錄記事 1559년 3월 27일, 개성부 도사를 무신으로 뽑아 보내 도적을 잡을 방도를 논의하다

영의정 상진·좌의정 안현·우의정 이준경·영중추부사 윤원형이 함께 의논하여 [조강 때 김개가 아뢴 것을 인하여 대신에게 의논하라고 명하였기 때문에 이와 같이 의논하였다.] 아뢰었다.

"개성부 도사를 무신으로 뽑아 보내라는 상교가 지당하나, 비록 무신을 뽑아 보내더라도 별다른 조치 없이 일상적으로만 해나간다면 오히려 이익됨이 없을 것입니다. 삼가 듣건대, 요사이 많은 강적들이 본부의 성저에 몰려들어 주민을 살해하는 일이 매우 많은데도, 사람들은 보복이 두려워 감히 고발하지 못하고, 관리들은 비록 보고 듣는 바가 있어도 매복을 시켜 포착할 계획을 세우지 못한다 합니다. 지난날 임꺽정을[황해도 도적으로 본부 관할지에 살고 있었다.] 추적할 즈음에 패두의 말을 듣지 않고 군사 20여 명만을 주어 초라하고 서툴게 움직이다가 마침내 패두가 살해당하게 되었는가 하면, [패두 이억근은 일찍이 도적 수십 명을 잡은 적이 있었다. 이때 본부가 신계의 첩정을 인하여 군사를 동원하여 적을 포위하였는데, 이억근이 군사를 거느리고 가서 새벽을 이용하여 적소에 들어갔다가 일곱 대의 화살을 맞고 죽었다.] 바로 뒤를 이어 적을 끝까지 추격하지 않았다가 끝내 적들이 멋대로 날뛰게 하였으니, 매우 놀라운 일입니다.

그러므로 지금 무신을 보내 포착할 방법을 강구해서, 혹은 군사를 거느리고 추격하기도 하고 혹은 문견을 근거로 추적하기도 하여 반드시 포착할 것을 기하게 해야 합니다. 만일 태만하여 잡지 못하거나 겁이 나서 추적하지 못한다면 군법으로써 죄를 논하겠다는 것을 각별히 일러서 내려보내고, 유수留守에게도 이러한 뜻으로 하유하는 것이 어떻겠습니까? 도사의 직무는, 평시에는 본부를 다스리는 것이 그 소임이나, 병무兵務 또한 그의 소관이므로, 이같은 도적의 변이 있을 적에는 군법으로 처리해야만 합니다. 『대전大典』에 경내의 도적을 잡지 못하면 수령 또한 죄가 있다고 하였기에 감히 아룁니다."

사신은 논한다. 도적이 성행하는 것은 수령의 가렴주구 탓이며, 수령의 가렴주구는 재상이 청렴하지 못한 탓이다. 지금 재상들의 탐오가 풍습을 이루어 한이 없기 때문에 수령은 백성의 고혈을 짜내어 권요를 섬기고 돼지와 닭을 마구 잡는 등 못하는 짓이 없다. 그런데도 곤궁한 백성들은 하소연할 곳이 없으니, 도적이 되지 않으면 살아갈 길이 없는 형편이다. 그러므로 너도나도 스스로 죽음의 구덩이에 몸을 던져 요행과 겁탈을 일삼으니, 이 어찌 백성의 본성이겠는가. 진실로 조정이 청명하여 재물만을 좋아하는 마음이 없고, 수령을 모두 공·황[230]과 같은 사람을 가려 차임한다면, 검을 잡은 도적이 송아지를 사서 농

촌으로 돌아갈 것이다. 어찌 이토록 심하게 기탄없이 살생을 하겠는가. 그렇게 하지 않고, 군사를 거느리고 추적 포착하기만 하려 한다면 아마 포착하는 대로 또 뒤따라 일어나, 장차 다 포착하지 못할 지경에 이르게 될 것이다. -『명종실록』, 1559년 3월 27일

## 을묘왜변이 일어나다



1555년(명종 10년) 대마도 등에서 거주하던 왜인들이 배 70여 척을 이끌고 쳐들어와 전라도 일대에서 대규모 노략질하는 을묘왜변[231]이 일어났다. 중종 시절에 발생한 삼포왜란 이후 줄어든 교역량에 불만을 품은 왜구들의 도발이다. 을묘왜변을 계기로 임시 관아였던 비변사[232](군대의 사무를 맡아보던 관아)가 상설 관아로 되었다.

**實錄記事 1555년 5월 16일, 전라도 관찰사 김주가 달량포에 왜선 70여 척이 침략해왔다고 치계하다**

전라도 관찰사 김주가 치계하기를 '5월 11일에 왜선 70여 척이 달량[포구 이름이다.] 밖에 와서 정박했다가 이진포와 달량포에서 동쪽과 서쪽으로 나뉘어 육지로 상륙하여 성저城底의 민가를 불태워 버리고 드디어 성을 포위했다.' 하였다.
당초에 왜선 11척이 바다 섬 가운데 나타났다가 마침내 육지로 상륙하여 더러는 호각을 불며 불을 놓고 더러는 창을 휘두르며 칼을 빼들고 덤비므로, 가리포 첨사 이세린이 즉각 병사 원적에게 치보하자, 원적이 장흥 부사 한온, 영암 군수 이덕견과 나아가서 구원하려

---

230) **공**龔·**황**黃 : 한나라의 양리良吏 공수龔遂와 황패黃霸.

231) **을묘왜변**乙卯倭變 : 삼포왜란 이래 조선이 일본에 대한 세견선을 감축하고 교역량을 줄이자 경제적으로 어려움을 겪게 된 쓰시마섬 등지의 왜인들이 1555년 5월 11일 배 70여 척을 타고 전라도 영암의 달량포와 이포에 상륙해 노략질을 했다. 이에 전라도 병마절도사 원적이 군사를 거느리고 달량포로 출전했으나 왜구에게 피살되고 정예군사가 붕괴했다. 그러자 왜군은 5월 하순까지 장흥·강진·진도 등을 짓밟으며 다시 영암으로 침입했다. 전주부윤 이윤경이 군사를 이끌고 영암으로 가서 남치훈 등과 힘을 합하여 5월 25일에 비로소 왜구를 몰아냈다. 당시 조선의 국방체제인 진관체제가 기능을 잃어 군사 지휘체계가 문란했고, 봉수마저 제구실을 하지 못하는 바람에 같은 해 4월 이미 왜구의 침입 기미를 탐지했으면서도 큰 변란을 겪었다.

232) **비변사**備邊司 : 군대의 사무를 맡아보던 관아.

고 달량으로 달려갔다가 포위되었다.

이때 태평한 지 오래 되어 기율이 해이해지고 흉년이 잇달아 군졸들이 지쳤는데, 내부에는 방략을 계획하는 신하가 없어 조정의 계책이 이미 틀어지고 외부에는 적개심을 가지고 침입을 방어하는 장수가 없어 변방의 수비가 안 되었다. 그러다가 왜구들이 갑자기 밀어닥치게 되자 중외가 소란해져 모두들 어수선하게 두려워하는 생각만 품고 억제하여 막을 계책을 하지 못했다. 변방의 성들은 바라만보고도 무너졌고 조정은 속수 무책으로 앉아만 있었으며 대신들은 비록 날마다 비변사에 모였지만 계획하는 것이 하나도 시행할 만한 방책이 없었다.

사신은 논한다. 이때의 장수와 재상들은 국가에 변고가 없는 때에는 안일·부유·존귀·영화의 즐거움만 누리고 장구한 계책을 세우지 않으면서 오직 탐욕을 멋대로 부렸다. 한없는 욕심이 채워지지 않아 변방의 장수들에게 책임지워 받아내는 짓을 한 자는 재상들이고, 원수처럼 거두어들여 군졸들을 침탈하는 짓을 한 자는 장수들로서, 구차하게 자신의 이익만을 도모하고 국사는 돌보지 않았다. 외부의 오랑캐들이 쳐들어왔다는 변방의 경보가 이미 이르렀는데도, 조정에는 대신이 없고 외방에는 어진 장수가 없어 조치해 갈 만한 계책을 내지 못하고 단지 전전 긍긍하여 두려워하기만 하였다. 도적의 칼날이 향하는 곳에 감히 무어라 하는 사람이 없어 마침내 국가의 치욕을 가져왔으니 통탄스러운 마음을 견딜 수 있겠는가?

사신은 논한다. 국가가 태평한 세월이 오래이므로 임시 조치만 하는 행정이 많아 기강이 문란해지고 공도가 없어졌다. 백사와 군읍의 관원들은 쓸데없이 자리만 지키고 있으면서, 오직 권세있는 요에 아부하여 좋은 벼슬에 올라가고, 뇌물로 아름다운 명예를 차지하는 짓을 하여 자기 한몸을 위한 일만 할 뿐 국가의 일에 대해서는 소 닭보듯이 하였다. 장수나 재상들은 직무에는 태만하고 항시 은혜는 갚고 원한은 보복하는 짓만 하다가 변방에 한번이라도 풍진이 일어나면 당황하여 어찌할 줄을 몰랐나. 내부에는 예비하여 방어해 갈 계책이 없고 외부에는 공격하여 싸울만한 준비가 없으므로, 도적의 칼날이 향하는 곳마다 꺾이지 않는 데가 없어 무인지경에 들어오듯 하였으니 통탄스러운 마음을 견딜 수 있겠는가?

– 『명종실록』, 1555년 5월 16일

## 소윤 일파가 몰락하다

명종은 문정왕후가 수렴청정을 거둔 후 독자적인 세력을 구축하기 위해 노력했다. 인순왕후[233]의 외삼촌 이량을 기용한 것이 대표적이다. 외척 윤원형을 또 다른 외척으로 견제하려고 했다. 세력을 키운 이량이 잔존 사림 세력을 제거하려다 인순왕후의 동생 심의겸에게 발각되어 유배되었다. 이량은 생질 심의겸이 사림 세력과 가깝게 지내는 것이 마음에 걸려 제거하려다가 역으로 당했다. 조정에는 윤원형[234]과 심의겸[235]이라는 두 외척 세력이 존재하게 되었다.



윤원형을 중심으로 한 소윤 일파의 권세도 영원하지는 않았다. 문정왕후가 죽으면서 세상은 소윤 일파에게 등을 돌리기 시작했다. 명종 역시 어머니의 그늘에서 벗어나 본격적인 친정 체제를 구축하려고 했다. 먼저 외숙 윤원형을 제거할 필요가 있었다. 탄핵을 받은 윤원형은 1565년(명종 20년) 8월 삭탈관작[236]되어 귀양갔다. 윤형원은 정권을 잡은 20년 동안 함께 악행을 저질렀던 첩 정난정은 자살하고 얼마 후 귀양지에서 죽었다.

---

233) **인순왕후**仁順王后 : 청송 심씨로 할아버지는 영의정 연원이고, 아버지는 영돈녕부사 강이다. 1542년(중종 37년) 중종의 둘째 아들인 경원대군(뒤의 명종)의 부인이 되었으며 1545년 인종이 죽고 명종이 즉위하자 왕비로 책봉되었다. 1551년(명종 6년) 순회세자를 낳았으나 14세로 일찍 죽었다. 1567년 명종이 죽고 선조가 즉위하자 잠시 수렴청정을 맡았으며, 1569년(선조 2년) 존호로 의성이 올려졌다. 휘호는 선열이다. 능은 양주에 있는 강릉이다.

234) **윤원형**尹元衡 : 조선 인종 때 을사사화를 일으켜 반대파를 숙청하고 집권한 조선 중기의 문신으로, 중종 28년 별시문과에 급제해 사관이 되었고, 1537년 당시 실권자였던 김안로에 의해 유배됐으나, 김안로가 문정왕후의 폐위를 꾀하다 죽음을 당하자 풀려났다. 1545년 이기, 정순붕 등과 모의해 사림이 봉성군을 왕으로 세우려는 역모를 꾀한다는 명목으로 처형하고 공신이 됐다. 명종 1년 형인 원로를 제거하고, 이듬해 양재역벽서사건으로 조정 내의 반대 세력을 숙청하면서 권력 기반을 튼튼히 하다가 집권 20년 만에 문정왕후가 죽자 양사의 탄핵을 받아 관직을 박탈당했다. 이후 강음에 은거하다가 사약을 먹고 죽었다.

235) **심의겸**沈義謙 : 명종비 인순왕후의 동생으로 김효원과의 알력으로 동서 분당의 원인을 제공하였다. 이황의 문하에서 수학하였으며, 1563년에는 외척으로 전횡을 부리던 자신의 외삼촌 이량을 탄핵하여 퇴출시키기도 했다. 이황의 문인임에도 이이, 성혼과 어울린 탓에 자연스럽게 서인이 되었다. 그 뒤 종조부 심통원을 탄핵한 이이와 사감을 갖지 않고 계속 친하게 지냈다. 김효원이 한때 윤원형의 식객이었던 점을 집요하게 물고 늘어져 김효원이 이조정랑으로 취임하는 것을 반대하였고 이로인해 사림이 분열되며 을해당론의 빌미를 제공한다. 자는 방숙, 호는 손암, 간암, 황재이고, 봉군호는 청양군이다.

236) **삭탈관작**削奪官爵 : 임금이 죄를 지은 자의 벼슬과 품계를 빼앗고 벼슬아치의 명부에서 이름을 지우던 일.

## 實錄記事 1565년 8월 27일, 윤원형의 방귀 전리를 명하다

영의정 이준경 등이 백관을 거느리고 윤원형을 귀양보내라고 두 번 아뢰니, 답하였다.

"관작을 삭탈하고 방귀전리[237]시키도록 하라. 귀양보내는 것은 윤허하지 않는다."

윤원형은 음흉하고 욕심이 많았다. 중종 말년에 인종이 동궁의 자리에 있으면서 장성하도록 아들을 두지 못하였고 금상은 어려서 대군이 되었다. 인종의 외삼촌 윤임이 윤원형 및 그 형 윤원로와 틈이 생겼는데, 김안로가 권세를 써서 동궁을 보호한다는 명목으로 중궁을 기울게 해서 자기 세력을 확장하려고 윤원로 형제를 밖으로 내치도록 아뢰니, 대윤大尹이니 소윤小尹이니 하는 말이 여기서부터 발단되었다. 윤원로가 패하자 유언비어가 날로 비등하였는데 문정왕후는 외신外臣에게 의탁하여 스스로 튼튼히 하고자 하니, 이기가 넌지시 윤원로 형제와 결합하였다. 인종이 병세가 점점 악화되자 대신에게 '중종의 적자는 나와 대군뿐이니 내가 죽으면 대군이 대통大統을 이어야 한다.' 하였으므로 인종이 승하하자 대신이 금상을 맞아 즉위하게 했다. 윤원형이 기회를 틈타 화를 만들고자 하여 이기·정순붕·임백령·허자·김광준 등과 함께 몰래 모의하여 말을 만들기를 '유관·유인숙·윤임 등이 모반謀叛하여 주상을 폐하고 계림군 이유를 세우려고 한다.' 하고, 또 봉성군 이완을 세우려고도 한다.' 하여, 마침내 문정 왕후에게 고하자 밀지를 내려 큰 옥사를 일으켰으니 일시의 선비들이 화를 면한 자가 드물었다. 결국 위사 공신衛社功臣에 책록되었는데, 공론이 없어지지 않을 것을 두려워하여 항간의 의논이 조금이라도 자기와 다른 자가 있으면 역당이라고 지목하였다. 이로 말미암아 도로에서도 두려워서 바로 보지 못하니 윤원형의 세도가 크게 떨쳐졌다. 또 윤원로가 권력을 다툴까 두려워하여 유사에게 논죄하도록 사주하여 결국 사사하게 하였고, 권력을 휘두르고 이끗을 탐하는 일이란 하지 못하는 것이 없었다. 서울에 10여 채나 되는 커다란 저택이 있고 그 속에는 재화가 가득했으며, 의복과 거마를 참람되게 대내와 같이하였다. 또 처를 내쫓고 첩 난정을 처로 삼아 매우 사랑하여 말하는 것은 모두 따랐으니, 뇌물을 받고 약탈한 일도 그 첩이 부추긴 것이 많았다. 생살권生殺權을 쥔 지 20년 간이나 사림이 분함을 삼킨 채 말을 못하고 있다가 이 때에 대사간 박순이 양사와 의논하여 합계合啓한 것이다. 그러나 윤원형을 죄주자고 청한 것이 미진한 점이 있으니, 즉 윤원형

*윤원형의 관작을 삭탈하고 방귀전리 시키도록 하라. 귀양보내는 것은 윤허하지 않는다. 윤원형은 음흉하고 욕심이 많았다.*



237) **방귀전리**放歸田里 : 죄인을 벼슬자리에서 내치고 제 고향으로 내쫓던 형벌.

의 죄는 오로지 윤원형의 공에 있는데 그 공을 지척하지 아니하고 범범히 그 죄를 논하였으며, 을사사화에 연루된 사람과 구혼求婚한 것으로 윤원형의 죄목을 삼기까지 하였는데 대간의 이 말은 충정에서 한 말이 아니고 일국의 공론도 아니다. 더욱 통탄스러운 것은 수십 년간을 전제專制하였는데도 조정의 모든 사람들이 입을 다물고 그 죄를 대놓고 지척한 사람이 한 사람도 없었으며, 흉악한 짓을 제멋대로 하게 하여 나라가 거의 망할 지경에 이르렀는데 권세가 제거된 뒤에서야 비로소 논하였으니, 너무 늦었다. 이 또한 을사년 이후 사기가 꺾이고 인심이 휩쓸려서 화복禍福을 생각하고 두려워하였기 때문인 것이다. 윤원형이 쫓겨난 뒤에 지방의 한 백성이 한쪽 팔만 들고서 노래하고 춤추는 자가 있었는데 사람들이 그 까닭을 물으니, 답하기를, '윤원형은 국가에 해를 끼친 놈인데 지금 쫓아내어 백성의 해를 제거했으니 그래서 기뻐서 춤추는 것이다.' 하였다. 그래서 한쪽 팔만 들고 추는 이유를 물으니 답하기를 '지금 윤원형은 쫓겨났으나 또 한 윤원형이 남아 있으니, 만약 모두 제거된다면 양팔을 들고 춤을 출 것이다.' 하였으니, 바로 심통원을 가리킨 말이다.

- 『명종실록』, 1565년 8월 27일

## 實錄記事 1565년 11월 13일, 윤원형의 첩 정난정이 자살하다

윤원형의 첩 정난정이 자살했다.
김씨를 독살한 정상은 환하게 드러나 의심이 없어 사람들이 다 아는 바인데, 다만 윤원형을 두려워해 감히 신인神人이 함께 격분할 죄상을 발설치 못함이 여러 날이었다. 그 일에 간여된 계집종들을 다 문초했는데 그 음흉한 비계秘計는 정난정도 스스로 천벌을 피할 수 없으리라는 것을 알았다. 그래서 항상 독약을 가지고 다니면서 '사세가 여기에 이르렀으니 반드시 나를 잡으러 올 것이다. 그러면 나는 약을 먹고 죽을 것이다.'라고 하였었다. 마침 금부 도사가 평안도 진장鎭將을 잡아 가지고 금교역金郊驛에서 말을 바꾸어 타고 있었는데, 윤원형의 집 종이 이를 보고 달려와 고하기를 '도사가 금방 오고 있다.'하니, 윤원형은 소리내 울며 어쩔 줄을 몰라 했고 정난정은 '남에게 제재를 받느니 스스로 죽음만 못하다.' 하고 약을 마시고 바로 죽었다. 또 정난정의 죄는 주모를 독살한 것만이 아니다. 이미 부인에 오른 뒤 종기가 등에 났었는데, 의원 송윤덕으로 하여금 침으로 이를 째게 하였었다. 송윤덕은 세침細鍼을 가지고 치료하면서 여러 번 그 종기난 곳을 빨아 주어 정난정의 마음을 사려고 했다. 이로부터 송윤덕이 거침없이 드나드니 추문이 파다했다. 그런데도 윤원형만 이를 모르고 송윤덕을 보기를 아들처럼 하였다. 사람들은 윤원형이 속고 있는 것을 욕하지 않는 자가 없었다.

- 『명종실록』, 1565년 11월 13일

### 實錄記事 1565년 11월 18일, 윤원형의 졸기

윤원형이 강음江陰에서 죽었다. 처음 윤원형은 물론을 입어 재상에서 파면되었는데도 며칠을 지체하며 머물러 있다가 동문 교외로 나갔다. 많은 사람들의 분노가 그치지 않고 공론이 더욱 격렬함을 듣고 끝내 면하기 어려움을 알았으나, 또 가산이 흩어질 것을 염려해 어둠을 틈타 부인의 행색처럼 밤에 교자를 타고 도성에 들어와 집으로 돌아왔었다. 이어 그의 첩 정난정과 더불어 강음 전사田舍에 가서 거처하였는데, 정난정의 죽음을 보고 드디어 분울해 하다가 또한 죽었다.

명종

윤원형이 사림들을 풀베듯 죽이며 흉악한 짓을 있는 대로 다했는데, 오래도록 천벌을 면하더니 금일에 이르러 마침내 핍박으로 죽으니, 조야가 모두 쾌하게 여겼다. 윤원형이 일단 패하고 나니 원수졌던 집에서 떼를 지어 빼앗겼던 재물에 대한 송사를 다투어 일으켰다. 조정에서도 그러한 사실을 알고 바로 각도에 이문移文하여 관원을 차출해 재물들을 본주인에게 돌려주게 하니 그 집안에서도 온갖 고통을 견딜 수 없게 되었다. 임금은 위사衛社의 공이 있다 하여 3등의 장례를 하사하였다.

사신은 논한다. 전대의 권간으로 그 죄악이 하늘까지 닿기로는 윤원형 같은 자가 드물 것이다. 중종 말년, 인종이 동궁에 있을 때 사자嗣子가 없음을 보고, 그의 형 윤원로와 더불어 서로 어울려 헛소문을 만들어 동궁의 마음을 동요시켰으며 문정왕후가 안에서 그 의논을 주장하였다. 이리하여 대윤大尹이니 소윤小尹이니 하는 말이 있게 되어 중종이 이 걱정으로 승하하였다. 혹자는 동궁이 실화한 것이 모두가 윤원형 등의 행위라고 하였다. 그 뜻이 또한 흉참하다 하겠다. 인종이 승하함에 미쳐, 윤임을 핍박해 내쫓고는 스스로 편안하게 여기지 못하다가 끝내는 윤임이 다른 마음을 가졌다 하였으니, 실은 윤원형 등이 빚어낸 말이었다. 이 이후로 사림들 가운데 당시 명망이 있던 사람들을 일체 배척해 모두 역적의 무리로 몰아, 죽는 자가 계속되었다. 명종이 친정을 하게 되었지만 문정 왕후의 제재를 받아 자유롭지 못했는데, 윤원형은 무슨 일이고 할 일이 있으면 반드시 문정왕후와 내통하여 명종을 위협하고 제재하여 임금의 우분憂憤이 언사와 안색에까지 나타나게 하였다. 내수內豎 중 혹 이를 아는 자가 있으면 윤원형은 궁인들에게 후히 베풀어 모두에게 환심을 얻었다. 때문에 임금의 일동 일정을 모르는 것이 없었다 하루는 상이 내수에게 '외친이 대죄가 있으면 어떻게 처리해야 하는가?' 라고 하였는데, 이는 대개 윤원형을 지칭한 것이었다. 이 말이 마침내 누설되어 문정 왕후에게 알려졌는데 문정 왕후가 이를 크게 꾸짖어 '나와 윤원형이 아니었다면 상에게 어떻게 오늘이 있었겠소.' 하니, 상이 감히 할말이 없었다. 모든 군국의 정사가 대부분 윤원형에게서 나와 상은 내심 그를 미워하여 이양을 신임해 그 권한을 분산시켰다. 정사를 잡은 지 20년, 그의 권세는 임금을 기울게 하였고 중외가 몰려가니 뇌물이 문에 가득해 국고보다 더 많았다. 윤원로의 권세가 자기와 비슷해짐을 저어해, 윤춘년을 사주해서 그 죄목을 열거해 글을 올리게 해서 죽게 하였고, 천첩을 몹시 사랑해 정처를 버리더니 필경에는 그를 독살하는 변을 빚었으며 이어 첩으로 부인을 삼았다. 첩에게서 낳은 자식들을 모두 사대부가에 혼인시켰으며 자신이 죽은 뒤에라도 이에 이의를 제기하는 자가 있을까 두려워 첩의 자식도 벼슬을 허락해야 한다는 주장을 힘써 내세워, 이를 미봉하였다. 당시의 재집宰執들이 휩쓸려 그를 따랐지만 오직 임권任權만은 처음부터 끝까지 따르지 않았다. 기타 흉악한 죄들은 머리털을 뽑아 헤아린다 해도 다 셀 수가 없다. 비록 견출譴黜이 가해졌으나 체형體刑을 면했으니, 세상 인심의 분함을 이길 수 있겠는가. - 『명종실록』, 1565년 11월 18일



명종은 친정을 펼치면서 인재를 고루 등용하며 소신 있게 정치를 하였다. 이때부터 사림의 전성기가 서서히 열리기 시작했으나 명종의 치세는 오래가지 못했다.

## 선정을 베풀지 못한 불행한 왕이었다

명종은 총명과 예지의 덕은 있었지만, 어머니 문정왕후와 외척들의 견제와 득세로 선정을 베풀지 못한 불행한 왕이었다. 특별한 정책적 잘못은 없었지만, 백성들에게 해를 끼친 왕으로 평가받았다. 잘못된 불교 정책으로 사찰이 나라의 절반을 차지할 정도였고, 사회의 부정부패와 혼란으로 임꺽정이 출현하는 등 잦은 민란으로 나라에 해를 끼치게 한 왕이었다.

## 34세 나이에 승하하다

좋은 인재를 고르게 등용해 선정을 펴보려고 노력했으나 실패하고 1567년(명종 22년) 음력 6월 28일 이질과 과도한 스트레스로 인하여 경복궁 양심당에서 34세 나이로 승하했다.

## 實錄記事 1567년 6월 28일, 축시에 경복궁 양심당에서 훙하다

대명 융경 원년 명종 대왕 22년 정묘 6월 28일 신해에 명종 대왕이 경복궁 침전에서 훙서하였다. 앞서 27일에 상의 질환이 갑자기 더하였고 한낮이 되자 더욱 위독하였는데, 그때 우의정 권철은 중국으로 사신 가고 없었고 대신으로는 영의정 이준경, 좌의정 이명, 그리고 약방 도제조 심통원 세 사람이 있을 뿐이었다. 우승지 윤두수가 옛날 송조의 문언박이 금중에 입숙했던 고사를 써서 이준경에게 보이니, 준경이 궐내에 입숙했고 밤이 깊어지자 병세는 더욱 위중하였다.



왕비 심씨가 대신인 준경과 통원을 급히 불러 침전으로 입대하게 했을 때는 상은 이미 인사불성 상태였다. 준경이 앞으로 나아가 큰 소리로 '신들이 왔습니다.'하였으나 상은 반응이 없었고, 준경이 또 사관을 시켜 두 사람 이름을 써서 올리게 하였으나 상은 역시 살피지 못하는 상태였다. 그리하여 준경이 왕비에게 아뢰기를, '일이 이미 이렇게 되었으니, 마땅히 사직의 대계를 정해야 합니다. 주상께서 고명을 못하실 입장이니, 당연히 중전께서 지휘가 있으셔야겠습니다.'하니, 왕비가 답하기를, '지난 을축년(1565년, 명종 20년) 주상으로부터 받아 둔 전지가 있으니, 모름지기 그 사람을 사군으로 정해야 할 것입니다.'하였다. 이는 을축년 9월 상의 병세가 위독했을 때 중전이 봉서 하나를 대신에게 내린 바 있었는데, 하성군 이균을 사군(사왕 : 왕위를 이어 받음)으로 한다는 내용이었다. 그러자 준경 등은 배사하며 아뢰기를, '사직의 대계는 정해졌습니다.'하였다.

새벽에 상이 승하하였다. 대신이, 도승지 이양원·동부승지 박소립, 주서 황대수 그리고 병조 판서 원혼으로 하여금 시위 장사를 영솔하고 덕흥군 사제에 가서 상을 맞아오게 하였다. 이때 대수가 양원의 띠를 붙들고 말하기를, '어느 군을 맞아올 것인지 왜 그것을 묻지 않는가?'하자, 양원은 말하기를, '이미 정해진 일인 만큼 물어볼 필요가 없다.'하였다. 대수가 말하기를, '비록 이미 정해진 일이라고 하더라도 이 일만은 그렇게 서둘러서는 안 된다.'하였는데, 대신이 하성군이라고 말하자 대수가 그것을 종이에다 써서 대신에게 들어 보인 다음 옷소매에다 넣고 나갔다. 그런데 그때는 창졸간의 일이라서 복마가 없었으므로 양원이 도보로 가려고 하였다. 그러자 대수가 말하기를, '지금 이 시기에 위의를 잃어서 보는 이의 이목을 놀라게 해서는 안 된다.'하고, 즉시 기종을 갖추어 그 사제로 갔다. 가서 보니 시위는 아직 오지 않았는데 잡인들만 들이닥치고 있었다. 양원은 어느 군을 맞으러 왔다는 것을 분명히 밝히지 않고 다만 상의 외삼촌인 정창서를 불러내어 통알할 뿐이었다. 대수가 말하기를, '이러한 대사를 그렇게 흐리멍덩하게 해서는 안 된다. 궁 안에는 3명의 왕손이 있는데, 말을 분명히 하지 않아서 될 일인가. 마땅히 세 왕손을 다 나오라고 하여 직접 확인한 다음 호위해야 할 것이다.'하였으나, 양원은 그 말을 들으려 않고 다만 창서에게, 어느 군이 장속을 하고 있느냐고 묻기만 하니, 창서가 대답하기를, '전일에 정했던 하성군이다.'하였다.
그때 상은 하동 군부인의 상을 입고 있는 중이어서 영좌에 나아가 곡으로 하직을 한 다음 백의에 오사모 차림으로 나왔다. 연을 타려 할 즈음 대수는 또 발을 걷어 올리고 자세히 확인할 것을 청하여, 양원 등이 연 앞으로 나아가 살펴본 다음 둘러서서 절을 올리고 출발하였다. 그리고 광화문으로 들어와 근정전 동쪽 뜰을 거쳐 상차에 나아갔다.



그때 잡인들 입에서는, 이번에 호종한 자들은 녹공할 것이라는 허튼 소리들이 나돌아, 조사에서 유생과 이서의 무리들까지 모두 이름을 적어 궁노에게 준 자들이 많았는데, 궁노가 그 적은 것을 대수에게 주면서 '사군의 명령이니 잘 간수하라.'고 하였다. 그러나 대수는 그것을 받지 않으면서 '사군이 지금 이 시기에 무슨 명령이 있을 것인가?'하였으나, 박소립은 그것을 받아 정원에 전달하였으므로 많은 사람들이 비난하였다. 그 후 대간은 그 적은 것을 불태워 없앨 것을 아뢰었으며, 양원 등을 탄핵하여 파직하였다.
그런데 그때 양원이 어느 군을 맞이한다고 말을 분명히 하지 않았던 것은 당시로서는 고명이 겉으로 나타나지 않은 상태였기 때문에, 혹시 뜻밖의 변이라도 생겨 맞으러 갔던 자들이 도리어 큰 화난을 당하지나 않을까 하는 염려에서였던 것이다. 이준경은 평소 중망이 있어 나라 사람들이 그를 믿고 의지하였으며 그에게 마음을 기울여 모두 하는 말들이 '이때에 이 사람이 있으니 나라가 안정될 것이다.'하였다. 사위(왕위를 이어받음)가 정해지자 인심이 그대로 안정을 유지했던 것은 다 준경이 사람들을 진정시킨 공로였던 것이다. 대수도 그 경황 속에서 확실하고 투철한 소신을 가졌기 때문에 이름이 많이 알려졌었는데, 미처 현달해지기 전에 죽고 말았다.

– 『선조수정실록』 중에서

갑작스러운 병세와 죽음으로 왕위 계승자를 미처 정하지 못했다. 영의정 이준경이 명종비 인순왕후에게 물어 생전에 정해 놓은 덕흥부원군의 셋째 아들 하성군(훗날 14대 선조)에게 왕위를 이어 가게 했다.

묘호는 명종, 시호는 공헌헌의소문광숙경효대왕, 능호는 강릉으로 명종과 인순왕후 심씨의 쌍릉으로 정자각의 왼쪽이 명종, 오른쪽이 인순왕후 능이다. 강릉은 서울 시 노원구 화랑로 681에 있다. 강릉은 중종의 세 번째 왕비 문정왕후 윤씨의 묘인 태릉 옆에 있다.

## 신의 정원, 명종 이환의 강릉으로 사진여행

강릉 정자각과 능침 전경

강릉은 조선 13대 명종과 인순왕후 심씨의 능이다. 강릉은 같은 언덕에 왕과 왕비의 봉분을 나란히 조성한 쌍릉의 형식으로 정자각 앞에서 바라보았을 때 왼쪽이 명종, 오른쪽이 인순왕후의 능이다. 전체적인 능침은 문정왕후의 태릉과 같은 형태로 조성하여, 봉분에는 병풍석과 난간석을 모두 둘렀고, 장명등, 혼유석, 망주석, 석양, 석호, 석마, 문무석인 등을 배치하였다. 능침아래에는 홍살문, 향·어로, 정자각, 비각이 있고, 정자각 왼편에는 둥근 어정御井이 있다. 어정이란 왕이 마실 물을 위해 판 우물을 말한다. 광릉, 숭릉 등지에서도 볼 수 있다. 명종은 모후 문정왕후의 3년 상을 마친 후 며칠이 지난 1567년(명종 22년)에 세상을 떠나, 태릉 동쪽 언덕에 먼저 능을 조성하였다. 그 후 1575년(선조 8년)에 인순왕후 심씨가 세상을 떠나자 명종의 강릉 좌측에 쌍릉으로 능을 조성하였다.

명종의 어머니 문정왕후의 태릉

명종이 12살의 나이에 왕위에 오른 탓에 모후인 문정왕후의 수렴청정을 받았고, 수렴청정 기간 중에 을사사화, 양재역 벽서사건 등을 계기로 윤원형을 비롯한 외척과 소윤이 정권을 장악하게 되었다. 이에 따라 왕권은 실추되고 외척 일족의 수탈로 민생이 피폐하여 사회가 불안하였으며, 거듭되는 흉년으로 민심이 흉흉해졌다. 이런 상황에 임꺽정의 난이 일어나기도 하였다. 1553년(명종 8)에 친정 선포 후, 외척을 견제하고 인재를 고르게 등용하여 선정을 펴보려 하였으나, 소윤과 문정왕후의 권세에 눌려 뜻을 펴보지 못하였다. 1563년(명종 18년)에 외아들 순회세자의 급서와 1565년(명종 20년)에 문정왕후의 장례를 치른 후 1567년(명종 22년)에 경복궁 양심당에서 34세로 세상을 떠났다.

제14대 **선조 이연**

# 조선 최대의 전란, 임진왜란을 겪은 왕

| 생애 | 1552년~1608년 | 재위 기간 | 1567년~1608년 |
|---|---|---|---|
| 본관 | 전주 | 휘(이름) | 연 |
| 묘호 | 선조 | 능호 | 목릉 |

**선조의 가계도**

부부 ——— 남자
자녀 ······ 여자

덕흥대원군 — 하동부대부인 정씨

선조 (제14대)
부인 : 8명
자녀 : 14남 11녀

의인왕후 박씨

인목왕후 김씨
- 영창대군
- 정명공주

공빈 김씨
- 임해군
- 광해군 (제15대)

인빈 김씨
- 의안군
- 신성군
- 원종
- 의창군

순빈 김씨
- 순화군

〈선조 이연 어진〉

## 총서

상은 덕흥군의 셋째 아들로서 어려서부터 바탕이 아름다웠고 겉모습도 청수하여, 대행왕이 순회 세자順懷世子를 잃은 뒤 여러 조카들 중에서 골라 마음으로 정해둔 지 이미 오래였다. 을축년 여름 대행왕이 병석에 들었을 때, 대신들의 건저建儲의 논의에 따라 왕비와 함께 비밀리에 결정한 것으로서, 대신들만은 그 사실을 알고 있었다. 비록 명호明號를 정하지는 않았지만 별도로 한윤명·정지연 등을 사부師傅로 선정하여 가르치기도 하고 또 자주 불러들여 학업을 시험해 보기도 하였다. 그리고 그가 나와 뵈올 때마다 대행왕은 감탄하며 '덕흥德興은 참 복이 있는 사람이야.' 하곤 하였다.

상은 독서를 매우 정밀히 하여 때로는 남이 미처 생각하지 못했던 것을 질문하기도 하는 바람에 사부들이 혹 대답을 못하는 경우도 있었다. 급기야 들어와 대통을 잇게 되었는데, 그때 나이가 16세였다. 어휘御諱를 연昖으로 고쳤다.

## 명종의 후사가 없어 바로 왕의 대를 잇다

조선 제14대 왕 선조는 덕흥대원군 이초의 셋째 아들로 1567년 명종이 후사 없이 죽자 즉위하였다. 선조는 사림을 널리 등용하고 유학 경서와 저술을 간행하였고, 재위 기간 동안 동서, 남북 등 붕당[238]이 분열되고, 임진왜란이 일어나 국가가 크게 흔들렸어요. 백성들이 전쟁에서 활약하고, 전쟁으로 많은 문서가 소실되어 다시 갖추기 위해 다양한 제도를 마련하면서 신분제도도 시작했어요. 임진왜란 때 보여 준 국왕답지 못한 행적 때문에 지금도 많은 비판을 받고 있다.

---

238) **붕당**朋黨 : 붕당이란 붕朋과 당黨의 합성어로서, 붕은 같은 스승 밑에서 동문수학하던 무리(벗)를 말하며, 당은 이해관계를 중심으로 모인 집단을 지칭한다. 조선 중기 학문과 정치가 결합된 상황에서 붕당은 학통의 차이와 정치적 입지에 따라 정치 세력 결집에 중요하게 작용하였다. 지방에서 성장한 사림파는 15세기 말부터 중앙에 진출하기 시작해 기득권층인 훈구파의 심한 탄압을 이겨 내고, 16세기 중엽 선조 즉위 뒤 중앙 정계를 장악했다. 이후 사림파는 서인과 동인으로 분파되었다. 동인과 서인은 초반 반대당의 존재와 상호 비판을 보장하여야 한다는 정치 방법론을 성립시키기도 했으나, 점차 가열되어 자기 당의 절대성과 반대당 축출을 정당화하는 방향으로 나아가 붕당론은 경직되어 갔다.

하성군(선조의 즉위전 작호)이 왕위를 물려받게 된 경위를 실록의 기록은 다음과 같다.

왕비 심씨가 대신인 이준경과 심통원을 급히 불러 침전으로 입대[239)]하게 했을 때 상은 이미 인사불성 상태였습니다. 준경이 앞으로 나아가 큰 소리로 "신들이 왔습니다." 했으나 상은 반응이 없었고, 준경이 또 사관을 시켜 두 사람의 이름을 써서 올리게 했으나 상은 역시 살피지 못하는 상태였다. 그리하여 준경이 왕비에게 아뢰기를 "일이 이미 이렇게 되었으니, 마땅히 사직의 대계를 정해야 합니다. 주상께서 고명을 못하실 입장이니, 당연히 중전께서 지휘가 있으셔야겠습니다."하니, 왕비가 답하기를 "지난 을축년(1565년) 주상으로부터 받아 둔 전지가 있으니, 모름지기 그 사람을 사군[240)]으로 정해야 할 것입니다." 했다. 이는 을축년 9월 상(임금)의 병세가 위독했을 때 중전이 봉서[241)] 하나를 대신에게 내린 바 있었는데, 하성군 이균을 사군으로 한다는 내용이었다. 그러자 준경 등은 배사[242)]하며 아뢰기를 "사직의 대계는 정해졌습니다." 했다.

–『선조수정실록』 권 1

## 16세 나이에 왕이 되다

선조는 1552년(명종 7년) 중종의 서자 덕흥군과 정세호의 딸 하동부대부인 정씨 사이에서 셋째 아들로 태어났어요. 휘는 연, 즉위 전의 작위는 하성군이었다. 1567년(명종 22년) 6월 명종이 후사 없이 죽자, 인순왕후의 지목으로 왕위를 받았어요. 선조가 왕위에 오를 때 덕흥군은 이미 죽고 없었으며, 후에 덕흥대원군의 시호를 받았다.

후사가 없었던 명종은 일찍이 덕흥군의 세 아들을 비롯한 여러 왕손을 궁중

239) **입대**入對 : 임금 앞에 나아가 자문에 응하던 일.

240) **사군**嗣君 : 왕위를 이은 임금.

241) **봉서**封書 : 임금이 종친·근신에게 사적으로 내리던 편지.

242) **배사**拜賜 : 웃어른께 삼가 사례함.

으로 불러들여 가르쳤는데, 하성군의 될성부름을 일찍이 알아보았어요. 명종은 죽기 전에 공식적으로 지명하지는 않았지만, 하성군을 내심 후계자감으로 생각하고 있었다. 선조는 조선에서 왕의 적자나 적손이 아닌 계통에서 왕위를 이은 조선 최초의 서자 출신 왕이다.

선조는 왕위에 오를 당시 16세였다. 친부 덕흥대원군은 이미 죽고 없었고, 친모 하동부대부인 정씨도 선조가 왕위에 오르기 직전에 죽었다. 선조는 세자를 거치지 않고 왕으로 즉위했기 때문에 즉위 초반에는 명종비 인순왕후의 수렴청정과 원상들의 도움으로 국사를 돌보았고 17세가 된 이듬해부터 친정을 시작했다.



선조는 1569년(선조 2년) 박응순의 딸을 왕비로 맞이했고 의인왕후로 책봉되었다. 의인왕후는 몸이 약하고 자식도 낳지 못하고 일찍 죽었다. 선조는 의인왕후가 죽은 지 2년 뒤 1602년(선조 34년) 김제남의 딸을 계비로 맞아들였다. 계비 인목왕후는 영창대군[243]과 정명공주를 낳았다. 서자 광해군[244]이 세자로 있을 때 적자 영창대군이 태어나자 조정에는 왕위 계승을 둘러싼 갈등이 불거졌다. 선조의 아들 중 유일한 정비 소생으로 왕의 특별한 총애를 받았다. 선조에게는

---

243) **영창대군**永昌大君 : 영창대군은 선조의 적자이자 광해군의 이복동생이며 어머니는 선조의 계비 인목왕후이다. 광해군 재위 시에 그를 왕으로 추대하려한다는 무고에 연루되면서 유배지에서 살해되었다. 선조가 임진왜란 중에 세자로 책봉한 광해군은 적자도 장자도 아니었고, 명나라의 책봉도 받지 못했다는 명분상의 약점이 있었다. 영창대군이 태어나자 유영경 등의 외척과 소북 세력이 영창대군을 세자로 다시 책봉하려 했으나, 선조의 갑작스런 죽음으로 무산되었다. 선조는 임종 전에 유영경, 한홍인 등의 7대신에게 영창대군을 돌봐줄 것을 부탁했다. 1613년(광해군 5년) 이이첨의 사주를 받은 박응서가 7대신들이 영창대군을 옹립하려 했다고 무고했다. 이 일로 7대신 등이 처벌되었으며, 대군은 서인으로 강등되어 강화도에 유배되었다가 이듬해 강화부사에 의해 살해되었다.

244) **광해군**光海君 : 조선 제 15대 왕으로 대동법과 호패법을 시행하고 실리적 외교 정책을 폈다. 선조의 차남이자 서자로 이름은 혼으로 임진왜란이 발발해 위급한 상황에서 세자가 되었고 환란 중 선조를 대신해 정무를 보았으며 전후 대북파의 지지를 받아 왕위에 올랐다. 방납의 폐단을 없애기 위해 대동법을 시행하고 공정한 세금을 물리기 위해 양전와 호패법을 시행하는 등 혁신적인 정치를 폈으나 실효를 거두지는 못했다. 후금이 강성해지자 명과 후금 사이에서 균형 잡힌 실리 외교정책을 펼쳤지만 정책에 불만을 품은 서인 무리들이 반정을 일으켜 폐위되었다.

적자와 서자를 합해 총 14명의 아들이 있었는데, 그중 영창대군은 선조가 55세 때 얻은 유일한 적자이다. 이 때문에 영의정인 소북의 류영경 등은 한때 영창대군을 왕세자로 추대하려 했고, 이는 광해군 집권 후에 그가 억울하게 처형당하는 원인이 되었다.

이황



선조는 임진왜란이 일어나자 권정례[245]로 공빈 김씨의 소생 광해군을 세자로 책봉하였다. 그러나 그 뒤 정비의 소생인 영창대군이 태어나자, 선조는 세자를 바꾸려는 생각을 가지게 된다.

## 사림 일파가 정계를 주도하다

선조가 즉위할 무렵에 성종 때부터 중앙정치에 진출하기 시작한 사림 일파가 정계를 주도할 만큼 성장했다. 선조는 주자학을 장려하고 사림 일파를 널리 등용했으며, 스스로 학문에 힘써 강연에서 이황[246]·이이[247]·성혼[248] 등 대유학자들과 경서와 사기를 토론했다.

이이

245) **권정례**權停例 : 절차를 다 밟지 아니하고 거행하는 의식.

246) **이황**李滉 : 조선 중기 주자성리학을 심화, 발전시킨 조선의 유학자이다. 자는 경호, 호는 퇴계, 퇴도, 도수이며 1548년 단양군수, 풍기군수를 지내다가 이듬해 병을 얻어 퇴계의 서쪽에 한서암을 짓고 공부했다. 1560년 도산서당을 짓고 독서, 수양에 전념하면서 많은 제자를 길렀다. 선조에게 『성학십도』를 저술해 바쳤다. 이듬해 낙향했다가 70세의 나이로 죽었다.

247) **이이**李珥 : 신사임당의 아들로 조선 중기 이황과 더불어 으뜸가는 학자로 추앙받은 학자로 호는 율곡, 석담, 우재이며 어려서 어머니인 사임당 신씨의 가르침을 받았고, 명종 3년 13세의 나이로 진사시에 합격했다. 23세 되던 해에 도산으로 가서 당시 58세였던 이황을 방문했다. 1583년 당쟁을 조장한다는 동인의 탄핵으로 사직했다가 다시 판돈녕부사와 이조판서에 임명됐다. 이듬해 49세를 나이로 죽었다.

248) **성혼**成渾 : 해동십팔현의 한 사람으로, 이황의 주리론과 이이의 주기론을 종합해 절충파의 비조가 되었다. 20세에 한 살 아래의 이이와 도의의 벗이 되었으며, 1568년에는 이황을 만났다. 1594년 일본과의 강화를 주장하던 유성룡·이정암을 옹호하다가 선조의 노여움을 사고 낙향했다.

성혼



기묘사화 때 화를 당한 조광조를 비롯한 사림 일파를 복권하고 을사사화로 귀양 간 노수신·유희춘 등을 석방하여 기용했다. 남곤·윤원형 등 공신 세력의 관직을 박탈하여

현량과[249])를 다시 설치하고, 유능한 인재를 추천하여 조식·성운 등을 등용했다. 유교 사상 확립을 위해 1575년 『주자대전』의 교정본을 간행하고 1585년에는 교정청[250])을 설치해 경서의 훈해(새겨 읽음과 뜻을 설명)를 교정하게 했다. 1588년 사서삼경의 『음석언해』를 완성하고 『소학언해』를 간행했다.

조선 초부터 명나라와 외교 문제가 있던, 명나라의 『태조실록』·『대명회전』 등에 이성계가 고려의 권신 이인임의 아들과 4명의 왕을 살해했다고 기술되어 있는 것을 고치기 위해 주청사[251])를 거듭 파견했다. 1584년 황정욱이 재출간한 『대명회전』의 수정된 조선 관계 기록의 사본을 가져옴으로써 이성계의 조선 건국 역사를 수정하는 목적을 달성했고, 1589년 성절사 윤근수가 수정된 『대명회전』 책을 받아와서 문제를 해결했다.

## 동인과 서인의 대립이 심화되다

선조의 즉위를 계기로 정국의 주도권을 장악한 사림 일파는 왕족의 정치에서 성장한 구세력의 제거를 둘러싸고 선배 일파와 후배 일파가 대립하였다. 선배 일파는 소윤 세력이 우세하던 상황에서 심의겸[252])의 도움으로 정계에 진출한

249) **현량과**賢良科 : 중종 때 경학에 밝고 덕행이 높은 사람을 뽑던 과거.

250) **교정청**校正廳 : 서적을 편찬할 때 교정·보완을 위하여 임시로 설치한 관아.

251) **주청사**奏請使 : 동지사 이외의 중국에 청할 일이 있을 때 보내던 사신.

252) **심의겸**沈義謙 : 이조정랑 오건이 물러나면서 후임으로 신진사류들로부터 추앙을 받고 있던 김효원을 천거하자, 심의겸은 그가 일찍이 윤원형의 집에 기거하면서 아부했다고 하여 임명을 반대했다. 결국 1574년 김효원이 이조정랑이 되었는데 1575년 심의겸의 아우 충겸이 이조정랑에 천

인물들로서 심의겸이 왕족이지만 사림의 동조자로 받아들인 데 반해, 소윤 세력의 몰락 이후에 정계에 진출한 후배 일파들은 심의겸을 포함한 구세력의 제거를 주장했다. 1575년 선배 일파는 심의겸을 중심으로 서인, 후배 일파는 김효원을 중심으로 동인이 되었다. 서인의 주요 인물은 박순[253]·정철[254]·윤두수[255] 등이고, 동인의 주요 인물은 유성룡[256]·이산해[257] 등으로 각각 이이와 이황의 학문에 영향을 받아 학풍·학연을 배경으로 대립을 했다.

박순

1589년 정여립[258]의 역모 사건을 계기로 일어난 기축옥사를 통해 서인 세력

거되자 이번에는 거꾸로 김효원이 반대했다. 심의겸의 집이 서쪽에 있었던 까닭에 심의겸파를 서인으로 불렀으며, 김효원의 집은 동쪽에 있었으므로 김효원파를 동인이라고 했다.

253) **박순**朴淳 : 중종실록을 마무리할 정도의 학자이자 관료였던 부친에게 14세까지 배웠고, 15세에 서경덕의 문인으로 들어가 수학하며, 책과 실제를 병행하는 학풍으로 평생을 살았다.

254) **정철**鄭澈 : 조선시대 윤선도·박인로와 함께 3대 시인으로 꼽힌다. 1589년 정여립의 모반사건이 일어나자 우의정으로서 최영경의 옥사를 다스렸다. 이후 정적의 논계가 빗발쳐 파직된 뒤 유배 생활을 하다 임진왜란이 일어난 뒤 풀려났다. 58세의 나이로 죽었다

255) **윤두수**尹斗壽 : 1592년 임진왜란이 일어나자 선조와 함께 피난길에 올라 어영대장·우의정을 거쳐 평양에서 좌의정에 올랐다. 평양에 있을 때 명나라에 대한 원병 요청을 반대하고 평양성의 사수를 주장했으며, 함흥피난론을 물리치고 의주행을 주장하여 이를 관철시킴으로써 함흥이 함락된 뒤에도 선조가 무사하게 했다.

256) **유성룡**柳成龍 : 임진왜란 초기 선조의 피난길을 수행했고, 왜군을 물리치는데 공헌한 조선의 문인으로 의주에서 병력을 모으고, 명군과 함께 평양성을 수복하는 등 조정을 이끌며, 이순신이 탄핵받았을 때 다시 천거했다.

257) **이산해**李山海 : 이색의 7대손으로, 작은아버지인 지함에게 학문을 배웠다. 1590년 영의정이 된 뒤 이듬해 아들 경전을 시켜 정철을 탄핵하게 하여 유배시키는 등 동인의 집권을 확고히 했다. 1592년 왜적이 침입하도록 했다는 탄핵을 받아 평해에 유배되었다가 1595년 영돈녕부사로 복직되었다. 이후 대북파의 영수로서 1599년 영의정에 올랐으나 이듬해 파직되었다. 김시습의 문집 서문을 썼으며, 평해 유배 시절에는 수많은 시문을 지었다.

이산해

은 동인 세력을 제거하고 권력을 장악했다. 1591년 세자 책봉 문제로 정철이 파면되면서 동인이 집권하게 되었으나, 정철의 처벌을 둘러싸고 온건파는 남인, 강경파는 북인으로 다시 나누어졌다.

윤두수

선조 시대의 정국은 유성룡을 중심으로 남인 세력이 주도권을 행사하면서 이항복[259] 등의 중도적인 서인 세력을 포섭하며 정치를 했다.



## 서인이 동인을 몰아내고 정권을 잡다

동서분당 이후 한동안은 동인이 득세했다. 서인으로 분류되기는 했지만 양당의 분열을 막기 위해 중재자의 역할을 했던 이이가 죽은 후 서인이 조정에 들어가는 일이 더욱 어려워졌다. 동인과 서인의 처지를 역전시키는 일이 일어났어요. 정여립의 난과 이것으로 인해 촉발된 기축옥사였다.

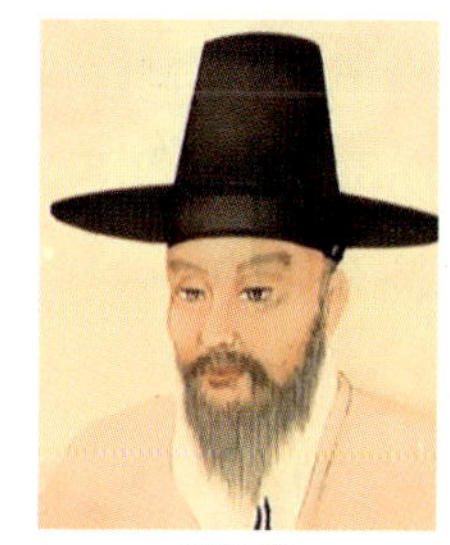
정여립

정여립은 이이의 문인으로 서인이었다. 정여립은 박학다식하고 언변이 뛰어났으며, 노수신의 천거로 조정에 발탁되기도 했다. 이이가 죽고 난 뒤 동인으로 전향하고 이이를 깎아내리는 데 앞장섰다. 선조는 정여립의 태도를 못마땅하게 여겼다. 이발 등이 계속해서 정여립을 천거했으나 선조는 기용하지 않았

258) **정여립**鄭汝立 : '천하는 일정한 주인이 따로 없다'는 천하공물설과 '누구라도 임금으로 섬길 수 있다'는 하사비군론 등 왕권 체제하에서 용납될 수 없는 혁신적인 사상을 품었다.

259) **이항복**李恒福 : 1583년 대제학 이이의 천거로 이덕형과 함께 사가독서를 했으며, 1592년 임진왜란이 일어나자 도승지로 선조를 의주까지 호위해 오성군에 봉해졌으며, 두 왕자를 평양까지 호위해 형조판서에 특진했고 오위도총부도총관을 겸했다. 5차례에 걸쳐 병조판서를 지내면서 군을 정비했다. 1617년 인목대비 폐모론에 반대하다가 1618년 관직이 삭탈되고 함경도 북청에 유배되어 그곳에서 죽었다.

유성룡

고, 정여립은 고향에서 정여립은 대동계[260]를 조직해 활동하면서 무사, 승려, 노비 등 신분의 제약 없이 사람들을 모아 보름에 한 번씩 군사훈련을 했다. 대동계의 세력은 점차 확장되어 1587년(선조 20년) 왜구가 전라도 손죽도를 침범했을 때 관청에 지원군을 보내 줄 정도의 규모로 성장했다. 정여립은 이때부터 쿠데타를 일으키려고 계획을 세웠다.

이항복

정여립의 쿠데타는 1589년(선조 22년) 10월 황해도 관찰사 한준, 재령군수 박충간, 안악군수 이축, 신천군수 한응인 등의 고발로 만천하에 드러났다. 정여립은 아들 옥남과 함께 근거지 죽도로 도망갔다가 그곳에서 자살했다. 선조는 서인 일파의 정철을 조사관에 임명하고 관련자를 색출했다. 수많은 사람이 정여립의 쿠데타와 관련되었다는 명목으로 처벌되었는데, 화를 입은 사람 대부분 동인이었다. 이것이 기축옥사이다. 서인은 기축옥사를 통해 조정에서 동인 세력을 몰아내고 여러 요직을 차지했다. 동인 세력이 완전히 몰락한 것은 아니었다. 동인은 임진왜란 후 다시 분열할 때까지 정권의 실세로 남아 있었다.

기축옥사를 통해 선조의 국정 운영에 비판적인 이발 외 다수가 숙청되었다. 선조는 동인과 서인의 권력 다툼을 이용해 마음에 들지 않는 인사들을 제거했다.

## 임진왜란이 발발하자 선조가 피난가다

대내적으로 붕당 간의 권력 쟁탈전이 치열하게 전개되고 있을 때 대외적으로 여진족과 일본의 외침이 있었다.

1583년 니탕개를 중심으로 회령지방에 살던 여진족이 반란을 일으켜 경원

---

260) **대동계**大同契 : 정여립이 쿠데타를 꾀할 때 만든 단체.

허성(상상화)



부[261])가 함락되자, 경기감사 정언신[262])을 도순찰사로 하여 군대를 출동시켜 진압했다. 1587년 니탕개가 이끄는 여진족이 대거 침입하자 조산만호 이순신과 경흥부사 이경록이 격퇴했으며, 이듬해 북병사 이일이 두만강 건너에 있는 여진족 근거지를 소탕했다.

1590년(선조 23년) 3월 6일 선조는 통신사 황윤길[263]), 부사 김성일[264]), 서장관 허성[265]) 등으로 구성된 통신사 일행을 일본에 보냈다. 일본의 조선 침략 의도를 파악하기 위해서였죠. 16세기 후반, 일본에서는 도요토

261) **경원부**慶源府 : 함경도 북부 지방의 행정과 군사 중심지.

262) **정언신**鄭彦信 : 1582년(선조 16년) 니탕개가 쳐들어오자 우참찬으로 함경도도순찰사에 임명되어 막하로 이순신·신립·김시민·이억기 등 뛰어난 명장들을 거느리고 적을 격퇴하였다. 1589년 우의정이 되어 정여립의 모반 후 그 잔당에 대한 옥사를 다스리고는 위관에 임명되었다. 정여립의 일파로 모함을 받아 남해에 유배되었다가 투옥되었다. 사사의 하교가 있었으나 감형되어 갑산에 유배, 그곳에서 죽었다.

263) **황윤길**黃允吉 : 선조 23년 통신사의 정사로 선임돼 일본으로 건너가 도요토미 히데요시를 만났는데, 이때 도요토미 히데요시의 태도가 불량하고 거만한 것을 보고 귀국해 선조에게 장차 일본이 침략할 것이라고 보고했다. 하지만 함께 갔던 부사 김성일이 상반된 주장을 펼치며 민심을 동요시킨다고 모함해 의견이 받아들여지지 않았다. 이후 임진왜란이 일어났다.

264) **김성일**金誠一 : 1590년 통신부사가 되어 정사 황윤길과 함께 일본에 건너가 실정을 살피고 이듬해 돌아왔다. 이때 서인인 황윤길은 일본의 침략을 경고했으나, 동인인 그는 일본의 침략 우려가 없다고 보고하여 당시의 동인 정권은 그의 견해를 채택했다. 1592년 임진왜란이 일어나자, 잘못 보고한 책임으로 처벌이 논의되었으나 동인인 유성룡의 변호로 경상우도초유사에 임명되었다. 그 뒤 경상우도관찰사 겸 순찰사를 역임하다 진주에서 병으로 죽었다.

265) **허성**許筬 : 아버지는 동지중추주사 허엽이다. 동생이 허봉·허균·허난설헌으로 모두 시와 문장으로 이름이 높았다. 유성룡·김명원·우성전 등과 함께 이황의 학통에 가까운 남인에 속했다. 학식과 덕망으로 사림의 존경을 받았고 글씨에도 뛰어났다. 도요토미 히데요시가 일본을 통일한 1590년에는 왜의 동태를 살피기 위해 조선통신사가 결성되었는데, 1589년 11월 18일 정탁을 사은사로 차출하고, 황윤길을 정사, 김성일을 부사로 허성을 서장관으로 차출하여, 이듬해 1590년 3월 6일 대마도로 출발하였다. 1591년 1월 28일 일본에서 귀국한 허성은 귀국하자마자 탄핵을 당하여 바로 동래부에 수감되어 의금부로 압송된다. 한편 임진왜란 때는 의병을 일으켜 왜적과 싸운 공로로 1604년(선조 37년) 동생 허균과 함께 선무원종공신 1등에 녹훈되었다. 또한 임진왜란 당시 광해군을 수행한 공로로 1614년(광해군 6년) 8월 27일 위성원종공신 1등에 책록되었다.

미 히데요시(풍신수길)가 전국 시대의 혼란을 수습하고 일본 열도를 통일을 달성한 도요토미 히데요시는 국내의 무사들을 모아 대륙 출병의 야욕을 불태웠다. 통일 후의 불평 세력을 소모시키고 차제에 일본의 국제적인 위상을 높이기 위해서였다.

도요토미 히데요시



이듬해 3월 조선을 떠난 지 1년 만에 통신사 일행이 돌아왔어요. 그런데 황윤길과 김성일이 조정에 보고한 내용은 딴판 달랐어요. 황윤길은 "필시 병화[266](전쟁으로 화를 입는 것)가 있을 것"이라고 했으나 김성일은 "그러한 정상은 발견하지 못했다."며 황윤길의 말을 부정했어요. 도요토미 히데요시가 어떻게 생겼는지 묻는 선조의 질문에도 황윤길은 "눈빛이 반짝반짝해 담과 지략이 있는 사람인 듯했습니다."라고 한 반면 김성일은 "그의 눈은 쥐와 같으니 족히 두려워할 위인이 못 됩니다."라고 말했어요. 황윤길은 서인이고 김성일은 동인이었지요. 그러나 당파가 다르다고 같은 곳에서 같은 것을 보고 온 소감이 이렇게 다를 수 있는 것일까? 실록에는 그 이유가 다음과 같이 기록되어 있다.

### 實錄記事 1591년 3월 1일, 통신사 황윤길 등이 왜 사신 평조신 등과 돌아오다

통신사 황윤길 등이 일본에서 돌아왔는데 왜사倭使 평조신 등과 함께 왔다.

당초 윤길 등이 지난 해 4월 바다를 건너 대마도에 도착하였는데, 일본은 당연히 영접사를 파견해서 사신 일행을 인도하여야 하는데도 그렇게 하지 않았다. 이에 김성일은 그들의 거만함을 받아들일 수 없다고 의논하고 1개월을 지체한 뒤에야 출발하였다. 일기도一岐島와 박다주博多州·장문주長門州·낭고야郎古耶를 거쳐 계빈주界濱州에 당도했을 때에야 도왜導倭의 영접을 받았다. 왜인은 일부러 길을 돌아 몇 달을 지체하고서야 국도國都에 도착하였다.

사신 일행이 대마도에 있을 때 도주島主 평의지가 국본사에서 사신들에게 연회를 베풀고자 하였는데, 국본사는 산 위에 있었다. 사신들이 먼저 가 있는데 의지가 가마를 탄 채 문을 들어와 뜰 아래에까지 와서 내리자 성일이 그의 무례함에 노하여 즉시 일어나 방으

266) **필시병화**必是兵禍 : 전쟁으로 화를 입는 것.

로 들어가니, 허성 이하도 따라서 일어났으나 윤길은 그대로 앉아서 잔치에 임하였다. 성일이 병을 핑계로 나오지 않자 다음날 의지가 그 까닭을 듣고서 미리 알리지 않았다고 하여 시중을 든 왜인의 머리를 베어가지고 와서 사죄하였다. 이런 일이 있은 이후로 왜인들이 성일을 경탄하여 보이기만 하면 말에서 내려 더욱 더 깍듯이 예를 지켜 대접하였다. 그들의 국도 대판성에 도착해서는 큰 절에 숙소를 정하였는데, 마침 평수길이 산동으로 출병하였다가 몇달 만에 돌아온데다 또 궁실을 수리한다는 핑계로 즉시 국서를 받지 않아 5개월을 지체한 뒤에야 명을 전하였다.



그들 나라에서는 천황이 제일 높아 수길 이하가 모두 신하로 섬기지만, 국사는 모두 관백이 통괄하였고 천황은 형식적인 지위만 가지고 있었다. 그러나 깍듯한 예절로 받들고 의장도 특별하여 부처를 받들 듯이 하였다. 관백이라고 한 것은 곽광전에 '모든 일을 먼저 보고받는다'고 한 말에서 인용한 것이다. 때문에 수길를 대장군이라 부르고 왕이라 부르지 못하는데, 이는 본래 천황을 국왕전이라고 하였기 때문이다.

우리의 사신을 접대함에 있어서 가마를 타고 궁문을 들어가도록 허락하고 가각[267]을 울려 선도하였으며 당堂 위에 올라가 예를 행하도록 하였다.

수길의 용모는 왜소하고 못생겼으며 얼굴은 검고 주름져 원숭이 형상이었다. 눈은 쑥 들어갔으나 동자가 빛나 사람을 쏘아보았는데, 사모紗帽와 흑포黑袍 차림으로 방석을 포개어 앉고 신하 몇 명이 배열해 모시었다. 사신이 좌석으로 나아가니, 연회의 도구는 배설하지 않고 앞에다 탁자 하나를 놓고 그 위에 떡 한 접시를 놓았으며 옹기사발로 술을 치는데 술도 탁주였다. 세 순배를 돌리고 끝내었는데 수작酬酢하고 읍배揖拜하는 예는 없었다. 얼마 후 수길이 안으로 들어갔는데 자리에 있는 자들은 움직이지 않았다. 잠시 후 편복차림으로 어린 아기를 안고 나와서 당상에서 서성거리더니 밖으로 나가 우리나라의 악공을 불러서 여러 음악을 성대하게 연주하도록 하여 듣는데, 어린 아이가 옷에다 오줌을 누었다. 수길이 웃으면서 시자侍者를 부르니 왜녀 한 명이 대답하며 나와 그 아이를 받았고 수길은 다른 옷으로 갈아 입는데, 모두 태연자약하여 방약무인한 행동이었으며, 사신 일행이 사례하고 나온 뒤에는 다시 만나지 못하였다.

상사上使와 부사副使에게 각기 은 4백 냥을 주고 서장관 이하는 차등을 두어 주었다. 사신이 돌아가게 해줄 것을 재촉하자 수길은 답서를 즉시 재결하지 않고 먼저 가도록 요구하였다. 이에 성일이 '우리는 사신으로서 국서를 받들고 왔는데 만일 답서가 없다면 이는 왕명을 천하게 버린 것과 마찬가지이다.' 하고, 물러나오려 하지 않자 윤길 등이 붙들려 있게

267) **가각**笳角 : 갈대로 만든 피리.

될까 두려워하여서 마침내 나와 계빈에서 기다리고 있으니 비로소 답서가 왔다. 그런데 말투가 거칠고 거만해서 우리 측에서 바라는 내용이 아니었다. 성일은 그 답서를 받지 않고 여러 차례 고치도록 요구한 뒤에야 받았다. 지나오는 길목의 여러 왜진에서 왜장들이 주는 물건들을 성일만은 물리치고 받지 않았다.

*윤길은 아뢰기를,*
*"눈빛이 반짝반짝하여 담과 지략이 있는 사람인 듯하였습니다."*
*성일은 아뢰기를,*
*"그의 눈은 쥐와 같으니 족히 두려워할 위인이 못 됩니다."*



부산으로 돌아와 정박하자 윤길은 그간의 실정과 형세를 치계하면서 '필시 병화가 있을 것이다.'고 하였다. 복명한 뒤에 상이 인견하고 하문하니, 윤길은, 전일의 치계 내용과 같은 의견을 아뢰었고, 성일은 아뢰기를,

"그러한 정상은 발견하지 못하였는데 윤길이 장황하게 아뢰어 인심이 동요되게 하니 사의에 매우 어긋납니다."

상이 하문하기를,

"수길이 어떻게 생겼던가?"

윤길은 아뢰기를,

"눈빛이 반짝반짝하여 담과 지략이 있는 사람인 듯하였습니다."

성일은 아뢰기를,

"그의 눈은 쥐와 같으니 족히 두려워할 위인이 못됩니다."

하였는데, 이는 성일이, 일본에 갔을 때 윤길 등이 겁에 질려 체모를 잃은 것에 분개하여 말마다 이렇게 서로 다르게 한 것이었다. 당시 조헌이 화의和議를 극력 공격하면서 왜적이 기필코 나올 것이라고 주장하였기 때문에 대체로 윤길의 말을 주장하는 이들에 대해서 모두가 '서인들이 세력을 잃었기 때문에 인심을 요란시키는 것이다.'고 하면서 구별하여 배척하였으므로 조정에서 감히 말을 하지 못하였다.

유성룡이 성일에게 말하기를,

"그대가 황의 말과 고의로 다르게 말하는데, 만일 병화가 있게 되면 어떻게 하려고 그러시오?"

성일이 말하기를,

"나도 어찌 왜적이 나오지 않을 것이라고 단정하겠습니까. 다만 온 나라가 놀라고 의혹될까 두려워 그것을 풀어주려 그런 것입니다."

– 『선조수정실록』, 1591년 3월 1일

實錄記事 1591년 3월 1일, 김성일이 왜인의 답서가 거만하다 하여 현소에게 항의하다

왜인의 답서에,

"일본국 관백은 조선 국왕 합하에게 바칩니다. 보내신 글은 향불을 피우고 재삼 되풀이하여 읽었습니다.

우리나라 60여 주는 근래 제국이 분리되어 나라의 기강을 어지럽히고 대대로 내려오는 예의를 저버리고서 조정의 정사를 따르지 않기 때문에 내가 분격을 견디지 못하여 3~4년 사이에 반신叛臣과 적도賊徒를 토벌하여 먼 섬들까지 모두 장악하였습니다.

삼가 나의 사적을 살펴보건대 비루한 소신이지만, 일찍이 나를 잉태할 때에 자모慈母가 해가 품 속으로 들어오는 꿈을 꾸었는데, 상사相士가 '햇빛은 비치지 않는 데가 없으니 커서 필시 팔방에 어진 명성을 드날리고 사해에 용맹스런 이름을 떨칠 것이 분명하다.' 하였는데, 이토록 기이한 징조를 인하여 나에게 적심敵心을 가진 자는 자연 기세가 꺾여 멸망하는지라, 싸움엔 반드시 이기고 공격하면 반드시 빼앗았습니다. 이제 천하를 평정한 뒤로 백성을 어루만져 기르고 외로운 자들을 불쌍히 여겨 위로하여 백성들이 부유하고 재물이 풍족하므로 토공土貢이 전보다 만 배나 늘었으니, 본조가 개벽한 이래로 조정의 성대함과 수도首都의 장관壯觀이 오늘날보다 더한 적이 없었습니다.

사람의 한평생이 백년을 넘지 못하는데 어찌 답답하게 이곳에만 오래도록 있을 수 있겠습니까. 국가가 멀고 산하가 막혀 있음도 관계없이 한 번 뛰어서 곧바로 대명국에 들어가 우리나라의 풍속을 4백여 주에 바꾸어 놓고 제도帝都의 정화政化를 억만년토록 시행하고자 하는 것이 나의 마음입니다. 귀국이 선구先驅가 되어 입조入朝한다면 원려遠慮가 있음으로 해서 근우近憂가 없게 되는 것이 아니겠습니까. 먼 지방 작은 섬도 늦게 입조하는 무리는 허용하지 않을 것입니다. 내가 대명에 들어가는 날 사졸을 거느리고 군영에 임한다면 더욱 이웃으로서의 맹약을 굳게 할 것입니다.

나의 소원은 삼국에 아름다운 명성을 떨치고자 하는 것일 뿐입니다. 방물은 목록대로 받았습니다. 그리고 국정을 관장하는 무리는 전일의 사람들을 다 바꾸었으니 [관속官屬을 바꾸어 전의 호칭이 아니었기 때문이다.] 불러서 나누어 주겠습니다. 나머지는 별지에 있습니다. 몸을 진중히 하고 아끼십시오. 이만 줄입니다."

하고, 끝에 '천정 18년 경인 중동仲冬 일日 수길秀吉은 받들어 답서한다.'고 쓰여 있었다. 김성일은 답서의 내용이 거칠고 거만하여, 전에는 전하라고 하던 것을 합하라 하고 보내는 예폐禮幣도 '방물方物은 받았다.' 하였으며, 또 '한 번 뛰어 곧바로 대명국으로 들어간다.'느니 '귀국이 선구가 되라.'는 등의 말이 있음을 보고서 '이는 대명을 빼앗고자 하여 우리나라

로 선구를 삼으려 한 것이다.' 하고는 현소玄蘇에게 바로 서신을 보내어 대의를 들어 깨우치고 '만일 이 글을 고치지 않으면 우리는 죽음이 있을 뿐, 가져갈 수는 없다.'고 하였다. 이에 현소가 서신을 보내어 사과하면서 글을 짓는 자가 말을 잘못 만든 것이라 핑계하였다. 그러나 전하와 예폐 등의 글자만 고쳤을 뿐, 기타 거만하고 협박하는 식의 말에 대해서는 '이는 대명에 입조한다는 뜻'이라고 핑계대면서 고치려 하지 않았다. 성일이 두세 차례 서신을 보내어 고칠 것을 청하였으나 따르지 않았다. 이에 대하여 황윤길과 허성 등은 '현소가 그 뜻을 스스로 이렇게 해석하는데 굳이 서로 버티면서 오래 지체할 것이 없다.'고 하였으므로, 성일이 논쟁하였으나 관철하지 못하고 마침내 돌아왔다.

선조

– 『선조수정실록』, 1591년 3월 1일

**實錄記事** 1591년 3월 1일, 일본에 도착한 사신 일행에게 왜장들이 기악 관람을 청하자 김성일이 허락하지 않다

사신 일행이 일본에 처음 도착하였을 때 왜장들이 수행한 기악伎樂을 관람시켜줄 것을 청하자 김성일이 허락하지 않으면서 말하기를,

"국서를 아직 전하지도 않았는데 먼저 기악을 보여주는 것은 바로 수모受侮인 것이오."

서장관 허성의 의논은, 관백을 우리나라 주상이 동등한 예로 대하니 사신은 의당 정배廷拜를 해야 한다고 하였는데, 성일이 말하기를,

"관백은 바로 천황의 신하이지 왕이라 할 수는 없습니다. 국서에는 대등한 예로 대하였으나 이곳에 도착해서야 그가 왕이 아님을 알았으니 사신은 의당 전권으로서 고쳐야 합니다."

그러나 허성은 따르지 않았다. 이에 성일이 단독으로 현소와 따져서 당에 올라가 기둥 밖에서 절하는 것으로 결정해서 영구한 법으로 삼도록 하였다. 의지義智가 또 사신에게 청하기를,

"관백이 내일 천궁天宮에 들어갈 것이니 사신은 구경하십시오."

성일이 말하기를,

"사신으로서 국명을 전하지 못하였으니 사사로이 나가서 유람할 수가 없소."

의지가 또 관백의 말이라 하면서 넌지시 말하기를,

"만일 시키는 대로 하지 않으면 돌아갈 기일을 알 수 없을 것입니다."

하여 사신 일행이 근심과 두려움 속에 있었다. 허성 혼자서 서둘러 그곳에 갔다가 관백이 가는 것을 중지하였다는 말을 듣고서야 그만두었다. 다음날 또 갔다가 헛걸음으로 돌아왔는데 세 번째 가서야 구경할 수 있었다. 그러자 성일은 또 서신을 보내서 책망하였다.

사신 일행은 오래도록 명을 전하지 못했으므로 관백의 측근에게 뇌물을 주어 통해 보려고 하고, 모두가 속히 일을 마치고 돌아가기를 바랐으나 성일이 또 논쟁하여 허락하지 않았다. 황윤길과 허성은 서로 교환한 재화가 행장에 가득하였는데 성일이 불순한 언사로 배척하였으므로 이 때문에 일행과는 크게 사이가 어긋났다.

왜인들은 황과 허를 비루하게 여기고 성일의 처신에 감복하여 갈수록 더욱 칭송하였다. 그러나 평의지만은 대단히 유감스럽게 여겨 매우 엄격하게 대우하였기 때문에 성일이 그곳의 사정을 잘 듣지 못하였다. 그후 의지는 우리 사신에게 '성일은 절의만을 숭상하여 사단이 생기게 된다.'고 하였다. [윤길은 본래 비루한 사람으로서 글 잘하는 것으로 사신의 선발에 뽑혔지만 적임자가 아니었다. 허성은 사류士類로서 성일과는 친구 간이었다. 본래 기대한 바가 있었으나 행동이 전도되었기 때문에 성일이 여러 번 서신으로 간절히 책망하였다. 허성은 이로 인하여 명망이 손상되었다.] – 『선조수정실록』, 1591년 3월 1일

선조

결국 조선은 일본의 조선 침략 가능성을 애써 외면하고 말았다. 그 결과는 참담했다.

1592년 4월 13일 일본군이 부산포에 상륙하여 파죽지세로 북진해오자 선조는 한양을 버리고 개성으로 피난했으며, 이어 평양을 거쳐 의주까지 퇴각했다. 선조는 만일의 사태에 대비하여 평양에서 세자로 책봉한 광해군에게 분조[268]를 설치하게 하고, 명나라에 구원병 파견을 요청했어요. 명나라는 그해 12월 4만 5, 000명의 군대를 파견했다.

**實錄記事** 1592년 4월 14일, 왜적이 군사를 일으켜 부산진을 함락시켜 부사 정발과 송상현이 전사하다

14일 왜적이 크게 군사를 일으켜 침략해 와서 부산진을 함락시켰는데 첨사 정발[269]이 전

268) **분조**分朝 : 임진왜란 때 선조가 본 조정과 별도로 임시로 설치한 조정.

269) **정발**鄭撥 : 1577년(선조 10년) 무과별시에 병과 7위로 급제, 선전관이 되고, 곧바로 해남현감·거제현령이 되었다. 이어 비변사의 낭관이 되었으며, 위원군수·훈련원부정이 되었다. 1592년 절충장군의 품계에 올라 부산진첨절제사가 되어 방비에 힘썼다. 이 해 4월에 임진왜란이 일어나 부산에 상륙한 왜병을 맞아 분전하였으나 중과부적으로 마침내 성이 함락되고 그도 전사하였다. 이 때 첩 애향은 자결하였고, 노奴 용월도 전사하였다. 좌찬성에 추증되었으며, 동

정발



사하고, 이어 동래부가 함락되면서 부사 송상현[270]도 전사하였다. 평수길이 우리나라가 그들에게 명나라를 공격하는 길을 빌려주지 않는다는 이유로 마침내 여러 섬의 군사 20만을 징발하여 직접 거느리고 일기도一岐島까지 이르러 평수가平秀家 등 36명의 장수에게 나누어 거느리게 하고, 대마 도주 평의지와 평조신·행장·현소를 향도로 삼아 4~5만 척의 배로 바다를 뒤덮고 와 이 달 13일 새벽 안개를 틈타 바다를 건너왔다. 부산에서 망을 보던 관리가 처음에 먼저 온 4백여 척을 보고 주진에 전보하였는데, 변장邊將이 단지 처음 보고받은 것을 근거로 이를 실제 수효로 여겼다. 그리하여 병사兵使가 장계하기를 '적의 배가 4백 척이 채 못되는데 한 척에 실은 인원이 수십 명에 불과하니 그 대략을 계산하면 약 만 명쯤 될 것이다.'고 하였으므로, 조정에서도 그렇게 여겼다.

부산 첨사 정발은 절영도에 사냥하러 갔다가 급히 돌아와 성에 들어갔는데 전선戰船은 구멍을 뚫어 가라앉히게 하고 군사와 백성들을 모두 거느리고 성가퀴를 지켰다. 이튿날 새벽에 적이 성을 백겹으로 에워싸고 서쪽 성 밖의 높은 곳에 올라가 포를 비오듯 쏘아대었다. 정발이 서문을 지키면서 한참 동안 대항하여 싸웠는데 적의 무리가 화살에 맞아 죽은 자가 매우 많았다. 그러나 정발이 화살이 다 떨어져 적의 탄환에 맞아 전사하자 성이 마침내 함락되었다.

동래 부사 송상현은 적이 바다를 건넜다는 소문을 듣고 지역 안의 주민과 군사 그리고 이웃 고을의 군사를 불러 모두 몰고 성에 들어가 나누어 지켰다. 병사 이각도 병영에서 달려왔으나 조금 지나서 부산이 함락되었다는 소식을 듣고는 겁을 먹고 어쩔줄 모르면서 핑계대기를 '나는 대장이니 외부에 있으면서 협공하는 것이 마땅하다. 즉시 나가서 소산역蘇山驛에 진을 쳐야 하겠다'고 하였다. 상현이 남아서 같이 지키자고 간청하였으나

---

래의 충렬사에 제향되었다. 시호는 충장이다.

270) **송상현**宋象賢 : 1570년(선조 3년) 15세의 나이로 승보시에 장원했다. 20세에 진사가 되었으며, 그 이듬해 별시문과에 급제하여 승문원정자에 보임되고, 저작·박사가 되었다. 1591년 동래부사가 되었는데, 당시 왜적의 침입이 예상되던 때였으므로 방비에 힘썼다. 이듬해 4월 13일 조선을 침략한 일본군은 15일 동래성을 에워싸고 공격하기 시작했다. 이에 송상현은 결사의 의지로 군사를 이끌고 항전했으나, 중과부적으로 성이 함락당하고 말았다. 그는 군관 김희수 등과 함께 끝까지 당당하게 싸우다가 장렬하게 전사했는데, 이때 왜장마저 그의 용맹에 감동하여 죽음을 아깝게 여겼다고 한다. 뒤에 이조판서·좌찬성으로 추증되었으며, 부산 충렬사, 개성 숭절사, 청주 신항서원, 고부 정충사, 청원 충렬묘 등에 제향되었다.

송상현



그는 따르지 않았다. 성이 마침내 포위를 당하자 상현이 성의 남문에 올라가 전투를 독려했으나 반일半日 만에 성이 함락되었다. 상현은 갑옷 위에 조복朝服을 입고 의자에 앉아 움직이지 않았다. 도왜島倭 평성관은 일찍이 동래에 왕래하면서 상현의 대접을 후하게 받았었다. 이때에 이르러 그가 먼저 들어와 손을 들고 옷을 끌며 빈 틈을 가리키면서 피하여 숨도록 하였으나 상현이 따르지 아니하였다. 적이 마침내 모여들어 생포하려고 하자 상현이 발로 걷어차면서 항거하다가 마침내 해를 입었다.
성이 장차 함락되려고 할 때에 상현은 면하지 못할 것을 알고 손수 부채에다 '포위당한 외로운 성, 달은 희미한데 대진의 구원병은 오지 않네, 군신의 의리는 중하고 부자의 은혜는 가벼워라[孤城月暈 大鎭不救 君臣義重 父子恩輕]'고 써서 가노家奴에게 주어 그의 아비 송복흥에게 돌아가 보고하게 하였다. 죽은 뒤에 평조신이 보고서 탄식하며 시체를 관에 넣어 성 밖에 묻어주고 푯말[標]을 세워 식별하게 하였다. 상현에게 천인賤人 출신의 첩이 있었는데, 적이 그를 더럽히려 하자, 굴하지 않고 죽었으므로 왜인들이 그를 의롭게 여겨 상현과 함께 매장하고 표表를 하였다. 또 양인良人 출신의 첩도 잡혔으나 처음부터 끝까지 굴하지 않자 왜인들이 공경하여 별실別室에 두었다가 뒤에 마침내 돌아가게 하였다.
송상현은 기국器局이 탁월하였으며 시詩를 잘하는 것으로 이름이 났다. 경인년[271]에 간관이 되고, 신묘년[272]에 부사로 나갔는데, 실상은 배척당한 것이었다. 갑오년[273]에 병사 김응서가 울산에서 청정을 만났을 때 청정이 그가 의롭게 죽은 상황을 갖추어 말하고, 또 집안 사람이 시체를 거두어 반장返葬하도록 허락하는 한편 경내를 벗어날 때까지 호위하여 주었는데, 적에게 함락된 유민들이 길에서 옹위하여 울며 전송하였다. 이조 참판에 추증하고 그의 아들 한 사람에게는 벼슬을 내리도록 명하였다. 서인인 신여로가 상현을 따랐었는데 상현이 돌려보냈었다. 그러나 그는 노중에서 부산이 함락되었다는 소식을 듣고 사람들에게 말하기를 '내가 난리를 당하여 은혜를 저버릴 수 없다.' 하고 도로 성으로 들어가 함께 죽었다고 한다.

- 『선조수정실록』, 1592년 4월 14일

271) **경인년** : 1590년(선조 23년).

272) **신묘년** : 1591년(선조 24년).

273) **갑오년** : 1594년(선조 27년).

선조

**實錄記事** 1592년 5월 1일, 상이 개성으로 향하려고 하는데 따라왔던 경기의 이졸들이 도망하여 흩어지다

상이 장차 개성으로 향하려고 하는데 따라왔던 경기의 이졸吏卒들이 도망하여 흩어졌다. 마침 황해 감사 조인득이 들어와 구원하려 하였는데 서흥 부사 남억이 군사 수백 명을 이끌고 먼저 도착하였으므로 호위하고 떠날 수 있었다. 내시가 전언하기를 '궁인이 어제부터 끼니를 굶었으므로 조금 쌀을 구하여 시장기를 면해야 떠날 수 있겠다.'고 하여 마침내 서흥의 병졸이 싸가지고 온 현미 두어 말을 찾아내어 밥을 지어 먹었다. 초현참에[장단長湍] 이르니 조인득이 장막을 설치하고 지공支供하였으므로 백관이 비로소 밥을 먹었다. 저녁에 개성부에 머물렀다.

– 『선조수정실록』, 1592년 5월 1일

**實錄記事** 1592년 5월 1일, 상이 개성 남문루에 나아가 백성을 위유하고 유지를 내리다

상이 개성 남문루에 나아가 백성들을 모아 위유하고 유지를 내려 각각 마음에 품은 바를 진술하도록 하였다. 부로父老들이 앞으로 나와 정 정승鄭政丞을 부르기를 바란다고 말하였는데, 정철을 가리킨 것이었다. 상이 알았다 하고 즉시 정철을 석방하도록 명하면서 전지를 내리기를,

"경卿의 충효 대절을 알고 있으니 속히 행재소로 오라."

이로부터 기축년[274]·신묘년[275]에 처벌받은 사람들이 모두 석방되어 돌아와 서용되었다.

〈피란길에 오르는 선조의 어가행렬〉

양사가 영의정 유성룡을 탄핵하여 파직시켰다. 최흥원을 영의정으로 승진시키고, 윤두수를 좌의정으로 승진시켰으며, 유홍을 우의정으로 삼았다. 신잡이 이산해가 죄를 입은 것을 분하게 여겨 주창하여 말하기를, '수상이 나라를 그르쳤다는 것으로 죄를 입었다면 아상亞相이 어떻게 혼자 면할 수 있

274) **기축년** : 1589년(선조 22년).

275) **신묘년** : 1591년(선조 24년).

겠는가.' 하였으므로 양사가 드디어 성룡을 탄핵하였다. 이항복과 홍이상 등이 극력 구원하여 파직하는 것으로만 그쳤다. 당시 행재소에서 적병이 아직도 경성에 들어오지 않았다는 소식을 듣고는 모두들 왕이 빨리 떠난 것을 탓하였다. 상이 신잡에게 명하여 경성에 가서 형세를 살펴보도록 하였으나 이르지 못하고 돌아왔다. - 『선조수정실록』, 1592년 5월 1일



## 實錄記事 1592년 5월 1일, 전라 수군 절도사 이순신이 거제 앞 나루에서 왜적을 격파하다

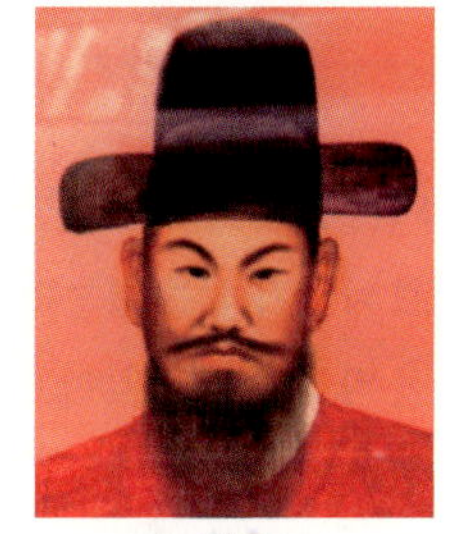
정운

전라 수군 절도사 이순신이 경상도에 구원하러 가서 거제 앞 나루에서 왜병을 격파하였다. 왜병들이 바다를 건너오자 경상 우수사 원균은 대적할 수 없는 형세임을 알고 전함戰艦과 전구戰具를 모두 물에 침몰시키고 수군 1만여 명을 해산시키고 나서 혼자 옥포 만호 이운룡과 영등포 만호 우치적과 남해현 앞에 머물면서 육지를 찾아 적을 피하려고 하였다. 운룡이 항거하여 말하기를 '사또가 나라의 중책을 맡았으니 의리상 관할 경내에서 죽는 것이 마땅하다. 이곳은 바로 양호의 요해처로서 이곳을 잃게 되면 양호가 위태롭다. 지금 우리 군사가 흩어지기는 하였지만 그래도 모을 수 있으며 호남의 수군도 와서 구원하도록 청할 수 있다.' 하니, 원균[276]이 그 계책을 따라 율포 만호 이영남을 보내 순신에게 가서 청하게 하였다.

송희립

이때 순신은 여러 포浦의 수군을 앞 바다에 모으고 적이 이르면 싸울 준비를 하고 있었다. 영남의 말을 듣고 여러 장수들은 대부분 말하기를 '우리가 우리 지역을 지키기에도 부족한데 어느 겨를에 다른 도에 가겠는가.' 하였다. 그런데 녹도 만호 정운[277]과 군관 송희립[278]만은 강

원균

276) **원균**元均 : 임진왜란이 일어나기 3개월 전에 경상우수사로 임명되었다. 임진왜란이 발발하자 전라좌수영의 이순신에게 지원을 요청하는 한편 남해 일대에서 항전했다. 조정의 출전 명령을 받은 이순신의 지원을 받아 옥포 등지의 싸움을 승리로 이끌었다. 옥포해전에 대한 공으로 조정에서 이순신보다 1품계 아래의 관직을 내리면서부터 둘 사이에 불화가 생겼다. 이순신의 파직과 투옥 후에 전라좌수사와 삼도수군통제사를 겸하게 되었다. 정유재란 때 칠천량에서 삼도수군을 이끌고 싸웠으나 대패했다. 사후 두 차례 전쟁의 공을 인정받아 1등 공신으로 책정되었다.

개하여 눈물을 흘리며 이순신에게 진격하기를 권하여 말하기를 '적을 토벌하는 데는 우리 도道와 남의 도가 따로 없다. 적의 예봉을 먼저 꺾어놓으면 본도도 보전할 수 있다.' 하니 순신이 크게 기뻐하였다.

- 『선조수정실록』, 1592년 5월 1일

송희립



## 實錄記事 1592년 6월 1일, 이순신이 잇따라 왜병을 패배시키다

이순신

이순신이 잇따라 왜병을 패배시켰다. 순신이 본영에서 사량으로 나아가 진을 쳤는데 당포에서 적선을 만났다. 적장이 큰 군함을 타고 층루에 앉아 전투를 독려하였는데, 순신이 휘하 병력을 진격시켜 통전으로 집중 사격하게 하니 층루 위의 왜장이 먼저 화살에 맞아 물에 떨어졌는데 마침내 엄습하여 크게 격파하였다. 얼마 있다가 전라 우수사 이억기가 휘하의 수군을 모두 데리고 와서 회동하여 마침내 함께 당항포에 이르러 왜선을 만나 크게 싸웠다. 이때 또 선루 위의 적장을 쏘아 죽이고 그 수급首級의 취했으며, 왜선 30척을 밀어부쳐 격파하니 적이 대패하여 육지로 올라 도망하였다. 또 영등포永登浦에서 싸워 모든 배를 나포하여 섬멸시키니 이로부터 수군의 명성이 크게 떨쳤다. 승리를 아뢰자 상으로 순신에게 자헌 대부를 가자加資하였다.

- 『선조수정실록』, 1592년 6월 1일

이에 앞서 순신은 전투 장비를 크게 정비하면서 자의로 거북선을 만들었다.

277) **정운**鄭運 : 1570년(선조 3년) 28세로 무과에 급제한 뒤 훈련원봉사·금갑도수군권관·거산찰방을 거쳐 웅천현감 등을 지냈으나 성격이 강직하고 정의를 지켰기 때문에 미움을 받아 몇 해 동안 벼슬을 하지 못했다. 1591년 녹도만호가 되고, 이듬해 임진왜란이 일어나자 이순신 휘하에서 군관 송희립과 함께 결사적으로 출전할 것을 주장했다. 그 뒤 옥포·당포·한산 등의 여러 해전에서 큰 공을 세우고, 마침내 9월의 부산포해전에서 우부장으로 선봉에서 싸우다가 전사했다.

278) **송희립**宋希立 : 1583년(선조 16년) 무과에 급제하였다. 1592년(선조 25년) 임진왜란이 일어나자 녹도만호 정운의 군관으로서 영남지역에의 원병파견을 주장했고, 지도만호가 되어 형 송대립과 함께 이순신의 휘하에서 활약했다. 1598년(선조 31년) 노량해전에서 적에게 포위된 명나라의 제독 진린을 구출했으며, 1601년(선조 34년) 양산군수·다대포첨절제사를 지내고, 전라좌도 수군절도사가 되었다. 흥양(지금의 전라남도 고흥)의 세충사에 제향되었다.

이 제도는 배 위에 판목을 깔아 거북 등처럼 만들고 그 위에는 우리 군사가 겨우 통행할 수 있을 만큼 십자十字로 좁은 길을 내고 나머지는 모두 칼·송곳 같은 것을 줄지어 꽂았다. 그리고 앞은 용의 머리를 만들어 입은 대포 구멍으로 활용하였으며 뒤에는 거북의 꼬리를 만들어 꼬리 밑에 총구멍을 설치하였다. 좌우에도 총 구멍이 각각 여섯 개가 있었으며, 군사는 모두 그 밑에 숨어 있도록 하였다. 사면으로 포를 쏠 수 있게 하였고 전후좌우로 이동하는 것이 나는 것처럼 빨랐다. 싸울 때에는 거적이나 풀로 덮어 송곳과 칼날이 드러나지 않게 하였는데, 적이 뛰어오르면 송곳과 칼에 찔리게 되고 덮쳐 포위하면 화총을 일제히 쏘았다. 그리하여 적선 속을 횡행橫行하는데도 아군은 손상을 입지 않은 채 가는 곳마다 바람에 쓸리듯 적선을 격파하였으므로 언제나 승리하였다. 조정에서는 순신의 승보를 보고 상으로 가선대부를 가자加資하였다.

선조

1592년 7월 이순신 장군이 한산도 앞바다에서 일본의 함선 60여 척을 침몰시켜 이순신이 해전을 승리로 이끌며 전세를 역전시키고 있었다. 전국에서 일어난 의병들의 활동도 적에게 타격을 주었고, 패전만 하던 권율 등이 승리하여 일본군을 격퇴했다.

### 實錄記事 1592년 7월 1일, 이순신이 왜병을 고성 견내량에서 격파하다

이순신이 왜병을 고성 견내량에서 크게 격파하였다. 이때에 왜적이 수군을 크게 출동시켜 호남으로 향하자 순신이 이억기[279]와 함께 각기 기느린 군시를 제촉히어 나가다가 견내량에서 적을 만나게 되었는데, 적선이 바다를 뒤덮어 오고 있었다. 원균이 앞서의 승리

279) **이억기**李億祺 : 1592년 임진왜란이 일어나자 전라좌수사 이순신, 경상우수사 원균 등과 합세하여 한산도·안골포·부산포 등지에서 일본수군을 격파하는 활약을 했다. 1596년 이순신이 조정의 명령에 불복종했다는 죄목으로 잡혀갔을 때 조정에 편지를 보내어 이순신의 무죄를 강력히 변론했다. 1597년 일본군의 재침으로 정유재란이 일어났을 때 이순신은 백의종군하고 있었으므로, 통제사 원균과 합세하여 칠천량에서 일본수군과 전투를 벌였는데, 결국 일본군에게 패하고 원균과 함께 전사했다. 뒤에 선무공신 2등에 봉록되고, 병조판서에 추증되고 완흥군에 봉해졌다. 여수 충민사에 이순신과 함께 제향되었다. 시호는 의민이다.

이억기

에 자신하여 곧장 대적하여 격파하려 하자 순신이 말하기를 '이곳은 항구가 좁고 얕아 작전할 수가 없으니 넓은 바다로 유인해내어 격파해야 한다.' 하였다. 그러나 원균이 듣지 않자, 순신이 말하기를 '공이 병법을 이처럼 모른단 말인가.' 하고 여러 장수들에게 영을 내려 거짓 패하여 물러나는 척하니, 적이 과연 기세를 몰아 추격하였다. 이에 한산도 앞 바다에 이르러 군사를 돌려 급히 전투를 개시하니 포염이 바다를 뒤덮었고 적선 70여 척을 남김없이 격파하니 피비린내가 바다에 진동하였다. 또 안골포에서 그들의 구원병을 역습하여 패배시키니 적이 해안으로 올라 도망하였는데 적의 배 40척을 불태웠다. 왜진에서 전해진 말에 의하면 '조선의 한산도 전투에서 죽은 왜병이 9천 명이다.'고 하였다. 이 일을 아뢰자 순신에게 정헌대부의 자계資階를 상으로 내리고 하서하여 칭찬하였다.

광양 현감 어영담이 수로水路의 향도가 되기를 자청하여 앞장서서 마침내 거제 앞 바다에서 원균과 만났다. 원균이 운룡과 치적을 선봉으로 삼고 옥포에 이르렀는데, 왜선 30척을 만나 진격하여 대파시키니 남은 적은 육지로 올라가 도망하였다. 이에 그들의 배를 모두 불태우고 돌아왔다. 그리고 다시 노량진에서 싸워 적선 13척을 불태우니 적이 모두 물에 빠져 죽었다. 이 전투에서 순신은 왼쪽 어깨에 탄환을 맞았는데도 종일 전투를 독려하다가 전투가 끝나고서야 비로소 사람을 시켜 칼끝으로 탄환을 파내게 하니 군중軍中에서는 그때에야 그 사실을 알았다.

– 『선조수정실록』, 1592년 7월 1일

선조는 1593년 6월 공사천무과[280]와 참급무과[281]를 실시하여 천인의 신분을 상승시켜 국민 전체를 전쟁에 참여시키기 위해 힘썼다.

**實錄記事** 1593년 6월 9일, 비변사가 공·사천의 면천을 허락하는 일을 엄히 하라고 청하다

비변사가 아뢰기를,

"우리나라의 노비법은 기자 시대로부터 비롯되어 그동안 세대가 이미 오래 되었으나

280) **공사천무과**公私賤武科 : 선조 26년 6월 왕의 하교로 관아의 종과 개인의 종에게 무예를 시험하여 합격한 자는 양민으로 신분을 상승시켜 궁궐과 임금을 호위·경비하는 친위병을 뽑는 시험.

281) **참급무과**斬級武科 : 선조 26년 7월 왕의 하교로 서자와 관아의 종과 개인의 종에게 별도의 시험을 치른 후에 친위병 2급, 3급으로 뽑는 시험.

변경하지 못하였으니 어찌 뜻이 없겠습니까. 중국인이 '집집마다 공후의 즐거움이 있다.' 고 하는 것도 진실로 이 때문일 것입니다. 지금 이 변고는 천지가 생긴 이래 없었던 일입니다. 공·사천을 막론하고, 적의 수급을 참획하였거나 사목에 의하여 곡식을 상납한 자의 경우에 면천을 허락해 주는 것이 진실로 안될 것은 없습니다. 그러나 그 사이에 혹 화살이나 총통같은 잡물을 약간 공납하였다 하여 각처에서 일을 담당하고 있는 관원이 각기 자기 마음대로 면첩을 만들어 준 경우가 있었는데, 이러한 일들은 시행할 수 없습니다."

하니, 상이 따랐다.

- 『선조실록』, 1593년 6월 9일



實錄記事 1593년 6월 14일, 공·사천의 설과와 무재 시취를 통한 양민으로의 승격을 논의하라고 전교하다

상이 정원에 전교하기를,

"우리나라는 예로부터 무략이 강하지 못하고 병력도 미약하다. 대체로 공·사천은 그 수가 군정보다 많을 터인데, 이름이 병적兵籍에 오르지 않았다. 그러나 공천은 그래도 공가에서 부역하지만 사천은 유사도 감히 어쩌지 못하여 국내의 일종인이 되었으니, 이는 고금 천하에 없던 일이다. 그러나 지금은 시킬 만한 것이 없기에 다만 내가 한마디 하고자 한다. 공·사천의 설과는 삼의사의 잡과의 예와 같이 하여 그 액수를 정하고, 무재로서 시험하여 입격한 자는 즉시 양민을 삼아 우림위에 예속시킨다. 사천은 그 주인이 유생이면 벼슬을 제수하고 서얼이면 허통하고, 공천이면 모두 양민이 되게 한다. 조정의 신하이면 승직시키기도 하고 당상관 이상은 국가로부터 후은을 받는 처지인데, 어찌 한두 명의 노복을 따지겠는가. 그러나 따로 다른 상을 베풀 것이다. 이와 같이 하면, 몇 해 지나지 않아 독려와 권장을 기다리지 않고도 온 나라의 공·사천이 모두 무술을 익혀 정병이 될 것이니, 이것은 그 대략이다. 더 자세한 곡절은 유사의 사목에 있다. 이 방법이 어떠할지 자상히 상의하여 아뢰라."

하니, 비변사가 회계하기를,

"우리나라 사족의 집에는 노복이 천 또는 백으로 헤아릴 수 있는데 관병은 날로 축소되고 있으니, 이것이 비록 오래도록 유전해 온 풍속으로서 졸지에 변경할 수 없다고는 하나 이들을 군적에 포함해 군사 훈련을 실시하는 것은 조금도 늦출 수 없습니다. 공·사천을 막론하고, 삼의사의 잡과와 같은 예로써 설과하여, 뽑힌 자는 즉시 양인으로 삼아 우림위에 예속시키라는 것은 바로 위급한 때를 구제하는 거사가 될 것으로 상교

가 과연 지당합니다. 다만 우림위는 금군에 속해 있으니 천한 노예로 이런 영광을 얻으려면 반드시 대단한 군공이 있어야 가능할 것이요, 만일 과거에 합격하는 즉시 우림위에 예속시킨다면 후일에 공을 세운 자가 있어도 또한 시상하기가 어렵습니다. 뿐만 아니라 이 규칙을 엄중하게 하지 않으면 반드시 아무에게나 남발하는 폐가 있을 것이니, 이제 규칙을 엄중히 정해야 합니다. 요컨대 뛰어난 자가 합격되게 하고, 시취한 후에 성적이 우수한 자는 우림위에 제수하고, 그 나머지는 양인으로 삼으면 알맞을 듯합니다. 또 그 주인의 인물을 불문하고 으레 관직에 제주하면 벼슬길이 혼란하여져서, 반드시 시행하기 어려운 일이 일어날 것이니, 해조로 하여금 규칙을 세밀하게 제정하여 벼슬에 제수하거나, 댓가를 지불하거나, 또는 다른 노복으로 대체해 주게 하는 것도 무방할 듯합니다. 대략은 이와 같고 그간의 절목에 대하여는 유사가 적중하게 마련해야 할 것이니, 특별히 상의하여 시행하게 하소서."

하자, 상이 이르기를,

"내가 여러 날을 생각해 보았는데, 오늘날 무인을 양성하여 정병을 얻는 것은 이보다 더 좋은 방책이 없는 것 같았다. 이러한 제도가 한 번 세워지면 온 나라의 남정 노예들은 자연히 활을 쏘는 무사가 될 것이니, 국가에서 재물을 소비하며 권장하는 노고가 없을 것이다. 이와 같이 하여 수십 년 동안 오랜 세월을 거치게 되면 그 이익은 이루 말할 수 없을 것이요, 또 어떤 일에도 방해되거나 손상되는 것도 없을 것이며, 따라서 명분에 구애되는 일도 없을 것이니, 동국 만세의 복리로서 우자일득愚者一得이라 할 수 있겠다. 우리 나라에서는 양인과 천인의 사이를 막중한 강상처럼 생각하는데 매우 무리한 일이다. 지금 이 규칙은 그 주인으로 하여금 기쁘게 할 수 있어야만 사람마다 각자가 서로 권장할 것이다. 댓가를 지불하거나 대체해 주는 것에 대해서도 내가 생각하지 않은 것은 아니나 이와 같이 하면, 계속하기가 어려울 것이다. 벼슬을 제수하는 것에 혼란이 일어날 것을 나도 이미 염려했는데 오직 이 조항이 약간 방해될 점은 있으나 잘 참작하면 좋은 방도가 없지 않을 것이다. 무릇 모든 일은 상량하여 시행하는 데 달려 있으니 규칙을 세워 시작한 후에 다시 상의하여 차차 마련함으로써 영구한 법으로 삼으면 될 것이다. 어제 본사에서 유성룡의 장계에 의하여 군사를 뽑아 훈련하는 사목을 올렸는데, 더할 수 없이 잘 된 것이라고 할 만하다. 그러나 외방의 각 고을에서 누가 주장하여 하겠는가. 그러므로 속담에, 관가의 돼지가 배앓는 격이라는 풍자가 있다. 전에 만들어진 사목도 좋지 않은 것은 아니나, 결국 겉치레에 불과하여 폐를 끼치고 속전을 받아낼 자료가 되었으니, 어찌 효과가 있을 수 있겠는가. 그러나 지금 이 규칙은 그와는 다르니, 대체로 각자 각심 면려하여 교화를 일으킬 수 있기 때문이다."

– 『선조실록』, 1593년 6월 14일

이여송



일본군이 1593년(선조 26년) 4월 남쪽으로 퇴각하자 그해 10월 한양(서울)으로 돌아왔다. 1594년 훈련도감을 설치하고 조총과 탄환을 만드는 기술을 배우도록 했다.

이여송[282]이 이끄는 명나라의 지원군까지 도착하자 일본은 명나라와 화의를 하고자 했다. 화의를 위해 명나라는 심유경을 파견했고, 일본은 고니시 유키나가가 교섭에 나섰다. 논의가 진행되는 동안 전쟁도 소강(잠잠함)상태였다. 심유경과 고니시는 화의를 빨리 달성하기 위해 명나라 황제와 도요토미 히데요시를 속였다. 심유경은 도요토미를 왕으로 임명해 주면 된다고 했고, 고니시는 조선 4도를 일본에 넘겨줄 것이라고 했다. 모두 사실이 아닌 것을 안 도요토미 히데요시는 1597년(선조 30년) 1월 다시 14만 명 대군을 출정시켜 정유재란을 일으켰다.

## 이순신이 다시 수군의 지휘권을 잡다

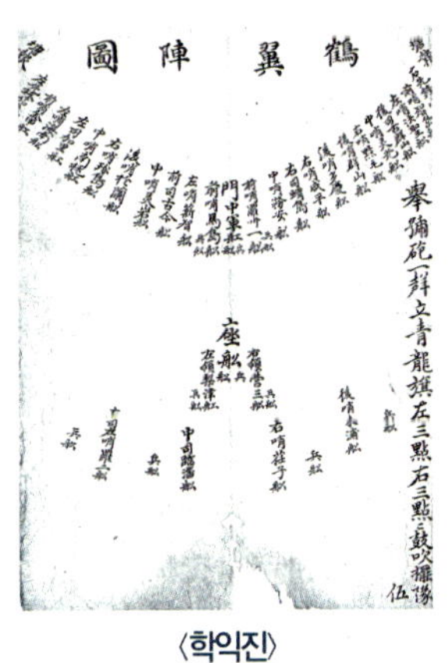

〈학익진〉

조선의 앞바다를 지키던 이순신은 무고로 파직되어 백의종군 중이었고, 원균이 이순신의 수군 지휘권을 대신했다. 원균이 이끄는 조선 수군은 거제 전투에서 왜군에게 대패했다. 왜군이 다시 파죽지세로 밀고 올라오기 시작했어요. 다급해진 조정은 이순신에게 다시 수군의 지휘권을 맡겼다.

1592년 8월 14일(선조 25년 음력 7월 8일) 통영 한산도 앞바다에서 이순신 장군이 일본의 함선 60여 척을 침몰시켜 크게 이긴 한산도 대첩(견내량 대첩)은 육전에서 사용하던 포위 섬멸 전

282) **이여송**李如松 : 명나라 말기의 장수로 임진왜란 때 파견된 명나라 장군의 한 사람으로 요동 철령위 출생이다. 조선계이며 본관은 성주 이씨이다.

술 형태인 학익진[283]을 처음으로 해전에서 펼쳤다. 이 해전을 진주대첩(1592년 10월 1일)·행주대첩(1593년 2월 1일)과 더불어 임진왜란 3대 대첩 중의 하나로 부른다.

### 實錄記事 1592년 10월 1일, 김성일이 의병장 곽재우·이달 등을 보내어 진주를 구원하도록 하다

곽재우

김성일이 의병장 곽재우[284]·이달 등을 보내어 진주를 구원하게 하고, 사잇길로 군기를 수송하게 하였는데, 목사 김시민이 적병을 크게 격파하여 진주가 포위에서 풀렸다. 당초 왜장이 군사 수만 명을 모두 동원하여 진주성을 포위하였는데 성 안의 군사는 3천여 명이었다. 김시민이 여러 성첩을 나누어 지키게 하면서 조용히 기다리도록 하니 성 안이 적요하였다. 적이 기치旗幟와 개삽蓋翣을 많이 설치하고 금으로 꾸민 가면에 의복을 이상하게 차려 입어 햇빛에 번쩍이고 바람에 펄럭이니 온갖 형상에 눈이 부시고 정신이 어지러울 지경이었다. 왜장 6명이 진을 나누어 전투를 독려하였는데 총수銃手 수천 명이 항상 산 위에서 성 안을 향해 일제히 쏘아대니 그 형세가 번개가 치고 우박이 내리는 듯하였으며, 부르짖는 소리가 천지를 진동시켰다. 그러나 김시민은 군사들로 하여금 움직이지 말고 적들의 소리가 약해지기를 기다려 즉시 포를 쏘고 북을 울리며 응전하게 하였다.
적이 대나무와 소나무 가지를 많이 베어 엮어서 막이를 만들고 흙을 쌓아 그 속을 채워 우리 군사가 모르게 대나무 사다리 수천 개를 만들었는데 한 칸 너비쯤 되는 것으로 그 위에 망석을 덮어 많은 군사가 동시에 일제히 오르게 하려 하였으며, 3층의 산대山臺를 만들어 성첩을 내려다 보게 하였다. 김시민은 화구火具를 미리 준비하고 화약을 종이에 싸서 풀로 묶어 성 위에 감춰두게 하고 대포 및 대석을 나누어 설치하게 하였으며, 여장女墻 안에는 가마솥을 비치하고 물을 끓여 대기하도록 하였다.
적이 공격할 장비를 모두 갖추고 사면으로 육박하자, 성 안에서 현자총을 쏘아 산대의

283) **학익진**鶴翼陣 : 학이 날개를 편 듯한 모양으로 치는 진.

284) **곽재우**郭再祐 : 임진왜란 때 크게 활약하여, 왜적의 호남 진출을 저지하는 데 공을 세운 의병장. 본관은 현풍, 자는 계수, 호는 망우당으로 1585년(선조 18년) 정시문과에 뽑혔으나, 글의 내용이 왕의 미움을 사서 합격이 취소되었다. 그 뒤 향촌에 거주하고 있던 중 임진왜란이 일어나자 자신의 재산을 털어 의병을 일으켰다. '천강홍의대장군'의 깃발을 내걸고 혼자서 말을 타고 적진에 돌진하여 적에게 두려움을 주기도 했으며, 함성으로 군사가 많은 것처럼 꾸미기도 하여 적을 물리쳤다. 붉은 옷을 입어 홍의장군으로 잘 알려져 있다.

적을 맞춰 떨어뜨리고, 화약과 풀로 송장을 태웠으며, 대포로 대나무로 엮은 긴 사다리를 부수고, 끓인 물을 퍼붓기도 하고 큰 돌을 던지기도 하여 여러 가지의 공격용 장비를 격파하였다. 9월 10일 밤중에 적병이 거짓 물러가는 체하다가 몰래 되돌아와 적의 대장이 직접 전투를 독려하였다. 여러 왜적이 모두 방패로 가리고 머리를 감싸고서 처음에는 동문을 공격하였는데, 앞에서 한꺼번에 올라가게 하고 뒤에서는 천개의 총으로 일제히 사격하여 성 위에 사람이 설 수 없게 하였다. 그러나 김시민은 무리를 지휘하여 활과 쇠뇌와 포를 쏘고 돌을 굴려 내리니, 적병이 이르는 곳마다 죽어 넘어져 쓰러진 시체가 삼대처럼 즐비하여 일단 공격을 완전히 좌절시켰다.

선조

바야흐로 전투가 무르익을 무렵 또 하나의 대진大陣이 동문의 경우처럼 갑자기 북성을 공격하였다. 이에 만호 최덕량 등이 죽기를 무릅쓰고 대항해 싸우며 일사불란하게 막아내었는데, 동녘이 밝아오자 조금 뜸해졌다. 성 안의 나무와 돌, 기와, 띠풀 등이 거의 없어졌으며 시민도 탄환에 맞아 누워 있었다. 이때 곤양 군수 이광악이 왜장을 쏘아 죽이니 한낮이 되어서야 적진이 비로소 퇴각하며 시체를 태우고 포위를 풀고 흩어졌다. 성이 포위당한 10여 일 동안 4~5차례 큰 전투를 벌이면서 안팎에서 힘껏 싸웠으므로 적이 먼저 도망하였다. 바야흐로 포위하고 주둔할 때에 양도의 구원병은 모두 요새에 웅거하여 결진하고서 밤이면 가까운 산에 올라 성 안과 함께 불을 들어 북을 치며 서로 응원하였으나 감히 함부로 공격하지 못하였다. 적이 나누어 이웃 고을을 노략질하자, 구원병이 요로에서 막고 습격하여 상당수를 살해하거나 상처를 입혔는데, 김준민은 여러 번 싸움에서 완전하였으므로 적이 감히 침범하지 못하였다.

적이 이미 퇴각하여 본 소굴로 돌아갔으므로 여러 고을이 모두 수복되었다. 김시민의 병이 심해지자 김성일이 서예원을 대신하게 하였다. 서예원은 완력은 있으나 어리석은 겁쟁이로 재능이 없는데, 그의 형 서인원이 명사名士이기 때문에 특별히 발탁하여 변수를 삼았었다. 그가 북노에 있을 때에는 수급首級을 거짓으로 만들어 공을 자랑하여 직질이 올랐었으므로 조헌이 매번 상소하여 그의 죄를 논하였었다. 이때에 이르러 김해 부사로 성을 버리고 도망하였다가 김성일을 따라다녔으므로 김시민을 대신하였는데, 이때부터 진주성의 수비는 다시 전일과 같지 못하였다. – 선조수정실록, 1592년 10월 1일

### 實錄記事 1593년 2월 1일, 순찰사 권율이 적병을 행주에서 격파하다

전라도 순찰사 권율[285)]이 적병을 행주에서 격파하였다.

285) **권율**權慄 : 조선 선조 때 임진왜란을 맞아 행주대첩으로 활약한 조선 중기의 문신이자 명장이

권율

당시 경성에는 적들이 연합하여 둔을 치고 있었으므로 그 기세가 등등하였는데, 권율은 명나라 군사와 연대하여 경성을 탈환하려고 군사를 머물려 두고 있었다. 그리고는 선거이로 하여금 전군을 거느리고 금천의 광교산에 주둔케 하고, 권율 자신은 정병 4천 명을 뽑아 양천에서 강을 건너 행주산 위에 진을 치고는 책柵을 설치하여 방비를 하였다. 적은 외로운 군사가 깊이 들어간 것을 보고 수만 명의 대군을 출동시켜 새벽에 책을 포위하였다. 그들이 울려대는 징소리·북소리가 땅을 진동하니 온 책 안이 두려움에 사로잡혔는데, 권율은 거듭 영을 내려 진정시켰다.

적은 군사를 나누어 교대로 진격해 왔는데 묘시卯時에서 유시酉時에 이르기까지 안팎이 모두 사력을 다해 싸웠다. 우리 군사가 점령한 지역은 높고 험준한 데다가 뒤로는 강벽에 막혀 달아날 길이 없었으므로 모두 죽을 각오를 하였다. 적은 올려다 보고 공격하는 처지가 되어 탄환도 자연 맞지 않는 데 반해 호남의 씩씩한 군사들은 모두 활을 잘 쏘아 쏘는 대로 적중시켰다. 화살을 비오듯 퍼부을 때마다 적의 기세가 문득 꺾이곤 하였다. 왜적이 각자 짚단을 가지고 와 책에 불을 놓아 태우자 책 안에서는 물을 길어 불을 껐다. 적이 서북 쪽의 책 한 간을 허물자 지키고 있던 승군이 조금 물러나니 권율이 직접 칼을 빼어 물러난 자 몇 사람을 베고, 다시 책을 세워 방어하였다. 화살이 거의 떨어지려 할 때 수사 이빈이 배로 수만 개의 화살을 실어다 대주었다. 적이 결국 패해 후퇴하면서 시체를 네 무더기로 쌓아 놓고 풀로 덮고 태웠는데, 그 냄새가 몇 리 밖까지 풍겼다. 우리 군사가 나머지 시체를 거두어 참획한 것만도 1백 30급이나 되었다.

다음날 사대수가 접전한 곳을 와서 보고 말하기를,

"외국에 진짜 장군이 있다."

송 경략(이 우리나라에 자문을 보내 위로하고 추장하는 한편 비단과 은을 상으로 주고 황제에게 주문하였다. 황제가 홍려시의 관원을 보내 우리나라에 선유하기를,

"조선은 본디 강국으로 일컬어졌는데, 지금 보건대 권율이 참획한 것이 매우 많으니 해국의 인민이 그래도 진작될 수 있겠다. 내가 매우 가상하게 여긴다."

---

다. 선조 15년 46세의 늦은 나이에 식년문과에 급제해 벼슬길에 올라 승문원정자가 됐다. 1592년 임진왜란이 일어나자 광주목사로서 서울을 회복하기 위해 북진했지만 용인에서 일본군의 매복에 걸려 패전했다. 선조 26년 관군 2,300명과 처영의 승병 500명의 병력을 이끌고 행주산성에 주둔해 관민과 함께 적을 격퇴하고 크게 이겼다. 선조 32년 전쟁이 끝난 후 노환으로 벼슬에서 물러나 고향으로 돌아가 사망했다.

권율이 파주의 대흥산성으로 옮겨 진을 치자 적병이 또 침입해 왔으나 모두 싸우지 않고 물러갔다. 제독이 이 소식을 듣고는 갑작스레 회군한 것을 자못 후회하면서 장세작으로 하여금 이덕형과 함께 도로 개성에 가서 군량을 비축해 놓고 기다리게 하였다.

-『선조수정실록』, 1593년 2월 1일

나대용

이순신 장군은 뛰어난 전술과 거북선, 화포 등의 무기를 가지고 모든 전투를 승리로 이끌었다. 특히 거북선은 이순신 장군의 부하 나대용[286)]이 장군의 명령을 받아, 태종 때 만들어진 책에 소개된 거북선을 참고하여 만든 것이다.

1606년 12월 24일 나대용은 선조에게 창선을 개발하였다고 상소를 올렸다. 전투형 거북선과, 많은 탑승 인원이 필요한 판옥선의 단점을 보완하여, 칼과 쇠침을 빽빽이 꽂아 창선을 건조하였다. 125명이 필요한 판옥선에 비해 격군 42명으로도 배의 운용이 가능하며, 군 인력을 늘이지 않고도 배를 두 배로 유지할 수 있기 때문에 유용한 장점이 있었다.

거북선은 적으로부터 멀리 떨어져 대포를 쏘아 적의 배를 침몰시키는 작전과 일본군에 가까이 접근하면 조총의 사정거리에 들어가기도 했고, 오랜 내전으로 칼싸움에 능한 일본군들이 우리 배로 넘어오면 당해낼 수 없었기에 적의 대장선을 공격할 돌격선이 필요했던 것이다. 돌격선이라는 쓰임에 맞게 거북선은 당시 3층 구조로 우리 수군의 주력 전함인 판옥선의 위에 철첨(쇠침)이 달린

---

286) **나대용**羅大用 : 1591년 전라좌수사 이순신의 막하에 군관으로 들어가 거북선 건조에 참여하고, 임진왜란이 일어나자 이순신의 막하로 참전하여 여러 해전에서 공을 세웠다. 특히, 1592년 옥포해전에서 유군장을 맡아 적의 대선 2척을 격파하고, 사천해전에서는 분전 끝에 총탄을 맞아 전상을 입고 한산도해전에서도 재차 부상을 당하였다. 그 뒤 정유재란 때의 명량해전과 1598년의 노량해전에 참가하여 전공을 세웠다. 그와 같은 전공으로 1594년 강진현감으로 임명되고 연달아 금구·능성·고성의 현감을 역임하고, 전후에는 창선을 고안하여 만들었다. 1610년(광해군 2년)는 남해현령에 제수되어 해추선이라는 쾌속선을 고안하여 건조하고, 1611년에는 경기수군을 관할하는 교동수사에 제수되었으나 전상이 도져 부임하지 못하고 1612년 1월 29일에 죽었다.

철갑 덮개로 조총의 공격도 막고 일본군이 배 위로 건너올 위험 없이 대장선까지 돌격할 수 있었다. 거북선이 만들어진 곳은 옛날부터 '선소 마을'이라고 불린 전라남도 여수에서 임진왜란 때 이순신 장군이 조선 기술을 가진 나대용과 함께 거북선을 만들었다.

칠천량의 패전의 손실이 커서 선조는 수군을 폐지하려고도 했다. 그러자 이순신은 선조에게 다음과 같은 장계를 올려 수군폐지불가론을 주장했다. "지금 신에게는 아직도 전선 12척이 남아 있나이다. 죽을 힘을 다하여 막아 싸운다면 능히 대적할 수 있사옵니다. 비록 전선의 수는 적지만 신이 죽지 않은 한 적은 감히 우리를 업신여기지 못할 것입니다."라고 했다.



## 일본의 재침략, 정유재란이 일어나다

일본은 강화가 결렬되자 재차 침략했다. 1597년(선조 30년) 경상좌도 방어사 권응수가 치계하기를 '이달 13일에 왜선 1백 50여 척이 다대포에 와 정박하였다.'고 하였는데, 바로 가등청정이 바다를 건너왔다는 보고였다.

명나라도 병부상서 형개를 총독, 양호를 경리조선군무, 총병관 마귀麻貴를 제독으로 삼아 5만 5,000명의 원군을 보내왔다. 이때 조선군의 전선 동원병력은 3만 명으로 권율부대를 대구 공산에, 권응수부대를 경주에, 곽재우부대를 창녕에, 이복남부대를 나주에, 이시언부대를 추풍령에 각각 배치했다.

7월초 일본은 주력군을 재편하여 고바야가와를 총사령관으로, 우군은 대장 모리 이하 가토·구로다 등으로, 좌군은 대장 우키다 이하 고니시·시마즈 등으로 편성한 뒤 하삼도를 완전 점령하기 위해서 공격을 감행했다. 일본군은 남해·사천·고성·하동·광양 등을 점령한 후 구례를 거쳐 전병력으로 남원을 총공격했다. 이에 이복남·이춘원·김경로 지휘하의 수성군은 격전을 벌였으나 수의 열세로 성은 함락되고 말았다. 이후 일본군은 전주에 집결한 후 좌군은 남쪽으로 내려오면서 약탈을 하고, 우군은 충청도로 북진했다.

월초 충청방어사 박명현부대는 여산·은진·진산에서 일본군을 공격했고, 이시언부대도 회덕에서 일본 좌군을 격파했다. 그리고 정기룡부대는 고령에서, 조종도 부대는 황석산성에서 일본 우군과 치열한 격전을 전개했다. 9월 5~6일 권율·이시언이 지휘하는 조선군과 해생 지휘하의 명나라 연합군은 직산에서 가토군·구로다군을 대파했다. 이에 일본군은 더이상 북상하지 못하고 남하하여 고니시군은 순천, 가토군은 울산으로 후퇴하여 농성했다. 그해 11월 명의 형개가 4만 명의 병력을 3로로 재편하자 조선군도 이시언·성윤문·정기룡이 각각 1영씩 지휘하여 남진을 시작했다.



한편 그해 1월 일본군 측의 거짓 정보와 서인 일부의 모함에 의해 정부의 출동 명령을 집행하지 않았다는 이유로 이순신은 파직당하고 대신 원균이 삼도수군통제사가 되었다.

**實錄記事** 1597년 2월 1일, 통제사 이순신을 하옥시키라 명하고 원균으로 대신하다

통제사 이순신을 하옥시키라 명하고, 원균으로 대신하였다.
이보다 앞서 평행장과 경상 우병사 김응서가 서로 통하여, 요시라가 그 사이를 왕래하였는데, 그가 말한 바가 마치 가등청정과 사이가 좋지 않은 듯해서 우리 나라는 그걸 믿었었다. 이때에 왜적이 재침을 모의하면서 우리 나라의 수군을 꺼려했고, 그중에서도 더욱더 순신을 꺼렸다. 이에 요시라를 보내서 말하기를 '강화하는 일이 이루어지지 않은 것은 실로 가등청정이 주장하고 있어서이다. 만약 그를 제거하면 나의 한이 풀리게 되고 귀국의 근심도 제거될 것이다. 모월 모일에 가등청정이 어느 섬에서 살 것이니, 귀국에서 민악 수군을 시켜 몰래 잠복해 있다가 엄습하면 결박할 수가 있을 것이다.' 하였다. 응서가 이로써 보고하니, 상이 황신을 보내 순신에게 비밀히 유시하였다. 그러나 순신은 '바닷길이 험난하고 왜적이 필시 복병을 설치하고 기다릴 것이다. 전함을 많이 출동하면 적이 알게 될 것이고, 적게 출동하면 도리어 습격을 받을 것이다.' 하고는 마침내 거행하지 않았다. 그런데 그날 가등청정이 과연 다대포 앞바다에 왔다가 그대로 서생포로 향했는데, 이는 실로 행장과 함께 작은 군사로 우리를 유인하고자 한 것이었다. 그런데 조정에서는 오히려 조정의 명령을 따르지 않은 것을 들어 순신을 하옥시켜 고신하게 하고, 마침내 전남

병사 원균을 통제사로 삼았다. -『선조수정실록』, 1597년 2월 1일

4월 조선 수군은 조선 연해로 들어오는 일본 수군을 중도에서 공격하려다 태풍으로 뜻을 이루지 못하고 일본 수군의 부산 상륙을 허용했다. 이어 일본군이 제해권을 빼앗기 위해 해전에서 맹렬한 공세를 취하자, 원균이 이끄는 조선 수군은 6월 안골포전투와 7월 웅포전투, 칠천도전투에서 대패했다.



### 實錄記事 1597년 6월 1일, 수군의 제장수들이 거제에서 적과 싸웠는데 보성 군수 안홍국이 전사하다

수군의 여러 장수들이 한산도에서 바다로 나가다가 거제에서 적을 만나 싸웠는데, 보성 군수 안홍국이 전사하였다. -『선조수정실록』, 1597년 6월 1일

### 實錄記事 1597년 6월 11일, 원균이 수륙의 병공을 처치해 줄 것을 요청하다

수군 통제사 전라좌도 수군 절도사 원균이 치계하기를,

"신이 11월 15일에 먼저 안골포를 공격하겠다는 계책을 갖추 계달하였는데 명을 기다리는 사이에 시일이 쉽게 가버려 앉아서 기회를 잃게 되었으니, 매우 안타깝습니다. 대개 전에는 적들이 비록 거제·웅천 등처를 점거하고 있었으나 거리가 조금 떨어져 있었고 주사가 장생포·다대포를 출입하면서 스스로 화친한 뒤라고 칭탁하며 철병하겠다고 크게 소문을 냈었는데, 이제 거제의 적은 안골포로 들어가 점거하고 김해의 적은 죽도로 들어가 점거하여 목을 막고 정치鼎峙하여 서로 성세를 의지하면서 우리나라의 뱃길을 막고 있습니다. 따라서 부산 앞바다로 나아가 적의 무리를 차단하여 공격할 방도가 다시 없게 되었는데, 설사 대거 이를 수 있다 하더라도 나아가서는 배를 머무를 곳이 없고, 물러나서는 뒤를 돌아다 보아야 할 근심이 있으니, 실로 병가의 승산이 아닙니다. 신의 계책으로는 반드시 수륙으로 병진하여 안골포의 적을 도모한 연후에야 차단할 방도가 생겨 회복하는 형세를 십분 우리에게 유리하게 전개시킬 수 있으리라 여겨집니다. 조정에서도 방도를 강구하지 않는 것은 아니겠으나, 신이 변방에 있으면서 적을 헤아려 보건대 금일의 계책은 이보다 나은 것이 없으니, 조정으로 하여금 각별히 처치하여 속히 지휘하게 하소서."

하였는데, 비변사에 계하啓下하였다. 비변사가 회계하기를,

"원균의 뜻은 반드시 육군이 먼저 안골포와 가덕도의 적을 공격해야 한다는 것이고, 도원수와 체찰사의 뜻은 그렇지 않아 수군을 나누어 다대포 등처를 왕래시키면서 해양에서 요격하려는 계획입니다. 이는 대사이니, 여러 장수의 계책을 하나로 결정하여 처리해야지 서로 달라서 기회를 잃게 해서는 안 됩니다. 신들 역시 지도로 형세를 살피고 해변의 형세를 자세히 아는 사람의 말을 참조하건대 안골포는 김해·죽도와 매우 가깝고 지형이 바다 가운데로 뻗어 나왔으므로 군사가 육로로 공격하면 적에게 뒤에서 엄습당할 염려가 없지 않으니, 도원수가 진공을 어렵게 여기는 것이 또한 반드시 소견이 있을 듯합니다. 대저 군중의 일을 제어하는 권한이 체찰사와 도원수에게 있으니, 제장으로서는 품하여 지휘를 받아서 진퇴하는 것이 마땅한데도 근일 남쪽의 장수들이 조정에 처치해 달라고 자청하는 일이 다반사여서 체통을 유지시키는 뜻이 도무지 없습니다. 위의 사연을 도체찰사와 도원수에게 모두 하유하는 것이 어떻겠습니까?"

아뢴 대로 윤허하였다. - 『선조실록』, 1597년 6월 11일

### 實錄記事 1597년 6월 28일, 원균이 드디어 가덕도 앞바다로 향하다

도원수 권율의 장계는 다음과 같다.

"통제사 원균은 매양 육로에서 먼저 안골포 등의 적을 치라고 미루면서 바다로 나가 군사 작전을 벌여 오는 적을 막을 생각이 없으니, 신은 분한 마음을 이기지 못하겠습니다. 그래서 혹은 전령으로 혹은 돌려보내면서 호되게 나무랐고 세 번이나 도체찰사에게 군관을 보내기까지 하였습니다. 그리하여 남이공이 또한 체찰의 명을 받들고 한산도에 들어가 앉아서 독촉하고서야 부득이한 나머지 18일에 비로소 전선을 출발시켜 크고 작은 배 1백여 척이 가덕도 앞바다를 향했으니, 이는 남이공의 힘이었지 어찌 원균의 마음이었겠습니까. 비록 그렇긴 하나 이런 식으로 계속 번갈아 교대하며 뒤에 오는 자가 나아가고 앞에 간 자가 돌아오면, 그곳의 적들이 의심하고 두려워하여 감히 바다를 건너지 못할 것이고 혹시 돛을 달더라도 파두에 부서질 것이니, 이곳에 있는 적들의 형세가 고단해지고 양식이 떨어져 진퇴가 궁색해질 것입니다. 이러한 때를 당하여 중국군의 힘을 합쳐 뜻을 정해 진격해 들어가면 어찌 되지 않을 리가 있겠습니까. 신은 우선 사천泗川에 머물면서 해상의 소식을 기다리겠습니다."- 『선조실록』, 1597년 6월 28일

## 實錄記事 1597년 6월 29일, 경상도 도체찰사 이원익이 가덕도·안골포에서의 전황을 보고하다

경상도 도체찰사 이원익의 장계는 다음과 같다.

"신의 종사관 남이공이 이달 19일 술시에 성첩한 치보 가운데 '18일 한산도에서 발선시켜 저물녘에 장문포에 들어가 자고, 이튿날 일찍 통제사 원균과 함께 같은 배를 타고 대를 나누어 학익진을 이루어 안골포의 적의 소굴로 직진하였더니, 적도들이 다 줄지어 서서 혹 해안에 잠복하기도 하고 혹은 암석 사이에 기계를 설치하기도 하였다. 제장들이 경예한 군사를 거느리고 북을 울리면서 전진했더니 적들도 배를 타고 싸움을 걸어와 서로 응전하였는데, 포탄과 화살이 함께 쏟아져 해안이 진동하였는데도 군사들은 조금도 물러날 뜻이 없었다. 마침내 적선에 육박하여 많은 숫자를 살상하니, 적은 마침내 버티지 못하고 간신히 해안 위로 도망하기에 인하여 타고 온 배 2척을 빼앗았다. 또 가덕도로 향했더니 가덕도의 적은 이미 안골포에서 내원했기 때문에 적들이 또 배를 타고 그들의 소굴로 들어갔다. 우리 수군들이 급히 배를 저어 추격하여 거의 모든 적선을 포착하기에 이르자 적들은 마침내 배를 버리고 작은 섬으로 숨어 들어갔다. 제장들이 포위하고 난사하였으나 그들 배만 빼앗았고, 인하여 섬 안으로 들어가 찾아보았는데 혈점만 땅에 가득할 뿐 종적을 찾을 수 없었다. 수군이 그만두고 돌아오려 할 즈음에 안골포의 적도들이 또 배를 타고 역습해 왔으므로 아군은 다시 돌아서 접전하였다. 적도들은 알몸을 드러낸 채 서서 조금도 두려워하지 않고는 혹 배 꼬리를 둘러싸기도 하고 배의 좌우를 협공하기도 하면서 비처럼 탄환을 쏘아댔으므로 아군 역시 방패에 의지하여 화살을 다발로 쏘아대며 점차 유인해 나오다 날이 저물자 파하고 돌아왔다. 평산만호 김축은 눈 아래에 탄환을 맞았는데 즉시 뽑아냈고 그밖에 하졸들은 하나도 중상을 입지 않았는데, 보성 군수 안홍국이 끝내 이마에 철환을 맞아 뇌를 관통하여 그 자리에서 죽었으니, 매우 참혹하다. 현재 배 위에 있으므로 소상히 기록하지 못하고 우선 상황을 치보하여 알린다.' 하였습니다.

호남에서 괄군하는 일로 제석산성에서 수군으로 옮겨 온 자의 숫자가 천 명이 못 되는데, 그 나머지 아직까지 입거하지 않은 자는 현재 출발을 독려하고 있습니다. 그런데 요즈음 중적이 대마도에 많이 모여 있는데 그들이 바다를 건너는 것은 반드시 6~7월 동남풍이 부는 때를 벗어나지 않을 것입니다. 이런 기회를 당하여 수군이 해로를 왕래하면서 혹 적과 서로 마주쳐 막아 죽이고 혹은 의심하고 꺼려 나오지 못하게 한다면 모두 유익할 것입니다. 전선을 정제하여 해양을 출입하게 하되, 가덕도·안골포 등의 적진이야말로 출입하는 길목에 해당되니 그들과 서로 접전하게 하지 않을 수 없는데, 보성 군수 안홍국이 탄환에 맞아 죽은 것은 매우 놀랍고 참혹한 일입니다."

-『선조실록』, 1597년 6월 29일

### 實錄記事 1597년 7월 10일, 비변사의 건의대로 원균에게 후퇴하지 말고 적을 공격할 것을 명령하다



비변사가 아뢰기를,

"적병이 비록 해안에 나누어 점거하고 있으나 군량을 조달하고 병사를 보충하는 길은 바다에 있습니다. 우리 나라의 주사(수군)를 적이 무서워하니 부대를 나누어 번갈아 나가 바다에 왕래하면서 적의 보급로를 끊는다면 이는 곧 적의 허점을 공격하는 것임과 동시에 요해처를 장악하는 것이니 현재의 계책으로는 이보다 나은 것이 없습니다. 다만 염려되는 것은 제장들이 명령을 잘 이행하지 않아 부득이 출병하였다가 오히려 앞을 다투어 돌아옴으로써 크게 형세를 이루어 적의 사기를 떨어뜨리지 못하는 것뿐입니다. 지금 양 총병의 분부가 이와 같으니, 접견할 때 문답한 내용을 자세히 거론하여 미리 도체찰사와 도원수에게 하유하되 시급히 전일 분부한 대로 주사의 제장을 엄하게 독려하는 한편 기회를 살펴가며 도모하여 기회를 잃어 대사를 그르치지 않도록 하는 것이 어떻겠습니까?"

상이 전교하기를,

"아뢴 대로 시행하라. 원균元均에게도 아울러 말을 만들어 하유하기를, '전일과 같이 후퇴하여 적을 놓아준다면 나라에는 법이 있고 나 역시 사사로이 용서하지 않을 것이다.'라고 하라."

-『선조실록』, 1597년 7월 10일

### 實錄記事 1597년 7월 22일, 원균이 지휘한 수군의 패배에 대한 대책을 비변사 당상들과 논의하다

상이 별전에 나아가 대신과 비변사 당상을 인견하였는데 영의정 유성룡, 행 판중추부사 윤두수, 우의정 김응남, 행 지중추부사 정탁, 행 형조 판서 김명원, 병조 판서 이항복, 병조 참판 유영경, 행 상호군 노직, 좌승지 정광적, 주서 박승업, 가주서 이성, 검열 임수정, 이필영이 입시하였다. 상이 김식의 서계를 대신들에게 내보이면서 이르기를,

"주사가 전군이 대패하였으니 이제는 어찌 할 도리가 없다. 대신이 도독과 안찰의 아문에 가서 이 소식을 알려야겠다."

또 이르기를,

"충청과 전라 두 도에 남은 배가 있는가? 어떻게 할 수 없는 일이라고 핑계만 대고 그대로 둘 수 있는가. 지금으로서는 남은 배로 수습하여 방어할 계책을 세우는 길뿐이다."

좌우가 모두 한 마디도 말하는 자가 없이 한참 동안 침묵을 지키니, 상이 소리 높여 이르기를,

"대신들은 어찌하여 대답하지 않는가? 이대로 방치한 채 아무런 방책도 세우지 않을 셈인가? 대답을 않는다고 왜적이 물러나고 군사가 무사하게 될 것인가."

성룡이 아뢰기를,

"감히 대답을 드리지 않으려는 것이 아니고 너무도 민박한 나머지 계책을 생각지 못하여 미처 주달하지 못하는 것입니다."

*충청과 전라 두 도에 남은 배가 있는가? 어떻게 할 수 없는 일이라고 핑계만 대고 그대로 둘 수 있는가. 지금으로서는 남은 배로 수습하여 방어할 계책을 세우는 길뿐이다.*

상이 이르기를,

"주사 전군이 대패한 것은 천운이니 어찌하겠는가. 원균은 죽었더라도 어찌 사람이 없겠는가. 다만 각도의 배를 수습하여 속히 방비해야 할 뿐이다."

또 이르기를,

"척후병도 설치하지 않았단 말인가? 왜 후퇴하여 한산이라도 지키지 못했는가?"

성룡이 아뢰기를,

"한산에 거의 이르러서 칠천도에 도달했을 때가 밤 2경이었는데 왜적은 어둠을 이용하여 잠입하였다가 불의에 방포하여 우리 전선 4척을 불태우니 너무도 창졸간이라 추격하여 포획하지도 못하였고, 다음날 날이 밝았을 때에는 이미 적선이 사면으로 포위하여 아군은 부득이 고성으로 향하였습니다. 육지에 내려보니 왜적이 먼저 하륙하여 이미 진을 치고 있었으므로 우리 군사는 미처 손쓸 사이도 없이 모두 죽음을 당하였다고 합니다."

상이 이르기를,

"한산을 고수하여 호표가 버티고 있는 듯한 형세를 만들었어야 했는데도 반드시 출병을 독촉하여 이와 같은 패배를 초래하게 하였으니 이는 사람이 한 일이 아니고 실로 하늘이 그렇게 만든 것이다. 말해도 소용이 없지만 어찌 어쩔 수 없는 일이라고 방치한 채 아무런 대책도 세우지 않을 수 있겠는가. 남은 배만이라도 수습하여 양호 지방을 방수해야 한다."

항복이 아뢰기를,

"지금의 계책으로는 통제사와 수사水使를 차출하여 계책을 세워 방수하게 하는 길밖에

없습니다."

상이 이르기를,

"그 말이 옳다."

또 이르기를,

"적의 수가 매우 많았으니 당초에 풍파에 쓸려 죽었다는 설은 헛소리였다. 그들을 감당하지 못하더라도 한산으로 후퇴했더라면 형세가 극히 좋고 막아 지키기에도 편리하였을 것인데 이런 요새를 버리고 지키지 않았으니 매우 잘못된 계책이다. 원균이 일찍이 절영도 앞바다에는 나가기 어렵다고 하더니 이제 과연 이 지경에 이르렀다. 내가 전에도 말했거니와 저 왜적들이 6년간을 버티고 있는 것이 어찌 한 장의 봉전[287]을 받기 위해서였겠는가. 대체로 적의 배가 전보다 대단히 크다고 하는데 사실인가?"



김응남이 아뢰기를,

"그렇습니다."

상이 이르기를,

"대포와 화전火箭도 배에 싣고 왔는가?"

명원이 아뢰기를,

"이는 알 수 없고 김식의 말에 의하면 왜적이 우리 배에 접근하여 올라오자 우리 장사들은 손 한 번 써보지도 못하고 패몰되었다고 합니다."

정광적은 아뢰기를,

"아군은 칠병포만을 쏘았다고 하니 참으로 마음 아픈 일입니다."

상이 이르기를,

"평수길이 항상 말하기를 '먼저 주사를 격파한 다음에야 육군을 노획할 수 있다.'고 했다 하더니 이제 과연 그렇게 되었다."

노직이 아뢰기를,

"9일의 싸움에서는 군졸들이 겁을 먹어 화살 하나도 쏘지 못하였다고 합니다."

상이 이르기를,

"이미 지난 일을 논의하면 무슨 도움이 있겠는가. 일변으로 통제사를 차출하여 남은 배를 수습하면서 일변으로는 도독부에 알리고, 또 일변으로 중국 조정에 주문(임금께 아룀)해야 할 것이다."

상이 항복에게 이르기를,

---

287) **봉전**封典 : 중국으로부터 받는 봉작封爵.

"전군이 모두 패몰되었는가, 혹 도망하여 살아남은 자도 있는가?"

항복이 대답하기를,

"넓은 바다라면 패전하였더라도 혹 도망하여 나올 수 있지만 지금 이 상황은 그렇지 않아 비좁은 지역에 정박하였다가 갑자기 적선을 만나 궁지에 몰려 하륙하였으니 대체로 전군이 패몰되었을 것입니다."

상이 해도海圖를 살펴보며 항복에게 가리켜 보이면서 이르기를,



"후퇴해 나올 때, 견내량見乃梁에 이르기 전에 고성에서 적병을 만나 이와 같이 패배를 당했단 말인가? 저쪽을 경유하였다면 한산으로 쉽게 퇴진하였을 것인데 이곳을 경유하여 패배를 당하였는가?"

항복이 이르기를,

"그렇습니다."

성룡이 아뢰기를,

"한산을 잃는다면 남해는 요충지대인데 지금 이곳도 필시 적의 점거지가 되었을 것입니다."

상이 이르기를,

"영상도 남해를 근심하고 있는가?"

성룡이 아뢰기를,

"어찌 남해만 근심이 되겠습니까."

상이 이르기를,

"이 일은 어찌 사람의 지혜만 잘못이겠는가. 천명이니 어찌하겠는가."

명원이 아뢰기를,

"장수를 보낸다면 누가 적임자가 되겠습니까?"

항복이 아뢰기를,

"오늘날의 할 일은 단지 적절한 인재 선발에 있습니다."

상이 이르기를,

"원균은 처음부터 가려고 하지 않았으나 남이공의 말을 들으면 배설도 '비록 군법에 의하여 나 홀로 죽음을 당할지언정 군졸들을 어떻게 사지에 들여 보내겠는가.'라고 했다고 한다. 대체로 모든 일은 사세를 살펴보고 시행하되 요해처는 고수해야 옳은 것이다. 이번 일은 도원수가 원균을 독촉했기 때문에 이와 같은 패배가 있게 된 것이다."

상이 이르기를,

"우리나라는 지금까지 적세를 알지 못하고 입으로만 늘 당병唐兵 당병이라고 하였는데,

만약 왜적이 움직인다면 수천에 불과한 중국 군사가 방어할 수 있을 것인가. 그들이 이런 말을 들으면 반드시 나를 겁쟁이라 여겨 그들의 조소를 받을 것이나 마 도독의 군사는 만 명도 채 못 되고 양원楊元의 군사도 3천 명 정도이니 어떻게 남원을 지킬 수 있겠는가. 만약 적이 돌아서 호남 연해에 정박한다면 남원 지방 정도는 마치 큰길 가운데 손가마를 놓아둔 것과 다름이 없는데 양원이 홀로 방어할 수 있겠는가. 만약 중국의 군사가 많이 집결되면 서로西路는 그런대로 보존할 수 있을지도 모르나 하삼도下三道는 수습하기가 어려울 것이다."



항복이 아뢰기를,

"왜적이 혹 광양·순천으로 향하면 양원이 혼자 지킬 수가 없습니다."

성룡이 아뢰기를,

"지금은 중국의 군사를 믿을 만하지 못하니, 마땅히 남은 배로 강화江華 등지를 수비해야 합니다."

윤두수는 아뢰기를,

"비록 잔여 선박이 있다 하더라도 군졸을 충당하기가 어려우니 아직은 통제사를 차출하지 말고 각도의 수사로 하여금 우선 그 지방의 군졸을 수습하여 각기 지방을 지키게 하는 것이 어떻겠습니까?"

성룡이 아뢰기를,

"산동의 수군이 나온다 하더라도 풍랑이 점점 높아질 때이니 그들이 반드시 온다고 믿기는 어렵습니다."

상이 이르기를,

"중국군이 온다 해도 왜적이 어찌 두려워할 리가 있겠는가. 많은 사람이, 중국군이 나오기만 하면 왜군은 저절로 물러갈 것이라 하지만 이 말은 틀린 말이다."

또 이르기를,

"한담을 아무리 늘어놓는다 해도 국가의 성패에는 도움이 안 된다. 대신이 먼저 도독과 안찰에게 가서 알리는 한편 일변으로 주사舟師를 수습해야지 그밖에 다른 선책은 없다."

상이 이르기를,

"내 말이 지나친 염려인 듯하지만, 중국 장수들은 늘 우리 주사를 믿는다고 했는데 지금 이같은 패보를 들으면 혹 물러갈 염려가 있으니, 만약 그렇게 될 경우에는 어떻게 해야 하는가?"

항복이 아뢰기를,

"아마도 경솔하게 물러가지는 않을 것입니다."

“한산은 왜적과 가까운 거리에 있으므로 외로운 군사로는 지킬 수 없을 것이니 조금 후퇴하여 전라우도를 지키게 하는 것이 좋을 것이다.”

성룡이 아뢰기를,

“그렇게 하면 결국 남해를 빼앗기고 말 것입니다.”

상이 이르기를,

“내가 확실히 알지는 못하나 지금 주사가 패몰되었다는 소문이 전파되었다면 남방 인심이 이미 놀라 흔들릴 것이니 다시는 어떻게 할 도리가 없을 것이다. 그러나 어떻게 할 수 없다고 하여 아무런 계책도 세우지 않을 것인가. 어찌 죽기만을 기다리고 약을 쓰지 않을 수 있겠는가. 단지 ‘민박’ 두 글자만 부르짖는다고 왜적이 물러나 도망하겠는가.”

성룡이 아뢰기를,

“남해와 진도를 지키다가 감당하지 못하면 물러나서 다른 요새지를 택하여 지키는 것이 옳을 것입니다.”

상이 이르기를,

“우리나라는 위로 중국이 있으니 왜적의 소유가 될 리는 없다. 그러하니 모든 일에 할 수 있는 데까지 힘을 다하여야 할 것이다.”

- 『선조실록』, 1597년 7월 22일

## 實錄記事 1597년 7월 22일, 조즙·이순신·권준에게 관직을 제수하다

조즙을 사간원 정언으로, 이순신을 전라좌도 수군 절도사 겸 경상·전라·충청 삼도 통제사로, 권준을 충청도 수군 절도사로 삼았다.

- 『선조실록』, 1597년 7월 10일

## 實錄記事 1597년 7월 26일, 원수 권율이 한산도의 군사 상황을 보고하고 이순신의 파견을 건의하다

7월 21일에 성첩한 도원수 권율의 서장에 아뢰기를,

“신의 군관인 최영길이 한산도에서 지금에야 비로소 나왔는데 그가 말하기를 ‘원균元均이 사지를 벗어나 진주로 향하면서 말하기를, 「사량에 도착한 대선 18척과 전라선 20척은 본도에 산재해 있고, 한산에 머물러 있던 군민·남녀·군기軍器와 여러 곳에서 모여든 잡선 등을 남김없이 창선도에 집합시켜 놓았으며, 군량 1만여 석은 일시에 운반하지 못하여 덜어내어 불태웠고, 격군은 도망하다 패배한 배는 모두 육지 가까운 곳에 정박시켰으므로 사망자는 많지 않았다.」고 하였다.’ 하였습니다. 최영길을 곧이어 올려보내겠습니다. 이순신에게 흩어져 도망한 배를 수습하도록 사량으로 들여보내소서.”

비변사에 계하하였다.

- 『선조실록』, 1597년 7월 26일

**實錄記事 1597년 8월 5일, 원균을 비롯하여 패주한 장수들의 처벌 문제를 논의하다**

도체찰사 이원익이 치계하기를,

"주사의 각 장수들에 대한 생사와 거처는 전에 태안 군수 이광영이 진술한 바에 의거하여 이미 장계를 올렸는데, 뒤에 다시 조사해 본 결과 전후 말한 것이 각기 달랐으므로 권율에게 전령하여 무사를 각처로 파견하여 사실을 확실히 조사케 한 후에 계문하려 합니다.

임진난 이후 분궤한 장관將官들을 한 사람도 군법에 의해 치죄하지 않았으므로 오늘날에 와서는 관습이 되어 보통으로 여기게 되었습니다. 이번의 주사들은 처음부터 서로 힘을 겨루며 싸우다가 패멸된 것이 아니라 살아 남은 자나 죽은 자나 모두 달아나기에 바빴던 사람들입니다. 중론을 참고해 보니 힘을 다하여 싸우다가 바다 한가운데에서 전사한 자는 조방장 김완뿐이었습니다. 많은 장수들에게 모두 군법을 시행할 수 없다 해도 원균은 주장主將이었으니 군사를 상실한 군율로 처단해야 합니다. 경상 우수사 배설과 조방장 배흥립 두 장수는 제장의 우두머리였으니 배흥립에게는 우선 군령을 시행하고, 배설은 지금 병선을 이끌고 바다에 있으므로 이 사람까지 제거하면 해로가 모두 비게 될 것이니 우선 뒷날을 기다려 논의하여 처치해야 하겠습니다. 이하 수령과 변장들도 등급을 나눠 죄를 주되 그 중 가장 먼저 도망갈 것을 주장하여 서로 구원해주지 않은 자들에 대해서는 모두 군법으로 처리할 것을 도원수 권율과 이미 의정하였습니다."

비변사가 회계하기를,

"주사의 패군한 장수에게는 원래 해당되는 군율이 있으니 장계대로 시행해야 합니다. 수령이나 변장들도 거처를 찾아내어 등급대로 죄를 주되 그 중 먼저 도망할 것을 선동하여 서로 구원하지 않은 자는 그 사실을 상세히 조사하여 모두 군법에 의해 다스려야 합니다. 배설은 지금 주사를 영솔하고 바다 가운데에 있으니 잠시 후일을 기다려서 의논하여 처리하는 것도 안 될 것이 없습니다. 이러한 사연으로 행이[288]하는 것이 어떻겠습니까?"

상이 이르기를,

"아뢴 대로 윤허한다. 다만 원균을 죽이려 할 경우 균이 마음 속으로 복종하지 않을 듯하니, 헤아려서 처리하라."

비변사가 회계하기를,

288) **행이**行移 : 행문이첩行文移牒, 관청에서 공문서를 발송하여 조회함.

"원균이 군사를 잃은 죄는 참으로 용서하기 어려우나 그간에 잘못한 죄를 오로지 원균에게만 책임지울 수는 없을 듯하니, 우선 원균이 나타나기를 기다렸다가 다시 의논하여 처리하는 것이 어떻겠습니까?"

아뢴 대로 윤허하였다. - 『선조실록』, 1597년 8월 5일



8월 초 다시 삼도수군통제사에 복귀한 이순신은 9월 16일 13척의 함선을 이끌고 출동하여 서해로 향하는 300여 척의 일본전선을 명량에서 대파했다. 이 승리로 일본군의 수륙병진계획은 수포로 돌아갔고, 조선수군은 다시 제해권을 장악했다. 육지와 바다에서 참패를 당한 일본군은 전의를 상실하고 패주하여 남해안 일대에 몰려 있었다.

### 實錄記事 1597년 9월 1일, 통제사 이순신이 진도 벽파정 아래에서 적을 격파하여 왜장을 죽이다

통제사 이순신이 진도 벽파정 아래에서 적을 격파하여 왜장 마다시를 죽였다.

순신이 진도에 도착해 병선을 수습하여 10여 척을 얻었다. 이때 배를 타고 피난해 있던 연해의 사민들이 순신이 왔다는 말을 듣고는 기뻐하였다. 순신은 길을 나누어 그들을 불러모아 군대 후면에 있으면서 군사의 형세를 돕도록 했다. 적장 마다시는 수전을 잘한다고 소문난 자인데, 2백여 척을 거느리고 서해를 범하려고 하여, 벽파정 아래에서 접전하게 되었다. 순신은 12척의 배에다 대포를 싣고는 조수를 타고 순류하여 공격하니, 적이 패주敗走하였으므로, 수군의 명성이 크게 진동하였다. - 『선조실록』, 1597년 9월 1일

### 實錄記事 1597년 11월 7일, 경리 접반사가 이순신 등 조선 장수들의 지체함을 꾸짖다

경리의 접반사가 아뢰기를,

"경리가 신에게 이르기를 '공격할 날짜가 이미 가까왔는데도 조선은 일마다 지연시켜 그르치고 있으니, 나로 하여금 어떻게 처리하라는 말인가. 이순신에게는 군사가 주둔한 처소와 군사가 움직이고 있는 상황을 물어보라고 하였으나 달이 지나도록 회답이 없고, 김응서는 속히 불러와서 용병·초탐·향도 등 여러 일들을 강론하자고 하였으나 지금껏 오지 않으며, 권율에게는 각항의 군기를 속히 참작하여 보고하라고 하였으나

시한이 여러 날이 경과하였는데도 전혀 답이 없다. 윤승훈은 근일에 군량의 상황을 자주 조사 보고하여 나의 번민을 조금 풀어주고 있으나 김응남은 내려간 이후 어찌 한 번의 문보도 없는가. 중국은 법도가 매우 엄격하여 저번에 해방도가 금의위에 잡혀 갔는데, 지난달 19일에 요양을 떠나 24일에 막 북경에 들어갔다. 당신네 나라는 조금 고관만 되면 스스로 높은 체하고 전권을 행사하는가 하면, 또한 국왕의 명령도 두려워하지 않아서 국왕이 불러도 오지 않으니, 국왕이 법이 있어도 시행하지 못한다면 무슨 일을 이룰 수 있겠는가. 병가의 사기는 풍화보다도 빠른 것인데, 일마다 지연시키고 그르치니 어쩌자는 말인가.' 하였는데, 더러는 개탄하고 더러는 성난 표정을 보이며 사기가 매우 준엄하고 언어가 듣기에 거북스러웠습니다.

신이 답하기를 '노야께서 이곳에 와 있으면서 밤낮으로 마음 죄이며 큰일을 주선하는데도 우리나라가 뜻을 받들어 거행하지 못하여 일마다 이루지 못하고 있으니 그 죄 만번 죽어 마땅하다.' 하고, 이어 머리를 조아려 사죄하려고 하니, 경리가 말하기를 '시원하게 일을 처리하지는 못하고, 매번 황공함을 금치 못하겠다느니 민박함을 금치 못하겠다느니 하기만 하니, 큰 일에 있어서 어쩌자는 말인가. 내가 밤에 잠을 이루지 못하여도 또한 어떻게 할 수가 없다. 서둘러 처리하라.' 하였는데, 오늘의 사색을 보니 이전과는 조금 달라 우리 나라가 지연시켜서 일을 그르친 것을 깊이 꾸짖고 누누이 발하여 마지 않았습니다."

전교하기를,

"경리의 말을 부당하다고는 할 수는 없다. 속히 비변사에 보이라."

–『선조실록』, 1597년 11월 7일

그해 12월과 다음해 1월에 걸쳐 울산 도산성에서 권율 지휘하의 조선군은 가토군을 공격했고, 각 지역에서 일본군 잔낭들을 심멸했다. 그리고 이순신 지휘하의 수군도 절이도와 고금도에서 일본 수군에 결정적 타격을 가했다.

1598년 8월 마침내 도요토미가 죽자 일본군은 철수하기 시작했고, 이에 조선군은 마귀·유정·동일원 등이 지휘하는 명군과 함께 육상에서 일본군을 추격했으나, 명군의 유정이 고니시로부터 뇌물을 받고 명군을 철수시킴으로써 일본군을 섬멸하지 못했다. 풍신수길이 죽고 원가강이 용사用事[289]하면서 여러

289) **용사**用事 : 한시를 지을 때, 전고나 사실을 인용하여 씀

장수들의 처자를 볼모로 잡고 군사를 거두어 돌아오게 하니, 울산·사천·순천 세 방면의 적이 모두 바다를 건너갔다.

## 이순신이 죽음의 바다 노량해전에서 전사하다

선조

1597년 9월 16일 이순신의 함선 13척이 일본 수군 함선 130여 척을 거의 전멸에 가깝게 격퇴했던 명량(울돌목 : 전라남도 진도와 육지 사이의 해협) 해전[290]에서 대승을 거두면서 전세를 역전시켰다. 왜군은 사기가 떨어지고 전쟁을 일으킨 장본인 도요토미 히데요시가 사망하자 전의를 상실했다.

1598년(선조 31년) 11월 1일 이순신을 포함한 조명 연합수군이 경상우도 남해현 노량해협에서 일본의 함대와 싸운 노량해전[291]을 승리로 7년 전쟁이 끝이 났다. 도주하는 일본 함대를 추격하던 이순신은 관음포에서 일본군의 총탄을 맞고 쓰러지면서, "싸움이 급하다. 단 한 명의 조선 수군도 동요돼서는 아니되며, 나의 죽음을 적에게 알리지 말라."라는 유언을 남기고 숨을 거두었다. 가리포첨사 이영남[292]·낙안군수 방

이영남

290) **명량해전**鳴梁海戰 : 명량 해전 또는 명량 대첩은 1597년(선조 30년) 음력 9월 16일(양력 10월 25일) 정유재란 때 이순신이 지휘하는 조선 수군의 함선 13척이 명량에서 일본 수군 함선 130여 척을 거의 전멸에 가깝게 격퇴했던 해전이다.

291) **노량해전**露梁海戰 : 임진왜란 최후의 대규모 해전으로 이순신이 전사한 마지막 싸움이다. 1597년 명량해전에서 크게 패배한 일본은 11월 왜장 고니시 등이 이끄는 500여 척의 왜선이 노량수로와 왜교 등지에서 공격해 왔다. 200여 척의 배밖에 보유하지 못했던 이 전투에서 200여 척의 일본수군이 격파되고 패잔선 50여 척만이 관음포 방면으로 달아났다. 이순신은 도주하는 일본군의 퇴로를 차단하고 적을 격파하여 포위되었던 명의 장수인 진린을 구하고 적을 추격하다가 왜적의 흉탄에 맞고 쓰러졌다. 이순신의 유언으로 그의 죽음은 노량해전에서 승리하고 난 이후에야 알려졌다. 노량해전의 승리는 정유재란을 끝내는 데 중요한 역할을 했다.

292) **이영남**李英男 : 1583년(선조 16년) 무과에 급제하였다. 1592년(선조 25년) 임진왜란 때 옥포만호로서 원균을 도와 적을 방어하고, 이어 정유재란 때 가리포첨절제사로서 조방장을 겸임하여 삼도수군통제사 이순신의 휘하에서 진도해전에 공을 세웠다. 이어 노량싸움에서 적을 섬멸하

덕룡[293]·초계군수 이언량·흥양현감 고득장 등 명나라 수군 부총병 등자룡 역시 추격 도중 전사하였다. 이때 도주하던 150여 척의 일본 함선 중 100여 척을 나포하니 겨우 50여 척의 패전선만이 도주했다. 이순신의 죽음은 전쟁이 끝난 후 탄핵을 받거나 역모에 휘말릴 것을 우려하여 스스로 죽음을 초래한 것이라는 의구심이 제기되고 있다.

한편, 순천 왜교에서 봉쇄당하고 있던 고니시의 군사들은 남해도 남쪽을 거쳐 퇴각하여 시마쓰의 군사들과 함께 부산에 집결한 후 철수했다. 노량해전의 승리는 정유재란을 끝내는 데 중요한 역할을 했다.



**實錄記事 1598년 11월 1일, 통제사 이순신이 수군을 거느리고서 적의 구원병을 패퇴시키고 전사하다**

충무사 이순신 장군 영정

유정이 순천의 적영賊營을 다시 공격하고, 통제사 이순신이 수군을 거느리고 그들의 구원병을 크게 패퇴시켰는데 순신은 그 전투에서 전사하였다. 이때에 행장이 순천 왜교倭橋에다 성을 쌓고 굳게 지키면서 물러가지 않자 유정이 다시 진공하고, 순신은 진인과 해구를 막고 압박하였다. 행장이 사천의 적 심안돈오에게 후원을 요청하니, 돈오가 바닷길로 와서 구원하므로 순신이 진격하여 대파하였는데, 적선 2백여 척을 불태웠고 죽이고 노획한 것이 무수하였다. 남해 경계까지 추격해 순신이 몸소 시석[294]을 무릅쓰고 힘껏 싸우다 날아온 탄환에 가슴을 맞았다. 좌우가 부축하여 장막 속으로 들어가니, 순신이 말하기를 '싸움이 지금 한창 급하니 소심하여 내가 죽었다는 말을 하지 말라.' 하고, 말을 마치자 절명하였다. 순신의 형의 아들인 이완이 그의 죽음을 숨기고 순신의 명령으로 더욱 급하게 싸움을 독려하니, 군중에서는 알지 못하였다. 진인이 탄 배가 적에게 포위되자 완은 그의 군사를 지휘해 구원하니, 적이 흩어져 갔다. 진인이 순신에게 사람을 보내 자기

다가 전사하였다. 1621년(광해군 13년) 병조참판에 추증되었다.

293) **방덕룡**方德龍 : 1597년 정유재란이 일어나자 낙안군수였던 방덕룡은 부사 이영남, 만호 안여종과 함께 절이도에서 복병을 하였다가 적을 협공하여 크게 이겼다. 이듬해 통제사 이순신의 선봉이 되어 노량해전에서 분전하다가 전사하였다.

294) **시석**矢石 : 화살과 돌.

를 구해 준 것을 사례하다 비로소 그의 죽음을 듣고는 놀라 의자에서 떨어져 가슴을 치며 크게 통곡하였고, 우리 군사와 중국 군사들이 순신의 죽음을 듣고는 병영마다 통곡하였다. 그의 운구 행렬이 이르는 곳마다 백성들이 모두 제사를 지내고 수레를 붙잡고 울어 수레가 앞으로 나갈 수가 없었다. 조정에서 우의정을 추증했고, 바닷가 사람들이 자진하여 사우를 짓고 충민사라 불렀다. - 『선조수정실록』, 1598년 11월 1일



## 무기의 발달과 삶의 터전이 폐허가 되다

선조 때 이장손[295]이 발명한 시한폭탄인 비격진천뢰[296]와 조총·화승총 기술이 발달했다. 선조는 왜군과 명나라가 남기고 간 군사 무기를 수집하라고 명하여 무기를 발전시켰다. 7년간에 걸친 전쟁으로 백성들의 삶의 터전은 폐허가 되었고, 귀중한 문화재들은 훼손되거나 약탈되었다. 경작지도 크게 줄었다. 전쟁으로 소실된 토지대장을 재정비하기 위해 1601년과 1603년 어사를 파견해 전국적으로 양전[297]을 실시했다. 전쟁 중에 명군의 식량 조달을 위해 실시했던 납속책[298]을 더욱 확대했다. 납속책의 실시는 부유한 상민·천민의 신분 상승으로 조선 후기 신분제 변동의 한 계기가 되었다.

〈비격진천뢰〉

1604년에는 전쟁 중에 공을 세운 공신들의 훈공을 공신록에 기록하고 상을

295) **이장손**李長孫 : 군기시에 소속된 화포장으로서 1592년 임진왜란이 일어나자 폭발 시간을 조절할 수 있는 목곡이 들어 있는 비격진천뢰라는 포탄을 만들어 적을 물리치는 데 기여했다. 경주탈환전에서 선봉장인 경주판관 박의장이 비격진천뢰를 사용하여 적 수백 명을 사상시킴으로써 일본군이 서생포 방면으로 퇴각하여 경주성을 탈환하는 데 결정적 공헌을 했다.

296) **비격진천뢰**飛擊震天雷 : 선조 때 군기시 화포장이던 이장손이 발명하여 임진왜란 때 실전에 사용된 인마살상용 시한폭탄이다. 이 비격진천뢰는 전래 경위는 명확하지 않으나 보존 상태가 좋아 보물로 지정되어 있다. 사진은 임진왜란 때 사용된 비격진천뢰와 중완구이다.

297) **양전**量田 : 농사의 상황을 알기 위하여 토지의 넓이를 측량하던 일.

298) **납속책**納粟策 : 재정난 타개와 구호 사업 등을 위하여 곡물을 바치게 하고, 그 대가로 상이나 벼슬을 주던 정책.

주었다. 유정을 일본에 보내 도쿠가와 이에야스[299]와 강화를 맺었으며, 왜관(왜인이 상업하던 장소)을 열어 상업하는 것을 허락하고 포로로 잡혀가 있던 사람들을 데리고 오게 했다. 사상적으로는 성리학자들을 중심으로 숭명사상(명나라를 높여 소중히 여기는 사상)이 더욱 고조되었다. 명나라가 조선을 구하기 위해 국력을 소비한 바람에 쇠퇴했으므로 은혜를 갚아야 한다고 했다.

도쿠가와 이에야스

## 사림의 분열이 더 치열해지다

임진왜란으로 한동안 잠잠했던 사림(조선시대 유교를 닦는 선비)의 대립과 분열은 다 같이 힘을 모아 전란의 상처를 극복해야 할 이 시기에 더욱 치열했다. 전란 중에도 동인과 서인, 동인에서 분당한 남인과 북인이 서로를 시기하고 견제했다. 남인의 영수(우두머리) 유성룡이 추천한 이순신을 서인들이 탄핵한 일이 대표적이다. 전란의 상처 극복 난제를 해결해야 하는 상황일 때는 초당적으로 협력했지만 전쟁이 끝나자 사정은 달라졌다.

조식

서경덕

동인이 북인과 남인으로, 북인이 대북과 소북으로 갈라졌다. 동인 계열이 서인과 달리 분열이 많았던 이유는 뿌리가 다르기 때문이었다. 서인은 이이와 성혼의 문인들로 뭉쳐서 별다른 문제가 없었지만, 동인은 이황, 조식[300], 서경덕[301]의 문인들로 구성되어 있었다. 이황과 조식은 사상적 차이가

299) **도쿠가와 이에야스** : 일본의 마지막 바쿠후인 도쿠가와 바쿠후의 창시자. 아시카가 바쿠후가 세력이 약해져 군웅할거하는 1세기에 걸친 혼란시대를 종식시킨 도요토미 히데요시가 임진왜란을 일으켰다가 사망하면서 일본내에서 힘을 비축한 이에야스는 1600년 세키가하라 전투로 강력한 정적들을 제압하고 일본을 통일했다.

분명했다. 제자들 역시 서로에 대한 반감이 있었다. 남인의 대부분이 이황의 문인 혹은 그의 뜻에 동조하는 사람들이고, 북인을 대표하는 인물들은 조식의 문인이었다. 북인은 대북과 소북, 다시 육북과 골북, 청북과 탁북 등으로 계속 분열하면서 세력 약화를 자초했다.



## 붕당정치를 묵인하다

선조는 훗날 조선의 정치와 경제 등 모든 것의 발목을 잡는 붕당정치를 묵인한 최초의 왕으로 비판을 받고 있다. 서자 출신의 정통성이 취약한 왕으로 왕권에 맞서는 신하들의 권력을 누르지 못하였고, 이를 역이용하여 왕권을 강화했다.

선조가 임진왜란을 막을 수 있던 기회는 여러 번 있었다. 이이(이율곡)의 10만 양병설[302]과 일본 본토의 상황을 알아보기 위해 보낸 통신사에게 일본이 전쟁

300) **조식**曺植 : 조선 중기 이황과 함께 영남유학의 지도자였던 조선의 학자이다. 호는 남명으로 1548년 전생서 주부를 시작으로 종부시 주부, 사도시 주부 등 여러 벼슬에 임명됐지만 모두 사퇴하고 오로지 처사로 자처해 학문에만 전념했다. 이로 인해 명성이 날로 높아져 많은 제자들이 모여들고 정인홍, 하항 등 많은 학자들이 찾아와 학문을 배웠다. 61세 되던 해 지리산 기슭에 산천재를 짓고 죽을 때까지 그곳에 머물며 강학에 힘썼다.

301) **서경덕**徐敬德 : 스승 없이 독학으로 사서육경을 연마했으며 정치에 관심을 끊고 학문 연구와 후학 양성에 일생을 바쳤다. 평생 여색을 멀리했는데, 개성 최고의 유명한 기생 황진이가 인품에 감격하여 그를 스승 겸 서신과 시문을 주고받는 사이로 남았다는 설이 있다. 스승 없이 독학을 한 학자로도 유명하며, 박연폭포, 황진이와 함께 개성의 송도삼절의 하나로 꼽힌다.

302) **10만양병설** : 임진왜란 발발 10년 전, 병조판서 이이는 경연에 들어가 선조에게 10만 양병을 건의했다. 문치의 극성으로 국방과 군역 제도가 허물어진 상황에서 외침이 일어나면 제대로 대응할 수 없다는 판단에 따른 것이었다. 안방준의 『임진록』에 따르면 이이는 경연에서 이렇게 건의했다. "나라의 형세가 부실함이 오래되어 앞으로 닥쳐올 화를 염려하지 않을 수 없다. 도성에 2만 명, 각 도에 1만 명씩 10만 명을 양병해 위급한 일에 대비해야 한다. (중략) 직무를 게을리하며 세월만 보내고 무사안일한 습관이 들면 하루아침에 갑자기 변이 일어나 저잣거리 백성들을 이끌고 싸우게 되는 것을 면치 못할 것이니, 그러면 일을 크게 그르치게 될 것이다." 하지만 당시 경연에서는 아무도 이이의 말에 찬성하지 않았다. 경연 직후 동인 출신 유성룡은 "지금처럼 태평무사한 때는 경연의 자리에서 성인의 학문을 우선으로 삼아 힘써 권해야 마땅하지, 군대의 일은 급한 일이 아니다." 하고 반박했다. 그로부터 얼마 뒤 이이는 타계

준비 중이라는 이야기를 들었지만, 선조는 변변치 않은 왜국·오랑캐라 여기고 전쟁이 일어나지 않을 거라는 자만심으로 축성 중인 성의 공사를 멈추게 했다. 임진왜란이 일어나기 전 2년 동안 대비할 수 있었지만, 기회를 놓쳤다.

선조는 자신이 서자 출신으로 왕권에 대한 집착이 강함을 엿볼 수가 있는데 대표적인 예로 이순신에 대한 견제이다. 임진왜란 때 도성을 버린 선조에 대한 민심이 멀어졌고, 이순신의 거듭된 승전보와 승전이 날 때마다 백성들은 이순신을 칭송하였다. 처음에는 호의적이었던 선조도 점차 민심이 이순신에게 쏠리고 한 번도 패하지 않은 잘 훈련된 정예병 조선 해군과 이순신이 딴 맘을 먹으면 자신의 권좌를 빼앗을까 봐 두려워했다. 정유재란 직전에 명령 불복종과 반역을 꾀한다는 죄목으로 파직하고, 한양으로 압송하여 형벌을 가하고, 그동안 세운 공적으로 백의종군(벼슬 없이 군대를 따라 싸움터로 나감)을 시켰다.



선조는 조선 최대의 국란에 미리 대처하지 못한 것도 잘못이지만 전쟁이 일어난 후 선조의 행보는 더욱 실망스러웠다. 선조는 전쟁으로 황폐화한 국토를 회복하고 민생을 안정시키기보다는 자신의 왕권 유지에만 급급했던 왕으로 평가를 받게 되었다.

## 55세의 나이에 승하하다

1608년 2월 1일 선조가 훙하였다.

유영경이 여러 대신들의 말로 아뢰기를,

"고례(옛날 예절)에 부인의 손에서 임종하지 않는다고 하였는데 대신들의 뜻이 모두 이와 같으므로 감히 아뢰는 것입니다."

또 여러 대신들의 말로 아뢰기를,

"예문에 모두 안정하고 기다린다고 하였으니, 의관으로 하여금 입시케 하소서."

---

했다. 1592년, 마침내 왜란이 발발하자 그때서야 유성룡은 "우리는 만고의 죄인"이라며 이이의 10만 양병설을 가볍게 여긴 것을 크게 후회했다고 한다.

여러 대신들이 모두 울면서 나왔는데, 잠시 후 곡성이 안에서 밖에까지 들리자 여러 대신 및 궁궐 뜰에 있던 자가 모두 통곡했다.

### 實錄記事 1608년 2월 1일, 상이 이날 미시에 정릉동 행궁의 정전에서 훙하다

이날 미시에 상의 병의 갑자기 위독해져 정릉동 행궁의 정전에서 훙하니, 나이 57세였다. 세자가 즉위하여 현문 의무 성경 달효顯文毅武聖敬達孝라는 존호를 올리고 묘호는 선종[광해 때에 선조로 개칭하였다.], 능호는 목릉, 혼전은 영모전이라 하였다. 이호민을 보내 명조明朝에 고부하니, 그 다음해에 황제가 행인사 행인 웅화 등을 파견하여 소경이라는 시호를 내렸다.

– 『선조수정실록』, 1608년 2월 1일



조선 최초의 서자 출신 임금이며, 방계 혈통의 임금이라는 두 가지 강박관념에 시달렸던 선조는 계비 인목왕후가 낳은 적자 영창대군을 세자로 삼으려 했다. 인목왕후(인목대비)가 섭정을 계획하였으나, 5세부터 18세까지 13년간 섭정하는 것은 불가능했다. 소화불량과 중풍으로 고생하던 선조는 광해군을 왕세자로 승인했다. 1608년 3월 16일(음력 2월 1일), 대신들에게 영창대군을 잘 부탁한다는 유언을 남기고 55세 나이로 재위 40년 7개월간의 치세를 마감하고 승하했다.

묘호는 선종이라 했다가 임진왜란과 정유재란을 극복한 공로와 새 왕통을 시작하는 군주라는 것이 참고 되어 선조로 묘호가 격상(광해 때)되었다. 시호는 선조소경정륜립극성덕홍렬지성대의격천희운경명신력홍공융업현문의무성예달효대왕, 능은 목릉으로 선조와 정비 의인왕후 박씨, 계비 인목왕후 김씨의 능이 있다. 목릉은 동원이강릉으로 정자각 앞에서 왼쪽 언덕이 선조, 가운데 언덕이 의인왕후, 오른쪽 언덕이 인목왕후[303]의 능으로 경기도 구리시 동구릉로 197에 있다.

303) **인목왕후**仁穆王后 : 인목왕후는 광해군에 의해 비극적인 죽음을 당한 영창대군 이의의 생모이다. 그녀는 계축옥사와 인조반정 등 당대의 정치적인 사건에 휘말리며 실로 다사다난한 세월을 보냈다. 그녀의 생애는 이름이 알려지지 않은 궁녀가 쓴 『계축일기』를 통해 널리 알려져 있다. 임진왜란 이후 광해군과 대북파 정권은 왕권을 강화하고 민생 회복을 위해 분주했다. 하지만 대내외적으로 광해군의 정통성이 의심받으면서 불안한 정국이 이어지자 위정자들로서는 광해군의 친형인 임해군이나 선조의 적자인 영창대군의 존재가 부담스러울 수밖에 없었다.

## 신의 정원, 선조 이연의 목릉으로 사진여행

목릉 능침 정면

목릉의 정자각과 능침

경기 구리시에 있는 목릉. 조선에서 유일한 동원삼강릉으로 위부터 시계 방향으로 인목왕후릉과 선조릉, 의인왕후릉이 조성돼 있다.

선조의 능은 기본적인 왕릉상설에 맞게 조성되어 병풍석과 난간석, 혼유석, 망주석, 석양 및 석호가 배치되어 있다. 의인왕후의 능과 인목왕후의 능은 병풍석만 생략했을 뿐 상설은 선조의 능과 같다. 특히 의인왕후 능침의 망주석과 장명등에 새겨진 꽃무늬는 처음 선보인 양식으로 이후 조선 왕릉 조영에 많은 영향을 끼쳤다. 다만, 의인왕후의 능은 임진왜란을 겪은 후 처음 조성한 능이었기 때문에 석물들의 조각미가 다소 떨어지지만, 망주석과 장명등에 새겨진 꽃무늬는 처음 선보인 양식으로 이후 조선 왕릉 조영에 많은 영향을 끼쳤다. 정자각은 원래 의인왕후의 능 앞에 있었다. 그러다가 1630년(인조 8)에 선조의 능이 천장되면서 기존의 목릉 정자각을 이건(移建)하게 되자 의인왕후 능 앞에 있던 정자각은 헐었다. 이 후 인목왕후의 능이 조성되면서 치우친 정자각을 다시 옮기자는 주장이 있었으나, 이건이 번거롭다하여 신로만 정자각에 접하도록 하는 것으로 결정하였다. 따라서 현재 목릉의 정자각은 선조의 능을 향하여 있으면서 신로는 세 능으로 모두 뻗어 있다. 목릉 정자각은 조선왕릉 정자각 중 유일하게 다포식 공포로 지어진 건물로 보물로 지정되었다. 목릉은 처음 선조의 첫 번째 왕비 의인왕후 박씨가 정유재란이 끝난 직후인 1600년(선조 33)에 세상을 떠나자, 현재의 자리에 유릉이라는 능호로 조성되었다. 이 후 선조가 1608년에 세상을 떠나자, 건원릉 서쪽 산줄기(현 헌종의 경릉)에 목릉이라는 능호로 조성하였다가 1630년(인조 8년)에 물기가 차고 터가 좋지 않다는 심명세의 상소에 따라 현 위치로 옮기고 의인왕후의 유릉과 목릉의 능호를 합하여 목릉이라 하였다. 1632년(인조 10년)에 선조의 두 번째 왕비 인목왕후 김씨가 세상을 떠나자, 현재의 자리에 능을 조성하였다. 처음 혜릉이라는 능호를 정하였다가 목릉과 능역을 합치자는 의논으로 현재의 모습이 되었다.

제15대 **광해군 이혼**

# 명분보다 실리를 취한 왕

| 생애 | 1575년~1641년 | 재위 기간 | 1608년~1623년 |
|---|---|---|---|
| 본관 | 전주 | 휘(이름) | 혼 |
| 묘호 | 광해군 | 능호 | 광해군지묘 |

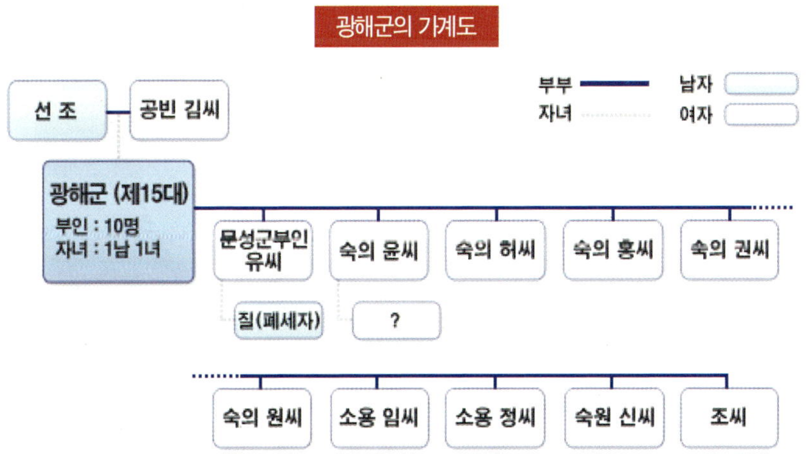

## 임진왜란 중 세자에 책봉되었다



광해군은 1575년(선조 8년) 선조와 김희철의 딸 후궁 공빈 김씨의 둘째 아들로 태어났으며 휘는 혼이며, 친형 임해군 이진이 있었다. 어린 나이에 광해군에 봉해졌고 어려서 생모 공빈 김씨를 여의고 부왕의 냉대 속에 자랐다. 외할아버지 김희철마저도 임진왜란 중에 전사하면서 기댈 곳은 없었다. 선조와 정비 의인왕후가 자식을 낳지 못하자 광해군을 세자로 책봉했다. 선조가 아들들을 불러 "가장 맛있는 음식이 무엇이냐?"고 물었더니, 다른 왕자들은 각기 다른 대답을 하였지만, 광해군은 소금이라 대답하여 선조에게 인정을 받았다.

1592년 5월(선조 25년) 임진왜란이 일어나면서 왕세자 책봉이 거론되지 못하였으나, 선조는 자신이 총애하는 후궁 인빈 김씨의 아들 신성군이 피난길에 죽고, 분조해야 할 상황에 부닥치자 어쩔 수 없이 광해군을 왕세자로 책봉하였다. 광해군의 형 임해군은 성격이 광포하고 덕망이 없다는 이유로 왕세자 책봉에서 제외되었다. 광해군은 전쟁 중에 평양에서 세자로 책봉된 뒤 선조가 피난 가고 없는 궁을 지키면서 전란을 수습했다.

정철

당시 조정에서는 일찍부터 세자를 세우는 일이 논의되고 있었다. 그러나 선조는 적자가 없는 상황에서 세자를 옹립하는 일 자체를 꺼려했다. 선조가 총애하는 인빈 김씨와 그의 아들 신성군을 없애고 광해군을 세자로 세우려는 무리가 있다는 이야기를 듣고는 더욱 불쾌하게 생각했다. 이 일로 서인 정철[304]이 실각되었다. 선조는 처

304) **정철**鄭澈 : 정치적 혼란기의 문신이었으나 정치보다는 국문학사에서 그 이름이 잘 알려져 있다. 윤선도·박인로와 함께 3대 시인으로 꼽힌다. 1562년 문과에 급제했고 동인과 서인의 분쟁에서 서인의 편에 가담했다. 1589년 정여립의 모반사건이 일어나자 우의정으로서 최영경의 옥사를 다스렸다. 이후 정적의 논계가 빗발쳐 파직된 뒤 유배 생활을 하다 임진왜란이 일어난 뒤 풀려났다. 강직하고 청렴하나 융통성이 적고 안하무인격으로 행동하는 성품 탓에 동인으로부터 간신이라는 평까지 들었다. 정치가로서의 삶을 사는 동안 예술가로서의 재질을 발

음부터 광해군을 세자로 삼고 싶은 마음이 없었다.

그러나 뜻밖의 상황이 광해군을 세자로 만들었습니다. 임진왜란이 일어나 왕이 도성을 버리고 피란을 가는 초유의 사태가 벌어진 것이다. 분노로 들끓는 민심을 수습하기 위해 대신들도 더 이상 세자 책봉을 미룰 수 없다며 왕을 압박했다. 세자 책봉을 알리는 선조수정실록에 전하는 교지는 다음과 같다.



### 實錄記事 1592년 5월 1일, 세자를 책봉하는 교문을 팔도에 반포하고 죄인을 석방하다

처음으로 세자를 책봉하는 교문을 팔도에 반포하고 대사하였는데, 그 글은 다음과 같다.

"선왕의 기업에 의지하여 위태로움을 모르고 지내다가 병란의 핍박을 만나게 되었다. 원량을 가려 세자를 세우자 신민들이 의지할 만한 기대를 갖게 되었다. 자리가 편치는 못하나 난리중이라 하여 어찌 경사스러움을 잊겠는가. 이 피난하는 때를 당하여 널리 고유하는 글을 반포하노라.

사리에 어두운 내가 국가의 어려움이 많은 때를 만나 25년 동안이나 조심하고 두려워하며 나의 마음을 다하려고 하였지만, 억만億萬의 백성들이 뿔뿔이 흩어지게 되었으니 밀려오는 백성들의 원망을 어떻게 하겠는가. 다행히도 이에 인지麟趾의 경사를 얻게 된 것은 실로 선조들의 음덕을 힘입어서 된 것이다. 비록 백성을 위로하는 방법이 없어 부끄럽기는 하나 세자를 세우는 일은 오히려 일찍하는 것이 당연하다고 생각하였다. 책봉하는 의식은 응당 조심스럽게 해야 하니 한신漢臣의 장주章奏는 연이어 거듭되기만 하였고, 시일이 오래 지연되자 범진范鎭의 머리칼이 모두 백발로 변하였다[305]. 다만 이렇게 오랑캐의 모욕을 받아 마침 방가邦家에 내분이 일어나는 때를 당하여 호鎬에 침입하여 방方에 미치는가 하면[306] 많은 성의 방어가 일제히 무너져 재앙이 절박하

---

휘하여 시가를 많이 남겼고 「사미인곡」을 비롯한 시조 100여 수는 국문시가의 발달에 크게 기여했다. 임진왜란이 한창이던 1593년 명나라에 사신으로 다녀온 이후 강화에서 58세의 나이로 죽었다.

305) **범진范鎭의 머리칼이 모두 백발로 변하였다** : 범진은 송나라 인종 때의 현신. 일찍이 지간원으로 있으면서 황제를 대면하여 태자를 세우도록 눈물을 흘리며 간절히 간하였는데, 전후 19차례에 걸쳐 상소하면서 명령을 기다린 지 1백여 일만에 머리카락이 모두 백발로 변했다 한다.

306) **방가邦家에 내분이 일어나는 때를 당하여 호에 침입하여 방에 미치는가 하면** : 조정이 안정되지 못한 틈을 타 침범한 오랑캐에게 수도가 함락됨을 말한다. 주 여왕周厲王이 포학하여 축출된 틈을 이용하여 북방 오랑캐 험윤이 호鎬에 침입하여 방方 지역까지 쳐들어온 고사에서 온 말.

므로 칠묘七廟의 의관衣冠을 뫼시고 피난하게 되었다. 국가의 운명이 급박하게 되어 인심이 위태롭고 두려워하는데 내가 어찌 고집을 부려 사양만 하겠는가. 나라의 근본을 빨리 정하는 것이 당연하다.

둘째 아들 광해군 이혼은 타고난 자질이 영명하고 학문이 정밀하며 일찍부터 인효스러워 오래 전부터 많은 백성들이 기대하여 귀의하기를 생각하였으니 선왕의 기업을 계승할 만하다. 이에 세자로 책봉하고 인하여 군국을 무마하고 감독하도록 하니, 비록 갑작스럽게 거행하는 일이지만 계획은 실로 예전에 정한 것이다. 신공들은 내가 우연히 하였다고 여기지 말라. 나라의 근본을 세우는 것은 진실로 갑작스럽게 할 수 없는 일이다.

이제 기읍[307]에 와서 처음으로 중외에 글을 반포하게 되었으나 전날 한도漢都에서 이미 신민의 하례를 받았다. 관중[308]이 소해[309]의 은택에 젖고 도로에는 전성[310]의 빛을 바라보게 되었다. 황천이 아직도 우리 조종을 돕는데 사직이 어찌 이 외진 지역에서 편안하겠는가. 오랑캐의 넋이 어느덧 빠져 한수漢水의 물결이 맑아지고 관군이 분발할 것을 생각하여 적현赤縣의 벽루壁壘가 넓혀지게 되었다. 용루[311]에는 안부를 묻는 예절이 다듬어지고, 학금[312]에는 옛 도읍의 의례가 회복되었다. 아, 우리 신민은 내가 알리는 뜻을 헤아려 태자를 위해 충성을 다하여 나 한 사람에게 수치를 끼치지 말게 하라. 이에 진심으로 널리 고하노니 너희 백성들은 함께 듣고 따르도록 하라. 아, 큰 물을 건넘에 아득히 나루가 없는 것과 같으니, 이 어려움을 크게 구제하여 원자를 공경하고 보호하라."

– 『선조수정실록』, 1592년 5월 1일

세자에 책봉된 광해군은 임진왜란 때 분조를 이끌며 종묘와 사직을 지켰다. 그리고 들끓는 민심을 수습하고 군국기무를 맡아 민·관군과 의병의 활동도 독려했다. 왕이 해야 할 일을 대신한 것이다. 광해군은 1592년(선조 25년) 6월부터 이

307) **기읍**箕邑 : 평양을 가리킴.

308) **관중**關中 : 평안도를 가리킴.

309) **소해**少海 : 세자를 가리킴.

310) **전성**前星 : 세자의 별칭.

311) **용루**龍樓 : 세자의 궁궐.

312) **학금**鶴禁 : 세자의 궁궐.

이덕형

이항복



듬해 10월까지 분조[313]를 이끌었다. 최흥원[314], 이덕형[315], 이항복[316] 등이 광해군의 분조에서 활약했다. 광해군은 분조가 해체된 후에도 군무사의 업무를 주관하며 국란 극복에 앞장섰다.

광해군은 함경도와 전라도 등지에서 군수품과 의병을 모집하고, 민심을 달래고, 군량미를 모아 민중들의 신망과 지지를 받기도 했다. 세자 광해군은 선조가 해야 할 일을 했다. 광해군은 부왕의 정비 의인왕후의 양자가 되어 세자로서 위치를 굳히게 되었어다. 부왕 선조는 세자 광해군을 오히려 경계하며 심하게 견제했다. 1598년 임진왜란이 종전되어 신성군, 정원군 등을 호성공신에 수록한 데 반해 광해군에 대한 포상은 기록에 없다.

## 힘들게 왕위를 계승하다

1598년(선조 31년) 임진왜란이 끝났다. 모두가 합심해 전란으로 상처 입은 국토와 백성들의 마음을 어루만져야 할 때였지만 당쟁은 더욱 치열했다. 당쟁의 중심

313) **분조**分朝 : 선조가 광해군에게 명하여 임시로 두었던 조정.

314) **최흥원**崔興源 : 1592년 임진왜란이 일어나자 우의정·좌의정을 거쳐 유성룡의 파직에 따라 영의정에 기용되었다. 임진왜란 당시 왕을 의주까지 호종했다.

315) **이덕형**李德馨 : 임진왜란 때 뛰어난 외교 솜씨를 보인 조선의 문신으로 '오성과 한음 설화'의 주인공으로 알려졌으나, 실제로 이항복을 만난 것은 20세 때라고 한다. 임진왜란 때 많은 활약을 했는데, 왜군이나 명군과 회담을 할 때 자주 참여하여 뛰어난 외교 솜씨와 기백을 보여주었다. 광해군 때 영창대군의 처형과 인목대비의 폐위에 반대하다 관직에서 물러난 후 낙향했다.

316) **이항복**李恒福 : 임진왜란 때 병조판서를 지내면서 많은 공적을 세웠다. 1583년 대제학 이이의 천거로 이덕형과 함께 사가독서를 했으며, 1592년 임진왜란이 일어나자 도승지로 선조를 의주까지 호위해 오성군에 봉해졌으며, 두 왕자를 평양까지 호위해 형조판서에 특진했고 오위도총부도총관을 겸했다. 1617년 인목대비 폐모론에 반대하다가 1618년 관직이 삭탈되고 함경도 북청에 유배되어 그곳에서 죽었다.

에는 왕위 계승을 둘러싼 갈등이 있었다. 광해군이 세자로 책봉되었고, 전란 중에 왕을 대신해 분조까지 이끌었는데 새삼스럽게 왕위 계승 문제가 불거졌다.

조선의 세자책봉과 왕위 계승은 형식적이지만 명나라의 재가를 받아야 했다. 명나라에서 광해군이 적자도, 장자도 아니라는 이유로 세자 책봉 재가를 미루고 있었다. 명나라가 광해군을 세자로 인정하지 않았다. 명나라의 정치적 상황과도 무관하지 않았고 이를 빌미로 조선을 조종하려고 했다.



그런 가운데 선조의 마음도 돌아섰어요. 전쟁 중에 광해군을 세자로 삼아 나라의 근본을 세우겠다던 선조의 태도 변화에 광해군은 당황했다.

선조는 1600년(선조 33년) 6월 첫 번째 왕비 의인왕후가 죽자 2년 뒤 1602년(선조 35년) 김제남의 딸을 두 번째 왕비 인목왕후를 맞아들였다. 선조의 나이 50세였고, 인목왕후는 18세였다. 선조가 젊은 왕비를 맞이하여 적통을 잇고자 했다.

1606년(선조 39년) 선조의 바람대로 첫 번째 정비의 아들 영창대군이 태어났다. 광해군에게 시련이 되었다. 선조는 노골적으로 "명나라의 책봉도 받지 못했으면서 세자 행세를 하느냐."라며 광해군의 문안조차 받지 않았다. 조정에서는 영의정 유영경을 중심으로 영창대군을 세자로 옹립하려는 움직임이 있었다. 광해군에게 정치적 압박이 심했어요. 광해군은 정통성 논란과 함께 서른 살이나 어린 동생과 왕권을 두고 경쟁해야 하는 상황이 되었다.

선조가 1608년(선조 41년) 갑자기 병이 깊어지면서 정국은 광해군에게 유리하게 되었다. 죽음을 앞두고 선조가 광해군에게 왕위를 물려주겠다고 했다. 적자라도 두 살 영창대군에게 보위를 물려줄 수는 없었다. 1608년(선조 41년) 2월 1일 선조가 승하하자 2월 2일 조선 15대 왕으로 즉위했다.

**實錄記事 1608년 2월 2일, 광해군이 선왕의 유교를 받고 어좌에 오르다**

경시庚時에 왕이 면복을 갖추고 대정의 배위로 나아가니, 도승지 유몽인, 좌승지 최렴, 우승지 이형욱, 좌부승지 이경함, 우부승지 이덕온, 동부승지 유희분, 기사관 김시언·이정, 가주서 조국빈, 기사관 박해가 입시하였다. 왕이 대정에서 네 번 절한 뒤에 동계東階로 올

라가서 유교를 받았는데, 유교의 내용에,

“내가 부덕한 몸으로 오랫동안 큰 기업을 맡아 오면서 온갖 험난한 일을 두루 겪었으므로 항상 환란을 걱정하는 조심스런 마음을 지녀 왔다. 이제 말명으로 부탁하는 것은 대점의 조짐이 가까워졌기 때문이다. 생각건대 너는 인효한 자품을 타고 났기 때문에 나의 신민들의 기대를 한몸에 모으고 있으니 이는 실로 국가의 경사인 것으로 내가 다시 무슨 걱정할 것이 있겠는가. 본조를 섬김에 있어서는 네가 정성을 다하여 주야로 게을리하지 않기 바라며, 동기를 사랑함에 있어서는 내가 살아 있을 때처럼 하여 시종 혹시라도 간격이 없게 하라. 외적의 침입에 대처할 방도를 더욱 공고하게 하고 사대하는 예절을 다시 극진히 하라. 이는 종묘 사직을 위한 원대한 계책이니 어찌 부자 사이의 깊은 정 때문에만 하는 말이겠는가. 하늘은 환히 드러내기 마련이니 반드시 경명을 내리는 보답을 저버리지 않을 것이고, 백성들 또한 노고가 극심했으니 이럴 때에 조금 편안하게 해주어야 한다. 나의 지극한 마음을 깊이 유념하여 네가 덕을 배양하도록 힘쓸 것을 면려한다.”

왕이 막차에서 조금 쉬고 나아와 전상殿上에 있는 어좌의 동쪽에 서니, 통례 김권이 나아와서 아뢰기를,

“어좌로 오르소서.”

왕이 응하지 않았다. 유몽인이 아뢰기를,

“어좌로 오르소서.”

왕이 이르기를,

“심정이 매우 망극하여 차마 어좌에 오를 수가 없다.”

유몽인이 다시 아뢰기를,

“어좌에 오르소서.”

왕이 이르기를,

“이미 이 전상에 올라왔으니 어좌에 오른 것이나 다름이 없다. 어좌에 오르지 않고 있는 것은 망극한 심정을 조금이나마 풀기 위해서인 것이다.”

예조 판서 권협이 들어와서 아뢰기를,

“대신들이 모두 문 밖에 있는데 어좌에 오른 뒤에 입시하려고 합니다.”

왕이 이르기를,

“해가 저물려 하니 속히 행례하라.”

이형욱이 아뢰기를,

“뭇 신료들이 안타까워하고 있으니 돌보아 생각하여 주소서.”

왕이 이르기를,

"이미 이 전상에 올라왔으니 어좌에 오른 것과 다름이 없다. 해가 저물어가니 속히 행례하라."

권협이 대신의 뜻으로 아뢰기를,

"신료들이 행례를 제대로 이루지 못할까 염려되어 안타까워하고 있습니다. 대신들이 모두 문밖에 있으면서 어좌에 오르기를 기다리고 있습니다."

왕이 이르기를,



"조종조의 열성 가운데는 어좌에 오르지 않은 분도 계셨었다. 해가 이미 저물어 가고 있으니, 속히 행례하도록 하라."

이형욱이 아뢰기를,

"뜰에 가득한 신료들이 모두 안타까워하는 마음을 품고 있기 때문에 감히 아룁니다."

최렴이 아뢰기를,

"뜰에 있는 신료들이 모두 행례가 제대로 이루어지기를 바라고 있는데도 위에서 이렇게 굳게 고집하시니, 어떻게 해야 할지 아뢸 바를 몰라 달達하지 않을 수 없습니다."

유몽인은 아뢰기를,

"위에서는 심정이 망극하실 것입니다만, 여러 사람들의 심정을 돌아보아 생각하시어 어좌에 오르심으로써 행례를 제대로 이루게 하소서."

홍문관 부제학 송응순 등은 아뢰기를,

"예로부터 제왕이 어좌에 오르지 않고서 행례를 제대로 한 경우는 있지 않았습니다. 군정이 그지없이 안타까워하고 있기 때문에 감히 아룁니다."

왕이 이르기를,

"열성들께서도 어좌에 오르지 않았었는데 쟁집할 필요가 뭐 있는가. 속히 행례하라."

이형욱이 아뢰기를,

"군하들의 마음을 돌보아 생각하여 주소서."

유영경이 들어와서 아뢰기를,

"달達하고자 하는 것이 있습니다."

왕이 이르기를,

"해가 저물어가고 있으니 속히 행례하라."

송응순 등이 또 아뢰기를,

"예로부터 제왕은 어좌에 오르지 않은 분이 없었습니다."

왕이 이르기를,

"내가 이 전상으로 올라왔으니 어좌에 오른 것과 다름이 없다. 해가 이미 저물었으니 속히 행례하기 바란다."

유영경이 아뢰기를,

"정시正始하는 처음에 대례가 제대로 모양을 이룰 수 없게 되었으므로 군정群情이 매우 안타까워하고 있습니다."

왕이 이르기를,

"선왕께서 어좌에 오르지 않았던 것을 내가 분명히 알고 있다. 차마 어좌에 오르지 못하겠다."



대사헌 박승종, 대사간 이효원 등이 아뢰기를,

"속히 어좌에 오르시기 바랍니다."

왕이 이르기를,

"힘써 억지로 따를 수 없다는 뜻으로 이미 대신에게 하유하였다."

유영경이 아뢰기를,

"군정이 매우 안타까워하고 있으니 삼가 힘써 따르시기 바랍니다."

왕이 이르기를,

"조종조 때에도 어좌에 오르지 않은 분이 있었던 것을 뜰에 있는 원로 재신들은 반드시 알고 있을 것이다. 해가 이미 저물고 있으니 속히 행례하라."

허욱이 아뢰기를,

"해서는 안 될 일이라면 대신이 어떻게 감히 이렇게 아뢸 수 있겠습니까. 삼가 바라건대 군정을 힘써 따르소서."

왕이 이르기를,

"어좌 앞에 서 있으면 대례를 이룰 수 있을 것이다."

유영경이 네 번째 아뢰기를,

"군정을 힘써 따르지 않을 수 없습니다."

왕이 이르기를,

"나아가 속히 행례하라."

유영경이 아뢰기를,

"군정이 매우 안타까워하고 있습니다. 삼가 바라건대 힘써 따르소서."

상이 이르기를,

"여러 사람들의 말이 이와 같기 때문에 〈죽기를 한하고 거절하려 했으나〉 힘써 따르는 것이다."

왕이 어좌에 오르니, 대정에 있는 신하들이 모두 만세를 부른 다음 머리 조아려 절하고 하례를 끝마쳤다. 왕이 정로에서 내려와 상차喪次로 돌아갔다. 초혼初昏이 되어서야 차례대로 파하고 나아갔다. 중외의 대소 신료, 기노·군민인軍民人 등에게 반사문을 내렸다. 그 내용에,

"하늘이 큰 재앙을 내려 나라에 큰 슬픔이 있게 되었으니, 이는 실로 백성들이 복록이 없는 것임은 물론, 내가 장차 누구를 의지해야 하겠는가. 통곡하면서 정신없이 찾아 헤매니 마치 곡진하게 마주 대해 타이르는 것만 같다. 생각건대 우리 정륜 입극 성덕 홍렬 지성 대의 격천 희운正倫立極盛德洪烈至誠大義格天熙運 대행 대왕께서는 학문에 힘쓰는 것은 항상 민첩하게 하였고 성품은 나면서부터 아는 성인의 자질을 타고 났다. 정성을 다하여 명나라를 섬겼으므로 명나라의 총애가 이미 넉넉하였고 한결같은 마음으로 백성을 보살폈으므로 백성들이 모두 열복하였다. 종묘 사직의 도움을 받아 42년 동안 전수하여 왔고 중외의 신민들 마음은 천년 만년 장수하기를 바랐다. 그러나 불행하게도 혹독한 병을 만났는데 그래도 약을 쓰지 않고 치유되기를 바랐었다. 그런데 하루아침에 갑자기 만백성을 버리게 될 줄이야 어찌 생각이나 했겠는가. 바야흐로 하늘을 향하여 울부짖으면서 망극한 슬픔에 잠겨 있는데 갑자기 무슨 마음으로 즉위할 수 있겠는가마는, 돌아보건대 유교가 이처럼 분명하고 왕위는 잠시도 비울 수 없는 것이어서 2월 초2일에 정릉동 행궁의 서청에서 즉위하였다. 대행 왕비는 왕대비로 높였고 빈 유씨를 왕비로 삼았다. 이렇게 서업緖業을 계승하는 날을 당하여 크게 풀어주는 은혜를 베푸는 바이다. 아, 중대하고도 어렵게 이룩한 서업을 물려받았으니 참으로 모든 것이 시작을 올바르게 하는 데 달려 있는 것이고, 허물을 용서하고 죄를 사면하였으니 모두 참여하여 스스로 새로운 자세를 지니기 바란다. 〈그러므로 이렇게 교시하니 이런 내용을 상세히 알아야 할 것이다.〉"

- 『광해군일기[중초본]』, 1608년 2월 2일

## 자식이 없는 왕이었다

광해군은 1587년(선조 20년) 유자신의 딸 문성군부인 유씨와 결혼했다. 광해군이 즉위하면서 왕비가 되었던 문성군부인 유씨는 광해군이 폐출되자 폐비되었다. 광해군은 문성군부인 사이에서 폐세자 질을 비롯해 1남 1녀를 두었으며, 9명의 후궁과는 자식이 없었다.

## 뛰어난 실리외교와 무장 강홍립을 오른팔로 삼다

광해군 정권 초기에는 남인 이원익이 영의정에, 서인 이항복이 좌의정에 임명되었다. 후금(청나라)과 전쟁 위기 상황에서 실리외교를 펼쳤다. 광해군의 재위 기간 중 가장 눈에 띄는 것은 외교 정책이다. 명나라와 청나라 사이에서 실리주의적 등거리 외교를 펼쳤다. 사대교린[317)]의 외교 정책을 고수했던 선대왕들과는 확실히 달랐다.



1618년 7월 조정은 후금 정벌을 위해 명나라의 거듭된 강경한 요구에 밀려 끝내 군대 파견을 결정했다. 1619년 2월 21일 도원수 강홍립과 부원수 김경서가 삼영의 병마 1만 3천 명을 거느리고 창성으로부터 강을 건너 중국 장수와 대미동에서 만났는데, 그곳은 바로 중국과 조선의 경계이다. 중국 조정의 유격장 교일기가 함께 행군하였는데, 그는 경략의 명을 받고 와 우리 군사를 호송하는 자였다.

광해군은 3만 명의 군사로 국경지대를 지키게 하고 군량미 조달에 차질이 없게 하는 한편, 출정한 강홍립[318)]에게는 "관형향배[319)]를 취하라"는 밀지를 내렸다. 강홍립은 진군하면서 군량미가 뒤에 처져 있다고 핑계대고 머뭇거렸

317) **사대교린**事大交隣 : 큰 나라를 받들어 섬기고 이웃 나라와는 화평하게 지냄.

318) **강홍립**姜弘立 : 1608년(광해군 즉위년) 보덕이 되고, 이듬해 한성부우윤을 거쳐 1614년 순검사를 역임한 뒤 1618년에는 진녕군에 봉해졌다. 이때 후금이 명나라 변경을 침입하는 등 세력을 확장하자, 명나라는 후금을 치기 위해 조선에 원병을 청해왔다. 조정에서는 후금을 의식하면서도 임진왜란 때 명나라가 원병을 보냈으므로 어쩔 수 없이 출병을 결정했다. 강홍립은 오도원수가 되어 부원수인 김경서와 함께 1만 3000여 군사를 이끌고 출병하였다. 1619년 명나라 제독 유정의 군과 관전 방면에서 합류해 동가강을 따라 회인에서 노성으로 향했다. 이들 조·명 연합군은 일제히 공격을 시작해 앞뒤에서 적을 협격하기로 했다. 그러나 작전에 차질이 생겨 부차에서 대패했다. 이때 강홍립은 "조선군의 출병이 부득이 이루어졌다."고 밝히고 남은 군사를 이끌고 후금군에 투항했다. 이는 출정 전 '형세를 보아 향배를 정하라'고 한 광해군의 밀명에 의한 것이었다. 그러나 이러한 사정을 모르는 조정에서는 강홍립의 관직을 박탈했다.

319) **관형향배**向拜 : 향하여 절함.

다. 그러면서 몰래 통역을 보내 후금과 내통하기도 했다. 전세가 다급한 명나라의 독촉이 빗발치자, 강홍립은 앞으로 나가 싸우는 체하다가 후금에 거짓 투항했다. 청나라 말을 잘하는 역관을 미리 데리고 가 "우리 군대는 마지못해 출정에 나섰다."고 광해군의 뜻을 은밀하게 전했다.



강홍립의 투항 사실이 평안감사 박엽[320]에게 전달되었어요. 박엽은 장계를 써서 조정에 보고하는 한편, 강홍립 등 투항한 장수의 가족을 잡아 가두고 조정의 처분을 기다렸다. 말할 것도 없이 조정은 발칵 뒤집혔다. 대소 신료들은 날마다 강홍립의 죄를 논하고 사대의 은혜와 덕의를 따지면서 후금정벌론으로 밤을 지새웠다. 한편 강홍립은 적의 진중에 있으면서 적의 동정과 전후의 사정을 장계에 써서 노끈으로 꼬아 말안장에 끼워 비밀리에 조정에 보내고 있었다.

박엽

강홍립에 대한 실록의 기록은 다음과 같다.

**實錄記事 1619년 4월 2일, 비변사가 오랑캐에게 투항한 강홍립 등의 직명 삭제와 가속 구금을 청하다**

비변사가 아뢰기를,

"지금 우치적의 장계를 보니, 역관 이승윤이 와서 고하기를 '군문의 크고 작은 사람들이 서로들 사사로이 말하기를 「조선 원수는 이미 적에게 투항하였다.」고 하고 한참정

---

320) **박엽**朴燁 : 1597년(선조 30년) 별시 문과에 병과로 급제, 1601년 정언이 되고, 이어 병조정랑·직강을 역임하고 해남현감 등을 지냈다. 그 뒤 광해군 때 함경도병마절도사가 되어 광해군의 뜻에 따라 성지城池를 수축해 북변의 방비를 공고히 하였다. 그리고 황해도병마절도사를 거쳐 평안도관찰사가 되어 6년 동안 규율을 확립하고 여진족의 동정을 잘 살펴 국방을 튼튼히 해 외침을 당하지 않았다. 당시의 권신 이이첨을 모욕하고도 무사하리만큼 명망이 있었다. 그러나 1623년 인조반정 뒤, 광해군 아래에서 심하의 역役에 협력하고, 부인이 세자빈의 인척이라는 이유로 박엽을 두려워하는 훈신들에 의해 학정의 죄로 평양 임지에서 처형되었다. 『응천일록』에는 1613년(광해군 5년) 의주부윤으로 있을 때, 형장을 남용해 가는 곳마다 사람을 죽이고 백성들의 고혈을 짜내 작상(爵賞: 관작이나 포상)을 받으려 했다고 한다. 또한 사사로이 부府의 여자종을 범해 음탕하고 더러운 짓을 마음대로 했다고 기록되었다.

역시 「너희 원수가 전쟁을 하지 않고 적에게 투항하였다고 하니, 그 정상을 헤아릴 수 없다. 지금 들으니 너희 나라에서 투항한 장관의 가속을 구금하였다고 하는데 사실인가?」 하였으며, 또 우승은이 그의 조카를 창성으로 보내어 원수의 가속을 구금하였는지를 탐문해 갔다.'고 하였습니다. 이는 아마도 그들이 원수가 투항한 정상을 자세히 듣고 우리나라를 의심하지 않을 수 없기 때문입니다. 이번에 상 차관이 오는 것도 비록 명분은 위로를 하기 위한 것이라고 하지마는 이것 때문에 나오는 것인지 어떻게 알겠습니까.

강홍립·김경서 이하 장관들의 가속을 구금하고 먼저 직명을 삭제할 것을 본사에서 여러 차례 말씀드렸으나 성상께서는 잠시 확실한 소식을 기다려보자고 비답하셨습니다. 그런데 강홍립 등이 투항한 사실이 도망쳐 돌아온 사람들의 공초에 낭자하였으므로 투항한 장관의 처자를 옥에 구금하고 단단히 지키고 있다는 일에 대해 지금 주문을 올리려던 참이었습니다. 그런데 경략의 차관이 또 나온다고 하니, 만일 이들을 접견할 때 이 일을 물을 경우 장차 어떻게 대답하겠습니까. 불가불 먼저 직명을 삭제하고 그들의 가속을 구금하여 법으로 다스린다는 뜻을 보여서 중국 사람의 의심을 풀어주어야 합니다."

먼저 그 직명을 삭제하라고 답하였다. - 『광해군일기[정초본]』, 1619년 4월 2일

### 實錄記事 1619년 4월 3일, 승정원이 강홍립 등의 가속을 속히 구금할 것을 청하다

정원이 아뢰기를,

"강홍립 등의 하늘에 닿는 죄는 그에 따른 율이 있는데 다만 잠시 확실한 보고를 기다리라는 하교로 인하여 묘당이 단지 직명을 삭제하고 가족을 감금하라고만 청하였습니다. 그런데 이번에 이민환 등이 치호와 함께 호서를 가지고 도착하였고 보면 강홍립 무리의 한 짓을 다시 물어볼 것도 없는데 어제 저녁에 다만 그 직책을 먼저 삭제하라고만 하교하셨으므로 신들은 답답하고 통탄스러움을 견디지 못하겠습니다. 바라건대 비국의 계사에 의거하여 가속도 아울러 구금하여 법을 시행하는 뜻을 밝히소서."

하니, 답하기를,

"알아서 참작하여 처치할 것이니 번거롭게 하지 말라." - 『광해군일기[정초본]』, 1619년 4월 3일

### 實錄記事 1619년 4월 8일, 양사가 강홍립 등의 논죄를 청하나 왕이 따르지 않다

양사가 합계하기를,

"장수란 삼군의 사명司命으로서 나라의 존망이 달려 있기 때문에 고금천하의 법 중에 군율만큼 엄한 것은 없습니다. 그런데 강홍립·김경서 등은 자신이 원수가 되어 적지에 깊숙이 들어가서는 중국 장수와 함께 힘껏 싸워 목숨을 바치지 않고 도리어 투항을 청하여 적의 뜰에 무릎을 꿇었으니, 신하의 대의가 땅을 쓸듯이 완전히 없어졌습니다. 심지어는 노적의 후한 향응을 편안히 받으며 노추의 친위병을 많이 거느리고 신하가 되기를 달게 여겼으니 무엇이 이보다 더 심한 국가의 모욕이겠습니까.

김응하는 한낱 무부인데도 전쟁에서 죽음을 아끼지 않을 줄 알았으니 이밖의 장사들은 모두가 김응하의 죄인인 셈입니다. 어찌 통탄스럽지 않습니까. 그런데도 버젓이 장계에 직함까지 쓰고 화친을 맺으라고 청하는 말이 한 마디뿐만이 아니었으니 비록 만 번을 죽인다 하여도 어찌 그 죄값을 다 치를 수 있겠습니까. 청컨대 강홍립·김경서의 가족 및 정응정 등을 모조리 잡아서 구금하라고 명하심으로써 군율을 변경할 수 없다는 것을 분명히 보이소서."

광해군

답하기를,

"고상한 말은 국사에 보탬이 되지 않는다. 강홍립 등의 죄를 논할 때가 어찌 없겠는가. 젊은이들의 부박한 논변은 잠시 멈추는 것이 좋을 것이다."

- 『광해군일기[정초본]』, 1619년 4월 8일

### 實錄記事 1619년 4월 8일, 비국이 명 차관에게 강홍립 등의 투항 사정 보고를 청하나 불윤하다

비국이 계사를 올렸는데 답하기를,

"오랑캐에게 포로로 잡혀 함몰되어 들어갔으므로 그 사이의 사정을 여기서 자세히 알 수 없으니 억지로 말할 것 없다."

비국이 또 아뢰기를,

"강홍립의 투항한 사정은 이제 다시 더 자세히 알아야 할 것이 없습니다. 비단 그들의 장계 및 정응정 등의 말한 바가 그러할 뿐만 아니라, 명나라의 크고 작은 아문에서도 모두 분명히 알고 있으므로 이로 인하여 적지 않게 우리나라를 의심하고 있습니다. 차관이 오게 된 것이 먼저 우리나라를 정탐하기 위한 의도가 아닌지를 어떻게 알겠습니까. 경략이 만약 차관을 만난다면 반드시 먼저 강홍립 등이 투항한 곡절과 우리나라에서 어떻게 처치하였는가를 물을 것입니다. 신들의 생각은 차관이 질문을 하기 전에 주상께서 부득불 먼저 명나라 병사가 위엄을 손상하게 된 일을 위로하고, 다음으로 강홍립 등 중영中營의 장사가 포로로 잡히고 투항하게 된 사정을 말하여 온 나라의 군신이 통탄하고 분개한다는 뜻을 보이소서."

이렇게 네 차례나 계문하였으나, 따르지 않았다. - 『광해군일기[정초본]』, 1619년 4월 8일

**實錄記事 1619년 4월 13일, 비변사가 강홍립 등이 살핀 적의 정세를 기록하여 부치게 할 것을 청하다**

비변사가 전교로 인하여 회계하기를,

"강홍립 등이 오랫동안 적중에 붙잡혀 있었으므로 반드시 적의 정세를 자세히 알 것으로 생각되나, 하유까지 한다는 것은 비단 일의 체모가 미안할 뿐만 아니라, 혹시라도 노적에게 잡힐 염려도 없지 않으니, 하서국으로 하여금 강홍립 등에게 몰래 말하여 저들의 크고 작은 사정을 듣고 보는 대로 상세히 기록하여 나오는 사람에게 부쳐 보내게 하는 것이 합당하겠습니다."

전교하기를,

"아뢴 대로 하라. 김귀영·황정욱 등이 왜적에게 함락되었을 때 하유하지 않았는지 선조의 실록을 자세히 상고하여 아뢰라. 그리고 하서국의 말로 전할 수는 없으니 본사에서 물어볼 말을 상세히 기록하여 보내고 그 기록한 말은 계하한 다음 기록하여 주어라."

- 『광해군일기[정초본]』, 1619년 4월 3일

그런데도 조정의 대신들은 이 사실을 명나라에 알려 사죄해야 한다면서 후금의 국서를 찢어 버리고 사자를 죽여야 한다고 했다. 강홍립 등의 가족을 역률[321]로 다스려야 한다고 주장했다. 밤낮 들볶이던 광해군은 처음으로 자신의 심정을 다음과 같이 토로했다.

**實錄記事 1619년 4월 3일, 왕이 애통함을 알리는 전교를 중외에 내리다**

왕이 애통해 하는 전교를 내려 중외에 효유하였는데, 그 내용에

"민망하게도 덕없는 내가 큰 기업을 이어받아 백성을 사랑하는 뜻은 간절하나 썩은 고삐인지라 잘 몰아갈 수 없었으며, 풍속을 돈후하게 가르치려고 하여도 헝클어진 실타

321) **역률**逆律 : 역적을 처벌하는 법률.

래인지라 다스리는 효과가 없었다. 지난번 국가의 운명이 거듭 비색함으로 인하여 역적의 무리가 연달아 일어났다. 초나라 감옥처럼 빈번한 형벌에 옥석이 함께 불타는 일도 있었을 것이며 정鄭나라 역사처럼 넘치는 법률에 경중의 착오도 간혹 면하지 못하였을 것이다. 도깨비 지역에 던져진 몸은 풀려 돌아가리라는 소망이 단절된 지 오래되었고, 가시 울 속에 국한된 그림자는 법망이 풀리리라는 헛된 바람만 간절하였을 것이다. 원한 품은 해골은 스산한 귀화鬼火만 자생하고 원통함을 외치니 싸늘한 서리는 몇 번이나 내렸겠는가. 주나라의 세열[322]로도 떨쳐 버리지 못하는데 위나라의 성규인들 어떻게 측량할 수 있겠는가.

어려운 시기에 힘겨운 거사인 줄은 이미 알지마는 어쩔 수 없는 일이며 재물도 힘도 다 바쳤으니 수고로워도 쉴 수가 없다. 오직 저 외부의 관원과 변방의 장수는 도백[323]과 도신[324]이 많으니 남의 상자나 주머니를 열고 더듬는 것으로는 계학溪壑같은 욕심을 채우기 어렵고 껍질을 벗기고 뼈를 부순다 하여도 이익이라면 치수도 버리지 않는다. 그러므로 서민의 집은 텅텅 비어 가시밭에도 살 수 없음을 탄식하고 창생은 흩어지며 초목의 지각없음을 부러워한다. 정치는 뇌물로 이루어지니 진晉나라처럼 문란하기 시작함이 마땅하고 칭찬은 선물로 인하여 들리니 제齊나라처럼 지탱하지 못할 것은 당연하다. 그 부모된 이의 심정은 어떠하겠는가. 이러한 신하를 대하며 항상 가슴이 아프다. 더구나 서정[325]의 큰 싸움은 동쪽을 염려하는 명나라의 깊은 근심을 덜어 주기를 바랐는데, 수만 명의 생명이 반이나 모래밭에 피를 흘렸고 팔천 명의 정예부대는 모두가 오랑캐의 포로가 되었으니, 꿋꿋한 영혼은 아직도 고향을 생각하는 꿈이 있을 것이며 고아나 과부는 아득히 바라보며 통곡하는 슬픔을 어떻게 견디겠는가. 천자의 특별한 명령은 간곡하나 적개심의 성의를 펴지 못하였고 남은 백성은 초췌하나 어진 정치의 혜택은 아직도 막혔다. 한밤중에 서성이며 너희들이 무슨 죄로 생업을 잃었는가를 생각하고, 조정에 임하여 탄식하니 내가 군주되었음이 즐겁지 않다. 음침한 기운이 끼어 팔도에 돌림병이 만연하고 봄이 어긋나 농사철에 가뭄 또한 극심하다. 그러므로 정전을 떠나 정결한 생활을 하며 반성하고 수양하는 도리를 더욱 독실히 하고, 음악을 거두고 거친 음식을 먹으니 염려하는 심정이 갑절이나 깊어진다. 폐단을

322) **세열**歲莂 : 액맥이 도구.

323) **도백**屠伯 : 백성.

324) **도신**盜臣 : 도적.

325) **서정**西征 : 강홍립 등의 원군 출정.

자문하여 제거하기에 힘을 쏟는데 죄를 용서하고 충성을 포창함을 늦출 수 있겠는가. 아, 하북河北에 조서를 반포하니 당나라 때의 군민軍民들이 부끄러워하였고 산동에서 조서를 들으며 한漢나라 때의 부로父老들이 감읍하였다. 그러므로 이처럼 교시하노니 잘 알아들을 줄로 여긴다."[대제학 이이첨 지음] -『광해군일기[정초본]』, 1619년 4월 3일

광해군이 왕위에 오르자 정인홍326), 이이첨327), 이경전328) 등의 대북파329)가 정권을 잡았다. 대북 정권은 정적 유영경330)을 비롯한 영창대군 지지 세력을 제거하기 시작했다. 유영경은 자신이 사직하려고 했으나 광해군은 선왕이 신



326) **정인홍**鄭仁弘 : 1589년 기축옥사로 조식 학파가 탄압을 받으면서 이황 학파와 결별하고 북인을 형성했다. 임진왜란이 일어나자 곽재우, 김면 등과 함께 의병을 일으켜 왜적을 격퇴했으며, 이를 계기로 조식 학파가 정치적 기반을 확고히 하고 중앙정계로 복귀하게 되는 데에 큰 영향을 끼쳤다. 1608년 영창대군과 광해군을 둘러싼 후사문제로 북인이 대북과 소북으로 대립하게 되자, 소북의 영수 유영경을 탄핵했다가 귀양길에 올랐으나 광해군이 즉위하면서 유배가 풀렸다.

327) **이이첨**李爾瞻 : 광해군 즉위 후 정권의 1인자로 영향력을 끼친 조선 중기의 문신. 선조 15년 소과에 급제, 1594년 별시 문과에 을과로 급제함으로써 전적 벼슬을 제수 받고 사가독서의 혜택을 받았다. 대북파를 이끌던 정인홍과 함께 적극적으로 광해군을 지지하여 광해군 즉위 후 정권의 1인자로 국사를 좌지우지했다. 대사간, 병조 참지, 성균관 대사성 등의 요직을 거쳤고 광창군에 피봉되는 영광을 누렸다. 대북파의 입지를 강화하기 위해 계축옥사를 일으켜 인목대비의 아버지 김제남을 죽이고 영창대군을 강화도에 연금한 다음 살해했다. 1623년 인조반정으로 광해군이 권좌에서 끌려 내려진 후, 체포되어 죽임을 당했다.

328) **이경전**李慶全 : 1608년 정인홍 등과 함께 영창대군의 옹립을 꾀하는 소북 유영경을 탄핵하다가 강계에 귀양갔다. 이 해 광해군이 즉위하자 풀려났다. 1637년 장유·이경석 등과 함께 삼전도의 비문 작성의 명을 받았으나 병을 빙자하고 거절하였으며, 1640년 형조판서를 지냈다.

329) **대북파**大北派 : 선조 초기에 동서분당이 일어났고, 1591년(신조 24년) 세자책립 문제로 해서 서인 정철이 정권에서 물러나고 동인이 집권하게 되면서 서인의 탄핵문제에 있어서 강경파인 북인과 온건파인 남인으로 분립했다. 그리고 임진왜란 이후 집권하게 된 북인은 1599년 홍여순이 대사헌으로 천거되었을 때 정랑 남이공이 반대한 일을 계기로 다시 대북과 소북으로 분당했다. 즉 이산해·홍여순이 영도하는 당을 대북이라 했는데, 여기에는 기자헌·이이첨·정인홍·허균·한찬남·이명·유몽인 등이 속했다. 그리고 다시 이듬해에 영의정이 된 이산해와 병조판서 홍여순이 대립함으로써 이산해계는 육북, 홍여순계는 골북계로 나누어졌다. 이러한 대북당은 선조말 광해군을 세자로 옹립함으로써 인목대비가 낳은 영창대군을 옹립하려던 소북당과 분쟁을 벌였다.

330) **유영경**柳永慶 : 선조 말년 영창대군을 옹립하려했으나 광해군이 즉위한 후 대북 이이첨, 정인홍의 탄핵을 받고 유배되었다가 사사되었다.

임하던 재상이라는 이유로 받아들이지 않았다. 대북 일파의 사주를 받은 신하들의 탄핵이 연일 계속되었다. 이들은 광해군이 임진왜란 때 분조를 이끈 공이 있음에도 선무공신[331]으로 책정되는 것을 방해한 것, 세손의 원손 책봉과 혼인을 지연시킨 것, 선조가 병이 위중해 광해군에게 왕위를 물려주려는 것을 방해한 것 등을 이유로 유영경을 공격했다. 광해군은 유영경을 삭탈관작[332]하고 유배 보낸 후 죽였다. 유영경을 시작으로 소북의 많은 인재가 죽거나 귀양을 갔다.



## 대동법을 시행하다

허균

임금이 된 광해군은 즉위 초부터 왕권을 강화하기 위해 궁궐을 지어 경제가 파탄났다. 임진왜란 때 화재로 소실된 창덕궁·경희궁·창경궁을 재건하고 인경궁을 건설했다. 무리한 토목공사와 궁궐 복원 공사로 백성들의 민심이 떠나기 시작했다. 광해군은 자신이 임진왜란 때부터 쌓아왔던 일반 백성의 민심을 점차 잃게 되었다. 측근들의 월권과 부패가 심했고 궁궐 복원 과정에서 자금 문제도 민심 이반의 원인이 되었다. 광해군은 탁월한 외교 정책을 궁궐 공사로 빛을 잃었다. 1608년(광해군 즉위년) 선혜청을 두어 경기도에서 쌀로 조세를 내고 소득에 따라 세금을 내는 조세개혁 대동법을 시행했다.

허준

임진왜란 때 소실된 서적 간행도 힘써 『신증동국여지승람』, 『용비어천가』, 『동국신속삼강행실』 등을 다시 간행했다. 허균[333]의 『홍길동전』, 허준[334]의 『동의보감』 등이 완성되었다.

---

331) **선무공신**宣武功臣 : 선조 37년 임진왜란 때 공을 세운 이순신, 권율 등 열여덟 무신에게 내린 훈공.

332) **삭탈관작**削奪官爵 : 죄를 지은 자의 벼슬과 품계를 빼앗고 벼슬아치의 명부에서 이름을 지우던 것.

333) **허균** 許筠 : 한국 최초의 한글 소설인『홍길동전』을 지은 작가로 유명한 조선 중기의 문장가다.

## 왕권을 위해 패륜을 저지르다

왕위에 오른 광해군은 선조 초년 태동한 사색당파들의 횡포에 진절머리를 쳤다. 자신들의 정치적 이해에 따라 조정과 나라의 일을 제멋대로 농락하는 당파들을 광해군은 왕권에 도전하는 세력이라고 여겼다.

유영경이 정계에서 쫓겨난 것은 당연했고, 그에게 죽음을 내린 것도 무리한 조처가 아니었다. 광해군을 감싸던 정인홍·이이첨 등 대북파가 득세한 것도 하나의 정치과정이었다.

광해군은 즉위하자 조정의 기풍을 새롭게 하려고 했다. 당파를 따지지 않고 인재를 고루 쓰고 임진왜란으로 파탄이 난 국가재정을 튼튼히 했다. 임진왜란 중에 불타 버린 경복궁 등 궁궐을 새로 짓거나 손보아서 왕실의 위엄을 살리고, 조세를 고르게 하여 민생을 구제하려고 대동법을 실시했다. 임진왜란 때 구원병을 보내겠다고 한 청나라의 초대 황제 누르하치가 무서운 기세로 세력을 뻗고, 명나라는 늙은 호랑이로 쇠약해 가는 국제질서에서 한시도 눈길을 떼지 않았다.

어려운 정국인데도 광해군의 형 임해군은 광해군의 정사를 비방하고 다녔고, 영창대군을 옹립하려는 세력 또한 틈만 나면 광해군을 깎아내리려고 했다. 이들은 당인들과 결탁하여 왕권에 도전하는 세력으로 언제나 광해군을 불안하게 만들었다.

광해군은 특단의 조치로 임해군에게 제재를 가했다. 일부 벼슬아치들은 임해군을 추대하려다 실패하자 장자 계승권을 주장, 명나라에 사실을 알려 압력

---

호는 교산·성수로 26세에 정시문과에 합격하여 승문원 사관으로 벼슬길에 올랐고, 1606년에는 명나라 사신을 영접하는 종사관으로 글재주와 학식으로 이름을 떨쳤으나, 역적모의 혐의로 참수형을 당했다.

334) **허준**許浚 : 『동의보감』으로 유명한 조선 중기의 명의이다. 30세에 어의로 선임되었고, 동양 최대의 의서라는 『동의보감』의 찬집에 노력하여 1610년(광해군 2년) 이를 펴냈다. 1592년 임진왜란이 일어나자 왕이 의주까지 피신하는 사태가 벌어졌을 때, 허준은 선조의 건강을 돌보았다. 이때의 공로로 허준은 뒷날 공신의 반열에 올랐다. 이후 정1품까지 승급했다.

을 넣으려고 했다. 임해군 자신은 난폭한 행동을 거듭하면서 왕위를 동생에게 빼앗겼다고 분한 마음을 먹고 있었다. 대북파는 사실을 그대로 넘기지 않았다. 임해군은 교동도(인천 강화 교동면에 있는 섬)에 유배되어 사약을 받았다.

## 계축옥사가 일어나다



1608년 광해군이 즉위하자, 대북은 영창대군을 옹립하여 역모하였다는 이유로 소북의 영 류영경을 죽이고 소북 인사들을 축출하였다. 그리고 대북은 또 계속 왕권에 위협이 되는 영창대군과 그 측근들을 제거하고자 하였는데, 때마침 그 계획을 이룰 수 있게 된 사건이 계축년에 일어난 계축옥사이다.

1613년 3월 박응서·서양갑·심우영 등이 조령鳥嶺에서 은銀 상인을 죽이고 은 수백 냥을 강탈한 사건이 일어났다. 그 범인 일당은 모두 서얼 출신들로, 자신들을 강변칠우江邊七友라 일컫는 무리였다. 그들은 적서 차별을 폐지해 달라는 자신들의 상소가 거부당하자 불만을 품고 전국을 돌아다니며 화적질 등 악행을 일삼던 중 그런 사건을 일으킨 것이었다.

**實錄記事 1613년 4월 25일, 좌변 포도 대장 한희길이 서얼 박응서 일당의 강도 사건에 대해 아뢰다**

좌변 포도 대장 한희길이 아뢰기를,

"지난 달에 조령 길목에서 도적이 행상인을 죽이고 은자 수백 냥을 탈취한 사건이 일어났습니다. 그런데 그 적괴인 서얼 박응서는 도망갔고 도적 허홍인의 노비 덕남 등을 체포했는데, 형장을 한번 가하기도 전에 낱낱이 자복하였습니다. 같은 패거리 몇 명이 외방에 있기도 하고 도망치기도 하여, 현재 계책을 써서 끝까지 체포하려고 하는 중인데, 먼저 은냥을 찾아내어 본 주인에게 돌려주고 이미 자복한 적괴는 해조에 이송해야 하겠기에 감히 아뢰옵니다."

전교하기를,

"포도청은 병조·형조의 당상과 회동하여 엄히 신문해 사실을 알아내고 같은 패거리 역시 하나하나 상세히 조사해낸 뒤 아뢰어라."

[구제舊制를 보건대 포도청에서 자복한 죄인은 계사를 올린 다음 형조에 이송하기만 하면 되었다. 그런데 이번에 이처럼 특별히 분부하였으므로 사람들이 비밀 보고가 있었다는 것을 알았다고 한다.]

-『광해군일기[중초본]』, 1613년 4월 25일

實錄記事 **1613년 4월 25일, 죄수 박응서가 역모를 고변하니 의금부로 옮겨 국문하게 하다**

이에 앞서 서인 서양갑·심우영·허홍인·박응서·박치의 등이 생사를 같이 할 친구 관계를 맺고 때도 없이 어울려 돌아다녔다. 양갑은 고故 목사 서익의 첩의 아들이고 우영은 고 감사 심전의 첩의 아들이고 응서는 고 정승 박순의 첩의 아들로서 모두 명가名家 출신이었을 뿐만 아니라 꽤나 글을 잘 한다는 이름들이 있었는데, 과거 시험을 보는 데에는 관심을 두지 않고 장사하는 일에 힘을 기울였다. 그리고 기유년부터는 여주 강변으로 거처를 옮긴 뒤 각 집안을 합쳐 재물을 공동으로 사용하면서 매우 사치스러운 생활을 하였으므로 그 고을 사람들이 매우 이상하게 여겼는데, 양갑과 치의 등의 강도 사건이 드러나자 그들이 도적이었다는 사실을 사람들이 비로소 깨닫게 되었다.

사건이 발각되었을 때 박응서만 혼자 집에 있다가 체포되어 맨 먼저 자복하였다. 그리하여 형조로 이송한 다음 정형正刑에 처할 예정으로 있었는데, 응서가 옥중에서 상소하여 고하기를

"우리들은 천한 도적들이 아니다. 은화를 모아 무사들과 결탁한 다음 반역하려 하였다."

[응서가 처음 갇히게 되었을 때 사대부들 가운데 혹 "이 사람들은 모두 명가의 자제들인 만큼 이런 일을 할 리가 없다."고 하며 구해 주려는 자들이 많이 있었고, 대장 한희길도 주저하며 결단을 내리지 못하고 있었다. 그런데 남이공과 박이서 등이 마침 은상의 집안과 친하게 지내었으므로 그 실제 자취를 탐지한 다음 희길에게 성옥하여 입계하라고 강력히 권하였다. 이이첨이 이를 듣고 희길을 불러 묻기를 "자네가 큰 도적을 잡았다고 들었는데 그 실상이 어떠한가." 하니, 희길이 공초받은 사연을 모조리 알려 주었다. 이에 이첨이 마침내 희길 및 문생 김개 등과 비밀히 의논한 다음 몰래 사람을 들여보내 응서를 유도하였다. 그때 응서는 양갑 등보다 먼저 도적질한 사실을 자복한 데 대해 한창 부끄러움을 느끼고 있었던 데다가 또 죽게 된 상황에서 살아보고 싶은 욕심에 이첨의 사주를 받고 마침내 상변했던 것인데 이 일이 밖으로 새어나와 많이 전파되었다. 그 격문 수십 구句라는 것도 모두 변려문으로서 응서가 마치 처음 문자를 짓는 것처럼 하나하나 암송해 내었는데 사람들은 김개가 응서에게 은밀히 전해준 것이라고 의심하였으니 이는 대체로 그 문체가 김개의 작품과 비슷했기 때문이었다. 그리고 김개 스스로도 말하기를 "양갑의 옥사에 있어 내가 가장 공로가 많으니 그 수공은 이이첨도 나에게 양보해야 할 것이다." 하였는데, 이첨도 이를 인정하였다. 또 정인홍이 지난 해 상차한 내용 가운데 "이진과 유영경과 김직재의 무리가 도성에서 접선을 하고 있다."는 말이 있었던 것을 가지고 이를 미루어 기미를 미리 밝혀내었다면서 수공首功을 주려고 하자 남이공이 매우 불평스럽게 여겼는데, 삼창[335] 이 이 일로 인하여 공을 다투었다. 그 뒤에 남이공이 사람에게 말하기를 "응서가 도적질한 것을 자복한 것은 나의 조력이 있었기 때문이다. 그런데 도적에서 역적으로 변모된 것은 바로 이이첨의 작품이다." 하였는데, 이이첨 역시

335) **삼창**三昌 : 광창부원군 이이첨, 밀창부원군 박승종, 문창부원군 유희분을 말함. 『광해군일기』 5년 3월 12일.

이것을 가지고 자부하며 누차 장소章疏에 드러내곤 하였다. 이이첨은 본래 응서의 패거리에 대해서는 알지 못한 채 그저 한희길을 통해 그 옥사의 정상을 얻어 들었을 뿐인데, 고변과 무슨 관계가 있기에 스스로 공이 있다고 한단 말인가. 그가 응서를 유도해 역옥을 얽어 만든 자취야말로 숨기기 어렵다 하겠다.]

왕이 대신 및 의금부 당상을 명초한 뒤 그 소를 내리며 의논하게 하였는데, 대신 이덕형 등이 회계하기를,

"삼가 수인囚人 박응서의 상소를 보건대 놀랍기 그지없습니다. 이 사람은 현재 행상인을 죽인 죄로 옥에 갇혀 자복했으니 사형에 해당되는 죄수라 할 것입니다마는, 이번에 상소한 사연이 더욱 놀랍기만 하니, 즉시 국문하여 그 정상을 알아낸 다음 그 공초에 드러난 사람들을 은밀히 체포하여 철저히 국문하게 하는 것이 마땅합니다."



전교하기를,

"아뢴 대로 하라. 박응서는 의금부로 옮겨 특별 감방에 단단히 가두도록 하라."

– 『광해군일기[중초본]』, 1613년 4월 25일

### 實錄記事 1613년 4월 25일, 서청에 나아가 박응서를 먼저 친국하다

왕이 서청에 나아가 친국하였는데, 영의정 이덕형, 좌의정 이항복, 판의금 박승종, 지의금 유공량·민형남, 동지의금 조존세, 대사헌 최유원, 대사간 이지완, 형방 승지 권진, 문사낭청 오정·조희일이 추관으로 입시하고, 도승지 정엽, 좌승지 이덕형, 우승지 이신원, 좌부승지 목장흠, 동부승지 윤중삼, 주서 이용진, 가주서 안홍량, 대교 엄성, 검열 정백창이 시신으로 입시하였다. 먼저 박응서를 국문하였는데, 응서가 공초하기를,

"서양갑과 박치의가 주모자로서 정협·박종인·심우영·허홍인·유인발 등과 함께 호걸들과 결탁한 뒤 사직을 도모하려 한 지 거의 4, 5년이 지났는데 그 동안 틈을 얻지 못했습니다.

선왕께서 승하하신 뒤 중국 조정에서 조사가 나오자 허홍인과 서양갑이 활을 들고 남별궁 문 밖에 가서 조사를 쏘아 맞추고 그 때를 이용해 군사를 일으키려 하였으나 조사의 호위가 엄밀하였기 때문에 그 계책을 이루지 못했습니다. 지난 해에는 이경준이 흥의 군문의 명호로 격문을 작성하고 사대문에 붙여 민심을 동요케 한 뒤 곧바로 군사를 일으키려 하였으나 마침 김직재의 변고가 발생하였기 때문에 경준이 도로 격문을 빼앗아 불태워버리고 계책을 뒤로 미루었습니다.

7년 전에 서양갑이 맨 먼저 역모를 주장하였습니다. 그는 심우영·허홍인·유효선 등과 함께 여주 강변의 넓은 들판에 같이 살며 의식을 함께 하였는데, 어느 날 흉모를 이야기하기를 '우리들이 뛰어난 재질을 갖고 있는데도 오늘날의 법 제도 때문에 출세길이 막혀 뜻을 펴지 못하고 있다. 사나이가 죽지 않는다면 모르지만 죽는다면 큰 이름을

드러내야 할 것이다.' 하였습니다. 그 뒤로 김평손·김비와 결탁하는 한편 또 무사들과 관계를 맺으려 하였으나 금은이 없는 것을 한스러워하였습니다.

신해년 가을에 서양갑이 직접 소금 장사를 하며 해주에 눌러 있은 지 반년 만에 사람을 죽이고 도망쳐 왔습니다. 지난 해 봄에 정협·허홍인·박종인·김비가 왕사王使라고 거짓 칭하고 부자인 이의숭의 집을 털어 금은을 도적질했으나 또 금액이 적어 한한 나머지 지난 해 가을과 겨울 사이에 허홍인·유인발·김비·김평손과 함께 세 차례나 경상도에 가서 왕래하는 은상을 때려 죽여 수천 금을 얻은 다음 토호와 결탁하려 하였으나 뜻대로 되지 않았습니다. 그러다가 금년 봄 정월에 서양갑이 박치의·허홍인 등과 함께 은상을 때려 죽이고 은 6, 7백 냥을 얻었습니다.



지금까지 예정되어 있는 계획은 3백여 인을 동원해서 대궐을 밤중에 습격하는 것이었습니다. 이를 위해 먼저 우리와 친한 무사로 하여금 조정의 집정자에게 뇌물을 써서 선전관이나 내금위·수문장 등의 관직을 얻어 내응할 발판을 마련하는 동시에 또 금은을 집정자에게 뇌물로 주어 정협을 훈련 대장으로 임명하고 금과 비단을 모두 뿌려 3백여 인과 결탁한 다음 야음을 이용해 대궐을 습격하려 하였습니다. 이때 제일 먼저 대전을 범하고 두 번째로 동궁을 범한 다음 급히 국보國寶를 가지고 대비전에 나아가 수렴청정을 하도록 청하는 한편 성문을 굳게 닫고 백관을 모두 바꿔치려 하였습니다. 이와 함께 먼저 처리 및 총병·숙위하는 관원을 죽이고 친구와 같은 패거리들로 조정을 채우는 동시에 서양갑 자신은 영의정이 되고 나머지는 순서대로 관직을 임명받을 계획이었습니다. 또 유배 중인 무리들을 석방하여 현관에 임명함으로써 동심 협력해 대군을 옹립케 하고 팔도의 감사와 병사도 모두 같은 패거리로 채운 다음 사신을 보내 중국 조정에 주문하려 하였는데 그 내용 중에는 차마 듣지 못할 점이 있었습니다. 이상이 예정된 계획이었는데 아직 대대적으로 모으지를 못했기 때문에 시일은 정하지 못했고 또 대비와 대군에게도 알리지 못했습니다.

3년 전에 심우영이 춘천 골짜기 안에 양곡을 비축해 두고 장래 군량으로 쓰려 하였습니다. 금년 봄에는 서양갑이 경상도에 가서 무사 권인룡과 관계를 맺었는데, 인룡은 그야말로 일국一國의 장사로서 달리는 말을 뛰어서 따라잡는 자였습니다.

이 적들의 흉모는 이미 정해졌지만 아직 병마를 모으지 못했기 때문에 군안軍案은 없는 상태입니다. 서양갑·심우영·허홍인·박치의·박종인·김평손·김경손·이경준·정협·김비·유인발·서인갑·유효선은 뜻을 같이 해 의논이 이미 정해진 자들입니다."

– 『광해군일기[중초본]』, 1613년 4월 25일

**實錄記事 1613년 5월 4일, 지평 정호관 등 여러 언관들이 역모에 연루된 영창대군의 논계 문제로 인혐하다**

지평 정호관이 아뢰기를,

"이번의 역적은 심상하게 좀도둑질이나 하는 무리들이 아닌데, 원망하는 그들의 말이나 헤아리기 어려운 흉모를 듣고 있노라면 뼛속까지 서늘해지고 심장이 내려앉는 듯하니, 지금이야말로 임금이 모욕을 당하는 만큼 신하로서 죽을 각오를 해야 할 때라고 할 것입니다.

영창대군 이의李㼁를 왕으로 옹립하기로 했다는 설이 이미 역적의 입에서 나온 이상, 그가 아무리 어리고 아는 것이 없다 하더라도 신하로서 이토록 용서받기 어려운 엄청난 죄명을 지니고는 한 순간이라도 궁중에 편안히 있을 수는 없을 것입니다. 그래서 신이 유사로 하여금 법대로 적용하여 처리하게 하려고 하였는데, 동료와 논의에 차이가 있어 막중한 논의를 이토록까지 지연시키게 만들었으니, 신이 무능력하여 직무를 제대로 수행하지 못한 죄가 큽니다. 신의 직을 체척하도록 명하소서."

하고, 이어 물러가 물론을 기다렸다. 대사헌 최유원, 집의 김지남, 장령 윤인, 지평 이성구가 아뢰기를,

"정호관이 영창에 대한 의논을 끄집어 내었을 때, 신들이 삼사의 논의가 귀일되기를 기다린 뒤에 논계하려고 했던 것은 그 일을 중히 여겨서였습니다. 그런데 지금 호관이 인피한 사연을 보건대, 신들이 그 일을 지연시키며 직무를 제대로 수행하지 못한 잘못이 큽니다. 신들의 직을 파척하도록 명하소서."

모두 물러가 물론을 기다렸다. 장령 정조가 아뢰기를,

"어제 지평 정호관이 '영창대군 이의가 일단 역적의 입에서 나온 이상 하루도 그대로 궁중에 있게 해서는 안 된다.'는 뜻으로 석상席上에서 발론했습니다. 그런데 신은 생각해 오기를 '역적 이진李珒의 죄를 청했을 때 삼사가 먼저 발론했는데, 대신이 은혜를 온전히 베푸는 것을 위주로 하면서 끝내 백관을 거느리고 복주伏誅를 청하지 않은 결과 국시國是가 정해지지 않게 되어 난신 적자가 꼬리를 물고 나오게 되었다.' 하면서 늘 통분스럽게 여겼습니다. 그리고 듣건대 조종조에서 큰 일을 처리할 때에는 역시 정부에서 먼저 아뢴 예가 있었다고 하였습니다. 그래서 신의 생각에는 '대신과 함께 발론을 하면 체통을 얻게 될 것이다.'고 여겼으며, 최유원 역시 삼사와 함께 발론을 하려고 했기 때문에 삼사에 간통하려 했던 것입니다. 그런데도 호관은 편지나 간통을 해 온 적이 한 번도 없는 상태에서 느닷없이 인피하였습니다. 역적을 토죄하는 큰 논의에

있어 그 누군들 차이가 있겠습니까마는 민첩하게 처리하지 못한 실수는 피하기 어려운 입장이 되었으니, 신의 직을 파척하소서."

하고, 물러가 물론을 기다렸다. -『광해군일기[정초본]』, 1613년 5월 4일

### 實錄記事 1613년 6월 21일, 성 안의 넓은 집에 영창대군을 내보내게 하다

윤중삼이 아뢰기를,

"역적 이의를 내보낼 집을 성 밖에다 정할 것입니까, 성 안에다 정할 것입니까."

왕이 이르기를,

"성안에 넓은 집을 가려 정하도록 하라." -『광해군일기[정초본]』, 1613년 6월 21일



### 實錄記事 1613년 6월 21일, 영창대군을 밤이 깊었으므로 내일 내보내도록 하다

권진이 아뢰기를,

"방금 금부의 낭청이 와서 '이의를 내보내라고 한 전지가 이미 하달되었으므로 밖에서 모든 일을 준비해 놓고 명령을 기다리고 있다.'고 말하였습니다. 오늘 안으로 즉시 거행하소서."

왕이 이르기를,

"지금 이미 밤이 깊었으니, 내일 아침에 거행하도록 하라."

-『광해군일기[정초본]』, 1613년 6월 21일

### 實錄記事 1613년 6월 21일, 영창대군을 여염집으로 내보내며 왕이 의금부에 내린 전교

의금부에 전교를 내렸다.

"서인 이의가 비록 나이 어려서 지각이 없으나, 그를 왕으로 옹립한다는 설이 누차 여러 역적들의 공초에서 나왔으니, 그 누가 화의 근본이라고 하지 않겠는가. 여러 역적은 비록 제거하였으나 화의 근본이 남아 있을 경우에는 국가의 걱정거리가 지난 날보다 도리어 심할 것이다. 예로부터 동기간에 생긴 변을 대처하는 자가 인륜이 소중하다는 것을 모르지 않았지만, 종사에 관계되는 일이었을 경우에는 대부분 은혜보다 의리를 앞세웠고 인정보다 법을 우선으로 하였다. 이는 참으로 관계되는 바가 몹시 중대하여 임금이 사사로이 할 수 없었기 때문이었다.

여러 역적들의 기화奇貨와 종사의 화근이 사실 여기에 있으므로 매우 의심받을 처지에 놓여 있고 용납되기 어려운 이름을 지니고 있다. 그러므로 삼사가 번갈아 소를 올리고

백관들이 합문 앞에 엎드려 청하고 선비들이 항의하는 소를 올리고 백성과 군인들이 정성을 다하여 모두 말하기를 '한 시각이라도 궁중에 태연히 있게 할 수 없다.'고 하였다. 공론은 매우 엄하고 사람들의 분노는 날마다 격렬해지고 있으니, 지금 그를 여염의 집으로 내보내 공론에 보답하도록 하라." - 『광해군일기[정초본]』, 1613년 6월 21일

實錄記事 **1613년 6월 21일, 영창대군을 내보내니 대비가 눈물의 작별을 하다**



이의를 내보내는 날에 대비가 그를 부둥켜 안고 차마 떠나 보내지 못하였다. 주위 사람들이 온갖 방법으로 권하고 만류하자, 액문掖門 안에까지 안고 와서 울부짖으며 작별하였다. 호위하는 병사들이 이를 보고 듣고는 엎드린 채 일어나지를 못하고 너나없이 눈물을 흘렸다. - 『광해군일기[정초본]』, 1614년 6월 21일

實錄記事 **1613년 7월 24일, 정원이 영창대군의 처치를 아뢰니, 비로소 위리안치시키라고 명하다**

정원이 누차 이의를 처치할 것을 품달하니, 전지를 내려 비로소 위리 안치시키라고 명하였다. - 『광해군일기[중초본]』, 1613년 7월 24일

實錄記事 **1613년 7월 26일, 영창대군을 안치할 지역에 대해 논의하여 강화로 정하다**

의금부가 아뢰기를,

"이의를 마땅히 역적 이진을 처벌했던 예에 의거하여 교동喬桐에 안치시키는 것이 합당할 듯한데, 어떤 사람은 강화江華가 마땅하다고 하는데 어떻게 해야 하겠습니까? 감히 아룁니다."

답하기를,

"강도로 옮기는 것이 편할 듯하다. 그러나 대신들에게 물어보도록 하라."

영의정 이덕형, 행 판중추부사 기자헌·심희수가 의논드리기를,

"이미 법을 양보하고 은혜를 베풀었다면 교동과 강화가 모두 바다에 있는 섬인데 사정이 다를 것이 뭐가 있겠습니까. 삼가 성상께서 처리하소서."

강도에 안치시키라고 전교하였다. - 『광해군일기[중초본]』, 1613년 7월 26일

**實錄記事 1613년 7월 27일, 영창군을 강화도에 안치시키고 의금부에 전교한 내용**

영창군 이의를 강화도에 안치시키게 하고, 의금부에 전교하였다.

"국가가 불행하여 전에 없던 변란이 지극히 의심스러운 곳에서 발생하였다. 서인庶人인 이의가 어리석어서 지식이 없다고 하더라도 간사한 무리들이 이를 빙자하여 엉뚱한 마음을 먹고 있으니 이는 실로 국가 화란의 계제이다. 비록 함께 역모를 하지는 않았더라도 역적의 무리들이 그를 힘입어 세력을 펼치니, 이는 실로 종묘 사직의 화근이다. 임금이 지켜야 할 것은 종묘 사직이고 중요하게 여겨야 할 것은 국가이다. 그래서 일이 종묘 사직에 관련되면 비록 동기라 하더라도 사사로이 처리해서는 안되며, 죄가 국가에 관련되면 지극히 친한 자일지라도 고려할 수 없는 것이다. 그가 이미 흉악한 무리들의 기화奇貨가 되었고 옹립한다는 말이 여러 역적들의 공초에 드러났는데 어찌 어리고 무식하다는 핑계로 일찍이 단속하지 않아서 후일의 무궁한 후회를 남기겠는가. 가령 하늘이 그들을 도와 흉계를 이루게 하였더라면 이때에도 '나는 아는 것이 없으며 나는 모의에 참여하지 않았다.' 하고 도망하여 그 자리에 올라가지 않겠는가. 일을 성공하면 그 영광을 누리고 실패해도 그 화에서 벗어나는 그런 경우가 고금 천하에 어찌 있겠으며 이런 이치가 어찌 있겠는가. 흉악한 무리들만 빙자해서 역모를 꾸밀 마음을 먹을 뿐만 아니라 갖가지 불미한 일들이 모두 이로 말미암아 일어날 것이니, 앞으로 닥칠 환란이 이런 정도에만 그치고 말지 않을 것이다.

*국가가 불행하여 전에 없던 변란이 지극히 의심스러운 곳에서 발생하였다. 서인庶人인 이의가 어리석어서 지식이 없다고 하더라도 간사한 무리들이 이를 빙자하여 엉뚱한 마음을 먹고 있으니 이는 실로 국가 화란의 계제이다.*

김제남과 서양갑의 무리들이 앞으로도 계속 일어나게 되면 비록 하늘의 법이 치밀하여 간사한 자들이 스스로 발각된다고 하더라도 대옥이 한번 일어나면 국맥이 약해지게 되어 잇따라 발생하는 화란을 말로 다할 수 없을 것이니 실로 온 나라가 공동으로 느끼는 원수인 것이다. 사람들의 의구심은 날이 갈수록 심해지니, 항상 큰 화란이 바로 닥쳐와서 아침에 저녁을 보전하기 어려울 듯하게 된 것은 그 형세가 그렇게 된 것이다. 그를 살아 있게 해서 반드시 후환이 없을 것을 보장할 수만 있다면 모르겠으나, 오직 그 화근을 제거하지 않는 것이 마치 흙에 뿌린 곡식이 씨앗이 있으면 반드시 돋는 것과 같을 것이다. 어린 나이에도 적들의 소망이 오히려 이러한데 그를 두게 되면 다른 날 발생할지도 모르는 변란이 오늘날보다 심하지 않을지 어찌 알겠는가.

광해군

속적屬籍이 이미 끊어졌으니 대의로 마땅히 섬멸시켜야 한다. 그렇다면 다만 종묘 사직의 명을 받들고 백성들의 말에 따라서 공정함으로 사사로움을 누르고 의리로 은혜를 단정할 뿐이다. 삭폐시키는 것으로는 왕법을 이미 시행했다고 할 수 없으며 대궐 밖에 안치시키는 정도로는 화란의 씨앗을 이미 제거했다고 할 수 없다. 오늘날의 일은 오직 종묘 사직과 국가의 중대함을 염려하는 데 있고 앞서간 선왕들이 이미 행한 대법을 찾는 데 있으니 눈앞에 차마 못하는 것 때문에 후일에 무궁한 환란을 끼쳐서는 안되겠다. 위리안치시키도록 하라."

- 『광해군일기[중초본]』, 1613년 7월 27일



### 實錄記事 1613년 8월 2일, 영창대군을 강화에 위리안치하다

이의가 강화에 이르자 가시나무로 둘러놓고 지켰는데, 삼엄한 감시가 임해臨海 때보다 배나 되었다. 이정표는 흉악하고 혹독한 자로서 일찍이 임해가 위리 안치되었을 때의 수장이었는데 임해를 살해하고는 병으로 죽었다고 보고하였다. 상이 이 사실을 알고 있었기 때문에 특별히 차송하여 수장을 삼았던 것이다. 정표가 매번 이의를 살해하고자 하여 홍유의에게 의논하였으나 유의가 말하기를 "이의가 진실로 죄인이다. 그러나 상이 우리들을 보낸 것은 지키라고 한 것이지 살해하라고 한 것은 아니다."고 하였다. 정표가 이 때문에 처음에는 감히 흉악한 짓을 행하지 못하였다. 부사 기협이 자주 음식물을 보내주어 이의가 힘입어 조금 살아갈 수 있었다. 대비가 일찍이 조그만 유의를 만들어 이의에게 보냈다. 수장들이 으레 하던 대로 유의를 뜯어 기찰했더니 가운데 헝겊 조각이 있었는데 피로 몇 자 적어 위문하는 내용으로 차마 읽을 수가 없었다. 얼마 지나지 않아 홍유의는 체직되어 떠나고 기협은 이의를 후대했다는 이유로 죄를 입었는데, 정표가 드디어 정항과 함께 이의를 살해하였다.

- 『광해군일기[중초본]』, 1614년 8월 2일

### 實錄記事 1613년 10월 9일, 영의정 이덕형의 졸기

전 영의정 이덕형이 졸하였다.

[이때 죄를 주자는 논계는 이미 중지되었는데, 덕형은 양근에 있는 시골집에 돌아가 있다가 병으로 졸하였다. 덕형의 자는 명보, 호는 한음이다. 그는 일찍부터 공보가 되리라는 기대를 받았는데, 문학과 덕기는 이항복과 대등하였는데, 31세에 대제학에 제수되었고 38세에 재상의 반열에 올랐다. 임진년 이래 공로가 많이 드러나 그의 명성이 중국과 오랑캐들에게도 알려졌다. 일찍이 선위사로 있었을 때에는 왜인들에게 크게 존경받았으나 임진왜란에 이르러 적의 기세가 날로 급박해지자 조정에서는 이덕형으로 적의 정세를 탐지하고 세력을 늦추도록 보내려 하였다. 이덕형이 명을 듣자마다 즉시 출발하므로 선조가 이에 감읍하였다. 가마가 평양에 도달하자 적장 현소가 이덕형을 뵙기를 구하니 사람들이 이를 크게 위태롭게 여겼다. 이덕형이 한척의 배로

찾아 가면서 조금의 두려워하는 낯빛이 없었다. 갑진록호성공에 이덕형의 충성과 노고가 기록되었음에도 봉작을 굳이 사양하여 받지 않았다. 계축년 옥사가 일어나자 수상首相으로 흉배들에게 협박받았다. 비록 옥사에 성실히 참여했지만 친구를 대하면서 말이 시사에 미치면 눈물 흘리지 않은 적이 없었고, 식음을 전폐하는 데 이르렀다. 차자로 영창대군의 원한을 논하면서 말이 조리가 없었는데 사람들이 이를 병통으로 여겼고, 오히려 이 때문에 죄를 받았다. 사람됨이 간솔하고 까다롭지 않으며 부드러우면서도 능히 곧았다. 또 당론을 좋아하지 않아, 외구外舅인 이산해가 당파 가운데서도 지론이 가장 편벽되고 그 문하들이 모두 간악한 자들로 본받을 만하지 못하였는데, 덕형은 한 사람도 친하지 않았다. 이 때문에 자주 소인들에게 곤욕을 당하였다. 그가 졸하였다는 소리를 듣고 원근의 사람들이 모두 슬퍼하고 애석해 하였다.]

– 『광해군일기[중초본]』, 1613년 10월 9일



대북은 그들에게 '영창대군을 옹립하여 역모를 일으키려고 했다'는 허위자백을 시켰고, 결국 그들로부터 '인목왕후의 아버지 김제남이 자신들의 우두머리이고 인목왕후도 역모에 가담했다'는 자백을 받아냈다.

또한 김제남과 인목왕후 부녀가 의인왕후의 무덤에 무당을 보내 저주했다는 사실도 밝혀졌다. 이로 인해 김제남은 사사賜死되었고 그의 세 아들과 사위 심정세도 처형당했으며, 영창대군은 폐서인되어 강화도에 유배되었다. 신흠·이항복·이덕형을 비롯한 서인과 남인 세력이 대부분 몰락하고 대북이 정권을 장악하게 되었다.

계축옥사로 인해서 영의정 이덕형, 좌의정 이항복, 우의정 정인홍이 모두 교체되었고 이조판서인 정창연, 호조판서인 황신, 예조판서 이정구, 형조판서 오억령 등도 교체되었다.

영창대군을 죽인 광해군에게 걸림돌인 인목대비가 남아 있었다. 그러나 인목대비를 처리하는 시간도 얼마 걸리지 않았다. 얼마 후 광해군 8년(1616년) 1월 경운궁에 광해군을 비방하는 익명서가 날아들어 왔다. 기자헌이 대비와 협력하여 유희분과 박승종을 몰아낸 다음 큰 일을 도모한다는 내용이었다. 이에 광해군은 조신들을 모아 놓고는 그에 대한 대책을 논의하였다. 성균관 유생들의 폐비 상소가 올라왔으며, 이이첨과 허균은 김개 등을 시켜 무뢰배와 거지들을 모아서 유생의 복색을 입혀 놓고, 궐문 밖에 엎드려서 대비는 역적이니 어서 폐서인하여 추방함이 옳다고 아뢰게 하였다.

조정에서도 한효순이 백관을 거느리고 들어가 폐모를 주장하기 시작하였다. 이이첨은 모든 것을 자신이 조종하면서도 모르는 척하고 있다가 유생들의 상소와 한효순의 정청[336]을 빙자하고 이위경을 시켜 폐모소廢母疏를 지어 올리게 하였다. 그리고 문무 백관들에게 찬성 서명하기를 강요하였다. 일부는 회피하고 서명을 아니하였으며 특히 원임대신 이원익과 기자헌은 강경히 반대하였다. 이항복은 신병으로 요양하고 있다가 그 말을 듣고 참지 못하여 강경한 어조의 반대 상소를 올렸다. 그러나 이들 반대세력들은 계속된 대간들의 탄핵을 받아, 마침내 이원익은 관직을 삭탈당한 뒤 남해로 귀양갔다가 수원으로 옮겨졌다. 기자헌과 이항복은 처음 정평과 용강으로 정배되었다가, 승지 백대연의 못된 혀뿌리에 걸려 죄가 중하다고 삭주와 창성으로 가게 되었다. 다시 기자헌은 종성으로, 이항복은 북청으로 옮겨졌다.



다음 노래는 그때 오성 이항복이 북청으로 귀양가면서 지은 것이다.

철령 높은 재를 쉬어 넘는 저 구름아.
고신孤臣 원루怨淚를 비삼아 실어다가
임 계신 구중 궁궐에 뿌려 준들 어떠리.

이항복과 기자헌을 귀양 보낸 다음, 이이첨 등은 정청에 참여하지 않은 정창연 등을 '십사十邪'라 하여 내몰아 정배시키고 의창군 등 20여 명도 그렇게 하였다. 그리고 늙고 병들어 참여하지 못한 재상들은 모두 벼슬을 깎아버리고 나서, 끝내는 저희들 뜻대로 인목대비를 폐서인하여 경운궁으로 내몰았다.

병조판서인 박승종이 유임되고 공조판서인 이준이 유임된 걸 빼고는 모두 교체되었다. 새로운 내각에는 영의정에 기자헌, 좌의정에 정인홍, 우의정에 정창연, 이조판서에 조정, 호조판서에 유근, 예조판서에 이이첨, 형조판서에 민몽룡이 제수되었다. 정창연, 유근, 기자헌, 박승종, 이준을 빼고는 조정이 모두 대북 일색으로 개편이 된 것이다. 특히 우의정이던 정인홍이 좌의정으로 제수

336) **정청**廷請 : 세자나 삼정승이 모든 벼슬아치를 거느리고 궁정에 이르러 큰일을 임금께 아뢰어 하교를 기다림.

된 것과 예조판서에 이이첨이 제수된 것은 조정이 대북 세력으로 개편되었다.

## 8살 영창대군이 증살되다

영창대군은 강화도에 위리안치[337] 되었고 영창대군의 외할아버지 김제남 등이 주모자로 지목되어 처형되었다.

1614년(광해군 6년) 강화부사 정항이 임의로 영창대군을 증살[338] 했다. 정인홍이 일곱 살 어린 영창대군에게 할은론[339] 을 적용할 수 없다고 주장하여 처형 조치를 내리지 않았다.

광해군

한편 곽재우, 기자헌, 이경석 등이 영창대군의 신구를 청하는 탄원서를 올렸으나 모두 묵살되었다. 1614년 이이첨 일파가 강화부사 정항을 시켜 악의적으로 영창대군의 방에 불을 때게 하였고 음식도 끊었다. 영창대군은 뜨거운 바닥 위에 앉지도, 눕지도 못한 채 밤낮없이 창살을 부여잡고 울부짖다가 기운이 다해 죽었고 이이첨과 정항은 영창대군이 병으로 죽었다고 보고했다. 이때 영창대군의 나이 8세였다. 1623년 3월 15일 인조반정으로 영창대군은 관작이 복구되었다.

**實錄記事 1614년 2월 10일, 강화 부사 정항이 영창대군 이의를 살해하다**

강화 부사 정항이 영창대군 이의를 살해하였다.

[정항이 고을에 도착하여 위리 주변에 사람을 엄중히 금하고, 음식물을 넣어주지 않았다. 침상에 불을 때서 눕지 못하게 하였는데, 의가 창살을 부여잡고 서서 밤낮으로 울부짖다가 기력이 다하여 죽었다. 의는 사람됨이 영리하였다. 비록 나이는 어렸지만 대비의 마음을 아프게 할까 염려하여 괴로움을 말하지 않았으며, 스스로 죄인이라 하여 상복을 입지도 않았다. 그의 죽음을 듣고 불쌍하게 여기지 않는 사람이 없었다.]

– 『광해군일기[중초본]』, 1614년 2월 10일

337) **위리안치**圍籬安置 : 죄인을 유배소에서 외부와 접촉하지 못하도록 가시로 울타리를 만들고 죄인을 그 안에 가두어 두던 일.

338) **증살**蒸殺 : 방 안에 가두고 장작불을 지펴 열기에 질식해 죽게 하는 것.

339) **할은론** : 형제 사이에도 왕법에 어긋나는 짓을 하면 형벌을 가해도 윤리에 어긋나지 않는다는 이론.

『광해군일기』에는 당시 강화부사 정항에 의해 온돌을 뜨겁게 달구어 증살시켰다고 되었으나, 『인조실록』에는 광해군의 밀명을 받은 별장 이정표가 음식물에 잿물을 넣어 영창대군을 독살하였다고 기록하고 있다. 영창대군을 살해한 방법을 두고 논란의 여지가 있다.

**實錄記事 1614년 2월 10일, 강화 별장 이정표가 이의 죽음을 치계하다**



강화 별장 이정표가 의㼁의 죽음을 치계하였다. 전교하기를,

"내가 덕이 없어 이 고아로 하여금 섬에서 병으로 죽게 하였으니, 비통하기 그지없다. 장례를 치르는 일과 제물을 올리는 일을 본관으로 하여금 각별히 살펴서 치르게 하라. 내가 마땅히 중사中使를 보내어 염斂하는 것을 살피도록 하겠다."

이어서 전교하기를,

"이의 장례를 대군의 예로 치르도록 하라."

- 『광해군일기[중초본]』, 1614년 2월 10일

시신은 1614년(광해군 6년) 경기도 광주군 남한산성 아래(현 성남시 태평3동 근처)로 운구되어 매장하였다가, 광주군의 성남시 개발지역에 포함되어 1971년 8월 경기도 안성군 일죽면 고은리(현 안성시 일죽면 고은리 산24-5)에 이장되었다. 이장 과정에서 묘지명 등을 제대로 수습하지 못하고 매몰돼 있다가 1993년 성남시 태평3동 4911 골목길에서 도시가스 시설 배관공사 도중 다섯 조각으로 파손된 채 발견되었다. 사후 이복 형 경창군의 넷째 아들 창성군이 사후양자가 되어 가계를 이었다.

영창대군 묘지석은 1623년(인조 1년)에 대리석으로 제작하였으며, 비문은 신흠이 짓고, 글씨는 김천령이 해서로 썼다.

## 인목대비가 서궁으로 유폐되다

인목대비는 젊은 나이이지만 궁중의 어른으로서 참을 수 없는 분노를 느꼈다. 인목대비는 궁중에서 기회만 있으면 눈물을 흘리며 불평의 말을 늘어놓았다.

광해군을 원망하고 헐뜯는 인목대비의 행동거지는 이해되고 어쩌면 당연할 수도 있었다. 권신들이 인목대비의 일을 물고 늘어졌지만, 광해군은 이 문제만큼은 쉽사리 동의하지 않았다. 어린 자식을 잃고 슬픔에 빠진 인목대비는 경운궁에 홀로 남겨진 채 연금 상태로 지냈다. 경운궁에서 임금을 비방하는 내용의 익명서[340]가 발견됨으로써 인목대비 폐비에 관한 논의가 급물살을 타게 되었다. 1618년(광해군 10년) 1월 30일 광해군은 5년 이상을 끌던 인목대비를 폐비시켜 대비의 호칭을 제거하고 서궁으로 칭하였다.



**實錄記事 1618년 1월 2일, 사간원·사헌부 관원들이 최광필의 소에 따라 서궁을 속히 폐출하기를 청하다**

대사헌 이병, 대사간 윤인, 집의 임건, 사간 남이준, 장령 한영·강수, 지평 정양윤·김호, 헌납 조정립, 정언 이강·박종주가 아뢰기를,

"국가가 불행하여 변이 가장 가까운 내부에서 일어났습니다. 무고하고 저주한 일이 궁궐에 낭자하고 밖으로 역모에 응한 것이 적의 공초에서 분명하게 드러났으며, 자기 소생을 왕으로 세우려 꾀하여 성상을 모해하려 한 정상이 불을 보듯 환히 밝혀졌습니다. 유릉을 눌러 이기려고 흉악한 짓을 저지른 절차를 보면 차마 듣지도 못하고 말하지도 못할 점이 있는데, 이는 박동량의 공초에 나타났을 뿐 아니라 수호군 등도 모두 가슴을 치고 눈물을 흘리면서 말한 것입니다. 이 어찌 종묘 사직에만 죄를 지은 것이겠습니까. 그야말로 신민들 모두가 토죄하면서 용서해서는 안될 것이라 하겠습니다. 그런데 시비가 밝혀지지 않고 의리가 어두워진 나머지, 한갓 명위名位에 대한 상례常例에 구애를 받고 같은 하늘 아래 살 수 없는 대의에 대해서는 모르는 채 각자 사설邪說을 세워 듣는 이들을 현혹시켜 왔습니다. 그 결과 충신의 사기를 저상시키고 의사義士의 입을 다물게 한 지 어느덧 6년이 지나면서, 오래도록 정론正論은 암흑 시대를 거쳐 왔습니다. 그러다가 초야에서 항장抗章을 올리고 신서臣庶가 대궐문 앞에서 부르짖으며 화근을 제거해서 원수를 끊어버리도록 청하게 되었으니, 이 얼마나 다행스러운 일입니까. 그런데도 시일만 끌면서 판국을 마무리할 기약이 없게 되자 사람들은 위구危懼스럽게 생각하고 선비들의 마음은 식은 재처럼 되었습니다. 간악한 자가 날로 흔단을

340) **익명서**匿名書 : 글쓴이가 자기 이름을 감추고 쓴 글.

만들어내어 거의 일이 망칠 지경에 이르렀으니, 만약 일찌감치 치밀하게 계책을 세워 놓지 않으면 헤아릴 수 없는 화가 금방이라도 일어나고 말 것입니다.

삼가 최광필의 소疏를 보건대, 군부君父를 위해 깊고 원대하게 계책을 세워 논한 것이 지극히 확실한데, 이는 또한 신들이 일찍이 경사經史에 의거하고 참작하여 마음속으로 굳게 결론지었던 내용이기도 합니다. 묘당으로 하여금 광필의 소에 따라 즉각 거행하게 해서 종묘 사직이 안정되도록 하소서."

답하기를,



"내 운명이 기박하여 여러 차례나 망측한 변을 당하고 보니, 괴롭고 한스럽기만 하여 곧장 귀를 막고 멀리 도망치고 싶을 따름이다. 이 어찌 내가 들을 이야기이겠는가. 다시는 말하지 말라."

- 『광해군일기[중초본]』, 1618년 1월 2일

### 實錄記事 1618년 1월 30일, 서궁을 폄손하는 절목

존호를 낮추고 전에 올린 본국의 존호를 삭제하며, 옥책과 옥보를 내오며, 대비라는 두 글자를 없애고 서궁이라 부르며, 국혼 때의 납징·납폐 등 문서를 도로 내오며, 어보를 내오고 휘지 표신을 내오며, 여연·의장을 내오며, 조알·문안·숙배를 폐지하고, 분사를 없애며, [승정원·병조·도총부·겸춘추·사옹원·위장소·내의원·금루·주방·승전색·사약·별감·내관·궁중의 각 차비 나인.] 공헌을 없애며, [각도의 매월 진상·각도의 삼명일 진상·정부 및 육조의 물선·정부의 표리·각사의 삼일 공상.] 서궁의 진배는 후궁의 예에 따르며, 공주의 늠료와 혼인은 옹주의 예에 따르며, 아비는 역적의 괴수이고 자신은 역모에 가담했고 아들은 역적의 무리들에 의해 추대된 이상 이미 종묘에서 끊어졌으니 죽은 뒤에는 온 나라 상하가 거애하지 않고 복을 입지 않음은 물론 종묘에 들어갈 수도 없으며, 궁궐 담을 올려 쌓고 파수대를 설치한 다음 무사를 시켜 수직하게 한다. [이 의논을 할 때 〈와서 모인 자가 15인이었는데 많이 유실되어 기록하지 못했다.〉 민몽룡이 신임 정승으로서 팔을 걷어붙이고 수염을 휘날리면서 흔연히 떠맡았는데, 폄손하는 절목 일체에 대하여 이이첨으로부터 익히 지시를 받은 뒤 물음에 응하여 물 흐르듯 거침없이 외워 나갔으며, 한효순은 머리를 구부린 채 '예. 예.' 하고 대답만 할 따름이었다. 처음에 공주를 서인으로 강등시키는 〈한 조목과 관련하여〉 유간이 말하기를 '서궁을 일단 선왕의 후궁과 똑같이 대한다면 공주도 옹주로 낮추는 것이 온당하다.'고 하였으나, 이이첨이 따르지 않고 단지 혼인과 늠료만 옹주의 예에 따르도록 하였는데, 왕이 이 말을 듣고 크게 노하여 유간을 울산 부사로 내보낸 뒤 이어 다시 의논케 하였다. 2월 11일에 도당에 모여 다시 절목을 늘려 정했는데, 〈이 내용은 유실되어 기록하지 못한다.〉 [옹주의 예에 따른다고 한 절목을 그대로 두고 고치지 않자 왕이 더욱 노하여 마침내 사목을 계하하지 않았다.] ]

- 『광해군일기[중초본]』, 1618년 1월 30일

결국 1618년(광해군 10년) 인목대비는 폐서인되어 경운궁에 유폐되었고 좌의정 한효순, 공조판서 이상의, 예조판서 이이첨 등 17인이 〈폐비절목〉을 만들어 대비의 특권과 예우를 박탈했다. 하지만 명나라에서 폐서인의 고명이 내려오지 않아 인조반정 때까지 인목대비는 대비의 신분을 유지할 수 있었다. 1622년 12월, 이이첨은 강원감사 백대형을 시켜 이위경 등과 함께 굿을 빙자해 경운궁에 들어가 인목대비를 시해하려 했으나 박승종 등이 가로막고 나서는 바람에 실패했다.

그때부터 인목대비는 경운궁에서 맏딸 정명공주와 함께 비참한 생활을 해야 했다. 『계축일기』에 따르면 궁에는 지저분하고 더러운 물건을 버릴 만한 빈터가 없어 그것이 쌓여 악취가 가득했고, 구더기가 방안과 밥 지어 먹는 솥 위에까지 끼어 물로 씻어내도 없어지지 않을 정도였다. 생필품도 부족했을 뿐만 아니라 바가지가 없어 소쿠리로 쌀을 일어야 했다. 솜옷이 없어 7, 8년 동안 추위에 시달리다가 목화씨를 심어 간신히 솜옷을 마련할 수 있었다. 궁녀들이 궐내에 텃밭을 일궈 나물을 재배하여 반찬으로 삼을 정도였다고 한다.

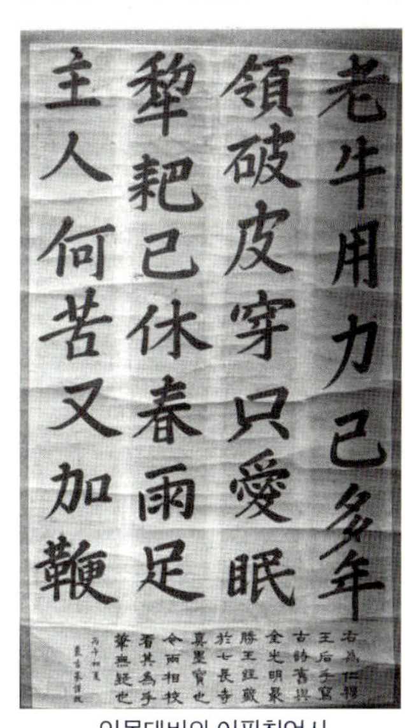

인목대비의 어필칠언시

당시 인목대비는 붓글씨를 쓰면서 모진 세월을 견뎌냈다. 보물 1220호로 지정되어 있는 이필칠언시를 보면 고아하면서도 군센 그녀의 성품을 짐작할 수 있다. 이 시에서 그녀는 대북파의 위세에 시달리던 자신을 늙은 소에 비유하고, 광해군을 그 늙은 소에 채찍을 가하는 주인에 비유하고 있다.

늙은 소 힘쓴 지 이미 여러 해
목 부러지고 가죽 헐었어도 잠 잘 수만 있다면,
쟁기질, 써레질 이미 마쳤고 봄비도 충분한데
주인은 어찌하여 괴롭게 또 채찍질 하는가.

유폐한 뒤 폐출을 청하는 상소가 끊이지 않았다. 그러나 인조반정으로 1624년(인조 2년) 대왕대비로 진봉되었다. 1632년(인조 10년) 6월 28일 승하하였다.

정인홍은 부모에게 어떠한 일이 있어도 형벌을 내릴 수 없다고 했다. 이이첨 등 일부를 제외하고 인목대비에 대한 조처에 반대 여론이 드셌지만, 마지막까지도 죽음의 형벌은 내리지 않았다. '효'를 인간의 기본 덕목으로 삼는 유교 이념의 사회에서, 생모는 아니었지만 폐모[341]시킨 것은 광해군의 큰 실수였다. 임해군에 이어 영창대군까지 죽이고 인목대비를 폐모한 광해군은 패륜의 멍에를 쓰게 되었다.



대북 일파는 폐비에 반대한 인사들을 모두 조정에서 쫓아내는 등 계속해서 전횡을 저질렀다. 광해군은 왕권 강화에 대한 집착으로 전횡을 묵과했다. 광해군은 스스로 인조반정의 불씨를 키웠다.

## 북인의 권력 남용과 인조반정이 일어나다

광해군 재위 시절 막강한 권력을 휘둘렀던 이이첨과 상궁 김개시[342], 허균 등은 많은 옥사를 일으켜 반대파 신료들을 무자비하게 숙청했다. 왕권은 절대적인 권력으로 구축하게 되었지만, 광해군에게 치명적인 정치적 아킬레스건으로 작용했다. 성리학의 도덕주의, 도의 정치, 왕도정치를 기본 이념으로 삼던 조선 사대부들로부터 반발을 사게 되었다. 이이첨과 정인홍이 무리하게 능창군[343]의 역모와 영창대군의 옥사를 주관하고, 1617년부터 인목왕후의 폐모

341) **폐모**廢母 : 왕이 왕대비를 자리에서 물러나게 함.

342) **김개시**金介屎 : 미모의 여인도 아니었으나, 민첩하고 꾀가 많아 광해군의 총애를 받았는데, 이를 배경으로 국정에 관여하여 권신인 대북의 영수 이이첨과 쌍벽을 이룰 정도로 권력을 휘둘렀다. 이러한 권세를 힘입어 매관매직을 일삼는 등 국정을 크게 문란시켰다. 이에 윤선도·이회 등이 여러 차례 상소하여 논핵하였으나, 도리어 그들이 유배되는 등 광해군 일대를 통하여 권세를 누리었다. 1623년(광해군 15년) 인조반정이 일어나자 반정군에 잡혀 참수당하였다.

343) **능창군**綾昌君 : 인조의 아우로 이름은 전. 광해군에게 시기를 받아 오다가, 1615년 신경희의 추대로 왕이 되고자 한다는 혐의로 사형되었고, 인조 10년 대군으로 추봉되었다.

론을 주장하는 것 등 사림의 반발을 가져왔다.

옥사를 일으킨 주역 허균 역시 다른주역 이이첨, 김개시 등에 의해 처형되었다. 1623년 인조반정이 일어나던 당일 광해군은 처음 반정을 접하고 이이첨의 반역으로 오해했으며, 김개시는 인조반정 직전 정보가 누설되어 반정 세력들을 검거할 수 있었음에도 반정 세력으로부터 뇌물을 받고 광해군의 판단력을 흐리게 만드는 등 광해군 정권에 결정적인 위해를 끼쳤다.



## 사대파에 밀려나다

광해군이 폐출된 원인을 반정 세력은 패륜과 명나라에 대한 불충을 이유로 내세웠다. 이것은 겉으로 내세운 명분일 뿐, 본질적인 원인은 대북 정권의 독주로 인한 서인 세력의 반발이었다. 왕권을 지키려는 욕심에 대북의 전횡을 묵과한 것이 광해군의 패착이었다. 광해군은 어떤 면에서 시대를 앞서간 왕이었다. 반정으로 의미가 퇴색되긴 했지만, 국난을 극복하고 국가의 안정을 유지하려고 했던 광해군의 노력은 평가받고 있다.

광해군은 인조반정으로 쫓겨난 비운의 임금이지만 역사적 관점에서 조명해 보면 조선왕조에서 폭군으로 연산군과 광해군을 꼽는다. 광해군의 속사정은 사뭇 다르다. 인목대비가 광해군을 폐위시킬 때 죄목은 첫째, 광해군이 선조를 독살하고 형과 아우를 죽이고 자신을 유폐시켰다는 것이다. 둘째, 토목공사를 벌여 민생을 도탄에 빠뜨리고 정치를 혼탁하게 하여 종사를 위태롭게 했다. 세 번째, 조선이 중국을 섬긴 지 200여 년으로 의리로는 군신이요, 은혜로는 부자와 같다고 했다. 임진왜란 때 나라를 구해 준 은혜를 잊었다는 것이다.

바로 세 번째 문제가 광해군을 폐위시키는 주된 구실이 되었다. 명나라에 대해 배신하고 청나라와 외교를 강화한 것으로 광해군을 오늘날 재평가하는 초점이 되었다. 광해군이 자주·실리 외교를 추구하다가 사대파에 밀려났음을 뜻하기 때문이다.

## 내가 죽으면 어머니 무덤 발치에 묻어 달라



광해군은 실리적인 외교를 추구했고, 나라를 다스리는 일에도 어느 군주 못지않게 혼신의 힘을 기울였다. 임진왜란 뒤 서울로 환궁했을 때에 서울의 궁궐은 거의 불에 타 없어졌다. 왕이 월산대군의 사저를 빌려 써야 할 정도였다. 광해군은 토목공사를 벌여 경복궁을 제외한 많은 궁궐의 대부분을 다시 지었다. 이런 과정에서 부역이 가중되었던 것은 사실이다.

광해군은 천도를 서둘렀다. 서울의 옛집이 대부분 불타 없어진 마당에 왕실의 위엄은 말이 아니었다. 벼슬아치들 또한 위신을 차릴 수가 없었다. 게다가 민간에서는 '정씨 왕조설' 따위가 퍼져 '이씨 왕조'를 부정하는 분위기가 팽배해 있었다. 광해군은 지사를 동원하여 임진강 주변의 교하[344]로 천도할 것을 결심하고 그곳에서 토목공사를 벌였다. 그러나 백성들에게서 거두어들이는 부세가 과중한데다가 명의 병력 요청 등으로 기초만 서둘다가 중지했다.

광해군이 나라를 다스렸던 일 가운데 대표적인 사례는 즉위하여 곧바로 시행한 대동법을 들 수 있다. 종래에는 공물을 바칠 때 대납하는 과정에 중간에서 모리배들이 끼어들어 실제 납공자에게 부담을 가중시켰고 이것이 이권으로 전락했다. 이 폐단을 없애기 위해 쌀로 환산하여 바치게 한 것이 대동법이다.

처음 경기도 일대를 중심으로 시행되었지만 차츰 각 지방으로 확대 적용되었지요. 토호를 낀 중간 모리배들이 이권을 독차지하는 폐단을 막았다.

편찬사업으로 『신증동국여지승람』 편찬과 『동의보감』 간행 등을 했고, 『삼강행실도』를 보급하여 타락하는 기풍을 쇄신하려 했다. 또한 포도청을 상설기구로 만들어 사회불안에 대비했고, 군사시설인 진보[345]의 확충 등으로 외침을 막을 준비를 했다.

---

344) **교하** : 지금의 파주 교하면 일대.

345) **진보** : 함경도와 평안도의 북방 변경에 있던 각 진.

이런 공적은 광해군이 쫓겨난 뒤에 심하게는 죄목으로 씌워지기도 했고 전혀 그의 공적으로 인정되지 않았다. 광해군의 정책들은 토지를 독점한 벼슬아치나 토호들에게 불만을 사서 그들을 광해군의 반대 세력으로 몰아가는 결과만 빚었다. 인재를 고루 수용한다는 명분 아래 서얼과 노복 출신을 많이 등용하여 수령으로 삼기도 했다. 그러나 이것은 뒤에 "명기(어진 신하)를 뒤섞이게 하고 벼슬을 뇌물에 팔았다."며 사헌부의 탄핵을 받기도 했다.



광해군과 폐비 유씨, 폐세자와 폐세자빈 등 네 사람은 강화도에 위리안치되었다. 이들을 먼 외딴섬으로 보내지 않은 것은 서울 가까이에 두고 늘 감시하면서 후환을 막기 위한 것이었다. 인목대비는 광해군을 기어코 죽이려고 새 임금과 대신들을 졸랐지만 이원익 등이 간곡히 만류하여 뜻을 이루지 못했다.

이들이 위리[346]안치되고 난 두 달쯤 뒤에 폐세자가 담 밑에 구멍을 파고 도망쳐 나오다가 잡히는 사건이 벌어졌다. 그의 손에는 은과 쌀밥 그리고 황해감사에게 보내는 편지가 쥐어져 있었다고 한다. 폐세자가 구멍을 통해 도망할 때에 폐세자빈은 나무에 올라가 바라보다가 폐세자가 잡히는 것을 보고 땅에 떨어져 사흘 동안 식음을 전폐하다가 목매어 죽었다. 또한 인목대비의 강경한 주장에 따라 폐세자에게 죽음이 내려지자, 폐세자도 스스로 목매어 죽었다.

광해군은 쫓겨난 지 불과 두 달 만에 20대 중반의 외동아들과 며느리를 잃었다. 다음 해 10월 강화도로 귀양 온 지 1년 반쯤 되어서는 폐비 유씨가 심화병[347]으로 죽었고 광해군 혼자만 남게 되었다. 그의 혈육이라고는 박씨에게 시집간 외동딸뿐이었다.

1624년(인조 2년) 이괄의 난이 일어났을 때 조정에서는 반란군이 광해군을 추대할까 싶어서 광해군을 배에 실어 태안에 옮겨 두었다. 그러다가 난이 평정되자 다시 강화로 데리고 왔다. 1636년 병자호란이 일어나 청나라에서 광해군의 원수를 갚겠다고 공언하자, 조정에서는 또다시 그를 교동도에 안치했다. 이때 그를

346) **위리**圍籬 : 유배소의 둘레에 가시로 울타리를 침.

347) **심화병**心火病 : 마음속의 울화로 인하여 마음이 답답하고 몸에 열이 오르는 병.

눈엣가시로 본 서인 계열의 신경진 등은 경기수사에게 "선처하시오"라고 하면서 죽이라는 암시를 주었지만, 경기수사는 이 말을 따르지 않고 그를 보호했다.

다음 해에 광해군을 서울 근방에 놓아두는 것이 불안하여 제주도로 옮겼다. 휘장을 친 배를 타고 제주도에 내린 광해군은 외딴섬으로 온 자신을 보고 탄식해 마지않았다. 그는 자신을 데리고 다니는 별장들이 상방을 차지하고 그를 아래채에 재워도 그저 입을 꾹 다물었고, 심부름하는 나인이 '영감'이라고 부르며 앙탈을 해도 고개를 숙인 채 말 한마디 하지 않았다고 한다. 그 위엄 있던 군주가 오늘에는 기도 못 펴는 촌로로 바뀐 것인지, 아니면 자신을 조용히 돌보며 인생을 관조하는 자세였는지는 몰라도 인간적인 비극임에 틀림이 없었다.



광해군은 제주 땅에서 귀양살이한 지 19년 만에 67세의 나이로 죽었다. 그는 "내가 죽으면 어머니 무덤 발치(누울 때 발을 뻗는 곳)에 묻어 달라"(방손 이해성의 말)고 부탁했다고 한다. 그리하여 양주 적성동에 있는 그의 어머니 공빈 김씨 무덤 아래 묻혔다. 이것이 조정에서 베풀어 준 마지막 은총이었다. 그리고 외동딸의 자손에게 제를 지내게 했다.

공빈 김씨의 무덤 오른쪽에 임해군이 묻혀 있고 그 아래에 광해군이 묻혀 있지만, 임해군의 양손들은 공빈 김씨와 임해군에게만 제사를 올리고 광해군의 무덤에는 발길도 안 돌렸다고 한다. 훗날 어떤 사정이 있었기 때문이겠지만, 광해군의 비극적 생애를 더욱 부각시키고 있다.

광해군은 인간적인 약점도 많이 지니고 있었다. 어릴 적에 어머니를 잃고 세자 책봉에 있어서나 왕위에 오른 뒤에도 늘 그에게 붙어 다니는 검은 그림자들이 있었다.

이것은 선조의 변덕에서 나온 것이기도 하고, 또 많은 왕자들[348] 틈에 끼어 왕위가 늘 불안했던 탓도 있었다. 그래서 정서불안 같은 결함이 생겼을 것이다. 음모와 술수가 판을 치는 궁중을 부드럽게 다스리지 못한 점도 간과할 수 없었다.

---

348) **왕자들** : 선조는 영창대군 외에도 13명의 왕자를 두었음.

## 스승 정인홍을 믿다

정인홍

광해군은 개혁과 혁신을 위해 큰 노력을 기울였다. 그에게 치도(다스리는 도리나 방법)의 이론을 제공한 인물은 정인홍이었습니다. 정인홍은 임진왜란 때 명나라 군사를 물러가게 하고, 우리의 군사로 우리의 강토를 지켜야 한다고 주장했다. 정인홍 역시 임진왜란 때 의병을 일으키면서 토호들의 노비를 거두어 가서 토호들에게 큰 지탄을 받았다. 그는 벼슬길에 나와서 산림장령으로 부패한 관리들을 매섭게 매도했으며, 후금과의 관계에서도 중립적이고 실리적인 태도를 건의했다.

광해군은 정인홍의 말에 귀를 기울이며 혁신정치를 폈고, 이런 과정에서 왕권에 도전하는 세력을 제거하는 데에 덕치를 벗어나는 조치들이 있었다. 그런데도 서인 주도의 모든 기록들은 온갖 잔일을 들추어 광해군을 헐뜯었고, 심지어 인목대비는 "선조를 독살했다."는 터무니없는 거짓말을 늘어놓기도 했다. 또 광해군을 받들던 대북파가 몰락하여 그를 옹호할 세력이 없었다는 점도 간과할 일이 아니었다. 반면에 광해군은 간신인 이이첨의 말에 귀를 기울이면서 우유부단한 모습을 보여 일을 그르친 경우도 있었다.

광해군은 중국에서 명나라와 청나라가 교체되는 시기에 적절한 외교로 청나라의 침입을 막았고 대동법의 실시로 조세 행정을 바로잡았으며 『동의보감』의 간행으로 의학서적을 정리한 업적을 남겼습니다. 업적을 쌓았지만 인간적으로는 불행한 임금이 되었다.

## 반정으로 무너지다

1623년 3월 14일 대왕대비가 왕을 폐하여 광해군으로 삼고 금상으로 왕위 계승케 하였습니다. 대왕대비가 왕을 폐하여 광해군으로 삼고 이지[349]를 서인으로 삼고, 금상을 책명하여 왕위를 계승하게 하였는데, 그 교지는 다음과 같다.

**實錄記事 1631년 3월 14일, 대왕대비가 왕을 폐하여 광해군으로 삼아 금상으로 왕위 계승케 하고 제주에서 대비의 어머니 노씨를 오게 하다**



"소성정의 왕대비는 다음과 같이 이르노라. 하늘이 많은 백성을 내고 임금을 세우게 하신 것은 인륜을 펴고 법도를 세워 위로 종묘를 받들고 아래로 백성을 잘 다스리게 하려고 하신 것이다. 선조 대왕께서 불행하게도 적자가 없으시어 일시의 권도에 따라 나이의 순서를 뛰어넘어 광해를 세자로 삼았다. 그런데 그는 동궁에 있을 때부터 잘못하는 행위가 드러났으므로 선조께서 만년 몹시 후회하고 한스럽게 여기셨고, 그가 왕위를 계승한 뒤에는 도리어 어긋나는 짓을 그지없이 하였다. 우선 그 중에서 큰 죄악만을 거론해 볼까 한다. 내가 아무리 덕이 부족하더라도 천자의 고명[350]을 받아 선왕의 배필이 되어 일국의 국모 노릇을 한 지 여러 해가 되었으니 선조의 아들이라면 나를 어머니로 여기지 않을 수 없을 것이다. 그런데 광해는 남을 참소하고 모해하는 자들의 말을 신임하고 스스로 시기하고 혐의하는 마음을 가져 우리 부모를 형벌하여 죽이고 우리 일가들을 몰살시켰으며 품속에 있는 어린 자식을 빼앗아 죽이고 나를 유폐하여 곤욕을 치르게 하였으니, 그는 인간의 도리가 조금도 없는 자이다. 그가 이러한 짓을 한 것은 선왕에게 품었던 유감을 풀려고 한 것인데 미망인에 대해서야 무슨 짓인들 못하겠는가. 그는 형과 아우를 살해하고 조카들을 모조리 죽였으며 서모(아버지의 첩)를 때려 죽이기까지 하였다.

그리고 여러 차례 큰 옥사를 일으켜 무고한 사람들을 가혹하게 죽였고, 민가 수천 호를 철거시키고 두 궁궐을 창건하는 데 있어 토목 공사의 일이 10년이 지나도록 끝나지 않았다. 그리고 선왕조의 원로 대신들을 모두 축출시키고 인아[351]·부시[352]들로서 악한 짓을 하도록 권유하는 무리들만을 등용하고 신임하였으며, 정사를 하는 데 있어 뇌물을 바친 자들만을 기용했으므로 무식한 자들이 조정에 가득하였고 금을 싣고 와

349) **이지**李祬 : 광해군의 장자이자 중전 유씨의 소생이며, 제14대 왕 선조의 손자이다. 1608년 부왕 광해군의 즉위와 동시에 왕세자에 책봉되었으나 1623년 인조반정으로 축출되어 강화도에 유배되었다. 배소에서 탈출하다 실패하고 자진을 명받고 자결하였다.

350) **고명**顧命 : 중국에서 이웃 여러 나라의 왕이 즉위하는 것을 승인하는 것.

351) **인아**姻婭 : 사위 쪽의 사돈 및 동서 쪽의 사돈.

352) **부시**婦寺 : 궁중에서 일을 보던 여자와 환관.

서 관직을 사는 자들이 마치 장사꾼이 물건을 흥정하듯이 하였다. 그리고 부역이 많고 수탈이 극심하여 백성들이 살 수가 없어서 고난 속에서 아우성을 치고 있으니, 국가의 위태로움은 말할 수 없었다. 어디 그뿐이겠는가. 우리나라가 중국을 섬겨온 지 2백여 년이 지났으니 의리에 있어서는 군신의 사이지만 은혜에 있어서는 부자의 사이와 같았고, 임진년 나라를 다시 일으켜준 은혜는 영원토록 잊을 수 없었던 것이다. 이리하여 선왕께서 40년간 보위에 계시면서 지성으로 중국을 섬기시며 평생에 한 번도 서쪽으로 등을 돌리고 앉으신 적이 없었다. 그런데 광해는 은덕을 저버리고 천자의 명을 두려워하지 않았으며 배반하는 마음을 품고 오랑캐와 화친하였다. 이리하여 기미년[353] 중국이 오랑캐를 정벌할 때 장수에게 사태를 관망하여 항배를 결정하라고 은밀히 지시하여 끝내 우리 군사 모두를 오랑캐에게 투항하게 하여 추악한 명성이 온 천하에 전파되게 하였다. 그리고 우리나라에 온 중국 사신을 구속 수금하는 데 있어 감옥의 죄수들보다 더하였고, 황제가 칙서를 여러 번 내렸으나 군사를 보낼 생각을 하지 아니하여 예의의 나라인 우리 삼한(마한·진한·변한)으로 하여금 이적 금수의 나라가 되는 것을 모면하지 못하게 하였으니, 가슴 아픈 일을 어떻게 다 말할 수 있겠는가. 천리(천지 자연의 이치)를 멸절시키고 인륜을 막아 위로 중국 조정에 죄를 짓고 아래로 백성들에게 원한을 사고 있는데 이러한 죄악을 저지른 자가 어떻게 나라의 임금으로서 백성의 부모가 될 수 있으며, 조종의 보위에 있으면서 종묘·사직의 신령을 받들 수 있겠는가. 이에 그를 폐위시키노라.

능양군 이종은 선조대왕의 손자이고 정원군 이부의 첫째 아들인데 총명하고 효성스러우며 비상한 의표를 지니고 있으므로 선조께서 특별히 사랑하시어 궁중에서 키우게 하셨고 그에게 종倧자의 이름을 지어주신 데에는 은미한 뜻이 있었던 것이며, 용상에 기대어 계실 때 그의 손을 잡고 탄식하시며 여러 손자들보다 특별한 관심을 가졌었다. 그런데 이번에 대의를 분발하여 혼란스러운 조정을 토평하고 유폐되어 곤욕을 치르고 있는 나를 구해냈으며 나의 위호[354]를 회복시켜 주어 윤기(윤리와 기강)가 바르게 되고 종묘사직이 다시 편안하게 되었다. 공덕이 매우 성대하여 신명과 인민이 그에게 귀의하고 있으니 보위에 나아가 선조대왕의 후사를 잇게 하노라. 그리고 부인 한씨를 책봉하여 왕비로 삼노라. 이리하여 교시하노니, 모두 알라."

승지 정립, 예조 참의 목장흠을 보내어 제주에 가서 노씨를 맞이하여 오게 하였다.

353) **기미년** : 1619년(광해군 11년).

354) **위호**位號 : 벼슬의 등급 및 그 이름.

※ 노씨는 대비의 어머니이다. 대비가 계축년[355]에 서궁에 유폐된 이후로 내외와 소식이 격절되었으므로 심지어 연흥 부원군이 추형을 당하고 노씨가 안치된 일에 대해서도 반정이 일어난 뒤에야 듣게 되었다. 노씨가 늙고 병들어 바다를 건너올 수 없을까 염려되었으므로 특별히 승지·예관을 보내어 간호하여 오게 한 것이다. 대비가 서궁에 유폐되어 있을 때 궁인 연이가 외부 사람과 소식을 교통했다는 것으로 무함을 받아 참혹한 형벌을 받았다. 이에 광해가 다시 시녀를 보내어 대신하게 하고 겸하여 기찰도 하게 하였는데, 시녀들이 서궁에 들어온 뒤에는 모두 대비의 편이 되어 성심으로 받들었다. 궁 안에 원래 있었던 의복과 기물이 아무리 오래 사용하더라도 부족하지 않았고 외부에서 전례에 따라 어물·육류·소금·쌀 등의 물품을 끊임없이 공급하였다. 대비는 화란을 겪은 이후 소복을 입고 소식素食을 하자 시녀들도 모두 소식을 하였으므로 어육을 담 밖으로 도로 버렸는데 까마귀·솔개가 늘 모여들어 쪼아 먹었고 썩는 냄새가 궁 안에까지 풍겼다. 궁인들이 궁 안의 공지에 채소를 심어 아침 저녁의 찬거리를 마련하였고, 또 햇솜이 없었는데 궁인 한 사람이 요 속에서 몇 알의 목화씨를 찾아내어 해마다 심어서 솜 저고리를 지어 올렸다. 그리고 외부 사람들이 궁 안의 상황을 알지 못하여 어떤 사람은 대비가 벌써 돌아가셨다는 말을 전달하기까지 했었는데, 이 때에 이르러 처음 알게 되었다.

– 『광해군일기』, 1623년 3월 14일

광해군

1623년(광해군 15년) 3월 이서, 이귀[356], 김류 등을 주축으로 한 서인 반정군이 창덕궁에 들이닥쳤다. 반정의 낌새를 전혀 눈치채지 못하고 있던 광해군은 그제야 궁성을 넘어 도망쳤지만 곧 잡히고 말았다. 이렇게 광해군과 대북 정권은 끝이 났다.

이귀

**實錄記事** **1623년 3월 12일, 반정이 일어나자 도망하여 의관 안국신의 집에 숨다**

왕이 대신·금부 당상·포도 대장을 부르게 하고, 또 도승지 이덕형, 병조 판서 권진을 입직하게 하였다. [이반의 상소를 올렸으나 왕이 여러 여인들과 어수당에서 연회를 하며 술에 취하여 오랜 뒤에야 그 상소를 보았는데, 역시 대수롭지 않은 일로 여겼다. 이에 유희분·박승종이 두세 번 비밀리에 아뢰어 속히 조사하게

355) **계축년** : 1613년(광해군 5년).

356) **이귀**李貴 : 1592년 임진왜란이 일어나자 의병을 일으키고 평양으로 피난한 선조를 찾아가 방어 대책을 올렸다. 이어 삼도소모관·삼도선유관으로 임명되어 군사·군량·군마 등의 모집과 수송을 맡았다. 도체찰사 유성룡을 도와 모집한 군졸과 양곡을 개성으로 운반하여 한성을 탈환하는 데 크게 기여했다. 1626년(인조 4년) 병조·이조의 판서에 올랐으나 같은 해 김장생과 함께 인헌왕후의 상을 만 2년으로 할 것을 주장하다가 대간의 탄핵을 받고 벼슬에서 물러났다.

할 것을 청하였으므로 이 명을 내렸다. 대신 이하 관원들이 대궐에 나갔으나 대궐문이 벌써 닫혔으므로 비변사에 모였는데, 비변사 당상들도 와서 모였다.] 도감 대장 이흥립은 군사를 거느리고 궁성을 호위하게 하고, [흥립은 박승종의 사돈으로서 그의 추천으로 직임을 제수받았는데 이 때 은밀히 반정군과 합세하였다.] 천총 이확을 보내어 창의문 밖을 수색하게 하였다. [이반이 문 밖에 반정군이 주둔해 있다고 고했기 때문이었다. 이확이 명령을 받고 즉시 시행하지 않았는데 이 때 밤이 이미 자정이 지났다.] 이날 금상은 연서역 마을에 주둔하였는데, 대장 김류, [이때 전 강계 부사로 집에 있었다.] 부장 이귀 [이때 전 평산 부사로서 논핵을 받아 명을 기다리고 있었다.] 등은 최명길·김자점·심기원 등과 홍제원 터에서 모였고, 장단 방어사 이서는 부하 병사를 거느리고 왔고, 이괄·김경징·신경인·이중로·이시백·이시방·장유·원두표·이해·신경유·장신·심기성·송영망·박유명·이항·최내길·한교·원유남·이의배·신경식·홍서봉·유백증박정·조흡 등이 모두 와서 모였다. 문무 장사 2백여 명이 [군사는 모두 1천여 명이었다.] 밤 3경에 창의문으로 들어가 [전날부터 바람이 불고 운애가 끼어 성안이 낮에도 어두웠었는데 반정군이 문 안으로 들어오자 갑자기 바람이 멈추고 구름이 걷혀 달빛이 대낮처럼 밝았다.] 창덕궁 문 밖에 도착했을 때 이흥립이 지팡이를 버리고 와서 맞이했고 이확은 군사를 이끌고 후퇴하였다. 그리고 대신 및 재신들은 군대의 함성소리를 듣고 모두 흩어져 도망갔다.

김류 등이 단봉문을 열고 들어갔고, 상이 구굉·심명세·홍진도 등과 함께 잇달아 도착하였는데 김류가 인도하여 인정전 서쪽 뜰 위에 가서 동향하여 호상에 앉았고 여러 장사들이 줄지어 시위하고 있었으며, 궁 안의 시위 장졸은 모두 흩어졌다. [입직 승지 이덕형·정립, 형방 승지 박홍도, 좌우 사관과 선전관 등이 처음 군대의 함성을 듣고 침전의 문을 두드리며 들어가 시위할 것을 청하였으나 궁중에서 대답이 없었고 시신들도 모두 흩어졌다. 이때 승지 유진증·권규기·민성징은 집에 있었다.] 왕이 북쪽 후원의 소나무숲 속으로 나아가 사다리를 놓고 궁성을 넘어갔는데 [평상시에 궁인들이 후원에 긴 사다리를 설치하여, 밤에 출입하기에 편리하도록 하였는데 왕이 이 사다리를 사용하여 궁성을 넘어갔다.] 젊은 내시가 업고 가고 궁인 한 사람이 앞에서 인도하여 사복시 개천가에 있는 의관 안국신의 집에 숨었다. [왕이 국신의 집 사람인 정담수로 하여금 나가서 변란이 일어난 것에 대해 탐지하게 하였는데, 담수가 돌아와서 들은 것이 없다고 아뢰니, 왕이 말하기를 "혹시 이이첨이 한 짓이 아니던가."하였다. 왕이 이때 임취정 등을 신임하여 이첨의 권세를 억제하려고 했었는데 유희분이 은밀히 왕에게 아뢰기를 "이첨의 세력이 너무도 높으니 그가 꺾임을 받지 않고 변란을 일으킬 계략을 가질듯 합니다."라고 했기 때문에 왕이 의심했던 것이다.] 그리고 세자 이지는 왕을 뒤쫓다가 찾지 못하고 장의동 민가에 숨었다. -『광해군일기[중초본]』, 1623년 3월 12일

**實錄記事 1623년 3월 14일, 대왕대비가 왕을 폐하여 광해군으로 삼고 금상을 왕위 계승케 하다**

대왕대비가 왕을 폐하여 광해군으로 삼고 이지를 서인으로 삼고, 금상을 책명하여 왕위를 계승하게 하였는데, 그 교지는 다음과 같다.

"소성정의 왕대비는 다음과 같이 이르노라. 하늘이 많은 백성을 내고 임금을 세우게 하신 것은 인륜을 펴고 법도를 세워 위로 종묘를 받들고 아래로 백성을 잘 다스리게 하려고 하신 것이다. 선조 대왕께서 불행하게도 적자가 없으시어 일시의 권도에 따라 나이의 순서를 뛰어넘어 광해를 세자로 삼았다. 그런데 그는 동궁에 있을 때부터 잘못하는 행위가 드러났으므로 선조께서 만년에 몹시 후회하고 한스럽게 여기셨고, 그가 왕위를 계승한 뒤에는 도리어 어긋나는 짓을 그지없이 하였다. 우선 그 중에서 큰 죄악만을 거론해 볼까 한다. 내가 아무리 덕이 부족하더라도 천자의 고명을 받아 선왕의 배필이 되어 일국의 국모 노릇을 한 지 여러 해가 되었으니 선조의 아들이라면 나를 어머니로 여기지 않을 수 없을 것이다. 그런데 광해는 남을 참소하고 모해하는 자들의 말을 신임하고 스스로 시기하고 혐의하는 마음을 가져 우리 부모를 형벌하여 죽이고 우리 일가들을 몰살시켰으며 품속에 있는 어린 자식을 빼앗아 죽이고 나를 유폐하여 곤욕을 치르게 하였으니, 그는 인간의 도리가 조금도 없는 자이다. 그가 이러한 짓을 한 것은 선왕에게 품었던 유감을 풀려고 한 것인데 미망인에 대해서야 무슨 짓인들 못하겠는가. 그는 형과 아우를 살해하고 조카들을 모조리 죽였으며 서모를 때려 죽이기까지 하였다.

그리고 여러 차례 큰 옥사를 일으켜 무고한 사람들을 가혹하게 죽였고, 민가 수천 호를 철거시키고 두 궁궐을 창건하는 데 있어 토목 공사의 일이 10년이 지나도록 끝나지 않았다. 그리고 선왕조의 원로 대신들을 모두 축출시키고 인아姻婭·부시婦寺들로서 악한 짓을 하도록 권유하는 무리들만을 등용하고 신임하였으며, 정사를 하는 데 있어 뇌물을 바친 자들만을 기용했으므로 무식한 자들이 조정에 가득하였고 금을 싣고 와서 관직을 사는 자들이 마치 장사꾼이 물건을 흥정하듯이 하였다. 그리고 부역이 많고 수탈이 극심하여 백성들이 살 수가 없어서 고난 속에서 아우성을 치고 있으니, 국가의 위태로움은 말할 수 없었다. 어디 그뿐이겠는가. 우리나라가 중국을 섬겨온 지 2백여 년이 지났으니 의리에 있어서는 군신의 사이지만 은혜에 있어서는 부자의 사이와 같았고, 임진년에 나라를 다시 일으켜준 은혜는 영원토록 잊을 수 없었던 것이다. 이리하여 선왕께서 40년 간 보위에 계시면서 지성으로 중국을 섬기시며 평생에 한 번도 서쪽으로 등을 돌리고 앉으신 적이 없었다. 그런데 광해는 은덕을 저버리고 천자의 명을 두려워하지 않았으며 배반하는 마음을 품고 오랑캐와 화친하였다. 이리하여 기미년[357]에 중국이 오랑캐를 정벌할 때 장수에게 사태를 관망하여 향배를 결정하라고 은밀히 지시

357) **기미년** : 1619년(광해군 11년).

하여 끝내 우리 군사 모두를 오랑캐에게 투항하게 하여 추악한 명성이 온 천하에 전파되게 하였다. 그리고 우리나라에 온 중국 사신을 구속 수금하는 데 있어 감옥의 죄수들보다 더하였고, 황제가 칙서를 여러 번 내렸으나 군사를 보낼 생각을 하지 아니하여 예의의 나라인 우리 삼한으로 하여금 이적 금수의 나라가 되는 것을 모면하지 못하게 하였으니, 가슴 아픈 일을 어떻게 다 말할 수 있겠는가. 천리를 멸절시키고 인륜을 막아 위로 중국 조정에 죄를 짓고 아래로 백성들에게 원한을 사고 있는데 이러한 죄악을 저지른 자가 어떻게 나라의 임금으로서 백성의 부모가 될 수 있으며, 조종의 보위에 있으면서 종묘·사직의 신령을 받들 수 있겠는가. 이에 그를 폐위시키노라.

광해군

능양군 이종은 선조대왕의 손자이고 정원군 이부의 첫째 아들인데 총명하고 효성스러우며 비상한 의표를 지니고 있으므로 선조께서 특별히 사랑하시어 궁중에서 키우게 하셨고 그에게 종倧자의 이름을 지어주신 데에는 은미한 뜻이 있었던 것이며, 용상에 기대어 계실 때 그의 손을 잡고 탄식하시며 여러 손자들보다 특별한 관심을 가졌었다. 그런데 이번에 대의를 분발하여 혼란스러운 조정을 토평하고 유폐되어 곤욕을 치르고 있는 나를 구해냈으며 나의 위호를 회복시켜 주어 윤기가 바르게 되고 종묘 사직이 다시 편안하게 되었다. 공덕이 매우 성대하여 신명과 인민이 그에게 귀의하고 있으니 보위에 나아가 선조대왕의 후사를 잇게 하노라. 그리고 부인 한씨를 책봉하여 왕비로 삼노라. 이리하여 교시하노니, 모두 알라."

- 『광해군일기[중초본]』, 1623년 3월 14일

## 폐위와 말년

최명길

1623년 3월 14일 새벽, 서인들이 주도하고 남인들이 동조하여 인조반정이 발생한다. 이귀, 김류, 최명길, 김자점, 이괄 등과 정원군의 장남 능양군은 군사를 동원하여 궁궐을 장악했다. 이들은 광해군을 인목왕후 앞으로 끌고 갔는데, 인목왕후는 광해군과 폐세자에 대한 처형을 주장하였으나, 인조와 반정 세력은 반정의 명분인 폐모살제 때문에 이를 받아들이지 않고 유배를 보내는 선에서 반정을 마무리 짓게 된다. 곧 반정군에게 이이첨, 정인홍, 김개시 등은 죽고, 40여 명의 관리가 구금되었다.

광해군은 폐위 후 폐비 유씨, 그리고 폐세자 지와 폐세자빈 박씨와 함께 강화도에 위리안치되었고, 울타리에 갇혀 살기 시작한 지 두 달 후인 5월 폐세자와 폐세자빈은 탈출에 실패하고 자결하게 된다. 그때 폐세자는 다리미와 큰 가위를 이용해서 울타리 밑에 땅굴을 파고 도주를 시도하다가 발각되었고, 인조는 그 소식을 듣고 한 달 뒤인 6월 사촌동생인 폐세자에게 자진을 명하고, 폐세자 질은 그 명에 따라 자진한다. 한편 폐세자빈 박씨는 남편이 잡히는 것을 보고는 나무에서 떨어져 정신을 잃었다가 사흘 뒤에 깨어나 목을 매어 자살하였다. 그해 10월에 부인 유씨도 사망하는데, 유배 생활 중의 화병이 원인이었다.

1624년 이괄의 난 때 인조는 광해군의 재등극을 우려해 그를 충청도 태안으로 옮겼다가 강화로 다시 옮겼으며, 1636년 병자호란이 발발하자 강화도 옆 교동도에 유배되었다. 병자호란이 끝나고, 1637년(인조 15년) 6월 6일, 광해군은 제주 어등포(魚登浦 : 현 구좌읍 행원리)로 입항하였다. 다음날 6월 7일 광해는 제주 주성 망경루(望京樓 : 구 제주세무서) 서쪽 또는 제주 서성 안에 위리안치되었는데, "두문杜門하여 자물쇠로 봉한 후 도사都事 등 5인은 서울로 올라갔고 속오 유진군 중에서 30명이 윤번으로 수직하였다."라는 기록으로 미루어 보아, 광해군은 제주에 유배생활을 하면서 외부 출입이 차단된 채 엄격히 통제된 생활을 하였다.

제주도로 유배될 때 그는 다음과 같은 시를 남겼다고 한다.

風吹飛雨過城頭 풍취비우과성두 瘴氣薰陰百尺樓 장기훈음백척루
滄海怒濤來薄暮 창해노도래박모 碧山愁色帶淸秋 벽산수색대청추
歸心厭見王孫草 귀심염견왕손초 客夢頻驚帝子洲 객몽빈경제자주
故國存亡消息斷 고국존망소식단 烟波江上臥孤舟 연파강상와고주

궂은 비바람이 성머리에 불고
습하고 역한 공기 백 척 누각에 가득한데
창해의 파도 속에 날은 이미 어스름
푸른 산 근심어린 기운이 맑은 가을을 둘러싸네
돌아가고 싶어 왕손초를 신물나게 보았고

*나그네의 꿈에는 제자주(서울)가 자주 보이네*
*고국의 존망은 소식조차 끊어지고*
*안개 자욱한 강 위에 외딴 배 누웠구나*

척박함과 푸름의 대비는 화자의 마음을 자연에 대한 동경심을 불러일으키며 화자내면 속에서는 푸른 자연과 같이 아름다운 도읍에 대한 그리움을 불러일으키고 있다.

후금(청나라) 측에서도 정묘호란의 명분으로 광해군의 폐위 문제를 거론하기도 하였다. 이후 몇 차례 역모 사건에 거론되었는데, 심지어는 광해군 스스로 친필 밀서를 역모 세력에게 전달하기도 하는 등 적극적인 면모를 보이기도 하였다. 그러나 인조와 집권 서인은 그를 죽이지 않고 천수를 누리도록 하였다. 한편 유배시에서는 상궁과 포졸들로부터 '영감'이라는 모욕적인 호칭을 듣기도 했다.



## 67세의 나이에 승하하다

유배 생활을 지내던 광해군은 1641년(인조 19년) 7월 1일에 67세를 일기로 독살로 인해 사망하였다. 한편 그가 죽은 시기인 음력 7월 1일 무렵에 제주도에 비가 자주 오는데, 이를 "광해우"라 칭하기도 한다. 장례는 박씨 집안으로 시집간 딸이 봉사하게 되었으며, 제주도에서 장사를 지냈으나 1643년 현재 위치인 경기 남양주시 진건읍 송능리 337-4 로 이장하여 부인 유씨의 묘와 쌍분으로 조성하였다.

광해군 사후에 그의 딸은 폐옹주되어 서인으로 전락하였으나 인조의 배려하에 이현궁에서 지낼수 있었다. 또한 20세 넘도록 시집을 못 갔으나 인조가 혼수를 마련해주어 박징원과 혼인하였다. 논밭, 집과 노비가 주어졌으며 광해군의 외손이 광해군의 제사를 모셨다 한다.

경기도 남양주시 진건읍 사능리에 있는 광해군과 문성군부인 유씨의 묘는 봉분이 두 개인 쌍분이다.

## 신의 정원, 광해군 이혼묘로 사진여행

광해군 묘(왼쪽)과 부인 유씨의 묘(오른쪽).

광해군묘는 조선 15대 광해군과 문성군부인 류씨의 묘소이다. 묘소는 왕자 묘제의 예로 조성되었다. 쌍분의 형태로 조성되어 병풍석과 난간석을 생략하고, 문석인, 망주석, 장명등, 상석, 향로석, 혼유석을 배치하였다. 앞에서 바라보았을 때 왼쪽이 광해군묘, 오른쪽이 문성군부인묘소로 각 봉분 앞에는 묘표석을 세웠다. 묘소 밑에는 재실터로 추정되는 주춧돌이 있다. 1623년(인조 1년)에 문성군부인 류씨가 강화도 유배지에서 세상을 떠나자 같은 해 음력 윤10월 29일에 양주 적성동(현 남양주시 진건읍 송능리)에 먼저 묘소를 조성하였다. 이후 1641년(인조 19년)에 광해군이 제주도 유배지에서 세상을 떠나자 같은 해 10월 4일에 문성군부인 묘 우측에 묘소를 조성하였다.

제16대 **인조 이종**

# 서인들이 광해군을 내쫓고 왕으로 옹립

| 생애 | 1595년~1649년 | 재위 기간 | 1623년~1649년 |
|---|---|---|---|
| 본관 | 전주 | 휘(이름) | 종 |
| 묘호 | 인종 | 능호 | 장릉 |

인조의 가계도

부부
자녀
남자
여자

원 종 — 인헌왕후 구씨

인조 (제16대)
부인 : 5명
자녀 : 6남 1녀

인렬왕후 한씨
- 소현세자
- 봉림대군 종 제17대)
- 인평대군
- 용성대군

장렬왕후 조씨

귀인 조씨 (폐출)
- 숭선군
- 낙선군
- 효명옹주

귀인 장씨

숙의 나씨

## 1623년 3월 13일, 의병을 일으켜 즉위하다

원종대왕

상이 의병을 일으켜 왕대비를 받들어 복위시킨 다음 대비의 명으로 경운궁에서 즉위하였다. 광해군을 폐위시켜 강화로 내쫓고 이이첨 등을 처형한 다음 전국에 대사령을 내렸다.



상은 선조 대왕의 손자이며 원종대왕[358]의 장자이다. 모후는 인헌왕후 구씨[359]로 찬성 구사맹의 딸이다. 만력 을미년(1595 선조 28년) 11월 7일 해주부 관사에서 탄생하였으니, 당시 왜변이 계속되어 왕자 제궁이 모두 해주에 머물러 있었기 때문이다. 탄강할 때 붉은 광채가 빛나고 이상한 향내가 진동하였으며, 그 외모가 비범하고 오른쪽 넓적다리에 검은 점이 무수히 많았다. 선묘께서는 이것이 한 고조의 상이니 누설하지 말라고 하면서 크게 애중하여 궁중에서 길렀고, 친히 소자와 휘를 명하고 깊이 정을 붙였으므로 광해가 좋아하지 않았다. 장성하자 총명하고 어질고 효성스럽고 너그럽고 굳건하여 큰 도량이 있었다. 여러 번 자급이 올라가 능양군에 봉해져서는 더욱 겸양하면서 덕을 길렀다.

처음 광해가 동궁(세자궁)에 있을 때 선묘께서 바꾸려는 의사를 두었었는데, 결국 광해가 왕위를 계승하게 되자 영창 대군을 몹시 시기하고 모후를 원수처럼 보아 그 시기와 의심이 날로 쌓였다. 적신 이이첨과 정인홍 등이 또 그의 악행을 종용하여 임해군과 영창 대군을 해도(섬)에 안치하여 죽이고 연흥부원군 김제남(왕대비의 아버지)을 멸족하는 등 여러 차례 대옥을 일으켜 무고한 사람들을 살육하였다. 상의 막내아우인 능창군이 전도 무고를 입고 죽으니, 원종 대왕이 화병으로 돌아갔다. 대비를 서궁(왕이나 제후의 첩)에 유폐하고 대비의 존호를 삭제하는 등 그 화를 헤아릴 수 없었다.

선왕조의 구신들로서 이의를 두는 자는 모두 추방하여 당시 어진 선비가 죄에 걸리지 않으면 초야로 숨어버림으로써 사람들이 모두 불안해하였다. 또 토목공사를 크게 일으켜 해마다 쉴 새가 없었고, 간신배가 조정에 가득 차고 후궁이 정사를 어지럽히어 크고 작은 벼슬아치의 임명이 모두 뇌물로 거래되었으며, 법도가 없이 가혹하게 거두어들임으로써 백성들이 수화水火 속에 든 것 같았다.

상이 윤리와 기강이 이미 무너져 종묘사직이 망해가는 것을 보고 개연히 난을 제거하고 반정할 뜻을 두었다. 무인 이서와 신경진이 먼저 대계를 세웠으니, 경진 및 구굉·구인후

---

358) **원종대왕**元宗大王 : 정원군으로 휘는 이부인데, 추존되어 원종이 되었다.

359) **인헌왕후**仁獻王后 **구씨**具氏 : 연주 군부인이다. 추존되어 왕후가 되었다.

는 모두 상의 가까운 친속이었다. 이에 서로 은밀히 모의한 다음, 문사 중 위엄과 인망이 있는 자를 얻어 일을 같이 하고자 하였다. 곧 전 동지 김류를 방문한 결과 말 한 마디에 서로 의기투합하여 드디어 추대할 계책을 결정하였으니, 경신년(1620년, 광해군 12년)이었다. 그 후 경진이 전 부사 이귀를 방문하고 사실을 말하자 이귀도 본래 이 뜻을 두었던 사람이라 크게 좋아하였다. 드디어 그 아들 이시백·이시방 및 문사 최명길·장유, 유생 심기원·김자점 등과 공모하였다. 이로부터 모의에 가담하고 협력하는 자가 날로 많아졌다. 임술년(1622 광해군 14년) 가을에 마침 이귀가 평산 부사로 임명되자 신경진을 이끌어 중군[360]으로 삼아 중외에서 서로 호응할 계획을 세웠다. 그때 모의한 일이 누설되어 대간이 이귀를 잡아다 문초할 것을 청하였다. 그러나 김자점과 심기원 등이 후궁에 청탁을 넣음으로써 일이 무사하게 되었다. 신경진과 구인후 역시 당시에 의심을 받아 모두 외직에 보임되었다. 마침 이서가 장단 부사가 되어 덕진에 산성 쌓을 것을 청하고 이것을 인연하여 그곳에 군졸을 모아 훈련시키다가 이때에 와서 날짜를 약속해 거사하게 된 것이다. 그런데 훈련대장 이흥립이 당시 정승 박승종과 서로 인척이 되는 사이라 뭇 의논이 모두들 '도감군이 두려우니 반드시 이흥립을 설득시켜야 가능하다.'고 하였다. 이에 장유의 아우 장신이 흥립의 사위였으므로 장유가 흥립을 보고 대의로 회유하자 흥립이 즉석에서 내응할 것을 허락하였다. 그리하여 이서는 장단에서 군사를 일으켜 달려오고 이천부사 이중로도 편비들을 거느리고 달려와 파주에서 회합하였다.

그런데 이이반이란 자가 그 일을 이후배·이후원 형제에게 듣고 그 숙부 이유성에게 고하자, 유성이 이를 김신국에게 말하였다. 이에 신국이 즉시 박승종에게 달려가 이이반으로 하여금 고변하게 하고 또 승종에게 이흥립을 참수하도록 권하였다. 이반이 드디어 고변하였으니 이것이 바로 12일 저녁이었다. 그리하여 추국청을 설치하고 먼저 이후배를 궐하에 결박해놓고 고발된 모든 사람을 체포하려 하는데, 광해는 바야흐로 후궁과 곡연을 벌이던 참이라 그 일을 머뭇러 누고 재결하여 내리시 않았다. 승종이 이흥립을 불러서 '그대가 김류·이귀와 함께 모반하였는가?'하므로 '제가 어찌 공을 배반하겠습니까?'하자 곧 풀어주었다.

의병은 이날 밤 2경에 홍제원에 모이기로 약속하였다. 김류가 대장이 되었는데 고변이 있었다는 말을 듣고 포자(범인)가 도착하기를 기다려 그를 죽이고 가고자 하였다. 지체하며 출발하지 않고 있는데 심기원과 원두표 등이 김류의 집으로 달려가 말하기를, '시기가 이미 임박했는데, 어찌 앉아서 붙잡아 오라는 명을 기다리는가.'하자 김류가 드디어 갔다.

360) **중군**中軍 : 대장이 직접 통솔하던 군대.

이귀·김자점·한교 등이 먼저 홍제원으로 갔는데, 이때 모인 자들이 겨우 수백 명밖에 되지 않았고 김류와 장단의 군사도 모두 이르지 않은 데다 고변서가 이미 들어갔다는 말을 듣고 군중이 흉흉하였다. 이에 이귀가 병사 이괄을 추대하여 대장으로 삼은 다음 편대를 나누고 호령하니, 군중이 곧 안정되었다. 김류가 이르러 전령하여 이괄을 부르자 괄이 크게 노하여 따르려 하지 않으므로 이귀가 화해시켰다.

상이 친병을 거느리고 나아가 연서역에 이르러서 이서의 군사를 맞았는데, 사람들은 연서를 기이한 참지로 여겼다. 장단의 군사가 7백여 명이며 김류·이귀·심기원·최명길·김자점·송영망·신경유 등이 거느린 군사가 또한 6~7백여 명이었다. 밤 3경에 창의문에 이르러 빗장을 부수고 들어가다가, 선전관으로서 성문을 감시하는 자를 만나 전군이 그를 참수하고 드디어 북을 울리며 진입하여 곧바로 창덕궁에 이르렀다. 이흥립은 궐문 입구에 포진하여 군사를 단속하여 움직이지 못하게 하였다. 초관 이항이 돈화문을 열어 의병이 바로 궐내로 들어가자 호위군은 모두 흩어지고 광해는 후원문을 통하여 달아났다. 군사들이 앞을 다투어 침전으로 들어가 횃불을 들고 수색하다가 그 횃불이 발에 옮겨 붙어 여러 궁전이 연소하였다.

상이 인정전 계상(계단 위)의 호상(의자)에 앉았다. 궁중의 직숙관이 모두 도망쳐 숨었다가 잡혀왔는데, 도승지 이덕형과 보덕 윤지경 두 사람은 처음엔 모두 배례를 드리지 않다가 의거임을 살펴 알고는 바로 배례를 드렸다. 명패를 내어 이정구 등을 불러들이니, 새벽에 백관들이 다 모였다. 박정길이 병조참판으로 먼저 이르렀는데, 판서 권진이 뒤미처 이르러 '정길이 종실 항산군과 함께 군사를 모았는데, 지금 들어왔으니 아마도 내응할 뜻을 둔 것 같다.'라고 하였으므로 곧 정길을 끌어내어 참수하였다. 항산군을 잡아다 문초하니, 혐의 사실이 없어 석방하였다. 그런데 정길은 당연히 참형을 받아야 할 자라 사람들이 모두 그의 참수를 통쾌하게 여기었다.

그리고 상궁 김씨와 승지 박홍도를 참수하였다. 김 상궁은 선묘의 궁인으로 광해가 총애하여 말하는 것을 모두 들어줌으로써 권세를 내외에 떨쳤다. 또 이이첨의 여러 아들 및 박홍도의 무리와 결탁하여 그 집에 거리낌 없이 무상으로 출입하였다. 이때에 와서 맨 먼저 참형을 받았다. 홍도는 흉패함이 흉당 중에서도 특별히 심한 자라 궐내에 잡아들여 참수하였다. 광해는 상제가 된 의관 안국신의 집에 도망쳐 국신이 쓰던 흰 의관을 쓰고 있는 것을 국신이 와서 고하므로 장사들을 보내 떠메어 왔고, 폐세자는 도망쳐 숨었다가 군인들에게 잡혔다.

상이 처음 대궐에 들어가 즉시 김자점과 이시방을 보내 왕대비에게 반정한 뜻을 계달하자, 대비가 하교하기를 '10년 동안의 유폐 중에 문안 오는 사람이 없었는데, 너희들은 어떤 사람이기에 이 밤중에 승지와 사관도 없이 이처럼 직접 계문하는가?' 하였다. 두 사람이 복명하여 아뢰자 상은 곧 대장 이귀와 도승지 이덕형, 동부승지 민성징 등에게 명하여 의장을 갖추고 나아가 모셔오게 하였다. 이에 이귀 등이 경운궁에 나아가 사실을 진계하며 누차 모셔갈 것을 청하였으나 대비는 허락하지 않았다. 상이 이에 친히 경운궁으로 나아갔다. 유사가 연(가마)을 등대하고 위의를 베풀었으나 상은 이를 모두 거두라 명하였다. 교자에 오르기를 청하였으나 역시 따르지 않고 말만 타고 가면서 광해를 떠메어 따르게 하였는데, 도성 백성들이 환호성을 울리면서 '오늘날 다시 성세를 볼 줄 생각지 못하였다.' 하고 눈물을 흘리는 자까지 있었다.



상이 경운궁에 이르러 말에서 내려 걸어서 서청문 밖에 들어가 재배하고 통곡하자 시위 장사 및 시신들이 모두 통곡하였다. 상이 곧 엎드려 대죄하자 자전이 하교하기를,

"능양군은 종자이니 들어와 대통을 잇는 것이 마땅하다. 막대한 공을 이루었는데 무슨 대죄할 일이 있겠는가."

상이 이에 대답하기를,

"혼란 중에 일이 많고 겨를이 없어 지금에야 비로소 왔으니 황공하기 그지없습니다."

자전이 전국보(국보)와 계자[361]를 바치라고 명하였다. 이에 이귀가 주달하기를,

"자전께서 마땅히 정전에 납시어 대신을 불러 국보를 전하소서. 어찌 성급하게 국보를 들여 사람들의 의심을 사겠습니까."

자전이 누차 재촉하였다. 상이 좌의정 박홍구를 명하여 국보를 받들어 들이게 하였으나 오랫동안 하명이 없었다. 상이 한참 동안 땅에 부복해 있다가 야심한 때에 이르러 군신들에게 이르기를,

"내가 집에 물러가 대죄하겠다."

군신들이 극력 간하여 말렸다. 조금 후에 자전께서 사군(왕위를 이은 왕)을 인견하겠다고 명하였다. 이에 상이 내정으로 들어갔고 여러 장수도 모두 따라 들어갔다. 자전이 선왕의 허좌를 설치해 놓았는데, 상이 재배하고 통곡하니 시신들도 모두 통곡하였다. 이에 자전이 침전에 납시어 발을 드리우고 어보(옥새)를 상에 놓은 다음 상을 인도해 들어갔다. 상이 엎드려 통곡하자 자전이 이르기를,

"통곡하지 마시오. 종사의 큰 경사인데 어찌 통곡하시오."

상이 자리를 피해 배례를 올리면서 아뢰기를,

"대사가 아직 안정되지 않아 날이 저물어서야 비로소 왔으니 신의 죄가 막심합니다."

---

361) **계자**啓字 : 임금의 재가를 받은 서류에 찍던, '啓'자를 새긴 나무 도장.

자전이 이르기를,

"사양하지 마시오. 무슨 죄가 있단 말이오. 내가 기구한 운명으로 불행하게도 인륜의 대변을 만나, 역괴(역적의 괴수)가 선왕에게 유감을 품고 나를 원수로 여겨 나의 부모를 도륙하고 나의 친족을 어육으로 만들고 나의 어린 자식을 살해하고 나를 별궁에다 유폐하였소. 이 몸이 오랫동안 깊은 별궁 속에 처하여 인간의 소식을 막연히 들을 수 없었는데 오늘날 이런 일이 있을 줄은 생각지도 못하였소."

또 군사들에게 이르기를,



"역괴는 선왕에 대하여 실로 원수이다. 조정에 간신이 포진하여 나에게 대악의 누명을 씌우고 10여 년 동안 가둬 놓았는데, 어젯밤 꿈에 선왕께서 나에게 이 일이 있을 것을 말하시더니 경들이 다시 인륜을 밝히는 것을 힘입어 오늘을 볼 수 있었다. 경들의 공로를 어찌 다 말할 수 있겠는가."

군신들이 속히 어보를 전할 것을 청하자, 자전이 이르기를,

"미망인이 오늘에 이르게 된 것은 실로 상제(하느님)의 영험이 있어서이다. 사군은 상제께 배사(웃어른에게 삼가 사례함)하시오."

이에 민성징이 아뢰기를,

"이런 거조를 하는 것은 몹시 미안한 일이라 감히 명을 받들 수 없습니다. 어보를 전한 후 사군께서는 마땅히 밖으로 나가 흉당을 잡아 다스려서 민심을 안정시켜야 합니다."

군신들이 모두 아뢰기를,

"사군이 즉위한 후 의당 종묘에 고유할 것이니, 어보를 전하는 것이 몹시 급합니다."

자전이 이르기를,

"어보를 전하는 것은 큰일이니 초라하게 예를 행할 수 없다. 명일 서청에서 예를 갖추어 행할 것이다. 또 중국 조정의 명이 없으니 어찌 정통성이 있겠는가. 우선 국사를 임시로 서리해야 한다."

도승지 이덕형이 청대(신하가 급한 일로 임금께 뵙기를 청함)하여 아뢰기를,

"국가가 위태하여 거의 망할 지경에 이르렀으므로 사군께서 종묘사직의 대계를 위해 몸소 갑주를 입고 이 대사를 일으켰습니다. 그리하여 인심이 이미 귀부하고 천명이 이미 정해졌는데, 어보를 전하는 일을 밤이 깊도록 결단하지 않는 것은 왜입니까? 만약 속히 국보를 전하여 위호를 바루지 않는다면 어떻게 난국을 진정할 수 있겠습니까. 빨리 국보를 전하여 신민의 기대에 보답하소서."

자전이 이르기를,

"어보를 받는 데는 절차가 있는 법이다. 어떻게 이처럼 늦은 밤에 급박히 전수하겠는가.

경들의 말이 이와 같으니 대신과 상의하리라. 그리고 어떤 어보를 전해야 하겠는가?"

이에 대신이 아뢰기를,

"소신보[362]와 수명보를 전하심이 마땅하겠으며, 유서보 역시 전수해야 합니다."

상이 아뢰기를,

"신은 재덕(재주와 덕)이 없어 감당하지 못하겠습니다."

자전이 이르기를,

"왕실의 지친이며 신민이 추대하니 덕이 아니고 무엇이겠는가. 사군은 이로부터 성주가 될 것이니 이는 실로 종사(종묘와 사직)의 큰 복이다."

하고, 곧 승전색 김천림 등에게 명하여 어보를 받들어 무릎 꿇고 상에게 전하게 하였다.



상이 절하며 어보를 받자, 시신이 아뢰기를,

"이미 어보를 전해 받았으니 속히 정전으로 나아가 대위(매우 높은 관위나 지위)를 바룸이 마땅합니다."

자전이 이르기를,

"처음에는 예를 갖추어 조용히 전수하려 하였으나, 경들의 말을 어길 수 없어 이와 같이 행하였다."

하고, 이어 상에게 이르기를,

"역괴의 죄를 아시오? 내 덕이 박하여 무자의 도리를 다하지 못함으로써 윤리와 기강이 무너지고 국가가 거의 망하게 되었었는데 사군의 효를 힘입어 위로는 종사를 안정시키고 아래로는 원한을 씻게 되었으니 그 감격스러움이 이 어찌 끝이 있겠소."

또 여러 신하들에게 이르기를,

"역괴의 부자를 지금 어디에 두었는가?"

대답하기를,

"모두 궐하에 있습니다."

자전이 이르기를,

"한 하늘 아래 같이 살 수 없는 원수이다. 참아 온 지 이미 오랜 터라 내가 친히 그들의 목을 잘라 망령에게 제사하고 싶다. 10여 년 동안 유폐되어 살면서 지금까지 죽지 않은 것은 오직 오늘날을 기다린 것이다. 쾌히 원수를 갚고 싶다."

여러 신하들이 아뢰기를,

"예로부터 폐출된 임금은 신자가 감히 형륙[363]으로 의논하지 못하였습니다. 무도한 임

362) **소신보**昭信寶 : 어보 가운데 하나.

금으로는 걸주[364] 만한 이가 없었으되 탕무는 이를 추방하였을 뿐입니다. 지금 내리신 하교는 신들이 차마 들을 수 없는 말입니다."

덕형은 아뢰기를,

"자성[365]께서 폐군에 대하여는 천륜이 이미 정해졌습니다. 아들이 비록 효도하지 않더라도 어머니로서는 사랑하지 않을 수 없는 것입니다. 이 하교는 차마 들을 수 없을 뿐 아니라 또한 감히 받들 수 없습니다."

자전이 이르기를,

"내가 사군과 함께 정전으로 나아가면 나의 원한을 씻으리니, 지금 사군이 즉위하여 나의 마음을 본받아 나를 위해 복수하면 효라 이를 만하다."

인조

상이 아뢰기를,

"백관들이 있으니 신이 어찌 감히 마음대로 할 수 있겠습니까."

자전이 이르기를,

"사군은 이미 장성하였소. 어찌 백관들의 지휘를 받으려 하오."

덕형이 아뢰기를,

"사군께서 궐내에 드시어 지금 날이 새어 가는데, 아직까지 즉위하지 못하고 있으므로 장사와 군민이 모두 걱정하고 있습니다. 속히 밖으로 나가소서."

자전이 이르기를,

"부모의 원수는 한 하늘 밑에 같이 살 수 없고 형제의 원수는 한 나라에 같이 살수 없다. 역괴가 스스로 모자의 도리를 끊었으니 나에게 있어서는 반드시 갚아야 할 원한이 있고 용서해야 할 도리는 없다."

덕형이 아뢰기를,

"옛날에 중종께서 반정하시고 폐왕을 우대하여 천수를 마치게 하였으니 이것은 본받을 만한 일입니다."

자전이 이르기를,

"경의 말이 실로 옳다. 그러나 역괴는 부왕을 시해하고 형을 죽였으며, 부왕의 첩을 간통하고 그 서모를 죽였으며, 그 적모(큰어머니)를 유폐하여 온갖 악행을 구비하였다. 어찌 연산(연산군)에 비교할 수 있겠는가."

---

363) **형륙**刑戮 : 죄인을 형벌에 따라 죽이는 일.

364) **걸주**桀紂 : 천하의 폭군.

365) **자성**慈聖 : 왕의 어머니.

성징이 아뢰기를,

"지금 하교하신 사실은 외간에서 일찍이 듣지 못한 일입니다. 시해하였다는 말은 더욱 듣지 못한 사실입니다."

자전이 이르기를,

"사람을 죽이는데 몽둥이로 하든 칼로 하든 무엇이 다르겠는가. 선왕께서 병들어 크게 위독하였는데 고의로 충격을 주어 끝내 돌아가시게 하였으니 이것이 시해한 것과 무엇이 다르겠는가."

덕형이 아뢰기를,

"간역[366]의 무리가 외방에 흩어져 있으니 뜻밖의 변란이 없지 않을 것입니다. 속히 즉위하여 교서를 반포하고 제때에 체포하여 군정을 진무해야 합니다."

자전이 이르기를,

"별당은 선왕께서 일을 보시던 곳이라 이미 궁인으로 하여금 청소를 하게 하였다."

상이 일어나 절하고 물러나와 별당에서 즉위하여 일을 보며 밤을 새웠는데, 시신 및 장사들이 칼을 차고 숙위하였다. 광해는 약방에, 폐세자는 도총부에 안치하고 군사로 지키며 사옹원[367]으로 하여금 음식을 공급하게 하였다. 영건·나례·화기 등 12개의 도감을 폐지하고 의금부와 전옥서를 열어 죄인들을 모두 방면하였다. 당시 이이첨의 무리 중에 도망쳐 숨은 자가 많아 군인을 풀어 수색해 체포하였다. 또 그 죄를 면제받을 마음으로 앞을 다투어 진알[368]하였는데 모두 결박하여 구속하였다. 도원수 한준겸에게 하유하여 평안감사 박엽과 의주 부윤 정준을 경상에서 처형하게 하였으며, 또 여러 도의 조도사 김순지 응곤·김충보·왕명회·권충남·이문빈 등을 처형하라고 명하였다.

박엽은 성품이 혹독하고 처사가 패려하였다. 유덕신의 사위로서 궁중과 결탁하였다. 일찍이 수령이 되어 사사로이 헌상하여 아첨하였고, 평안감사가 되어서는 영합하여 총애를 굳히기 위해 못하는 짓이 없었다. 기이한 완호품을 날로 궁중으로 실어 들였으며, 의복과 음식을 법도에 지나치게 사치하게 하고 징세를 혹독하게 하며 사람 죽이기를 초개처럼 쉽게 하여 한 도가 텅 비게 됨으로써 그 원한이 골수에 사무쳤다. 그가 효시되는 날에 이르러서는 한 도의 백성들로서 서로 경하하지 않는 자가 없었으며, 심지어 그의 관을 쪼개고 시신을 난도질하는 자가 있었다고 한다.

---

366) **간역**奸逆 : 간사한 역적.

367) **사옹원**司饔院 : 임금과 대궐의 음식에 관한 일을 맡아보던 관아.

368) **진알**進謁 : 높은 사람에게 나아가 뵘.

누루하치(천명제)

정준은 정조의 아우로서 그 위인이 흉험하고 간교하였다. 이이첨의 심복이 되어 흉역의 논의를 주장하지 않은 것이 없었다. 급기야 본주에 건너뛰어 제수되어서는 오로지 뇌물을 바쳐 아첨하는 것을 일삼고 탐욕을 부리며 토색질하니 온 경내가 원망하고 괴로워하였다. 그리고 노적(누르하치[369])과 사사로이 서로 내통함으로써 중국 조정의 의심을 샀었다. 이에 이르러 효시되자 백성들이 크게 기뻐하였다.
김순은 본래 미천한 서얼인데 윤휘와 임취정의 심복으로 궁중과 결탁하여 동지중추에 제수되기까지 하였다. 취정 등이 김순을 해서 조도에 차임[370]하자, 그는 백성들의 고혈을 착취하고 사족을 능욕하는 등 못하는 짓이 없으므로 온 도내가 구란[371]을 만난 것보다 더 쓸쓸하였다. 당시 감사였던 정립이 사유를 갖추어 치계[372]하였고, 영건 도청 권첩이 상소하여 극력 개진하였으나 광해가 받아들이지 아니하므로 조야가 모두 분개하였다. 급기야 금부가 처형을 청하자 상이 본도에서 참할 것을 명하여 한 도내의 민심을 통쾌하게 하였다. 응곤 등의 죄악도 김순과 같으므로 함께 참형을 명하였다.
당시 제주 목사 양호가 흉당[373]을 아첨하여 섬기면서 탐욕과 학정이 특히 심하여 한 섬의 백성들이 물과 불 속에 든 것 같았으므로 역시 잡아다가 처형할 것을 명하였다.

- 『인조실록』, 1623년 3월 13일

## 정묘호란과 병자호란의 빌미를 제공하다

인조는 선조의 첫 손자(서자의 아들)로 할아버지 선조의 특별한 총애를 받으며 왕궁에서 자랐다. 신경희의 옥사로 동생 능창군이 사사되고, 아버지 정원군마저 화병으로 세상을 떠나자 복수를 다짐하고, 반정에 참여하여 인조반정을 일

369) **누루하치(천명제)** : 청나라를 건국한 초대 황제 청 태조(재위 1616~1626년). 여진을 통일하고 후금을 세웠으며 명과의 크고 작은 전쟁에서 여러 번 대승을 거두어 청나라 건국의 초석을 다졌다. 그가 병사한 후 아들 홍타이지가 국호를 대청으로 고치고 청나라 제국을 선포했다.

370) **차임**差任 : 벼슬아치를 임명하던 일.

371) **구란**拘攔 : 도둑의 난.

372) **치계** : 보고서를 올림.

373) **흉당**凶黨 : 흉악한 역적의 무리.

으키고 즉위했다. 즉위 후 중립 외교 정책을 추진했으나 강홍립 파병 등 광해군의 후금(청나라) 간의 외교 관계를 악화시켜서 정묘호란과 병자호란의 빌미를 제공한 왕이다.

## 6남 1녀 자식을 두었다

인조의 이름은 종, 자는 화백, 호는 송창이다. 아버지는 선조의 다섯째 아들 정원군 이부, 어머니는 좌찬성 구사맹의 딸 인헌왕후이다. 인조는 임진왜란 난중으로 조선 황해도 해주부 관사에서 태어났다.



인조는 3살 때부터 할아버지 선조의 배려로 궁중에서 자랐는데, 의인왕후는 특별히 인조를 귀여워했다. 5~6세가 되어서는 선조가 직접 인조를 품 안에 안고 가르쳤는데 인조는 글자를 잘 해독하고 말귀를 잘 알아듣자 선조가 더욱 기특하게 여겼다. 1607년(선조 40년) 인조는 능양군에 봉해졌다.

1615년 신경희의 옥사로 17살 둘째 아우 능창군이 수안 군수 신경희 등이 꾸민 쿠테타에 연루되어 유배되었다가 사약을 받고 죽었다. 둘째 아들 능창군이 죽임을 당하자 아버지 정원군은 화병을 앓다가 세상을 떠났다. 능양군은 빈소에서 통곡하며 복수를 다짐했다고 한다.

인조는 1610년(광해군 2년) 서평부원군 한준겸의 딸 한씨(정비 인렬왕후)와 혼례를 올려 1612년(광해군 4년) 18세 때 장자 소현세자를, 이후 봉림대군(17대 효종), 인평대군, 용성대군을 낳았다. 1635년(인조 13년) 정비 인렬왕후가 죽자 3년 후인 1638년(인조 16년) 왕비간택령을 내려, 그해 10월 인천 부사 조창원의 14세 딸 조씨(계비 장렬왕후)를 간택하여 혼례를 올렸으나 자식은 두지 못했다. 인조의 총애를 받던 후궁 조씨(귀인 조씨) 사이에 숭선군, 낙선군, 효명옹주를 두었다. 인조는 정비와 계비, 3명의 후궁(귀인)에서 6남 1녀 자식을 두었다.

## 반정으로 왕이되다

신경희의 옥사로 아우 능창군의 죽음으로 집안이 풍비박산된 사건은 인조반정의 원인이 되었다. 1620년(광해군 12년) 무인 이서[374], 신경진[375], 김류[376]와 인조의 외척 구굉[377], 구인후[378] 등이 반정을 모의하고 능양군을 추대할 계책을 결정했다. 능양군은 이들과 비밀리에 만나

김류



374) **이서**李曙 : 1618년(광해군 10년) 인목대비의 폐모론에 반대하여 중형을 받을 뻔했으나 화를 면했으며 그 뒤 장단부사 겸 경기방어사를 지냈다. 1623년 장단부사로 있을 때 병력 700명을 동원, 능양군(훗날 인조)에게 합류하여 인조반정을 이루는 데 공을 세워 정사공신 1등으로 완풍군에 봉해졌으며, 호조판서가 되었다. 1624년(인조 2년) 이괄의 난이 일어났을 때 부원수로서 반란군을 추격하다 멈춘 죄로 파직되었다. 1636년 병조판서로 청나라의 침입에 대비하다가 병자호란이 일어나자 인조를 따라 남한산성에 들어가 지키다 이듬해 성 안에서 죽었다.

375) **신경진**申景禛 : 1622년 김유, 이귀, 최명길 등과 반정을 모의했는데, 사전에 누설되어 인조반정에 직접 참여하지는 못했다. 반정 성공 후 제일 먼저 반정 계획을 세웠다하여 정사공신 1등에 봉해졌다. 1624년(인조 2년) 이괄이 난을 일으키자 왕을 호종했는데, 그 뒤 반란군이 옹립하고자 한 흥안군 제를 처형함으로써 대간의 탄핵을 받았다. 1627년 정묘호란 때에는 왕을 호종했고, 1636년 병자호란 때 남한산성을 수비하여 왕이 피신할 수 있도록 했다. 전란이 끝난 후 병조판서, 우의정, 좌의정, 영의정을 지냈다.

376) **김류**金瑬 : 인조의 즉위와 이괄의 난 평정에 공을 세웠고, 그 공으로 승평부원군에 봉해지고, 병조판서 겸 대제학이 되었다. 이조판서, 우의정, 좌의정, 영의정을 역임했다. 저서에 시문집인 『북저집』이 있다.

377) **구굉**具宏 : 1617년 폐모론이 일어나자 이서·신경진, 조카 인후와 함께 광해군을 폐할 것을 모의한 뒤, 1623년 김유·이귀 등에 합류하여 인조반정을 일으켰다. 이 공으로 정사공신 1등으로 능성군에 봉해졌다. 1624년(인조 2년) 이괄의 난이 일어나자 왕을 공주로 호종했다. 1636년 병자호란 때에는 공조판서로서 왕을 따라 남한산성으로 들어가 경기도 군사를 거느리고 남한산성을 지켰다.

378) **구인후**具仁垕 : 정묘호란 때는 주사대장이 되어 후금의 군사와 싸웠으며, 1636년 병자호란 때는 군사 3, 000명을 거느리고 남한산성에 들어가 국왕을 호위했으며, 그 공으로 어영대장이 되었다. 1644년 심기원의 모역사건을 적발하여 영국공신 1등에 책록되고 능천부원군에 봉해졌다. 이후 형조판서·공조판서·훈련대장·판의금부사를 두루 역임하고, 1653년 우의정이 되었다. 1654년 사은사로 청에 갔다온 뒤, 소현세자빈 강씨의 신원을 상소하다 죄를 입은 김홍욱을 옹호하다가 삭직되었다. 곧 복관되고 좌의정에 올랐다.

며 정변을 모의하였고 서인과 남인 인사들의 지지와 자문을 구했다.

1623년(광해군 15년) 3월 13일 새벽에 일어난 인조반정은 서인 김류·이귀·이괄·최명길 등이 군사를 이끌고 궁궐에 진입하였고, 반정군에 의해 인조는 왕위에 올랐다. 인조는 즉위 직후 인조반정의 명분을 확립하여 정통성을 다지고 서인 일파를 중심으로 정부를 재구성하고 왕권을 안정시키는 통치를 했다. 인조가 자신의 역모를 정당화하기 위해 광해군의 부도덕성과 실정을 명분으로 삼았다.

인조반정의 주요 명분 중 하나는 광해군의 인목왕후 폐모론이었어요. 인조반정 후 형식적으로 인목왕후를 복귀시킨 뒤 인목왕후의 교서를 받아 즉위하는 형식을 취하였으나 즉위 이후 인목왕후에 대한 예우는 소홀히 했다.



왕에 즉위한 인조는 인조반정의 마무리는 신속했다. 인조는 광해군을 강화도에 위리안치하고 광해군이 총애하던 상궁 김씨를 죽이고, 이이첨, 한찬남, 정조 등 대북파와 환관 조귀수를 시장 거리에서 환형[379]으로 죽였어요. 평양감사 박엽과 의주부윤 정준을 현지에서 죽였고 관련자 2백여 명을 귀양 보냈다.

1623년(광해군 15년) 4월 3일 대북파의 우두머리 정인홍과 대북 일파 대부분이 형벌을 받고 죽음으로 북인은 해체되었다. 강화도에 위리안치되었던 폐세자 이질이 탈출을 실행하다 실패하자 사흘 뒤 폐세자빈이 자결했다. 한 달 후에는 폐세자가 사약을 받고 죽었다.

인조반정은 무력으로 정적을 제압하고 국왕까지 교체한 반란이었다. 광해군에게 호의적이었던 명나라 조정은 반감을 품고 인조에 대한 국왕 책봉을 미루었다. 인조는 서인 정권의 끈질긴 교섭과 명나라 장수 모문룡의 협조를 통해 가까스로 왕위를 승인받았다. 명나라의 정사인 『희종실록』에 인조반정은 조선의 왕위 찬탈 사건으로 기록되어 있다. 인조는 이후 청나라에서 장목왕이라는 시호를 받았으나 청나라와 외교문서 외에는 사용하지 않았다.

379) **환형**轘刑 : 죄인의 다리를 두 대의 수레에 한 쪽씩 묶어서 몸을 두 갈래로 찢어 죽이던 형벌.

## 이괄이 난을 일으키다

이원익

왕에 오른 인조는 광해군의 죄목 36조를 발표하여 인조반정의 정당성을 내세웠지만, 백성들은 갑작스러운 정변에 몹시 동요했다. 일부에서 조직적인 저항 움직임이 나타났다. 인조는 백성들에게 명망 높은 이원익[380]을 비롯해 이수광[381] 등 남인 중신들을 등용하여 민심을 달랬다. 조정의 요직은 반정공신이었던 김류, 이귀, 이서 등 서인 일색이었다.

이수광

서인과 남인의 연립내각으로 구성된 조정은 광해군 때 희생된 영창대군, 임해군, 김제남 등의 관작을 회복시켜 주었다. 민생정책으로 12개의 관아를 없애고, 각종 토목공사를 중지하는 한편 죄상이 가벼운 죄인들을 풀어주었다. 왕의 친척이나 권신들의 부정한 재산을 압수하고, 억울하게 빼앗긴 농민들의 토지를 되돌려주었다.

인조반정 성공에 따른 논공행상으로 김류, 이귀 등 1등 공신으로서 요직에 임명되었다. 인조는 인조반정에 공이 큰 이괄을 2등 공신으로 삼고 한성판윤에 임명했다가 곧이어 도원수 장만 휘하 평안 병사 겸 부원수로 임명함으로써 분란의 소지를 제공했다.

---

380) **이원익**李元翼 : 임진왜란 당시 평안도순찰사로 왕의 피난길을 선도하며 군사를 모아 일본군과 싸웠고 이듬해에 이여송과 합세하여 평양을 탈환했다. 그 공으로 숭정대부를 거쳐 영의정이 되었다. 인목대비 폐위론이 제기되었을 때는 강력하게 반대하는 상소를 올렸고, 광해군을 죽여야 한다는 여론에도 저항해 그의 목숨을 구하기도 했다. 그는 누에치기를 가르치고 장려했다. 또 대동법을 시행하기도 했다. 말년 낙향한 후에는 왕의 부름에도 응하지 않고 청빈하게 살았다.

381) **이수광**李睟光 : 선조, 광해군, 인조 세 임금 밑에서 병조좌랑, 안변부사, 순천부사, 도승지, 대사간, 대사헌, 이조참판, 공조참판, 이조판서에 이르기까지 내외직을 두루 역임했고, 사신으로 세 차례나 명나라에 다녀왔으며, 관리로서 임진왜란과 정묘호란을 모두 치렀다.

북방은 후금 세력이 점차 커지고 있어 군사전략에 밝은 이괄의 기용은 매우 적절한 인사였다. 이괄은 논공행상에 불만이 있었지만, 평안도 영변에 부임한 뒤 군사를 조련하고 성곽을 보수하는 등 변방의 수비 강화에 진력했다. 조정의 정치 세력이 이괄을 가만히 두지 않았다.

1624년 1월 인조에게 이괄이 아들 이전, 한명련[382], 정충신[383], 기자헌[384], 현집, 이시언과 함께 변란을 꾀한다는 상소가 올라왔다.. 공신들은 이괄을 체포하여 조사하고 부원수직에서 해임을 종용했다. 인조는 이전을 체포하라고 명했다.

정충신

아들 체포 소식을 들은 이괄은 분개한 끝에 영변에 도착한 금부도사와 선전관(선전관청의 무관)을 죽이고 반란을 일으켰다. 한양으로 압송 중이던 구성 부사 한명련을 구해 반란군에 가담시켰다. 한명련은 군사작전에 뛰어난 인물로 이괄의 난에 중추적인 역할을 했다.

1624년(인조 2년) 1월 22일 이괄은 병력 1만여 명을 이끌고 영변을 떠나 한양으로 진격했다. 이괄은 황주 신교에서 토벌군에게 대승을 거두었지만, 한양에 사

382) **한명련**韓明璉 : 1624년(인조 2년) 1월 22일 이괄군과 합세하여 군사 1만 2,000명을 동원하여 서울을 향해 진격, 도중에 교묘하게 관군과의 교전을 피하면서 2월 9일 무혈 입성하였다. 그러나 이틀만에 난은 패하였고 2월 14일 부하에 의해 암살되었다.

383) **정충신**鄭忠信 : 북방 여진족에 대해 항상 경계하고 방비할 것을 주장했으며, 지략과 덕을 갖춘 명장으로 명성이 높았다. 천문·지리·복서·의술 등 다방면에 걸쳐 정통했고, 몸집이 작았으나 기상이 늠름했으며 청렴하여 덕장으로 명성이 높았다. 이항복과의 인연, 임진왜란 때의 활약과 여진족을 다루는 영웅담 등이 한문야담집에 전한다. 1592년(선조 25년) 임진왜란이 일어나자 광주목사 권율 밑에서 종군했다.

384) **기자헌**奇自獻 : 1590년(선조 23년) 과거 급제 후 호조참판, 사헌부대사헌, 의정부우의정과 좌의정을 거쳐 대광보국숭록대부 의정부영의정, 영중추부사에 이르렀다. 동인 강경파, 대북 온건파 문신이다. 처음 당색은 동인이었으나 정철의 처벌을 놓고 당이 나뉠 때는 강경론을 지지하여 북인이 되었고, 북인이 다시 대북과 소북으로 나뉠 때는 대북에 가담했다. 대북 소속이었음에도 당론과는 생각을 달리하여 인목대비 폐모론에 반대하여 불이익을 받았으나 인조 반정 때 반정에 불응했다 하여 수감된 뒤 이괄의 난에 협조할 우려가 있다는 이유로 전격 처형당하였다.

는 아내와 동생 이돈이 능지처참을 당했다는 소식을 듣고 행군을 서둘렀다. 첫 전투의 승리로 기세가 오른 반란군은 예성강 상류에 있는 마탄, 개성, 임진강 등에서 관군을 궤멸시켰다. 반란군이 파죽지세로 남진하자 겁에 질린 인조는 급히 한양을 떠나 공주(1624년 2월 14일)로 피난했다. 반정으로 등극한 뒤 처음으로 피난을 가야 했다.

**實錄記事 1624년 1월 24일, 이괄이 금부 도사 등을 죽이고 반란을 일으키다**



부원수 이괄이 금부 도사 고덕상·심대림, 선전관 김지수, 중사 김천림 등을 죽이고 군사를 일으켜 반역하였다. 이에 앞서 상변한 사람이 이괄 부자가 역적의 우두머리라고 하였으나, 상이 반드시 반역하지 않으리라고 생각하여 그 아들 이전을 나래拿來하라고 명하였는데 이전은 그때 이괄의 군중軍中에 있었다. 이괄이 드디어 도사 등을 죽이고 제장諸將을 위협하여 난을 일으켰다.

– 『인조실록』, 1624년 1월 24일

1624년 2월 11일 이괄은 무주공산이 된 한양에 입성하여 경복궁 옛터에 주둔했다. 조선 역사상 지방에서 반란을 일으켜 도성을 점령한 것은 이괄의 난이 처음이었다. 이괄은 선조의 아들 흥안군 이제를 국왕으로 옹립하고, 각처에 방을 붙여 백성들에게 안심하고 생업에 충실하도록 했다. 이괄은 두 차례나 조선의 국왕을 옹립한 인물이다.

장만

얼마 후 도원수 장만[385]이 이끄는 토벌군이 전국의 관군과 합세하여 한양 인근으로 몰려와 안현[386]에 진을 쳤다. 이괄은 길마재 전투에서 패배하면서 밀리기 시작했다. 이괄은 3월 29일에 군대를 둘로 나누어 장만과 임경업이 지키는 길마재를 포위 공격했으나 패배하고 수구문을 나와 광주로 향하

385) **장만**張晩 : 1622년 대북 정권의 비정을 힐책하다가 광해군의 분노를 사게 되어 통진에 은거했다. 인조반정 후 다시 팔도도원수로 뽑혔고, 1624년 이괄이 난을 일으키자 의병을 모아 진압했다. 반란군을 진압하는 과정에서 과로로 한쪽 눈을 잃어 안대를 하고 있다. 영의정에 추증되었고 통진의 향사에 제향되었다.

386) **안현** : 서울시 서대문구 홍제동 부근.

남이흥

다가 장만, 정충신, 남이흥[387] 등이 이끄는 관군의 추격으로 완전히 흩어졌고 이 과정에서 이괄의 군사에 의해 송강 정철의 사위이자 광주 목사인 임회가 살해당했다.

도망가던 이괄은 4월 1일 이천에서 아들 이전, 부하 한명련과 함께 부하 기익헌, 이수백에게 살해되었다. 반란군에 투항했던 이흥립은 자결하였고 이괄이 왕으로 세운 흥안군 또한 왕자의 신분임에도 불구하고 아무런 국문도 없이 간신배 심기원에 의해 처형당했다. 하지만 한명련의 아들 한윤과 한택 형제가 후금에 투항하여 강홍립 휘하로 들어가 이후 정묘호란의 명분이 되었다. 피란처 공주에 머물며 가슴 졸이던 인조는 이괄의 수급[388]을 보고 한양으로 돌아왔다.



**實錄記事** 1624년 2월 14일, 공주 산성 수비를 논하다. 이괄·한명련이 살해되다

병조 판서 김류와 좌승지 김자점이 청대하니, 상이 인견하였다. 검찰사 김상용, 호조 판서 심열, 체찰 부사 정엽도 청대하여 입시하였다. 김자점이 아뢰기를,

"적의 남은 무리가 아직도 1천여 명이라 하는데, 저돌할 걱정이 없지 않습니다. 차령의 차단하는 곳에는 2백 명만을 보냈으니 군사를 증가시키는 것이 마땅합니다. 그리고 온양·진천의 여러 곳에도 군사를 나누어 보내어 요해처를 지켜야 하겠습니다."

김류는 아뢰기를,

"금위의 군사는 단지 4천 명이 있을 뿐이므로 군사를 나누어 나가서 주둔하게 할 수 없습니다. 먼저 내부를 튼튼히 지킨 뒤에야 군사를 내어 차단할 수 있습니다."

심열이 아뢰기를,

"어제 방백이 바닷가의 전세를 모두 본주로 나르게 하였다고 하는데, 이것은 장원한 계책이 아닙니다. 근처 산군山郡의 전세를 먼저 나르고 바닷가의 것은 형세를 보아 처

387) **남이흥**南以興 : 이괄의 난 진압에 공을 세웠으며, 평안도병마절도사로 있던 중 1627년(인조 5년) 정묘호란이 일어났다. 이때 안주에서 후금의 군사를 맞아 싸우다가 무기가 떨어지고 승산이 없자 성에 불을 지르고 뛰어들어 자결했다. 영의정에 추증되고, 부원군에 추봉되었다. 안주의 충민사에 제향되었다. 시호는 충장이다. 아버지도 정유재란 때 적의 탄환에 맞아 전사하자 무술에 뜻을 두었다.

388) **수급**首級 : 전쟁에서 베어 얻은 적군의 머리.

치하게 하소서."

따랐다. 전라 병사 윤숙이 뒤따라 들어와 뵈니, 상이 이르기를,

"경은 성을 지키는 대장이 되어야 하겠는데, 어떻게 계책을 세울 것인가?"

윤숙이 대답하기를,

"전라 감사가 거느린 군사는 그 수가 4천 명이므로 나누어 지키기에는 부족할 듯싶습니다. 구원병이 잇따라 온 뒤에야 징발하여 쓸 수 있을 것입니다."

상이 이르기를,

"이 성의 형세는 어떠한가?"



윤숙이 아뢰기를,

"이 성의 형세는 좋습니다."

김자점이 아뢰기를,

"대가가 이곳에 와서 머물고 있는 이상 본주의 인사를 거두어 써서 인심을 위로해야 하겠습니다."

상이 이르기를,

"어제 길에 나와 맞이한 사람들을 해조該曹로 하여금 뽑아 쓰게 해야 하겠다."

하였다. 인대引對가 아직 파하지 않았는데, 대장 신경진의 군관이 와서 이괄·한명련 두 역적이 죽은 정상을 아뢰었다. 상이 불러서 그 정상을 물으니 군관이 대답하기를,

"적이 12일에 40여 기騎를 거느리고 광주廣州에서 이천利川으로 향하여 경안역 근처에서 머물러 묵었는데 그의 수하 사람에게 참살되었다고 합니다. 척후장이 와서 말하였으므로 대장이 급히 먼저 치계한 것입니다."

상이 이르기를,

"흥안군은 어디에 있는가?"

대답하기를,

"그것은 모릅니다. 흥안의 아우가 군전軍前을 달려 지나가는데 도망치는 모습이었으므로 잡아서 경기 수사에게 넘겼습니다."

이에 술을 먹이고 6품 벼슬을 주라고 명하였다. 김류가 아뢰기를,

"산성을 조처하는 문제는 이제 우선 정지해야 합니까?"

상이 이르기를,

"적의 수급이 아직 도착하지 않았는데 성을 지키는 의논을 먼저 그만둘 수는 없다."

-『인조실록』, 1624년 2월 14일

### 實錄記事 1624년 2월 15일, 적장으로부터 이괄·한명련 등 역적의 수급을 받다

적장이 이수백·기익헌 등이 면박하고 군문軍門에 나아가 죄를 청하고 이괄·한명련 등 여섯 역적의 수급을 장대 끝에 달아서 바치니, 상이 군사의 위용을 크게 벌이고 친림하여 받았다. 이수백·기익헌 등이 땅에 엎드려 아뢰기를,

"당초에 곧 귀순하지 않은 것은 반드시 이괄을 베어가지고 오려 하였기 때문입니다. 이토록 지연되었으니 만 번 죽어도 아까울 것이 없습니다."

상이 그의 포박을 풀라고 명하고 이르기를,

"지금 늦기는 하였으나 그 공이 없지 않다. 뒤에 논상論賞하겠으니, 우선 물러가 기다리라."

- 인조실록, 1624년 2월 15일



### 實錄記事 1624년 2월 15일, 전국에 대사령을 내리다

팔방에 대사령을 내렸다.

"왕은 이르노라. 시운에 어려움이 많아 큰 변란이 심복처럼 믿었던 신하에게서 일어났으나, 국위國威가 빛나 역적들이 죄다 죽임을 당했으니, 경하하고 공구하는 마음으로 교서를 내린다. 지난날 혼란스러웠던 세대에 흉악한 무리가 많았다. 삼강이 무너졌으니 니리가 장차 어지러울 것을 알았고 굶주리는 사람이 호소할 데가 없으므로 백성이 살아 남지 못할 것을 알았다. 변변치 못한 과인이 이 위태로운 시기에 대통을 이어받았다. 백성의 고달픈 노래소리가 애처로운데 정성이야 어찌 무마시키는 일에 게을리할 리가 있겠는가마는, 정치를 신속히 시행하지 못하여 인덕仁德이 시설에 두루하지 못한 것이 부끄럽다. 게다가 법망이 허술한 점이 많아서 반역의 무리가 남몰래 일어나게 되었다.

역적 이괄·한명련 등은 미천한 신분으로서 천성이 사납고 교활하였다. 장수들이 기세를 부릴 때에 탐욕하고 흉포한 생각을 오랫동안 쌓아 오다가 청명한 조정을 일으킬 무렵에 하찮은 힘을 보태었었다. 그것으로 인연하여 병권을 잡게 되자 감히 변란의 계제를 일으켰다. 몰래 버려진 서얼들과 결탁하여 하늘을 원수로 삼아야 한다고 지칭하며, 변방 백성을 협박하여서는 내지內地의 방비가 없는 것을 엿보아, 우리 고을들을 잔해하고 우리 사신을 살해하였다. 적의 기세가 교기郊畿에 차고 병란의 기운이 궁궐에 닥쳤다. 까마귀 까치처럼 일어난 무리들이 끝내 우리 군사들에게 죽임을 당할 줄 알았으나 돼지처럼 돌진하고 고래처럼 달려들어 위로 자전께 걱정을 끼친 데는 어쩔 수 없었다. 잠시 피난하는 거둥이 있었으나 드디어 근왕의 군사를 독려하게 되었으며

선봉이 나아가자 원흉이 서로 베었다. 궁궐에 군사를 돌이키는 데 있어 열흘도 차지 않아서 변란을 일으킨 요사한 자의 목과 허리를 잘라 궐문에 달았으니, 이는 실로 신명이 도운 것이고 또한 중외가 협조했기 때문이다. 뜻밖의 재앙이 상서를 맞이하는 날이 되었고 두려움이 있으면 경계하는 것이므로 성명聖明의 시기가 될 것이다. 모두가 종묘 사직의 아름다운 복이어서이지 우매한 내가 무슨 힘이 되었겠는가. 아, 하늘이 돕는 자는 반드시 도리에 따르고 치우쳐서 공평하지 않은 것이 없는 자이니 크게 벌주고 갑병을 쓰는 것이 어찌 내 마음에 하고 싶은 것이겠는가. 따스한 봄철에 덕택을 펴서 온 나라안에 미쳐 새로워지기를 바란다. 그러므로 교시하노니, 잘 알아야 한다."

– 『인조실록』, 1624년 2월 15일



이괄의 난은 조선 사회에 커다란 충격을 주었다. 백성들은 선조 이래 국왕은 언제든지 백성을 버리고 도성을 떠날 수 있다는 사실을 깨달았다. 민심이 등을 돌리자 조정은 검문을 강화하여 반대파들을 마구잡이로 체포했다. 조선의 불안한 내정은 미래의 엄청난 환란을 초래하고 있었다.

## 친명배금 정책으로 정묘호란이 일어나다

1621년(광해군 13년) 3월 후금이 심양과 요양을 점령하자 명나라의 요동 도감사 모문룡은 패잔병을 이끌고 조선으로 건너와 후금의 배후를 위협했다. 후금은 배후로부터 위협을 받게 되고, 명나라에 이어 조선과도 경제 교류의 길이 막혀 극심한 물자 부족으로 허덕이게 되었다. 후금은 무력적인 수단으로 이것을 타개할 기회를 노리고 있었다. 후금의 아민이 대군을 이끌고 공격하자 모문룡은 평안도 철산 앞바다에 있는 가도로 도망친 다음 동강진을 설치하고 본국과 조선에서 식량과 병기를 모아 후금을 괴롭혔다.

후금은 조선에 사신을 보내 모문룡의 파직을 요청했다. 광해군은 이런저런 핑계로 후금을 달램으로써 위기를 넘기고 있었다. 1623년(인조 1년) 인조반정으로 조정의 실권을 잡은 서인들은 명나라와 외교를 강화하고 후금과의 관계를 끊는 친명배금 정책을 추진하였다.

분개한 후금은 1627년(인조 5년) 1월 후금(청나라)의 아민은 3만 명의 군대를 이끌고 조선을 침공하는 정묘호란을 일으켰다. 순식간에 압록강을 건너와 의주를 점령한 후금군은 용천, 선천을 거쳐 안주성 방면으로 남하하고, 가도의 모문룡을 공격했다. 조선군은 곽산의 능한산성 등지에서 막았지만 실패했다. 모문룡은 신미도로 패주했다.

후금의 공격 소식을 들은 인조는 장만을 도체찰사로 삼아 후금의 남하를 막게 하고, 전국에 신료들을 파견하여 근왕병을 모집했다. 후금군은 파죽지세로 남진하여 안주성을 점령하고 평양을 거쳐 황주까지 진출했다. 후금군의 기세에 놀란 장만은 평산에서 개성으로 후퇴했다.



實錄記事 1627년 1월 17일, 금나라가 침입하지 대책을 논의하다

접반사 원탁이 치계하기를,

"이달 13일에 금나라 군사가 의주를 포위하고 접전하였는데 승패는 모릅니다."

정주 목사 김진이 치계하기를,

"14일에 금나라 군대가 와서 능한凌漢을 포위하였다가 싸우지 않고 퇴각하여 곧바로 읍내에다가 대진을 쳤습니다. 이미 선천·정주의 중간에 육박하였으니 장차 얼마 후에 안주에 도착할 것입니다."

이때 대신들이 정청庭請으로 인하여 궐하에 와 있었다. 상이 영중추부사 이원익, 판중추부사 정창연·신흠, 좌의정 윤방, 우의정 오윤겸, 비국 당상 김류·이귀·이정구·장만·김상용·이서·서성·신경진·김신국·구굉·이홍주·심기원·최명길·이현영·장유, 대사헌 박동선, 대사간 이목을 소견하였는데, 승지 이여황·김상 등이 입시하였다. 상이 이르기를,

"적이 만일 거침없이 쳐들어온다면 관서 지방은 미처 구제할 수 없을 듯하다."

장만이 아뢰기를,

"하삼도는 속히 징병토록 하고, 황주·평산은 급히 별장을 보내도록 하소서."

상이 모두 따랐다. 이어서 묻기를,

"이들이 모장[389]을 잡아가려고 온 것인가, 아니면 전적으로 우리나라를 침략하기 위하여 온 것인가?"

---

389) **모장**毛將 : 모문룡.

장만이 아뢰기를,

"듣건대 홍태시란 자가 매번 우리나라를 침략하고자 했다는데 이 자가 만일 일을 맡게 되면 반드시 그 계획을 성취시킬 것입니다."

상이 이르기를,

"관서 지방은 부체찰사가 반드시 호령을 전적으로 주장해서 할 것이다. 안주의 분군分軍이 만일 적다면 병사兵使는 물러나서 안주를 수비하도록 하라."

장만이 아뢰기를,

"급히 선전관을 보내 하유토록 하소서."



또 속히 한어 대장捍禦大將을 임명할 것을 청하니, 상이 이르기를,

"누가 적합한가?"

장만이 아뢰기를,

"기전畿甸은 이서, 경중京中은 신경진이 함께 담당하도록 하소서."

상이 이르기를,

"체찰사는 오늘 중으로 내려가되 기전의 군대는 해서 지방에 보내고, 그 나머지는 경성을 방어토록 하는 것이 좋겠다."

장만이 아뢰기를,

"위급하고 어려운 시기에는 마땅히 인재를 수용하여야 합니다. 청컨대 김자점을 다시 불러서 쓰소서."

상이 이르기를,

"전라 감사 민성징을 잉임토록 하라."

윤방이 아뢰기를,

"하삼도에 만일 별도로 체찰사를 선출한다면 한준겸이 이 직임에 적합합니다."

이귀가 아뢰기를,

"해서 지방도 반드시 지켜지게 될지는 보장하기 어려우니 강화도를 피난처로 정해놓았다가 만일 안주에서 패보敗報가 오거든 상께서는 곧바로 강도江都로 들어가소서."

상이 이르기를,

"이런 의논은 서서히 하라."

장만이 아뢰기를,

"신은 반드시 대장 한 사람을 데리고 가고자 합니다."

상이 이르기를,

"이는 바로 부장이니 경이 직접 선발토록 하라."

장만이 아뢰기를,

"신경원과 박상을 데리고 가고자 합니다. 찬획사도 마땅히 차출해야 하니 김자점과 김기종 중에서 한 사람을 차송하소서."

상이 이르기를,

"김기종이 좋겠다."

오윤겸이 아뢰기를,

"장만이 물러가기 전에 하삼도의 징병 숫자를 의논하여 결정토록 하소서."

상이 이르기를,

"얼마를 징발해야 하겠는가?"



장만이 아뢰기를,

"신의 생각에는 2만~3만 명 정도면 혹시 대항할 수 있을 듯합니다."

상이 이르기를,

"적이 이미 성을 포위하였으니, 속히 군마를 정돈하여 오늘 중에 출발해야 할 것이다."

상이 이원익에게 묻기를,

"경은 적의 형세가 어떻다고 보는가?"

대답하기를,

"철기로 거침없이 쳐들어온다면 하루 동안에 8~9식息[390]의 길을 달릴 수가 있습니다. 그러니 시급히 대비해야 합니다."

상이 이르기를,

"징병을 하는 일이 시급하니 마땅히 병사[391]로 하여금 인솔하여 오게 하되 3만 명으로 원수를 삼아서 삼운三運으로 나누어 조발하라."

오윤겸이 아뢰기를,

"병조 판서를 속히 성하고 남한산성을 이시로 하여금 관할토록 하소서."

김류가 아뢰기를,

"남한산성 이외에도 긴급한 곳이 많은데 하필 남한산성을 먼저 할 이유가 무엇입니까?"

상이 이르기를,

"남한산성을 버릴 수는 없다."

최명길이 아뢰기를,

390) **식**息 : 거리 단위의 하나. 30리가 1식임.

391) **병사**兵使 : 병마절도사

"임진강에 대한 방비도 마땅히 미리 좋은 계획을 생각해 놓아야 합니다."

이귀가 아뢰기를,

"유도 대장과 체찰사를 마땅히 먼저 차출해야 합니다."

상이 이르기를,

"영부사를 마땅히 체찰사로 삼아야 한다."

이원익이 아뢰기를,

"신은 정신이 이미 혼미하여 바로 죽은 시체나 다름없으니, 결코 이 책임을 감당할 수 없습니다."



상이 이르기를,

"경은 임진년 이래로 행진[392]을 날날이 경험하였고, 심기원 또한 재능이 많으니 경은 부디 이 사람을 감독 인솔하여 지휘하도록 하라."

이원익이 아뢰기를,

"나이는 늙고 몸은 쇠잔하여 결코 감당해 낼 수가 없습니다."

상이 이르기를,

"경 말고 적합한 사람이 누가 있는가."

이원익이 아뢰기를,

"적이 비록 이르지 않더라도 만일 난민이 있게 되면 역시 난리를 겪게 됩니다. 반드시 남한산성에 주장主將이 있은 연후에야 맥락이 하삼도에 통할 수 있습니다."

최명길이 아뢰기를,

"경상도는 병사兵使 한 사람이 마땅히 남아 있어야 하는데 어떤 병사가 올라와야 하겠습니까?"

상이 이르기를,

"우병사가 인솔해 올라 오고 좌병사는 머물러 있도록 하라."

상이 또 이르기를,

"경상도에서 2천 명, 충청도에서 5천 명, 전라도에서 3천 명을 병사로 하여금 인솔하여 오도록 하고, 수사는 배를 대비해 놓고 있다가 다시 분부를 듣고서 강도에 와 정박하도록 하라."

심기원이 아뢰기를,

"한쪽으로는 징병을 하고 한쪽으로는 호패를 하는 일은 겸하여 시행할 수가 없으니,

---

392) **행진**行陣 : 행군行軍.

마땅히 제도[393]의 어사들에게 하유하여 호패를 정지하도록 하소서."

상이 이르기를,

"그들을 올라오게 하라."

상이 또 이르기를,

"김자점을 전일에 중죄가 있었기 때문에 처벌하였다마는 갑자년 변란에 많은 공로가 있었으니 이제 석방하여 강화를 검찰하는 책임을 맡기려 하는데 괜찮겠는가?"

모두가 아뢰기를,

"매우 합당합니다."

상이 이르기를,

"도감군을 전로前路에 나누어 보내는 것이 타당할 듯하다."

신경진이 아뢰기를,

"보낼 숫자를 알고자 합니다. 그리고 또 유응형·이신·유비 이 세 사람은 전진戰陣에 익숙하니 도감에 두고서 위급한 상황에 활용하소서."

상이 그렇게 하라고 하였다. 상이 좌상과 우상을 돌아보며 이르기를,

"도체찰사는 영부사보다 나은 이가 없다고 보는데 경들의 생각은 어떠한가?"

윤방이 아뢰기를,

"이원익이 비록 늙었으나 듣는 사람들 마음에 반드시 흡족할 것입니다."

모두가 아뢰기를,

"경기 감사 권진기는 병세가 매우 심하고 장단 부사 민기는 방어의 책임을 맡기기에는 부당하며, 삭녕 군수 송준 또한 병무에 관한 일을 알지 못합니다. 청컨대 모두 체직시키소서."

상이 그렇게 하라고 하였다. 최명길이 아뢰기를,

"강원도도 마땅히 징병을 해야 하는데, 영서嶺西의 사람은 곧비로 평산으로 보내겠습니다."

상이 그렇게 하라고 하였다. 김류가 아뢰기를,

"속히 본병의 장을 차출해야 합니다."

상이 이르기를,

"누가 적합한가?"

오윤겸이 아뢰기를,

"서성이 누차 이 직임을 역임했습니다."

---

393) **제도**諸道 : 행정 구획의 모든 도. 여러 도.

상이 이르기를,
"모두들 같이 의논해서 의망하라."
또 이서에게 이르기를,
"산성의 군량미를 어떻게 계속해서 마련할 것인가?"
대답하기를,
"선혜청의 춘등미春等米를 산성에 들이고자 합니다."
이원익이 아뢰기를,
"신은 수일 안에 생사가 어찌될지 알 수 없는 몸입니다. 부사로서 직무를 대신 살필 만한 자를 선발했으면 합니다. 김류가 이 직임에 적합한데 단지 그는 정 1품인 사람이라서 어떨지 모르겠습니다."
상이 이르기를,
"이런 시기에 어찌 조그마한 혐의를 고려하겠는가. 비록 정 1품이라 하더라도 경이 이미 직접 선발하였으니 함께 일하도록 하는 것이 좋겠다."
윤방이 아뢰기를,
"그렇다면 장만은 마땅히 사도 체찰사가 되어야 하고 이원익은 마땅히 하삼도와 경기의 체찰사가 되어야 합니다."
상이 그렇다고 하였다. 이원익 등이 아뢰기를,
"상께서 소선素膳을 드신 지가 이미 오래인데 이러한 변란을 당하여 몸을 필시 많이 상하셨을 것입니다. 특별히 건강에 유념하소서."
상이 이르기를,
"나라의 일이 현재 위급한 지경에 놓여 있는데 어찌 이런 급하지 않은 말을 하는가."
윤방이 아뢰기를,
"임진강은 수심이 얕은 곳이 많아서 수비하기가 용이하지 않습니다. 그러나 도성에 가까우니 어찌 포기하고 수비하지 않을 수 있겠습니까."
이원익이 아뢰기를,
"군병이 수효는 적고 힘은 약하니 나누어 수비하기 곤란할 듯합니다. 그러나 어찌 완전히 포기할 수야 있겠습니까."
신흠이 아뢰기를,
"개성부에는 마땅히 대장을 보내야 합니다. 적병이 안주·평양을 통과한 이후에는 황해도는 수비할 만한 곳이 없습니다."
심기원이 아뢰기를,

"신의 생각에는 경기 및 도감군으로 하여금 힘을 합해 임진강을 수비하게 했으면 합니다."

- 『인조실록』, 1627년 1월 17일

전세가 불리해지자 인조는 김상용을 유도대장으로 삼아 한양을 지키게 하고 자신은 강화도로 대피했다. 소현세자는 전주로 내려갔다.

얼마 후 전국에서 의병이 일어나 후금군의 배후를 괴롭히자 고립을 우려한 후금군은 평산에 진을 치고 사신을 보내 화의를 요청했다. 장기적인 전쟁 수행 능력이 없었던 조선은 제안을 받아들일 수밖에 없었다. 3월 3일에 열린 강화회담에서 후금군의 철군과 함께 형제지국의 관계 정립, 조선은 후금과 화약(화목하게 지내자는 약속)을 맺되 명나라에 적대하지 않는다는 등의 조건이 성립되었다.



강화 조건은 양국에 불만이 컸다. 조선은 오랑캐의 나라 후금과 맺은 형제지국을 굴욕으로 여겼다. 막대한 조공을 빼앗겼으므로 후금에 대한 증오심도 깄다. 후금은 경제적 이득을 취할 수 있게 되었지만, 가도의 모문룡[394] 세력을 말살시키지 못했고, 조선의 고조되는 배금사상 때문에 후금은 날이 갈수록 조선에 강압적이었다. 양국의 관계는 후금이 더욱 팽창된 세력을 배경으로 조선에 강압적인 태도를 가하고, 결국 1636년(인조 14년) 12월 병자호란이 일어났다.

벨테브레이

1628년(인조 6년) 네덜란드 선박이 난파되어 제주도에 네덜란드 사람 얀 얀스 벨테브레이[395] 등이 음료수를 구하려고 상륙했다가 조선 관헌에게 잡혀 서울로 압송되었다. 인조는 친히 벨테브레이를 통해 서양 사정을 알게

394) **모문룡**毛文龍 : 명나라 말기의 무장이다. 1621년 후금의 요동 공격으로 인해 조선으로 도망쳐온 모문룡은 후금의 배후에서 싸운다는 명분으로 1629년까지 평안도 철산 앞바다의 가도에 머무르며 1627년 정묘호란 발발의 원인이 되었다.

395) **벨테브레이** : 박연 또는 얀 얀스 벨테브레는 조선 후기의 무신이다. 네덜란드인으로 인조 때 유럽인 최초로 귀화하였다. 1627년 제주도에 표착하였고 병자호란에도 참전하였다. 한반도에 처음으로 유럽을 소개했다고 전해진다.

되었고, 그에게 박연이라는 이름을 내려 조선에 정착시켰다. 벨테브레이는 원산 박씨의 시조가 되었다. 벨테브레이의 조선 표류로 조선의 사대부와 지식인들은 막연하던 서구 세계의 존재를 어렴풋이 알게 되었다. 벨테브레이는 동료 2인과 함께 훈련도감에서 총포의 제작·조종에 종사하였다. 1636년 병자호란이 일어나자 훈련도감군을 따라 출전, 분투했고, 이때 히아베르츠와 피에테르츠는 전사했다.



1653년(효종 4년) 하멜(Hamel, H.) 일행이 제주도에 표류했을 때 제주도에 가서 통역을 했다. 이들이 서울로 압송되고 병영으로 이송되기까지 3년 동안 함께 지내면서 조선의 풍속과 말을 가르쳤다.

## 병자호란과 굴욕의 47일, 삼전도 치욕을 당하다

정묘호란 이후 조선은 후금에 많은 물자를 제공했다. 후금은 지속적으로 식량과 병선을 요구하는 등 조선을 압박했다. 그들은 모문룡을 빌미로 수시로 압록강을 건너와 약탈을 자행했다. 조선 조정은 화의를 접고 후금을 정벌하자는 논의도 했지만, 조선은 힘없는 약자였다.

후금은 양국 간에 군신지의[396]를 강요하면서 엄청난 분량의 조공에 정병 3만 명까지 요구해왔다. 조선이 응답을 미루자 1636년 2월 용골대와 마부대를 파견해 후금 태종의 존호를 조선에 알리는 한편 조정에 재차 군신지의를 강요했다. 인조가 척화파 대신들의 의견에 따라 접견을 거절하고 국서를 받지 않자 두 사람은 급히 본국으로 돌아갔다. 후금은 인조가 평안도관찰사에게 내린 밀지를 입수한 후 2차 침공을 결정하였다.

1636년 4월 후금은 나라를 '청'으로 고쳤어요. 청 태종 홍타이지[397]는 조선

396) **군신지의**君臣之義 : 조선이 후금을 신하와 임금같이 섬기라는 요구.

397) **홍타이지**皇太極 : 1636년 만주에서 만주족·몽골족·한족의 황제가 되었으며 국호를 후금에서 청으로 바꾸었다. 홍타이지는 만주족이 세운 후금의 카간이었던 누르하치의 8번째 아들이었다.

홍타이지

사신에게 왕자를 인질로 보내 그동안의 잘못을 사죄하지 않으면 대군을 일으켜 조선을 공략하겠다고 협박했다. 청나라의 요구가 고지식한 조선 조정에 받아들여질 리 없었어요. 청은 마지막으로 그해 11월 조선 사신에게 왕자와 대신 및 척화론을 주창하는 자를 압송하라는 최후통첩을 보냈다. 인조가 그 요구를 묵살하자 청 태종은 친히 조선 정벌에 나섰다.



1636년(인조 14년) 12월 1일 병자년 청 태종 홍타이지는 청군 7만, 몽골군 3만, 한군 2만 등 12만의 대군을 이끌고 심양을 출발하여 12월 9일 압록강을 건너 한양으로 진격했다. 조선 조정은 사흘 뒤 12일에 청군의 침공 정보를 접수했는데, 13일에 적이 평양까지 진군했고, 14일에는 청군이 개성을 통과했다. 청군 행군은 매우 신속하여 열흘 만에 한양에 도착했다.

당황한 인조는 급히 강화 유수 장신을 주사대장으로 삼아 강화도를 지키게 하고 세자빈, 원손, 봉림대군, 인평대군을 강화도로 대피시켰어요. 뒤이어 자신도 신료들과 함께 강화도로 피란을 떠나고자 했다. 인조의 피난길을 파악한 후금의 기병대가 신속하게 양천강을 차단하여 강화로 가는 길을 막았다.

인조는 어쩔 수 없이 남한산성[398])으로 들어간 다음 훈련대장 신경진에게 동성의 망월대를, 총융사 구굉에게 남성을, 어영대장 이서에게 북성을, 수어사

---

누르하치는 내륙 아시아 스텝 지역의 여러 부족들을 통일하여 자신의 지배하에 두고 부족민을 중국식 관료제 국가로 조직했다. 누르하치가 죽은 뒤에 홍타이지는 형제들을 죽이고 자신의 지위를 강화했다. 권력 다툼에서 그가 승리할 수 있었던 원인은 주로 군사지도자로서의 남다른 재능을 지녔던 데 있었다.

398) **남한산성**南漢山城 : 신라 문무왕 때 처음 성을 쌓고 이름을 주장성이라 했으며, 『동국여지승람』에는 일장산성이라 기록되어 있다. 백제 온조왕의 성이라고 전하기도 한다. 1624년 인조가 총융사 이서로 하여금 성을 개축하게 하여 1626년 공사를 마쳤다. 4문과 16암문, 성가퀴 1, 897개, 옹성, 성랑, 우물, 샘 등의 시설을 갖추었다. 공사는 승려 각성이 8도의 승군을 동원하여 진행했는데, 7개의 절을 지었다. 지금은 장경사만 남아 있다. 그 뒤 순조 때까지 여러 시설을 확장했다.

이시백

윤집



이시백[399]에게 서성을 지키게 했다. 남한산성 안에는 1만 3, 000 여명의 군사와 50일 치 군량이 있을 뿐이었다. 불안해진 인조는 급히 명나라에 원병을 청하는 한편 도원수, 부원수와 각 도의 관찰사와 병사에게 근왕병을 모으게 했다.

12월 16일부터 청군은 남한산성을 포위하고 조선군을 압박했다. 미처 강화로 피란하지 못한 인조는 남한산성으로 몸을 피했고, 청나라에서는 군사력을 앞세워 화친을 요구했다. 그러나 김상헌[400]은 여전히 '명분을 잃는 것은 모든 것을 잃는 것'이라며 윤집[401], 오달제, 정온, 홍익한 등과 함께 격렬하게 척화를 주장했다. 인조 역시 주전론[402]에 마음이 기울었으나 날은 춥고 성은 점점 고립되어 결국 항복을 결정했다.

399) **이시백**李時白 : 1623년 인조반정 때 공을 세운 조선 중기의 문신. 본관은 연안, 자는 돈시, 호는 조암. 이때의 공으로 정사공신 2등의 연양군에 봉해졌으며, 이듬해 이괄의 난이 일어났을 때는 군사를 모집하여 정충신 등과 함께 안현에서 반란군을 격퇴했다. 정묘호란 때는 병력을 이끌고 가장 먼저 동작나루로 가서 인조를 강화도로 피난시켰고, 병자호란 때는 수어사를 겸임해 남한산성의 관리를 전담했다. 성품이 올곧고 강직했으며, 7번이나 판서를 역임했고 만년 영의정에 올랐다.

400) **김상헌**金尙憲 : 인조가 항복하자 최명길이 작성한 항복 문서를 찢고 통곡하였다. 항복이 정해지자 6일 동안 식음을 전폐하고 교수 자살을 기도했으나 발견되어 실패했는데, 최명길은 이를 더러 가족들이 다 보는 앞에서 자살을 시도해서 죽을 수나 있겠냐며 쇼를 한 것이라 비난했다. 정축하성(삼전도 굴욕) 때 인조를 따라가지 않고 남한산성 뒷문으로 나가 안동의 학가산에 들어갔다. 와신상담해서 치욕을 씻고 명나라와의 의리를 유지해야 한다는 내용의 상소를 올린 뒤 안동 소산으로 은퇴하였다.

401) **윤집**尹集 : 병자호란 때 삼학사의 한 사람으로 인조 때 문과에 급제하여 이조 정랑 등을 지냈다. 1636년 병자호란이 일어났을 때 교리로 있으면서 청과의 굴욕적인 화의를 강력히 반대하였다. 그러나 이듬해 인조가 청에 항복하자 청의 선양에 잡혀가 심한 고문을 받고, 오달제·홍익한과 함께 사형당하였다. 이들을 삼학사라고 하였다. 죽은 후 영의정에 추증되었다.

402) **주전론**主戰論 : 전쟁하기를 주장하는 의견이나 이론. ↔ 주화론.

대표적인 주화파였던 최명길이 항복 문서를 작성할 때 예조판서였던 김상헌은 뛰어들어 국서를 갈기갈기 찢고 통곡했다. 그리고 인조에게 이렇게 아뢰었다. 실록에는 다음과 같이 기록되어 있다.

實錄記事 1637년 1월 18일, 예조판서 김상헌이 최명길이 지은 국서를 찢고 주벌을 청하다

대신이 문서文書를 품정稟定하였다. 상이 대신을 인견하고 하교하기를,

"문서를 제술한 사람도 들어오게 하라."

상이 문서 열람을 마치고 최명길을 불러 앞으로 나오게 한 뒤 온당하지 않은 곳을 감정勘定하게 하였다. 이경증이 아뢰기를,

"군부君父를 모시고 외로운 성에 들어와 이토록 위급하게 되었으니, 오늘날의 일에 누가 다른 의논을 내겠습니까. 다만 이 일은 바로 국가의 막중한 조치인데 어떻게 비밀스럽게 할 수 있겠습니까. 대간 및 2품 이상을 불러 분명하게 유시하는 것이 어떻겠습니까?"

상이 이르기를,

"사람들의 마음은 성실성이 부족하여 속 마음과 말이 다르다. 나랏일을 이 지경으로 만든 것도 이 때문이니, 이 점이 염려스럽다."

김류가 아뢰기를,

"설령 다른 의논이 있더라도 상관할 것이 없습니다."

상이 이르기를,

"그렇다."

최명길이 마침내 국서를 가지고 비국에 물러가 앉아 다시 수정을 가하였는데, 예조 판서 김상헌이 밖에서 들어와 그 글을 보고는 통곡하면서 찢어 버리고, 인하여 입대하기를 청해 아뢰기를,

"명분이 일단 정해진 뒤에는 적이 반드시 우리에게 군신君臣의 의리를 요구할 것이니, 성을 나가는 일을 면하지 못할 것입니다. 그리고 한번 성문을 나서게 되면 또한 북쪽으로 행차하게 되는 치욕을 면하기 어려울 것이니, 군신羣臣이 전하를 위하는 계책이 잘못되었습니다. 진실로 의논하는 자의 말과 같이 이성[403]이 마침내 겹겹이 포위된 곳에서 빠져나오게만 된다면, 신 또한 어찌 감히 망령되게 소견을 진달하겠습니까. 국서를 찢

403) **이성**二聖 : 인조와 소현세자를 가리킴.

어 이미 사죄死罪를 범하였으니, 먼저 신을 주벌하고 다시 더 깊이 생각하소서."

상이 한참 동안이나 탄식하다가 이르기를,

"위로는 종사를 위하고 아래로는 부형과 백관을 위하여 어쩔 수 없이 이 일을 하는 것이다. 경의 말이 정대하다는 것을 모르지 않으나 실로 어떻게 할 수 없기 때문에 나온 것이다. 한스러운 것은 일찍 죽지 못하고 오늘날의 일을 보게 된 것뿐이다."

대답하기를,

"신이 어리석기 짝이 없지만 성상의 의도가 어디에 있는지는 압니다. 그러나 한번 허락한 뒤에는 모두 저들이 조종하게 될테니, 아무리 성에서 나가려 하지 않더라도 되지 않을 것입니다. 예로부터 군사가 성 밑에까지 이르고서 그 나라와 임금이 보존된 경우는 없었습니다. 진 무제나 송 태조도 제국을 후하게 대우하였으나 마침내는 사로잡거나 멸망시켰는데, 정강의 일[404]에 이르러서는 차마 말하지 못하겠습니다. 당시의 제신들도 나가서 금나라의 왕을 보면 생령을 보전하고 종사를 편안하게 한다는 것으로 말을 하였지만, 급기야 사막에 잡혀가게 되자 변경에서 죽지 못한 것을 후회하였습니다. 이러한 지경에 이르게 되면 전하께서 아무리 후회한들 무슨 소용이 있겠습니까."



이때 김상헌의 말 뜻이 간절하고 측은하였으며 말하면서 눈물이 줄을 이었으므로 입시한 제신들로서 울며 눈물을 흘리지 않는 이가 없었다. 세자가 상의 곁에 있으면서 목놓아 우는 소리가 문 밖에까지 들렸다. 그 글은 다음과 같다.

"조선 국왕은 삼가 대청국 관온 인성 황제에게 글을 올립니다. [이 밑에 폐하라는 두 글자가 있었는데 제신이 간쟁하여 지웠다.] 삼가 명지를 받들건대 거듭 유시해 주셨으니, 간절히 책망하신 것은 바로 지극하게 가르쳐 주신 것으로서 추상과 같이 엄한 말 속에 만물을 소생시키는 봄의 기운이 같이 들어 있었습니다.

삼가 생각건대 대국이 위덕을 멀리 가해 주시니 여러 번국(오랑캐 나라)이 사례해야 마땅하고, 천명과 인심이 돌아갔으니 크나큰 명을 새롭게 가다듬을 때입니다. 소방은 10년 동안 형제의 나라로 있으면서 오히려 거꾸로 운세가 일어나는 초기에 죄를 얻었으니, 마음에 돌이켜 생각해 볼 때 후회해도 소용없는 결과가 되고 말았습니다. 지금 원하는 것은 단지 마음을 고치고 생각을 바꾸어 구습을 말끔히 씻고 온 나라가 명을 받들어 여러 번국과 대등하게 되는 것뿐입니다. 진실로 위태로운 심정을 굽어 살피시어 스스로 새로워지도록 허락한다면, 문서와 예절은 당연히 행해야 할 의식이 저절로 있

404) **정강靖康의 일** : 송나라 흠종 정강 2년(1127년)에 금나라 태종에게 변경이 함락되어 휘종과 흠종 부자를 비롯해서 많은 황족과 신하가 사로잡혀 간 변란을 말함.

으니, 강구하여 시행하는 것이 오늘에 있다고 하겠습니다.

그리고 성에서 나오라고 하신 명이 실로 인자하게 감싸주는 뜻에서 나온 것이긴 합니다만, 생각해 보건대 겹겹의 포위가 풀리지 않았고 황제께서 한창 노여워하고 계시는 때이니 이곳에 있으나 성을 나가거나 간에 죽는 것은 마찬가지일 것입니다. 그래서 용정龍旌을 우러러 보며 반드시 죽고자 하여 자결하려 하니 그 심정이 또한 서글픕니다. 옛날 사람이 성 위에서 천자에게 절했던 것은 대체로 예절도 폐할 수 없지만 군사의 위엄 또한 두려웠기 때문입니다.

그러나 소방의 진정한 소원이 이미 위에서 진달한 것과 같고 보면, 이는 변명도 궁하게 된 것이고 경계할 줄 알게 된 것이며 마음을 기울여 귀순하는 것입니다. 황제께서 바야흐로 만물을 살리는 천지의 마음을 갖고 계신다면, 소방이 어찌 온전히 살려주고 관대하게 길러주는 대상에 포함되지 못할 수가 있겠습니까. 삼가 생각건대 황제의 덕이 하늘과 같아 반드시 불쌍하게 여겨 용서하실 것이기에, 감히 실정을 토로하며 공손히 은혜로운 분부를 기다립니다."

– 『인조실록』, 1637년 1월 18일

인조

**實錄記事** 1637년 1월 19일, 이조참판 정온의 최명길이 나라를 팔아넘겼다는 내용의 차자

이조참판 정온이 차자를 올리기를,

"신이 삼가 외간에 떠들썩하게 전파된 말을 듣건대, 어제 사신의 행차에 신臣이라고 일컬으며 애걸한 내용이 있었다고 하는데, 이 말이 정말 맞습니까? 만약 실제로 그러하다면 이는 필시 최명길의 말일 것입니다. 신이 이 말을 듣고 저도 모르는 사이에 간담이 다 떨어져 목이 메어 소리도 나오지 않았습니다.

전후에 걸쳐 국서는 모두 최명길의 손에서 나왔는데, 매우 비루하고 아첨하는 말 뿐이었으니, 이는 곧 하나의 항서降書였습니다. 그러나 지금까지는 그래도 신臣이라는 한 글자를 쓰지 않아 명분이 아직은 미정인 상태였습니다. 그런데 지금 만약 신이라고 일컫는다면 군신君臣의 명분이 이미 정하여진 것입니다. 군신의 명분이 이미 정해졌으면 앞으로 그 명령만을 따라야 할 것인데 저들이 만약 나와서 항복하라고 명한다면 전하께서 장차 나가서 항복하시렵니까? 북쪽으로 떠나도록 명한다면 전하께서 장차 북쪽으로 떠나시겠습니까? 옷을 갈아입고 술을 따르도록 명한다면 전하께서 장차 술을 따라 올리겠습니까? 따르지 않으면 저들이 반드시 군신의 의리를 가지고 그 죄를 따지며 토벌할 것이고, 따른다면 나라가 이미 망한 것이니, 이러한 처지에 이르러 전하께서는 앞으로 어떻게 처리하시렵니까?

최명길의 생각으로는, 한번 신이라고 일컬으면 포위당한 성도 풀 수 있으며 군부도 온전하게 할 수 있다고 여기는 것입니다. 그러나 설령 이와 같이 된다 하더라도 이것은 부녀자들이나 소인의 충성 밖에 되지 않는 것인데, 더구나 절대로 이럴 리도 없음이겠습니까. 옛날부터 지금까지 천하의 국가가 길이 보존되기만 하고 망하지 않은 경우가 어디에 있습니까. 무릎을 꿇고 망하기보다는 차라리 정도正道를 지키며 사직을 위하여 죽는 것이 낫지 않겠습니까. 더구나 부자와 군신이 성을 등지고 한 번 결전을 벌인다면 성을 완전하게 하는 방법이 없지 않은데 말해 무엇하겠습니까.

아, 명나라에 대한 우리나라의 입장은 고려 말엽의 금나라나 원나라의 경우와 같지 않은데, 부자와 같은 은혜를 어찌 잊을 수 있겠으며 군신의 의리를 어떻게 배반할 수 있겠습니까. 하늘에는 두 개의 태양이 없는 법인데 최명길은 두 개의 태양을 만들려고 하며, 백성들에게는 두 임금이 없는데 최명길은 두 임금을 만들려 합니다. 이런 일도 차마 하는데 무엇을 차마 하지 못하겠습니까. 신은 몸이 병들고 힘이 약하여 비록 수판手板으로 후려칠 수는 없다 하더라도 같은 좌석 사이에서 서로 용납하고 싶지 않습니다. 삼가 전하께서는 최명길의 말을 통렬히 배척하여 나라를 팔아 넘긴 죄를 바로잡으소서. 만약 그렇게 하지 않으시려거든 속히 신을 파척罷斥하도록 명하시어 망언을 하지 못하도록 하소서."

*하늘에는 두 개의 태양이 없는 법인데 최명길은 두 개의 태양을 만들려고 하며, 백성들에게는 두 임금이 없는데 최명길은 두 임금을 만들려 합니다.*

답하지 않았다.

– 『인조실록』, 1637년 1월 19일

척화신으로 자신이 잡혀가려고 자결을 그만두었지만, 청나라에는 젊은 척화파 윤집과 오달제 등이 가게 되었다.

## 김상헌의 절개는 청나라도 인정했다

인조가 삼전도에서 청에 항복한 후 김상헌은 안동으로 내려가 학가산 아래 칩거했다. 그러나 국가의 안위를 걱정하는 마음까지 닫은 것은 아니었다. 1639년(인조 17년) 청나라가 명나라를 공격하기 위해 출병을 요구해 오자 김상헌은 반대 상소를 올렸다.

**實錄記事 1639년 12월 26일, 청나라에 대응할 것에 대한 전 판서 김상헌의 상소**

전 판서 김상헌이 상소하기를,

"신은 뼈에 사무치는 비방을 받고 거친 외방에 버려짐을 달게 여기고 있었는데, 삼가 천지 부모와 같으신 은혜를 받아 죄를 면해주시고 직첩이 또 돌아왔으나 죽을 때까지 초야에서 칩거할 마음으로 있습니다. 스스로 생각건대 늙고 병든 이 목숨은 아침 저녁으로 죽기만 기다리고 있으니, 성덕의 만분의 일이라도 보답할 방법이 없어 오직 밤낮으로 감격하며 눈물을 흘릴 따름입니다. 지난번에 상후가 불편하시어 오래도록 회복하지 못하고 계시다는 말씀을 삼가 듣고 신하된 자의 마음에 근심하는 마음 간절하였으나, 본래 의술醫術에 어두워 정성을 바치지 못하였습니다.

인조

근래 또 떠도는 소문을 듣건대 조정에서 북사北使의 말에 따라 장차 5천 명의 군병을 징발하여 심양을 도와 대명大明을 침범한다고 합니다. 신은 그 말을 듣고 놀랍고 의심하는 마음이 정해지지 못한 채 그렇지는 않으리라고 생각하고 있습니다. 무릇 신하로서 군주에 대하여 따를 수 있는 일이 있고 따를 수 없는 일이 있습니다. 자로와 염구가 계씨에게서 신하 노릇을 하였으나 공자는 오히려 '따르지 않을 바가 있다.'고 칭찬하였습니다.[405] 당초 국가의 형세가 약하고 힘이 다하여 우선 눈앞의 보존만을 도모하는 계획을 하였던 것이나, 지금은 전하께서 난을 평정하고 바르게 되돌리려는 큰뜻을 가지고 와신 상담해 오신 지 3년이 되었습니다. 그리하여 머지 않아 치욕을 씻고 원수를 갚을 수 있게 되었다고 기대하고 있었는데, 어찌 가면 갈수록 미약해져서 일마다 순순히 따라 끝내 하지 못하는 바가 없는 지경에 이르게 될 줄이야 짐작이나 했겠습니까.

예로부터 죽지 않는 사람이 없고 망하지 않는 나라가 없는데, 죽고 망하는 것은 참을 수 있어도 반역을 따를 수는 없는 것입니다. 전하께 어떤 사람이 '원수를 도와 제 부모를 친 사람이 있나.'고 아뢴다면, 전하께서는 반드시 유사有司에게 다스리도록 명하실 것이며, 그 사람이 아무리 좋은 말로 자신을 해명한다 할지라도 전하께서는 반드시 왕법을 시행하실 것이니, 이것은 천하의 공통된 도리입니다. 오늘날 계획하는 자들이 예의는 족히 지킬 것이 못 된다고 하니 신은 예의로써 분변하지 않겠습니다. 그러나 이해만 가지고 논한다 하더라도 강포한 이웃의 일시적인 사나움만 두려워하고 천자天子의 육사六師를 두려워하지 않는다면 원대한 계책이 못 됩니다.

405) **자로子路와 염구冉求가 계씨季氏에게서 신하 노릇을 하였으나 공자는 오히려 '따르지 않을 바가 있다.'고 칭찬하였습니다** : 공자의 제자인 자로와 염구가 노나라의 권력가 계씨의 신하가 되었으나 공자는 군부君父를 시해하는 일만큼은 따르지 않을 것이라며 그들의 인격을 인정하였다.

정축년 이후로 중조中朝의 사람들이 하루도 우리나라를 잊지 않고 있는데, 특별히 용서해 주고 있는 까닭은 우리를 구해 주지 못하여 패배하였고 우리가 오랑캐에게 항복한 것이 본심이 아니었기 때문입니다. 관하關下 열둔列屯의 군병들과 해상 누선樓船의 병졸들이 오랑캐를 쓸어내고 옛 강토를 회복하기에는 부족하다 하더라도, 우리나라의 잘못을 금하기에는 충분합니다. 만약 우리나라 사람들이 호랑이 앞에서 창귀[406]가 되었다는 말을 듣는다면, 그 죄를 문책하는 군대가 벽력같이 달려와 배를 띄운 지 하루면 곧바로 해서海西와 기도畿島 사이에 당도할 것인데, 그렇게 되면 우리의 두려움이 심양에만 있다고 할 수 없을 것입니다.



사람들이 모두 말하기를 '저들의 세력이 한창 강하여 따르지 않으면 반드시 화가 있을 것이다.'고 하는데, 신은 명분과 의리야말로 지극히 중대한 것인 만큼 이를 범하면 반드시 재앙이 이를 것이라고 생각합니다. 의리를 저버리고 끝내 망하는 것보다는 정도正道를 지키면서 하늘의 명을 기다리는 것이 차라리 나을 것입니다. 그러나 명을 기다린다고 하는 것이 앉아서 망하기를 기다린다는 말은 아닙니다. 일이 순조로우면 백성들의 마음이 기쁘고 백성들의 마음이 기쁘면 근본이 공고해집니다. 이렇게 나라를 지키고서 하늘의 도움을 받지 못한 적은 아직 없습니다. 우리 태조 강헌 대왕께서는 의리를 들어 회군하여 2백 년의 공고한 기업을 세우셨고, 선조 소경 대왕께서는 지성으로 사대하여 임진 왜란 때에 구원해 준 은혜를 받으셨습니다. 지금 만일 의리를 버리고 은혜를 잊고서 차마 이 일을 한다면, 천하 후세의 의론은 돌아보지 않는다 하더라도 장차 어떻게 지하에 계신 선왕을 뵐 것이며 또 어떻게 신하로 하여금 국가에 충성을 다하라고 할 수 있겠습니까.

삼가 바라건대 전하께서는 단연코 다시 도모하고 서둘러 대계를 정하시며 강포함에 뜻을 뺏기지 말고 사특한 얘기에 두려움을 갖지 마시어 충신과 의사의 기대에 부응하소서. 신이 국가의 두터운 은혜를 받아 대부大夫의 반열에 오른 지 오래 되었습니다. 비록 폐하여 물러나 있는 중이나 이 국가의 막대한 일을 당하여 의리상 잠자코 있을 수는 없었습니다. 지난번 유림이 갈 적에는 신이 원방에 있었고 일도 급박하여 미처 말씀을 올리지 못하였으므로 지금까지 여한이 뼈에 사무쳐 잊혀지지 않고 있습니다. 이에 감히 기휘忌諱를 피하지 않고 어리석은 정성을 진달하는 바입니다. 삼가 바라건대 전하께서는 살펴주소서."

회보하지 않았다.

- 『인조실록』, 1639년 12월 26일

406) **창귀**倀鬼 : 호랑이에게 죽어 그 앞잡이 노릇을 하는 귀신.

싸우다가 안 되면 목숨을 초개와 같이 버리고, 나라가 망하더라도 명의를 지켜야 나라를 회복할 수 있다는 것이 요지였다. 그러나 김상헌은 삼전도비를 부쉈다는 혐의를 받고 청나라에 끌려가게 된다. 그때 청으로 가면서 지었던 시조가 있다.

가노라 삼각산아 다시 보자 한강수야
고국산천을 떠나고자 하랴마는
시절이 하 수상하니 올동말동하여라



고국을 떠나면서 다시 돌아올 수 있을지 알 수 없는 착잡한 마음이 잘 드러나 있다. 예순아홉 노구(늙은 몸)의 몸으로 끌려간 김상헌을 청나라 사신 용골대가 심문했다.

"정축년의 난에 국왕이 성을 나왔는데도 유독 청국을 섬길 수가 없다 했고, 또 임금을 따라 성을 나오려 하지 않았는데, 그것은 무슨 의도였는가?"

용골대의 물음에 김상헌은 조금도 굽히지 않고 말한다.

"내 어씨 우리 임금을 따르려 하지 않았겠는가. 다만 노병으로 따르지 못했을 뿐이다."

"주사(수군)를 징발할 적에 어찌하여 저지했는가?"

용골대가 다시 물었다.

"내가 내 뜻을 지키고, 내가 나의 임금에게 고했는데, 국가에서 충언을 채용하지 않았다. 그 일이 다른 나라와 무슨 관계가 있기에 굳이 듣고자 하는가?"

용골대를 비롯한 청인들이 감탄했다.

"조선 사람은 우물쭈물 말하는데 이 사람은 대답이 매우 명쾌하니 감당하기 어려운 사람이다."

김상헌이 심양의 감옥에 갇혀 있을 때는 마침 주화파의 대표인 최명길[407]도

407) **최명길**崔鳴吉 : 1636년 병자호란 때 청나라군 선봉장을 만나 시간을 끌어 인조의 남한산성 피신 시간을 벌었다. 그 뒤 화의와 항전을 놓고 김상헌 등의 척화신에 맞서 화의론을 주장했다. 이때 직접 항복문서를 지었는데, 척화신 김상헌이 이를 찢고 통곡하자 항복문서를 다시 모았

명나라와 내통했다는 죄목으로 갇혀 있을 때였다. 조선 땅에서는 척화파와 주화파로 서로 대립했던 두 사람은 이때 시를 주고받으며 서로의 마음을 이해했다.

최명길은 김상헌에게 "그대의 마음은 돌과 같아서 마침내 구르기가 어렵고, 나의 도는 가락지 같아서 시의에 따라 믿음이 바뀐다."는 시를 보내 자신의 마음을 다음과 같이 표현했다.

멀리서 그리워한 지 몇 해이던가.
오늘에야 기쁘게 서로 만났네.
스스로 돌아보면 둔하고 어리석기 짝이 없는데
그래도 너그러운 도량으로 용납했네.
주옥같은 말들은 하나하나 통하고
마음의 막이 한 겹 두 겹 걷히기에
좋은 술을 마시지 않더라도
참으로 도道의 기운이 짙어만 가네.



최명길의 시에 김상헌은 다음과 같이 차운했다.

세상사란 본래 어긋남이 많지만
인생에는 만남도 있다네.
어찌 반드시 득실을 비교할 필요가 있으리오.
다만 종용(잘 설명하고 달래어 권함)하게 있는 것이 옳도다.
술 떨어지고 돈도 부족한데
추위 누그러지자 취막(흉노의 천막)이 무겁게 여겨지네.
새로 지은 시를 번갈아 서로 화답하니
병든 눈에도 먹물 자국은 뚜렷이 보이도다.

---

다. 병자, 정묘호란 당시 주화론의 대표론자로, 전쟁 중 주화론을 주장, 화의가 끝나 청나라군이 돌아간 후 많은 지탄을 받았으나 인조의 각별한 신뢰를 받았다. 이괄의 난과 정묘호란 때에도 위험을 무릅쓰고 활약하여 공로를 인정받았다. 정묘호란과 병자호란 당시 청나라와의 화의론을 주장하여 주전론을 주장하던 청음 김상헌, 선원 김상용 등과 맞섰다. 그의 사상과 정책은 주화론으로 요약할 수 있으나 양명학에도 큰 호감을 보였다. 유학과 문장에 뛰어나며 글씨를 잘 썼다. 최기남, 윤두수, 윤근수, 이항복, 신흠의 문인이다.

적국 청나라의 감옥에서 같은 사형수의 입장이 되어 많은 시를 주고받으며, 서로 방법은 달랐으나 결국 나라를 위하는 마음은 같다는 것을 이해하게 되었다. 최명길은 김상헌이 그저 이름을 내려는 사람이라고 의심했는데, 죽을 자리에서도 절개를 지키는 것을 보고 그 의리 있음을 믿게 되었고 김상헌도 최명길이 청나라의 감옥에서 끝내 굴복하지 않는 것을 보고 역시 충정을 이해한 것이다.

그러나 본디 두 사람의 성향은 다르니 1644년(인조 22년) 청나라가 북경을 함락한 후 이듬해 세자와 봉림대군과 함께 돌아올 때 김상헌과 최명길은 역시 다른 모습을 보였다. 청의 장수 용골대(타타라 잉굴다이)는 그들을 돌려보내면서 황제가 있는 서쪽을 향해 절을 하라고 했을 때 최명길은 김상헌을 끌어당기면서 함께 절하자고 했으나 김상헌은 허리가 아프다는 핑계로 절을 하지 않았다. 최명길만 4배를 하니 용골대는 김상헌을 노려보다 물러갔다.



나라를 지킬 힘이 없는데도 의리만을 내세우며 척화를 주장한 척화파를 비판하기도 하지만 청나라는 김상헌과 척화론자로 청에 잡혀간 윤집, 오달제[408], 홍익한[409] 등의 굽히지 않는 절개를 보고 "조선을 정복할 수는 있어도 통치할 수는 없다."고 감탄했다. 그러니 왕이 항복을 하고도 나라를 지킬 수 있었던 것은 주화파의 적절한 대응력과 김상헌과 같은 척화파의 꼿꼿한 선비정신이 있었기 때문이다.

---

408) **오달제**吳達濟 : 병자호란이 일어나자 남한산성에 들어가 청나라와의 화의를 끝까지 반대하였다. 인조가 청에 항복하자, 화의를 반대한 죄로 윤집·홍익한과 함께 청에 잡혀가 청나라로 끌려갔다. 오달제는 죽음보다 두려운 것은 불의라고 하고 저들의 말을 좇으면 오랑캐가 되는 것이라 하여 끝까지 항변하여 마침내 심양성 서문 밖에서 윤집·홍익한과 함께 사형 집행되었다. 이후 이들을 삼학사라 하여 절개와 충성을 높이 기리게 되었다.

409) **홍익한**洪翼漢 : 병자호란이 일어나자 최명길의 화의론을 끝까지 반대했으며, 그의 아내와 아들·사위 등은 모두 난중에 전사하거나 자결했다. 다음해 화의가 성립되자 화친을 배척한 자들을 내놓으라는 청나라의 요구에 따라 오달제·윤집과 함께 청나라 선양으로 끌려갔다. 온갖 회유와 협박에도 굴하지 않고 반청의 자세로 버티다가 다른 2명의 학사와 함께 사형당했다.

### 實錄記事 1637년 1월 29일, 윤집·오달제가 하직 인사를 하다

오달제

최명길·이영달을 파견하여 국서를 가지고 오랑캐 진영에 보내고, 화친을 배척한 신하인 윤집·오달제를 잡아 보내었다. 윤집 등이 하직 인사를 하자, 상이 인견하고 이르기를,

"그대들의 식견이 얕다고 하지만 그 원래의 의도를 살펴 보면 본래 나라를 그르치게 하려는 것이 아니었는데 오늘날 마침내 이 지경에까지 이르고 말았다. 고금 천하에 어찌 이런 일이 있겠는가."



인하여 눈물을 흘리며 오열하였다. 윤집이 아뢰기를,

"이러한 시기를 당하여 진실로 국가에 이익이 된다면 만번 죽더라도 아까울 것이 없습니다. 전하께서는 어찌하여 이렇게 구구한 말씀을 하십니까."

상이 이르기를,

"그대들이 나를 임금이라고 여겨 외로운 성에 따라 들어왔다가 일이 이 지경이 되었으니, 내 마음이 어떻겠는가."

오달제가 아뢰기를,

"신은 자결하지 못한 것이 한스러웠는데, 이제 죽을 곳을 얻었으니 무슨 유감이 있겠습니까."

상이 다시 이르기를,

"고금 천하에 어찌 이런 일이 있겠는가."

목이 메어 소리를 제대로 내지 못했다. 오달제가 아뢰기를,

"신들이 죽는 것이야 애석할 것이 없지만, 단지 전하께서 성에서 나가시게 된 것을 망극하게 여깁니다. 신하된 자들이 이런 때에 죽지 않고 장차 어느 때를 기다리겠습니까."

상이 이르기를,

"그대들의 뜻은 군상으로 하여금 정도를 지키게 하려고 한 것인데, 일이 여기에 이르렀다. 그대들에게 부모와 처자가 있는가?"

윤집이 아뢰기를,

"신은 아들 셋이 있는데, 모두 남양(에 갔습니다. 그런데 지금 듣건대 부사가 적을 만나 몰락하였다고 하니 생사를 알 수 없습니다."

오달제가 아뢰기를,

"신은 단지 70세 된 노모가 있고 아직 자녀는 없으며 임신 중인 아이가 있을 뿐입니다."

임금이 이르기를,

"참혹하고 참혹하다."

윤집이 아뢰기를,

"신들은 떠나갑니다만, 전하께서 만약 세자와 함께 나가신다면 성 안이 무너져 흩어질 가능성이 있으니, 이점이 실로 염려됩니다. 원컨대 전하께서는 세자를 이곳에 머물러 있게 하고 함께 나가지 마소서."

상이 이르기를,

"장차 죽을 곳에 가면서도 오히려 나라를 걱정하는 말을 하는가. 그대들이 죄없이 죽을 곳으로 나아가는 것을 보니 내 마음이 찢어지는 듯하다. 어찌 차마 말할 수 있겠는가. 성에서 나간 뒤에 국가의 존망 역시 단정할 수는 없다만, 만일 온전하게 된다면 그대들의 늙은 어버이와 처자는 마땅히 돌보아 주겠다. 모르겠다만 그대들의 늙은 어버이의 연세는 얼마이며, 그대들의 나이는 또 얼마인가?"

오달제가 아뢰기를,

"어미의 나이는 무진생戊辰生이며 신의 나이는 무신생戊申生입니다."

윤집이 아뢰기를,

"신은 일찍이 부모를 여의고 단지 조모가 있는데 나이는 지금 77세입니다. 신의 나이는 정미생丁未生입니다."

드디어 절하고 하직하니, 상이 이르기를,

"앉아라."

내관에게 명하여 술을 대접하게 하였다. 승지가 아뢰기를,

"사신이 벌써 문에 나와 재촉하고 있습니다."

상이 이르기를,

"어찌 이와 같이 급박하게 제촉하는가."

두 신하가 술을 다 마시고 아뢰기를,

"시간이 이미 늦었습니다. 하직하고 떠날까 합니다."

상이 눈물을 흘리며 이르기를,

"나라를 위하여 몸을 소중히 하도록 하라. 혹시라도 다행히 살아서 돌아온다면 그 기쁨이 어떠하겠는가."

오달제가 아뢰기를,

"신이 나라를 위하여 죽을 곳으로 나아가니 조금도 유감이 없습니다."

이날 새벽에 김류·이홍주·최명길이 청대하여 상이 침전 안에 들어갔는데, 승지와 사관은

문 밖에 있었으므로 비밀리에 이루어진 말을 기록할 수 없었다. 상이 이경직을 돌아보며 이르기를,

"오늘의 말은 원래 중대한 일과는 관계가 없으니, 사관이 책策에 쓰는 것은 온당하지 않다."

국서에,

"소방에 일찍이 일종의 근거없는 논의가 있어 국사를 무너뜨리고 그르쳤기 때문에, 작년 가을에 신이 그 가운데에서 더욱 심한 자 약간 명을 적발하여 모두 배척해서 쫓아내었습니다. 그리고 수창首倡한 대간 한 명은 천병天兵이 국경에 도착하였을 때 평양 서윤으로 임명하고 그 날로 즉시 앞으로 나아가도록 독촉하였는데, 혹 군사에게 잡혔는지 아니면 샛길로 부임하였는지 모두 알 수가 없습니다.

지금 이 성 안에 있는 자는 혹 부화뇌동한 죄는 있다 하더라도 앞서 배척을 당한 자에 비교하면 경중이 현격히 다릅니다. 그러나 신이 만약 처음부터 끝까지 어렵게만 여긴다면 폐하께서 본국의 사정을 살피지 못하고 신이 숨겨주는 것으로 의심하시어 신의 진실한 마음을 장차 밝힐 수 없을까 두려웠습니다. 그래서 두 사람을 조사해 내어 군전軍前에 보내면서 처분을 기다립니다."

최명길이 두 사람을 이끌고 청나라 진영에 나아가니, 한汗이 그들의 결박을 풀도록 명하였다. 그리고 최명길 등을 불러 자리를 내리고 크게 대접할 기구를 올리게 하면서 초구貂裘 1습을 각각 지급하게 하였다. 최명길 등이 이것을 입고 네 번 절하였다.

- 『인조실록』, 1637년 1월 29일

고립무원 상태로 40여 일이 지나면서 군량이 떨어지고 병사들의 사기가 떨어지자 강화론이 거론되었다. 척화파 대신들이 강하게 반발했지만 별다른 대책이 없었다. 1637년 1월 3일 최명길의 강화 제안서를 받아든 청 태종은 조선 국왕이 친히 나와 항복하고 척화 주모자들을 내놓으라고 요구했다.

인조가 분개하며 대책을 세우고 있는데 돌연 강화도 함락이라는 비보가 전해졌다. 강화부성의 함락과 함께 빈궁과 봉림대군, 인평대군 등 왕족들이 모두 포로가 되었고 수비를 맡았던 김상용은 강화성 문루에서 폭약을 터뜨려 자결했다. 최후의 보루 강화도가 무너지자 인조는 더 이상 저항을 할 수 없었다.

조선이 항복을 통보하자 청 태종은 11가지의 항복 조건을 제시했다. 청에 대해 신하의 예를 행하고, 세자와 왕자를 볼모로 보내며, 명나라를 정벌할 때

군사를 파견하라는 조항이 들어있었다.

1637년 1월 30일 인조는 세자와 함께 남한산성에서 나와 한강 동편에 있는 삼전도까지 걸어갔다. 삼전도는 조선시대에 서울과 남한산성을 이어 주던 나루였다. 현재 서울특별시 송파구 삼전동이다.

병자호란이 일어났을 때 인조는 남한산성에 피신했지만 45일 만에 인조는 세자와 신하 500여 명을 이끌고 삼전도에 나와 청나라의 황제 앞에 '삼배구고두례[410)]'를 올리고 굴욕적인 항복을 했다.



### 實錄記事 1637년 1월 30일, 삼전도에서 삼배구고두례를 행하다. 서울 창경궁으로 가다

용골대와 마부대가 성 밖에 와서 상의 출성을 재촉하였다. 상이 남염의藍染衣 차림으로 백마를 타고 의장儀仗은 모두 제거한 채 시종 50여 명을 거느리고 서문을 통해 성을 나갔는데, 왕세자가 따랐다. 백관으로 뒤쳐진 자는 서문 안에 서서 가슴을 치고 뛰면서 통곡하였다. 상이 산에서 내려가 자리를 펴고 앉았는데, 얼마 뒤에 갑옷을 입은 청나라 군사 수백 기騎가 달려왔다. 상이 이르기를,

"이들은 뭐하는 사들인가?"

도승지 이경직이 대답하기를,

"이는 우리나라에서 말하는 영접하는 자들인 듯합니다."

한참 뒤에 용골대 등이 왔는데, 상이 자리에서 일어나 그를 맞아 두 번 읍揖하는 예를 행하고 동서로 나누어 앉았다. 용골대 등이 위로하니, 상이 답하기를,

"오늘의 일은 오로지 황제의 말과 두 대인이 힘써준 것만을 믿을 뿐입니다."

---

410) **삼배구고두례**三拜九叩頭禮 : 신하나라가 큰 나라를 만났을 때 머리를 조아려 절하는 예법이다. 고두례는 본래 신불이나 직계 존친속에게 존경을 표시하기 위하여 행하던 것이다. 명나라 시대에 이르러서 황제에 대한 일종의 의식으로 발전하였다. 당시에 오배삼고지례五拜三叩之禮가 행해졌으며, 번속국의 조공사가 수도에 도착하여 황제를 알현할 때 이 의식이 행해졌다. 청나라가 입관하여 중국을 통치하기 시작한 이후에 명나라 시대의 오배삼고례는 삼궤구고두례로 대체되었다. 신해혁명 이후에 삼궤구고두례는 폐지되어 허리만 가볍게 굽히는 국궁鞠躬으로 대체되었다. 삼궤구고두례를 행하는 방식은 "궤跪"의 명령을 듣고 무릎을 꿇는다. "일고두一叩頭", "재고두再叩頭", "삼고두三叩頭"의 호령에 따라 양 손을 땅에 댄 다음에 이마가 땅에 닿을 듯 머리를 조아리는 행동을 3차례 하고, "기起"의 호령에 따라 일어선다. 이와 같은 행동을 3회 반복한다.

용골대가 말하기를,

"지금 이후로는 두 나라가 한 집안이 되는데, 무슨 걱정이 있겠습니까. 시간이 이미 늦었으니 속히 갔으면 합니다."

마침내 말을 달려 앞에서 인도하였다. 상이 단지 삼공 및 판서·승지 각 5인, 한림·주서 각 1인을 거느렸으며, 세자는 시강원·익위사의 제관을 거느리고 삼전도에 따라 나아갔다. 멀리 바라보니 한汗이 황옥黃屋을 펼치고 앉아 있고 갑옷과 투구 차림에 활과 칼을 휴대한 자가 방진方陣을 치고 좌우에 옹립하였으며, 악기를 진열하여 연주했는데, 대략 중국 제도를 모방한 것이었다. 상이 걸어서 진陣 앞에 이르고, 용골대 등이 상을 진문陣門 동쪽에 머물게 하였다. 용골대가 들어가 보고하고 나와 한의 말을 전하기를,



*상이 세 번 절하고 아홉 번 머리를 조아리는 예를 행하였다. 우리 임금이시여, 우리 임금이시여. 우리를 버리고 가십니까."길을 끼고 울며 부르짖는 자가 만 명을 헤아렸다.*

"지난날의 일을 말하려 하면 길다. 이제 용단을 내려왔으니 매우 다행스럽고 기쁘다."

상이 대답하기를,

"천은天恩이 망극합니다."

용골대 등이 인도하여 들어가 단壇 아래에 북쪽을 향해 자리를 마련하고 상에게 자리로 나가기를 청하였는데, 청나라 사람을 시켜 여창臚唱하게 하였다. 상이 세 번 절하고 아홉 번 머리를 조아리는 예를 행하였다. 용골대 등이 상을 인도하여 진의 동문을 통해 나왔다가 다시 동북쪽 모퉁이를 통하여 들어가서 단壇의 동쪽에 앉게 하였다. 대군大君 이하가 강도江都에서 잡혀왔는데, 단 아래 조금 서쪽에 늘어섰다. 용골대가 한의 말로 상에게 단에 오르도록 청하였다. 한은 남쪽을 향해 앉고 상은 동북 모퉁이에 서쪽을 향해 앉았으며, 청나라 왕자 3인이 차례로 나란히 앉고 왕세자가 또 그 아래에 앉았는데 모두 서쪽을 향하였다. 또 청나라 왕자 4인이 서북 모퉁이에서 동쪽을 향해 앉고 두 대군이 그 아래에 잇따라 앉았다. 우리나라 시신侍臣에게는 단 아래 동쪽 모퉁이에 자리를 내주고, 강도에서 잡혀 온 제신諸臣은 단 아래 서쪽 모퉁이에 들어가 앉게 하였다. 차 한잔을 올렸다. 한이 용골대를 시켜 우리나라의 여러 시신侍臣에게 고하기를,

"이제는 두 나라가 한 집안이 되었다. 활쏘는 솜씨를 보고 싶으니 각기 재주를 다하도록 하라."

종관들이 대답하기를,

"이곳에 온 자들은 모두 문관이기 때문에 잘 쏘지 못합니다."

용골대가 억지로 쏘게 하자 드디어 위솔 정이중으로 하여금 나가서 쏘도록 하였는데, 활

과 화살이 본국의 제도와 같지 않았으므로, 다섯 번 쏘았으나 모두 맞지 않았다. 청나라 왕자 및 제장이 떠들썩하게 어울려 쏘면서 놀았다. 조금 있다가 진찬進饌하고 행주行酒하게 하였다. 술잔을 세 차례 돌린 뒤 술잔과 그릇을 치우도록 명하였는데, 치울 무렵에 종호從胡 두 사람이 각기 개를 끌고 한의 앞에 이르자 한이 직접 고기를 베어 던져주었다. 상이 하직하고 나오니, 빈궁嬪宮 이하 사대부 가속으로 잡힌 자들이 모두 한곳에 모여 있었다. 용골대가 한의 말로 빈궁과 대군 부인에게 나와 절하도록 청하였으므로 보는 자들이 눈물을 흘렸는데, 사실은 내인內人이 대신하였다고 한다. 용골대 등이 한이 준 백마에 영롱한 안장을 갖추어 끌고 오자 상이 친히 고삐를 잡고 종신從臣이 받았다. 용골대 등이 또 초구를 가지고 와서 한의 말을 전하기를,



"이 물건은 당초 주려는 생각으로 가져 왔는데, 이제 본국의 의복 제도를 보니 같지 않다. 따라서 감히 억지로 착용케 하려는 것이 아니라 단지 정의情意를 표할 뿐이다."

상이 받아서 입고 뜰에 들어가 사례하였다. 도승지 이경직으로 하여금 국보를 받들어 올리게 하니, 용골대가 받아서 갔다. 조금 있다가 와서 힐책하기를,

"고명과 옥책은 어찌하여 바치지 않습니까?"

상이 이르기를,

"옥책은 일찍이 갑자년[411] 변란으로 인하여 잃어버렸고, 고명은 강화도에 보냈는데 전쟁으로 이수선한 때에 온전하게 되었으리라고 보장하기 어렵소. 그러나 혹시 그대로 있으면 나중에 바치는 것이 뭐가 어렵겠소."

용골대가 알았다고 하고 갔다. 또 초구 3령領을 삼공三公을 불러 입게 하고, 5령을 오경五卿을 불러 입게 하였으며, [형조 판서 심집沈諿은 대죄待罪하고 오지 않았다.] 5령을 다섯 승지를 불러 입게 하고, [좌부승지 한흥일은 강도江都에 들어갔기 때문에 참여하지 않았다.] 말하기를,

"주상을 모시고 산성에서 수고했기 때문에 이것을 주는 것이다."

하사를 받은 이들이 모두 뜰에 엎드려 사례하였다. 홍서봉과 장유가 뜰에 들어가 엎드려 노모를 찾아 보도록 해 줄 것을 청하니, [그들의 어미가 강도에 들어갔기 때문이다.] 김석을시金石乙屎가 화를 내며 꾸짖었다. 상이 밭 가운데 앉아 진퇴를 기다렸는데 해질 무렵이 된 뒤에야 비로소 도성으로 돌아가게 하였다. 왕세자와 빈궁 및 두 대군과 부인은 모두 머물러 두도록 하였는데, 이는 대체로 장차 북쪽으로 데리고 가려는 목적에서였다. 상이 물러나 막차幕次에 들어가 빈궁을 보고, 최명길을 머물도록 해서 우선 배종하고 호위하게 하였다. 상이 소파진을 경유하여 배를 타고 건넜다. 당시 진졸은 거의 모두 죽고 빈 배 두

411) **갑자년** : 1624년(인조 2년).

척만이 있었는데, 백관들이 다투어 건너려고 어의御衣를 잡아당기기까지 하면서 배에 오르기도 하였다. 상이 건넌 뒤에, 한汗이 뒤따라 말을 타고 달려와 얕은 여울로 군사들을 건너게 하고, 상전桑田에 나아가 진陣을 치게 하였다. 그리고 용골대로 하여금 군병을 이끌고 행차를 호위하게 하였는데, 길의 좌우를 끼고 상을 인도하여 갔다. 사로잡힌 자녀들이 바라보고 울부짖으며 모두 말하기를,

"우리 임금이시여, 우리 임금이시여. 우리를 버리고 가십니까."

길을 끼고 울며 부르짖는 자가 만 명을 헤아렸다. 인정人定 때가 되어서야 비로소 서울에 도달하여 창경궁 양화당으로 나아갔다. - 『인조실록』, 1637년 1월 30일



청나라 황제는 인조의 항복을 받고 자신의 공덕을 기리기 위해 조선에 삼전도비[412]를 세우게 했다. 굴욕적인 비문을 쓰고자 하는 신하가 없었는데, 인조의 간곡한 부탁에 이경석이 글을 짓고 오준이 글씨를 썼다. 오준은 치욕을 참지 못해 자신의 오른손을 돌로 짓이겨 못 쓰게 만들고 다시는 글을 쓰지 않았다고 한다.

강화도에서 끌려온 왕족과 대신들도 똑같은 예를 올렸다. 1637년 2월 2일 청 태종이 철수할 때 인조는 또 삼배구고두례를 했다. 2월 8일에는 소현세자와 봉림대군, 빈궁이 볼모가 되어 심양으로 떠났다.

**實錄記事 1637년 2월 8일, 구왕이 철군하면서 왕세자와 빈궁, 봉림대군과 부인을 데려가자 전송하다**

구왕九王[413] 이 군사를 거두어 돌아가면서 왕세자와 빈궁, 봉림대군과 부인을 서쪽으로

412) **삼전도비**三田渡碑 : 병자호란이 끝난 뒤 청태종은 자신의 공덕을 새긴 기념비를 세우도록 조선에 강요했고 그 결과 삼전도비가 1639년 세워졌다. 비문은 이경석이 짓고 글씨는 오준이 썼으며, '대청황제공덕비'라는 제목은 여이징이 썼다. 비석 앞면의 왼쪽에는 만주글자, 오른쪽에는 몽골글자, 뒷면에는 한자로 쓰여져 있어 만주어 및 몽골어를 연구하는데 도움이 되는 자료이다.

413) **구왕**九王(**도르곤**) : 청 제국 초기의 명장, 정치가이다. 작위는 예친왕이며, 시호는 충忠, 정식 시호는 예충친왕이다. 후금의 초대 한인 누르하치의 14남이며, 세 번째 정실 효열무황후 아바하이의 소생이다. 1636년(천총 10년), 국호를 금에서 청으로 바꾸고 스스로 황제에 올랐다. 그 간의 전공으로 화석친왕和碩親王에 책봉, 예친왕睿親王이라 불리게 되었다. 같은 해에는 조선을 침략하여 병자호란을 일으켰으며 평안도와 황해도, 함경도 지역을 약탈하였다. 이어서 조선

구왕(도르곤, 예친왕)

데리고 갔다. 상이 창릉의 서쪽에 거둥하여 전송하였다. 길 곁에 말을 머물게 하고 구왕과 서로 읍揖하니, 구왕이 말하기를,

"멀리 오셔서 서로 전송하니 실로 매우 감사합니다."

상이 말하기를,

"가르치지 못한 자식이 지금 따라가니, 대왕께서 가르쳐 주시기를 바랍니다."

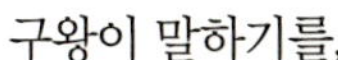
구왕이 말하기를,

"세자의 연세가 벌써 저보다 많고, 일에 대처하는 것을 보건대 실로 제가 감히 가르칠 입장이 못 됩니다. 더구나 황제께서 후하게 대우하시니 염려하지 마시기 바랍니다."



상이 말하기를,

"자식들이 깊은 궁궐에서만 생장하였는데, 지금 듣건대 여러 날 동안 노숙하여 질병이 벌써 생겼다 합니다. 가는 동안에 온돌 방에서 잠을 잘 수 있게 하면 다행이겠습니다."

구왕이 말하기를,

"삼가 가르침을 받들겠습니다. 만리 길을 떠나 보내니 필시 여러모로 마음을 쓰실텐데 국왕께서 건강을 해칠까 매우 두렵습니다. 세자가 간다 하더라도 틀림없이 머지않아 돌아올 것이니, 행여 너무 염려하지 마십시오. 군대가 갈 길이 매우 바쁘니 하직했으면 합니다."

세자와 대군이 절하며 하직하고 떠나자, 상이 눈물을 흘리며 전송하기를,

"힘쓰도록 하라. 지나치게 화를 내지도 말고 가볍게 보이지도 말라."

---

의 왕자인 봉림대군과 인평대군, 그리고 세자빈 강씨가 피신해 있던 강화도를 공략하였으나 홍타이지가 엄명을 내려 조선의 왕족들을 살육하지 말라하니 그 명을 좇아 포격을 하는 대신 성을 겹겹이 포위하였다. 결국 강화를 지키던 봉림대군은 농성을 풀고 도르곤을 성 안으로 영접하였고 도르곤은 대군들과 세자빈 강씨를 사로잡아 남한산성에 숨어있던 조선의 국왕 인조를 압박하였다. 이듬해인 1637년(인조 14년) 1월 30일, 인조는 남한산성에서 나와 삼전도에서 홍타이지에게 삼궤구고두를 올렸다. 전쟁이 끝나자 청군은 조선인 포로와 인삼, 금 등의 공물과 공녀 수백여 명을 사로잡아 수도인 묵던으로 귀환하였다. 1643년 홍타이지가 급사하자, 조카이자 홍타이지의 장자 숙친왕 호오거와 황위를 놓고 경쟁을 벌였으나, 결국 홍타이지의 9남이던 어린 조카 순치제를 대신 옥좌에 올리고 자신은 섭정왕이 되어 죽을 때까지 사실상의 황제로써 실권을 행사했다. 자신의 권력 강화를 위해 또다른 섭정왕이었던 정친왕 지르갈앙의 실권을 빼앗고, 경쟁자인 호오거 역시 제거하여 옥사케 하였으며, 황부皇父, 즉 황제의 아버지라 자칭하는 등 순치제의 섭정이란 명분으로 무소불위의 권력을 휘두르다가 1650년(순치 7년)에 죽었다.

세자가 엎드려 분부를 받았다. 신하들이 옷자락을 당기며 통곡하자, 세자가 만류하며 말하기를,

"주상이 여기에 계신데 어찌 감히 이렇게들 하는가."

인하여 말하기를,

"각자 진중하도록 하라."

마침내 말에 올라 떠났다.

– 『인조실록』, 1637년 2월 8일



얼마 후 청은 인조가 항복의 예를 행한 삼전도에 청 태종의 공덕을 칭송하고 청군의 승전을 기념하는 비석을 세우게 했다. 조선이 쓰던 명나라의 연호를 버리고 청나라의 연호를 사용하게 했다.

병자호란은 한 달여에 걸친 짧은 기간 동안 발생했지만, 그 피해 규모나 충격은 임진왜란에 버금가는 것이었다. 조선은 이때부터 청나라의 속국이 되었고, 양국 간에 군신 관계는 1895년 청·일 전쟁이 끝날 때까지 계속되었다.

## 청나라가 소현세자와 봉림대군을 볼모로 삼다

대륙 정벌에 앞서 배후를 안정시키려던 목적을 달성한 청 태종은 소현세자와 봉림대군을 볼모로 삼고 척화론자인 홍익한, 윤집, 오달제와 함께 10만 명에 이르는 조선인 포로를 끌고 돌아갔다. 그때부터 조선은 청나라에 공물을 보내고 잡혀간 포로들을 속환시키기 위해 엄청난 재정을 쏟아부어야 했다.

청군은 납치한 양민을 전리품으로 보고 돈을 받고 풀어주었다. 청나라에서 돌아온 사대부가의 여인들에 대한 이혼이 정치·사회 문제가 되었다. 왜란의 상흔에서 벗어날 조짐을 보였던 조선의 기강과 경제는 완전히 무너졌고 민생은 도탄에 빠졌다. 먹고 살기 힘드니 천신만고 끝에 돌아온 가족도 반갑게 맞이하지 않았으며, 호래자식[414)]과 화냥년[415)] 등 막말이 생겨났다.

414) **호래자식**胡奴子息 : 막 되게 자라 교양이나 버릇이 없는 사람을 얕잡아 이르는 용어로 아비 없는 자식.

김장생

조선 조정은 친청파와 배청파로 갈라졌다. 서인은 김자점이 영수(우두머리)가 된 낙당, 원두표가 중심이 된 원당, 김집·김장생[416)]·송시열 등의 산당, 김육 등의 한당으로 분화되었다.

1645년(인조 24년) 소현세자가 오랜 인질 생활을 끝내고 귀국했다. 그는 북경에 머물면서 선교사 아담 샬과 사귀고 화포와 천리경, 과학 서적, 천주교 서적 등을 가져와 조선에 새 바람을 일으키고자 했다. 하지만 소현세자는 귀국한 지 몇 달 지나지 않아 의문의 죽음으로 생을 마감했다.

인조

實錄記事 1645년 2월 18일, 세자가 돌아오고, 청나라 사신도 함께 칙서를 가지고 서울에 돌아오다

세자가 돌아왔고 청나라 사신도 함께 서울에 들어왔다. 이에 앞서 청나라 사신은 상이 교외에 나와서 맞이하기를 굳이 청하였는데, 상이 이때 건강이 좋지 않아서 원접사를 시켜 '병 때문에 교외에 나가지 못한다.'는 뜻으로 타일렀으나 사신이 허락하지 않았고 또 중신을 보내어 타일렀지만 역시 허락하지 않았다. 청나라 사신이 벽제에 도착하자, 곧 낙흥 부원군 김자점[417)]을 보내어 타이르니, 청나라 사신이 세자에게 말을 전하기를,

"황제께서 막 천하를 얻어 북경으로 도읍을 옮겼으니, 이는 곧 막대한 경사이다. 그렇

415) **화냥년**還鄕女 : 세 남편이 아닌 다른 남자와 몰래 정을 통하는 여자.

416) **김장생**金長生 : 김장생은 이이에게서 주자학을 전수받아 그 학통을 계승했다. 1627년 정묘호란이 일어나자 양호호소사로 의병을 모아 공주로 온 세자를 호위하는 한편 군량미 조달에 힘썼다. 청나라와의 강화에 반대했으나 화의가 이루어지자 모은 군사를 해산하고, 강화도의 행궁으로 가서 왕을 배알했다. 그해 형조판서가 되었으나 1개월 만에 물러난 뒤 용양위부호군으로 낙향했다.

417) **김자점**金自點 : 인조반정을 주도한 조선의 문신. 본관은 안동, 자는 성지, 호는 낙서로 높은 벼슬을 지낸 조상 덕분에 과거시험을 거치지 않고 벼슬에 올랐으며, 이귀와 이괄 등과 광해군을 몰아낸 후 인조를 옹립했다. 효종이 즉위한 후 청서파가 정권을 잡자 탄핵을 받아 유배되었다. 유배지에서 자신의 정치적 재기를 위해 조선이 북벌을 계획한다고 청나라에 고발했으나 효종의 기민한 수습으로 1651년 역모죄로 처형되었다.

다면 국왕의 예로서는 의당 교외에 나와서 맞이해야 할 터인데, 병 때문에 행하지 않으니, 매우 온당치 못한 일이다. 다만 중신과 대신이 서로 이어 와서 말하므로 마지 못하여 따른다."

이에 상을 부축하고 나가 대궐 뜰에서 맞이하였다. 도승지 윤순지와 좌부승지 이행우가 상의 앞에서 칙서를 받들고 봉한 것을 뜯었다. 그 칙서에 이르기를,

"지금 짐朕이 중원을 평정하고 천자의 자리에 오르니, 은혜가 구주九州에 미쳐서 온 천하가 기꺼이 추대하므로 특별히 조지를 반포하여 천하에 사면령을 내리노라. 너의 조선은 천자의 교화를 입은 지 오래되어 이미 제후국의 반열에 들었으니, 의당 다른 제후국과 똑같이 크게 물품을 내리고, 특별히 너그러운 은혜를 펴서 세자를 본국으로 돌려보내며, 종전의 범죄자들을 모두 사유한다. 원래 본 칙지에 의해 죄로 파직된 관원 중에서 이경여·이명한·이경석·민성휘 네 관원에 대해서는 세자가 은혜 내리기를 청하고 등용하기를 요구하므로 우선 그 소청을 윤허한다. 그러나 그 나머지는 그대로 서용하는 것을 윤허하지 않는다.

그리고 세공歲貢과 폐물幣物은 모두가 백성의 피땀에서 나온 것임을 생각하여 지금은 예전 액수보다 줄이노니, 저포苧布 4백 필, 소목蘇木 2백 근, 다茶 1천 포包는 면제할 것을 허가하고, 각색各色의 면주綿紬는 2천 필에서 1천 필을 감하며, 각색의 목면木綿은 1만 필에서 5천 필을 감하고, 포는 1천 4백 필에서 7백 필을 감하며, 거친 베는 7천 필에서 2천 필을 감하고, 순도順刀는 20구口에서 10구를 감한다. 그 나머지는 모두 예전 관례에 비추어 수납하라. 그리고 원조元朝·동지冬至·성절聖節의 하의賀儀는 예전과 같이 하되, 길이 워낙 멀기 때문에 삼절[418]의 표의表儀는 모두 원조에 함께 바치도록 허가하여 먼데 사람을 돌보아 주는 뜻을 드러내노니, 삼가서 할지어다."

그 조서에는 이르기를,

"옛적의 제왕들을 상고하건대, 큰 계획을 힘써 세워서 제왕의 운명을 새롭게 한 사람들은, 큰 공업功業으로는 이미 후손에게 부유함을 남겨주었고 높은 명호名號로는 반드시 조상에게 추존하였으니, 나라의 좋은 법은 실로 지극히 공정한 것이다.

삼가 생각건대, 황고이신 관온 인성 황제께서는 공덕이 천지에 부합하였는 바, 황조를 계승하여 기초를 닦는 데 신무神武의 계책을 널리 펴시고, 중원을 다스리기 시작하여 대를 이어서 흠문[419]의 책략을 빛내셨다. 그래서 동쪽으로는 고구려에 이르렀고,

---

418) **삼절**三節 : 원조·동지·성절.

419) **흠문**欽文 : 신중하고 조리가 있음.

서쪽으로는 구자龜茲에까지 은택을 베푸셨다. 바야흐로 천자의 자리에 올라 구주九州를 총람하여 자연으로 다스리시고, 자손을 도와서 미약한 나에게 천하를 물려 주셨는데, 하늘이 국운을 도와 우리 중원을 살피시니, 이는 모두 황고의 신명이 인도하여 도운 것이요, 황고의 큰 덕이 후세에 빛난 것이다.

짐이 처음 황제의 자리에 올라 조상의 훌륭한 계책을 돌이켜 생각한 결과, 오직 조상의 큰 공적은 이미 드러났으나 그 아름다운 명호는 아직 드러나지 못했음을 두려워하였다. 그래서 특별히 문무의 여러 신하들을 신칙하여 예전의 예문을 상고하고 여론을 널리 참작해서 삼가 높은 칭호를 갖추어 곧 10월 7일에 삼가 천지·종묘·사직에 고하고, 존시를 올려 '응천 흥국 홍흥 창무 관온 인성 효문 황제應天興國弘興彰武寬溫仁聖孝文皇帝'라 하고 묘호를 '태종'이라 하였다.

아, 하늘은 높고 땅은 두터우니 진실로 워낙 광대하여 명칭하기 어렵고, 해와 달은 밝게 비추니 신민들과 함께 우러르는 바이다. 중외에 포고하노니 모두 듣고 알도록 하라."

또 이르기를,

"우리 국가가 하늘의 도움을 받아 동토東土에 처음으로 나라를 만들어 조상들께서 크나큰 왕업을 힘써 도모하셨고, 황고께서는 조상들의 훌륭한 계책을 더욱 넓히셔서 마침내 천하를 차지하여 새로운 천명을 받으셨다.

짐이 그 자리를 이음에 미쳐서는 비록 나이는 어렸으나 선대의 업적을 이어받아 그 자리를 영원토록 편안하게 하려고 굳게 생각하였다. 그런데 지난번 흉적이 더욱 치성하여 명나라에 막대한 화를 입혔으므로 이에 친척과 어진이에게 중책을 맡기어 도탄에 빠진 백성들을 구하게 하였는데 막 전고戰鼓를 울려 군대가 출동하자마자 곧 평정을 아뢰어 왔다. 위급한 백성들을 이미 구하였으나 천하를 차지하려는 마음이 있었던 것은 아닌데, 왕공·제후와 문무의 여러 신하 및 군민軍民과 기로耆老들이 이구동성으로 두 번 세 번 간절히 짐에게 즉위할 것을 권하였다. 그래서 10월 6일에 삼가 천지·종묘·사직에 고하고 황제의 자리에 오르고 나서 곧이어 천하를 소유하는 명호를 세워 '대청大淸'이라 하고, 연경에 도읍을 정하고 연호를 '순치順治'라 하였다.

생각건대, 천명은 보전하기 어렵고 창업하기는 더욱 어려운 것인데, 더구나 혁명의 초기를 당하여 다시 변통의 기회를 만났으므로, 고금을 참작하여 천시天時와 인사의 타당함을 헤아리고, 관리와 백성을 익숙하고 편안케 하여 조종의 큰 공덕을 드러내노니, 조목조목 규정을 두어 다음과 같이 나열하노라.

아, 하늘이 군사君師를 만들어 오직 천하에 군림케 했으므로 백성들이 부모를 노래하여 이에 영원토록 즐거우리니, 오직 너희 모든 나라들은 짐의 순수한 덕과 함께 하라."

그 법조문에는,

"대군大軍이 관중에 들어왔을 적에 솔선하여 의병을 모집한 자에게는 상을 내릴 것이고 법을 굽혀서 뇌물을 받은 자는 죄를 용서할 수 없다. 노인을 봉양하고 외로운 자를 구휼하며, 은일을 불러 쓰고 어진이를 예우하며, 효자·절부節婦·충신·의부義夫의 문에 정표하고 제왕의 능침과 명현의 묘역에 금장禁葬할 것이며, 명나라 조정에서 간언을 올렸다가 유배당한 자를 거두어 쓰고 우리에게 투항하여 공을 세운 자에게는 공로를 차례로 기록할 것이며, 각처 군민에게서 거두는 전량錢粮은 모조리 견감하고 부역이 공평하지 못한 경우는 1년 간 면해 줄 것을 허가하며, 일찍이 병화兵火를 겪은 곳은 절반만 감면해 주는 관례에 들지 않으니, 유사가 징수하는 데 있어 금약禁約을 엄격히 시행할 것이며, 요술을 금하고 학교學校를 숭상할 것이다."

모두 70여 조목이었다.

– 『인조실록』, 1645년 2월 18일

소현세자

소현세자의 죽음은 부왕 인조의 조치라는 설이 세간에 파다했다. 소현세자가 청나라와 호의적인 관계를 맺으면서 자신의 경쟁자로 부상했다는 판단 때문이었다. 인조는 소현세자의 맏아들 이석철을 외면하고 둘째 봉림대군(훗날 효종)을 세자로 책봉했다. 이듬해에 세자빈 강씨에게 자신을 암살하려 했다는 혐의를 뒤집어씌워 사사했고, 손자들까지 제주도 유배형에 처하는 등 반인륜적인 조치를 거리낌 없이 취했다.

『인조실록』을 보면 소현세자가 귀국한 뒤의 동정이 국가 중대사인데도 겨우 서너 건만 기록되어 있을 뿐이다. 오히려 이때의 사정을 야사가 더 실감나게 보여 주고 있다. 이에 따르면, 소현세자가 청나라의 사정과 서양의 문물을 두루 이야기하자 인조가 매우 언짢아했으며, 서양의 책과 기계를 보여 주자 인조가 벼루를 들어 소현세자의 얼굴에 내리쳤다는 것이다.

소현세자는 귀국한 지 석 달 만에 병이 들었다. 세자는 평소에 몸이 건강하지 않았다고 하는데, 야사에서 보는 것처럼 이때 부왕으로부터 벼루로 얻어맞고 나서 생긴 마음병인지, 부왕으로부터 냉담한 대접을 받고 나서 일어난 울화병인지 모르지만, 어의인 박군은 학질이라고 진단을 내렸다. 임금에게 매일 침을 놓던 이형익이 세자의 열을 내린다고 세 차례 침을 놓았는데, 세자가 병이 든 지 사흘 만에 갑자기 창경궁 환경당에서 세상을 떠났다. 이 죽음에 대해 당시의 학자인 택당 이식은 소현세자의 묘지문에 이렇게 적었다.



實錄記事 1645년 6월 10일, 대제학 이식이 지은 지문

지문誌文에 이르기를,

"금상今上 15년에 남한 산성의 액환을 당하여 왕세자가 청나라에 인질로 들어갔다가, 9년 뒤인 을유년[420] 2월에야 비로소 본국으로 돌아오게 되었는데, 4월 26일(무인)에 왕세자의 병이 갑자기 위독해져서 창경궁의 환경전에서 졸하였다. 그러자 상께서는 건강이 좋지 않은 중이었으나 친히 상제喪制에 임어하시었다. 아, 천운天運이 사납기가 이 지경에 이르렀으니, 비통해 하는 상하의 마음이 어찌 끝이 있겠는가. 날짜를 가려 6월 15일(병인)에 재궁梓宮을 발인하고, 19일(경오)에 효릉 우동의 을좌 신향의 언덕에 장례 지내기로 하였는데, 신 이식에게 지문을 짓도록 명하셨다.

신은 삼가 상고하건대, 세자의 휘는 조로, 만력 임자년[421] 정월 4일(기해)에 회현방의 잠궁에서 탄생하였다. 세자는 어려서부터 뛰어나게 총명하고 영민하였는데, 상께서 보위에 올라서는 으뜸으로 나이 많은 유신儒臣 5인을 선발하여 두루 지극하게 교훈시켰다. 을축년[422] 정월에는 예禮에 따라 원복[423]을 착용하였고 책명으로 왕세자가 되었다. 정묘 호란 때에는 거가車駕가 강도江都로 행행하려 하면서 먼저 세자에게 분조를 두어 남쪽 지방을 진무하도록 명하고, 대신 이원익·신흠에게 세사를 보필하도록 하였다. 세자는 전주에 내려가 주둔하면서 무군사를 개설한 지 한 달 남짓 되어 전쟁이 끝나자, 군대를 파하고 강도로 들어가 부왕을 만나 뵙고서 부왕을 호종하여 서울로 돌아왔다. 이해 10월에는 입학례를 행하고, 12월에는 참의 강석기의 딸을 맞아 예에 따라 빈嬪으

---

420) **을유년** : 1645년(인조 23년).

421) **임자년** : 1612년(광해군 4년).

422) **을축년** : 1625년(인조 3년).

423) **원복元服** : 남자가 성년이 되어 착용하는 의관.

로 봉하여 친영親迎하였다. 갑술년[424] 정월에는 황조皇朝에서 우리의 주청奏請에 따라 책봉의 고명을 반포해 내리고 아울러 면복과 채단을 내렸는데, 태감 노유영이 와서 이 일을 선포하자, 세자는 그를 맞이하고 전송하는 것과 연향의 예를 의식대로 하였다. 을해년[425] 겨울에는 인열왕후가 승하하자 예를 집행하며 거상하던 중, 갑자기 병자호란을 만나 남한산성으로 행행하는 부왕을 따라갔다. 정축년 2월에는 인질이 되어 서쪽으로 심양에 들어갔는데, 그 다음해에는 귀국하여 모후의 대상제를 행하게 해달라고 청하였으나 되지 않았다. 경진년 봄에야 비로소 청을 얻어 귀국하여 부왕을 뵈었고, 갑신년 봄에 다시 귀국하여 부왕을 뵈었으나, 모두 오래 머무르지 못했다. 갑신년 가을에는 연경으로 옮겨 들어갔는데, 청나라가 이미 하북 지방을 평정하고는 즉시 세자에게 철수하여 본국으로 돌아가기를 재촉하니, 세자가 빈어嬪御 및 여러 공경과 질자質子와 함께 대거 귀국하였다. 그러자 상께서는 종묘에 그 사유를 고하고 죄인들의 사면령을 반포하였으며, 온 나라 사람들이 서로 경하하였다.



세자는 타국에 오랫동안 억류되어 있는 동안 자주 군대를 따라 동쪽으로 가 삭황朔荒에서 사냥을 하고 서쪽으로 연새燕塞를 왕래하면서, 산을 넘고 물을 건너며 위험한 고생을 두루 겪었으므로, 비록 신기神氣는 태연자약하였으나, 속으로는 노고로 인해 손상을 받았다. 그리하여 환궁한 이후로 계속해서 한열寒熱의 증세가 있었는데, 의술醫術을 잘못 시행하여 끝내 별세하기에 이르렀으니, 아 슬프다. 세자의 향년은 34세다. 빈궁이 3남 3녀를 키웠는데, 원손 모某는 지금 사부에게 나아가 학문을 배우고, 나머지는 모두 어리다.

세자는 타고난 성품이 효성스럽고 우애가 있으며, 학식과 도량이 영명하고 의연하였다. 어린 나이로 군사들을 안무按撫할 적에 이미 스스로 영지[426]를 내려 지휘하되, 일체 대조[427]의 명계命戒를 준행해서 자신에게 진공되는 물품을 절감하고, 시종들을 엄격히 경계하여 오로지 폐단을 줄여 백성들을 여유 있게 해주기를 힘썼으며, 주현州縣에 거듭 명령을 내려 농사철을 놓치지 말고 제때에 농사짓도록 하였다.

세자는 또 길을 가다가 진창길에 깔아놓은 볏짚을 보고 명령하기를 '군사를 일으킬 때에 이것으로 말을 먹일 것이니, 절대로 헤프게 쓰지 말라.' 하였다. 또 주방에는 쇠고

424) **갑술년** : 1634년(인조 12년).

425) **을해년** : 1635년(인조 13년).

426) **영지**令旨 : 왕세자의 명령서.

427) **대조**大朝 : 세자가 분조에 있을 때 임금을 일컫는 말.

기를 금하고, 수락[428]도 진공하는 것을 허락하지 않았으며, 농우農牛를 잡지 말라고 경계하였다. 시종하는 신하가 세자께 가교駕轎를 탈 것을 청하였으나 허락하지 않았는데, 중도에서 다시 청하니, 세자가 이르기를 '오늘 내일이 바로 대가大駕가 도성을 떠나시는 날인데, 어찌 감히 가교를 타고 앉았을 수 있겠는가.' 하고 끝내 허락하지 않았다.

호남·호서 지방의 수신帥臣들이 세 고을의 군사 수천 명을 나누어 보내서 세자의 호위에 대비하자, 세자가 이르기를 '나는 적을 피해 남쪽으로 내려왔으니, 군사들을 어디에 쓰겠는가. 속히 도성으로 들여보내서 구원해야 한다.' 하였다. 전주에 진영을 설치하고 머무를 때에 서쪽의 경보가 또 위급함을 알려오자, 대신이 영해로 옮겨갈 것을 의논하였으나, 세자는 그것도 받아들이지 않았는데, 이 때문에 호남 지방이 소요가 일 뻔하다가 다시 진정되었다. 그리하여 세자가 그곳을 철수하여 돌아오던 날에 호남 지방 백성들의 부로父老와 남녀들이 연도에 나와 송축頌祝하였는데, 지금까지도 세자를 칭도하고 있다.

상께서 처음 남한 산성에 머무르고 있을 때에 뭇 신하들이 정묘년의 고사와 같이 속히 세자를 다른 지방으로 내보낼 것을 청하자, 세자가 슬피 통곡하며 위난를 피해 부왕과 멀리 떨어져 있고 싶어하지 않았다. 이윽고 청나라 장수가 우리에게 세자를 인질로 삼아 보내라고 협박하자, 온 성중城中이 몹시 경악하였고 삼사三司는 '결코 그들의 말을 따를 수 없다.'고 극력 쟁론하였으며 상께서도 그들의 말을 차마 따르지 못하였다. 그런데 세자가 즉시 자청하기를 '진실로 사직을 편안히 하고 군부君父를 보호할 수만 있다면 신臣이 그곳에 가는 것을 어찌 꺼리겠습니까.' 하였다. 이윽고 심양으로 잡혀 갈 적에 봉림 대군도 함께 갔는데, 형제가 같은 관소에 거처 하면서 서로 화락함이 날로 돈독하였으므로, 여러 종자들 사이에 전혀 이간시키는 말이 없었다.

영주寧州·금주錦州의 전쟁 때에는 세자가 청나라로부터 종군하라는 협박을 받았는데, 세자가 때마침 사소한 질병이 있으므로 시종하는 신하가 주선하여 봉림 대군으로 대신하였다. 재차 종군할 때에는 세자가 대군 혼자서 수고하는 것을 민망히 여겨 다른 일이 있다고 핑계를 대고 군이 자신이 갈 것을 청하였는데, 마침 군문에서 그만두게 하여 중지하였다.

이때 청나라와의 화친이 막 이루어지고 나서 불화의 단서가 되는 일이 많았고, 타국과 이중으로 통역을 하는 가운데 교묘한 참소가 복잡다단하였으나, 세자는 양쪽 사이에

428) **수락**酥酪 : 우유牛乳.

처해 그들을 두려워하지도 않고 거스르지도 않아서 어려움에 처하기를 마치 평탄한 데 처하듯이 하였고, 그들을 접응해서 임기 응변으로 이리저리 꾸며대되, 전혀 실언한 것이 없었으므로, 제왕들과 뭇 장수들이 오래 갈수록 더욱 좋아하게 됨으로써 끝내 세자에게 감히 무례하게 굴지 못하였다.

세자는 허심탄회하게 사람을 대하고 겉치레하는 것을 끊어버렸으며 세자궁의 신료들을 한결같이 온화하고 친후하게 대우하였다. 그래서 질병이나 곤액을 당한 자가 있으면 반드시 힘을 다하여 돌보아 구제해 주고야 말았다. 문학 정뇌경이 관소에 있으면서 화환을 일으킨 것이 불측하게 되었으므로 세자가 위험을 무릅쓰고 신구하였으나 끝내 어쩔 수 없게 되자, 그의 손을 잡고 울면서 결별하니, 애통해 하는 것이 좌우 사람들을 감동시켰다. 정뇌경이 처형되고 나서는 그의 염습 도구들을 모두 스스로 관소 안에서 준비하니, 듣는 이들이 모두 감동하여 사기가 솟구쳤다.



세자는 항상 사부를 존경하였고, 사부가 죽었다는 소식을 들으면 반드시 거애하여 친히 조위하였으며, 이미 관직에서 물러났을지라도 특별히 옛날의 은혜를 생각하여 자신의 뜻으로 결단해서 시행하였으니, 이는 예전에 없었던 일이다.

상께서 정신廷臣들의 의견을 통하여 '덕을 밝혀 노고가 있었고 행실이 중외에 드러났다.'는 의논을 취해서 시호를 '소현昭顯'이라 내렸으니, 아, 지극하다. 신이 삼가 이목으로 듣고 본 것 가운데서 큰 일만을 기록한 것이 이상과 같다. 기타 춘방[429]에서 기록한 예의의 절차와, 사령辭令의 글과, 서연書筵에서 학문을 강론하고 문의한 것과, 심양 관소에서의 행동거지 등에 관한 것들은 덕행의 근본에 관계된 것이 아니므로, 여기에 다 드러내지 못한다. 삼가 지誌한다."

하였는데, 이것은 대제학 이식이 지은 글이다. – 『인조실록』, 1645년 6월 10일

### 實錄記事 1645년 6월 10일, 상호군 김육이 지은 소현세자의 애책문

소현세자의 애책문[430]에 이르기를,

"순치[431] 2년, 세차 을유년 4월 26일(무인)에 소현세자가 창경궁의 환경전에서 졸하였으므로, 6월 19일(경오)에 장차 고양 효릉의 뒷등성이에 장사하려는 것은 예이다.

동룡문[432]이 새벽에 열리니, 철봉[433]이 고개를 높이 들었다. 수레를 진열하고 말명에

429) **춘방**春坊 : 세자 시강원의 별칭.

430) **애책문**哀冊文 : 제왕이나 후비后妃의 죽음을 슬퍼하여 지은 글.

431) **순치**順治 : 청 세조의 연호. 1644~1661년.

김육

정돈하니, 관棺 곁의 운삽雲翣·불삽黻翣이 앞에서 펄럭인다. 깊고 적적한 묘혈墓穴을 좇아가느라, 환히 밝은 세자의 서연書筵을 하직하였다. 도성 백성들은 눈물을 뿌리며 땅에 머리를 조아리고, 모든 신료들은 슬피 울며 하늘에 부르짖는다. 우리 성상께서는 인자하신 정으로 한량 없는 슬픔을 안고서, 아침에 나간 아들이 돌아오지 않음을 슬퍼하고 야대[434]로 들어간 아들과 영원히 멀어진 것을 비통해 하신다. 날마다 세 번씩 부왕께 문안드리던 시절이 어느 때던고. 꿈에서도 구령九齡을 얻기가 어려웠도다.[435] 이리하여 금마문[436]에 윤음을 내려서 보책에 세자의 미덕을 전하도록 하시었다. 그 사詞는 다음과 같다.



아, 성인의 조정이여, 누대累代 동안 어진 임금이 계속되었고, 종손과 지손이 백세를 내려오면서 성왕의 후손 계속 번창하였다. 생각건대 우리 동궁께서는 자품이 순수하고 강직하시어, 일찍이 위호位號가 정해져서 원량元良으로 높이 칭송되었다. 물결은 소해[437]에서 맑고 광채는 전성[438]에서 더하였으며, 마음은 항상 학문을 전념하는 데 있었고, 뜻은 경서를 탐구하는 데 있었다. 그런데 불행한 시기를 만나 뜻밖의 액운을 당해서, 나라를 혼란시킨 환란이 도성 근교에까지 미쳤다. 그러자 부왕(과 헤어져 민간으로 나가 피난할 제, 세자와 빈궁 두 분의 태도로 인해 어질다는 명성이 백성들에게 깊이 칭송되었고, 가는 곳마다 백성들에게 은택을 입혔으므로 부로父老들이 지팡이에 몸을 의지하고 나와 목을 길게 빼고서 눈을 닦고 자세히 우러러 보았다.

432) **동룡문**銅龍門 : 옛날 태자의 문루.

433) **철봉**鐵鳳 : 궁전에 장식한 봉황.

434) **야대**夜臺 : 묘혈을 말함.

435) **꿈에서도 구령**九齡**을 얻기가 어려웠도다** : 장수하지 못한 것을 말함. 구령은 즉 90세를 뜻한다. 주 문왕이 아들인 무왕에게 이르기를 "네가 무슨 꿈을 꾸었느냐?"하니, 무왕이 대답하기를 "꿈에 천제께서 나에게 이빨 9개를 주셨습니다." 하므로… 문왕이 이르기를 "옛날에 나이를 영齡이라 하였는데 이빨 또한 영이다. 나는 백이고 너는 90이니, 내가 너에게 3을 주겠노라." 하였는데, 뒤에 과연 문왕은 97세에 죽고, 무왕은 93세에 죽었다는 고사에서 온 말.

436) **금마문**金馬門 : 문학하는 선비가 출사하는 곳.

437) **소해**少海 : 천자天子를 대해大海에 비한 데 대하여 태자를 소해에 비유한 것.

438) **전성**前星 : 황태자의 이칭異稱. 심성心星을 천자의 상징으로 삼고 심성의 앞에 있는 별을 황태자의 상징으로 삼은 데서 온 말.

도성으로 돌아와서는 난리가 조금 멈추었는데, 어찌하여 참혹한 화란이 10년만에 다시 일어나, 국운이 매우 위태해져서 온 나라가 산성山城 하나로 줄어드니 매달린 깃발보다 더 위태로웠다. 나라 사정이 너무도 급해지자, 자진해서 나와 인질로 가기를 청하고, 장막 뒤에서 눈물을 뿌리며 이르기를 '만일 내 한 몸으로 국난을 완화시킬 수만 있다면 다른 문제를 돌볼 겨를이 어디 있는가.' 하고는, 전거[439]에 몸을 싣고 길을 떠나니, 만리 먼 길에 사나운 바람으로 모래가 마구 날렸다.

애틋한 은혜와 사랑을 억지로 끊고서, 콧마루가 시큰거리고 근골이 부들부들 떨린 채로 달리고 또 달리는데, 시일이 오래지 않아 용하龍河에는 얼음이 굳게 얼고 낭산狼山에는 눈이 그득 쌓이었으므로, 험난한 강산 넘고 건너느라 온갖 고생 두루 겪었다. 심양의 동관[440]에 억류됨에 미쳐서는 곤박하기가 한단邯鄲보다 심하였는데,[441] 말 머리에는 뿔이 나지 않고[442] 닭울음 소리는 함곡관 문을 열어주지 못하였다.[443] 부모를 그리워하여 소리 없이 눈물 흘리며 뼈에 사무치는 정이 마음속에 얽히었는데, 진인秦人이 진나라 음악 좋아하고 월인越人이 월나라 음악 좋아하듯이 우리 동방의 음악 좋아했으니, 어찌 다만 고향을 생각할 뿐이었겠는가. 그곳에서 짐승 사냥하는 데나 종사하고 군인들의 행렬 속에 드나들었으니, 혹독한 더위와 모진 추위에 어찌 몸을 상하지 않았겠는가. 이제 막 돌아와 회합하여 거듭 환희에 젖었는지라 거의 만 년이나 화락하리라 여겼더니, 갑자기 하루아침에 뜻밖의 재액을 만나 급작스레 세자의 몸이 꽃다운 나이로 서거하였다. 아, 슬프다.

만물이 극도에 달하면 반드시 처음으로 되돌아가고, 비운否運이 다하면 형통한 운수가 돌아오는 것이다. 참으로 천도天道가 항상 그런 것이니, 어찌 이 이치가 혹시라도 어긋

439) **전거氈車** : 모전毛氈으로 장식한 수레.

440) **동관東館** : 세자가 억류되어 있었던 관명.

441) **곤박하기가 한단邯鄲보다 심하였는데,** : 아무런 잘못도 없이 뜻밖의 화를 입는 데에 비유한 것으로, 『장자』 거협에 "노나라 술이 맛이 없자, 조나라 한단(邯鄲 : 조나라 서울)이 포위를 당하고, 성인이 탄생하자 큰 도적이 일어났다." 한 데서 온 말.

442) **말 머리에는 뿔이 나지 않고** : 오랫동안 타국에 억류되어 있었음을 뜻함. 전국戰國 시대에 진왕秦王이 연 태자 단燕太子丹을 잡아 가두었는데, 연 태자 단이 본국으로 보내주기를 요구하자, 진왕이 이르기를 "까마귀 머리가 희어지고 말 머리에 뿔이 나면 보내주겠다." 하므로, 연 태자 단이 하늘을 쳐다보며 탄식하니, 그 즉시 까마귀 머리가 희어지고 말 머리에 뿔이 났다는 고사에서 온 말.

443) **닭울음 소리는 함곡관函谷關 문을 열어주지 못하였다.** : 역시 타국에 잡혀가 오래도록 갇혀 있었음을 뜻함.

나겠는가. 그래서 생각하기를, 앞으로는 운수가 형통할 것이요 재액은 이미 다 없어졌다고 여겼는데, 그동안의 세월이 얼마 되지도 않아서 이렇게 참혹한 화변을 내리었다. 아, 슬프다.

용루[444]에 해는 저물고 봉전[445]에 바람은 슬피 불어, 부왕께 문안하는 예가 단절되었으니, 부왕의 음식은 누가 보살피랴. 다행히 원손이 재지才智가 뛰어나서 종묘의 제사를 의탁할 데가 있는 것이 기쁘고, 억조 창생들의 큰 기대가 달려 있으니, 국운이 오래도록 이어질 줄을 알겠다. 그러나 파리해진 어린 아이가 부모 그리는 것이 비참하여 성상의 비통을 더하게 한다. 아, 슬프다.

서재書齋의 휘장은 적막하기만 하고 강석講席은 처량하기도 한데, 나나니벌은 창문에서 울고 제비[烏衣]는 기둥에서 지저귄다. 아첨[446] 꽂힌 권축에는 먼지가 끼어 있고, 보전의 맑은 향기는 사라져가는데, 지난날의 늙은 환관이 남아 있어, 궁관을 대하여 눈물을 줄줄 흘린다. 아 슬프다.

장사지낼 날짜가 기약이 있어 산소 자리를 잡으니, 산세가 마치 용이 서리고 범이 걸터앉은 듯 웅장하여 부온[447]이 복을 저축하였고, 모든 신령이 와서 조회하며 세 방위가 다 공손히 읍揖을 한다. 이곳이 교릉의 신수[448]에 의지하여 또 송백松栢이 푸른데, 어지신 할아버지는 남쪽에 계시고 성스러운 어머니는 북쪽에 계시니, 아마도 영령英靈들께서 서로 바라보며 기뻐하는 것이 완연히 평소와 같으리라. 아, 슬프다.

팽상[449]이 서로 가지런하지 않은 것은 만고가 똑같으니, 본디 정해진 운명은 고치기 어렵기에, 아무리 대덕大德을 지닌 성인이라도 장수를 기필할 수 없지만, 오직 노고에 지쳐 수명을 단축하여, 천지로 더불어 망극하게 된 것이 한스러워, 남은 행적을 찬양해 기록해서 광중壙中에 묻어 영원히 후세에 아름다움을 전한다. 아, 슬프다."

[상호군 김육이 지은 글이다.] - 『인조실록』, 1645년 6월 10일

인조

444) **용루**龍樓 : 태자의 궁전을 말함.

445) **봉전**鳳殿 : 태자의 궁전을 말함.

446) **아첨**牙籤 : 상아象牙로 만든 찌.

447) **부온**富媼 : 땅귀신.

448) **신수**神隧 : 묘도墓道를 말함.

449) **팽상**彭殤 : 장수長壽와 단명短命.

### 實錄記事 1645년 6월 10일, 소현세자에게 내린 증시 책문

증시[450] 책문은 다음과 같다.

"하늘이 큰 재앙을 내려 갑자기 계체[451]의 상喪을 당했는데, 나라에는 떳떳한 헌장이 있으니, 의당 죽은 자를 높이는 예를 갖추어야 하므로, 힘써 공의에 따라 조금이나마 지극한 정에 보답하노라.

생각건대 너 왕세자 모某는 타고난 성품이 효우하였고 자질이 영명하게 빼어나서, 사부에게 나아가 시서를 배워 일찍 세자의 높은 지위를 받았고, 분조에서 군국을 감무할 때는 군민軍民의 기대에 크게 위로되었으니, 어찌 미약한 노나라의 난리가 심해짐으로써 강포한 진나라에 인질로 잡혀가 오랫동안 머무르게 될 줄을 알았으랴. 9년 동안에 오직 소식만 계속해서 전하였을 뿐이요, 산 넘고 물 건 너 만 리의 먼 길에서 험난한 고생을 두루 겪었는데, 오히려 성실함이 사람을 감동시킴을 힘입어 마침내 전요[452]가 고국으로 돌아오게 되었다.

승화[453]가 재차 열리자 온 나라 사람들이 서로 기뻐하면서, 장차 비색한 운수는 가고 형통한 운수가 돌아와 종사의 복이 크게 열리리라 여기고, 또한 하늘이 그의 하는 일을 어그러뜨려 인품의 미숙한 점을 보완시킴으로써 왕위 계승의 계책을 크게 넓혔음을 알았었다. 그런데 아, 내가 무슨 죄를 지었기에, 너로 하여금 이런 요사夭死의 액화를 당하게 했단 말이냐. 자못 심한 노고로 말미암아 병을 얻은 것이니, 어찌 침 놓고 약 쓰는 방법이 어긋나서만 그렇게 되었으랴. 부자가 서로 만난 지 몇 개월도 안 되어서, 갑자기 하루아침에 이승과 저승으로 영원히 서로 떨어지게 되었으므로, 가슴을 치고 피눈물을 닦으며 몸에 병이 있는 것도 잊어버리고, 깊은 근심과 영원한 생각에 마치 진실이 아닌 꿈속같이 여겨진다.

이에 너의 덕을 드러내어 영원토록 빛나게 할 것을 생각하니, 그것은 요컨대 시호를 내려 후세에 전하는 데 있으므로, 모관某官 모某를 보내어 시책을 받들려서 증시하기를 '소현昭顯'이라 하노라. 아, 무거운 슬픔에는 헛된 문식文飾을 쓸 겨를이 없고, 아름다운 전례에는 지나친 말을 용납하지 않는다. 의형儀形이 이미 없어져 비록 저승에 있는 사

450) **증시**贈諡 : 왕이 죽은 신하에게 시호를 내려 주던 일.

451) **계체**繼體 : 왕위를 이을 세자를 이름.

452) **전요**前曜 : 전성前星과 같은 말로 세자를 뜻함.

453) **승화**承華 : 태자太子의 궁문宮門.

람을 볼 수는 없지만, 행적은 기록할 수 있으니 그래도 서책에서는 고증할 수 있으리라. 바라노니 정령精靈은 이 은총의 명을 공경히 받으라." -『인조실록』, 1645년 6월 10일

이로 보면 소현세자의 독살은 거의 틀림없을 것이다. 더욱이 묘지문에도 "잘못되었다."고 했고, 가장 정확한 내용을 적어야 하는 사관이 이 사실을 쓰고 있기 때문이다.

## 어영군의 창설과 대동법을 실시하다



인조는 허약한 왕권을 강화함과 동시에, 친명정책을 추진하면서 생겨난 전란의 위협에 대처하기 위해 군사력 강화책을 활발히 추진했다. 1623년 호위청을 신설하여 반정을 주도한 세력의 사병을 정규병력으로 변화시켰다.

1624년 어영군을 창설했으며, 이해 6월 기존의 경기군을 정비·강화하여 총융군으로 재편했다. 방어의 거점으로 남한산성을 수축하고 강화도의 군사력을 정비했다. 군역 자원과 재정의 확보를 목적으로 호패청을 설치하고 호패법[454]을 시행하여 거의 완성했으나 정묘호란 때 소실되어 군사력 증강은 실패했다.

1627년 정묘호란이 끝난 후, 군사력 강화에 박차를 가했다. 남한산성의 수비 강화를 위해 수어청을 신설하고 어영청과 훈련도감의 인원을 증강함으로써 조선 후기 5군영 체제의 기초를 마련했다. 군제의 재편과 함께 경제질서의 재건을 위한 정책도 많이 실시했다. 왜란과 호란으로 말미암아 파탄 직전에 놓였던 국가재정·농민경제·농업생산력을 되살리기 위한 정책을 실행했다. 광해군 때 경기도에 시험적으로 실시했던 요역과 공물의 전세화 조치인 대동법[455]을 이원익의 건의로

이원익

454) **호패법**號牌法 : 신분을 나타내기 위하여 16세 이상의 남자에게 호패를 가지고 다니게 하던 제도.

455) **대동법**大同法 : 여러 가지 공물을 쌀로 통일하여 바치게 한 납세 제도.

1623년 실시했다. 강원도·전라도·충청도 등 3도에 시행하기로 했으나, 1626년 강원도에만 실시했다. 1634년에는 삼남[456] 지방에 양전[457]을 실시하여 전결[458]을 증가하여 세원을 확대했다.

세종 때 제정되었던 연등구분의 전세법을 폐지하고 영정법[459]과 군역의 세납화를 실시했다. 1633년 김육의 주장에 따라 상평청을 설치하여 상평통보[460]를 처음 주조하고 유통을 했다. 상평통보는 실패로 끝나기는 했으나 효종 왕 이후 화폐 유통의 기초를 이루었다. 서적 간행에도 힘써 『황극경세서』, 『동사보편』, 『서연비람』 등 서적도 간행했다.

상평통보



청인과의 민간무역을 공인하여 1637년 북관의 회령 및 경원개시[461], 1647년 압록강의 중강개시[462]가 열렸다.

## 최악의 무능한 왕이었다

인조는 조선시대 최악의 왕, 무능한 왕으로 평가받고 있다. 인조가 세계 정세에 조금만 관심이 있었더라면 병자호란과 같은 참사는 일어나지 않았을 것이다. 친명배청주의자 인조가 즉위한 이후 조선은 외교 기조를 실리외교에서

456) **삼남**三南 : 충청도·전라도·경상도.

457) **양전**量田 : 논밭을 측량함.

458) **전결**田結 : 논밭에 물리는 세금.

459) **영정법**永定法 : 전세를 풍흉에 관계없이 1결당 쌀 4두로 정한 법.

460) **상평통보**常平通寶 : 1678년(숙종 4년) 조선의 유일한 합법적 주화로 채택·유통되기 시작하여 조선 후기까지 사용된 명목화폐이다. 임진왜란과 병자호란을 겪으면서 파탄에 직면한 국가재정을 보충하기 위해 동전 주조, 유통의 필요성을 느끼게 되었다. 1860년대에 당백전을 남발함으로써 상평통보 유통 체제는 큰 혼란을 겪는다. 결국 1894년(고종 31년) 주조 발행 사업이 중단되고, 20세기 초부터 시작된 화폐정리사업의 추진 과정에서 회수·폐기되었다.

461) **경원개시**慶源開市 : 청나라와 물물 교역을 하기 위하여 경원에서 열던 시장.

462) **중강개시**中江開市 : 압록강의 중강, 난자도에서 봄·가을 두 차례 열었던 명나라 청나라와의 공무역.

친명외교로 바꾸었다. 광해군의 밀명을 받아 청에게 항복했던 강홍립, 박난영의 일가친척을 전부 몰살시켰고 척화파를 중용하였다.

인조는 청을 형의 나라로 인정하겠다고 타협책을 제시한 후 강홍립의 숙부 강인을 가짜 형조판서로 꾸며 회답서를 보냈으나, 이 문서에 명이 내려준 연호를 사용하는 등 청을 자극하는 내용이 담겨 있었다. 분노한 청나라 사신은 4만 필의 옷감과 소 4천 마리를 제공하지 않으면 화의는 없다고 강경한 태도를 보였다. 조선은 할 수 없이 이 조건을 받아들였다.



병자호란 중에 청나라가 포위된 남한산성을 향해 "임금의 아우와 대신을 인질로 보내면 항복의 의미로 받아들이고 병력을 물리겠다."고 제안하자 인조는 다른 사람을 보냈으나 청나라의 장군 용골대가 알아차리고 세자를 요구했다. 이처럼 인조는 가볍게 넘어갈 수 있는 일에 꼭 손해를 보았다.

무릇 한 나라를 이끄는 지도자라면 대국적인 시각으로 국제정세를 살피면서 효과적으로 국정을 견인해야 하는데 인조는 재조지은[463]에 얽매인 서인 정권의 무책임한 논리에 넘어가서 강성한 후금과의 외교적 마찰을 자초했다. 그 결과 조선의 백성들은 임진왜란의 후유증에서 채 벗어나기도 전에 또 참혹한 시련의 구렁텅이에 빠져들었다.

## 55세의 나이로 승하하다

1649년(인조 27년) 인조는 둘째 아들 연(훗날 17대 현종)을 왕세자로 책봉했다. 1649년 5월 8일 새벽에 적장자 왕세자 효종 내외를 찾지 않고 서녀 효명옹주와 서자 숭선군과 낙선군을 찾았다. 인조는 왕세자 효종 앞에서 효명옹주와 숭선군과 낙선군을 벌하지 말고 죽는 순간까지 친형제처럼 사이좋게 잘 지내고 많이 도와주라는 유언을 남기고, 이날 유시(오후 5시~7시)에 창덕궁 대조전 동침에서 55세를 일기로 승하했다.

463) **재조지은**再造之恩 : 거의 망하게 된 것을 구원하여 도와준 은혜.

## 實錄記事 1649년 5월 8일, 상이 창덕궁 대조전 동침에서 승하하다

상이 창덕궁의 대조전 동침에서 승하하였다. 미시에 상의 병이 위독하므로 세자가 의관에게 하령하니, 의관들이 약을 받들고 달려 들어갔다. 약방 도제조 김자점, 제조 조경, 부제조 김남중, 주서 이후, 검열 서필원, 조사기 등이 희정당 동쪽에 들어와 앉고, 이윽고 좌의정 이경석도 들어왔는데, 어의御醫들이 다 증후가 위독하다고 하였다. 세자가 월랑에 자주 나와 어의에게 상의 증후를 말하면 죽력·청심원 등의 약을 잇따라 바쳤다. 신시에 세자가 하령하기를,

"상후上候가 이에 이르렀는데 중전께서 현재 경덕궁에 계시니 서둘러 모셔왔으면 한다."

대신이 함께 아뢰기를,

"하령이 매우 마땅하십니다."

하고는, 목메어 울었는데, 사관·의관 등도 모두 눈물을 흘렸다. 드디어 승지 박장원·가주서 이만길·검열 조귀석·병조 참의 김수익으로 하여금 가서 중전을 맞이하여 오게 하였는데, 내시가 안에서 잇따라 나와 매우 급하게 재촉하니, 중외가 황급하였다. 대신이 내관에게 말하기를,

"힘써 진정하고 일체 동요하지 말라."

물러나오려 할 때에 내시가 말을 전하기를,

"동궁께서 머물러 기다리라 하십니다."

호조 판서 원두표가 밖에서 와서 말하기를,

"예조 판서 자리가 비었으니 빨리 차출하소서."

대신이 김육을 예조 판서로, 정세규를 공조 판서로 권차하기를 청하니, 세자가 그리하라고 답하였다. 대신이, 대장들은 궁성을 호위하라는 뜻을 원두표에게 말하여 내보냈다. 세자가 하령하기를,

"대신은 들어오라."

대신과 제조들이 들어가려 하는데, 조사기가 동열에게 말하기를,

"우리들도 따라 들어가야 한다."

이경석이 말하기를,

"사관은 들어올 것 없다."

조사기가 말하기를,

"어찌 대신이 안에 들어가는데 사관이 따르지 않는 이치가 있는가."

이후도 말하였다. 그래서 이후·서필원·조사기 등이 따라 들어가 침전에 이르니, 상은 이

미 말을 하지 못하였다. 김자점·이경석이 방 안에 들어가니, 세자가 말하기를,

"사관은 들어오지 말라."

사관 등은 드디어 문 밖에 서고 조경·김남중도 문 밖에 있었다. 세자가 상의 귓가에 대고 말하기를,

"들리십니까? 신이 누구입니까?"

하기를 세 번 하였으나, 상이 답하지 못하였다. 김자점·이경석도 말하기를,

"신들이 여기 왔습니다."

상이 또한 답하지 못하였다. 대신들이 다 물러나왔는데, 김육이 밖에서 들어와 말하기를,

"빙궤고명[464] 등의 일을 빨리 거행해야 하겠습니다."



김자점이 그렇다고 하였다. 이경석이 말하기를,

"대제학은 빨리 유교를 지어야 하겠습니다."

그때 조경이 대제학인데 불가하다 하며 말하기를,

"유교가 없었는데 굳이 거행하려 한다면 곧 명을 사칭하는 것입니다."

김자점도 그렇다고 하여 드디어 그만두었다. 세자가 또 대신을 불러 김자점·이경석과 조경·김남중·이후·서필원·조사기 등이 들어가 침방 안에 이르렀는데, 울부짖는 소리가 이미 궁중에서 났다. 세자의 왼 손가락에 피가 줄줄 흘렀는데, 이는 세자가 손가락을 잘랐으니 대군人君의 도움으로 뼈가 절단되지는 않은 것이었다. 중전이 경덕궁에서 돈화문을 거쳐 협양문으로 들어와 대내에 돌아올 때에 상이 승하하였는데, 일관이 막 유시酉時를 알린 때였다.

이날 아침에 김자점이 이경석에게 말하기를,

"산천에 기도하지 않아서는 안 되겠습니다."

이경석이 글로 김신국에게 묻기를,

"임금의 질병에는 반드시 기도를 거행하는데, 선조의 고례는 어떠하며 종묘에 비는 축문의 머리말은 또한 어떻게 써야 합니까?"

김신국이 답하기를,

"전에 들으니, 인종께서 동궁에 계실 때에 중종을 위하여 기도하였는데 축문의 머리말에 인종의 어휘御諱를 썼다 합니다. 이 일이 『회재집』[465]에 실려 있다 하는데, 그 상세

---

464) **빙궤고명**憑几顧命 : 목숨을 돌아보고 기댈곳을 찾음.

465) **회재집**晦齋集 : 조선 전기의 문인이며 학자인 이언적(1491~1553)의 시문집. 3권 5책. 목판본. 저자의 사후에 아들 전인全仁이 시문을 수집하여 1565년경 이황이 행장을 지어 붙여 정고본을 완

한 것은 기억할 수 없습니다. 백관이 기도하는 경우는 전례가 있는지 모르겠습니다." 이경석이 이 말을 세자에게 아뢰니, 조경을 시켜 글을 짓게 하였다. 이 날 중신을 보내어 세자를 대신해서 사직과 종묘에 기도하게 하려 하였으나, 미처 거행하지 못하였다.
김자점·이경석·조경·김육·김남중 등이 곧 들어가 대행왕의 침상 앞에 이르렀는데, 원두표도 들어왔다. 대신이 내시를 시켜 대행왕의 침상을 옮겨 머리를 동쪽으로 할 것을 청하고, 이어서 속광[466]을 행하였다. 속광이 끝나고 내시 두 사람이 전殿 지붕 위에 올라가 '상위복[467]'이라고 세 번 부르니 대신 이하가 곡하고 나왔다. 정원政院·옥당玉堂·춘방의 관원이 옷을 갈아 입고 합문 밖에서 곡림하고, 대신이 백관을 거느리고 인정전 뜰에서 곡림하였다. 내관 나업羅業이 안에서 나와 무예 별감을 거느리고 들어가 호위하였다. 함릉군 이해李澥를 수릉관으로, 금림군 이개윤을 대전관으로, 이경석을 총호사로 삼았다. 세자의 영으로 구인전과 정선흥을 불러 대내에 들어와 상사喪事를 돌보게 하였는데, 두 사람은 다 내척內戚이다.
닷새가 지난 5월 12일에 의례대로 대렴하고, 엿새가 지난 13일에 의례대로 성복하고 세자가 인정문에서 즉위하고 뭇 신하를 거느리고 '헌문 열무 명숙 순효'라는 시호를 올리고 '인조'라는 묘호를 올렸다. 다섯 달이 지난 9월 20일에 장릉에 장사지냈다. 좌의정 이경석이 행장을 지어 바치고, 대제학 조경이 지문을 짓고, 대사헌 조익이 시책을 지어 바치고, 제학 김광욱이 애책을 지어 바쳤다.

– 『인조실록』, 1649년 5월 8일

묘호는 인조, 시호는 인조개천조운정기선덕헌문열무명숙순효대왕, 능은 장릉이다. 장릉은 인조와 원비 인렬왕후가 같이 합장되어 있다. 인조는 1635년(인조 13년) 산후병으로 42세의 나이로 인렬왕후가 죽자 능호를 장릉이라 했다. 인

---

성했다. 이것을 손자 준이 주관하여 1575년 경주에서 출간했다. 초간본은 본집 10권과 연보, 부록으로 이루어졌는데, 1600년 별집 4권을 증보하여 14권 5책으로 간행했다가, 1624년 별집을 원집에 포함하여 개간했다. 1631년 다시 편차를 바꾸어 13권 5책으로 간행했다. 1641년본과 정조연간본, 1926년본이 각각 당시까지의 연보와 함께 간행되었고, 1933년 별집 5권 2책을 펴냈으며, 1962년 『국역회재선생전서』가 출간되었다.

466) **속광**屬纊 : 임종臨終 때의 한 절차. 햇솜을 코 밑에 놓아 숨졌는지를 알아보는 것.

467) **상위복**上位復 : 초혼招魂의 한 절차로 '상감은 돌아오소서.'라는 뜻. 임금이 평소에 입던 옷을 가지고 지붕마루 위에 올라가 왼손으로 깃을, 오른손으로 허리를 잡고 북향하여 이렇게 세 번 부른다.

조는 장릉을 조성하면서 오른쪽에 미리 자신의 능을 마련해 두었다가 승하한 후 그곳에 묻혔다. 장릉은 경기 파주시 탄현면 장릉로 90에 위치하고 있다.



신의 정원, 인조 이종의 장릉으로 사진여행

파주 장릉 능침 정면

파주 장릉은 조선 제16대 인조와 인조의 첫번째 왕비인 인열왕후 한씨의 합장릉이다.

장릉 능침

장릉 정자각

장릉은 조선 16대 인조와 첫 번째 왕비 인열왕후 한씨의 능으로 합장릉의 형식이다. 장릉은 원래 파주 운천리에 있었다가 1731년(영조 7년)에 현재의 자리로 천장하면서 합장릉으로 조성하였다. 특히 옛 장릉의 석물과 천장하면서 다시 세운 석물이 같이 있어 17세기와 18세기의 왕릉 석물을 동시에 볼 수 있다. 진입 및 제향공간에는 재실, 금천교, 홍살문, 향로와 어로, 수복방, 정자각, 비각이 배치되어 있다. 향로와 어로는 숙종의 명릉처럼 양 옆에 변로를 깔았다. 능침에는 병풍석과 난간석을 모두 둘렀으며, 문무석인, 석마, 장명등, 혼유석, 망주석, 석양과 석호를 배치하였다. 1635년(인조 13년)에 인조의 첫 번째 왕비 인열왕후 한씨가 세상을 떠나자 이듬해인 1636년에 파주 운천리에 능을 조성하였다. 이때 인조는 자신의 능자리를 미리 공사하였다. 이후 1649년(인조 27년)에 인조가 세상을 떠나자 쌍릉의 형태로 능을 조성하였다. 그러나 장릉에 화재가 자주 일어나고 뱀과 전갈이 능 주위에 무리를 이루고 석물 틈에 집을 짓는 변이 계속되자 1731년(영조 7년)에 현재의 자리로 천장하였다.

제17대 **효종 이호**

# 북벌계획을 최우선 과제로 삼았던 왕

| 생애 | 1619년~1659년 | 재위 기간 | 1649년~1659년 |
|---|---|---|---|
| 본관 | 전주 | 휘(이름) | 호 |
| 묘호 | 효종 | 능호 | 영릉 |

효종의 가계도

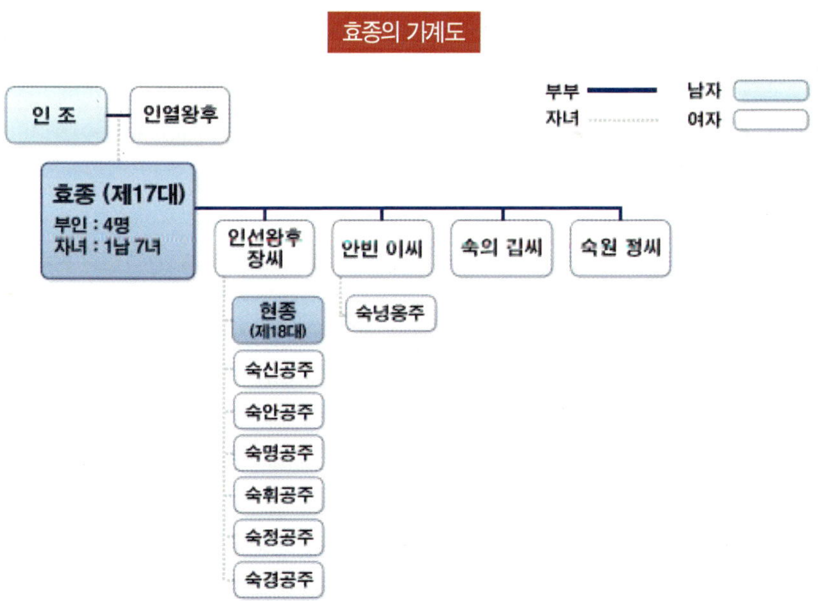

## 1649년 5월 13일 인정문에서 즉위하다

1636년(인조 14년) 병자호란이 일어나자 인조의 명으로 아우 인평대군을 비롯한 왕족을 거느리고 강화도로 옮겨 장기 항전을 꾀했으나, 남한산성에 고립되었던 인조가 이듬해 정축하성[468]을 결행, 청나라에 항복함에 따라 삼전도의 굴욕 이후 형인 소현세자 및 홍익한·윤집·오달제 등 강경 주전론자들과 함께 청나라에 볼모로 잡혀가 8년 동안 선양에 머물렀다.

청나라 인질 기간 중 형인 소현세자는 북경에 도착한 아담 샬 등의 천주교 선교사들과 만나 새로운 지식과 문물을 접견하였으나, 봉림대군(효종)은 인질 생활 내내 복수심과 청나라를 정벌할 것을 다짐하였다. 이는 청나라를 다녀간 조선인 상인들과 외교관, 역관들을 통해 조선에도 전해졌고 부왕 인조의 귀에도 들어가게 되었다.

효종

1645년(인조 23년) 2월 먼저 귀국했던 소현세자가 그해 4월 갑자기 죽자 5월 청나라로부터 돌아왔다. 인조는 세자가 죽자 세손이 아닌 차남 봉림대군(효종)을 세자로 책봉하려 했다. 그러나 대다수의 중신들은 원손의 세자 책봉을 주장했으나 국유장군론[469]을 내세운 인조의 강한 의지에 따라 윤6월 세자로 책봉되었다. 세자의 물망에 오르자 처음에는 사양하였으나 거듭 권고가 들어오자 세자위를 받아들였다.

1649년 5월 13일에 인조의 뒤를 이어 창덕궁 인정문에서 즉위하였다.

---

468) **정축하성**丁丑下城 : 삼전도의 굴욕.

469) **국유장군론**國有長君論 : 나이 어린 왕세손보다 나이가 있고 기반을 다진 왕자가 왕이 되어야 나라가 안정된다는 뜻.

## 1649년 5월 8일, 인조 대왕 승하 5일 후 효종 대왕이 즉위, 그전의 행실에 대하여 기록하다

인조 대왕이 창덕궁 정전에서 승하하고 5일 뒤에 세자가 즉위하였다. 왕의 휘는 호이고 인조 대왕의 둘째 아들이다. 어머니는 인열왕후 한씨로서 만력 기미(1619년 광해군 11년) 5월 22일 갑진에 한성 경행방 사제에서 왕을 탄생하였는데, 이날 저녁에 흰 기운이 침실로 들어와서 오래 있은 뒤에 흩어졌다.

왕은 어려서부터 기국과 도량이 활달하여 우뚝하게 거인의 뜻이 있어 장난하며 노는 것을 좋아하지 않았고 행실이 보통 사람들과는 달랐다. 타고난 천성이 매우 효성스러워 채소나 과일 같은 하찮은 것일지라도 반드시 먼저 인조께 올린 뒤에야 먹으니 인조가 항상 효자라고 칭찬하여 사랑과 기대가 특별히 높았다. 다섯 살 때 비로소 글공부를 시작했는데 글 읽기를 잠시도 멈추지 않았고, 지난 역사에서 제왕들의 골육 사이의 변란을 볼 적마다 책을 덮고 탄식하였다.

천계 계해년(1623년 인조 원년) 인조대왕이 반정하였으므로 병인년(1626년 인조 4년) 봉작을 받아 봉림대군이 되었다. 숭정 을해년(1635년 인조 13년) 인열왕후께서 돌아가시자 예법에 지나칠 정도로 슬퍼하였다. 병자호란 때 인조 대왕은 남한산성으로 피난하고 왕은 강도로 가서 있었는데 밤낮으로 그리워하며 식음을 전폐하고 눈물로 날을 보냈으며, 여러 차례 결사대를 모집하며 행재소[470]에서 지냈다.

정축년(1637년 인조 15년) 소현세자를 따라 인질로 심양에 들어갔을 때 소현세자와 한 집에 거처하며 정성과 우애가 두루 지극하였으며, 난리를 만나 일을 처리함에 있어 안팎으로 주선한 것이 모두 매우 적절하였다. 연경[471]으로 들어간 뒤 청인들이 금옥과 비단을 소현과 왕에게 주었으나 왕은 홀로 받지 않으며 포로로 잡혀온 우리나라 사람들을 대신 돌려주기를 바란다 하니 청인들이 모두 탄복하며 허락하였다. 또 어떤 관상쟁이가 왕을 보았는데 자기들끼리

"참으로 왕자이다."

하였다. 왕이 일찍이 방에 있는데 오색 빛이 벽에 어리며 매우 큰 영귀가 나타났다. 왕은 마음속으로 이상하게 여겼다. 얼마 뒤 우리나라로 돌아왔는데 행장이 매우 검소하여 연도에서 이를 본 백성들이 칭찬해 마지않았다. 이때 소현세자가 이미 죽었으므로 중외의

470) **행재소**行在所 : 임금이 거둥할 때 일시 머무는 곳.

471) **연경**燕京 : 중국 베이징 옛 이름.

효종

기대가 모두 왕에게 쏠렸다.

이해 5월 인조 대왕은 나라에 장성한 대군이 있는 것은 사직의 복이라 하여 대신과 경들에게 물어 드디어 왕을 책립하여 세자로 삼았다. 왕이 이 명을 듣고 눈물을 흘리며 고사하니, 인조 대왕이 답하기를

"내 마음에 먼저 결정되었고 여러 사람들의 의논도 모두 같으니 너는 고사하지 말고 삼가 도심[472]을 지키라."

왕이 세자로 있은 4년 동안 양궁[473] 사이에 화기가 넘쳤으며, 날마다 서연[474]을 열어 토론하였는데 게으른 기색이 없었다. 인조의 병세가 위독하자 왕이 손가락을 잘라 피를 내어 먹였는데 얼마 되지 않아 인조가 승하하였다. 왕은 맨땅바닥에 거처하며 가슴을 치며 통곡하면서 물이나 장도 들지 않았다.

효종

## 1649년 5월 13일, 왕이 즉위하고 대사령을 내리고 교서를 반포하다

지금의 대통령 취임연설문과 같다

대신·예관·삼사가 왕위에 오르기를 청하였으나 왕은 목 놓아 울면서 듣지 않았다. 대신이 백관을 거느리고서 누차 청하자 비로소 허락하고서 이날 즉위하였는데 슬퍼하는 용모가 좌우를 감동시켰다. 이리하여 왕비 조씨를 높여 왕대비로, 빈 장씨를 책봉하여 왕비로, 왕세손(왕세자의 맏아들)을 왕세자로 삼고, 대사령(임금의 명령)을 내리고서 이어 중외에 교서를 반포하였다.

"왕은 말하노라. 불쌍한 이 소자가 덕도 없으면서 외람되이 세자의 자리에 있은 지가 이제 5년이 되었다. 늘 근심스럽고 두려운 마음으로 천명을 저버리게 되지나 않을까 염려하였는데, 하늘이 돕지 않으시어 재앙을 이 몸에 내리지 않고 아버지께 내리시어, 위독하신지 열흘도 못 되어 세상을 떠나셨다. 땅을 치며 붙잡고 통곡한들 어찌 미칠 수 있겠는가. 고생하시며 길러주신 은혜를 어느 날에나 갚겠으며, 아버지의 자식을 가르치시는 말씀을 다시 어디에서 듣겠는가. 이것은 모두 못난 이 몸의 효도가 하늘을 감동시키기에 부족하고 정성이 신을 감동시키기에 부족했기 때문이다. 종묘사직의 신령이 나에게 이르지 않으시고 나라에 의지하고 있는 산천의 귀신들도 나를 도와주

472) **도심**道心 : 도덕 의식에서 우러나오는 마음.

473) **양궁**兩宮 : 대전과 동궁.

474) **서연**書筵 : 왕세자에게 경서를 강론하던 자리.

지 않아 구령九齡의 꿈 이야기를 나누던 문고文考로 하여금 갑자기 저승으로 돌아가시게 하였으니, 이것이 천운인가 시운인가. 아, 애통하다.

돌아가시어 빈소가 이미 마련되었으니 용안(임금의 얼굴)을 다시 뵐 수가 없어 사모하는 자식의 심정, 하늘이 무너지는 것만 같다. 거상(상중에 있음)할 날은 매우 짧고 아버지를 대신한 아픔은 가슴이 찢어지는 듯한데, 옥보[475]와 화곤(빛나는 곤룡포)을 내 어찌 차마 편히 여길 수 있겠으며 여러 신료들의 하례하는 말을 내 어찌 차마 들을 수 있겠는가. 더구나 상복을 입는 이날이 어찌 즉위에 마땅한 때이겠는가. 그러나 자전께서 간곡하게 우리나라의 예로써 권면하시고 주위의 모든 신료들이 번갈아 간하여 기어이 나의 지정[476]을 빼앗으려 하니 내가 참으로 어찌할 수가 없다.

생각건대 계승의 도는 예로부터 유국자가 소중히 여긴 바이니 열성[477]들께서 슬픔을 누르고 즉위식을 거행했던 것이 어찌 아무 뜻이 없이 하신 것이었겠는가. 정사는 백성을 위한 것이니 하루도 임금이 없을 수 없고 만기萬幾는 하루도 폐할 수 없는 것이다. 오늘날 내가 어찌 감히 이전 선조께서 주기(맏아들, 장자)를 처음 세웠던 도를 어기겠는가. 아버지의 일을 계승하여 끝까지 잘 해나가느냐 못하느냐 하는 것이 바로 오늘에 달려 있다. 이에 금년 5월 13일 신미일에 인정문에서 즉위하고, 왕비 조씨를 높여 왕대비로, 빈 장씨를 왕비로, 왕세손을 왕세자로 삼았다. 화려한 이 의식을 돌아보건대 비통한 마음만이 더할 뿐이다

내 깊이 생각건대 우리 돌아가신 임금께서는 난을 평정하여 태평으로 되돌려 놓으신 공이 실로 이전의 임금들보다 훌륭하시다. 막혔던 인륜이 다시 신장되고 위태로웠던 종사가 다시 편안해졌으며 끊겼던 백성들의 생명이 다시 이어졌다. 이 빛나는 교훈을 보답하여 널리 드러내는 일은 바로 후손들이 해야 할 일인데, 보잘것없는 이 몸이 어찌 감당하겠는가. 이에 왕위를 물려받은 처음에는 반드시 허물을 씻어주는 교화를 행해야 한다는 것을 생각하였다. 이날 13일 새벽 이전에 지은 죄 중에서 모반대역[478]한 자, 모반[479]한 자, 자손으로서 조부모나 부모를 모살[480]하거나 구타하거나 모욕한 자, 처첩으로서 남편을 모살한 자, 노비로서 주인을 모살한 자, 고의로 사람을 죽인

효종

475) **옥보**玉寶 : 임금의 존호를 새긴 도장.

476) **지정**至情 : 아주 가까운 친척.

477) **열성**列聖 : 대대로 여러 임금.

478) **모반대역**謀反大逆 : 국가나 군주의 전복을 꾀한 죄.

479) **모반**謀叛 : 내란죄.

480) **모살**謀殺 : 미리 꾀하여 사람을 죽임.

자, 염매[481]나 고독[482]으로 사람을 저주하거나 죽인 자, 국가의 강상에 관계된 자, 장오죄[483]를 지은 자, 강도나 절도를 범한 자를 제외하고 잡범[484]으로서 사죄[485] 이하에 해당하는 자는 모두 용서해 준다. 감히 유지[486] 이전에 있었던 일을 가지고 고언[487]하는 자가 있으면 그 죄로써 죄주겠다. 관직에 있는 자는 1급씩 가자[488]하고 자궁자[489]는 대가[490]한다.

아, 소나기가 쏟아지면 젖지 않는 물건이 없고 해와 달이 비추는 곳에는 빛이 들어가지 않는 곳이 없는 법이니, 선왕의 덕을 계승하는 것이 이에 있어서이지 나에게 감히 사사로운 마음이 있어서가 아니다. 그러므로 이와 같이 교시하니 잘 알기 바란다." - 대제학 조경이 지었다.

- 『효종실록』 1649년 5월 13일



## 소현세자 대신 왕에 즉위하다

조선 제18대 효종 왕은 인조의 둘째 아들로 병자호란 패배 후 볼모로 청나라 선양에서 8년을 머물다 형 소현세자가 죽자 돌아와 세자가 되어 1649년 즉위했다. 청에 대한 원한이 깊어 반청 서인 세력을 중용하면서 북벌계획을 추진하면서 군비를 강화했다. 경제기반을 강화하면서 조세제도를 개혁, 대동법을 삼남지방으로 확대했고, 농업생산을 장려하는 정책을 시행했다. 즉위 10년 만에 요절하면서 북벌의 계획을 실행하지는 못했다.

---

481) **염매**魘魅 : 주술로 죽임.

482) **고독**蠱毒 : 뱀·지네·두꺼비 따위의 독. 또는 이 독이 있는 음식을 먹고 생긴 병.

483) **장오죄**贓汚罪 : 관리가 관청 소유의 물품을 사적으로 취하고, 백성의 재물을 빼앗거나 뇌물을 받는 등 부정한 방법으로 재물을 구하는 행위에 관한 죄.

484) **잡범**雜犯 : 정치범 이외의 자질구레한 범죄.

485) **사죄**死罪 : 죽어 마땅한 죄.

486) **유지**宥旨 : 임금이 죄인을 특사하던 명령.

487) **고언**告言 : 가해자나 피해자가 아닌 제삼자가 어떤 범죄 사실을 수사를 요구함.

488) **가자**加資 : 정삼품 통정대부 이상의 품계.

489) **자궁자**資窮者 : 당하정삼품.

490) **대가** 代加 : 품계에 오를 사람이 경우에 따라 아들, 사위, 동생, 조카 등으로 하여금 자기 대신 그 품계를 받게 하는 일.

효종은 1619년(광해군 11년) 인조와 인렬왕후 사이의 둘째 아들로 태어났다. 인조반정 후 봉림대군에 봉해졌다.

1636년(인조 14년) 병자호란이 일어났을 때 봉림대군은 아우 인평대군과 함께 강화도로 피란을 갔다. 강화도마저 함락되면서 청군의 인질이 되어 삼전도로 압송되었다. 삼전도에서 효종은 부왕 인조가 청 태종 앞에서 삼배구고두례[491]를 하는 치욕스러운 모습을 지켜보았어요. 형 소현세자와 함께 청나라 심양으로 보내져서 8년간 인질 생활을 했다.

소현세자와 봉림대군 두 형제는 심양에서 너무도 다른 행보를 보였다. 소현세자는 청나라 고관들과 교류하고 청나라의 개화된 문명을 받아들이는 데 주저함이 없었다. 소현세자는 청나라와 화친하는 것이 조선의 평화를 지키고 국익에도 도움이 된다고 생각했다. 반면 봉림대군은 철저한 반청주의자가 되었다. 그는 인질로 잡혀 온 자신의 처지와 노예로 끌려와 고생하는 조선 백성들의 참상을 생각하며 청나라에 대한 복수를 다짐했다.



1645년(인조 23년) 귀국한 소현세자가 갑자기 죽었다. 조정은 소현세자 서거 40일 만에 후사를 정하는 논의를 시작했다. 종법상의 하자에도 불구하고 봉림대군이 세자로 결정되었다. 봉림대군은 급히 귀국하여 세자 책봉을 받았다. 1649년(인조 27년) 5월 인조가 죽자 5일 후 즉위해 조선의 17대 왕이 되었다. 세조 이후 처음으로 즉위한 무인 기질을 타고난 군주였다.

효종은 어려서부터 재능이 많았고, 도량도 넓었고, 장난치며 노는 것을 좋아하지 않는 등 행실이 보통 사람들과는 달랐다. 타고난 천성이 매우 효성스러워 인조가 효자라고 칭찬해 사랑과 기대가 특별히 높았다. 인조의 왕위는 장자 소현세자의 갑작스런 죽음으로 둘째 아들 봉림대군(효종)이 이어받았다. 인조의 미움을 받고 있던 소현세자가 설령 살아있었다고 해도 왕위를 물려받기는 쉽지 않았다.

491) **삼배구고두례**三拜九叩頭禮 : 세 번 절하고, 그때마다 세 번씩, 모두 아홉 번 머리를 조아려 절하는 오랑캐의 항복방식.

## 정비 인선왕후와 세 명의 후궁을 두었다

효종은 1명의 정비 인선왕후와 3명의 후궁과 그 사이에 1남 7녀의 자녀를 두었다. 정비 인선왕후 장씨는 장유의 딸로 1630년(인조 8년) 봉림대군이던 효종과 혼인했다. 효종과 함께 심양에서 8년간 인질 생활했으며, 18대 효종 6년 을미(1655년) 3월 5일 왕 현종과 여섯 공주를 낳았다.

## 인사와 정치를 개혁하다



즉위 후 효종은 인조반정의 반정공신 서인 공신계열과 김자점 등의 외척 세력을 견제하기 위해 새로운 인재를 발탁했다. 자신의 대군 시절 사부였던 송시열[492]과 송준길[493]을 발탁하고, 이들의 건의로 덕이 있는 재야의 서인 선비를 영입하였고, 김집, 김상헌, 안방준 발탁했어요. 재야의 학자였던 남인 성리학자들의 영입을 추진했다. 서인 중에서 남인에게 온건했던 심지원과 원두표의 건의로 허목[494], 윤휴 등에게 요직을 제수했다.

허목

492) **송시열**宋時烈 : 조선 후기의 정통 성리학자로 주자의 학설을 전적으로 신봉하고 실천하는 것으로 평생의 업을 삼았으며, 17세기 중엽 이후 붕당정치가 절정에 이르렀을 때 서인 노론의 영수이자 사상적 지주로서 활동했다. 보수적인 서인, 특히 노론의 입장을 대변했으며, 명을 존중하고 청을 경계하는 것이 국가정책의 기조가 되어야 함을 역설했다.

493) **송준길**宋浚吉 : 1649년 효종 즉위 직후 스승 김집의 천거로 발탁되어 청요직을 역임했다. 그 뒤 1차 예송 논쟁 당시 송시열, 김수항과 함께 서인논객으로 활동하였으며, 이때 서인 온건파를 이끌며 남인에 대한 강경 처벌에 반대하는 입장에 섰다. 윤선도의 상소 이후 한때 윤선도의 구명운동을 펴기도 했다.

494) **허목**許穆 : 1660년 인조의 계비인 조대비의 복상문제로 제1차 예송이 일어나자 당시 집권 세력인 송시열 등 서인이 주장한 기년복(만 1년상)에 반대하고 자최삼년을 주장했다. 1675년 덕원에 유배 중이던 송시열의 처벌 문제를 놓고 강경론을 주장하여 온건론을 편 탁남과 대립, 청남의 영수가 되었다. 남인이 실각하고 서인이 집권하자 관작을 삭탈당하고 고향에서 저술과 후진 교육에 힘썼다.

實錄記事 1649년 6월 25일, 김상헌을 극진히 대접하고 사직하지 말 것을 간곡히 부탁하다

영돈녕부사 김상헌이 소명을 받고 조정으로 나아오니 상이 가마를 타고 출입하도록 명하였다. 과거에 상헌이 화의和議를 강력히 배척하여 항변해 굽히지 않았다. 정축년[495]에 남한 산성에 있을 적에 목숨을 걸고 정의를 지켜 대의를 밝혔는데, 많은 사람들의 마음이 날로 변하는 것을 보고는 의분에 북받쳐 눈물을 흘리며 간하였고 성하의 의논[496]이 결정됨에 미쳐서는 손으로 항서降書를 찢고 조당朝堂에서 통곡하며 목을 매어 거의 죽게 되었으나 옆에 있던 사람이 구제하여 죽음을 면하였다. 남한 산성의 포위가 풀린 뒤에는 병든 몸을 가마에 싣고 곧장 안동安東 전사田舍로 내려가서 세상 생각을 끊어버리고서 평생을 마칠 계획을 하였다.

그런데 신득연, 이계 등이 없는 사실을 꾸며 청나라에 참소하여 심양으로 잡혀갔는데, 청나라의 책망이 매우 위급하여 일이 예측할 수 없는 지경이었으나 상헌은 누워서 일어나지도 않고 말이 조금도 비굴하지 않으니, 노상虜相이 칭찬하며 감히 모욕을 하지 않고서 관중館中에 머물게 하였다. 전후 두 차례에 걸쳐 거의 6년 동안 심양에 억류되었다가 을유년에 비로소 석방되어 돌아와서는 양주에 있는 묘사墓舍에 살면서 서울에는 한 발도 들여놓지 않았다.

병술년에 대배[497] 되자 누차 상소하여 사직을 청하였으나 윤허를 받지 못하여 억지로 명에 따랐다. 그러나 극력 사직하여 면직의 윤허를 받고는 그 날로 전에 살던 곳으로 돌아갔다. 그런데 이때에 이르러 국상國喪이 났음을 듣고 달려와 궐하闕下에서 곡哭을 하고는 병을 핑계로 돌아가자, 조정의 의논이 모두 선왕의 뒤를 이어 즉위하신 처음에 대로大老가 오래도록 전야田野에 있는 것은 마땅하지 않다고 하였고, 상도 주의하심이 더욱 독실하여 특별히 승지를 보내어 유지를 내려 부르심이 간절하니 얼마 되지 않아서 입조하였다. 그러자 상은 즉시 여차廬次에서 인내引對할 것을 허락하고 내시 두 사람에게 명하여 부축해 들어오게 하여 특수한 예의로서 대우하였으며, 그가 나아갈 때에는 손을 들어 전송하고서 이어 가마를 타고 궁중을 출입할 것을 명하였다. 상헌이 상소하여 사직을 청하기를,

"신은 신하의 몸으로 먼저 국사에 신명을 바치지 못했는데 도리어 감당할 수 없는 예우를 받으며 들어가서 천안天顔을 배알하니 애통하고 황공하여 눈물만 흐를 뿐이었는데,

495) **정축년** : 1637년(인조 15년).

496) **성하城下의 의논** : 성 밑에까지 쳐들어 온 적에게 항복하자는 의논.

497) **대배大拜** : 의정議政 벼슬을 받음.

가마를 타고 출입하라시는 명을 받았습니다. 이 명은 송나라 조정에서 문언박을 대우했던 고사인데, 노공[498]은 사조四朝를 섬긴 원로로서 나이가 80에 가까워 행보가 불편하였기 때문에 이러한 특별 예우를 받았으나, 조야朝野가 두려운 눈으로 본 바이고 사적史籍에 드물게 전해지는 바였습니다. 그런데 신이 어떤 사람이기에 감히 이런 예를 감당하겠습니까. 신은 작은 계책이나마 내어 신화[499]를 돕지 못했으므로 잔약한 몸과 작은 복마저도 과분하게 여기며 죽을 날만을 기다리고 있는데 세상에 드문 영총榮寵이 내리시니 어찌 아침 이슬보다 먼저 사그러지지 않겠습니까."

답하기를,

"경은 높은 덕을 지닌 원로 대신이니 내가 오늘 경을 대우하는 도리는 이렇게 하는 것이 마땅하다. 또 모든 일은 사리가 어떠하냐를 보아야 하는 것인데 무엇 때문에 고금의 이동異同을 따질 필요가 있는가. 경은 안심하고 사직하지 말라."

– 『효종실록』, 1649년 6월 25일

효종

## 實錄記事 1649년 6월 26일, 장령 송시열이 입대를 허락받지 못하자 상소하고 떠나다

장령 송시열이 소명을 받고 조정으로 나아와서는 누차 상소하여 돌아가기를 빌었으나 상이 은혜로운 비답으로 윤허하지 않으니, 시열이 예궐하여 왕명에 감사하고 이어 입대를 청하였다. 이때 마침 상께 병이 있어 접견하지 않으니 시열은 대청에서 조복을 벗고 곧장 국문國門으로 나아가 상소하고서 떠났다. 그러자 상이 크게 놀라 곧 여섯 승지를 불러 이르기를,

"내가 병으로 접견하지 못했으므로 인해 시열이 갑자기 돌아갈 계획을 결정하였으니 누가 나를 위하여 그를 머물게 할 수 있겠는가."

평소 시열과 친한 동부승지 김익희가 성지聖旨를 가지고 뒤쫓아가서 타이르겠다고 청하였다. 그러자 상이 기뻐하면서 윤허하였다. 시열은 상의 뜻이 매우 간절하다는 것을 듣고는 돌아와 성밖에 당도해서 상소하여 사죄하고 이어 돌아가기를 더욱 강력히 청하니, 상이 정원에 전교하기를,

"현자를 대우하는 나의 마음이 정성스럽지 못하다고 이를 만하다. 평소 존경하여 예우하는 뜻을 스스로 드러낼 방법이 없으니, 승지는 나를 대신해서 교서를 짓되 나의 지극한 뜻을 효유하여 산림에 있는 세상에서 높이 뛰어난 선비들로 하여금 조정을

498) **노공**潞公 : 문언박의 봉호封號.

499) **신화**新化 : 새로이 교화를 폄.

멀리하는 마음을 조금이나마 돌리게 하라."

특별히 예조 낭관을 보내어 시열에게 유지諭旨를 전하게 하였으나 시열은 이미 상소하고서 떠나버렸다. 그 상소에,

"슬픔을 절제하여 몸을 보호하며, 예를 강론하여 상사喪事에 예를 다하며, 학문을 밝히어 마음을 바르게 하며, 몸을 닦아 집을 가지런히 하며, 아첨하는 신하를 멀리하고 충직한 신하를 가까이하며, 사사로운 은혜를 억제하여 공도公道를 넓히며, 선임을 정미롭게 하여 체통을 밝히며, 기강을 진작시켜 풍속을 가다듬으며, 재용財用을 절약하여 방본邦本을 견고히 하며, 사부師傅를 골라 세자를 보도輔導하도록 하며, 공안貢案을 바르게 하여 백성의 형편을 펴게 하며, 검소한 덕을 숭상하여 사치를 혁신하며, 무비武備를 닦아 외모外侮를 막으소서."

상이 아름답게 여겨 받아들였다. 시열은 상의 지우知遇를 받아 예우함이 특별히 융숭했는데 한 번 입대를 허락하지 않았다 하여 사모紗帽를 벗어버리고 서둘러 돌아가니, 듣는 이들이 모두 너무 지나치다고 하였다. - 『효종실록』, 1649년 6월 26일

효종은 과거 반정공신들과 외척의 전횡과 개혁안을 듣기 위해 여러 중론을 모으는 구언 정책을 펼쳤다. 비 공신 서인으로 발탁한 김육이 대동법을 주장하고 김홍욱[500]이 지지하자 대동법 시행령을 내렸어요. 김육으로부터 대동법 시행의 적임자로 추천받은 김홍욱을 승지로 임명했다가 1651년 충청도 관찰사로 임명하여 충청도에서 대동법을 실시하게 했다.

### 實錄記事 1651년 8월 24일, 호서의 대동법을 정리하고, 제사에 쓰는 제물에 대해 논의하다

호서의 대동법을 비로소 정하였다. 우리나라의 공법貢法은 너무나도 무너졌다. 서울에 있는 호탕하고 간교한 무리들이 경주인京主人이라고 하면서 제도諸道에서 공납하는 물품을 방납하고 그 값을 본읍에서 배로 징수하였다. 그 물품의 값이 단지 1필·1두라 할 때 교활한 방법을 써 수십 필, 수십 석에 이르게 한다. 탐관 오리들이 그들에게 빌붙어 이익을 꾀

500) **김홍욱**金弘郁 : 충청도 관찰사 당시 대동법을 시행하였으며 청감염철소를 올려 염전업자에 대한 세금 감면을 청원하였으며, 잠곡 김육의 대동법을 적극 지지하였다. 소현세자빈 민회빈 강씨의 복권을 주장했다가 효종에 의해 장살되었다. 당색으로는 서인이며, 정순왕후의 5대조이자 추사 김정희의 7대조이다.

하는데, 마치 구렁텅이로 물이 몰려드는 것 같아 그 폐단이 점점 불어났다.

또 임진 왜란 이후로 공안이 더욱 문란해져서 계해년[501]에 강정講定하였으나 다과가 균등하지 않았으므로 백성들이 매우 원망하였다. 그래서 60년 이래로 의논한 자들이 대부분 속히 개정해야 된다고 말하였다. 혹자는 "선왕이 토지를 맡겨 준 뜻에 따라 공안을 개정하여 그 생산물을 징수해야 한다." 하기도 하고, 혹자는 "공안은 갑자기 개정하기 어려우니, 우선 양세兩稅의 제도에 의하여 1년 잡색雜色의 공물을 통틀어 계산한 다음, 그 많고 적음에 따라 그 값을 공평하게 정하고 쌀이든 베든 바로 서울로 실어 올려 물건을 무역해서 공물을 마련하게 하여 중간에서 이익을 꾀하는 폐단이 없게 해야 한다." 하는 등등의 의논이 분분하여 정해지지 않았다. 영의정 김육이 대동법을 극력 주장하였고, 또 충청도는 공법이 더욱 고르지 못하다고 하여 먼저 시험할 것을 청하였다. 상이 누차 여러 신하들에게 물으니, 혹자는 그것이 편리하다고 말하고 혹자는 그것이 불편하다고 말하였다. 이에 와서 상이 김육 등 여러 신하들을 인견하고 그것이 편리한지의 여부를 익히 강론하여 비로소 호서湖西에 먼저 행하기로 정하였다. [한 도를 통틀어서 1결마다 쌀 10두씩을 징수하되, 봄·가을로 등분하여 각각 5두씩을 징수하였다. 그리고 산중에 있는 고을은 매 5두마다 대신 무명 1필씩을 공납하였다. 대읍·중읍·소읍으로 나누어 관청의 수요를 제하여 주고, 또 남은 쌀을 각 고을에 맡겨 헤아려 주어서 한 도의 역役에 응하게 하고, 그 나머지는 선혜청에 실어 올려서 각사의 역役에 응하게 하였다.]

김육이 아뢰기를,

"각 고을에서 제사에 쓰이는 생 노루를 공물로 바치는 것은 옛 규례인데, 상처가 없이 잡아서 먼 길에 실어다 바치는 것은 그 형세상 쉽지 않으며, 부득이 서울에서 사서 바치게 되면 노루 한 마리 값이 무려 목면 60단에 이르니, 그 폐단이 큽니다. 『예기』에 1년 된 송아지니, 2년 된 송아지니 하는 설이 있으니, 지금부터는 생 노루 대신에 송아지를 쓰는 것이 타당할 듯합니다."

상이 이르기를,

"조종조의 옛 규례는 경솔하게 고칠 수 없으니, 다른 대신에게 의논해서 처리하겠다."

영중추부사 이경여가 의논드리기를,

"국가의 큰 제사에 쓰이는 희생은 소를 귀중히 여기며 노루를 쓰는 규정은 없습니다. 소로 노루를 대신하는 것은 가벼운 것에서 무거운 것으로 옮겨가고 큰 것으로 작은 것을 바꾸는 것이니, 조상을 받드는 도리에 혐의가 없을 듯합니다. 단, 옛 사람이 예를 제정하는 데 각각 그 의의가 있어서 대사大祀에는 황소를 쓰고 교천제郊天祭에는 송아지를 쓰고 그 밖에는 혹 양과 돼지를 쓰기도 하여 경중을 알맞게 하였는데, 지금 만일 노루와 송아지를 바꾼다면 무분별한 데 가깝지 않겠습니까. 반드시 상처 난 곳이 없는

501) **계해년** : 1623년(인조 원년).

것을 쓰는 것은 제향에서나 진상進上에서나 동일합니다. 그 폐단을 제거하기 위하여 제향에 송아지를 쓰되 어공御供에만 노루를 놔두어서는 안 될 것 같습니다. 그렇다면 어공에도 장차 송아지를 쓰려는 것입니까? 어공에는 결코 송아지를 쓸 수 없으니, 이 한 가지 점이 더욱 곤란합니다."

영돈녕부사 김상헌과 전 영의정 이경석에게 의논하도록 명하니, 김상헌이 의논드리기를,

"선조先朝에서 예절을 제정할 때 지극히 경건하고 엄중하게 하였습니다. 삼가 듣건대, 문소전과 연은전 같은 경우, 여느 때 제향의 제물은 더러 때아닌 천신薦新의 물건을 쓰는 일도 있었지만, 사직과 종묘의 제사만은 반드시 미리 길러 놓은 희생을 썼지 폐단이 있다고 해서 다른 고기로 대신 썼다는 말은 들어보지 못하였습니다. 다른 것을 대신 써서 폐단을 제거하는 것은 제 선왕의 흔종이나 송 인종의 소양인기[502]와 같은 일이니, 조종의 일정한 제사의 예에 관계되는 것은 감히 다른 물건으로 대용하지 못할 것 같습니다. 예禮에 '이미 거행한 것은 감히 폐지하지 못한다.' 하였습니다."



이경석이 의논드리기를,

"제향에 쓰이는 수륙水陸의 물품은 이미 조종조에서 정해 놓은 품식品式이 있으니, 큰 흉년이나 대단한 재난과 같은 어쩔 수 없는 사정이 있지 않으면 그 사이에 가벼이 논의하기 어려울 것 같습니다. 만일 민폐를 염려한다면, 제사에 쓰이는 짐승은 반드시 상하지 않은 것을 취한다 하지만 『예경』과 『춘추』에 약간 상처난 짐승을 쓰지 않는다는 조문은 따로 없으니, 상처난 정도가 대단하지 않으면 제물로 쓰는 것이 혹 무방할 듯도 합니다."

김상헌의 의논에 따르도록 명하였다. – 『효종실록』, 1651년 8월 24일

충청도 홍주(현재 홍성) 목사(지금의 군수 또는 시장) 김홍욱은 '청감염철소'의 상소를 올려 서산·태안 지방의 철물·소금 생산에 종사하는 사람들이 바쳐야 하는 세금 부담이 과중해 염전업자들이 염전을 중단하거나 도망가는 일이 많아 생산이 감축되고 있으니 세금을 탕감해줄 것을 청하였다. 효종은 상소를 전폭적으로 들어주어 백성들이 매우 기뻐했다.

502) **제 선왕**齊宣王**의 흔종**釁鍾**이나 송 인종**宋仁宗**의 소양인기**燒羊忍飢 : 제 선왕 때 소의 피로 종鍾의 틈을 메꿔 단단하게 하는 의례가 있었다. 하루는 그것을 위해 소를 끌고 가는 것을 제 선왕이 보고 불쌍하다고 하여 양으로 대신하게 하였다. 『맹자』 양혜왕장구梁惠王章句 상上. 한편 송 인종은 야밤에 출출하여 구운 양고기가 먹고 싶어도 후일에 정례定禮가 되는 폐단이 생길까 보아 참았다 한다.

1654년(효종 5년) 6월 17일 김홍욱과 홍우원[503] 등이 소현세자의 아들 경안군의 석방을 주장하는 상소를 올렸다. 효종은 받아들이지는 않았으나 "사람들이 말하기 어려워하는 말을 그대가 능히 말하니 진실로 가상하다. 유념하도록 하겠다."라고 하며 상소를 문제 삼는 의견을 물리치고 해를 입히지 않았다. 김홍욱은 이듬해 소현세자빈 강씨의 옥사가 무고하다는 주장을 하였어요. 위배된 이징과 이숙, 소현세자의 아들을 석방해 주라는 부수찬 홍우원의 다음과 같이 상소를 올렸다.



實錄記事 1654년 6월 17일, 위배된 이징과 이숙, 소현세자의 아들을 석방해 주라는 부수찬 홍우원의 상소문

부수찬 홍우원이 상소하기를,

"신은 누구보다도 어리석고 형편없기 짝이 없는데, 외람되이 인재가 모자란 때를 당하여 경연에 인원 수나 채우고 있으면서 경술을 천명하여 티끌만큼도 돕지 못하니, 부끄러운 얼굴로 수행하면서 항상 송구스럽기 그지 없었습니다. 지금 일어나는 변이變異는 눈과 마음을 슬프고 놀라게 하고, 애통스럽게 여기는 전교는 간절한 정성이 매우 깊습니다. 저 멀리 시골 초야에 있는 사람들도 모두 감격하여 눈물을 흘릴 것입니다. 신이 일찍이 동료들과 연명으로 한 차자를 올려 만분의 일이나마 밝으신 뜻에 대한 책임을 메웠으나 보잘것없는 미천한 마음은 그래도 다하지 못한 생각이 있습니다. 그래서 감히 다시 만 번 죽기를 무릅쓰고 한 가지 얻은 것을 드리며 번거롭게 한다는 비난을 피하지 않겠습니다.

신은 듣건대 임금에 대한 신하의 관계는 자식이 아비를 대하는 것과 같다 하였습니다. 아비에게 잘못이 있는데 자식이 간하지 않으면 아비를 불의에 빠뜨려 불효한 자식이

503) **홍우원**洪宇遠 : 소현세자의 비 민회빈 강씨의 사면 복권을 주장했고, 제1차 예송 논쟁과 제2차 예송 논쟁 당시 윤선도, 허목, 윤휴의 참최복과 기년복 설 주장에 동조하였다. 만전당 홍가신의 손자이고, 홍경신은 종조부이며, 홍시주는 9촌 조카가 된다. 남인 중진으로 당색을 초월하여 서인 김육의 대동법에 적극 지지를 보냈으며, 소현세자의 아들 석철의 석방을 탄원하였고, 민회빈 강씨의 억울함을 상소하다 장살당한 김홍욱의 사면, 복권 여론을 주도하다가 파면당하기도 했다. 이후 당색을 넘어 송시열 등의 소현세자 일가 복권 운동에 동참하였다. 1660년 제1차 예송 논쟁 때에는 송시열, 송준길의 기년복에 반대하였다.

되는 것입니다. 마찬가지로 임금에게 잘못이 있는데도 신하가 간쟁하지 않으면 임금을 실덕에 빠뜨리고 불충한 신하가 되는 것입니다. 그러므로 신하의 직분은 숨기는 것이 없는데 있고, 임금의 덕은 수용하는 것보다 큰 것이 없습니다. 숨기는 게 없다는 것이 어찌 군부의 잘못을 들춰내어 정직하다는 이름을 구하는 것이겠습니까. 참으로 사랑하고 공경하는 마음이 속에서 우러나와 잘못된 것을 바로잡으면서 혹시라도 잘못이 있을까 걱정하는 것입니다. 능히 수용한다는 것도 어찌 만승의 존귀한 몸을 비굴하게 하여 필부의 아래에 엎드리는 것을 말하겠습니까. 신은 본래 어리석긴 하나 오직 마음속에는 나라를 걱정하고 임금을 사랑하는 한 생각이 진실로 환하여 어두워지지 않는 것이 있습니다. 신이 만일 가진 생각이 있어서 말하고 싶은데도 감히 말하지 못하면 이는 군부에게 숨김이 있는 것입니다. 신은 차라리 형벌을 받고 죽으면 죽었지 차마 스스로 불충하는 죄에는 빠지지 못하겠습니다.



전하께서 즉위하신 이후로 이제 6년이 되었습니다. 정신을 가다듬고 다스려 나라를 보존하고 백성을 편안하게 하려고 하지 않은 것이 아닙니다만, 위에서는 천변天變이 나타나고 아래에서는 지이地異가 일어나면서 괴이한 인사人事와 이상한 사건이 그 사이에 함께 섞여서 나왔습니다. 오늘날에 이르러서는 장마가 자주 잇따라 봄으로부터 여름을 거치는 동안 홍수의 재해가 두세 번이나 닥쳤는데, 궐문 안에서 사람이 빠져 죽는가 하면 도성 가운데의 집이 잠겨 떠내려가며 다리가 무너지기도 하였습니다. 이는 참으로 막대한 재해로서 고금에 드문 일입니다. 아, 상서가 많으면 그 나라가 편안하고 재이가 많으면 그 나라가 위태로운 법입니다. 오늘의 재해로써 오늘의 국세를 보면 이 어찌 크게 한심스럽지 않습니까. 이제 심장의 한 말[斗] 붉은 피를 전하를 위하여 쪼개 뿌리려 하니, 성명聖明은 깊이 유념하소서.

신은 듣건대 연신燕臣이 통곡하자 여름에 많은 서리가 내렸고 제녀齊女가 하늘에 울부짖자 벼락과 바람이 집을 쳤다고 합니다.[504] 이 어찌 원통한 기운이 맺히고 요사스러운 기운이 감응하여 천지를 동요시킨 결과가 아니겠습니까. 아, 보통 백성의 무고함으로서도 이와 같거늘 더구나 왕실의 뼈와 살을 나눈 지친至親이겠습니까. 신이 삼가

504) **연신燕臣이 통곡하자 여름에 많은 서리가 내렸고 제녀齊女가 하늘에 울부짖자 벼락과 바람이 집을 쳤다고 합니다.** : 연신은 추연을 말함. 연 소왕이 그를 위해 갈석궁을 지어주고 극진히 환대했는데, 소왕이 죽은 뒤 혜왕이 참소를 믿고 하옥시키자, 추연의 통곡에 여름철인데도 서리가 내렸다는 고사.『열자』 탕문,『한비자』 식사飾邪 제나라의 어떤 과부가 자식도 없이 개가하지 않고 시어미를 정성껏 섬겼는데, 시누이가 어미의 재산을 탐낸 나머지 어미를 죽이고 과부의 짓이라고 무함하자, 과부가 원한에 맺혀 하늘에 부르짖으니, 경공景公의 누각에 벼락이 내려 꽂혔다는 고사.

보건대 전하께서는 인애로운 거룩한 성품에 효도와 우애를 하늘이 내신 분으로 3년간의 양암[505]에 정情과 예禮를 빠짐없이 갖추었고 자전慈殿을 받들기에 정성과 공경을 고루 다하였습니다. 그리고 이징과 이숙 두 어린 아우에게는 매양 선왕께서 평소에 몹시 사랑하던 마음을 본받아 더욱 후하게 물품을 내려주고 매우 두터운 은혜를 주었으니, 이는 실로 제왕의 훌륭한 처신이어서 순임금의 지극한 덕으로도 더할 수 없습니다. 국가가 어쩌다 불행하여 흉하고 좋지 못한 변고가 궁중에서 일어났으며, 뜻을 잃은 간사한 무리들이 또 따라 붙어서 남몰래 서로 체결하여 대역을 꾀하였으나, 하늘의 신령에 힘입어 간상(奸狀)이 발각되었습니다. 그리하여 역적 조 귀인은 복죄되고 흉악한 무리들은 죽임을 당하였으며 징과 숙 두 아이도 해도海島에 안치되었으니, 종사의 다행스러움이 아닙니까.

*아, 역란의 변이야 어느 시대라고 없었겠습니까마는 역적 조 귀인이 일으킨 것과 같은 흉악하고 참혹한 짓은 있지 않았습니다. 이는 참으로 천지에 용납하지 못할 바이며 왕법에 용서하지 못할 바입니다.*



아, 역란의 변이야 어느 시대라고 없었겠습니까마는 역적 조 귀인이 일으킨 것과 같은 흉악하고 참혹한 짓은 있지 않았습니다. 이는 참으로 천지에 용납하지 못할 바이며 왕법에 용서하지 못할 바입니다. 그러나 역적 조 귀인은 선왕께서 사랑하시던 여자이고 이징과 이숙은 선왕께서 사랑하시던 아들입니다. 선왕의 삼년상이 겨우 지나 왕릉의 흙이 마르지도 않았는데 사랑하던 여자는 죽음을 당하고 사랑하던 아들은 귀양갔습니다. 전하께서 종사를 위하여 부득이 이런 조치를 하였으나, 신은 전하께서 마음속으로는 필시 걱정하고 불안해하며 크게 애통해하실 줄을 알고 있습니다. 이 어찌 전하의 큰 불행이 아닙니까? 아, 역적 조 귀인의 죄는 위로 하늘에까지 통하였으니, 징·숙도 연좌되는 것이 당연합니다. 그러나 조그마한 어린이는 지식이 없는 것이니 실정으로 말하면 그 어미의 역모를 필시 미리 안 일이 없을 것입니다. 선왕의 유체遺體요 전하의 동기同氣로 인평대군을 제외하고는 단지 이 두 아이뿐입니다. 그러니 전하께서 측은히 돌보아 보전할 것을 생각하지 않을 수 있습니까? 신은 참으로 전하께서 징·숙에 대하여 미워서 죽이려는 것이 아니라, 그들을 유배시킨 것은 특별히 고달프게 하여 근심스럽고 곤궁한 중에서 덕을 따르는 길을 찾아 그 어미의 악을 따르지 않도록 한 것임을 압니다. 그렇다면 오늘날 징·숙을 유배한 것은 바로 그들을 옥같은 사람으로 만들어 처음부터 끝까지 보전하려고 한 방도입니다.

---

505) **양암**亮陰 : 왕의 거상居喪.

그렇기는 하지만 저 어린 아이들은 골격이 단단하지 못하고 혈기가 충실하지 못한 데다가 깊은 궁궐의 넓고 큰 집에서 태어났고 비단옷에 고량 진미로 길러졌습니다. 그런데 어느날 갑자기 장기瘴氣 서린 바다 가운데의 가시 울타리 안에 안치되어 의지할 곳 없이 외로운 신세로 몸과 그림자가 서로 위로하는 형편이 되었습니다. 식사는 굶주리고 배부른 때를 간혹 맞추지 못하고, 옷은 춥고 따뜻한 적기를 잃어버리기도 합니다. 슬픈 생각과 시름에 겨운 탄식이 마음을 공격하고 찬 서리 사나운 바람이 몸을 엄습하니, 질병이 이를 틈타 일어나면 저 실낱같은 약한 목숨이 어떻게 죽음에 이르지 않겠습니까? 이런 때를 당하면 신은 전하께서 애통해하며 뉘우치더라도 미치지 못할까 걱정스럽습니다. 이는 한 문제漢文帝가 회남왕淮南王에 대해 식사를 거른 채 슬프게 통곡하면서 척포 두속尺布斗粟의 노래[506]를 죽을 때까지 병으로 여겼던 일입니다. 저 회남왕은 직접 반역을 저질렀는데도 효 문제孝文帝는 오히려 그의 죽음을 슬퍼하였는데, 더구나 지금 징·숙이 연좌된 것은 단지 그 어미의 죄일 뿐 애당초 흉모에 참여하지 않은 것인데 이겠습니까?

부모가 자식을 사랑하는 마음은 지극하지 않은 것이 없습니다. 선왕이 살아 계실 때 징·숙을 위하여 애써 염려하였습니다. 궁실을 지어주고 토전土田과 노비를 주었으니 어찌 길이 부귀의 즐거움을 누려 천수天壽를 마치도록 하려한 것이 아니겠습니까. 지금 장기 서린 독한 곳에 구금되어 슬픔과 걱정과 두려움에 언제 죽을지 모르게 되었으니, 만일 하늘에 계신 선왕의 영혼이 강림하여 살펴보는 바가 있으면 어찌 보이지 않는 곳에서 서글퍼하며 애통해하지 않겠습니까. 아, 선왕께서 오르내리심이 상제上帝의 곁에 있어서 하늘과 동일하게 되었으니 하늘의 마음이 곧 선왕의 마음입니다. 신은 삼가 지금 상서롭지 못한 일이 많이 내리는 것이 여기에 연유하지 않는다고 할 수 없으리라 여깁니다.

『예기』에 이르기를 '부모가 비자婢子와 서자庶子·서손庶孫을 누었거는 매우 사랑하여 부모가 돌아가시더라도 죽을 때까지 공경하는 마음을 쇠하지 않아야 한다.' 하였고, 또 이르기를 '부모가 공경하는 것을 역시 공경하고 부모가 사랑하는 것을 역시 사랑하여 개나 말에게까지도 다 그렇게 하여야 한다.' 하였는데, 더구나 사람이겠습니까?

---

506) **척포 두속尺布斗粟의 노래** : 형제 간에 서로 용납하지 못한 것을 비난한 노래. 한 문제가 그의 아우 회남여왕 장長의 성질이 교만하고 강포하여 모반하자, 촉군으로 귀양보냈는데, 그는 도중에서 단식하다가 죽었다. 그러자 백성들은 "한 자의 베도 서로 옷을 꿰매 입을 수 있고 한 말의 곡식도 서로 찧어 먹을 수 있는데 형제 두 사람이 서로 용납하지 못한다."라는 노래를 지어 불렀다 한다.

효자는 능히 부모의 마음으로써 마음을 갖는 것입니다. 이러므로 개나 말에 있어서도 진실로 우리 부모가 사랑하던 것이면 오히려 죽을 때까지 사랑하는 것인데, 더구나 뼈와 살을 나눈 형제간의 친함이겠습니까? 만일 불행하게도 두 아이가 혹시 몹쓸 병에 걸려 끝내 요절하는 경우에 이른다면 신은 전하께서 끝내 아우를 죽였다는 이름을 면하지 못할까 염려스럽습니다. 그리고 전하께서 돌아가신 부모 섬기기를 살았을 적과 같이 섬기며 죽은 뒤에 섬기기를 생존했을 적과 같이 섬기는 효성으로써 태묘太廟에 들어가 선왕에게 제사를 지낼 적에 능히 부끄러워 마음의 가책을 느끼지 않겠습니까. 맹자가 이르기를 '어진 사람은 아우에 대하여 노여움을 품어두지 않으며 원망을 묵혀두지 않고 친애할 따름이다.' 하였습니다. 신은 전하께서 우애하는 정을 매우 도탑게 하고 어버이를 친애하는 의義를 돈독히 하여 성덕에 하자를 끼치지 말며 뒷날의 비난을 부르지 않게 하셨으면 합니다.

효종

그리고 소현세자의 아들 3명 중에 두 명은 이미 죽고 하나가 아직 남아 있는데, 그도 해도海島에 유폐되어 있습니다. 이 아이마저 일찍 죽으면 소현의 제사는 여기에서 끊어져 버립니다. 가령 소현세자가 애초에 뒤를 이을 아들이 없었다면 전하께서는 당연히 그 뒤를 이을 사람을 골라 세워서 제사를 받들게 해야 하는데, 어떻게 차마 겨우 남은 약한 아들을 괄시하여 죽을 곳에 버려둔 채 살 수 있는 길을 열어주지 않을 수 있겠습니까? 아, 소현에게 지각이 있다면 구천九泉 아래에서 전하에게 바라는 것이 어떠하겠습니까.

신이 삼가 듣건대 지난번에 전하께서 이 아이를 애처롭게 여겨 용서해줄 뜻이 있었는데도, 대신 중에 염려스러운 일이 있을지도 모른다고 말하는 사람이 있어서 그 일이 끝내 중지되었다 합니다. 아, 전하의 이 마음이야말로 천지의 살리기를 좋아하는 큰 덕이고 성인의 측은한 마음을 갖는 깊은 인仁인 것입니다. 대신이 된 사람으로서 이미 임금의 훌륭함을 잘 받들어 따라 선善을 확충시키지 못하고 도리어 막아서 해친단 말입니까? 아, 심합니다. 그 역시 불인不仁이요, 불충不忠이라 하겠습니다. 또 그가 이른바 염려스럽다는 것이 무엇을 이르는 것인지 신은 모르겠습니다. 앞으로 다른 때에 혹시 뜻을 얻지 못한 무리들이 구실을 삼을까봐 염려하는 것입니까. 그러한 일이 없는데도 환란을 염려하여 아무 죄도 없는 사람을 미리 의심해서 반드시 죽음의 길에 빠뜨리려 한다면 죄주지 않을 사람이 누구이며 죽이지 않을 사람이 누구이겠습니까. 제왕가帝王家의 뼈와 살을 나눈 친척이고 보면 또한 애처롭지 않습니까?

옛적 진나라 이세二世는 12공자公子를 죽이더니 끝내 망이궁의 화禍를 면하지 못하였고, 제 명제는 15, 16명의 제왕들을 죽이더니 끝내 소도성에게 찬탈당하였습니다. 예로부터 시기하고 의심하여 많이 죽이면 끝내는 망하기를 재촉할 뿐이었습니다. 일찍이 오랜 세월 동안 나라를 누리는 방도에 무슨 보탬이 되었습니까? 공자께서 이른바 '한 마디 말로 나라를 잃는다.'는 것이 바로 이를 말하는 것입니다.

아, 과거 전하께서 동궁東宮으로 있을 때 선왕의 전교에 '형의 자식 대하기를 자기 자식과 같이 하라.'는 말씀이 있었습니다. 전교가 간절하여 지금껏 귀에 쟁쟁하게 남아 있는데, 이 어찌 전하께서 당연히 받들어 가슴에 새겨야 할 일이 아니겠습니까? 삼가 원하건대 전하께서는 선왕의 뜻을 깊이 따라 덕음德音을 널리 발하여, 두 아우와 한 조카를 빨리 소환시켜서 속적[507]을 돌려주고 관작을 회복하여, 너그럽고 인자함을 힘써 행하며 하늘의 마음을 염두에 두소서. 그러면 재이도 소멸될 것이고 화기도 이를 것이니 영원한 천명을 비는 근본이 진실로 여기에 있습니다. 신은 어리석고 망령되어 참람하기가 이 지경에 이르렀으니 극형의 처벌을 진실로 면하기 어렵습니다. 오직 성명聖明께서는 신의 어리석음을 가련하게 여기어 곡진히 살펴주소서."



답하기를,

"사람들이 말하기 어려워하는 말을 그대가 능히 말하니 진실로 가상하다. 유념하도록 하겠다."

– 『효종실록』, 1654년 6월 17일

## 북벌계획을 추진하다

1651년(효종 2년) 조선에 강경책을 펴던 청나라의 섭정왕 도르곤[508]의 죽음은 북벌계획을 추진하는 데 좋은 계기가 되었다. 친청파에 대한 사림세력의 대대적인 공세가 시작되고, 그해 12월 조귀인 옥사[509]를 계기로 김자점 등 친청파에 대한 대대적인 숙청이 이루어졌다.

청나라에 당한 치욕을 씻고자 북벌을 최우선 과제로 삼았던 효종은 즉위 후 정권을 장악하고 있던 김자점[510] 등 친청파를 조정에서 몰아내고 김상헌·김집

507) **속적**屬籍 : 종실에 속한 문적文籍.

508) **도르곤**[睿親王] : 청나라 태조 누르하치의 14번째 아들.

509) **옥사**獄舍 : 인종의 후궁 귀인 조씨의 자결 사건.

510) **김자점**金自點 : 난세에는 권력의 향배에 따라 수시로 안면을 바꾸는 정치 모리배들이 횡행한다. 특히 지도자가 우유부단할수록 그런 기회주의자들이 득세하고 원칙주의자들은 설 자리를 잃는다. 조선시대 최악의 임금으로 둘째가라면 서러워할 인조대에 그런 인물들이 두더지처럼

·송시열·송준길 등 서인계 반청 강경파를 중용하여 북벌계획을 추진했다. 이들은 청나라를 군사적으로 응징하는 것은 명나라에 대한 당연한 의무라는 논리로 효종의 북벌을 이념적으로 지원했다.

북벌론은 병자호란 이후 체제 붕괴 위기를 극복하기 위한 지배층의 체제 안정과 국가 재건정책의 의미도 있었어요. 궁지에 몰린 김자점 등 친청 세력이 역관 이형장을 통해 북벌 계획을 청나라에 알려 청의 간섭으로 군사 계획을 실행할 수 없었다.



### 實錄記事 1654년 4월 10일, 함경 감사 이응시가 육진의 폐단에 대해 치계하다

함경 감사 이응시가 치계하기를,

"신이 육진[511]을 순회하면서 눈으로 보고 경험한 바로는 경성의 수성과 부령의 청암은 참으로 이 두 고을의 부고[512]로서, 넓이가 6, 7십 리에 한 번 바라보면 온통 평원으로서 기름진 흙이 아닌 데가 없으며, 회령으로부터 경흥 두만강에 이르기까지의 일대 연변은 모두 다 비옥한 밭으로서, 장마와 가뭄을 물론하고 해마다 크게 풍년이 들었습니다. 그런데 연전(몇 해 전)의 큰 수해로 갑자기 모래·자갈밭이 되어버렸으니, 마음에 놀랍고 눈에 참혹하며 농삿일이 염려스럽습니다. 신이 또 경원에 이르러 후춘의 형세를 자세히 탐문해 보니, 모두들 말하기를 '후춘 부락이 5백여 호에 이르고 활을 쏠 줄 아는 병사가 천여 명이다.' 합니다. 저들이 만일 한 번만 발을 움직인다면 육진에 대한 걱정이 말할 수 없는데도 육진의 성과 해자가 하나도 믿을 만한 것이 없으니, 생각이 이에 이름에 참으로 극히 한심스럽습니다.

또 육진의 성안에 거주하는 백성들의 수효가 적으니, 하루아침에 변란이 있게 되면 어떻게 마을 사람들을 불러 모을 수 있겠습니까. 신이 고을 늙은이에게 듣건대 '육진의

조정을 파고들었다. 그중에 오늘날까지 최악의 역신으로 손꼽히는 김자점이 있다. 인조반정을 주도한 조선의 문신으로 높은 벼슬을 지낸 조상 덕분에 과거시험을 거치지 않고 벼슬에 올랐으며, 이귀와 이괄 등과 광해군을 몰아낸 후 인조를 옹립했다. 효종이 즉위한 후 청서파가 정권을 잡자 탄핵을 받아 유배되었다. 유배지에서 자신의 정치적 재기를 위해 조선이 북벌을 계획한다고 청나라에 고발했으나 효종의 기민한 수습으로 1651년 역모죄로 처형되었다.

511) **육진**六鎭 : 북변에 설치한 여섯 진.

512) **부고**府庫 : 곳간으로 쓰기 위해 지은 집.

백성들은 성 밖에 흩어져 거주할 수 없기 때문에 2월 10일 뒤에야 비로소 들에 나가 농사를 짓도록 하고, 10월 초에는 그 처자와 함께 성안으로 모두 들어오게 하는데, 일단 변란을 알려주면 모두 성으로 올라간다.'고 합니다. 그런데 근년 이래로는 점점 해이해져 평소에 성안에 거주하던 사람들이 모두 성 밖의 마을로 이주하였으니, 만일 불행한 변이 있게 되면 고을이 텅 비어 사람이 없을 것입니다. 일에 앞서서 걱정하는 것을 조금도 늦출 수 없으니, 우선 추수를 기다려 바로 죄다 성안으로 들어가도록 해야겠습니다. 그러나 형세에 난처함이 있어 뜻밖의 걱정거리를 불러들일까 두렵습니다."

이어서 각 고을 및 진보의 성지와 기계를 보수하는 데에 대한 근만을 낱낱이 진달하니, 상이 하교하기를,

"감사 이응시가 나랏일에 마음을 다하여 변보[513]를 친히 순회하여, 비록 깊은 산과 궁벽한 골짜기가 있을지라도 곳곳마다 이르지 않은 데가 없고, 크고 작은 모든 기계를 빠짐없이 점검하였다. 이는 바로 수십 년 동안에 없었던 일로서 대단히 가상스러우니 특별히 표리[514] 한 벌을 하사하고, 진달한 폐단은 비국으로 하여금 의논하도록 하라."

비국이 회계하기를,

"육진의 백성들이 성 밖에 흩어져 거주할 수 없는 것은 본시 옛부터 전해오는 준례인데, 근래에 나라의 기강이 엄격하지 못하여 국토를 지키는 신하가 원망을 떠맡는 것을 달갑게 여기지 않아 먼 마음에 흩어져 있게 하였으니, 일이 지극히 놀랍습니다. 예전 일을 수행하는 것이 조금도 불가할 것이 없으니, 의심하여 염려하는 생각을 지나치게 낼 필요가 없습니다."

따랐다.

- 『효종실록』, 1654년 4월 10일

## 實錄記事 1654년 6월 4일, 북방을 튼튼하게 하는 계책에 대한 호조정랑 이지형의 상소문

호조정랑 이지형이 상소하기를

"북로의 형세는 남방 열읍[515]에 비할 바가 아닙니다. 산으로 막히고 바닷가에 위치하여 마치 긴 뱀과 같은 모양으로 곧장 2천여 리에 뻗어 있습니다. 전조[516](바로 전대의 왕조) 때 윤관이 수십만 군사를 일으켜 무수한 전투를 벌인 뒤에 겨우 옛 강토를 개척하고

513) **변보**邊堡 : 변방의 작은 성.

514) **표리**表裏 : 임금이 신하에게 내리거나 신하가 임금에게 올리던 옷의 겉감과 안찝.

515) **열읍**列邑 : 여러 고을.

516) **전조**前朝 : 바로 전대의 왕조.

경계를 정하여 푯말을 세웠는데, 북쪽은 선춘령에 이르고 남쪽은 소하강에 닿았습니다. 우리 세종조에 이르러 김종서로 하여금 오랑캐를 북쪽으로 쫓아내어 두만강으로 경계를 삼으면서 육진을 두었으며 겸하여 3관을 설치하게 하니, 변민[517]은 안정되고 국가는 걱정이 없어졌습니다.

그런데 무오년(1618년, 광해군 10년) 이후로 국내에 일이 많아 북쪽을 돌아볼 겨를이 없었던 관계로 여러 대에 걸친 금성탕지[518]를 탐관포리의 손에 통째로 맡긴 결과 세포[519]·초피[520]·산삼을 정한 기간에 뒤질까봐 걱정하게만 하였으므로 군민[521]이 이리저리 흩어졌는데도 소홀히 여긴 채 괘념치 않았습니다. 병자호란 뒤에는 더더욱 형편없이 되어 굶주림과 추위는 날마다 절박해지고 긁어들이는 세금은 날마다 증가하여 천리봉강[522]가 반이나 황무지가 되었습니다. 게다가 영고·후춘의 두 오랑캐 종족이 우리의 경계와 서로 마주 보는 곳에 거주하면서 대국의 위엄을 끼고 개시[523]한다는 핑계로 우리의 변방 백성을 못살게 굴며 우리 백성의 재물을 강제로 사들이는데 작은 것으로 큰 것을 바꾸며 자질구레한 것으로 엄청난 것을 교환해가곤 합니다. 아, 북방 백성들의 재물이 이미 관리의 주구[524]로 고갈되고 개시의 폐단이 또 이 지경에 이르렀는데, 백성의 생활이 극에 달하고 재물이 고갈되며 저들의 무리가 만 명에 차는 날, 전하께서는 북경의 위세로 저 오랑캐들의 수족을 붙들어 맬 수 있다고 생각하십니까. 이런 지경에 이른 뒤에는 공수龔遂와 황패黃霸를 골라 수령을 삼고 염파廉頗와 이목을 뽑아 병사[525]를 삼더라도 필시 미치지 못할 것입니다.

전하께서 만일 북로 관방[526]이 중요하며 국가의 안위가 달려 있다고 생각하고 왕업의 기초가 되었던 지역을 오랑캐가 거주하는 지역으로 침몰시킬 수 없다고 생각하신다

효종

---

517) **변민**邊民 : 변방에 사는 백성.

518) **금성탕지**金城湯池 : 방비가 견고한 성.

519) **세포**細布 : 가는 삼실로 곱게 짠 베.

520) **초피**皮貂 : 담비 가죽.

521) **군민**軍民 : 군인과 민간인.

522) **천리봉강**封疆 : 제후를 봉하여 땅을 내줌.

523) **개시**開市 : 시장을 열다.

524) **주구**誅求 : 관청에서 백성의 재물을 강제로 빼앗음.

525) **병사**兵使 : 각 지방의 군대를 통솔하고 경비를 담당하던 종이품 무관직.

526) **관방**關防 : 국경을 지킴.

면, 신의 어리석은 생각으로는 병사[527]를 신중히 가리되 한결같이 조종조의 옛일을 따라 반드시 문무관 중에서 청백하고 강명[528]하여 진무[529]할만한 사람을 차출하여 보냄으로써 한편으로는 열읍을 규검하고 한편으로는 저 오랑캐들에게 시위하도록 해야 된다고 여겨집니다. 또 돈을 아끼지 않는 관리를 선발하여 덕화[530]를 펼치고 피곤한 백성을 잘 기르며 성지[531]를 수리하고 갑병[532]을 수선하여 늠름히 적군과 대치할 마음을 품게 하여야 할 것은 물론, 진보[533]의 변장[534]들도 모쪼록 가려 뽑아서 전일의 일을 본받지 않도록 하면, 토병土兵은 휴식할 희망이 있고 변장은 절연한 세력을 형성할 수 있게 될 것입니다.

남방의 병력이 북방에 부방[535]하는 것은 곧 조종조의 구례[536]인데, 지난번에는 북방이 무사했던 관계로 부방을 폐지하고 대신 군포[537]를 징수하였습니다. 그러나 지금은 변경에 걱정이 많으니 신의 어리석은 소견으로는 방군에게 군포 징수하는 규정을 속히 파하고 구례에 따라 나누어 주둔시킴으로써 뜻밖의 변란에 대비하는 것이 마땅할 듯하다고 여겨집니다. 신은 또 듣건대 경성鏡城의 성곽과 재덕성·회령성은 성이 두텁고 높아서 굳게 지킬 만하다 하니 이곳이야말로 요해처[538]로서 소홀히 할 수 없는 곳입니다. 지금 의당 수선하고 군량을 저장하여 수어에 대비하면 필시 후일 위급한 때에 도움이 없지 않을 것입니다. 신이 또 삼가 보건대 길주는 지세가 사방이 평지로서 이름난 산과 큰 내의 막아줌이 없는 반면, 단천은 마천령과 마운령 사이에 끼어 있어 그 험준함을 의지할 만합니다. 신의 어리석은 계책으로는 단천에 중진[539]을 이

효종

527) **병사**兵使 : 병마절도사.

528) **강명**剛明 : 성질이 곧고 두뇌가 명석함.

529) **진무**鎭撫 : 난리를 일으킨 백성들을 진정시키고 어루만져 달램.

530) **덕화**德化 : 덕행으로 교화시킴.

531) **성지**城池 : 성과 그 주위에 파 놓은 못.

532) **갑병**甲兵 : 갑옷을 입은 병사.

533) **진보**鎭堡 : 함경도와 평안도의 북방 변경에 있던 각 진.

534) **변장**邊將 : 첨사·만호·권관의 총칭.

535) **부방**赴防 : 다른 도의 군대가 서북 변경을 방어하기 위해 파견 근무를 하던 일.

536) **구례**舊例 : 옛날부터 내려오는 관례.

537) **군포**軍布 : 병역을 면제하여 주고 그 대신 받아들이던 삼베나 무명.

538) **요해처**要害處 : 지세가 적에게 불리하고 자기편에는 유리한 지점.

설[540]하여 북방을 눌러 지키면 군마가 필시 넘어서 멋대로 달릴 마음을 감히 내지 못할 것입니다. 삼가 바라건대 전하께서는 이 몇 가지 일로써 자강 응변[541]하는 도구로 삼으소서."

상이 읽고는 가상하게 여겨 비국으로 하여금 의논해 시행하게 하고, 이어 하교하기를, "지형의 사람됨이 필시 용렬하지 않을 것이니, 전조[542]로 하여금 탁용[543]하도록 하라."

- 『효종실록』 1654년 6월 4일

효종은 군비 강화를 본격적으로 추진하기 시작하여 이완·유혁연 등 무신을 특채하여 군사 양성의 임무를 맡겼다. 효종의 군인사정책은 이전에 공신과 왕의 종친·외척 등을 임명하던 것과는 다른 파격적인 것으로 효종의 북벌 군사강화책 중 가장 성공적인 것으로 평가받고 있다.



1652년 북벌의 선봉 부대 어영청(군대 오군영의 하나)을 대대적으로 개편·강화했으며, 금군[544]을 기병(말을 타고 싸우는 병사)으로 전환, 모든 금군의 내삼청[545] 통합, 수어청[546]의 재 강화 등 제반 군제개혁을 통해 군사강화책을 모색했다. 훈련도감[547]은 재정이 뒷받침되지 못하여 실패했다.

1654년 3월 유명무실했던 영장제[548]를 강화, 각 지방에 영장(각 진영의 으뜸 벼슬)

539) **중진**重鎭 : 어떤 분야에서 중요한 자리에 있거나 지도적 영향력을 가진 사람.

540) **이설**移設 : 설비 따위를 다른 곳으로 옮겨 설치함.

541) **응변**應變 : 그때그때의 사정이나 형편을 보아 그에 알맞게 처신하거나 처리함.

542) **전조**銓曹 : 문관을 가려 뽑던 이조와 무관을 가려 뽑던 병조.

543) **탁용**擢用 : 많은 사람 가운데에서 뽑아서 씀.

544) **금군**禁軍 : 궁중을 지키고 임금을 호위·경비하던 친위병.

545) **내삼청**內三廳 : 금군에 속한 내금위·겸사복·우림위의 세 관아.

546) **수어청**守禦廳 : 오군영의 하나. 남한산성을 지키고 경기도 광주, 죽산, 양주 등 여러 진을 다스리던 군영.

547) **훈련도감**訓鍊都監 : 한양의 치안을 주 임무로 하는 5영에 군사가 나누어 배치하여 본래 임무인 군사훈련 외에 한양 방위와 국왕 호위 임무를 맡은 군영.

548) **영장제**營將制 : 지방군을 효율적으로 운영하기 위해 설치한 제도.

을 파견하여 직접 속오군[549]을 지휘하게 함으로써 지방 군사력을 강화하고, 1656년 남방지대 속오군에 보인[550]을 배치하여 훈련에 전념하도록 했다.

1655년 능마아청[551]을 설치하여 무장들에게 군사학을 강의하기도 했으며, 평야전투에 유리한 장병겸[552]의 제작, 표류해온 네덜란드인 하멜(후에 박연으로 개명)을 통해 조총제작 등 무기의 개량에도 힘을 기울였다. 각 가정에서는 좋은 말을 기르게 하고 마을 단위로 수백 명씩 모아 활과 조총 사용법을 훈련하기도 했다.

효종은 청의 파병 요청으로 러시아 정벌에 나서게 되었다. 청나라는 러시아와의 분쟁으로 흑룡강 유역에서 군사적으로 충돌하고 있었다. 청나라의 구식 무기로는 러시아의 총포에 대적할 수 없었다. 청나라는 조선에 조총군 파병을 요청하였다. 거절할 만한 명분이 없었던 1654년(효종 5년) 군사를 보내 제1차 러시아 정벌에 나섰고 전투에서 승리를 거두었다. 1658년(효종 9년) 한 차례 더 조총군을 파병하게 되는데, 이것이 제2차 러시아 정벌이다.

두 차례의 러시아 정벌에서 조선의 군대는 기대 이상의 전과를 올렸다. 이것은 그동안 북벌을 계획하며 군사력을 강화한 효종의 노력이 실전에서 통한다는 사실을 입증하는 것이었다. 정작 복수의 대상인 청나라를 군사적으로 도와주는 결과였다. 이처럼 북벌이 계획대로 실행되지 않자 점차 반대의 목소리가 커지기 시작했다.



## 북벌의 꿈을 이루지 못하다

병자호란의 패배 이후 조정과 유림에서는 청을 배척하고 명나라의 복수를 외치는 척화론이 지배적이었으나 본격적인 북벌계획은 1649년 효종이 즉위하

549) **속오군**束伍軍 : 양인과 천민으로 편성한 군대로 평시에는 군포를 바치게 하고 나라에 일이 있거나 훈련할 때 소집함.

550) **보인**保人 : 군에 직접 복무하지 아니하던 병역 의무자.

551) **능마아청**能麽兒廳 : 무관의 군사학을 강의하고 시험을 보던 관아.

552) **장병겸** : 긴 자루가 달린 낫 모양의 무기.

면서부터 시작되었다.

효종은 척화론의 중심인물로 낙향해 있던 김집, 송시열 등 기호 사림을 등용하여 훈신 세력이며 친청파였던 김자점 일파를 제거한 후 북벌계획을 추진했다. 먼저 군비확충을 꾀하여 남한산성과 수어청을 정비하고, 중앙군 병력을 증강했다. 군기와 전술 개량에도 힘을 기울여 네덜란드의 표류인 하멜을 시켜 조총을 개량하고, 효종 자신의 경험을 바탕으로 청군을 가상하여 군복, 무기와 마상 전술을 개조했다. 또한 영장제와 관무재를 부활하고 이완[553], 유혁연[554] 등의 무신을 파격적으로 중용했다. 이러한 노력들은 중앙군 확충과 이들에 대한 왕의 직접적인 통제력의 강화라는 성과에 머물렀을 뿐이었다.

이완



효종의 북벌계획은 벽에 부딪혔다. 늘어난 군사비용 때문에 백성의 부담은 점차 가중되었고, 북벌의 기회는 좀처럼 오지 않았다. 북벌론에 회의를 갖는 사람들이 하나둘 늘어가면서 북벌론의 한 축이었던 송시열과의 견해 차이는 효종을 더욱 힘들게 했다. 효종과 송시열이 북벌론의 기치 아래 의기투합할 수 있었던 것은 각자가 상대방에게 기대하는 역할이 있었다.

송시열을 통해 북벌의 사상적 대의명분을 확보해 북벌 의지를 더욱 확고히

553) **이완**李浣 : 효종 때 송시열과 함께 '명에 대한 은혜를 갚고, 청에게 받은 치욕을 씻는다'는 명분을 내세우며 북벌을 계획하고 군비확충책을 펼침에 따라 북벌과 관련된 요직을 두루 맡았다. 1649년 북벌 계획에 관여하면서 우포도대장, 한성우윤, 어영대장을 역임했다. 1653년 종래 훈척만이 임명되던 훈련대장에 뽑혔다. 그 뒤 한성부판윤·공조판서·형조판서 등을 지냈다. 현종 즉위 이후인 1669년 병조판서에 임명되었지만 병이 위중하다는 이유로 나아가지 않았다.

554) **유혁연**柳赫然 : 효종이 북벌계획을 추진하고 있을 때 신임을 얻어 무신임에도 불구하고 승지에 발탁된 뒤 충청병사·삼도수군통제사·공조참판·어영대장 등을 두루 지냈다. 현종 때에는 훈련도감병의 경비가 많이 들자, 호戶·보로 편제되는 훈련별대를 만들어 급료병의 수를 줄여 재정부담을 덜고 군액은 그대로 유지할 수 있게 했다. 그 뒤 훈련대장·한성판윤·포도대장 등을 역임했다. 숙종 즉위 후에도 한성판윤·공조판서 등을 지냈으나, 1680년(숙종 6년) 남인이 정치적으로 대거 실각한 경신대출척에 연루되어 영해에 유배된 뒤 대정으로 위리안치되어 사사되었다.

하고자 했고, 송시열은 효종의 북벌론에 영합함으로써 자신의 정치적 입지를 강화하고자 했다. 효종이 군사력을 통한 실질적이고 구체적인 북벌을 구상하던 것과 달리 송시열의 북벌론은 추상적인 관념에 불과했다. 송시열은 치욕을 씻기 위해서는 수신을 먼저 해야 한다는 논리를 내세우며 효종의 군비 확장을 간접적으로 비판했다. 말하자면 두 사람의 북벌론은 처음부터 동상이몽이었다.

## 전세를 낮추어 백성의 부담을 줄이다



경제 재건에 노력을 많이 했다. 당시는 여러 차례에 걸친 전란으로 진전[555]이 증가하고, 농업생산력이 급격히 감소하고, 농민들은 파산하여 일정한 집과 직업이 없이 이곳저곳으로 떠돌아다니는 등 국가체제를 유지하기 힘들 정도로 경제질서·사회질서가 붕괴 위기에 놓여 있었다.

이러한 위기를 부세 제도[556]의 개혁, 농업생산력의 증대, 사회윤리의 강화로 극복하려고 했다. 1652년 충청도, 1653년 전라도 산골 지역, 1657년 전라도 연해안 각 고을도 대동법을 실시했다. 전세[557]를 낮추어 백성의 부담을 크게 줄였다. 1655년 신속이 편찬한 『농가집성』을 간행·보급하여 농업생산에 이용하도록 했어요. 김육의 강력한 주장에 따라 상평통보를 주조하여 유통을 했다.

## 구언정책을 펼치다

효종은 즉위 초부터 반정공신들과 외척의 권력남용과 부패행위를 견제하기 위해 수시로 여러 신료들과 백성들의 건의를 직접 듣는 구언정책을 펼쳤다. 1655년 김홍욱은 구언에 의해 황해감사로 재직 중 강빈옥사의 조작을 탄원하

555) **진전**陳田 : 오랫동안 경작하지 아니한 토지.

556) **부세제도**賦稅制度 : 세금을 부과하는 제도.

557) **전세**田稅 : 논밭에 부과되는 조세.

여 상소를 올려 민회빈[558] 강씨의 억울함을 호소하였고, 민회빈 강씨의 신원회복과 소현세자의 살아 있는 셋째 아들 경안군 이석철의 석방을 요구했다. 효종은 즉위 초부터 소현세자 문제에 관한 발언을 엄금하였는데 김홍욱이 다른 마음을 먹고 있다며 국문장[559]을 열고 직접 조사했다.

김집은 직언한 선비를 해쳐서는 안 된다며 김홍욱의 사면을 청하는 상소를 올렸고, 송시열, 송준길 등도 김홍욱의 석방과 용서를 청하는 상소를 올려 김홍욱 구명 여론을 조성했다. 김육 역시 김홍욱의 발언으로 형문을 가하는 것은 옳지 못하다며 석방을 탄원했다. 남인 홍우원, 허목 등은 김홍욱을 죽이는 것은 옳지 못하다며 석방을 건의했다. 중신들의 만류와 산림의 반대, 김집과 문하생들의 사면 탄원서와 구명 노력에도 불구하고 접 의금부에 추국장[560]을 열어 고문을 계속했다. 소현세자 일가의 무죄가 입증되면 자신의 지위가 위태로워진다고 판단한 효종에 의해 김홍욱을 국문 끝에 장살[561]로 죽었다.



1654년 말, 남인 홍우원은 홍문관수찬[562]이 되어 당파를 초월하여 김홍욱의 사면, 복권 여론을 주청하였으나 파직당했다. 김홍욱의 장살사건 이후로 조정과 백성의 민심은 어수선했다.

## 시헌력을 사용하다

1653년 역법[563]을 개정하여 24절기의 시각과 1일간의 시간을 계산하여 제작한 시헌력[564]을 사용하게 했다. 1654년 『인조실록』, 이듬해 『국조보감』을 편찬·

558) **민회빈**閔懷嬪 : 소현세자의 부인.

559) **국문**鞫問**장** : 국청에서 형장을 가하여 중죄인을 신문하던 일.

560) **추국**推鞫**장** : 의금부에서 임금의 특명에 따라 중한 죄인을 심문하던 장소.

561) **장살**杖殺 : 형벌의 일종으로 매를 쳐서 죽이는 것.

562) **홍문관수찬**弘文館修撰 : 궁중의 경서·사적의 관리와 문서 처리 및 왕의 각종 자문에 응하는 일을 관장하던 관서의 정삼품 당상관 벼슬.

563) **역법**曆法 : 천체의 주기적 현상을 기준으로 하여 한 해의 절기나 달.

간행했으며, 1656년에는 소혜왕후[565](인수대비)가 편찬한 『내훈』과 김정국[566]이 지은 『경민편』을 간행·보급하여 전란으로 흐트러진 사회윤리의 재정립을 시도하기도 했다. 1657년에는 『선조실록』을 『선조수정실록』으로 개편·간행했다.

## 평생을 북벌에 전념하였다

효종은 평생을 북벌에 전념해 군비 확충에 몰두한 군주였다. 비록 그 꿈을 이루지는 못했지만, 군사적으로 튼튼한 나라를 만들어 다시는 외세의 침입에 능욕당하지 않겠다는 굳은 의지를 실천했다. 어떤 의미에서 조선 역대 왕들 중에서 가장 진취적이고 호방한 기상을 지닌 왕이었다.

효종의 북벌계획은 국제정세가 호전되지 않았을 뿐만 아니라 이를 뒷받침할 재정이 부족해 때로 군비보다도 현실적인 경제 재건을 주장하는 신하들과 뜻이 맞지 않아 북벌의 뜻을 이루지 못했다. 효종의 북벌계획은 자신을 보필하는 신하들과의 불협화음으로 이루지 못했다.



## 41세 나이에 승하하다

1659년(효종 10년) 5월 4일 효종은 얼굴에 난 종기를 치료하던 중에 의관이 침을

---

564) **시헌력**時憲曆 : 태음력의 구법에 태양력의 원리를 부합시켜 24절기의 시각과 하루의 시각을 정밀히 계산하여 중국 명나라 숭정 초기에 독일의 선교사 아담 샬이 만든 역법.

565) **소혜왕후**昭惠王后 : 조선 세조의 아들인 의경세자의 세자빈이자 추존 왕비이며, 성종의 어머니.

566) **김정국**金正國 : 1509년(중종 4년) 별시문과에 장원급제했다. 사간·승지를 거쳐 황해도관찰사가 되었으나, 1519년 기묘사화로 삭직되었다. 고양에 내려가 팔여거사라 칭하고 학문을 닦으며 가르치기에 힘썼다. 1537년 복직되고 이듬해 전라도관찰사가 되어 〈편민거폐〉라는 시정책을 건의, 국정에 반영하게 했다. 그뒤 경상도관찰사·형조참의·예조참의 등을 지냈다. 김안국과 함께 교화에 뜻을 두어, 왕에게 올린 책문에서 "정치의 도는 경천과 근민에 있다"고 강조했다. 경천과 근민은 또한 성誠으로 표현되는데, 성이야말로 천과 민을 움직일 수 있는 것이라고 했다. 또 장자가 제물론으로 시비를 어지럽혀 교화를 무너뜨린다고 비판했다.

잘못 놓아 손 쓸 틈도 없이 엄청난 양의 피를 쏟은 과다출혈 쇼크로 유언 한 마디 남기지 못하고 41세에 승하하였다.

## 實錄記事 1659년 5월 4일 대조전에서 승하하다

상이 대조전에서 승하하였다. 약방 도제조 원두표, 제조 홍명하, 도승지 조형 등이 대조전의 영외에 입시하고 의관 유후성·신가귀 등은 먼저 탑전에 나아가 있었다. 상이 침을 맞는 것의 여부를 신가귀에게 하문하니 가귀가 대답하기를,

"종기의 독이 얼굴로 흘러내리면서 또한 농증[567]을 이루려 하고 있으니 반드시 침을 놓아 나쁜 피를 뽑아낸 연후에야 효과를 거둘 수 있습니다."



유후성은 경솔하게 침을 놓아서는 안 된다고 하였다. 왕세자가 수라를 들고 난 뒤에 다시 침을 맞을 것을 의논하자고 극력 청하였으나 상이 물리쳤다. 신가귀에게 침을 잡으라고 명하고 이어 제조 한 사람을 입시하게 하라고 하니, 도제조 원두표가 먼저 전내[568]로 들어가고 제조 홍명하, 도승지 조형이 뒤따라 곧바로 들어갔다. 상이 침을 맞고 나서 침구멍으로 피가 나오니 상이 이르기를,

"가귀가 아니었더라면 병이 위태로울 뻔하였다."

피가 계속 그치지 않고 솟아 나왔는데 이는 침이 혈락血絡을 범했기 때문이었다. 제조 이하에게 물러나가라고 명하고 나서 빨리 피를 멈추게 하는 약을 바르게 하였는데도 피가 그치지 않으니, 제조와 의관들이 어찌할 바를 몰랐다. 상의 증후가 점점 위급한 상황으로 치달으니, 약방에서 청심원[569]과 독삼탕[570]을 올렸다. 백관들은 놀라서 황급하게 모두 합문[571] 밖에 모였는데, 이윽고 상이 삼공(삼정승)과 송시열·송준길, 약방 제조를 부르라고 명하였다. 승지·사관[572]과 제신[573]들도 뒤따라 들어가 어상[574] 아래 부복하였는데, 상은 이미 승하하였고 왕세자가 영외[575]에서 가슴을 치며 통곡하였다. 승하한 시간은

---

567) **농증**膿症 : 화농균이 몸에 들어가서 곪는 증상.

568) **전내**殿內 : 궁전의 안.

569) **청심원**淸心元 : 우황, 인삼, 산약 따위를 비롯한 30여 가지의 약재로 만든 알약.

570) **독삼탕**獨參湯 : 맹물에 인삼 한 가지만 넣고 달인 약.

571) **합문**閤門 : 편전의 앞문.

572) **사관**史官 : 역사를 기록하던 관리.

573) **제신**諸臣 : 여러 신하.

574) **어상**御床 : 임금의 음식을 차려 놓은 상.

사시[576]에서 오시[577] 사이였다. - 『효종실록』, 1659년 5월 4일

묘호는 효종, 시호는 흠천달도광의홍렬선문장무신성현인명의정덕대왕, 능은 영릉이다. 영릉은 효종과 인선왕후의 쌍릉으로 경기도 여주시 능서면 영릉로 269-50에 있다. 세종대왕과 소헌왕후의 영릉도 함께 있다.

**實錄記事 1659년 5월 11일 영돈녕부사 이경석 등이 재신들과 빈청에 모여 대행대왕의 시호 등을 정하다**



영돈녕부사 이경석, 영의정 정태화, 좌의정 심지원 등이 육조의 참판 이상 재신들과 빈청에 모두 모여 논의한 끝에, 대행대왕 시호[578]를 열문의무 신성지인으로, 묘호를 효종, 능호를 익릉으로 정하였다. 경석 등이 아뢰기를,

"신들이 삼가 살피건대, 열성조 시호 끝에는 모두 효孝자가 있었는데 지금은 묘호에 이미 효孝자가 있어 겹으로 쓸 수가 없었습니다. 뿐만 아니라 명조의 시호도 상고해 보았더니 역시 효종 시호에만 효자를 쓰지 않았기에, 신들이 서로 확실한 상의를 거쳐 인仁자로 효자를 대신하였습니다."

그 후 열문·의무·지인이 모두 열성조의 휘호를 범했다 하여 다시 선문장무 신성현인으로 고치고 능호도 영寧으로 고쳤다. 상이 '영'자가 무슨 뜻을 가졌느냐고 묻자, 여러 신하들 모두가, 영이란 바로 안녕이라는 뜻으로 예를 들면 『서경』에 영고·영왕이라고 한 것과 본조의 영녕전·숙녕전 등의 칭호들이 다 그 뜻이라고 대답하였다. 송시열이 또 아뢰기를,

"사람이 천지의 이치를 다하다가 죽으면, 살았을 때 하늘의 섭리에 순응한 것이고 죽을 때에도 아무 미련 없이 편안한 것입니다. 때문에 횡거가 서명에서 순·우·증자가 했던 일들을 극구 말하고 나서 '존오순사 몰오령야'로 끝맺음을 했던 것이며, 수자도 자신의 장래 무덤을 순녕이라는 이름으로 자신이 정하였고, 명도가 소자의 무덤에 명銘을 쓰면서도 역시 편안히 잠든 한 유궁이 있다는 뜻으로 '유령일궁'이라고 하였던 것입니다."

하자, 상이 드디어 그 자를 쓸 것을 명하였다. - 『현종실록』, 1659년 5월 11일

575) **영외**楹外 : 현관의 밖.

576) **사시**巳時 : 오전 9-11시.

577) **오시**午時 : 오전 11시부터 오후 1시까지.

578) **시호**諡號 : 제왕·경상·유현이 죽은 뒤에, 그 공덕을 칭송하여 임금이 추증하던 이름.

## 신의 정원, 효종 이호의 영릉으로 사진여행

영릉 : 효종(위)과 인선왕후(아래)

영릉은 조선 제17대 임금 효종과 비 인선왕후의 동원상하릉이다. 왕릉과 왕비릉이 한 언덕에 같이 있는 경우 대개는 봉분을 나란히 두는 쌍릉의 형식을 택하는데, 영릉은 특이하게도 왕릉과 왕비릉이 상하로 조영되어 있다. 이는 풍수지리적 이유에서 비롯된 것으로 왕릉과 왕비릉을 좌우로 나란히 놓을 경우 생기가 왕성한 정혈을 비켜가야 하기 때문에 좌우 쌍릉을 쓰지 않고 상하혈 자리에 왕릉과 왕비릉을 조성한 것이다. 이러한 배치를 동원상하릉이라고 하는데 동원상하릉 중에서는 영릉이 조선 최초이다.

효종이 1659년(효종 10년) 5월 4일 창덕궁 대조전에서 승하하자, 이 해 10월 29일 건원릉 서쪽 산줄기에 능을 조성하였다. 그런데 1673년(현종 14년) 병풍석에 틈이 생겨 광중에 빗물이 스며들었을 우려가 있다는 가능성이 제기되면서 능을 옮겨야 한다는 천장론이 불거졌다. 따라서 현재의 위치인 세종의 왕릉 영릉 동쪽으로 입지를 정하고 능을 열어보았는데, 그동안의 우려가 무색하게 물이 들어온 흔적이 발견되지 않았다. 결국 영릉은 천장하였으나 이에 연루된 자들은 면직을 당해야 했다. 영릉 천장 다음 해에 인선왕후가 승하하여 효종 왕릉 아래에 인선왕후의 능을 조영하였다.

<효종 영릉 전경>

제18대 **현종 이연**

# 예송논쟁으로 세월을 보낸 왕

| 생애 | 1641년~1674년 | 재위 기간 | 1659년~1674년 |
|---|---|---|---|
| 본관 | 전주 | 휘(이름) | 연 |
| 묘호 | 현종 | 능호 | 숭릉 |

현종의 가계도

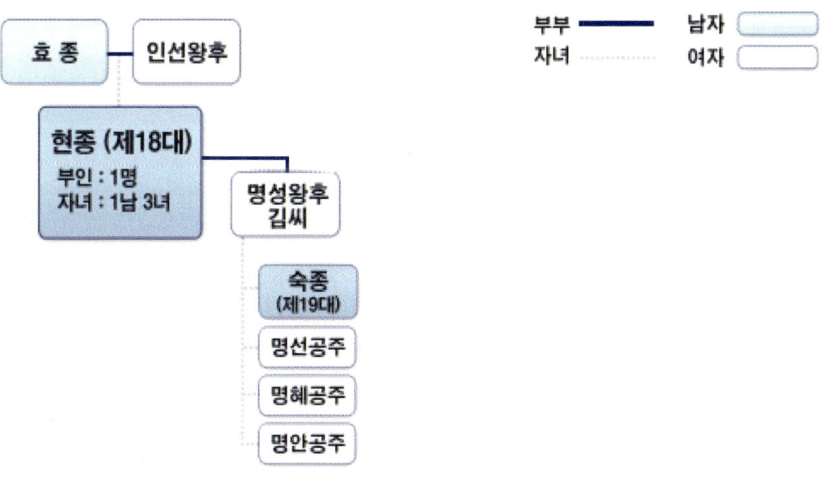

## 총서

왕의 휘는 원棩, 자는 경직景直으로 효종 현인 대왕의 맏아들이고 인조 명숙 대왕의 손자이며 어머니는 효숙 경렬 명헌 인선왕후 장씨인데, [우의정 신풍 부원군 장유의 딸] 명나라 숭정 14년[579] 2월 4일(기유) 축시에 심양의 질관에서 왕이 탄생하였다. 갑신년[580] 에 비로소 본국으로 돌아왔고, 을유년에 소현세자가 죽어 효종이 차적자로서 왕세자에 책봉되자 왕 역시 원손 칭호가 올려졌으며, 기축년에 왕세손 책봉례를 거행하였다. 그해 여름 인조가 승하하고 효종이 사위하자 왕도 왕세자 칭호가 올려졌고, 신묘년에 관례를 거행하고는 이어 왕세자 책봉례를 거행하였으며, 겨울에 세자 익위사 세마 김우명의 딸을 책봉하여 왕세자 빈을 [영의정 김육의 손녀] 삼았다. 기해년 5월에 이르러 효종이 승하하고 왕이 뒤를 이었다.

현종

## 1659년 5월 9일, 왕위를 이어받다

왕세자가 사위嗣位하다

오시 초에 왕세자가 사위하였다. 사위에 앞서 욕위를 빈전의 동쪽 뜰에 남쪽에 가깝게 설치하여 북향을 하게 하고, 악차를 돈례문 동쪽 협문 안에 설치하고 [악차는 원래 문밖에 설치해야 하는데 잘못 문안에 설치하였다.] 대보안 및 향안을 찬궁 남쪽에 설치한 다음, 영상, 예조 판서, 승지, 주서, 사관, 좌·우통례 가 함께 조복을 갖추고 차례로 들어갔다. 영상·도승지 및 주서·사관 각 1인은 빈전 동쪽 계하에 나아가 부복하고, 좌승지 이하는 서쪽 뜰 여막 남쪽에 꿇어 엎드리고 좌·우통례 는 서쪽 계하 장막 밖에 꿇어 엎드려 승지 앞에 있었고, 예조 판서는 여막 앞에 나아가 꿇어 앉아 면복을 갖추기를 청하고, 영상·도승지·주서·사관은 동계로 말미암아 먼저 들어가 전내의 동쪽에 꿇어 엎드렸다. 좌승지가 시각이 늦었다고 고하자, 사왕嗣王은 평천관을 쓰고 흑곤의黑袞衣를 입고 홀[圭]을 잡고 여막에서 나왔다. 좌·우통례 가 사왕을 인도하여 서계 아래로부터 걸어서 욕위褥位에 나와 꿇어앉고 승지와 사관이 배종하였다. 사향司香인 예조 낭관이 향안香案 앞에 나와 분향하고 물러가자 사왕이 사배하고, 영상이 찬궁 남쪽 상 앞에 나아가 꿇어앉아 대보를 받들고 물러나 서쪽을 향하여 섰다. 좌통례가 사왕을 인도하여 동쪽 계단으로 올라가 [승지와 사관은 전문 밖에

579) **명나라 숭정崇禎 14년** : 1641년(인조 19년).

580) **갑신년** : 1644년(인조 22년).

머물러 있고 우승지만 들어갔다.] 향안 앞에 나아가 북향하고 꿇어앉아 홀을 놓으니 도승지가 홀을 받았다. 영상이 대보를 받들어 사왕에게 올리자, 사왕이 대보를 받아 내시에게 주었다. 우승지가 다시 전해 받들고 물러나와 뒤에 꿇어앉았다. 도승지가 홀을 올리니 사왕이 홀을 잡았다. 우승지가 대보를 전해 주고 도승지가 대보를 받들고 먼저 전계를 내려갔다. 좌통례가 사왕을 인도하여 욕위로 나아가 사배한 다음, 악차에 나아갔다. 잠시 후에 우통례가 자리에서 물러나기를 계청하고, 인도하여 동쪽 협문으로 나아갔다. 상서원 관원이 대보를 받들고 먼저 행하였다. 산선시위繖扇侍衛가 의식에 따라 소여小輿를 드렸으나 사왕이 물리치고 걸어서 연영문·숙장문 두 문을 나왔다. 이에 앞서 인정문에 어좌를 베풀었는데, 중앙에 위치하고 남향하여 여연·노부를 설치하기를 의식대로 하였다. 백관들이 조복을 갖추고 동·서정에 순서대로 섰다. 사왕이 어좌의 동쪽에 이르자 도승지가 세 번 어좌에 오르기를 청하고 우승지가 이어 청하였으나 모두 따르지 않았다. 예조 판서가 또 이어 청하였으나 따르지 않았다. 영상이 따라 들어가 굳이 청하자 사왕이 비로소 어좌 앞에 나아가 남쪽을 향해 섰다. 바로 어좌에 오르지 않자 예판과 영상이 나아가 강청하였다. 이에 사왕이 말하기를,

"이미 어좌에 나아갔으니 자리에 앉는 것과 무엇이 다르랴."

고 하면서 목놓아 슬피 울며 눈물이 비오듯하여 여러 신하가 차마 눈뜨고 볼 수 없었다. 영상이 울면서 의식에 따를 것을 두세 번 간청하자 곧 어좌에 나아가 앉았다. 이 때 궁정에 있던 제신과 시위 장사가 오열하며 눈물을 흘리지 않는 사람이 없었다. 사왕이 백관의 하례를 받은 다음, 어좌에서 내려 인정문 동협으로 걸어서 들어가며 정로를 경유하지 않았다. 동쪽 계단으로 올라가 인정전에 이르자, 우승지가 전내 정문으로 들어갈 것을 청하였으나 따르지 않고 궁전 밖 동무東廡로 돌아 걸어서 인화문으로 들어갔는데, 통곡하는 소리가 밖에까지 들렸다. 이 날 비가 내렸는데, 사위嗣位할 때에는 쾌청하였다가 저녁에 다시 비가 내리므로 사람들이 모두 다행하게 여기었다.

왕의 휘는 원이요, 자는 경직이니 효종 대왕의 적사며 인조 대왕의 손자이다. 모비는 인선왕후 장씨로 우의정 신풍 부원군 유의 딸이니, 명나라 숭정 14년 신사 2월 4일 기유 축시에 심양 질관에서 왕을 탄생시켰다. 갑신년에 비로소 환국하였는데, 을유년에 소현세자가 졸하자, 효종이 차적으로서 책봉을 받아 왕세자가 되고 왕은 원손이 되었다. 기축년 2월에 인조가 친히 인정전에 임어하여 왕세손으로 책봉하였는데, 이 해 5월에 인조가 승하하고 효종이 왕위를 계승하자 왕이 왕세자가 되었다. 신묘년에 원복을 가하고 비로소 책봉례를 행하였으며, 겨울에 익위사 세마 김우명의 딸[영의정 김육의 손녀]을 빈으로 삼고, 임진년에 입학례를 행하였다. 기해년 5월에 이르러 효종이 승하함으로써 왕이 왕위를 계승하

였다. 왕이 즉위 후 백관의 하례를 받고 대사령과 함께 팔방에 교서를 반포하였다. 내용은 다음과 같다.

"왕은 이른다. 하늘이 큰 상사를 내려 바야흐로 혹독한 벌을 입고 있는데, 나는 군하의 청에 못 이겨 억지로 왕위를 계승하였다. 애통하기 그지없으니 울부짖은들 어찌 미치랴. 우리 대행대왕은 대순의 성스러운 효로 문왕의 현명한 책모를 계술하였다. 정일精一로 전승함으로써 높은 덕업이 상제上帝를 짝하고, 억조 창생이 추대를 원함으로써 지극한 은택이 널리 하민에 흡족하였다. 하늘을 공경하여 수성의 도리를 다하자 우양雨暘이 조화를 이루고, 어진 이를 예우하여 등용의 미를 이루자 초야가 모두 비었다. 임어하신 지 10년 이래 거의 삼대의 성세를 만회하였다. 하늘이 남몰래 도움으로써 옛날 병의 쾌유를 즐거워하게 되고 정치의 기구를 다 갖춤으로써 더욱 큰 업적을 이룰 뜻을 넓히게 되었다. 어찌 작은 신병이 더욱 심하여 마침 영원히 서거하심에 이를 줄 알았으랴. 소자가 불행하여 모인을 대임하고 싶은 마음 간절할 뿐이요, 군생이 복이 없어 갑자기 아비를 잃은 슬픔에 잠기었다. 황황히 구할 것 같은 마음은 옥궤를 받들 뿐 미칠 수가 없었고, 희미하게 보이는 것 같은 마음은 유궁을 안을 뿐 누구에 의지하랴. 이에 흙덩이를 베개하는 막중 상사를 당하여 어찌 왕위에 오르는 의식을 편히 여기랴. 지극히 애통함을 스스로 억제하기 어려움이 있거니와 어린아이의 사모하는 마음이 더욱 깊고, 왕위를 오랫동안 비울 수 없거니와 신민이 버리지 아니함에 어찌하랴. 이에 자전의 뜻을 받들고 옛 법도에 따라 금년 5월 9일 인정문에서 왕위에 올랐다. 자의왕대비 조씨를 추존하여 대왕대비로 삼고, 왕비 장씨를 추존하여 왕대비로 삼고, 빈 김씨를 왕비로 삼았다. 금년 5월 9일 이전의 잡범 사죄 이하는 모두 사면하고 관직에 있는 자는 각각 1등급의 자급을 더하며 자궁자는 대신 가자하라. 욕의縟儀의 진설을 쳐다보면서 차마 오늘 아침의 하례를 받는다. 침전을 문안할 날이 없음을 통탄하며 슬피 부르짖어 울고, 돌아보고 어찌 지존의 병풍을 치랴 하며 자신을 어루만지면서 슬퍼한다. 아, 조종의 왕업을 떨어뜨릴까 염려되니 어찌 감히 게을리하겠는가. 뇌우雷雨의 은택이 시원히 내리니 다 함께 새로운 시작에 참여한다." - 『현종개수실록』, 1659년 5월 9일

현종

## 당쟁 속에서 왕의 권위가 무시되었다

재위 기간 중 양란을 겪으면서 흔들렸던 조선왕조 지배 질서의 확립을 위해 선왕 효종이 추진해오던 북벌은 중단했으나, 군비 강화에 힘썼으며 재정구조

의 재건을 위해서 호구 수의 증가와 농업의 발전, 조세징수체계의 확립에 노력했다. 즉위 직후 벌어졌던 예송(예절에 관한 논란)논쟁에서 서인의 주장을 물리치고 기년복[581]을 채택함으로써 서인정권이 무너지고 남인이 실권을 장악하게 되었다. 국가제도의 개선에 힘썼으며, 강화도의 정족산성[582]에 사고[583]를 마련하여 역대 실록을 보관하게 했다.

## 청나라 심양에서 태어났다

1641년(인조 19년) 2월 4일, 청나라 심양의 질관質館에서, 당시 인질 생활 중이던 아버지 봉림대군(효종)과 어머니 풍안부부인 장씨(인선왕후) 사이에서 태어났다. 현종은 태어나면서부터 기질이 특이하였고 용모가 장대하였다.

1645년(인조 23년), 아버지 봉림대군이 소현세자의 뒤를 이어 왕세자에 책봉되자 원손이 되었다. 1649년(인조 27년) 2월 18일, 왕세손에 봉해졌는데, 왕세손의 책봉은 단종 이후 200년만의 일이었다. 같은해 5월 13일 효종이 즉위하면서 왕세자에 책봉되었다. 1651년(효종 2년) 11월, 청풍부원군 김우명의 딸과 혼인하였다.

조선의 역대 왕 중에서 유일하게 외국(청나라)에서 출생한 왕이고 왕비 외에 후궁을 한 명도 두지 않은 검소하고 소박한 왕이었다.

현종

---

581) **기년복**朞年服 : 상을 치르는 기간이 1년인 상례에 입는 상복을 말한다.

582) **정족산성**鼎足山城 : 일명 삼랑성이라고도 불리우는 이 성은 단군의 세 아들이 쌓았다는 전설이 전해 내려오고 있다. 길이는 2,300m에 달하며 자연활석을 이용하여 축조된 성이다. 성 내에는 381년(고구려 소수림왕 11년) 창건된 유서 깊은 전등사가 있으며 고려 고종 46년(1259년)에는 이 성 안에 궁궐(이궁)을 지었으나 현재는 무너지고 터만 남아 있다. 조선 현종 1년 조선왕조실록을 보관할 사고를 설치하였는데, 무너진 것을 1998년 강화군에서 복원하였다. 조선 고종 3년 병인 양요시 양헌수장군이 이 성을 침입하는 프랑스군을 무찌른 전승지 이기도 하다. 이 성에는 동.서.남.북에 4대문이 있고 남문을 제외한 3개 문에는 문루가 없었다 하나 영조 때에 남문에 문루를 건립하였다 한다. 남문의 문루(종해루)가 무너져 없어진 것을 1976년 복원하였다.

583) **사고**史庫 : 역사에 관한 기록이나 중요한 서적을 보관하던 나라의 책 창고.

## 의지할 곳은 외척 밖에 없었다

현종은 청풍부원군 김우명의 딸 명성왕후 김씨 사이에서 1남 3녀를 두었으며, 장자가 19대 왕 숙종이다. 현종의 장인 김우명은 김육의 아들이었고, 송시열의 시대에 현종이 의지할 곳은 외척 청풍 김씨 집안 밖에 없었다.

## 서인 성리학파 송시열 시대가 열리다

현종

효종의 죽음과 함께 10년 재위기간 내내 이루고자 했던 북벌의 꿈도 물거품이 되었다. 효종과 달리 명분론에 불과한 북벌론을 주장했던 송시열만이 여전히 북벌을 매개로 조정의 권력을 장악하고 있어 현종은 아무런 힘도 발휘하지 못했다.

송시열[584]은 산림[585] 출신으로 효종의 부름을 받고 벼슬에 올랐다. 그가 효종의 극진한 존경과 예우를 받은 것은 북벌 때문이었다. 효종의 기대와 달리 송시열의 북벌론은 '내수외양[586]'과 '수기치인[587]'의 논리로 효종의 북벌 의지를 가로막는 결과를 가져왔다.

송시열

효종이 죽고 현종이 왕위에 오르자, 송시열은 효종이 장자가 아니므로 현종을 왕으로 인정하지 않았다. 이런 상황 속에서 불거진 두 번의 예송(상복 예절에 관한 논란)은 현종의 위상을 대변하는 것으로 조선 후기의 권력

584) **송시열**宋時烈 : 조선 후기의 정통 성리학자로 본관은 은진, 자는 영보, 호는 우암. 주자의 학설을 전적으로 신봉하고 실천하는 것으로 평생의 업을 삼았으며, 17세기 중엽 이후 붕당정치가 절정에 이르렀을 때 서인노론의 영수이자 사상적 지주로서 활동했다. 보수적인 서인, 특히 노론의 입장을 대변했으며, 명을 존중하고 청을 경계하는 것이 국가정책의 기조가 되어야 함을 역설했다. 강상윤리를 강조하고 이를 통해서 국가·사회 기강을 철저히 확립하고자 했다.

585) **산림**山林 : 학식과 덕이 높은 재야 선비.

586) **내수외양**內修外攘 : 안으로 나라를 굳건히 다스리고 밖으로 힘을 키움.

587) **수기치인**修己治人 : 자신의 몸과 마음을 닦은 후에 남을 다스림.

구도를 규정짓는 중요한 문제였다.

## 1차 기해예송으로 기년복이 채택되다

현종 시대에는 상복 문제를 두고 두 차례 예송이 일어났는데, 국왕의 정통성과도 관련된 문제로 정쟁이 심했다.

1659년(현종 원년) 효종이 승하하자 효종의 계모 자의대비의 복제 문제를 두고 서인과 남인은 계모가 아들의 상중에 상복을 몇 년간 입어야 하는지를 두고 서로 다른 의견을 내세우며 충돌하였다. 남인의 윤휴·허목을 중심으로 대통의 계승이 중요하다는 주장으로 효종을 적장자(정실의 몸에서 난 장자)로 간주하여 3년 상과, 서인의 송시열·송준길 등이 주축이 되어 왕가의 예도 원칙적으로 사서인(사대부와 서인)의 예와 다르지 않다는 주장으로 1년 상이 대립하였는데, 인조의 장자 소현세자가 죽었을 때, 자의대비가 장자를 대상으로 하는 3년 상의 상복을 입었기 때문에 서인의 1년 상이 채택된 기해예송이 일어났어요. 이 문제는 단순한 상복 문제를 넘어 효종이 적통인가 아닌가 하는 문제로 효종은 물론 아들 현종의 정통성마저 위협하는 매우 민감한 사안이었다.

현종

### 實錄記事 1659년 5월 5일, 복제를 고치는 것에 관한 여러 의견

대사헌 이응시, 행 대사간 이상진, 사간 이준구, 장령 황준구, 지평 이합, 헌납 정인경 등이 주자의 군신복의君臣服議에 의하여 고상복古喪服을 지어 상에 임할 것과, 특별히 포복두布幞頭, 포공복布公服, 포혁대布革帶를 만들어 조회할 것을 청하고, 또 말씀드리기를,

"인조 대왕의 상사 때에 고 유신 김집이 발인하는 날의 복제를 추개推改할 것을 청하였으나, 그 때의 여러 의논이 고례를 옳지 않다고 한 것이 아니라 다만 추개가 불편하다고 하여 일이 끝내 실시되지 않았으므로 식자들이 유감스럽게 생각하였습니다. 지금은 형편이 전과 다르므로 결단을 내려서 실행하는 것은 저하에게 달렸습니다. 예관으로 하여금 때 맞춰 의논해 정하게 하소서."

예조가 대신과 유신에게 의논할 것을 청하였다. 영돈녕 이경석이 아뢰기를,

"선정신先正臣 이황이 이 의논을 제기했을 때 고 상신 박순이 예관으로 이를 어렵게 여겨 고치지 못하였고, 고 유신 김집이 이 의논을 제기했을 때 고 상신 김상헌이 이를 행하기 어렵게 여긴 바 있었습니다. 신이 고례를 불가하다는 것이 아니라 번거롭게 되어 의견이 일치되지 않을까 염려됩니다."

정태화는 아뢰기를,

"우리나라에서 오래도록 시행해 오던 예를 갑자기 바꾸기는 어렵습니다. 신이 기축년에 이미 신의 소견을 개진하였습니다. 지금도 전과 무엇이 다르겠습니까."

여러 대신들 또한 모두 행하기 어렵다고 하였다. 송시열이 아뢰기를,

"신자臣子는 군부君父가 돌아가신 후에는 다시 그 효성을 드릴 곳이 없으므로 그 정문情文을 다하고 최복을 알맞게 하여 여한이 없게 할 뿐입니다. 주자께서 고금을 참작하고 예제를 가감하여 천고의 바꾸지 못할 제도를 만들었으므로, 신은 그 예를 실행함에 의심의 여지가 없고 또 어려울 이유가 없다고 생각합니다."



송준길은 아뢰기를,

"마땅히 주자의 예설로 시행의 정론을 삼아 다시 오늘날에 시행하게 된다면 어찌 그 다행함을 형언할 수 있겠습니까?"

세자가 답하기를,

"두 찬선贊善 [시열 등이 이 때 찬선을 겸직하였다.] 의 뜻이 이와 같으니, 다시 대신들과 상의하라."

- 『현종개수실록』, 1659년 5월 5일

### 實錄記事 1659년 5월 5일, 자의 왕대비의 복제에 관한 여러 대신들의 의논

예조가 아뢰기를,

"자의 왕대비가 대행대왕을 위하여 입는 복제가 『오례의』에는 실리지 않았습니다. 혹은 3년복을 입어야 한다고 하기도 하고, 혹은 기년복을 입어야 한다고 하기도 하니, 대신들과 상의하기를 청합니다."

세자는 그 청을 따르고 또 두 찬선에게도 함께 문의하게 하였다. 영돈녕 이경석, 영의정 정태화, 연양부원군 이시백, 좌의정 심지원, 원평부원군 원두표, 완남부원군 이후원 등은 아뢰기를,

"고례古禮는 비록 알 수 없으나 시왕時王의 제도를 상고하면 기년복으로 정하는 것이 마땅할 것 같습니다."

송시열·송준길은,

"고금의 예율禮律이 차이가 있는 데다 제왕의 제도는 더욱 경솔히 의논하기 어렵습니다. 여러 대신이 이미 시왕의 제도로 의논하였으니, 신들은 감히 다시 다른 말로 의논드리지 못하겠습니다."

세자가 의논대로 하라고 하였다. 이 때 왕대비의 복제가 정해지지 않았는데, 정태화가 합문閤門 밖에 앉아 있다가 송시열을 맞아 사람들을 물리치고 조그마한 종이 쪽지를 내보였으니, 이는 대개 왕대비가 대행 대왕에 대해 마땅히 자최 3년복이 되어야 한다는 것이었다. 이 종이 쪽지는 연양 부원군 이시백으로부터 온 것인데, 이시백은 윤휴의 의논을 듣고 이렇게 통보한 것이다. 이 말은 대개 『의례』의 장자長子를 위해 3년복으로 한다는 조항의 소疏에,

*내종이 대왕을 위해 모두 참최를 입는 것은, 군신의 의가 지엄하여 감히 사척으로 임금을 슬퍼할 수 없기 때문에 비록 본종 시마복 이외의 종친 부녀라도 모두 참최를 입어야 한다.*



"장자가 죽으면 차적次適이 가통의 중임을 이으니 이를 또한 장자라고 이른다."

는 말을 취한 것이다. 이에 시열이 말하기를,

"『예기』의 소疏에 과연 이 말이 있다. 그러나 그 아래 '중자는 장자와 같이 3년복이 될 수 없다.'는 조항의 소에 또 네 가지 종류의 설이 있어 이와 서로 같지 않다. 대개 이 모두가 소의 설이니 어느 것을 취하고 어느 것을 버릴 수 없다."

태화가 말하기를,

"이른바 네 종류란 무슨 말인가?"

시열이 말하기를,

"그 첫째는 정이지만 체가 아닌 경우[正而不體]이니 적손으로 가통의 중임을 계승함을 이름이요, 둘째는 체이지만 정이 아닌 경우[體而不正]이니 서자가 서서 후사가 됨을 이름이요, 셋째는 정체正體이나 가통의 중임을 전할 수 없는 경우이니 적자로서 폐실이 있음을 이름이요, 넷째는 가통의 중임을 전함에 정체가 아닌 경우이니 서손庶孫이 후계가 됨을 이름이다."

태화가 손을 흔들어 저지하면서 말하기를,

"소현에게 아들이 있는데, 정이불체正而不體를 어찌 감히 오늘날 거론하는가?"

시열이 말하기를,

"그렇다면 『대명률』 및 국제國制에 '장자와 중자를 막론하고 모두 부장기不杖朞로 한다'고 하였으니, 이를 근거로 결정하는 것이 또한 좋겠다."

태화는 좋다 하고 곧 전거를 찾아냈다. 시열이 『상례비요』에도 이 말이 실려 있다고 하면

서 즉시 가져다가 그 인용한 대명률과 국제의 부장기 조항을 지적하였다. 태화가 몹시 기뻐하면서 말하기를,

"지금 그 근거를 찾아냈으니 걱정이 없을 것 같다."

시백이 시열의 말을 듣고 사람을 시켜 윤휴에게 통보하자, 윤휴가 또 내종內宗은 모두 참최로 한다는 설을 끌어 근거를 댔다. 시열은 이 말을 듣고 말하기를,

"내종이 대왕을 위해 모두 참최를 입는 것은, 군신의 의가 지엄하여 감히 사척私戚으로 임금을 슬퍼할 수 없기 때문에 비록 본종本宗 시마복緦麻服 이외의 종친 부녀라도 모두 참최를 입어야 한다. 그러나 오늘날의 의논은 그렇지 않다. 대행 대왕이 대비에 대하여 군신의 의가 있어 감히 아들로 일컫지 못하고 곧 신하로 일컫는다. 대왕 대비가 지금 도리어 신하가 되어 임금의 복을 입겠는가?"



윤휴가 이 말을 듣고 또 전의 말을 고집하여 말하기를,

"무릇 제왕가의 사체는 사가와 현격히 다르므로 대비가 대행 대왕에 대해 참최복을 입는 것이 옳다."

고 하면서 의논을 올림에 이르러서도 이 말을 썼다.

- 『현종개수실록』, 1659년 5월 5일

기해예송은 서인들의 뜻대로 1년 복으로 마무리되었지만, 논란의 불씨는 여전히 남아 있었다. 예송은 중앙정계에서만 논란이 된 것이 아니라 성균관과 지방 유생들에게 번져나갔다. 저마다 옳다고 생각하는 당파의 주장을 옹호하면서 상대 당파를 비난하는 유생들의 상소가 전국에서 끊임없이 올라왔다. 이는 조선 후기의 당쟁이 중앙의 벼슬아치들뿐만 아니라 전국의 유림에게 확대되는 계기가 되었다.

기해예송은 비록 효종의 장자 차자 지위를 구분하지 않는 정태화의 '국제기년복'이 채택되었지만, 기년복은 서인들의 승리로 간주되었어요. 이때 장자 차자를 구분하지 않은 것은 이로부터 14년 후 제2차 갑인예송이 일어나는 빌미가 되었다.

## 2차 갑인예송으로 선왕의 정통성을 다시 세우다

1674년(현종 15년) 2월 24일 효종비 인선왕후 장씨가 죽었다. 이번에도 대왕대비인 자의대비 조씨의 상복 문제가 다시 논란이 되었다. 인선왕후를 조대비의 장자부(맏며느리), 중자부(둘째 며느리)로 볼 것인가 하는 문제가 또다시 거론되었어요. 예조는 처음엔 조대비의 상복을 기년복(1년 복)으로 정했다가 나중에 다시 대공복(9개월 복)으로 고쳐 올렸다.

예조에서는 자의대비가 입을 상복을 1년복으로 정했다. 이는 인선왕후를 장자부로 인정한 것이다. 그런데 예조는 하루 만에 중자부[588]로 정정해 기간을 깎아버렸다. 이로 인해 다시 예송이 일어났다. 이른바 2차 예송인 갑인예송이다. 당장 장례가 급한지라 현종은 9개월복을 따랐다. 그러나 몇 달 후 영남 유생 도신징이 현종에게 상소문을 올렸다.

현종

그렇지 않아도 현종은 자의대비의 상복이 번복된 것을 불쾌하게 여기던 참이었다. 현종은 며칠을 고민하다 대신들이 모인 자리에서 하문했다.

"대왕대비께서 입을 상복 제도를 예조에서 처음에는 기년복(1년복)이라고 했다가 다시 대공복(9개월 복)으로 고친 것은 무슨 까닭인가?"

갑작스런 질문에 대신들은 당황해했다. 현종은 다시 질문을 던졌다.

"일찍이 효종대왕이 기해년(1659년) 승하하셨을 때는 『경국대전』의 예에 따라 대비의 상복을 기년복으로 정한 것으로 알고 있다. 그렇다면 이번에도 역시 기년복으로 해야 하는 것이 아닌가?"

영의정 김수흥은 기해년에는 송시열의 4종설을 참작해서 기년복으로 했다고 대답했다. 현종은 짐작하던 바였지만 분노가 치밀어 올랐다.

"선왕의 은혜를 입은 자들이 어찌 감히 서자를 운운하는가? 장자가 죽어 차자가 왕통을 이었다면 장자가 되는 것이 당연하다. 도대체 대신들은 누구의 신하인가?"

---

588) **중자부**衆子婦 : 맏아들 이외의 모든 아들의 아내.

2차 예송 때 송시열은 별다른 간여를 하지 않았음에도 현종은 서인들의 영수 송시열을 향해 적대시하는 마음을 드러냈고, 자의대비의 상복을 기년복으로 다시 바꾸도록 명했다. 이로써 서인 정권은 몰락하고 남인이 집권하게 되었다.

1차 예송에서 송시열은 효종이 차자라 해도 정통성을 의심하거나 깎아내릴 의도를 한 것은 아니었다. 다만 원칙을 중시하는 그는 아무리 왕이라도 적·차자를 적장자로 왜곡할 수 없다는 생각이었던 것이지요. 그러나 결국 이러한 경직성이 그를 정쟁의 비극 속으로 밀어 넣고야 말았다.



### 實錄記事 1674년 2월 28일, 예조가 대왕 대비전의 복제를 기년으로 마련하다

예조가 아뢰기를,

"신들이 어제 복제 절목 가운데 대왕 대비전의 복제를 기년으로 마련하여 계하받았습니다. 그런데 『가례』의 복도服圖 및 시왕時王의 제도를 보건대, 자부子婦를 위해 입어주는 복에는 기년과 대공大功의 구별이 있는데, 기해년의 국휼[589] 때 대왕 대비전께서 이미 기년복을 입으셨었고 보면 이번의 복제는 대공이 되는 것에 의심할 여지가 없습니다. 그럼에도 황급한 나머지 제대로 자세히 살피지 못해 이렇게 경솔하고 정신없는 실수를 하고 말았으니 황공한 마음을 금할 수 없습니다. 원래의 절목 중에 대공복으로 개정해서 부표付標해 들이는 뜻을 감히 아룁니다."

알았다고 답하였다.

처음에 기해년 복제를 기년복으로 정할 때 여러 대신과 송시열 등이 모두 국제國制를 인용하며 의논드렸는데, 시열의 뜻은 미상불 『의례』에 주석한 가공언의 소에 따른 사종설四種說을 위주로 한 것이었다.

이때에 이르러 예조가 당초 장자부長子婦에게는 기년복을 입어준다는 국제에 따라 작정해 들이자 정신廷臣이 처음에는 이의를 제기하지 않았었다. 그러다가 박세당이 그렇게 하면 시열의 의논과 크게 어긋나게 된다고 하면서 옥당에 글을 보내 중자부衆子婦의 복을 적용해야 한다고 말하자 예조판서 조형 등이 부리나케 대공복으로 개정해 들였는데, 이에 빈청에서 의계하는 일이 있게 된 것이었다.

- 『현종개수실록』, 1674년 2월 28일

589) **국휼**國恤 : 효종의 상을 말함.

이것은 현종의 심기를 매우 불편하게 했다. 그렇지 않아도 기해예송 때 효종의 정통성을 부정하던 발언들을 못마땅하게 여기고 있었다. 그해 7월 영남 유생 도신징[590]이 기해예송 당시 조대비의 복제는 장자복으로 이번에도 장부복인 1년 복을 입어야 한다는 내용의 상소를 올렸다. 현종은 상소를 대신들과 비변사의 신하들에게 보이며 조대비의 복제를 9개월 복으로 바꾼 까닭을 따져 물었다. 현종은 같은 서인이지만 송시열과는 사이가 좋지 않았던 외척 청풍 김씨의 일원 김석주에게 기해년의 복제가 어디에서 유례된 것인지 조목조목 따져서 보고하도록 명했다. 현종은 이번 기회에 기해예송 때 서인들에게 밀려 달성하지 못했던 효종과 자신의 정통성을 바로 세우고자 했다.



서인은 기년복으로 정했다가 대공복으로 수정하자, 남인이 대공복의 부당성을 지적하면서 기년복을 주장하였다. 서인의 반발이 계속되자 현종은 김석주[591]를 앞세워 서인 세력을 몰아내고 남인 세력을 끌어들였다. 현종은 서인의 주장을 물리치고 남인의 기년복을 채택하여 서인 정권은 무너지고 남인이 실권을 장악했어요. 이것을 갑인예송이라고 한다.

**實錄記事 1674년 8월 1일, 대왕대비 복제를 기년으로 고쳐 성복하다**

삼가 살피건대, 기해년 복제를 국전에 의하여 의정할 때 정태화가 이미 송시열이 주장한

590) **도신징**都愼徵 : 성리학을 깊이 연구하였으며 예제에 밝았다. 1674년(현종 15년) 인선왕후의 상에 자의대비가 입어야 할 상복을 둘러싸고 논란이 일어나 대공복을 입어야 한다는 쪽으로 기울어졌다. 유생의 신분으로 소를 올려 기년설을 주장함으로써, 김수흥 등 서인 일파를 축출하게 하였다. 뒤에 남인의 천거로 1675년(숙종 1년) 강릉참봉이 되고, 이어 주부를 거쳐 용궁현감으로 나가 치적을 올림으로써 통훈대부의 품계에 올랐다.

591) **김석주**金錫胄 : 조선 중후기의 외척, 권신, 작가이자 비상한 머리와 수완을 지닌 책사로서 당시 명성왕후 김씨를 도와 정국을 주도했다. 경신대출척이 그의 작품이다. 그는 대동법을 실현시킨 김육의 손자로 노론의 창시자이다. 동시에 현종의 처사촌이자 숙종의 외종숙(5촌)으로서 당시 외척 세력을 대표하는 인물이다. 제2차 예송 논쟁 당시 서인이었음에도 남인 허적 등과 손잡고 송시열, 김수항 등 대동법에 반대했던 산당을 몰아냈다. 권력을 독점하기 위해 자기 처외숙인 김익훈 등과 짜고 남인들을 역모로 몰았다가 역풍을 맞고 오히려 서인들이 노론과 소론으로 갈라서게 만들었다. 이때는 다시 스승 송시열과 손을 잡았다.

네 종류의 예설을 채택하지 않았으면서도 결국 장자·중자의 호칭을 확실하게 구별해놓지 못하여, 갑인년에 와서 부표付標를 고치고 성복成服을 고치는 일이 있게 만들었는데, 태화의 지혜가 거기에 못 미쳤던 것은 아니지만 아마 그의 뜻은 굳이 송시열과 의견을 달리함으로써 시끄러운 사단을 일으키고 싶지 않아서였던 것이다. 그러나 그는 앞으로 틀림없이 닥칠 화환이 오늘의 그것보다 훨씬 크리라는 것은 계산에 넣지 않았으니 그야말로 아침에 저녁을 생각지 않은 소인배와 다를 게 무엇인가. 그렇기는 하나 태화가 만약 지금까지 있었더라면 그도 역시 이번 일에 절반이라도 손을 써서 부표·성복을 고치는 일까지 있게 하지는 않았을 것이다. 주상으로서도 그 본의는 대신을 꼭 죄주려고 했던 것이 아니라 그렇게 하지 않고서는 대각이 과격하게 떠들고 있는 논의를 진정시킬 수 없다고 생각했기 때문이니, 그 논의가 조금 진정되면 틀림없이 무슨 처분인가 있었을 것이다. 그는 후일 이헌에게 답한 하교를 보면 알 수 있다. 그로부터 이후로 사태는 점점 깊어만 가 급기야 조정이 비다시피 되었고 흉역들의 야심을 불러 일으켜 화란이 일기 시작하여 7년 세월이 간 후에야 끝났다. 이는 바로 천수天數인 것이지 어디 사람이 잘못해서만 그런 것이겠는가.

- 『현종개수실록』, 1674년 8월 1일

현종은 이후 두 번 다시 예송과 관련한 논쟁을 벌이면 좌시하지 않겠다고 경고하였고, 숙종이 경신환국[592]을 일으키기 전까지 6년간 남인이 권력을 잡았다.

## 훈련별대를 창설과 오가작통 사목을 제정하다

선왕 효종 때 추진하던 북벌론은 중단했으나 군비 강화에 힘써 1665년 통제영[593]에서 불랑기(대포) 50정, 정찰자포(대포의 일종) 200문을 만들어 강화도에 배치했으며, 1669년에는 어영병제[594]에 의한 훈련별대[595]를 창설했다.

재정구조의 재건을 위해서는 호구 수의 증가와 농업의 발전, 조세 징수체계의 확립에 노력했다. 호구의 증가를 위해 1660년 양민의 삭발과 입승[596]을 금했

592) **경신환국**庚申換局 : 숙종 6년(1680년) 서인 일파가 반대파인 남인을 몰아내고 권력을 잡았던 사건.

593) **통제영**統制營 : 선조 26년 이순신이 삼도 수군통제사가 되어 한산도에 설치한 군영.

594) **어영병제**御營兵制 : 군대와 병사를 관리하는 제도.

595) **훈련별대**訓鍊別隊 : 급여를 받는 병사 대신 각 지방의 병사를 징발하여 중앙군에 편성한 별도의 부대.

으며, 이듬해 도성에 있는 두 사찰을 폐지하고 어린 승려는 환속하게 했다. 1670년 산간지방의 유민을 단속하여 호적에 편성하고, 1672년 국경지대를 허가 없이 넘는 사람을 처벌하는 법을 정했으며, 호구 장악을 위해 오가작통 사목[597]을 제정했다.

1660년 조세체계의 정비를 위해 호남 전 지역에 대동법[598]을 실시하고, 1662년 농업의 발전을 위해 전주·익산 등지에 관개시설을 만들어 수리 면적을 늘렸고, 이듬해에는 양관[599]을 각 도에 보내 관개시설을 점검하게 했다. 1662년 경기도에 균전사[600]를 임명하여 양전(논밭을 측량함)을 실시했다. 1663년 호남 대동청을 설치했다.



저온 현상으로 인해 곡물 생산이 뚝 떨어져, 조선 역사상 최악의 경신 대기근이 일어나고 각종 전염병이 창궐하는 사태가 일어났다. 현종은 대동법이 곡창 지대 호남 지역까지 확대 시행하여 민생 안정에 어느 정도 효과가 있었다.

1669년 조운선[601]의 파선 사고를 막기 위해 충청도 안흥(충청남도 태안반도)에 군량미를 저장하는 창고 남창과 북창을 설치하고 군량미를 육로로 운반하게 했다.

1660년 재정 부족을 메우기 위해 영직첩[602]과 공명첩[603]을 대량으로 발급했는데, 이후 왕조의 재정보충책으로 보편화되어 신분제의 해체에 크게 기여했다. 1669년 양인 확보책의 일환으로 사회적으로 가장 낮은 신분의 계층도 합

---

596) **입승**入僧 : 승려가 되기 위해 출가하는 것.

597) **오가작통 사목**五家作統事目 : 다섯 집을 한 통으로 묶은 행정자치조직.

598) **대동법**大同法 : 중앙 관서와 궁중의 수요를 충당하기 위하여 여러 군현에 세금을 부과하여 쌀로 통일하여 바치게 한 납세 제도.

599) **양관**兩官 : 관개시설을 점검하는 벼슬아치.

600) **균전사**均田使 : 농지에 관한 사무를 처리하기 위하여 지방에 파견한 벼슬아치.

601) **조운선**漕運船 : 군량미 등을 실어 나르는 던 선박.

602) **영직첩**領職帖 : 직책을 적지 않은 백지 임명장.

603) **공명첩**空名帖 : 성명을 적지 않은 백지 임명장. 국가의 재정이 궁핍할 때 국고를 채우는 수단으로 중앙의 관원이 전국을 돌면서 돈이나 곡식을 바치는 사람에게 즉석에서 이름을 적어 넣어 명목상의 관직을 주었다.

법적으로 양인(양반과 천민의 중간 신분)이 되는 길을 열었다. 현종 1년(1660년) 강화도 마니산의 사고에 보관되어 있던 『조선왕조실록』을 성안에 있는 정족산사고로 옮기고, 왕실의 족보를 보관하는 선원보각을 함께 지었다. 그러나 지금은 둘 다 없어지고 전등사만 남아있다. 1668년 교서관[604]에서 활자를 주조하게 하여 1672년 동활자를 10만여 개 주조를 완성했다. 1669년 송시열의 건의로 성이 같으면서 본관이 다르더라도 혼인을 못하게 하는 동성통혼同姓通婚을 금지시켰다.

## 대동법을 호남지방으로 확대 실시하다



현종은 두 번의 예송에 가려지기는 했어도 재위하는 동안 양란으로 혼란해진 조선의 지배 체제를 재확립하기 위해 나름대로 노력했다. 비록 효종의 북벌 정책은 포기했지만, 군비 강화에는 여전히 힘썼다. 조세 징수체계의 확립에도 노력을 기울였으며, 1662년(현종 3년) 호남지방에 대동법을 시행하였다. 조선 역사상 최악의 경신 대기근을 넘겼다. 1668년 동철활자銅鐵活字 10여 만자를 주조했으며, 혼천의渾天儀를 만들어 천문관측과 역법 연구에 이바지하였다. 또, 지방관의 상피법을 제정했다.

1666년에는 1653년에 제주도에 표류해 온 하멜(Hamel,H.) 등 8명이 전라도 좌수영을 탈출하여, 억류 생활 14년 간의 이야기인 『화란선제주도난파기-하멜표류기』와 그 부록인 『조선국기朝鮮國記』를 저술하는 계기가 되기도 하였다.

## 34세의 나이에 승하하다

1674년(현종 15년) 8월 현종은 갑작스럽게 학질과 과로로 인하여 창덕궁에서 34세 일기로 승하했다.

604) **교서관**校書館 : 경서의 인쇄나 교정, 향축, 인전 따위를 맡아보던 관아.

### 實錄記事 1674년 8월 18일, 신시에 상의 병세가 매우 위독해지다

신시가 되자 상의 병세가 매우 위독하여 도제조 허적, 제조 장선징, 부제조 윤심, 창성군 이필, 우승지 김석주, 부사직 정유악 등이 와내로 달려들어갔다. 상은 하얀 겹모자에 하얀 옷차림으로 하얀 평상에다 부들자리를 깔고 하얀 요에 하얀 이불을 덮은 채 머리를 북으로 하여 누워있었고, 세자는 평상 아래서 무릎 꿇고 앉아있었으며, 복창군 이정, 복선군 이남, 복평군 이연, 청평위 심익현은 좌우에 있었다. 허적이 평상 앞에 꿇어앉아 큰 목소리로,

"인삼차를 드시옵소서."

상이 눈을 떠보고는 일어나 앉으려고 하여, 남이 손으로 부축하여 일으켰다. 곁에서 인삼차를 올리자, 상이 손수 차주발을 들어 다 마셨다. 허적이 아뢰기를,

"기분이 지금은 좀 어떻습니까?"

상이 이르기를,

"별로 다른 것이 없다."

그러나 숨이 차서 목소리가 분명하지 못했다. 허적 등이 물러나와 선화문에 가서 좌의정 김수항, 우의정 정지화를 빨리 들어오도록 독촉하여 즉시 함께 탑전에 들어갔다. 복선군 남은 상의 등 끼고 있었고, 세자는 두 손으로 상의 손을 잡고서 얼굴 가득히 눈물을 흘렸으며, 제신들도 쳐다보고는 모두가 눈물을 흘렸다. 허적이 앞으로 나아가 아뢰기를,

"기분이 어떠하십니까?"

상은 대꾸가 없었고, 삼공三公들이 평상 앞으로 나아가 각기 자기들 성명을 대자, 상이 각자에게 조금 응하는 태도였다. 적이 아뢰기를,

"신들이 여기 모두 있는데 무슨 하교할 일이라도 있으신지요?"

상이 작은 목소리로 말하기를,

"대신이 오기는 왔어도 긴 얘기는 할 수가 없구나."

허적이 아뢰기를,

"소신만 심정이 불안한 것이 아니라 좌의정 김수항도 불안한 심정을 가지고 있습니다. 왜 편안한 마음으로 공무를 수행하라는 뜻으로 좌상에게 전교를 않으십니까?"

상이 한참 만에 이르기를,

"편안한 마음으로 공무 수행을 하라고 하라."

심익현이 인삼차를 냉약에다 타서 올리자, 상이 조금 들더니 대신을 돌아보며 이르기를,

"물러들 가라."

삼공 이하 모두 나와서 선화문 안에 앉아 있다가 유시에 다시 상의 앞으로 갔다. 장선징이

아뢰기를,

"삼공이 다 와서 하교를 듣고 싶어합니다."

상이 이르기를,

"내 어찌 대신의 뜻을 모르겠는가. 다만 정신이 이러하여 말을 할 수가 없는 것이다."

제신들 모두가 울먹이며 물러나왔다.

- 『현종개수실록』, 1674년 8월 18일

그날 밤 해시에 상이 창덕궁 재려에서 승하하였는데 당시 나이 34세였고, 재위 15년이었다. 그로부터 이틀 후인 신해일에 소렴[605], 또 이틀 후인 계축일에 대렴[606]하고 이튿날 갑인일에 성복[607]하였다. 왕세자가 즉위하여, 시호를 '순문 숙무 경인 창효'라 올리고, 묘호는 현종, 능호는 숭릉, 혼전호는 효경이라 하였으며, 그해 12월 임인일에 장례를 치루었다. 경기도 구리시 인창동 동구릉에 있다.



신의 정원, 현종 이연의 숭릉으로 사진여행

숭릉 능침

605) **소렴**小殮 : 염습의 처음 절차로, 시체에 새로 지은 옷을 입히고 이불로 쌈.

606) **대렴**大殮 : 소렴한 다음날, 시신에 옷을 거듭 입히고 이불로 싸서 베로 묶는 일.

607) **성복**成服 : 초상이 났을 때 처음으로 상복을 입는 일.

숭릉 전경

숭릉 정자각

숭릉은 조선 18대 현종과 명성왕후 김씨의 능이다. 숭릉은 하나의 곡장 안에 봉분을 나란히 배치한 쌍릉형식이다. 봉분은 병풍석을 생략하고 난간석만 둘렀고 난간석으로 두 봉분을 연결하였으며 능침 앞에는 혼유석이 각각 1좌씩 놓여 있다. 그 밖의 석양, 석호, 망주석, 문무석인, 석마 등은 일반적인 조선왕릉의 형태로 배치되었다. 숭릉의 석물은 효종의 구 영릉의 석물을 다시 사용한 것으로, 영릉이 여주로 천장될 때 석물을 묻었다가 다시 꺼내 사용하였다.

숭릉 정자각과 능침

숭릉 전경

1674년(현종 15년)에 현종이 세상을 떠나, 현재의 자리에 능을 조성하였다. 숭릉을 조성할 때 8도의 승군 2,650명을 징발하여 능을 공사하였다. 숭릉의 혈을 파기 위해 겉흙을 걷어냈을 때 부도를 세우려 했던 흔적이 나왔으나, 깊이가 3척밖에 되지 않아 지맥을 손상하지 않았을 뿐 아니라 또한 광중 밖이기 때문에 그대로 진행하였다. 숭릉 조성 후 9년이 지난 1683년(숙종 9년)에 명성왕후 김씨가 세상을 떠나, 그 다음 해 숭릉에 쌍릉으로 능을 조성하였다.

제19대 **숙종 이순**

# 현종의 외아들 14세에 왕 즉위

| 생애 | 1661년~1720년 | 재위 기간 | 1674년~1720년 |
|---|---|---|---|
| 본관 | 전주 | 휘(이름) | 순 |
| 묘호 | 숙종 | 능호 | 명릉 |

숙종의 가계도

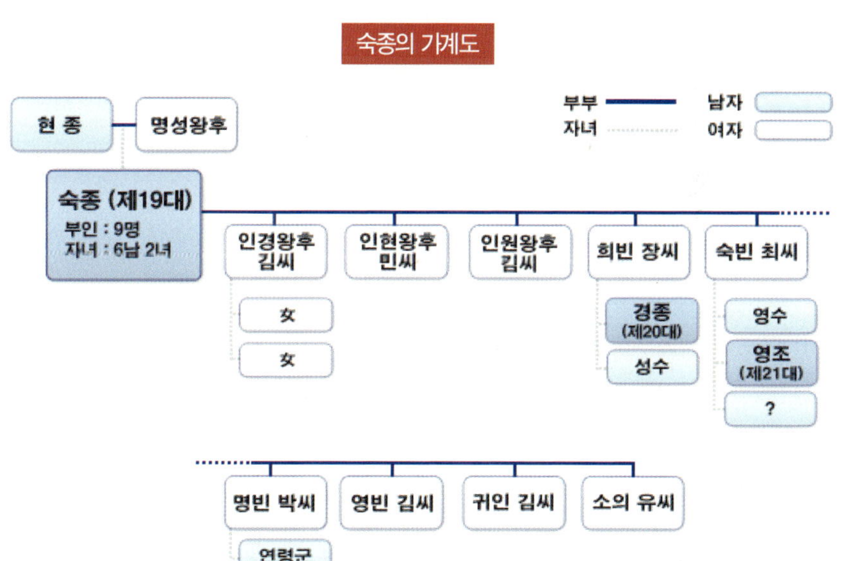

## 1674년 8월 23일, 인정문에서 즉위하다

왕세자의 즉위 교서

왕세자가 인정문에서 즉위하였다. 왕비를 높여서 왕대비로 삼고, 빈 김씨를 왕비로 삼았으며 교서를 반포하여 대사大赦하였다. 그 교서의 글은 아래와 같다.

"왕은 이와 같이 말한다. 하늘이 우리 가문에 재앙을 내리어 갑자기 큰 슬픔[608]을 만났으므로, 소자[609]가 그 명령을 새로 받게 되니, 군신群臣의 심정에 힘써 따라서 이에 신장[610]을 펴게되어 더욱 기氣가 꺾이고 마음이 허물어지는 듯하다. 국조國朝에서 왕통을 전함은 당우[611]와 융성隆盛을 견줄 만하였다. 종宗은 덕德으로서, 조祖는 공功으로서, 성현聖賢이 6대 7대나 일어났으며, 문모[612]와 무열[613]로서 자손에게 억만년을 물려 주셨다. 삼가 생각하건대, 대행대왕께서는 진실로 잘 계술[614]하셨다. 효우孝友는 마음을 따라 절로 일어났고 풍화風化는 사방에 미쳤으며, 청명[615]은 자신에 있었고 기욕嗜欲은 물러나게 되었다. 하늘의 노함을 공경하여 한결같이 지성으로 대하니, 성실에 감응하는 것이 메아리가 응하듯 하였고, 백성의 빈궁을 진휼함이 거의 빈 해가 없었으니, 도탄에 헤매던 사람이 모두 살게 되었으며, 영왕[616]이 이루지 못한 공을 장차 넓히려 하였고, 우리 조선의 위대할 수 있는 업을 크게 세우려 하셨다. 효심은 한이 없으되, 비통은 겨우 경렴[617]에 맺혀졌고, 몽령[618]이 징조가 없으니 유명遺命이 갑자기 옥궤[619]에

608) **큰 슬픔** : 국상國喪을 이름.

609) **소자**小子 : 자기를 낮추는 말.

610) **신장**腎腸 : 진심眞心이란 말.

611) **당우**唐虞 : 요순堯舜.

612) **문모**文謨 : 문치文治.

613) **무열**武烈 : 무공武功.

614) **계술**繼述 : 전인前人이 하던 일이나 뜻을 이어감.

615) **청명**淸明 : 깨끗하고 밝은 마음.

616) **영왕**寧王 : 효종孝宗을 이름.

617) **경렴**鏡奩 : 거울을 넣은 상자. 『후한서』 음황후기陰皇后記에 의하면, 황제가 태후의 경렴 속의 물건을 보고서 감동하여 슬퍼서 눈물을 흘렸다고 함.

618) **몽령**夢齡 : 주나라 무왕의 꿈에 천제天帝가 무왕에게 90세의 장수를 주었다는 고사를 말함.

619) **옥궤**玉几 : 옥으로 장식한 안석. 주나라 성왕이 임종시에 옥궤에 기대어 고명(顧命 : 유명)을 전달한 일이 있었음.

서 공언되었다. 병환이 나서 열흘이 되었는데도 약은 효과가 나지 않았으며, 내 몸이 대신 죽으려는 성심이 간절했는데도 신神이 굽어 살피지 않았었다. 종천[620]까지 이르는 거창한 일을 당했으니 큰 소리로 부르짖어도 미칠 수가 없었으며, 엄한 훈계를 받들 시일이 없게 되었으니 보잘것 없는 작은 내 몸이 어디에 의지하겠는가?

더구나 이 대위[621]를 갑자기 계승하게 되니, 나로 하여금 지정至情을 억제하게 한다. 그러나 종묘·사직의 큰 책임은 실로 후인에게 있으므로, 부형父兄·백관들이 같은 말을 하니 중인衆人의 소망을 막기가 어려웠다. 자성[622]의 자상한 유시諭示를 우러러 본받아 성주成周의 예전 법도를 따랐다. 이에 본년 8월 23일 갑인에 인정문에서 즉위하여 왕비를 높여서 왕대비로 삼고, 빈 김씨를 왕비로 삼는다. 욕의[623]를 대하매 슬퍼서 부르짖게 되고, 중기[624]를 주관하매 두려워서 마음이 편안하지 못하다. 부왕의 자리에 앉아 부왕의 예절을 행하니 사모함이 갱장[625]에 더욱 돈독하게 되고, 중대하고 어려운 책임을 맡게 되니 두려움은 실로 연곡[626] 보다 깊었다. 역대 임금의 큰 사업을 계승했으니, 어찌하면 하늘의 착한 명령을 맞이할 수 있겠으며, 선왕의 끼친 백성을 다스리게 되니, 어찌하면 우리나라를 어루만져 편안하게 할 수 있겠는가? 다만 혹시 부왕의 사업을 무너뜨릴까를 두려워할 뿐인데, 어찌 숙소[627]의 조심을 조금이라도 늦추는 것을 감내하겠는가?

마침내 큰 칭호[628]를 공포하여, 모든 품계에게 두루 미치게 한다. 본월 23일 어둑새벽 이전부터 잡범으로서 사죄死罪 이하는 모두 용서해 주고, 관직에 있는 사람은 각기 한 자급을 올리되 자궁[629]한 자는 대가[630]한다. 아! 공을 도모하여 일을 마쳐서 시종始終

숙종

620) **종천**終天 : 이 세상의 끝.

621) **대위**大位 : 왕위.

622) **자성**慈聖 : 왕대비.

623) **욕의**縟儀 : 상복喪服의 의식과 절차.

624) **중기**重器 : 왕위王位.

625) **갱장**羹墻 : 전왕前王을 사모한다는 말임. 옛날에 요제堯帝가 별세한 후에 순제舜帝가 3년 동안을 앙모仰慕했는데, 앉으면 요제를 담墻 안에서 보고, 밥을 먹으면 요제를 국그릇에서 보았다는 고사가 있음.

626) **연곡**淵谷 : 깊은 소와 골짜기.

627) **숙소**夙宵 : 이른 아침부터 밤늦게까지.

628) **큰 칭호** : 왕의 칭호.

629) **자궁**資窮 : 당하 최고의 자급인 정3품 하계, 곧 동반東班의 통훈대부, 서반西班의 어모장군에 이

쇠퇴衰頹하지 않기를 원하고, 과오를 고치고 흠을 씻어버려 생육에까지 모두 용서되기를 바란다. 이런 까닭으로 이에 교시하니 마땅히 죄다 알고 있을 것이다." [대제학 김만기가 지어 올렸다.]

이날 성복을 마치고 왕세자가 관면과 길복을 갖추고, 규圭를 쥐고 여차[631]로부터 걸어가면서 곡하였다. 내시 2인이 좌우에 끼고 보호하여 선정전 동쪽 뜰에 나아가 빈전을 향하여 사배례를 행하고, 섬돌에 올라가 전내의 향안 앞으로 들어가서 향을 피우고는 내려와 그전 자리로 돌아와서 또 네 번 절하고 동쪽 행랑의 막차幕次로 들어갔다. 조금 후에 왕세자가 선정문으로부터 걸어 나와서 연영문을 따라 가서 숙장문을 나와서 인정문에 이르니, 승지와 사관史官이 따라 나갔다. 왕세자가 서쪽을 향하여 어좌 앞에 서서 차마 자리에 오르지 못하고 소리를 내어 슬피 울기를 그치지 아니하였다. 승지와 예조 판서가 서로 잇달아 임금의 자리에 오르기를 권하였다. 삼공이 도승지와 더불어 나아가 왕세자를 부축하면서 번갈아 극진히 말하였다. 왕세자가 눈물을 흘리면서 슬피우니, 이 날 뜰에 있던 백관과 군병으로서 목소리를 내지 못할 정도로 울부짖지 않는 사람이 없었다. 왕세자가 어좌에 오르니, 백관들이 사배하고 의식대로 산호하였다. 예를 마치자, 사왕이 인정문으로부터 인정전에 올라가 인화문으로 들어와서 여차로 돌아왔는데, 우는 것이 끊어지지 않았으며 소리가 밖에까지 들렸다. - 『숙종실록』, 1674년 8월 23일

숙종

## 강력한 왕권을 휘두르다

숙종 시대는 붕당정치 과정에서 쌓여온 모순이 폭발하는 현상으로 남인과 서인, 노론과 소론의 당쟁으로 매우 혼란스러웠다. 숙종은 당파 간의 견제와 대립을 이용하여 임진왜란, 병자호란 등으로 손상된 왕실의 권위를 회복하고 왕권을 강화하고자 했다. 문란해진 국가재정구조를 개선하고 심화된 사회적 모순을 해결하기 위해 대동법을 전국적으로 실시했다. 즉위 이듬해에 대흥산성(개풍군 영북면 천마산에 있는 산성)의 완성 등 국경지대에 외세의 침입에 대한 국방대책을 강화했다.

르는 것.

630) **대가**代加 : 자궁 등의 이유 때문에 자급이 오를 당자를 갈음하여 아들·사위·아우·조카 등에게 자급을 올려주는 것.

631) **여차**廬次 : 상주가 거처하는 자리.

## 14세 나이에 즉위하다

허적

허목

권대운

1661년(현종 2년) 10월 7일 숙종은 현종과 청풍부원군 김우명의 딸 명성왕후 김씨의 외아들로 경덕궁 회상전에서 태어났다. 숙종은 독자로 성장하여 1667년(현종 8년) 왕세자로 책봉되었고, 부왕 현종이 급서하면서 1674년 8월 14세 어린 나이로 조선 19대 왕에 즉위했다.

숙종은 어린 나이에 왕위에 올랐지만, 누구의 간섭 없이 직접 나라를 통치하였다. 나이 많은 대신 앞에서 거리낌 없이 큰소리를 치고 마음에 들지 않는 신하는 유배를 보내거나 사사하는 등 왕으로서 과단성 있었다. 숙종은 격화된 서남 당쟁을 자신에게 유리하게 이용할 줄 아는 영민한 왕이었다. 상황에 따라 남인 혹은 서인에게 치명적인 정치적 패배를 안겨 주는 환국 정치로 정국의 주도권을 잡았다. 신하들은 왕의 마음이 언제, 어떻게 변해 자신들에게 화가 미칠지 전전긍긍하며 눈치를 보아야 했다.

서인 세력 송시열 등이 효종과 현종의 정통성을 부정했던 것에 나쁜 감정을 가지고 있었다. 즉위 첫해에 허적[632], 허목[633], 윤휴[634], 권대운[635] 등 남인이 대거 기용

632) **허적**許積 : 남인으로 제1·2차 예송에서 서인과 대결했으며, 제2차 예송에서 승리하여 집권한 뒤 탁남(남인의 한 갈래)의 영수가 되었다. 1959년 효종이 죽어 자의대비의 복상을 둘러싸고 제1차 예송이 일어나자, 송시열 등 서인의 기년설(만 1년) 맞서, 3년설을 주장했다. 1674년 효종의 비인 인선대비가 죽어 다시 자의대비의 복상문제로 제2차 예송이 일어나자 서인의 대공설(9개월)을 반대하고 기년설을 주장했다. 기년설이 채택되어 남인이 득세함으로써 영의정에 복직하여 남인 정권을 수립했다. 그 뒤 남인은 송시열 등의 처벌 문제로 청남과 탁남으로 분열되었는데, 그는 온건파인 탁남의 영수가 되어 허목 등의 청남을 몰아내고 권력을 잡았다.

633) **허목**許穆 : 과거에 급제하지 않고도 정승 반열에 올라 의정부우의정겸 영경연사에 이르렀다. 남인으로 예송논쟁 기간 중 송시열의 사형을 주장하였고, 송시열에 대한 온건 처벌론을 주장

되어 요직을 차지했다.

### 實錄記事 1674년 8월 21일, 왕세자가 송시열을 원상으로 삼고자 하다

왕세자가 하령하기를,

"듣건대, 송 영부사가 들어온다고 하니, 비록 망극한 중이지마는 마음을 위로해 줄 것이 진실로 많겠다. 궁관이 나아가서 존문[636]하도록 하라."

필선 안후가 주달하기를,

"신이 가서 영부사 송시열에게 유시[637]하니, 그가 말하기를, '놀란 나머지에 혼미하고 병이 또한 죽을 지경에 이르렀으므로, 대답할 바를 알지 못하겠다.'하였습니다."

원상이 주달하기를,



"영부사 송시열이 이미 서울에 올라왔고, 원임 대신[638] 중에 덕망이 있는 사람이면 같이 원상이 되는 것은 전례가 있으니, 지금도 또한 이 예에 의거하여 하는 것이 어떻겠습니까?"

답하기를,

"그대로 하라."

원상으로 달하한 뜻을 사관이 가서 영부사 송시열에게 유시하니, 대답하기를,

"범죄를 한 것이 지극히 중하여 서울 가까운 곳에서 대죄[639]한 지가 이미 한 달이 되었

---

하는 탁남의 허적, 권대운 등과 갈등하였다. 1678년 판중추부사에 이르렀으나 허견의 옥사때 파면되었다.

634) **윤휴**尹鑴 : 주자학이 지배하던 17세기 사상계에서 주자의 학설과 사상을 비판한 문인으로 예송 논쟁 때 남인으로 활동하며 송시열 등 서인 세력과 맞섰으며, 숙종 즉위 후부터 남인 세력이 정치적으로 대거 축출될 때까지 많은 개혁안을 제기하고 실행하려 했다. 1680년 영의정 허적의 아들 허견이 복선군을 추대하려는 역모에 관여했다고 하여 유배되었다가 처형당했다.

635) **권대운**權大運 : 1674년 제2차 예송 논쟁으로 갑인환국이 단행되자 중앙으로 복귀하였다. 숙종이 즉위하자 예조판서를 거쳐 병조판서가 되었다. 그러나 송시열을 처형할 것을 주장한 허목, 윤휴에 반대하여 허적과 함께 탁남의 지도자가 되었다.

636) **존문**存問 : 찾아가 안부를 물음.

637) **유시**諭示 : 구두 또는 서면으로 백성을 타일러 가르침

638) **원임 대신**原任大臣 : 전임 대신.

639) **대죄**待罪 : 죄인이 지은 죄에 대한 처벌을 기다림.

습니다. 선침(왕릉)이 아직 식지도 않았는데, 어찌 차마 갑자기 무죄로 자처하면서 임금 계신 곳에 드나들 수가 있겠습니까?"
-『숙종실록』, 1674년 8월 21일

## 숙원 최씨가 연잉군을 낳다

숙종은 1671년(현종 12년) 광성부원군 김만기의 딸 인경왕후 김씨와 혼인했다. 인경왕후는 두 딸을 낳았으나 모두 일찍 죽었다. 인경왕후는 1680년(숙종 6년) 20세 젊은 나이로 죽었다. 숙종은 여양부원군 민유중의 딸 인현왕후 민씨를 계비로 맞이했다. 인현왕후는 후사를 잇지 못했고, 숙종의 총애를 받은 희빈 장씨가 낳은 아들(20대 경종)이 세자에 책봉되었다. 격화된 서남 당쟁의 희생물로 장씨는 폐비가 되었다. 1701년(숙종 27년) 인현왕후가 병으로 죽자, 두 번째 계비로 경은부원군 김주신의 딸 인원왕후 김씨를 맞이했으나 자식을 얻지 못했다. 3명의 왕비에게서 자식을 낳지 못했으나 숙원 최씨에게서 연잉군(21대 영조), 명빈 박씨에게서 연령군을 얻었다.

숙종

### 實錄記事 1694년 9월 20일, 숙의 최씨가 왕자를 낳다

숙의 최씨가 왕자를 낳았다. 준례대로 호산청을 설치했는데, 임금이 호산청의 환시와 의관에게 내구마를 상으로 주었다.
우의정 윤지완이 듣고서 차자를 올려 진달하기를,

"국조 고사故事를 신이 감히 알 수는 없습니다마는, 효종조부터 근친近親·의빈儀賓·장신將臣 외에 일찍이 내구마를 내린 일을 듣지 못했습니다. 그러니 어찌 환시와 의관이 감히 받을 수 있는 것이겠습니까? 요사이 보건대 은전恩典을 조금도 아끼지 않으시는데, 이 일은 더욱 과람합니다. 전하께서 경계하시기 바랍니다."

하니, 임금이 비답을 내려 칭찬하며 유시했다. 윤지완이 입조하여 한 의논은 대절大節을 손상시켰다. 그러나 칠漆의 진공進供과 내구마 하사를 간한 두 가지 일은 능히 상신相臣의 체모를 얻은 것이라 하겠다.
-『숙종실록』, 1694년 9월 20일

## 외척 김석주가 득세하다

김석주

숙종의 즉위와 함께 남인이 집권하여 허적, 권대운 등이 주도권을 잡았다. 이들은 외척 김석주[640]와 결탁해 재상 자리를 차지했다. 외척 김석주는 청풍 김씨 가문으로 부왕 현종의 장인 김우명의 조카다.

갑인예송 때 부왕 현종을 도와 서인의 축출을 사실상 주도했던 김석주는 숙종의 깊은 신뢰 속에 정국을 좌지우지했다. 오랜 정적이었던 송시열을 몰아낸 김석주에게 새로이 견제해야 할 대상이 바로 인조의 셋째 아들 인평대군의 세 아들 복창군, 복선군, 복평군이었다. 이른바 '3복'이라 불리던 이들은 부왕 현종의 사촌들로, 외아들로 가까운 친척이 많지 않았던 숙종에게는 여러모로 의지가 되는 종친이었다. 외척 김석주에게 이들은 달갑지 않은 존재였다. 후사가 없었기 때문에 유고 시 서열상 그들이 왕위를 계승할 가능성이 컸다. 어머니 명성왕후가 숙종의 수라상을 일일이 점검했는데, 그만큼 외척 청풍 김씨의 불안감이 컸다.

외조부 김우명은 복평군 형제가 궁녀와 간통해 임신까지 시켰다는 상소를 올렸다. 숙종은 복평군 형제는 물론 함께 추문을 일으킨 궁녀들을 불러 국문하도록 지시했다. 그러나 이들을 벌줄 생각은 없었다. 다만 상소를 올린 외조부 김우명에 대한 예우 차원에서 형식적인 국문을 명했고, 복평군 형제는 무죄로



640) **김석주**金錫胄 : 외척, 권신, 작가이자 비상한 머리와 수완을 지닌 책사로서, 당시 명성왕후 김씨를 도와 정국을 주도했다. 경신대출척이 그의 작품이다. 그는 대동법을 실현시킨 영의정 김육의 손자로 장원급제자이며 노론의 창립 멤버지만, 동시에 현종의 처사촌이자 숙종의 외종숙(5촌)으로서 당시 외척 세력을 대표하는 인물이다. 제2차 예송 논쟁 당시 그는 서인이었음에도 남인 허적 등과 손잡고 송시열, 김수항 등 대동법에 반대했던 산당을 몰아냈다. 그를 비롯해 서인 내 한당과 남인은 연정을 했고 그 역시 이조판서와 우의정을 역임했다. 사은사로 청나라에 다녀온 뒤 음험한 수법으로 남인의 타도를 획책하여 같은 서인의 소장파로부터 심한 반감을 사 정치적으로 몰락했고, 이는 바로 서인이 노론과 소론으로 분당되는 계기를 제공했다. 1684년 9월 병으로 은퇴해 있다가 나이 50세에 사망했다.

풀려났다. 이 일로 인하여 '3복'은 화가 미칠까 스스로 조심했다. '3복'에게 권력의 줄을 대 보려고 했던 '3복'의 외가 동복 오씨를 비롯한 남인들도 운신의 폭이 좁아졌다.

## 남인 일파가 서인에 의해 대거 축출된 경신환국

숙종은 어린 14세 나이에 임금이 되었다. 뛰어난 것은 어린 나이에도 불구하고 타고난 정치적인 식견으로 왕권을 강화했다. 1675년, 15세 나이에 왕의 권위와 효종의 정통성을 부정한 송시열을 함경도 웅천으로 귀양 보냈다. 15세 왕과 75세 신하와의 싸움에서 15세 숙종의 승리로 끝났다. 숙종은 세 번의 환국[641]을 통해 강력한 왕권으로 여러 당파를 장악했다.



1680년(숙종 6년) 3월 남인의 영수 영의정 허적은 조부에게 시호가 내려진 것을 자축하기 위한 잔치를 열었는데, 그날 비가 많이 내렸다. 숙종은 빗속에 연회를 하려면 곤란할 것이니 기름칠한 천막을 허적의 집에 보내라는 어명을 내렸다. 어명이 있기 전에 이미 천막은 허적이 집에 가져갔다. 허락도 없이 궁 안의 물건을 가져간 것에 분노한 숙종은 권력을 믿고 오만방자하게 행동한 허적과 남인 일당을 파직하고 조정의 요직을 모두 서인으로 교체했다. 서인은 갑인예송 이후 남인에게 빼앗겼던 정국의 주도권을 되찾았다. 남인 일파가 정치적으로 몰락하고 서인이 정권을 잡은 사건을 경신환국이라고 한다.

서인 외척 김석주 등은 영의정 허적의 서자 허견과 종친 중 숙종이 신임하던 복창군[642], 복선군, 복평군이 역모한다고 고발하여 '삼복의 변'이 일어났다. 복

641) **환국**換局 : '시국 또는 판국이 바뀐다'는 뜻으로 서인과 남인이 세 차례에 걸쳐 정권을 교체한 사건.

642) **복창군**福昌君 : 인조의 아들인 인평대군의 아들이다. 인평대군과 효종의 우애가 돈독하였기 때문에 효종 또한 인평대군의 아들들을 총애하였고 사촌인 현종과는 매우 두텁게 지냈다. 두 동생인 복선군, 복평군과 함께 삼복이라 불리며 왕실의 종친으로서 위세를 떨쳤다. 하지만 삼복 형제의 세력이 커질 것을 경계하던 숙종의 어머니 명성왕후와 숙종의 외조부 김우명의 고발에 의해 인선왕후의 국상 중에 궁녀 김상업과 사통한 일로 추국을 받고 정배되었다. 이

창군 이정은 1680년 4월 26일 사사되었다. 복선군, 복평군 등 종친 세력과 허견이 처형되었다.

實錄記事 1680년 4월 12일, 복선군 이남의 교수형을 명하다

비망기에 이르기를,

"이남은 왕실의 지친으로서 효묘孝廟와 선조[643]로부터 궁중에 양육하여 세상에 드문 은혜를 입었으니, 제가 비록 모역을 하였다 하더라도 내가 차마 나라의 형벌로써 처단할 수 없으니, 특별히 교수형에 처하게 하라."

허견을 능지 처사하고 복선군 이남을 교수형에 처하다

죄인 허견을 군기시 앞 길에서 능지처사하고 이남을 교수형에 처하였다.

숙종

- 『숙종실록』, 1680년 4월 12일

영의정 허적도 파직되어 충청도 충주로 귀양을 가서 사약을 받고 죽었다. 삼복의 변 또는 허견의 옥사는 1680년(숙종 6년) 4월 김석주의 사주를 받은 정원로 등의 고변으로 시작되어 5월에 마무리되었다. 윤휴를 비롯해 100여 명의 남인이 처벌되었다. 이후 고변을 한 정원로도 원래의 공모자로 처형되었다.

實錄記事 1680년 6월 5일, 윤휴의 사사를 명하다

대사헌 신정·대사간 유상운이 청대하여, 신정이 아뢰기를,

"윤휴의 죄는 죽을 죄가 한두 가지가 아닙니다. 그런데 어제 형신刑訊을 시행하는 계사를 보니, 익명서를 가지고 심문 항목으로 삼은 것은 이환이 이미 자백하고서도 윤휴를 끌어대지 않았는데, 곧바로 형신을 시행하는 것은 아마도 일의 체모에 방해가 될 듯합니다."

유상운이 아뢰기를,

"이 일로써 윤휴를 국문하면 옥사의 체모에 어긋날 것입니다. 윤휴의 전일 공초에 이정

---

후 정배에서 풀려났으나 경신환국 당시 허견 등과 삼복의 옥에 연루되었고, 동생 복선군과 역모를 꾀했다는 이유로 국문을 받고 교수형에 처해졌다.

643) **선조**先朝 : 현종顯宗.

과 이남을 분별하지 못한다고 한 말은 아주 꾸민 거짓말이며, 비밀 차자 중에서 군사를 거느린 관원을 교체해야 한다고까지 한 말과 위사와 금군으로 핑계된 말들은 간활하기가 심합니다. 우선 익명서 한 항목은 접어두고 먼저 이 두 가지 일과 체찰부를 복설하여 병권을 독점하려고 한 일로써 국문하는 것이 좋겠습니다."

윤휴

임금이 이르기를,

"윤휴의 전후에 한 일은 내맥[644]이 한결같으나 무고誣告와 모역은 경중이 다르니, 대간의 말이 옳다."

신정이 국청의 여러 신하들을 인견하고 자세하게 의논하여 단정할 것을 청하니, 임금이 사관에게 명하여 국청의 여러 신하들을 들어오게 하고, 임금이 신정 등의 말로써 대신에게 물으니, 김수항이 아뢰기를,

"윤휴의 '조관'이라는 말과 체찰부의 복설을 청한 것은 그 죄가 비록 무겁기는 하나, 곧바로 사죄死罪로 논단하기는 지나친 듯합니다. 비밀 차자에 있어서는 비록 죄는 다소 가벼우나 그 실정을 용서할 수 없으니, 이 일로써 형을 청한 것은 불가함을 보지 못하겠습니다."

민정중은 아뢰기를,

"이미 유배지로 보낸 뒤에 다시 이전의 죄목으로 국문하는 것은 불가합니다. 곧바로 비밀 차자를 가지고 죄를 결단함이 마땅합니다."

임금이 의금부 당상관에게 물으니, 모두 민정중의 대답이 마땅하다고 하였으나, 오두인은 '죄가 이미 드러난 것만 해도 사죄死罪로서 충분한데 만약 승복을 받지도 못하고 고문 아래서 죽게 된다면 전형을 공명 정대하게 하는 본의가 없어질까 두렵다.' 하였다. 임금이 다시 내신들에게 물으니, 대답이 모두 오두인과 같았다. 드디어 사사를 명하였다.

-『숙종실록』, 1680년 5월 15일

1680년(숙종 6년) 5월 20일 윤휴에게 사사賜死하라는 명이 내리자 대간이 다시 국문하기를 계청하여 거행되지 않았는데, 이때에 와서 대간의 아룀이 비로소 정지되었으므로, 마침내 사사하였다.



---

644) **내맥**來脈 : 일이 이루어진 결과나 또는 경로.

## 장희빈 아들이 원자가 되고 남인이 집권한 기사환국

경신환국으로 재집권한 서인들은 노론과 소론으로 분열해 서로 반목했고, 숙종은 서인들에게 염증을 느끼기 시작했다. 숙종의 첫 번째 부인 인경왕후가 자식을 낳지 못하고 죽고, 계비로 서인 가문의 딸 인현왕후가 들어왔다. 인현왕후가 자식을 낳지 못하는 가운데 궁녀 장씨가 숙종의 총애를 독차지했다. 궁녀 장씨는 역관 장형의 딸로 남인 계열로 본명은 장옥정이다. 숙종의 모친 명성왕후는 숙종과 남인 궁녀 장씨의 사랑을 필사적으로 막았다. 장씨는 대비 명성왕후 김씨[645]에 의해 궐 밖으로 쫓겨나기도 했지만, 명성왕후가 죽은 후 인현왕후의 배려로 다시 궐로 들어왔다.



돌아온 장씨는 1686년(숙종 12년) 12월 10일 숙원[646]에 봉해졌다.

### 實錄記事 1686년 12월 10일, 장씨를 책봉하여 숙원으로 삼다

장씨를 책봉하여 숙원으로 삼았다. 전에 역관 장현은 국중國中의 거부로서 복창군 이정과 복선군 이남의 심복이 되었다가 경신년[647]의 옥사에 형을 받고 멀리 유배되었는데, 장씨는 곧 장현의 종질녀이다. 나인으로 뽑혀 궁중에 들어왔는데 자못 얼굴이 아름다웠다. 경신년 인경왕후가 승하한 후 비로소 은총을 받았다. 명성왕후가 곧 명을 내려 그 집으로 쫓아내었는데, 숭선군 이징의 아내 신씨가 기화[648]로 여겨 자주 그 집에 불러들여 보살펴

645) **명성왕후**明聖王后 **김씨** : 조선 제18대 현종의 정비이다. 청풍부원군 김우명의 딸이며 1651년 세자빈에 책봉되었고, 1659년 왕비에 책립되었으며, 슬하에 숙종과 명선, 명혜, 명안 공주를 두었다. 능은 경기도 양주의 숭릉이다. 아들 숙종이 보위에 오른 뒤 홍수의 변을 조장하여 남인과 가까운 인평대군의 세 아들을 공격하는 등 적극적으로 정사에 간여하여 물의를 일으켰다. 경신환국 이후 남인의 미인계로 입궁한 장옥정을 대궐에서 쫓아내기도 했다. 조선에는 역대 37명의 왕비가 있었는데 어린 나이에 왕세자빈으로 가례를 치르고, 남편인 왕세자가 왕위를 계승하여 왕비가 되었으며, 왕이 승하한 뒤 자신의 친아들이 즉위하여 대비까지 오른 왕비는 명성왕후 김씨가 유일하다.

646) **숙원**淑媛 : 후궁에게 내리던 종사품 내명부의 품계.

647) **경신년** : 1680년(숙종 6년).

648) **기화**奇貨 : 진기한 물건. 좋은 기회.

주었다. 신유년[649]에 내전[650]이 중전의 위에 오르자 그 일을 듣고서 조용히 명성왕후에 아뢰기를,

"임금의 은총을 입은 궁인이 오랫동안 민간에 머물러 있는 것은 사체事體가 지극히 미안하니 다시 불러들이는 것이 마땅할 듯합니다."

명성왕후가 말하기를,

"내전이 그 사람을 아직 보지 못하였기 때문이오. 그 사람이 매우 간사하고 악독하고, 주상이 평일에도 희로喜怒의 감정이 느닷없이 일어나시는데, 만약 꾐을 받게 되면 국가의 화가 됨은 말로 다할 수 없을 것이니, 내전은 후일에도 마땅히 나의 말을 생각해야 할 것이오."

내전이 말하기를,

"어찌 아직 일어나지도 않은 일을 미리 헤아려 국가의 사체를 돌아보지 않으십니까?"

하였으나, 명성 왕후는 끝내 허락하지 않았다. 명성 왕후가 승하한 후에 내전이 다시 임금을 위해 그 일을 말하였고, 자의전[651]도 또한 힘써 그 일을 권하니, 임금이 곧 불러들이라고 명하여 총애하였다. 장씨의 교만하고 방자함은 더욱 심해져서 어느 날 임금이 그녀를 희롱하려 하자 장씨가 피해 달아나 내전의 앞에 뛰어들어와, '제발 나를 살려주십시오.' 라고 하였으니, 대개 내전의 기색을 살피고자 함이었다. 내전이 낯빛을 가다듬고 조용히, '너는 마땅히 전교를 잘 받들어야만 하는데, 어찌 감히 이와 같이 할 수가 있는가?' 하였다. 이후로 내전이 시키는 모든 일에 대해 교만한 태도를 지으며 공손하지 않았으며, 심지어는 불러도 순응하지 않는 일까지 있었다. 어느 날 내전이 명하여 종아리를 때리게 하니 더욱 원한과 독을 품었다. 내전이 다스리기 어려운 것을 근심하여, 임금에게 권하여 따로 후궁을 선발하게 하니, 김창국의 딸이 뽑혀 궁으로 들어왔으나 또한 총애를 받지 못하였다. 얼마 있지 않아서 마침내 장씨를 책봉하여 숙원으로 삼았다. 이때 징徵의 아내는 상시 자의전으로부터 칭찬을 듣고 있었는데, 자의전은 나이가 많은데다 또한 징의 아내를 믿고 있었으므로, 장씨를 치우치게

*장씨를 책봉하여 숙원으로 삼았다. 전에 역관 장현은 국중의 거부로서 복창군 이정과 복선군 이남의 심복이 되었다가 경신년의 옥사에 형을 받고 멀리 유배되었는데, 장씨는 곧 장현의 종질녀이다. 나인으로 뽑혀 궁중에 들어왔는데 자못 얼굴이 아름다웠다.*

숙종

649) **신유년**: 1681년(숙종 7년).

650) **내전**內殿: 인현왕후.

651) **자의전**慈懿殿: 인조의 계비인 자의대비慈懿大妃.

사랑하고 내전과는 소원하였다. 이때 징의 아내는 안으로는 날로 임금과 자의전에게 차츰차츰 참소讒訴하고, 밖으로는 그 아들 항杭으로 하여금 장씨의 형 장희재와 모의하여 정·남의 여당과 결탁해서 밤중에 모여 중전을 위태롭게 할 것을 모의하였다.

이에 앞서 계해년[652] 3월 13일은 인조반정의 회갑이 되는 날이었다. 정명공주의 집에서 잔치를 베풀어 조정 대신 이하의 관원이 모두 공주의 집에 모였는데, 기녀를 많이 모아 그들로 하여금 술을 따르고 가무를 하게 하였다. 그 중에 숙정이라는 이름을 가진 자가 노래를 잘한다는 명성이 있었다. 술을 마신 후 손님 가운데 어떤 사람이 숙정과 더불어 희롱하려 하였는데, 숙정의 남편이 곧 장희재였다. 장희재는 이때 포도부장으로서 대궐문 밖에서 기다리고 있다고 몰래 숙정을 불러내어 달아나 버리니 어떤 사람이 여러 대신들에게 그 일을 고하였다. 좌의정 민정중이, '조정의 큰 연회가 끝나기도 전에 술을 따르는 기녀가 먼저 달아났으니 사체事體가 놀랄 만하다.' 하고, 비국備局의 낭관으로 하여금 기녀를 불러내어 데리고 간 그 남편을 곤장으로 엄하게 다스리게 했다. 장희재는 이 일로써 독을 품은 것이 뼈에 사무쳤는데, 혹자는 '이 일이 또한 화의 빌미가 되었다.'고 하였다.



가을에 부교리 이징명이 소를 올려 논하기를,

"종사의 존망이 반드시 여기에 매여 있지 않다고 기필할 수 없으니, 방출할 것을 간곡히 청합니다."

임금이 답하기를,

"잘못 전해진 말에서 나온 것이다."

그 후 대사성 김창협이 재앙을 만나 경계할 일을 늘 아뢰었는데, 궁중에서 집을 새로 건축하는 일을 논하여 아뢰기를,

"어제 사헌부의 계啓에 대해 전하께서는 전해 들은 말이 사실과 어긋난다고 하셨는데, 근래에 진실로 이러한 일이 있다는 것을 들었습니다. 대목大木을 구하는 공사工師가 자못 민간에 출입하니 대간의 아뢴, '장인匠人을 불러 모으고 재목을 운반하는 데 반드시 이른 아침과 늦은 저녁에 한다.'는 것이 과연 거짓말이 아닙니다. [혹자는 말하기를, "임금이 장씨를 위하여 별당을 지으면서 외부 사람으로 하여금 알지 못하게 했다." 하였다.] 지금 전하께서 스스로의 잘못이라고 하교하시고는 안으로는 급하지 않은 역사役事를 일으키고, 밖으로는 신하의 말을 막아 버리는 변명을 하시니, 이것은 스스로를 속이고 또 남을 속이는 일입니다."

또 아뢰기를,

"이징명의 소가 전하의 노여움을 거듭 범하자, 그 때의 성교聖敎는 전적으로 '척리戚里'

---

652) **계해년** : 1683년(숙종 9년).

한 조항으로써 죄를 삼으셨고, 아래의 한 가지 일은 잘못 전해들은 것으로 핑계대셨지마는, 전하는 얘기들이 끝이 없이 모두 궁중에 실지로 그 사람이 있다고 하니, 전하께서 이징명에게 노한 것은 실로 이 일에 있다고 할 것입니다."

하니, 임금이 답하기를,

"억측이 너무 심하다."

임금이 전후의 소에 대해 꺼리는 비답을 내린 것은 그 사람이 선후先后 때에 내침을 당했기 때문이다. 그러나 지금 갑자기 이러한 명이 있은 것은 어찌 치란治亂이 운수運數가 있으므로 사람의 힘을 용납하기가 어렵고, 화의 기틀이 장차 다가오니 그렇게 하지 않으려해도 그렇게 되는 것이 아니겠는가! 그 후 민암·민종도·이의징의 무리들이 장희재의 힘에 의지하여 끝내 기사의 변을 이루어 어진이를 죽이고 나라를 해쳐 종실의 제사를 거의 위태로운 지경에까지 이르게 하고, 끝내는 내전을 사제로 물러나게 하였으며, 장씨가 대신 곤위壼位에 올랐으니, 아! 명성모후의 원려遠慮와 밝은 예견은 실로 역사상 없던 일이다. 그리고 우리 성상의 영명英明하고 강의剛毅한 자질로서도 오히려 이같이 전에 없던 비상한 거조가 있었으니, 심하도다. 여자를 총애함이 마음을 고혹蠱惑시키고 덕을 해침이여, 아! 어찌 크게 두려워하지 않겠는가?

- 『숙종실록』, 1686년 12월 10일

숙종

1688년(숙종 14년) 10월 27일 희빈 장씨가 아들 균(20대 경종)을 낳은 후 희빈에 봉해졌다. 아들이 태어나자 장씨에 대한 숙종의 총애는 더욱 커졌다. 희빈 장씨도 덩달아 기고만장했다. 서인들은 장씨와 주변 인물들을 견제하며, 그들의 행실을 문제 삼아 비난하기 시작했다. 이런 비난은 숙종의 심기를 불편하게 했다.

### 實錄記事 1689년 1월 15일, 소의 장씨를 희빈으로 삼다

소의昭儀 장씨를 희빈禧嬪으로 삼았다. 당시에 장씨에 대한 총애가 날로 성하였는데, 이항과 장희재가 민암·민종도·이의징 등과 체결해 관통하여 모의함에 못하는 바가 없었으니, 국가의 화가 장차 조석朝夕에 있어, 사람들이 모두 무서워서 떨었다.

- 『숙종실록』, 1689년 1월 15일

숙종과 서인들의 갈등은 1689년(숙종 15년) 원자의 이름과 호칭을 정하는 문제로 표면화되었다. 숙종은 장씨 소생의 아들을 원자로 삼아 나라의 근본을 세우겠다고 했다. 신하들은 인현왕후가 적자를 낳을 기회가 있으니 원자를 정하는 일을 서두르지 말 것을 간청했다. 숙종은 신하들의 간청을 듣지 않고 5일 후 장씨 소생 아들을 원자(훗날 경종)로 정했다. 숙종은 서인들에게 휘둘리지 않고 강력한 왕권을 행사하겠다는 의지였다.

### 實錄記事 1689년 1월 10일, 왕자의 명호에 관해 구언하다

임금이 시임·원임대신과 6경, 판윤, 3사 장관을 명소하였으나 많이 나오지 않고, 오직 영의정 김수흥·이조판서 남용익·호조판서 유상운·병조판서 윤지완·공조판서 심재·대사간 최규서·지평 이언기·수찬 목임일만이 입대하였다. 임금이 말하기를,

"국본[653]을 정하지 못하여 민심이 매인 곳이 없으니, 오늘의 계책은 다른 데에 있지 않다. 만약 선뜻 결단하지 않고 머뭇거리며 관망만 하고, 감히 이의를 제기하는 자가 있다면, 벼슬을 바치고 물러가라."

여러 신하들이 대답할 바를 알지 못하였다. 김수흥이 말하기를,

"전하께서 오래도록 자손의 경사가 없으시다가 지난해에 후궁이 비로소 왕자를 낳아 군정羣情이 믿는 바가 있는 것 같으니, 어찌 관망하는 사람이 있겠습니까?"

임금이 말하기를,

"오늘 제신에게 묻는 것은 바로 왕자의 명호를 정하려는 일이다."

남용익이 아뢰기를,

"전하께서 하문하심이 의외의 일에 미쳤으니, 신은 대답할 바를 알지 못하겠습니다. 하지만 중궁께서 춘추가 지금 한창이시고, 다른 날의 일을 알 수 없으니, 갑자기 이런 일을 의논하는 것은 어찌 너무 급하지 않겠습니까? 오직 전하께서는 신중하게 하소서. 전하께서 신을 물러가라고 말씀하셨으니, 물러가기는 하겠습니다만 또한 말하지 않을 수가 없습니다."

유상운은 아뢰기를,

"송나라 태종이 태자를 세우고서도 오히려 말하기를, '나를 어느 땅에 두겠느냐?'고 하였습니다. 지금 전하께서 국본을 깊이 생각하시어 이런 의논이 있게 되었으나, 그것은 태종의 경우와 다릅니다. 이미 왕자를 두시어 신민이 의지할 곳이 생겼으니, 다른 날에 중궁께서 생남의 경사가 없으면, 국본은 자연히 정하여질 것입니다. 어찌 명호를 정하지 않는 데에 있겠습니까?"

---

653) **국본**國本 : 세자世子.

윤지완은 아뢰기를,

"남용익의 말이 옳습니다. 한漢나라의 명덕황후는 늙어서야 비로소 장제를 아들로 삼았으니, 이에서 정궁을 중하게 여김을 볼 수 있는 것입니다. 후일에 정궁에게 사자嗣子가 없다면 국본은 저절로 정해질 것입니다."

심재는 아뢰기를,

"전하께서는 춘추 30에 비로소 왕자를 두셨습니다. 오늘 순문하신 바는 종사의 대계이니, 신민이 어찌 관망하는 뜻이 있겠습니까? 하지만 제신들이 후일을 염려하는 것도 소견이 없지 않으니, 오직 성상께서는 널리 의논하셔서 처리하소서."

최규서는 아뢰기를,

"전하께서 춘추가 한창이시고 왕자께서 탄생하신 지 겨우 두어 달 밖에 되지 않았는데, 어찌 이와 같이 서둘러 명호를 정하려 하십니까? 제신의 말이 모두 옳습니다. 뒷날 처리하기 어려운 일이 있으면, 장차 어떻게 하시겠습니까? 이제 대사를 물으시면서 벼슬의 진퇴를 가지고 아랫사람들을 위협하려고 하시니, 전하께서 아랫사람을 대접함이 또한 너무 박薄하십니다."

이언기는 아뢰기를,

"다른 날 정궁께서 만약 왕자를 탄생하여 기르시는 경사가 더디게 된다면, 천의와 인심은 저절로 귀착될 바가 있을 것입니다. 모름지기 몇 년을 기다렸다가 다시 의논하는 것이 옳을 것입니다. 한漢나라 문제 때에 일찍이 태자를 세워서 종사를 안정시켰던 것은 곧 황자가 많아서 저사를 정하지 못하였기 때문입니다만, 오늘의 일은 진실로 이와는 다릅니다. 전하나 신자가 누가 감히 관망만 하는 마음이 생기겠습니까?"

목임일은 아뢰기를,

"오늘 하순하심은 곧 종사의 계책이고, 이는 대사입니다. 오직 전하께서는 널리 묻고 의논하여서 처리하소서."

김수홍이 다시 아뢰기를,

"왕자가 지금 강보에 계시는데, 갑자기 명호를 정한다면, 어찌 너무나 크게 서두른 것이 아니겠습니까? 또 예전 사람은 태자에 대하여 단지 교양을 성취하는 것을 우선으로 삼았던 것이었으니, 명호를 급한 일로 여겼다는 것은 듣지 못하였습니다. 왕자가 많으면 혹 맏이를 세우기도 하고 혹 어진이를 가려서 세우기도 하지만, 오늘날은 단지 한 왕자만을 두셨으니, 덕기가 성취한 뒤에 국본이 끝내 어디로 돌아가겠습니까? 선묘조에 의인왕후께서 저사가 없으시어 광해가 어질다고 하여서 아들을 삼았으나, 명호에 이르러서는 임진년[654]에 비로소 정하였습니다."

숙종

도승지 이언강은 아뢰기를,

"오늘의 순문하심은 대사이니, 원임대신과 2품 이상을 패초[655]하여, 널리 의논하여서 처리하는 것이 옳겠습니다."

임금이 말하기를,

"을유년[656]의 일도[657] 또한 2품 이상이 회의會議한 예가 없었다."

김수흥이 아뢰기를,

"이미 왕자를 두시니 인심이 모두 희망을 가지고, 강보에 계시므로 명호를 반드시 정할 필요가 없다고 제신이 벌써 말하였으니, 어찌 널리 의논하기를 기다리겠습니까?"

임금이 말하기를,

"고훈古訓에 이르기를, '불효에 세 가지가 있는데 후사가 없는 것이 가장 큰 불효이다.' 고 하였다. 내 나이 거의 30이 되도록 저사가 없어 밤낮으로 근심하고 두려워하다가 이제야 비로소 왕자를 두었으니, 지금 내가 명호를 정하려는 것이 어찌 빠르다고 하겠느냐? 작년 5월에 내가 꿈속에서 어떤 사람을 만나, '내가 언제 아들을 낳겠느냐?' 고 물으니, 그 사람이 이르기를, '이미 잉태하고 계신데 남자입니다.' 하였다. 내가 듣고서 스스로 기뻐하였는데 아들을 낳게 되어서는 내 마음에 믿는 바가 있게 되었다."

숙종

또 말하기를,

"고금이 같지 않아 국세國勢가 외롭고 위태하여 저사를 빨리 정하지 않을 수 없으니, 제신들의 뜻이 어떠한가를 다시 말하는 것이 좋겠다."

여러 신하의 대답은 처음과 같았다. 유상운이 아뢰기를,

"작년에 왕자가 탄생하시자, 국세가 외롭지 않고, 인심도 믿는 바가 있게 되었는데, 어찌 반드시 조급하게 명호를 정해야만 하겠습니까?"

임금이 말하기를,

"유상운의 말은 해괴하다고 할 만하다."

최규서가 아뢰기를,

"오늘날 인심이 매인 곳은 오직 한 분의 왕자입니다. 왕자께서 언어와 배궤[658]의 절도를

---

654) **임진년** : 1592년(선조 25년).

655) **패초**牌招 : 승지가 왕명을 받고 신하를 부름. '명命'자를 쓴 주색朱色 패의 한 면에 부름을 받은 신하의 성명을 기입하여, 승정원 하례下隷를 시켜 송달함.

656) **을유년** : 1645년(인조 23년).

657) **일도** : 인묘조仁廟朝에 효종을 책봉하여 저사를 삼은 일.

익히기를 조금 기다려 비로소 이 일을 의논하여도 또한 늦지 않을 것인데, 전하께서 서둘러 반드시 행하려고 하시니, 신은 끝내 성상의 의향이 계신 바를 알지 못하겠습니다."

임금이 말하기를,

"30이 되도록 저사가 없었으니 다시 무엇을 바라길래 그대는 도리어 이 일을 서두른다고 하느냐?"

인하여 하교하기를,

"책봉은 5세가 되기를 기다림이 마땅하나, 국세가 외롭고 위태한데다 강국이 이웃에 있어 종사의 대계를 늦출 수가 없다. 그러니 왕자의 명호를 정하되 해조로 하여금 거행하게 하라."

남용익이 아뢰기를,

"왕자의 명호를 정하는 것은 나라의 큰 일이라 창졸간에 결정할 수 없습니다. 청컨대 다시 여러 대신과 2품 이상에게 널리 의논하셔서 처리하소서."



임금이 말하기를,

"대계는 이미 정해졌다."

남용익이 곧 다시 말하니, 종중추고[659]하라고 하였다. 최규서가 나아가 환수하기를 청하였으나, 임금이 청납하지 아니하였다. - 『숙종실록』, 숙종 1689년 1월 10일

### 實錄記事 1689년 1월 11일, 왕자의 명호를 정하고 하례는 중지하라고 명하다

예조에서 말하기를,

"왕자의 명호도 원자로 정하여야 마땅할 것 같으나, 본조에 좇아 따를 만한 고사가 없으니, 청컨대 여러 대신에게 의논하시어 그 일을 중하게 여기소서."

임금이 말하기를,

"이 일은 반드시 널리 의논하기를 기다릴 것이 아니니, 원자로 명호를 정하라."

예조에서 또 말하기를,

"원자로 이미 명호를 정하였으니, 종묘와 사직에 고하는 일과, 진하·반교는 신축년[660]의 전례에 견주어 함이 마땅할 것입니다. 그러나 지금 국상國喪이 있으니, 하례를 장차

658) **배궤**拜跪 : 무릎을 꿇고 절함.

659) **종중 추고**從重推考 : 두 가지 이상의 죄가 한꺼번에 드러났을 때, 그중에서 가장 무거운 죄로 처벌하는 것.

660) **신축년** : 1661년(현종 2년).

어떻게 처리해야 하겠습니까?"

임금이 옳게 여기고 또 명하니 하례는 중지하게 하였다. - 『숙종실록』, 숙종 1689년 1월 11일

숙종은 서인들의 견제가 계속되면 뜻대로 왕권을 행사하기 힘들다고 판단하고 서인들을 내칠 구실을 찾고 있었다. 송시열이 원자의 이름과 호칭을 정하는 것이 너무 성급했다는 내용의 상소를 올렸다. 이것은 새로운 환국의 원인이 되었다. 결국 송시열 등 많은 서인들이 조정에서 쫓겨나고 유배를 갔다. 경신환국 때 실각했던 남인들이 대거 복직했다. 희빈은 중전이 되었다. 이것이 희빈 장씨의 등장과 함께 시작된 기사환국이다.

권력을 잡은 남인은 서인에 대한 복수를 시작했다. 서인의 거두 송시열이 제주도로 유배되었고 국문을 받기 위해 다시 서울로 압송되던 도중 정읍에서 사약을 받았다. 당시 83세의 고령이던 그는 의연히 유언을 남기고 사약을 마셨다. 서인 민유중의 딸 인현왕후가 폐출되었다. 폐비를 반대하는 수많은 상소가 올라왔지만, 숙종은 인현왕후를 폐비시키고 희빈 장씨를 왕비로 삼았다.



폐비 반대 상소를 올렸던 오두인, 박태보 등을 친히 국문하고 장유[661]에 처했다.

### 實錄記事 1689년 5월 2일, 왕비 민씨를 폐하여 서인으로 삼다

왕비 민씨를 폐하여 서인으로 삼았다. 임금이 비망기를 내리기를,

"내가 양조[662]의 폐비할 때의 고사를 보건대, 윤씨가 잘못한 바는 단지 투기에 있었는데, 죄상이 이미 드러나자 성묘께서 종사를 위해 깊이 근심하고 먼 앞날을 생각하시어 단연코 폐출하셨다. 더욱이 오늘날 민씨는 허물을 지고 범한 것이 윤씨보다 더하고, 윤씨에게 없었던 행동까지 겸하였으며, 선왕·선비의 하교를 지어 내어 종사에 죄를 얻었다. 예관으로 하여금 폐하여 서인을 삼아 사제로 돌려보내니, 종묘에 고하고 교서를 반포하며 그 부모의 봉작을 빼앗는 등의 일은 한결같이 구례에 의하여 즉시 속히

661) **장유**杖流 : 죄인의 엉덩이를 큰 몽둥이로 치는 형벌.

662) **양조**兩朝 : 성종조와 중종조.

거행하도록 하라."

삼가 살펴보건대, 중궁은 왕후의 자리에 오른 지 거의 10년이 되었는데, 안으로는 후궁의 투기와 이간이 있었고, 밖으로는 간신의 부추김이 있어서, 위험이 핍박하는 변에 빠져 폐출의 액운을 당하였다. 임금이 바야흐로 총애에 치우치고 분노에 과격하여, 무릇 잘못을 크게 드러내어 그 죄를 만드는 것에 이르지 아니하는 바가 없었다. 그러나 동정과 언어에 일찍이 한 가지 일도 지적해 낼 만한 잘못이 없었으니, 이에 신민이 비로소 곤의[663]의 결함이 없음을 더욱 알았다. 아아! 이와 같지 아니하였다면 어찌 능히 뒤에 명철明哲한 임금이 회오悔悟하여 그 과실을 재빨리 고친 것이 일식·월식이 지난 뒤 해와 달이 다시 광명을 찾는 것과 같을 수 있었겠는가? - 『숙종실록』, 1689년 5월 2일

## 實錄記事 1689년 5월 2일, 왕비 민씨의 간특한 정상을 참지 못하는 비망기



임금이 또 비망기[664]를 내리기를,

"폐비 윤씨는 단지 투기에만 관계되었으며, 또 저사가 있었으나, 성께서 단연코 폐해 쫓으시고, 조금도 용서하지 아니하셨다. 그리고 뭇 신하가 힘써 간쟁한 바도 또한 국본이 난처한 까닭에 지나지 않았을 뿐이었다. 어찌 일찍이 박태보의 무리와 같이 무상한 자가 있었겠는가? 아! 예로부터 후비가 투기로 인하여 원망하고 분노하는 경우가 진실로 혹 있었으나, 지금의 일은 그런 것이 아니다. 투기하는 것 외에도 별도로 간특한 계획을 꾸며, 스스로 선왕·선후의 하교를 지어내어서 공공연히 나에게 큰소리로 떠들기를, '숙원은 전생에 짐승의 몸이었는데, 주상께서 쏘아 죽이셨으므로, 묵은 원한을 갚고자 하여 이 세상에 태어났습니다. 그래서 경신년[665] 역옥 후에 불령한 무리와 서로 결탁하였던 것이며, 화禍는 장차 헤아리지 못할 것입니다. 또 팔자八字 [추명가推命家가 운명을 필자라고 한다.] 에 본디 아들이 없으니, 주상이 하셔도 ㄴ 고하셔도 공이 없을 것이며, 내전에는 자손이 많을 것이니, 장차 선묘 때와 다름이 없을 것입니다.'라고 하였으니, 이는 비록 삼척동자[666]라도 반드시 듣고 믿지 아니할 것이다.

더욱이 이제 조종이 묵묵히 도우심으로 원량[667]이 탄강誕降하자, 흉한 꾀가 더욱 드러

663) **곤의**壼儀 : 왕비의 행실.

664) **비망기**備忘記 : 임금의 명령을 적어서 승지에게 전하던 문서.

665) **경신년** : 1680년(숙종 6년).

666) **삼척동자**三尺童子 : 키가 석 자에 지나지 않는 아이. 곧, 철없는 어린아이.

667) **원량**元良 : 세자.

낫으니, 그 누구를 속이겠는가? 아! 국모로 한 나라에 임하여 신민이 우러러 받드는데, 이런 간특한 정상이 있음은 천고에 듣지 못한 바이다. 이것을 참는다면 무엇을 참지 못하겠는가? 이미 윤씨에게도 없는 죄인데, 박태보 등이 죽음으로써 절개를 세운다고 하면서 군상을 무함한 것은 또한 성묘조에도 있지 않았던 바이다. 성묘께서 폐비할 때 하교하시기를, '만약 후궁의 참소를 듣고 잘못으로 이 일을 하였다면, 천지와 조종이 위에서 밝게 질정할 것이다.'라고 하였으니, 지극하다. 왕의 말씀이여! 경 등은 시험삼아 생각해 보라. 아침저녁으로 말하고 행하는 것이 투기와 원노가 아님이 없는데, 이것도 부족하여 구고[668]의 말씀을 지어내어 과인의 몸을 업신여겼으며, 총애를 독차지하려고 난을 얽고 겸하여 화를 조정에 전가시켰으니, 그 이른바, '서로 핍박하고 서로 알력[669]한다.'고 하는 것과 과연 방불하다. 천지 귀신이 위에 임해 있고, 곁에서 질정할 수 있으니, 결단코 속일 수 없음이 이와 같은데, 안으로 장심[670]을 품고 임금에의 도리를 잊은 흉역한 무리에게는 악을 징계하는 법이 없을 수 없다. 박태보·오두인·이세화 등의 아들·사위·동생 및 숙질을 아울러 영구히 삭탈·금고하라."

숙종

– 『숙종실록』, 1689년 5월 2일

### 實錄記事 1689년 5월 6일, 희빈 장씨로 왕비를 삼겠다는 전지

영의정 권대운, 예조참판 유명현, 참의 유하겸이 명을 받들고 빈청에 모였는데, 임금이 중관을 보내어 전지를 내리기를,

"『주역』은 건곤乾坤을 기본으로 하였고, 『시경』은 관저關雎를 첫머리로 하였으니, 대저 풍속을 바르게 하고 비필妃匹을 중하게 여기기 때문이다. 지금 주곤[671]을 아직 세우지 못하여 음교陰教가 통달하지 아니하니, 위호位號를 정하는 것을 하루라도 늦출 수 있겠는가? 희빈禧嬪 장씨는 좋은 집에 태어나서 머리를 따올릴 때부터 궁중에 들어와서 인효공검하여 덕이 후궁에 드러나 일국의 모의母儀가 될 만하니, 함께 종묘를 받들고 영구히 하늘의 상서로움을 받을 것이다. 이에 올려서 왕비를 삼노니, 예관으로 하여금 일체 예절에 따라 즉각 거행하게 하라."

권대운이 받들어 읽기를 마치자, 서로 돌아보며 잠자코 있다가 이어서 청대하니, 임금이

---

668) **구고**舅姑 : 시부모.

669) **알력**軋轢 : 반목.

670) **장심**將心 : 거역하는 마음.

671) **주곤**主壼 : 중궁.

시민당時敏堂에서 인견하고, 유명현 등도 또한 입시하라고 명하였다. 권대운이 말하기를,

"엎드려 전지를 보건대, 곤위가 이미 비었고 성상의 하교가 이와 같으시니, 밑에 있는 사람이 어찌 다른 뜻이 있겠습니까? 하지만 이는 중대한 일이므로 신과 예관 두 사람으로 하여금 초초草草하게 의논해 정하도록 하여 관료를 제배하는 행위와 같이 할 수가 없습니다. 이와 같이 한다면 사체事體가 도리어 가벼워지니, 2품 이상을 부르는 것이 마땅합니다."

임금의 기색이 자못 노기를 띠며 말하기를,

"수의收議하려고 하는가?"

유명현이 말하기를,

"권대운의 말은 그 일을 중하게 하려고 할 뿐입니다. 순문하려고 하는 것은 아닙니다."

임금이 말하기를,

"내가 전대의 역사를 보건대, 단지 승상·어사만 불렀고 아조我朝 비빈妃嬪을 간택할 때에도 단지 삼공과 예관만 불렀기 때문에 경들을 부른 것이다."

유명현이 말하기를,

"비록 고례古例는 없다고 하더라도 마땅히 여러 신하로 하여금 모두 알 수 있도록 해야 할 것입니다."

임금이 명하여 2품 이상과 삼사三司를 즉시 패초하라고 명하였다. 선인문으로부터 와서 시강원에 모였는데, 무릇 시민당과 가까움을 취하여 시각을 늦추지 아니하려고 한 것이다. 권대운이 말하기를,

"장차 택일할 것입니까?"

임금이 말하기를,

"이미 역서를 보았는데, 오늘 바로 길일이다."

권대운이 말하기를,

"일체 예절은 해조該曹에서 곧 마땅히 거행할 것이나, 전부터 세자빈이 승위할 때의 책례는 3년 후에 행하였습니다. 그런데 지금은 또한 마침 국휼을 당하였으니, 어떻게 해야 하겠습니까?"

임금이 말하기를,

"세자빈이 승위할 때의 책례는 비록 3년을 기다린다고 하나, 명호를 정하는 것은 성복 전에 행하였으니, 지금도 또한 먼저 명호를 정하여 고묘告廟와 반교頒教를 하고, 책례는 3년 후를 기다리는 것이 좋겠다."

유명현이 말하기를,

"전부터 책례는 비록 3년을 기다릴지라도 진상 등의 일은 먼저 거행하였고, 고묘와 반교는 전례가 없습니다."

임금이 말하기를,

"진상은 진실로 마땅히 거행할 것이지만, 고묘는 어떻게 해야 하겠는가?"

권대운이 말하기를,

"마땅히 예조로 하여금 예例를 상고하여 처리하게 할 것입니다."

권대운이 이어서 전지를 받들어 임금 앞에 나아가서 말하기를,

"이제 만약 교서를 반포하면 책례 때의 교서 반포와 중복될 듯하니, 이 전지 가운데, '중외에 포고한다.'는 뜻을 아래에 보태어 넣어서 팔도에 유시를 내리는 것이 어떠하겠습니까?"



임금이 그대로 따랐다. 인하여 당일 정사를 열어서 왕비의 부모에게 봉작·증직할 것을 명하니, 권대운이 말하기를,

"예로부터 임금이 큰 일을 정할 적에 위엄과 노여움을 가하지 아니한 예가 드뭅니다. 인조께서 원종을 추숭할 때에도 여러 신하가 힘써 다투다가 귀양가고 쫓겨난 경우가 많았는데, 일이 지난 뒤에는 모두 석방되었으니, 이것은 본받을 만한 것이 아니겠습니까? 권열·이윤수·심계량·이만원 등은 모두 그 죄벌을 거두는 것이 마땅합니다."

임금이 그대로 따랐다. 뒤에 이시만에게도 파직의 명을 도로 거두었는데, 연신이 '권대운이 잊고 아뢰지 아니하였다.'고 진달하였기 때문이었다. 권대운이 말하기를,

"김덕원은 죄가 없습니다. 신과 목내선이 모두 늙었으니, 위임할 만한 사람은 김덕원이 아니고 누구이겠습니까?"

임금이 비로소 서용敍用[672]하라고 명하였다. 권대운이 다시 말하니, 드디어 앞의 전지를 정지하고, 이어서 사관을 보내어 힘써 나오게 하였다. 권대운이 말하기를,

"이상진은 말이 비록 어긋날지라도 삼조三朝의 옛신하입니다. 너그럽게 용서를 내리시는 것이 마땅합니다."

임금이 어렵게 여겼는데, 권대운이 다시 말하니 이에 그 도내에서 가까운 땅으로 이배移配하라고 명하였다. 권대운 등이 물러가서 시강원에 나아갔다. 병조판서 민암, 좌참찬 이관징, 우참찬 유명천, 이조판서 심재, 호조판서 오시복, 공조판서 유하익, 판윤 윤이제, 병조참판 이집, 부호군 정후량, 행사직 이간, 사간 이태귀, 교리 이윤수, 부교리 권흠, 수찬 심벌·심계량이 함께 모였다. 임금이 처음 내린 비지批旨 가운데 '역령정원포고중외'의

672) **서용**敍用 : 죄를 지어 면관免官되었던 사람을 다시 등용하던 일.

여덟 글자를 덧붙여 써서 내리니, 여러 신하가 명을 받들고 물러갔다.

- 『숙종실록』, 1689년 5월 6일

### 實錄記事 1689년 5월 4일, 박태보의 졸기

박태보 아버지 박세당

박태보가 길을 떠나 과천에 이르러 병이 위중해져 드디어 죽었다. 박태보의 자는 사원이니, 박세당의 아들이다. 사람됨이 청개 경직하였는데, 일찍이 괴과魁科로 발탁되어 문학文學으로 이름이 있었고, 또 정사에 재능이 있었다. 창졸지간에 일어난 변고를 당하여 한 몸으로 곤극을 붙들고 인기人紀를 세워서 세도世道의 중함이 되었다. 의義를 진달하고 이치를 분변하여 끝까지 조금도 굽히지 않았으며, 도거[673]를 마치 다반茶飯처럼 보았으니, 아! 장렬하도다. 다만 그 성품이 평소에 편협하고, 또 윤선거의 외손으로 사론이 둘로 나뉘었을 때 힘껏 송시열을 헐뜯었고, 윤선거의 강도江都의 일은 '죽을 만한 의義가 없다.'고까지 하였다. 또 송시열의 아버지 송갑조를 무함하여 그 외증조 윤황을 추장하는 뜻에 어긋남을 돌아보지 아니하였으므로, 사람들이 환혹[674]됨을 병통으로 여겼다. 그러나 이에 이르러 송시열은 그가 죽었다는 소식을 듣고 그를 위해 눈물을 흘리고 소식[675]을 하였고, 이어 자손에게 박태보의 이름을 부르지 말라고 경계하였다. 죽을 때 나이가 39세인데, 뒤에 증직·정려하고 시호를 문열이라 하였다.

- 『숙종실록』, 1689년 5월 4일

### 實錄記事 1689년 5월 7일, 오두인의 졸기

오두인

오두인이 길을 떠나 파주에 이르러 병이 위중해져 드디어 죽었다. 오두인이 자는 원징이니, 관찰사 오숙의 아들이다. 젊어서 괴과로 진출하였는데 성품이 염정하여 논의하기를 즐겨하지 아니하므로 사람들이 그 조리[676]의 굳음을 깊이 알지 못하였다. 그러나 나라의 큰일에 당하여서는 개연히 소수疏首가 되어 기휘忌諱하는 바를 언급하여 임금의 노여움을 거듭 범하였고,

673) **도거**刀鋸 : 형구刑具.

674) **환혹**扚惑 : 현혹됨.

675) **소식**素食 : 생선이나 고기를 쓰지 않은 음식.

676) **조리**操履 : 조행.

숙종

드디어 형벌의 화를 입었다. 이때 이미 늙은 나이였으나, 형벌 아래서도 끝까지 두 말이 없었으니, 사람들이 그 충성을 일컬었다. 졸할 때 나이가 66세였다. 뒤에 증직·정려하고 시호는 충정이라 하였다.

-『숙종실록』, 1689년 5월 7일

## 남인이 몰락하고 서인이 다시 장악한 갑술환국



1694년(숙종 20년) 숙종은 갑술환국으로 다시 한번 남인을 몰아내고 서인들의 세상이 되었다. 갑술환국은 노론 김춘택[677]과 소론 한중혁[678] 등이 폐비 민씨를 복위시키려 했다는 사실이 밝혀져 시작되었다. 남인 우의정 민암은 사건을 확대하여 서인들을 일망타진할 기회로 삼았다. 왕비 장씨가 숙빈 최씨(훗날 영조의 생모)를 독살하려고 했다는 이야기가 제기되면서 상황이 바뀌었다.

김춘택

677) **김춘택**金春澤 : 서인 노론의 중심 가문에 속하였으므로 항상 정쟁의 와중에 있었으며, 특히 1689년의 기사환국 이후로 남인이 정권을 담당하였을 때에는 여러 차례 투옥, 유배되었다. 1694년 재물로 궁중에 내통하여 폐비 민씨를 복위하게 하고, 정국을 뒤엎으려 한 혐의로 체포되고 심문받았다. 1701년 소론의 탄핵을 받아 부안에 유배되었으며, 희빈장씨의 소생인 세자를 모해했다는 혐의를 입어 서울로 잡혀가 심문을 받고, 1706년 제주로 옮겨졌다. 시재가 뛰어나며 문장이 유창하였고, 김만중의 소설『구운몽』과『사씨남정기』를 한문으로 번역하였다. 글씨에도 뛰어났다. 이조판서를 추증받았으며, 저서로『북헌집』20권 7책과『만필』1책이 있다.

678) **한중혁**韓重爀 : 본관은 청주. 아버지는 승지 한구이다. 1689년(숙종 15년) 기사환국으로 민비가 폐위되고 희빈 장씨가 왕비가 되어 남인이 득세하였다. 이때 서인 김춘택 등과 함께 폐비민씨의 복위를 도모하고, 자금을 모아 요로의 인물들을 매수하려다가 1694년 함이완의 고발로 발각되었다. 남인의 영수인 우의정 민암이 이 사실을 숙종에게 알리고 옥사를 일으켜 김춘택 등 수십 명과 함께 투옥되었다. 이 사건을 갑술옥사라 한다. 그러나 왕이 민비의 폐위를 후회하고 있던 터라 민암을 사사 뒤 그의 일당을 숙청하고, 소론 남구만을 영의정으로 임명하였다. 그러나 그 해 10월 남구만이 "그들은 대담하게도 환국을 꾀한 자들이니 용서하지 못한다."고 주장하다가 장살되었다.

## 인현왕후의 복위, 장희빈의 자진을 명하다

시간이 갈수록 장희빈은 점점 방자해지고, 숙종의 마음은 멀어져갔다. 무수리 출신 여인이 숙종의 승은을 받고 아들(연잉군, 21대 영조)을 낳으면서 숙빈으로 신분이 상승했다. 숙빈은 폐비 인현왕후의 복위를 도왔다.

숙종의 총애와 세자의 생모라는 지위를 믿고 경거망동하던 장씨와 일당들의 악행이 만천하에 드러났다. 남인 일파는 폐비 복위 운동을 엄히 다스리라는 상소를 올려 서인 세력을 완전히 제거하고자 했다. 숙종의 의중은 반대였다. 숙종은 인현왕후를 폐비한 것을 후회하고 있던 데다 남인들이 지나치게 서인들을 제거하려고 드는 것이 마음에 들지 않았다. 숙종은 다시 한번 환국을 일으켜 집권당 남인을 몰아내고 서인을 재등용했다. 숙종은 상소를 올린 민암을 제거하며 정권 교체를 했다. 남인 일파는 더 이상 재기하지 못할 정도로 세력이 몰락되었다.

폐출되었던 인현왕후가 중전으로 복위되고, 왕비 자리에서 쫓겨난 장씨는 일개 궁인의 신분이 되었다. 장씨의 처리 문제를 두고 노론과 소론이 서로 의견이 달랐다. 노론은 강력하게 처벌해야 한다는 주장, 소론은 세자를 보호하기 위해서라도 장씨를 극형에 처해서는 안 된다고 주장했다. 덕분에 장씨는 한동안 목숨을 부지할 수 있었다. 1700년(숙종 26년) 인현왕후가 갑자기 병에 걸려 이듬해에 죽자 상황이 달라졌다. 숙빈 최씨가 인현왕후의 죽음은 장씨의 저주 때문이라고 폭로했다.

**實錄記事** 1701년 10월 3일, 궁녀 숙정·숙영·축생 등을 모두 결안 취초하고 군기시 앞길에서 참형시키다

대신과 금부당상이 국좌를 내병조에 설치하였다. 죄인 강례가 공초[679]하기를,

"제가 대궐에 들어간 지가 지금 이미 7년이 되었습니다. 철생이 한 달마다 두세 번씩 버드나무 상자를 가지고 희빈에게로 와서 전하였는데, 혹은 '무녀의 집에서 왔다.'고

679) **공초**供招 : 죄인이 범죄 사실을 진술하던 일.

숙종

하기도 하고, 혹은 '장씨 본댁에서 왔다.'고 하기도 하였습니다. 서찰은 철생이 간혹 1, 2일 만에 간혹 3, 4일 만에 와서 희빈에게 전하였는데, 혹은 '무녀의 집에서 왔다.'고 하고, 혹은 '장씨 본댁에서 왔다.'고 하였습니다. 버드나무 상자와 서찰은 희빈이 내보낸 것이 또한 들여보낸 수와 같았습니다. 그러나 저는 다만 철생과 창차비에게 전해주었을 뿐이고, 봉한 물건은 전혀 알지 못합니다."

몽렬이 공초하기를,

"저는 희빈의 세답방의 하인으로서, 궁 밖에서 버드나무 상자와 서찰을 들여오기도 하고, 때때로 간혹 궁 안팎으로 내보내거나 들여보내기도 하였으나, 능히 그것이 어느 곳에서 오고 어느 곳으로 가는지 자세히 알지 못하였습니다. 그러나 때때로 버드나무 상자 위의 표지를 본 적이 있는데, 혹은 장의동이라고 쓰기도 하고, 혹은 중부동이라고 쓰기도 하였습니다. 장의동에는 어떤 사람이 살고 있는지 알지 못하나, 중부동은 곧 숙정의 집이라고 하였습니다. 그러나 봉한 물건은 전혀 알지 못합니다."

숙종

국청에서 아뢰기를,

"죄인 축생과 오례와 자근례는 자복을 한 뒤에도 혹 다시 물어 볼 단서가 있을까 염려스러웠으므로, 우선 처단하지 말자는 뜻을 탑전에서 정탈[680]하였습니다. 그러나 지금 여러 죄인들을 차례로 법대로 처단하고 다시 더 기다릴 일이 없으니, 아울러 즉시 결안 취초하고, 율에 따라서 시행하는 것이 어떠하겠습니까?"

임금이 답하기를,

"아뢴 대로 하라."

국청에서 아뢰기를,

"철생·신월·순례 등은 형벌을 더한 뒤에 문목問目의 사연辭緣을 거의 다 바로 공초하였으나, 철생은 '나는 봉한 물건을 알지 못한다.'고 말하였습니다. 숙정의 공초에서도 또한 '혹은 알기도 하고 모르기도 하였다.'라고 하였으니, 비록 반드시 그 정상을 알았을 것이라고 단정하기는 어렵겠지만, 기도하는 쌀과 찬을 이미 자기가 맡아가지고 갔으며, 흉한 잡물을 묻을 때에도 또한 왕래하며 전하여 들여 보내어 그 일을 도왔으니, 비록 정범正犯과 일체로 처단할 수는 없다고 하더라도, 그 사실을 알았거나 몰랐거나를 막론하고 옥사의 체모에 있어서 끝내 용서하기가 어려울 듯합니다. 신월·순례는 당초 심문한 바를 그들 자신이 범한 것이 아니라고 하였으나, 그가 또한 신사神祀를 참견하였다고 공초하였으며, 신월이 서찰을 전한 것도 또한 현저한 정상이 있는 것은 아니

680) **정탈**定奪 : 임금의 재결裁決.

니, 우선 그대로 가두어 두는 것이 마땅할 듯합니다. 다른 죄인은 한꺼번에 계품[681]하여 처리하겠으나, 강례·몽렬은 이미 자복을 한 죄인들에 의해 끌려 들어왔는데, 그 말의 허실을 알고자 하여 다만 잡아오도록 청하였을 뿐입니다. 그들이 공초한 사연을 살펴보건대, 서찰을 출납한 것을 감히 발명發明하지는 못하였는데, 또한 명백하게 의심할 만한 흔적이 없었습니다. 갑자기 형문刑問을 청하는 것은 이미 몹시 어려운 데 관계되고 국옥鞫獄의 체모도 무거우니, 또한 감히 마음대로 방송放送을 청하지도 못하겠습니다. 성상께서 결정하심이 어떠하겠습니까?"

임금이 답하기를,

"철생은 비록 정범과 일체로 처단할 수가 없다 하더라도 결코 죽음을 용서해 주기 어렵다. 결안 취초하고 율에 따라서 처단하라. 강례와 몽렬은 아울러 방송하라. 신월과 순례의 일은 아뢴 대로 하라."



무일을 잡아오니, 납초하기를,

"작년 11월 초와 그믐 사이에 두 번 태자방의 집에서 신사神祀를 행하였는데, 새로 신이 내린 무녀巫女가 그 일을 주관하였습니다. 그리고 상전上典의 첩이 앞으로 나갔으므로 저도 또한 가서 구경하였으나, 밖에서 들여다보았을 뿐이요, 들어가서 볼 수 없었기 때문에 어떠어떠한 사람들이 참여하였는지와 기도한 말들을 전혀 알지를 못합니다."

국청에서 아뢰기를,

"이번의 무일은 곧 이수장이 공초한 가운데 말한 이마직이란 자입니다. 그러나 그가 공초한 말을 살펴보면 옥학신과 다를 바가 없으니, 한꺼번에 계품하여 처리하는 것이 어떠하겠습니까?"

임금이 답하기를,

"아뢴 대로 하라."

국청에서 의논하여 아뢰기를,

"여러 죄인들 가운데 차례대로 법을 시행한 자 이외에 이수장과 정이는 태자방 무녀의 아들과 딸입니다. 그들이 바른대로 공초한 것으로 인하여 옥사의 정상이 비로소 드러났는데, 비록 그들 자신이 간범한 일은 없다 하더라도 흉악한 역모를 기도하는 정상은 이미 보았음에도 엄하게 심문한 뒤에야 비로소 발고하였으니, 그 정상을 알고도 앞서 고하지 아니한 죄를 면하기 어렵습니다. 신월과 순례는 숙정의 계집종으로서, 신사를 행할 때 따라가 참여하였던 것이니, 비록 그 정상과 범죄가 조금 가볍다 하더라도 감사

681) **계품**啓稟 : 글로 임금에게 아룀.

滅死하여 죄를 정하는 것을 그만둘 수 없을 듯합니다. 무녀 열이는 기도할 때에 음흉한 정상이 비록 발각되지 아니하였다 할지라도, 그 신당의 의복을 모두 그의 집에 옮겨 두었으니, 오례 등이 중형을 받은 뒤에 마땅히 징치하여 먼 곳으로 유배하는 방도가 있어야 할 것입니다. 아울러 형조로 이송하여 법에 따라서 처단하게 하소서. 일렬은 여러번 죄인의 공초에 나왔으나 여러 죄수들을 추핵할 때 따로 흉악한 역모에 참여한 흔적이 없으며, 이준일은 처음에 태자방의 무녀의 지아비였으므로 혹시라도 빙문憑問할 단서가 있을까 생각하여 단지 잡아다가 가두었을 뿐입니다. 지금은 사건의 단서가 모두 드러났으며, 다시 물어볼 만한 일도 없습니다. 옥학신과 무일은 숙정이 신사에 기도할 때에 비록 '따라갔다.'라고 하나, 이미 여복과는 달랐으며, 같이 참여하여 기도한 일은 없었던 듯합니다. 위의 네 사람 등을 아울러 참작하여 분간한다면, 아마도 적당한 방도를 얻을 듯합니다."



임금이 답하기를,

"아뢴 대로 하라."

숙정·숙영·축생·오례·자근례 등은 모두 결안 취초結案取招하고 군기시의 앞길에서 참형에 처하였으며, 철생은 당현에서 참형에 처하였다. 이수장과 정이·신월·순례·열이 등은 형조에 이송하였으며, 일렬·이준일·옥학신·무일 등은 방송하였다. 그리고 드디어 정국을 파하였다.

– 『숙종실록』, 1701년 10월 3일

### 實錄記事 1701년 10월 3일, 모역한 죄를 실토한 숙정의 결안 내용

죄인 숙정의 결안에 이르기를,

"3, 4년 전에 민 상궁과 숙영이 와서 말하기를, '희빈이 금단을 내보내어 옷을 만들어 바치게 하였는데, 그 모양은 네 살 먹은 아이가 입는 옷과 같고, 납장의 2별, 납여의·송화색여의·생초여의·사여의·초록사여의 각각 1별, 다홍대단 치마·남대단 치마·다홍대사 치마 각각 1별, 사폭면주 바지·백릉 바지 각각 1별 등 비록 그 이름을 능히 다 기억할 수가 없으나, 합하면 옷이 15, 6벌이었고 치마는 10여 벌이었다. 민 상궁이 5월 그믐날 궁에서 나와 7월 초하루까지 다 만들었으며, 7월 초하루에 대궐 안으로 도로 들여갔다. 대개 희빈의 꿈에 이미 죽은 공주가 와서 「옷을 입고 싶다」고 하였기 때문에 이와 같이 만들었던 것이다.'라고 하였습니다. 그 뒤 설향과 숙영에게 물어보았더니, 대답하기를, '취선당의 서쪽 가에 들여다 두었다.'고 하였습니다. 의복을 들여간 뒤에 혹은 백반이나 혹은 두병豆餠을 때때로 내보내었는데, 물어보았더니, '취선당의 신당神堂에서 기도할 때에 바친 물건들이다.'라고 하였습니다. 또, '그 기도하는 것은 무슨 일인가?' 하고 물었더니, 대답하기를, '취선당이 저절로 울리고 또 병환이 있기 때문에 기도하는 것이다.'라고 하였습니다. 외신당外神堂의 신사神祀 때에 무녀가 '중전 전하가 만약 없어진다면, 희빈께서 다시 중전이 될 것이다.'라고 하였으므로, 저도 같이 축원하기를, '다시 귀하게 되면, 정말 다행스럽고 정말 다행스럽겠습니다.'라고 하였습니다. 재작년 9, 10월에 희빈의 말로 인하여 각씨角氏 7개를 만들어 보내었는데, 다홍비단으로 치마를 만들고 남비단으로 옷을 만들었으며, 죽은 새·쥐·붕어 각각 7마리를 아울러 대궐에서 내보낸 버드나무 고리에 담아 철생으로 하여금 대궐 안으로 들여보냈는데, 설향이 글로 보고하기를, '한 상궁과 숙이가 통명전·대조전 침실 안에다 같이 묻었다.' 라고 하였습니다. 모역이 적실한 죄입니다."

- 『숙종실록』, 1701년 10월 3일



### 實錄記事 1701년 10월 3일, 모역한 죄를 실토한 축생의 결안 내용

죄인 축생丑生의 결안에 이르기를,

"작년 9월 9일·11월 동짓날과 금년 2월 초하루에 매양 사경四更쯤 제가 취선당 서쪽가 우물가에서 찬饌을 마련하여 희빈의 침실에 바치면, 희빈과 숙영·시영 등이 스스로 축수하기를, '원컨대, 원망하는 마음을 풀어 주시고, 또 소원을 이루어 주소서.'라고 하고, 속시 빈 중선을 죽인나고 축언하였습니다. 궁 밖에 있던 대지방의 신당은 장희재의 첩이 항상 주장하였는데, 작년 11월 신사神祀[682] 때 무녀가 갓을 쓰고 홍의紅衣를 입은 채 궁시弓矢를 들고 일어나 춤을 추며 활을 사방으로 마구 쏘면서 '내가 마땅히 민전하를 죽이리라. 만약 민전하가 죽으면 어찌 좋지 않겠는가? 좋고 말고'라고 하였습니다. 저는 장희재의 첩과 시영과 더불어 과연 축수하였는데, '이와 같이 된다면 정말 다행스럽고 정말 다행스럽겠습니다.'라고 하였습니다. 모역이 적실한 죄입니다."

- 『숙종실록』, 1701년 10월 3일

### 實錄記事 1701년 10월 3일, 모역한 죄를 실토한 오례의 결안 내용

죄인 오례의 결안에 이르기를,

"저는 과연 한 상궁 등과 장희재의 첩과 더불어 자주 신사를 행하였습니다. 태자방이 살아 있을 때부터 신청을 설치하고 궁시를 두었으며, 태자방이 죽은 뒤에는 그 신神이 저에게 내렸으므로 제가 전례에 의하여 신청을 주관하고 궁시를 가지고 축원하였습

682) **신사**神祀 : 천신天神에게 제사 지내는 일.

니다. 저도 또 '민중전이 이미 철망 안으로 들어갔는데, 그것이 내 눈안에 보인다. 마땅히 금년 8, 9월 사이를 살펴보라.'라고 하였더니, 장희재의 첩과 큰 무수리 한 상궁 등이 저에게 '지금의 중전을 죽이고, 희빈을 다시 중전으로 삼아야 한다는 뜻을 가지고 축원해 달라.'라고 하였으므로, 제가 과연 그 말에 의해서 축원하였습니다. 그리고 지금의 중전을 향하여 궁시를 쏘았는데, 곁에 있던 여러 사람들이 일제히 축수하면서 '원하옵건대, 희빈을 다시 중전으로 만들어 주소서.'라고 하였습니다. 방 안에서 몰래 축수한 일은, 저와 한 상궁·장희재의 첩과 큰 무수리 등이 같이 축원하면서 말하기를, '지금의 중전을 죽이고, 희빈이 다시 중전이 되게 해 주소서.'라고 한 것입니다. 모역이 적실한 죄입니다."

- 『숙종실록』, 1701년 10월 3일



### 實錄記事 1701년 10월 3일, 모역한 죄를 실토한 자근례의 결안 내용

죄인 자근례의 결안에 이르기를,

"무녀 오례가 갓을 쓰고 수의와 홍상을 입고 스스로 왕신의 첩이라고 하면서, '기해생은 곧 나의 자손이다. 내상고를 마땅히 남몰래 도와서 기해생에게 옮겨 주소서.'라고 하였으며, 또 '사살군이라 하면서 일어나 궁시를 쥐고 북쪽을 향해 마구 쏘며 말하기를, '내가 민씨 전하를 죽이리라.'라고 하였습니다. 큰 무수리 나인 서씨[683]가 백견 장삼白絹長衫을 가지고 나와 제석帝釋을 위하여 일어나 춤을 추었고, 저도 부缶를 두들기며 같이 참여하였습니다. 모역이 적실한 죄입니다."

- 『숙종실록』, 1701년 10월 3일

### 實錄記事 1701년 10월 3일, 모역한 죄를 실토한 철생의 결안 내용

죄인 철생의 결안에 이르기를,

"설향과 시영이 무녀의 집에 왕래할 때 출납한 물건들은 제가 시상 무수리로서 과연 전적으로 담당하였습니다. 오례가 기도할 때에 큰 상전과 장희재의 첩이 과연 같이 참여하였는데, 오례는 다홍수 치마와 자수의를 입고 일어나 춤을 추며 '장 중전께서 다시 보좌寶座에 들어가고, 죽일 사람은 죽이고 들어갈 사람은 들어가게 하소서.'라고 하였으나, 그 나머지 축사는 자세히 듣지를 못하였습니다. 작년 9, 10월 사이에 장희재의 첩이 생포 보자기로 버드나무 고리를 싸서 봉한 뒤 도장을 찍어서 사람을 시켜 설향에게 전해 주었기 때문에 제가 과연 전해 주었습니다. 모역이 적실한 죄입니다."

- 『숙종실록』, 1701년 10월 3일

683) 서씨徐氏 : 설향雪香.

### 實錄記事 1701년 10월 3일, 세자를 보전하는 방안으로 장 희빈을 용서하자는 판부사 서문중의 상소문

판부사 서문중이 차자를 올렸는데, 대략에 이르기를,

"이제 죄인들을 잡아서 나라의 법을 이미 시행하였으니, 특별히 희빈 한 사람을 너그러이 용서하도록 명하시어 세자를 위안하게 하여 처음부터 끝까지 보전하는 바탕을 삼는다면, 또한 어찌 나라의 법을 크게 어긋나게 하는 데 이르겠으며, 어찌 상경과 권도를 처리하는 방도에 부합하지 아니하겠습니까?"

임금이 답하기를,

"나의 뜻을 이미 대신의 상소에 대한 비답에다 유시하였다. 경은 그리 생각하고 헤아리도록 하라."

- 『숙종실록』, 1701년 10월 3일



### 實錄記事 1701년 10월 3일, 장희재를 직접 범한 죄로 토죄해야 한다는 대사간 윤덕준의 상소문

대사간 윤덕준[684]이 상소하기를,

"듣건대, 장희재에게 형벌을 시행하라는 명령이 있었다고 합니다. 장희재는 국모를 모해하는 죄를 범하였고, 도리가 궁하자 자복을 하였는데도 상형을 시행하지 아니하여 흉악한 목숨을 오래도록 연명하였으나, 천리가 밝고 밝아 끝내 반드시 용서할 수 없으니, 금일의 처분은 하늘이 성충을 인도하신 것입니다. 다만 비망기에다 '장희재의 죄명은 그 자신이 범한 것이 아니다.'라고 하교하셨으니, 아! 전하께서는 어찌하여 장희재가 직접 범한 죄를 가지고 토죄하지 아니하십니까? 국가에서 법을 쓸 때는 그 죄를 분명하게 말한 뒤에라야 죄인이 자복하고 나라 사람들이 의심하지 않는 것입니다. 원하건대, 전하께서는 성찰하소서. 신이 그윽이 생각하건대, 세자께서 자신을 낳은 어

684) **윤덕준**尹德駿 : 1680년, 경신환국 이후 문과에 급제하여 정언이 되었으며 곧 지평을 했다. 1689년, 기사환국으로 고산찰방으로 좌천되었다가 파직되었다. 1694년, 갑술환국 이후 복직하여 교리가 되고 부응교를 거쳐 겸보덕, 응교, 사인을 하다가 시독관으로 승진했다. 1701년 무고의 옥 당시에 대사간으로 임명되어 장희빈과 장희재에 대해 중벌을 주장했고, 남구만 등을 귀양보냈다. 1702년에 대간의 탄핵으로 파직되었다. 1706년에 경상도관찰사로 복귀했고 예조참의, 대사성, 이조참의를 거쳐서 1708년에 함경도관찰사로 외직에 나간다. 1709년에 대사성으로 다시 내직에 들어와서 이후 이조참판으로 승진해 재상의 반열에 올랐다. 1711년에 형조판서가 되며 정경의 반열에 올랐고 이후 한성부판윤으로 승진했다. 1716년에 판의금부사가 된다. 하지만 옥사를 잘못 다스려서 파직된다. 뒤에 영의정 김창집의 상소로 복권된다.

머니가 화변을 당하면 진실로 사람의 도리상 감당하지 못할 점이 있을 듯합니다. 비록 대의와 정륜에 대해서 일찍이 효유하시지 아니한 적이 없었다고 하나, 놀라고 두려워하여 근심하거나 몸을 상한다면 해가 심성에 미칠 우려가 있지 않겠습니까? 원하건대, 전하께서는 무릇 보호하는 방도에 대하여 그 극진한 방도를 쓰지 아니함이 없도록 하소서."

임금이 답하기를,

"여러 번 나의 뜻을 다 말하였다. 장희재를 '직접 범한 죄로 토죄해야 한다.'는 말은 실로 매우 타당하니, 청납하지 아니할 수가 있겠는가?" -『숙종실록』, 1701년 10월 3일

### 實錄記事 1701년 10월 3일, 세자를 극진히 보전하는 방도에 대한 우의정 신완의 상소문

숙종

우의정 신완[685]이 차자를 올리기를,

"사람이 자식으로서 어버이를 사랑하는 것은 그 어버이의 착하고 악함으로 차이를 두지 않습니다. 국가에서 법을 사용할 때 혹은 은혜와 의리로 서로 덮어주는 것이니, 춘궁께서 사친에 대하여 그 죄과 때문에 고복[686]하신 은혜를 생각하지 아니할 수가 있겠습니까? 전하께서는 춘궁에게 대하여 어찌 미루어 용서하심을 소홀히 하시며, 너그러이 용서하는 방도를 생각하지 않으십니까? 전일의 비망기에 '종사를 위하고 세자를 위하는 것이다.'라는 교지는 진실로 깊이 먼 장래를 염려하신 데서 나온 것입니다. 그러나 신자臣子의 아끼고 받드는 정성으로 금일의 춘궁의 심사를 생각한다면, 정말로 걱정이 앞섭니다. 옛날부터 제왕이 사변을 당하면, 혹은 그 처지로 혹은 그 이세理勢로 처리했던 것은, 반드시 모름지기 일의 가볍고 무거운 정도를 나누어 헤아리고 상경과 권도의 차이를 짐작하여 천천히 두루 빠짐없이 깊이 염려하고 멀리 생각하지 아니함이 없었던 것이니, 전하께서는 금일의 일에 대하여 어찌 성의聖意에 깊이 유의하지 아

---

685) **신완**申琓 : 1672년(현종 13년) 별시문과에 병과로 급제한 뒤 1680년(숙종 6년) 경신대출척이 일어나자 서인으로서 남인 권대운·민희 등을 공격하였다. 1684년 강양도(강원도)의 관찰사에 제수되었다. 태조의 시호를 덧붙이는 것에 반대한 박태유의 상소에 편들었다 하여 삭탈관직되었다. 1688년 경기도관찰사에 기용되었다. 1700년 우의정때 희빈 장씨의 처벌완화를 주청하였고 시무 8조를 올렸으며, 일부의 반대로 뜻을 이루지는 못하였으나 북한산성의 축성을 건의하여 윤허를 얻었다. 1703년 영의정에 오르고 평천군에 봉하여졌다. 1706년 유생 임부로부터 앞서 1701년 세자에 대한 모해설이 있었을 때 추국에 참여하여 사건규명을 잘못하였다는 탄핵을 받고 파직당하였다.

686) **고복**顧復 : 부모가 자식을 양육함.

니하십니까?"
임금이 답하기를,
"이미 내 뜻을 유시하였으니, 경은 그리 알고 헤아리도록 하라." - 『숙종실록』, 1701년 10월 3일

분노한 숙종은 장씨에게 자진하라는 비망기를 내렸고, 1701년(숙종 27년) 10월 10일 희빈 장씨는 43세 나이로 사사되었어요. 세자 균(20대 경종)은 어머니 희빈 장씨가 사사될 때 나이 14세였다.

희빈 장씨에 대한 1701년 10월 8일과 10일 실록은 다음과 같이 기록하고 있다.

實錄記事 1701년 10월 8일, 희빈 장씨를 내전을 질투하여 모해하려 한 죄로 자진하게 하라



승정원에 하교하기를,
"희빈 장씨가 내전을 질투하고 원망하여 몰래 모해하려고 도모하여, 신당을 궁궐의 안팎에 설치하고 밤낮으로 기축(빌고 바람)하며 흉악하고 더러운 물건을 두 대궐에다 묻은 것이 낭자할 뿐만 아니라 그 정상이 죄다 드러났으니, 신인(신과 사람)이 함께 분개하는 바이다. 이것을 그대로 둔다면, 후일에 뜻을 얻게 되었을 때, 국가의 근심이 실로 형언하기가 어려울 것이다. 전대 역사에 보더라도 어찌 두려워하지 않을 수 있으랴? 지금 나는 종사(종묘사직)를 위하고 세자를 위하여 이처럼 부득이한 일을 하니, 어찌 즐겨 하는 일이겠는가? 장씨는 전의 비망기에 의하여 자진[687]하게 하라. 아! 세자의 사정을 내가 어찌 생각하지 아니하였겠는가? 만약 최석정의 차자의 글과 같이 도리에 어긋나고 끌어다가 비유한 것에 윤기[688]가 없는 경우는 진실로 족히 논할 것이 없겠지만, 대신과 여러 신하들의 춘궁을 위하여 애쓰는 정성을 또한 어찌 모르겠는가? 다만 생각에 생각을 더하고 또 다시 충분히 생각한 결과 일이 이미 이 지경에 이르렀으니, 이 처분을 버려두고는 실로 다른 도리가 없다. 이에 나의 뜻을 가지고 좌우의 신하들에게 유시하는 바이다."

*장씨는 전의 비망기에 의하여 자진하게 하라. 아! 세자의 사정을 내가 어찌 생각하지 아니하였겠는가?*

- 『숙종실록』, 1701년 10월 8일

687) **자진**自盡 : 자살. 죽기로 결심하고 굶거나 약을 쓰지 않아 목숨이 다함.

688) **윤기**倫紀 : 윤리와 기강.

實錄記事 1701년 10월 10일, 예조로 하여금 자진한 장희빈의 상장의 제수를 참작하여 거행하라고 하교하다

임금이 하교하기를,

"장씨가 이미 자진하였으니, 해조로 하여금 상장喪葬의 제수祭需를 참작하여 거행하도록 하라."

-『숙종실록』, 1701년 10월 10일

實錄記事 1701년 10월 10일, 왕세자와 빈궁의 거애 절차에 대해 논의하다

예조에서 아뢰기를,

"장씨가 성상의 명으로 인하여 이미 자진하였습니다. 왕세자와 빈궁(왕세자의 아내)에게 마땅히 성복[689]하고 거애[690]하는 절차가 있어야 하니, 그 절목과 장소를 어떻게 마련해야 하겠습니까? 일이 변례에 관계되므로 감히 우러러 계품합니다."



임금이 대신으로 하여금 의논하게 하였다. 행 판중추부사 서문중·좌의정 이세백·우의정 신완이 말하기를,

"장씨는 왕세자에게 스스로 모자의 친이 있으니, 그 죄명 때문에 이것을 끊어버릴 수는 없습니다. 예관이 즉시 별당에 고부하고 거애하여야 마땅하며, 조정에서 상사[691]를 받들고 위로한다면 대궐 밖의 다른 곳으로 나가서 치상[692]할 것이며, 장생전[693]의 부기(남은 널빤지)를 하사하소서. 예조와 호조에서 나아가 생시의 품질[694]에 따라 치상하여 왕세자의 망극한 마음을 위로한다면, 참작하는 방도에 합당할 듯합니다."

임금이 그대로 따랐다.

-『숙종실록』, 1701년 10월 10일

實錄記事 1701년 10월 10일, 장씨의 상장에 제수를 주라고 호조에게 하교하다

호조에서 아뢰기를,

"장씨의 상장[695]에 쓸 제수를 바야흐로 마련하여 보내려고 하는데, 예장[696]으로 거행

689) **성복**成服 : 초상이 났을 때 처음으로 상복을 입는 일.

690) **거애**擧哀 : 상제가 옷을 갈아입고 머리를 풀고 슬피 울어서 초상난 것을 알리는 일.

691) **상사**喪事 : 초상이 난 일.

692) **치상**治喪 : 초상을 치름.

693) **장생전**長生殿 : 왕실용 또는 대신에게 내리던 관을 보관하던 곳.

694) **품질**品秩 : 정일품에서부터 종구품까지 열여덟 단계로 나누어 매기던 벼슬아치의 직품과 관계.

695) **상장**喪葬 : 장사 지내는 일과 상중에 하는 모든 예식.

하라는 명이 내려왔습니다. 어떻게 해야 하겠습니까?"

전교하기를,

"단지 제수만 주도록 하라."

장씨의 상을 선인문으로 나가게 하다

하교하기를,

"장씨의 상喪을 단봉문으로 내보낸다면 건양현을 지나갈 것이니, 일이 미안한 데 관계된다. 어느 문으로 내보내야 할 것인가? 병조로 하여금 품정하게 하라."

병조에서 아뢰기를,

"취선당이 건양현과 명정전 사이에 있으니, 서쪽으로 건양현을 지나고 동쪽으로 명정전의 어로御路를 지나는 것은 모두 미안할 듯합니다. 선인문으로 나가는 것이 사의事宜에 합당할 듯합니다."

임금이 그대로 따랐다.

- 『숙종실록』, 1701년 10월 10일



숙종은 예조에 명하여 상례를 간략히 치르게 하고 관을 선인문 밖으로 내보냈다. 10월 27일에는 호가호위하던 장희빈의 오빠 장희재가 군기시 앞에서 목이 잘렸다.

장희빈의 시신은 1702년(숙종 28년) 1월 양주 인장리에 묻혔다가 1718년(숙종 44년)에 불길하다는 이유로 광주 진해촌으로 이장되었다. 장희빈의 대빈묘는 1960년대 초 도시개발의 광풍에 밀려 고양시 서오릉 경내로 이전되었다.

## 5군영 체제를 확립하다

숙종은 격화된 서남 당쟁을 이용했을 뿐만 아니라 병권을 장악해 강력한 왕권을 유지했다. 조선 후기 중앙의 군사 제도의 핵심은 오군영 체제였다. 기존에 설치되어 있던 훈련도감, 어영청, 총융청, 수어청에 금위영을 더해 오군영 체제를 확립하고 수도와 외곽의 방어를 하도록 했다.

훈련도감을 제외한 어영청, 총융청, 수어청 등은 인조반정에 참여했던 서

696) **예장**禮葬 : 예식을 갖추어 치르는 장사.

인 공신들이 자신의 사병을 국왕을 호위하는 수도 방위 병력으로 전환하는 과정에서 창설되었다. 이 과정에서 남인은 철저히 배제되었으며, 병권 장악은 곧 권력 장악을 의미했다. 현종 말에 이르러 남인 유혁연이 훈련대장에 임명되면서 남인들도 병권 경쟁에 뛰어들게 되었다. 남인들은 서인들이 발족한 정초청[697]에 반발해 훈련별대를 창설했다.

숙종의 즉위와 함께 집권한 남인은 병권을 장악하기 위해 노력했고, 훈련도감과 어영청을 장악하는데 성공했다. 총융청과 수어청의 병권은 여전히 서인들에게 있었다. 남인들은 효종 때 전란에 대비하고 북벌을 추진하기 위해 설치되었다가 현종 때 폐지되었던 도체찰사부[698]를 재설치했다.



숙종은 어느 한 당파에 병권이 집중되는 것을 원치 않았다. 숙종은 도체찰사부의 복설을 허가하면서도 부체찰사 자리에 서인이자 외척 김석주를 임명했다. 김석주는 수어사(수어청 책임자)를 겸하고 있었어요. 숙종은 병권을 외척에게 위임함으로써 어느 당파에도 흔들리지 않는 세력 균형을 유지했다.

1680년(숙종 6년) 일어난 경신환국으로 서인이 재집권하면서 중앙 군영의 대장은 남인에서 서인으로 모두 교체되었다. 김석주의 군사적 권한은 더욱 강화되었다. 김석주는 1682년(숙종 8년) 병조판서로 있으면서 금위영의 창설을 주도했다. 금위영은 훈련도감, 훈련별대, 정초청의 병력 일부를 흡수해 궁성 방어의 임무를 맡게 되었다. 금위영의 설치로 조선 후기의 오군영 체제가 확립되었고, 숙종은 튼튼한 병권을 바탕으로 왕권을 더욱 강화했다.

## 세자 문제로 노론과 소론이 대립하다

갑술환국 이후 남인이 정치적으로 완전히 몰락하고 서인의 세상이 되었다. 서인은 노론과 소론으로 나뉘어 대립했다. 서인은 1682년(숙종 8년) 일어난 임술년 고변사건[699]과 태조 가상 문제 등을 거치면서 송시열을 위시한 노론과 남인 박세채

697) **정초청**精抄廳 : 인조 때 병조 소속의 보병과 기병 가운데에서 정예 군사를 뽑아 훈련시킨 군대.

698) **도체찰사부**都體察使府 : 지방 군사의 통제를 목적으로 중앙에 설치한 군의 행정 기관.

700)와 뜻을 함께하는 소론으로 갈라졌다.

박세채

고질적인 당쟁의 병폐에 환멸을 느끼고 있는 숙종의 심정을 이렇게 말했다.

"국가가 불행해 동인, 서인을 표방한 이래 백 년이 되었는데, 날이 갈수록 고질이 되고 있으니, 한탄스러움을 금할 수 있겠는가? 우리나라는 좁고 작은데다 문벌을 숭상해 사람을 등용하는 길이 이미 협소하다. 그런데 한쪽이 진출하면 한쪽은 물러나 나라의 절반에 해당하는 사람들이 또 대부분 막혀 있으니, 어떻게 나라를 다스릴 수가 있겠는가?" 하였다.



숙종은 서남 당쟁을 왕권 강화에 이용했던 것처럼 노론과 소론의 대립도 자신의 정치적 이익을 위해 이용하는 노련함을 보였다.

노론과 소론의 대립은 세자의 문제를 둘러싸고 더욱 격화되었다. 세자가 사사된 희빈 장씨의 아들인 것이 원인이었다. 갑술환국 이후 남인의 비호를 받지 못하게 된 세자는 지위를 위협받게 된다. 소론이 세자의 보호를 자청하고 나섰다. 소론이 희빈 장씨와 세자의 외숙 장희재[701]에게 관대한 처분을 내릴 것을

699) **고변사건**告變事件 : 김석주의 사주로 김환, 김익훈 등이 남인의 역모를 고변(반역을 고발함)한 사건.

700) **박세채**朴世采: 조선 후기 소론의 영수로 당쟁의 근절을 위해 노력했던 문신이다. 1649년 진사가 되어 성균관에 들어갔으며, 영남의 유생 유직의 상소를 비판하다 효종이 이를 꾸짖자 과거를 포기하고 경학에 전념했다. 1682년 김익훈·김석주가 남인을 밀고하여 옥사가 발생하자, 청의파에서는 이를 무고라 하여 탄핵했다. 이때 송시열·김석주·김익훈 등을 추종하는 사람은 노론으로, 박세채·조지겸·한태동 등을 따르는 사람은 소론으로 나누어졌다. 1694년 갑술옥사 이후 우의정·좌의정 등을 두루 거치면서 명실상부한 소론의 영수가 되었다.

701) **장희재**張希載 : 희빈장씨의 오빠이다. 누이가 어머니의 정부 조사석과 동평군의 주선으로 궁녀로 들어가 숙종의 총애를 독차지하고 금군별장이 되었으며 1692년(숙종 18년)는 총융사로 승진했다. 1694년 인현왕후가 복위하자, 이를 투기하는 희빈 장씨와 함께 인현왕후를 해하려는 모의를 하다가 발각되었다. 사형을 받을 뻔했으나 희빈 장씨 소생의 왕세자 윤(뒤의 경종)에게 화가 미칠 것을 염려한 남구만 등 소론의 청원으로 제주도 유배에 그쳤다. 1701년 인현왕후가 죽은 뒤 희빈 장씨가 과거에 인현왕후를 저주했던 사실이 밝혀져, 희빈 장씨는 사사되었고 장희재도 사형에 처해졌다.

남구만

윤증

숙종에게 요청했다. 노론은 이것을 빌미로 소론을 탄핵하고 희빈 장씨와 장희재가 사사된 후 소론의 남구만[702] 등이 파직되었다.

세자에 대한 사랑이 극진했던 숙종의 마음에도 점차 변화가 생겼다. 숙종의 눈에 숙빈 최씨가 낳은 연잉군[703](훗날 영조)과 명빈 박씨가 낳은 연령군(숙종의 여섯째 아들) 등 다른 왕자들이 들어오기 시작했다. 노론들은 더욱 강하게 세자와 소론을 압박했다. 갑술환국 이후 어느 정도 유지되던 노론과 소론의 세력 균형이 깨지는 일이 발생했다. 1716년(숙종 42년) 병신처분은 소론의 정신적 지주였던 윤증[704]이 사망한 후 불거진 『가례원류』[705] 파문에 숙종이 노론의 손을 들어 준 사건이다. 소론의 정치적 입지가 급

숙종

702) **남구만**南九萬 : 서인의 중심인물이다. 김장생의 문하생이었던 송준길에게 학문을 배우고 1656년 별시문과에 을과로 급제했다. 숙종 초인 1679년 한성부좌윤을 지낼 때, 남인인 윤휴, 허견 등을 탄핵하다가 남해로 유배되었다. 이듬해 남인들이 대거 실각하는 경신대출척으로 도승지, 부제학, 대사간 등을 지냈다. 1684년 기사환국으로 유배되었다가 이듬해 풀려났다. 1694년 폐비 민씨 복위운동을 둘러싸고 소론이 남인을 쫓아낸 갑술옥사 후에 영의정에 올랐다. 1701년 희빈 장씨 처벌 문제에 의견을 달리해 사직하고 고향에 내려갔다. 그 뒤 유배와 파직 등 파란을 겪다가 다시 등용되었고 1707년 관직에서 물러났다. 저서로 『약천집』 등이 전한다. 널리 알려져 있는 시조 "동창이 밝았느냐 노고지리 우지진다"의 지은이이다.

703) **연잉**延礽君**군(영조)** : 1694년(숙종 20년) 9월 13일 창덕궁 보경당에서 숙종과 숙빈 최씨의 둘째 아들로 태어났다. 유년 시절 사저에서 지내다 입궁하였으며, 1699년(숙종 25년) 12월 24일 연잉군에 책봉되었다. 1704년(숙종 30년), 사릉 참봉 서종제의 딸 달성군부인 서씨(정성왕후)와 가례를 올렸다. 경종의 이복 동생으로 숙종 시절부터 잠재적인 왕위 계승권자였으며, 경종이 즉위하자 왕세제로 책봉되었다. 신임사화 등의 숱한 정치적 위기를 넘기고 즉위하였다.

704) **윤증**尹拯 : 소론의 영수로 활동했다. 사제간이었던 송시열과의 개인적 감정과 함께 남인에 대한 처벌문제로 서인이 강·온 양파로 분리될 때 그를 지지하는 사류들에 의해 소론의 영수로 추대되었다. 송시열을 비롯한 노론측은 현실과의 일정한 타협을 통해 권력을 장악하는 데 최우선의 의미를 두었던 데 비해 윤증을 내세운 소론측은 현실과의 타협을 거부하며 명분을 고수하려 했는데, 그가 죽은 뒤 소론이 거세되면서 관직이 추탈되었다가 후에 복권되었다.

705) **『가례원류**家禮源流**』** : 현종 때, 유계가 가례에 관한 여러 글을 분류·정리한 책.

격히 좁아지고, 노론의 전제정치가 시작되었다.

**實錄記事 1716년 1월 25일, 『가례원류』의 후서를 지은 자신의 죄를 처벌할 것을 요청한 대사헌 권상하의 상소**

대사헌 권상하[706]가 시골에서 상소하였는데, 대략 이르기를,

"삼가 듣건대 『가례원류』의 발문에 관한 일로 성교聖敎가 지극히 엄하시어 부제학 정호의 벼슬을 특별히 파면하셨다는데, 이른바 후서後序라는 것은 바로 신이 지은 것입니다. 죄가 같으므로 요행히 벗어나지 말아야 할 것인데, 여러 날 동안 귀를 기울였으나 견벌譴罰을 내리지 않으시니, 신은 참으로 황공하여 스스로 논열하지 않을 수 없습니다. 대개 신은 처음부터 문충공 유계의 문하에 출입하여 『가례원류』를 익히 들었는데, 이것은 그가 임천에서 귀양살 때에 엮은 것입니다.

권상하

요즈음에 또 듣건대 고故 진선 정양의 집에 유계가 엮은 『가례집해』 다섯 책이 있다 하기에 가져다 보니, 이는 실로 『가례원류』의 초본이었습니다. 정양의 인장이 완연하니 틀림없이 당시에 베껴 낸 것이겠으며, 『가례원류』라 이름을 고친 것이 어느 때인지는 모르겠습니다. 유계는 풀려난 뒤에 금신으로 옮겨 살았는데, 증贈 참판 윤선거와는 문을 마주하여 살았습니다. 중본이 베껴진 것은 실로 이때입니다. 지금은 살아 있는 구인舊人이 없으니 윤선거가 함께 도운 것이 얼마나 되는지야 후생이 어찌 알 수 있겠습니까마는, 그 뒤에 유계가 은혜를 입어 조정에 들어가게 되어 공무에 바빠서 다듬을 겨를이 없자 문인 윤증에게 부탁하여 일을 끝내게 하였는데, 전후의 글이 다 유계의 문집에 실려 있으므로 상고하여 알 수 있습니다. 이른바 중본이라는 것은 오랫동안 윤증에게 있었으며, 윤선거가 다시 이 일을 도운 것은 틀림없습니다. 그래서 일찍이 윤선거가 고 참판 이정기에게 보낸 두 글을 보면 다 유씨가 주장하였다 하였습니다. 이런 까닭에 그

706) **권상하權尙夏** : 송시열의 학통을 이은 노론 계열로, 1661년(현종 2년) 진사가 되었으며, 1663년에는 송시열을, 2년 뒤에는 송준길을 만나 두 사람을 스승으로 학문에 몰두했다. 1659년에 있었던 자의대비 복제문제로 1674년(숙종 즉위년) 송시열이 덕원으로 유배되자, 벼슬길에 나가지 않고 청풍에서 학문에 힘썼다. 1689년(숙종 15년) 기사환국으로 송시열이 정읍에서 사사되었을 때 유품을 받고, 그 유언에 따라 괴산 화양동에 만동묘를 세웠으며, 숙종의 뜻을 받들어 대보단을 세웠다. 1703년 찬선, 이듬해 호조참판에 이어 1716년까지 13년간 해마다 대사헌에 임명되었으나 모두 나가지 않았다.

가 유계의 행장行狀을 지을 때에 유계가 본디 처음에 편집한 실상을 기술하고 찬탄贊嘆하여 마지 않았는데, 오늘날에 믿을 만한 것이 어느 것인들 이보다 더하길래 그 자손인 자가 빼앗아서 제 것으로 만들려고 하여 어찌 선인의 뜻과 서로 어그러진단 말입니까? 가장 의아스러운 것은 윤증이 유상기에게 답한 글에 '이른바 부탁받았다는 말은 끝내 기억할 수 없다.' 한 것인데, 비록 그가 늙어서 정신이 흐리더라도 이것이 어찌 잊을 수 있는 일이겠습니까? 옛말에 '죽은 자가 다시 살아나도 산 자가 부끄럽지 않다.'고 하였는데, 유계가 다시 살아난다면 윤증의 마음이 부끄럽겠습니까, 부끄럽지 않겠습니까? 주자가 『강목』[707]과 『소학』을 찬잡할 때에 문인을 시켜 편집한 것이 매우 많고, 『근사록』으로 말하면 여조겸이 실로 그 일을 도왔으나 이제까지도 주자의 글이라 칭하고 나머지 사람은 끼지 않습니다. 이런 일들을 윤증이 어찌 모르겠습니까마는, 그 말이 저러하니, 이것이 참으로 무슨 마음입니까? 윤증이 지은 유계의 제문에 '선생은 윤증을 자질子姪처럼 여기고 윤증은 선생을 부모로 섬겼다.' 하였으니, 은의가 도타왔던 것을 여기에서 알 수 있는데, 생전에 그 부탁을 받고서 사후에는 이토록 저버렸습니다. 신이 이른바 소진·장의의 수단[708]이라 한 것이 이 때문입니다. 윤증이 40년 동안 아버지처럼 섬긴 스승에 대하여 거짓말로 헐뜯고 배척하여 끊어서 원수진 사람처럼 여기더니 이제 유계에 대하여 또 다시 이렇게 하니, 이것이 천리天理로나 인정으로나 차마 할 수 있는 것입니까? 신이 이른바 형칠의 낭패[709]라 한 것이 이 때문입니다.

아! 군신·사생師生은 의리로 만난 자입니다. 그래서 예경에는 살아 있을 때에 섬기고 죽었을 때에 장사하는 예를 논하면서 천연의 친속인 부자와 동등하게 병칭하였으니, 대개 이것은 산 사람의 큰 윤리이어서 조금이라도 치우치게 폐기하면 사람으로서 사람 노릇을 하지 못하기 때문입니다. 신이 가만히 생각하건대 윤증이 한 짓은 첫째도 스승



707) **『강목綱目』**: 『자치통감강목』.

708) **소진蘇秦·장의張儀의 수단**: 소진은 전국 시대의 책사로, 연·조 등 육국을 합종하여 진과 대항케 하고 스스로 육국의 재상이 되었음. 장의는 전국 시대의 유세가로, 제후에게 유세하여 소진의 합종설에 반대하고 열국은 진나라를 섬겨야 한다는 연횡책을 주장했으나, 진나라 혜왕이 죽으매 실현되지 못한 채 죽었음. 교묘한 수단으로 자신의 책략을 달성하는 것을 이름.

709) **형칠邢七의 낭패狼狽**: 형칠은 송나라 신종·철종 때의 간신 형서로서, 본디 명도 정호에게 배우고 사마광 등의 문하에 출입하고서 출세하였는데, 뒤에 스승을 배반하고 왕안석·채경 등에게 붙어서 스승을 무함하였음. 어떤 사람이 이천 정이에게 "형칠은 선생을 오래 따랐으나 지식이 아주 없으니 장래에 매우 낭패할 것입니다." 하니, 이천이 "지식이 아주 없다고는 할 수 없으나 의리가 이욕의 마음을 이기지 못하면 이 지경이 된다." 하였음.

을 저버렸고 둘째도 스승을 저버렸는데도 인심이 어두워서 괴이하게 여기지 않으므로 한결같이 섬기는 의리가 거의 없어지니, 신이 이것을 두렵게 여겨 감히 후서 한 글에 대략 논하여 변명한 것이 있습니다. 이제 정호가 유현을 침모侵侮하였다 하여 맨 먼저 죄벌을 입었는데, 신이 변명하여 배척한 말은 침모하였을 뿐만이 아니니 그 죄범을 논하면 실로 정호보다 더할 것입니다.

신이 또 듣건대, 유규라는 자가 한 소를 올려 신의 스승의 묘문에 관한 일도 아울러 언급하였으니, 신은 놀랍고 두려움을 금치 못하겠습니다. 대개 신의 스승이 화를 당한 것은 윤휴의 무리가 다시 일어났기 때문이고 윤증이 날뛴 것도 이때에 있었던 일이니, 신의 스승이 죽기 전에 여러번 이것을 글에 나타냈습니다. 이제 묘문을 지을 때에 도리어 어찌 이것에 의거하여 말하지 않을 수 있겠습니까? 그렇기는 하나 성상께서 이미 유규가 선정을 위하여 신구伸救하여 변명하였다 하여 그 말을 가납하셨으니, 신의 죄는 또 한 귀절을 더한 셈입니다."



임금이 납하기를,

"경이 정호의 일 때문에 상소하여 꾸중을 기다리기까지 하는 것을 나는 지나치다고 생각한다. 다만 경의 소에 '첫째도 스승을 저버렸고, 둘째도 스승을 저버렸다.' 하였는데, 대저 선정의 도덕으로서 어찌 이런 일이 있겠는가? 경은 평온한 마음으로 생각하여야 한다."

낭초에 임금이 정호가 지은 『가례원류』의 발문 가운데에 윤증을 배척한 말이 있다 하여 특지特旨로 정호를 파직하였기 때문에 권상하가 곧 상소하여 같이 죄받기를 청하였는데, 사의辭意가 명백하고 남김없이 변명하여 꺾었으나 임금의 비답批答이 또 이러하였으므로 사림이 매우 근심하였다.

- 『숙종실록』, 1716년 1월 25일

### 實錄記事 1716년 2월 3일, 『가례원류』의 사건에 대해 송시열을 옹호하는 정언 조상건의 상소

정언 조상건[710]이 상소하였는데, 대략 이르기를,

---

710) **조상건**趙尙健 : 1713년(숙종 39년) 증광문과에 병과로 급제하여, 1714년 지평에 제수되었고, 1715년 인사의 불만으로 이조판서 송상기를 헐뜯은 성천부사 한영휘를 논핵하였다. 1716년 『가례원류』 사건에 얽힌 문제로 윤증을 배척하고 송시열을 옹호하는 소를 올려 체차되었다가 이어 관작을 삭탈당하고 문외출송되어 울산부로 귀양갔으나 그해 7월에 방면되었다. 이듬해 지평으로 복직되었고, 이어 홍문록에도 선발되었다. 1719년 부수찬에 제수되어서는 단종 복위와 김종서·황보 인 등의 신원에도 앞장섰으나 부교리 김운택과 패초를 어겨 잠시 파직되었다가 곧 부교리에 제수되었고, 이조좌랑으로 옮겼다. 경종 즉위 후에도 부응교·교리 등을 역임했다.

"삼가 보건대 대사헌 권상하가 인책한 소는 시비를 분명히 가리되 말과 뜻이 엄정하여 천청天聽을 감동하여 깨닫게 할 만한데, 소에 대한 비답을 보게 되니 미워하여 냉대하시는 뜻이 뚜렷이 있어 '선정이 도덕으로서 어찌 이런 일이 있었겠느냐?' 고 분부하기까지 하셨습니다. 전하께서는 어찌하여 고故 상신 윤증이 원래 스승을 저버린 사실이 없는데도 권상하가 억지로 사실 외의 지목을 한다고 여기십니까? 윤증이 처음에 선정신 송시열을 저버린 것은 그 아버지의 묘문에 관한 일 한 가지 때문인 것으로 핑계하나, 이는 크게 그렇지 않은 면이 있습니다. 송시열이 당초 묘문을 지을 때에 말을 극진히 하여 찬양하여 윤증의 마음에 차지는 못하였다 하더라도 또한 일찍이 뚜렷이 헐뜯고 명백히 배척하여 그의 단점을 드러내지는 않았으니, 이것이 어찌하여 저버릴 만한 단서가 되겠습니까? 선배가 남의 비지碑誌에 혹 억누르거나 찬양하며 저울질한 것이 전후에 어찌 한정이 있었겠습니까마는, 그 자제가 이 때문에 문득 서로 끊었다는 말은 듣지 못하였습니다.



주자로 말하면, 여조겸 형제와 그 선세를 논하며 그 흠을 가리켜 배척하여 너그럽게 용서하지 않는 것이 많았으나 여씨는 절교를 고하지 않았을 뿐더러 이 때문에 조금도 후의를 변하지도 않았습니다. 오랜 친구에 있어서도 오히려 이와 같은데 하물며 40년 동안 아버지처럼 섬긴 스승이겠습니까? 과연 생각건대 윤증이 이 때문에 서로 끊으려 하였다면, 어찌하여 주자가 논한 구양수에 대한 범순인의 의리처럼[711] 그때에 곧 의리에 의거하여 절교를 고하지 않고 묘문이 이루어진 뒤에도 8, 9년간이나 평소와 다름없이 문하에 출입하고 서찰로 문안하였겠습니까? 신유년[712] 이후에서야 갑자기 왕도·패도의 의義·이利이니 본원의 심술이니 하는 따위의 말로 벗 사이에 보낸 서찰에서 곧바로 헐뜯어 욕하였고, 마지막에는 또 박절한 말로 사석師席에 왕복할 때에 언급하였습니다. 그 마음이 오로지 묘문에만 있었을 뿐이 아닌데, 전하께서는 번번이 부사父師에 경중이 있다는 말을 사륜[713] 사이에 베풀어 마치 송시열에게 참으로 끊을 만한 사실이 있는 것처럼 하셨습니다.

아! 사도師道가 어찌 중대하지 않겠습니까? 삼대 이전에는 임금이 사도를 겸하였으므로

711) **주자가 논한 구양수歐陽修에 대한 범순인范純仁의 의리처럼** : 이는 구양수와 범순인의 아버지 범중엄의 교계交가 매우 깊은데, 구공이 범비를 지으면서 없는 사실을 했다면 범순인이 마땅히 피눈물을 흘리면서 의를 좇아서 절교했을 것이라는 주자의 말을 인용한 것이다.

712) **신유년** : 1681년(숙종 7년).

713) **사륜絲綸** : 임금의 분부.

『서경』에는 '임금이 되게 하고 스승이 되게 하였다.' 하였고, 『대학』의 서序에는 '하늘이 반드시 명하여 백성의 군사君師로 삼는다.' 하였습니다. 임금을 말하면 으레 스승을 말하고 스승을 말하면 으레 임금을 말하였는데, 삼대 말기에는 세도가 쇠퇴하고 교계가 해이해져 공자는 대성의 자질로서 군사의 지위를 얻지 못한 채 선왕이 백성을 교화한 방법이 없어져 전하여지지 않을까 염려하여 말로 가르쳐서 사사로이 서로 그 무리에게 전수하니, 임금과 스승이 비로소 둘로 나뉘었습니다. 이것이 『예경』에 '세 사람[714]에게 생육되어 한결같이 섬기고, 죽게 되어서도 치우쳐 폐기하여서는 안 된다.' 한 까닭입니다. 이 때문에 예전부터 성현이 이 세 사람에 대하여 감히 경중의 차이를 나누지 않고 모두 3년 동안 복상服喪하는 것으로 단정한 것이니, 그 뜻을 알 만합니다. 아버지는 천연의 친속이며 임금과 스승은 다 의리로 만난인데, 이제 만약 아버지와 스승에 경중이 있다고 한다면 그 유폐는 반드시 장차 임금과 아버지 사이에서 경중을 나누게 될 것이니, 신은 이 지경이 되면 장차 사람이 사람 노릇을 못하고 나라가 나라답지 못하게 될까 염려되므로 어찌 크게 두렵지 않겠습니까? 그러나 아버지와 스승 사이에 설혹 불행하게도 난처한 사단事端이 있어 그 의리를 둘 다 보전할 수 없다면, 또한 어찌 조용히 선처할 방도가 없겠습니까? 그런데 지금 윤증은 한편으로는 스승과 제자의 예禮를 폐기하지 않으면서 한편으로는 남에게 제 스승을 헐뜯었으니, 이는 실로 향당의 자애하는 자로서 하지 않는 짓입니다.

송시열이 윤증 부자를 만족하게 여기지 않았던 것은 본디 윤휴를 끊지 않는 한 가지 일에 있었는데, 기사년[715]에 이르러 송시열은 윤휴를 배척하였기 때문에 맨 먼저 뜻밖의 화를 당하였고, 윤증은 윤휴에게 편들었기 때문에 폐고廢錮되고 삭직된 처지에서 기신起身하여 문득 도헌[716]에 제배되었습니다. 아! 진퇴하고 소장消長하는 데에서 사정邪正이 분간되고 화복을 쫓고 피하는 데에서 심적心迹을 알 수 있는데, 한편을 구호하는 말이 번번이 다 아버지와 스승은 경중이 있다는 분부에다 핑계를 대어 스승과 제자의 윤리가 거의 다 없어졌으니, 말류의 폐해는 이번 『가례원류』의 일에 이르러서는 더욱 증험할 수 있게 되었습니다.

이른바 『가례원류』는 특별히 하나의 예서로 모아 엮은 것일 뿐이니 누가 지었다 한들 그 사람의 학문이나 도덕에 무엇이 관계되겠습니까마는, 윤증은 그 스승이 죽을 때에

714) **세 사람** : 임금·스승·아버지.

715) **기사년** : 1689년(숙종 15년).

716) **도헌**都憲 : 대사헌.

부탁한 뜻을 멋대로 잊고 세월이 이미 오래 지난 뒤에 움켜쥐고 제것으로 삼아서 그 스승을 저버리기를 조금도 돌아보고 꺼림이 없었습니다. 한몸으로 전후에 두번 그 전철을 밟았으므로 권상하가 소 가운데에 이른바 첫째도 스승을 저버리고 둘째도 스승을 저버렸다는 것은 사실에 의거한 적확한 말이라 하겠는데, 전하께서는 억제하고 치우치는 죄과로 돌리려 하시니, 전부터 예우하여 오신 뜻은 과연 어디에 있습니까? 정호를 특명으로 파직하신 것으로 말하면 노여움을 다른 데로 옮기신 것이 됨을 면하지 못하거니와, 저 유규의 무리가 이로 인하여 성의聖意를 엿보아 헤아려서 신구伸救하여 변명한다는 핑계로 침욕하기를 두루 다하였는데, 전하께서는 죄주지 않으실 뿐더러 따르고 숭장하셨으니, 어찌하여 유현儒賢을 대우하시는 것이 이렇게 몹시도 박하십니까?"

끝에 말하기를,

"유태원이 감히 금령이 이미 내려진 뒤에 상소한다는 핑계로 곧바로 궐문을 들어오므로 문을 지키는 하례가 규례에 따라 막았더니, 막는 것을 노여워하여 머리채를 휘어잡고 뺨을 때리고서 끝내는 궐문을 밀치고 곧바로 들어와 금궁禁宮의 지척에서 멋대로 난동을 부렸으며, 소의 대개를 써서 보낸 데에는 곧바로 '빨리 그 죄를 바로잡아야 한다.'는 따위의 말로 유현을 욕함에 거리낌이 없었습니다. 후사의 신하로서 방자하게 넌지시 여쭌 뜻은 반드시 봉입하려는 데에 있었거니와, 개의하지 않고 함부로 머물러 두어 표신[717]을 번거롭게까지 하고, 한 번 아뢰는 것도 모자라서 두 번이나 아뢰기에 이르렀습니다. 삼가 원하건대 먼저 유규가 올바른 신하를 헐뜯은 죄를 다스리고, 해당 승지도 엄중히 벌주소서."

임금이 답하기를,

"아비·자식과 스승·제자 중에서 누가 중重하고 누가 경經하냐는 것은 전에 분부한 것이 분명히 있어 국시가 이미 정하여졌다. 『가례원류』에 관한 일은, 움켜쥐고 제 것으로 삼았다 하나 어찌 그럴 리가 있겠으며, 네가 방자하게 상소하여 마음껏 헐뜯으니, 세도를 생각하면 어찌 한심하지 않겠는가? 정호는 어진이를 모욕한 죄가 있어도 파직으로 가볍게 벌하였는데, 오히려 또 쟁론하며 승지와 유규를 벌주기를 청하기까지 하니, 또한 매우 놀랍다."

- 『숙종실록』, 1716년 23월 3일

717) **표신**標信 : 궁중에 급변을 전할 때나 궁궐문을 드나들 때 사용하던 문표文標.

**實錄記事** 1716년 3월 3일, 『가례원류』의 서문을 지은 권상하를 처벌한 것은 부당하다는 태학 유생 김순행 등의 상소문

태학의 유생 김순행 등 56인이 상소하였다. 대략 이르기를,

"대사헌 권상하는 전하에게 예우받은 것이 이제까지 20년인데, 이제 『가례원류』의 서문의 일로 인하여 미워하고 냉대하여 물리쳐 끊으시기에 다시는 여지가 없게 하시니, 신들은 서문이 무슨 큰 죄인지 모르겠습니다. 권상하의 소 가운데에 이른바 첫째가 스승을 저버렸다는 것은 갑자년[718] 이후로 이미 정하여진 논의인데, 전하께서 시비를 전도시키고 뭇사람의 말을 힘써 꺾으신 까닭은 실로 아버지와 스승은 경중이 있다는 한마디의 실언에서 말미암았습니다. 일전의 사학[719]의 소는 도리에 맞게 말하여 남김없이 다 아뢴 것인데, 전하께서는 한 마디 시비를 가르는 말씀도 없이 곧바로 바른 사람을 헐뜯는 것으로 죄를 삼으셨으니, 인심이 더욱 격렬하여지고 공론이 더욱 우울해 합니다. 전하께서 의리를 재량하고 시비를 명시하신다면, 신들이 그에게 무슨 쌓인 원한이 있어서 이처럼 애써 다투겠습니까?

이른바 둘째도 스승을 저버렸다는 것 또한 설명하겠습니다. 대저 『가례원류』의 강綱을 세우고 목目을 나눈 것은 실로 문충공 유계의 손에서 나왔는데, 윤선거도 참여하여 도운 난서가 있으니, 주객의 구분은 엄폐할 수 없습니다. 유계가 무술년[720]에 윤증에게 글을 보내 그 일을 시작한 공을 기뻐하고 죽기 전에 보기를 바랐으며, 또 갑진년[721]에 윤선거 형제에게 영결永訣을 고하며, 윤증에게 뜻을 전하기를, '부탁한 까닭은 죽은 뒤에라도 반드시 듣게 될 것이다.' 하였습니다. 유계가 이 서책에 대하여 죽을 때까지 이처럼 간절하였으므로 윤증에게 조금이라도 스승을 존경하는 마음이 있다면 본디 빨리 완성하여서 전하여 널리 펴야 할 것인데, 덮어 숨긴 채 말만 많으며 깊이 감추고 내지 않다가는 급기야 출간하라는 조정의 명을 받기에 이르렀으며, 이미 돌려주겠다고 허락하고 나서 자기 소유로 삼은 데 의거하여 스승이 임종시에 부탁한 것을 전혀 기억하지 못하는 것으로 돌리기까지 하였습니다. 아! 누구를 속이겠습니까? 하늘을 속이겠습니까? 또 이것을 유계의 글이라 하는 것은 유계나 뒷사람의 말이 아니라, 실로 윤선거의 말입니다.

718) **갑자년** : 1684년(숙종 10년).

719) **사학四學** : 나라에서 선비를 가르쳐 기르기 위하여 서울의 중앙과 동·남·서에 세운 네 학교. 즉 중학·동학·남학·서학의 교육 기관을 통틀어 이르는 말.

720) **무술년** : 1658년(효종 9년).

721) **갑진년** : 1664년(현종 5년).

숙종

그가 지은 유계의 행장에 '공公이 문공[722]의 『가례』를 따라 강綱을 세우고 목目을 나누어 경전과 선현의 예설을 따서 분류하여 각 조목 아래에 붙여서는 이름하여 『가례원류』라 하였다.' 하였으니, 그 아버지가 손수 쓴 글이 저렇게 명백한데, 그 아들이 오히려 믿지 않는다면 장차 무엇에 근거하여 이 글의 주객을 말할 것입니까?

대저 이 글이 비록 유계가 지은 것이기는 하나 윤선거에게도 다듬은 공이 있으니, 윤증이 당초에 아버지와 스승이 함께 엮었다고 말하여 근일 그 무리가 말하는 것과 같았다면, 유상기가 혹 그 마음에 맞지는 않더라도 또한 혈전에 이르지는 않았을 것입니다. 그런데 이렇게 하지 않고 도리어 대대로 전하여 온 우리 집의 글이라 하고 또 한 서책이 두 집에 속하면 사람들이 반드시 의심할 것이라는 따위 말로 감추고 말을 꾸며서 빼앗을 생각을 하였으니, 유상기의 도리로는 어찌 통탄하여 힘껏 다투지 않겠습니까? 대저 공론이 일제히 분개하여 형세가 빼앗기 어렵게 되어서야 마지못하여 비로소 함께 엮었다는 말을 하였으니, 이 한 가지 일에서도 곡직을 가릴 수 있습니다. 그리고 이른바 『가례집해』라는 것은 『가례원류』의 초본인데, 이진유는 한 자도 가감한 것이 없다고 하니 어찌 속이는 것이 심하지 않겠습니까? 『가례원류』의 마지막 편에 있는 왕조례 두 책은 다 유계가 손수 쓴 것인데 『가례집해』에는 왕조례가 없으므로 『가례집해』가 『가례원류』의 초본임은 이에 의거하여 알 수 있고, 『가례집해』가 『가례원류』라 개명改名된 것은 이미 그 전에 있었던 일인 것을 여기에서 또한 알 수 있습니다. 『둔원설화』에서 윤선거의 연보年譜를 보더라도 그때에 모여 이야기한 사우士友가 다 실려 있는데 정양의 이름이 없으니, 그것이 근거 없이 함부로 지은 것이라는 것은 더욱 의심할 것이 없습니다. 이 하나의 글이 무슨 관계되는 것이겠습니까마는, 그 스승의 유촉을 돌아보지 않고 그 아버지의 정론을 믿지 않고서 한바탕 분란을 만들어 냈으니, 윤증은 여기에서 그 스승을 부끄럽게 할 뿐더러, 또한 장차 그 아버지를 부끄럽게 할 것인데, 세도의 책무를 맡은 자로서 어찌 말하지 않을 수 있겠습니까?

권상하가 서문을 짓지 않는다면 그만이겠으나, 서문을 지으면서 분명히 말하여 매우 배척하지 않는다면 어떻게 일세一世를 깨우치고 후래를 가르치겠습니까? 대저 말이 유현의 입에서 나왔고 예훈의 첫머리에 분명히 실려 있어 한 마디 말이나 몇몇 글자라도 천리天理를 밝히고 인심을 바로잡기 위한 것이 아닌 것이 없으니 백대 뒤에도 삭제되지 않을 글이라 할 만한데, 이러하여도 불사를 수 있다면 『춘추』의 징토한 글과 추성[723]이

722) **문공**文公 : 주희의 시호.

723) **추성**鄒聖 : 맹자.

사설邪說을 물리친 글도 다 재가 되는 것을 면하지 못할 것이니, 어찌 위태롭지 않겠습니까? 저번에 한두 신하 [박세당·최석정 두 사람이다.] 가 글을 지어 주자를 헐뜯었으므로 전하께서 비록 그 사람을 죄주고 그 글을 폐기하시면서도 또한 신충[724]에서 결단하여 요즈음 하신 것처럼 손수 불에 던지시지는 않았으니, 이는 전하께서 윤증을 존모하시는 것이 도리어 주자보다 더 하신 것이니, 신들은 저윽이 의혹됩니다.

고故 상신 최석정은 『예기유편』 가운데에서 『중용』·『대학』을 개주하여 망령되고 도리에 어긋남이 극에 달하였는데, 윤증은 그 강론과 연마마저 같게 하여 권수에 이름을 붙였으니, 주자에게 죄진 것이 또한 막대합니다. 그리고 국가에서 판본을 부순 뒤에도 끝내 명백히 스스로 밝히려 하지 않았으니, 태연하게도 그 그른 것을 몰랐다는 것을 더욱 알 만합니다. 더구나 그가 평생에 말하고 침묵하는 것과 따르고 피하는 것이 오로지 이해·화복을 생각하는 데에서 나왔으니, 기사년[725] 망극한 때를 당하여 득지하여 날뛰었고 대헌으로 벼슬하였으나 한 마디도 명의의 중함에 대해서는 언급한 적이 없이 함부로 사감私憾을 끌어대어 불쌍히 여기는 뜻을 보였으니, 그 두려워하고 비굴한 꼴은 사람들로 하여금 침뱉고 욕하게 하였습니다. 선비의 도리가 또한 이러한 것입니까? 선정正이라는 칭호는 상商나라의 보형[726]에서 비롯되었는데, 본조의 제현으로서 서거하여 이 칭호를 얻은 사람을 전하께서 시험삼아 살펴보시면, 윤증처럼 죄진 것이 지극히 중대한 자가 과연 조금이라도 여기에 방불한 경우가 있었습니까? 더구나 처음에는 유일[727]의 적籍에서 이름을 삭제하였다가 마침내는 도덕의 유類에 견준 것이고 보면, 성조의 포폄이 엄하지 않은 것을 더욱이 후세에 알릴 수는 없을 것입니다."

임금이 답하기를,

"선정의 처의한 본말은 내가 이미 명백히 아니, 너희들이 비록 갖가지를 헐뜯더라도 될 수 있겠는가? 『가례원류』의 일도 모두 유상기를 편들고, 선정을 배척하는 것이 이미 매우 놀라운데, 후서의 글을 『춘추』의 징토한 글과 추성이 사설을 물리친 글에 견주기까지 하였으니, 무엄하다 하겠다."

– 『숙종실록』, 1716년 3월 3일

724) **신충**宸衷 : 임금의 마음.

725) **기사년** : 1689년(숙종 15년).

726) **보형**保衡 : 중국 상(商:殷의 처음 이름)나라 초기의 어진 재상인 이윤을 가리킴. 보형은 이 사람에게 의지하여 천하의 보안·평형이 유지된다는 뜻으로, 전하여 재상을 뜻하는 말로 쓰임.

727) **유일**遺逸 : 임금의 버림을 받아 등용되지 못하고 초야에 묻힌 어질고 착한 선비. 천재지변이 있으면 화기를 상한 원인이 됐다고 하여서 도천하여 서용하였음.

實錄記事 1717년 7월 19일, 희정당에서 영의정·좌의정 등을 접견하여 국사를 논의하다

신시에 임금이 희정당에 나가서 행판중추부사 이유·영의정 김창집·좌의정 이이명 등을 불러서 접견하였는데, 승지 이기익·가주서 이의천·겸춘추 김홍적·대교 권적이 따라 입시하였다. 행판중추부사 서종태·조상우·김우항은 병을 핑계하고 패초를 어기고서 끝내 오지 않았다. 김창집이 나아가 임금의 병환에 대해 문후하였다. 임금이 이르기를,

"지금 왼쪽 안질이 더욱 심하여 전혀 물체를 볼 수가 없고, 오른쪽 눈은 물체를 보아도 희미하여 분명하지 않다. 소장의 잔 글씨는 전혀 자형字形이 없으므로 마치 백지를 보는 것과 같고, 비망기의 큰 글자에 이르러서도 가까이에서 보면 겨우 판별할 수 있기는 하지만 그래도 분명히 보이지 않는다. 지금 만약 안력을 조리한다면 그래도 장님이 되지는 않을 것 같으나 달리 할 만한 일이 없다. 대단히 변통하는 방도가 있은 다음에야 일신이 조금쯤 편안할 수 있고 국사도 걱정이 없게 되겠기에 여러 대신들을 만나보고 이 일을 의논하려고 한 것이다."



김창집이 말하기를,

"신이 외람되게 전하를 보호하는 자리에 있으면서도 성심을 다하여 조호하지 못한 탓으로 성후가 이 지경에 이르게 되었으니, 그 죄는 만 번 죽어 합당합니다. 그런데 다만 모르겠습니다만 하교하신 변통하는 방도에 대해 성심에는 어떻게 생각하고 계십니까? 신이 밖에 있으면서 좌상이 입시했을 때의 설화를 대략은 들었습니다만, 지극히 중대한 성교가 있었다고 하였습니다. 이런 등의 일을 예로부터 군주가 쉽사리 말을 낼 수가 없는 것인데 만일 이것을 진언하는 자가 있다면, 신 등은 진실로 마땅히 죽음으로써 간쟁할 것입니다."

이유가 말하기를,

"하교하신 바 변통이라는 것은 어떻게 하시려는 것인지 모르겠습니다."

임금이 이르기를,

"들어와 진찰할 적에 내가 이미 살며시 그 단서를 발론하였는데, 대신이 우리나라의 세종조의 일을 가지고 진달하였다. 그리고 당나라 태종도 태자에 명령하여 청정하게 한 일이 『강목』에 기재되어 있다. 지금 나의 안질이 이렇게 오래도록 심하여 왼쪽 눈만 물체를 볼 수 없을 뿐만이 아니라 오른쪽 눈도 장차 장님이 될 지경이므로, 결단코 제반 사무를 수응酬應할 수 없는 형세이다. 이런데도 억지로 사무를 수응하려 한다면 이것은 나에게 죽음을 재촉하는 결과가 된다. 세자에게 청정하게 하는 일이 나의 본의였으니, 다시 좌상을 부른 것도 대개 이 때문이었다."

김창집이 말하기를,

"춘궁[728]의 춘추가 한창 젊으시고 총명도 점차 진전되고 있으니, 항상 좌우에서 모시게 하면서 문서를 읽히고 서정庶政을 결단하게 하신다면, 앞으로 국사에 크게 이익이 있을 것이며, 또한 반드시 성궁을 조양하시는 방도에도 힘있는 바가 있게 될 것입니다. 구구한 어리석은 신의 소견에는 이외에 다른 도리가 없겠습니다."

이유

이유[729]는 말하기를,

"을유년[730]에 선위하시려 할 적에 신이 왕세자를 곁에 두고 참여하여 결단하게 한다면 점차 국사를 익혀 가게 할 수 있고, 성후를 조섭하는 방도에도 반드시 이익이 있을 것이라는 것으로 앙달했었습니다. 지금의 신의 천박한 소견도 이와 같은 데에 불과합니다."



임금이 이르기를,

"좌상이 입시했을 때에 이미 나의 의견을 다 말했다. 나의 안질이 여러 해 누적되어 고질이 되고 말았는데, 옛날의 제왕들이 이미 행한 일을 내가 모르는 것이 아니다. 지난 을유년에 선위하는 일을 내가 실행하려 했는데, 지금은 행하려 하여도 반드시 곤란한 단서가 있을 것 같다. 지금은 장님이 될 지경이므로 국사가 매우 안타깝다. 태자에게 명령하여 청정하게 하는 일을 만일 행할 수 있었다면 안질이 심해지기 전에 내가 어찌 행하려 하지 않았겠는가? 그러나 지금은 행할 수가 없다. 내 한 몸도 진실로 안타깝기 그지없지만 국사는 더욱 아득하기만 하다."

김창집이 말하기를,

"왕세자는 인효가 본디 드러나 있고 영명스러움이 남보다 뛰어나니, 청정하는 일을 어찌

---

728) **춘궁**春宮 : 왕세자.

729) **이유**李濡 : 1702년 양역 사무에 밝아 특별히 병조판서로 임명되면서 이듬해 설치된 양역이정청의 구관당상을 겸임, 양역변통문제를 담당하였다. 그 뒤 1704년 오군문개군제급수군변통절목·군포균역급해서수군변통절목·교생낙강자징포절목을 마련해 조선 후기에 들어와 처음으로 양역 사무를 크게 정비하였다. 당대의 경세가로서 양역 문제에 큰 관심을 가졌다. 특히 호포론을 비현실적이라고 비판하고, 군문·군액의 조정과 감축, 군포 부담의 균일화와 같은 점진적인 개선책과 교생·원생 등의 명목으로 피역하는 자에게 군포를 거두는 유포론을 주장하였다. 송시열의 문인으로 이단하·민정중의 아낌을 받고 김창집·이이명·민진후 등과 친하였다. 1726년(영조 2년) 민진후와 함께 경종 묘정에 배향되었다.

730) **을유년** : 1705년(숙종 31년).

행하지 못할 이치가 있겠습니까? 주상께서 결단을 내려 시행하는 것이 어떻겠습니까?"

임금이 이르기를,

"태자에게 명령하여 청정하게 하는 일을 내가 행하려 하지 않는 것이 아니지만, 일이 뜻과 같지 못한 점이 있다. 이것이 내가 하려고 하지만 할 수가 없는 이유인 것이다."

이이명이 말하기를,

"들어가 진찰할 적에 신이 진달한 바가 있었고, 다시 연석에 나아가 또 하교를 받들었으므로 지금은 다시 진달할 말이 없습니다. 신 등이 밖에 있으면서 춘궁께서 실덕한 일이 있다는 말을 들어본 적이 없습니다. 그리고 들리는 바에 의하면 인현왕후께서 중전에 복위되셨을 때에 효도를 다하고 뒤에 승하하셨을 적에 슬픔을 극진히 하였으며, 지금에 와서는 덕기가 이미 완성되어 인효가 더욱 드러났다고 하니, 어찌 청정을 감당하지 못할 근심이 있겠습니까? 지금의 이 성교는 실로 천만 뜻밖입니다. 예로부터 국가가 난망하는 것은 모두 이런 등류의 처치를 잘못한 데에서 연유되어 왔습니다. 춘궁께 서무를 참여하여 결단하게 하신다면 신 등은 각기 스스로 정성을 다하여 보좌하겠습니다. 그렇게 하면 국사가 어찌 제대로 다스려지지 않을 이치가 있겠습니까? 성명께서 이제 척연히 의도를 고치시어 다시 의심을 가지지 않으신다면 이것이 어찌 종사의 복록이 아니겠습니까?"

숙종

김창집은 말하기를,

"일찍이 춘궁께서 인효스러운 덕이 있다는 말을 들었고 신 등이 주연[731]에 입시하였기 때문에 또한 일찍이 그 덕성을 익히 알고 있습니다. 어찌 청정을 감당하지 못할 이치가 있겠습니까? 삼가 바라건대 다시 세 번 생각하시어 〈춘궁이〉 곁에 있으면서 국사에 참여하여 결단하심으로써 성궁을 보호하시고 국가를 이롭게 하소서."

이이명이 말하기를,

"여항 사람의 경우로 말하더라도 모든 사물를 점차 익혀가면 자연히 진취되기 마련인 것입니다. 춘궁(세자)의 영명한 자질로 어찌 능히 청정하지 못할 이치가 있겠습니까? 성상의 심려가 이러하니 이는 국가의 복이 아닙니다."

이유는 말하기를,

"예로부터 태자에게 청정하게 한 경우가 많았습니다. 당나라와 우리나라에서 이미 행했던 일을 분명히 고증할 수 있는데도 성교에 행할 수 없다고 하시니, 신 등은 진실로 성의의 소재를 알 수가 없습니다."

731) **주연**胄筵 : 서연書筵.

이기익은 말하기를,

"왕세자의 천성에서 타고 나신 성효는 사방에서 목을 길게 빼고 몹시 기대하고 있으며, 동궁에서 덕을 배양하셨고 춘추가 한창 젊으시니, 비록 청정하게 한 고사가 없을지라도 성상의 병환이 지금과 같은 경우에는 마땅히 참여하여 결단하게 하는 방도를 강구해야 되는 것인데, 더구나 당나라 때의 고사와 조종조에서 이미 시행한 일이 있는 것이겠습니까? 주상께서 이에 의거하여 처분을 내리신다면 어찌 종사의 끝없는 복록이 아니겠습니까?"

임금이 이르기를,

"나도 진실로 생각해 왔었다. 만약 청정시킬 수 있었다면 안질이 악화되기 전에 어찌 행하려 하지 않았겠는가? 그러나 지금은 어렵기 그지없다."

김창집이 말하기를,

"성상께서 당초 행하지 않으시고 다만 어렵다고만 하교하시니 진실로 민망스럽기 그지없습니다. 다마 여항에서 아들을 가르치는 일로 말하여 보더라도 친절하게 잘 교유하여 스스로 깨닫게 하면 처음에는 글을 잘하지 못했던 사람도 글을 잘할 수 있게 되는 것이고 처음에는 일을 잘 알지 못했던 사람도 일을 잘 알 수 있게 되는 것입니다. 이제 참여하여 서사를 결단하게 하시고 주상께서 때때로 교도하시다면 춘궁의 총명하신 자질로 결단코 잘하지 못할 이치가 없을 것입니다. 삼가 바라건대 국가를 위하여 깊이 생각하시어 다른 걱정을 하지 않으신다면 국가에 더없는 다행이겠습니다."

이유는 말하기를,

"을유년[732]에는, 성상의 환후患候가 지금에 견줄 정도가 아니었고 춘궁의 춘추도 아직 성장하지는 못했었습니다. 그런 상황에서 갑자기 전선하신다는 하교가 있었기 때문에 정신들이 극력 간쟁한 것이고 왕세자도 눈물을 흘리면서 간절히 진달하여 마침내 성의를 돌리게 된 것입니다. 지금도 성후가 이러하고 사세도 그때와는 크게 다르기 때문에 청정하는 이외에 다른 방도가 없습니다."

임금이 이르기를,

"지금 다른 도리가 없고, 나의 병은 의약으로 쾌차시킬 수 있는 것이 아니다."

이유가 말하기를,

"춘궁의 춘추가 지금은 이미 성장하시었고 덕성도 전보다 더욱 향상되었으니 청정하게 하는 일을 진실로 행해야 합니다. 주상께서 일을 과단성 있게 처리하지 못하시고

숙종

732) **을유년** : 1705년(숙종 31년).

미룰 단서가 무엇이 있겠습니까?"

임금이 이르기를,

"나의 의도는 청정하게 하는 것을 어렵게 여기는 것이 아니다."

이유가 말하기를,

"성의가 청정하는 것을 어렵게 여기는 것이 아니라면 모르겠습니다만, 어렵게 여기는 것은 무슨 일입니까?"

임금이 답하지 않았다. 이이명은 말하기를,

"모든 일은 인정에 순응하면 천심에도 합치되기 마련입니다. 참여하여 결단하게 한 뒤에 설혹 조금이라도 미진한 점이 있다면 주상께서 자주 효유하시고 신 등도 성심을 다하여 보좌하겠습니다. 그렇게 하면 전하께서 직접 정사를 처리할 때와 무엇이 다르겠습니까? 그리고 대사에 이르러서는 주상께서 또한 때때로 재결하신다면 성후의 여러 가지가 잘 수양되는 공을 이룰 수 있을 것이며, 왕세자께서도 점차 국사를 익혀 가게 될 것이니 어찌 달리 걱정할 일이 있겠습니까? 성명께서 만약 이렇게 계책을 정하지 않으신다면 종사가 이로부터 불안해질 것입니다. 예로부터 난망이 모두 여기에서 연유되었으니 지금도 염려하지 않을 수 없습니다. 이것은 바로 국가의 대사인데 다만 신 등 몇몇 사람들과 이를 의논하시니 신 등은 정성을 다해 진달하는 외에 다시 달리 진달할 것이 없습니다."

숙종

이기익은 말하기를,

"대신들이 되풀이하여 진달하는 것은 실로 국가의 대계를 위하는 데서 나온 것입니다. 전하께서 쾌히 대신들이 진달한 바를 따르고 조종조의 고사를 준행하신다면 신민들이 모두 기뻐할 것이고 국가에도 더없는 다행이 되겠습니다."

임금이 이르기를,

"문종조의 고사를 경 등은 알고 있는가?"

이이명이 말하기를,

"『국조보감』에 기재되어 있습니다."

임금이 이르기를,

"실록에는 반드시 상세하게 기재되어 있을 것입니다. 나의 안질이 이러하여 사무를 수응할 수 없으니 지금으로서는 다른 도리가 없다. 대신들의 진달이 이러하니 마땅히 조종조의 고사(에 의거하여 해야겠다. 문종조에서 참여하여 결단할 때의 실록을 춘추관의 당상관과 낭청을 파견하여 상고하여 오게 하는 것이 마땅하겠다. 내일이라도 상고하여 오게 하라."

이이명이 말하기를,

"이 일은 중대한 것이니 참결하여 청정한다는 것을 마땅히 비망기로 하교하셔야 합니다."

임금이 이르기를,

"절목에 관한 일을 우선 상고하여 오게 하라. 춘추관의 당상관과 낭청을 반드시 내일 안으로 발송시키도록 하라. 비망기는 마땅히 내리도록 하겠다."

임금이 김창집을 돌아보면서 이르기를,

"경의 병환이 아직도 차도가 없으니, 매우 염려스럽다. 모름지기 즉시 집에 돌아가서 잘 치료하도록 하라."

이어 소환에게 명하여 부축하고 나가게 하였다. 여러 신하들도 마침내 물러나왔다.

사신은 말한다.

"부자 사이는 다른 사람이 말하기 어려운 것이 있는데, 당일 입대한 여러 신하들은 번갈아 아뢰면서 극려 쟁론하여 정성을 다하여 광구하였으니, 춘궁을 사랑하여 추대하는 마음과 주상의 마음을 감동시켜 깨우친 공로가 옛사람에 견주어도 부끄러울 것이 없으며 후세에도 할 말이 있다고 할 수가 있다. 그런데 저 기뻐하지 않는 사람들의 말은 사람을 의심해서는 안될 곳까지 의심하여 기필코 죄벌의 함정에 몰아넣으려 하였으니, 아! 또한 심한 처사이다."

– 『숙종실록』, 1717년 7월 19일

숙종

독대 후 숙종은 돌연 건강상의 이유를 들어 세자(20대 경종)에게 대리청정을 명했어요. 노론은 마치 기다렸다는 듯이 명을 받들었다. 평소 세자의 교체를 염원했던 노론이라면 당연히 세자의 대리청정을 반대해야 했지만 그러지 않았다. 소론은 이것이 왕과 노론의 정치적 술수임을 알아차렸다.

세자에게 대리청정을 시켜 놓고 실정을 하면 그것을 빌미로 세자를 교체하려는 것이 분명했다. 세자의 편 소론 쪽에서 세자의 대리청정을 반대하는 기현상이 일어났다. 숙종은 요지부동이었고, 세자는 그해 8월부터 대리청정을 시작했다.

### 實錄記事 1717년 7월 19일, 왕세자에게 청정할 것을 명하다

왕세자에게 청정할 것을 명하였다. 이날 아침 약방에서 들어와 진찰하였는데 임금이 특명으로 좌상 이이명을 입시하게 하였다. 임금이 안질 때문에 수응하기가 어렵다는 이유로 변통시키는 방도가 있어야겠다는 분부가 있자, 이이명이 갑자기 세자를 곁에 두고 참견하게 하라는 말을 하니, 임금이 이에 대한 아무런 가부가 없이 당나라 때에 변통시켰던 일을 바로 하문하였다. 이이명은 세 번이나 기억하지 못하겠다고 대답을 하고 대신을 불러서 의논하게 하자고만 청하였는데, 제조 민진후의 대답은 도저히 꺾을 수 없는 기색이 있었다. 이들이 물러가고 나자 임금이 희정당에 앉아서 유독 이이명만을 부르고 승지와 사관을 저지시켜 입시하지 못하게 하였다. 이이명이 초대에서 임금의 뜻을 헤아리고서 즉시 추창하여 들어갔다가 한참만에야 물러나왔는데, 그때의 말을 비밀에 부치고 전하지 않았으므로 중외의 인심이 흉흉하여 놀라움과 두려움으로 술렁였다. 이날 저녁 임금이 다시 이이명과 이유·김창집 등을 불러서 의논하게 하였는데, 드디어 이 명령이 있게 된 것이다. 무진년[733] 원자를 책봉할 적에 온 조정이 간쟁하였으나 당초 다른 뜻이 있었던 것은 아니었다. 그런데 유독 이사명만이 이미 흉심을 품고 있었으므로 기사년[734]에 이르러 과연 주사誅死되는 일이 있었다. 갑술년[735]에 이르러서는 이사명의 서형婿兄인 김춘택이 기세를 마구 부렸으므로 나라 사람들이 지목하였다. 이때에 임금이 하교하기를,

"감히 강신·흉얼이 국본을 동요시키는 경우에는 역률로 논죄하겠다."

하였는데, 비록 대신의 말로 인하여 이 분부를 환수하기는 하였으나 임금은 실로 깊이 걱정하고 있었다. 이 때문에 밖으로 명의를 핑계한 사람들이 늘 보호를 주장하는 사람들의 의논을 이기지 못하였다. 불행하게도 신사년[736] 인현왕후가 승하하여 동궁이 의지할 곳을 잃었는데다 장씨[737] 마저 죄로 죽었기 때문에 처세가 더욱 위의스러워짐에 따라 보호하던 대신들은 모두 유찬되었다. 그리하여 사류들이 조정에 용납될 수가 없었고 반대로 노당[738]들의 기세가 날로 치성하여져 갔다. 이리하여 국인國人들의 의혹이 이사명과 김춘택의 집안으로 많이 귀착하게 되었는데, 이는 일조일석에 생겨난 일이 아닌 것이다. 그런데도 오늘에 와서 독대한 사람은 다른 사람이 아닌 바로 이사명의 아우인 이이명이었다. 아! 우리나라 조정의 조의는 광명정대하여 승지와 사관을 인입하지 않고서는 상하가 접견하지 않았었다. 영릉[739] 때 한번 독대가 있었는데 이는 극비를 요하는 대계를 위

숙종

733) **무진년** : 1688년(숙종 14년).

734) **기사년** : 1689년(숙종 15년).

735) **갑술년** : 1694년(숙종 20년).

736) **신사년** : 1701년(숙종 27년).

737) **장씨**張氏 : 장희빈.

738) **노당**老黨 : 노론.

한 것이었으므로 평상시에 본받을 것이 아니다. 더구나 이이명이 이미 당나라 때의 고사에 대한 하문을 받들었고 계속해서 혼자만을 불렀으니, 당폐의 한 걸음 앞에 죽는 한이 있더라도 어떻게 감히 나아갈 수가 있었겠는가? 이는 그의 가슴속에 먹은 마음이 버티고 있어 스스로 두려워하지 않은 채 의기양양하게 소매를 내저으면서 자기집으로 들어가듯이 한 것이니, 사람을 물리치고 무릎을 맞대고서 한 말이 비록 충언 지계가 있더라도 어찌 스스로 비밀을 폭로할 수가 있겠는가? 더구나 임금이 지척 사이에서 인신으로서 감히 들을 수 있는 것이 아닌 말을 들었으면, 사단이 청포에 엎드려 간한 것[740]과 이필이 절대로 드러내지 말라고 청한 것[741]을 그 자신의 임무로 삼아야 했을 것이다. 그런데 또 무엇 때문에 대신을 불러 번거롭게 의논한단 말인가? 이미 불러서 의논했다면 김창집의 경우는 또한 마땅히 이런 마음을 두지 말고 자애하여 사이가 가깝게 하는 의리로써 천륜을 개도하여 피눈물을 흘리면서 정성스럽게 간諫해서 성의를 확연히 깨우치게 했어야 했는데도 끝내 한마디도 이에 대한 언급이 없이 서둘러 청정시켜 대리하게 하자는 청을 하였으니, 이것이 어찌 참으로 춘궁을 애대愛戴하여 영문令聞을 드러내어 밝히려는 뜻에서 나온 것이라고 할 수 있겠는가? 아니면 거듭 마음을 떠보면서 천천히 도모하려는 의도가 아니었겠는가? 다행히 천충[742]이 뉘우쳐 덕음이 내려짐을 힘입어 국본이 영원히 공고하여졌고, 인심이 아주 결정되어 사직은 끝내 반드시 영장이 해와 달이 일식·월식에서 다시 밝아오는 것을 힘입을 수 있게 되었다. 한가닥 안개와 음신한 무지개가 어떻게 회식시킬 수 있겠는가? 그러나 30년 동안 빚어온 흉심을 이때에 마음껏 부릴 뻔하였는데 임인년[743]의 옥사에서 그 전모가 다 드러났으니, 그 거괴를 따져보면 이이명이 앞잡이인 것이다. 백대 뒤에 이것을 가지고 시종 화계가 은밀히 싹터 나오고 흉악한 계획이 크게 발현된 것을 살펴본다면 그 한 맥락이 관통될 뿐만이 아니었으니, 이루 다 주벌할 수가 있겠으며 이루 다 주벌할 수가 있겠는가?

– 『숙종실록』, 1717년 7월 19일

숙종

739) **영릉寧陵** : 효종의 능호임.

740) **사단史丹이 청포靑蒲에 엎드려 간諫한 것** : 사단은 한漢나라 원제元帝 때 사람으로 원제가 병이 침중하여지자 황태자를 폐하려했는데, 이때 사단이 직접 와내로 들어가서 청포 자리 위에 엎드려 눈물을 흘리면서 간언을 올리자 드디어 원제가 감동되어 중지했다는 고사가 있음.

741) **이필李泌이 절대로 드러내지 말라고 청한 것** : 이필은 당나라 때 사람으로, 현종·숙종·대종·덕종을 두루 섬겼는데, 덕종이 태자를 폐하려 할 적에 사례를 들어 간절하게 간하자 덕종이 감동되어 이를 중지했다는 고사가 있음.

742) **천충天衷** : 임금의 마음.

743) **임인년** : 1722년(경종 2년).

세자 교체는 숙종과 노론이 모종의 결탁을 한 '정유독대'를 통해 구체화되었ek. 정유독대(노론과의 정치 타협)는 1717년(숙종 43년) 정유년 7월 19일 숙종은 승지와 사관을 물리친 채 노론인 좌의정 이이명과 단독으로 이야기를 나누었다.

『숙종실록』에 '정유독대'를 이렇게 기록하고 있다.

### 實錄記事 1717년 7월 19일, 대신 독대 시 승지와 사관이 입시하다

미시에 임금이 다시 희정당으로 나가서 좌의정 이이명에게 다시 입시하라고 명하였다. 이에 이이명이 승지 남도규·가주서 이의천·기주관 김홍적·기사관 권적과 함께 합문 밖으로 나아갔다. 조금 있다가 사알이 와서 임금의 분부를 전하면서 이이명 혼자만 입시하라고 명하였다. 이이명이 창황하게 명을 받들 즈음에 남도규를 돌아보면서 말하기를,

"일이 상규와 다르니 승지와 사관은 들어가지 않을 수 없다. 모름지기 나와 함께 들어가는 것이 옳겠다."

이에 즉시 빨리 걸어서 들어갔다. 권적이 말하기를,

"성교가 비록 이와 같지만 우리들이 물러가 있을 수가 없다. 죄벌을 받더라도 함께 들어가는 것이 마땅하다."

드디어 일어나 뒤를 따랐다. 남도규가 몇 걸음 걸아가다가 권적을 돌아보며 말하기를,

"성교에 이미 대신 혼자만 들어오게 하였는데 우리들이 먼저 품부하지도 않고 마음 내키는 대로 바로 행하는 것이 사체에 어떠할지 모르겠다."

인하여 물러나오려 하였다. 권적이 다시 쟁론하여 마침내 희인문 판장 밖에까지 함께 나아갔다. 권적이 한漢나라의 신하가 궁중의 작은 문을 밀어젖히고 바로 들어갔던 고사[744]를 인용하여 바로 들어가려고 하니, 남도규가 말하기를,

"지금 비록 들어가더라도 진실로 불가한 것이 없지만 대신이 이미 입시하였고 성상의 분부도 허락을 하지 않았으니, 승지·사관이 들어가는 것은 마땅히 승전색에게 청하여 품지를 거친 뒤에 들어가는 것이 무방할 것 같다."

이리하여 승전색에게 청하여 승지와 사관이 지금 바야흐로 바로 들어가려 한다는 내용으로 은밀히 품稟하게 하였으나 임금이 답하지 않았다. 남도규 등이 또 승전색을 시켜 승지와 사관이 결국 바로 들어가겠다는 뜻을 급히 주달하게 하고 걸음을 옮겨 나아가려 할

---

744) **권적이 한漢나라의 신하가 궁중의 작은 문闥을 밀어젖히고 바로 들어갔던 고사**故事 : 한나라 때 고조가 병을 핑계하여 누워 있으면서 신하들을 들어오지 못하게 하고는 정무를 돌보지 않자 공신 번쾌가 궁중의 문을 밀어젖히고 바로 들어가니, 대신이 뒤를 따라 들어갔다는 고사를 인용한 것임.

즈음에 임금이 비로소 입시하라고 허락하였으므로, 마침내 차례대로 나아가 부복하였다. 임금이 이르기를,

"승지는 누구인가?"

이이명이 아뢰기를,

"남도규입니다."

임금이 이르기를,

"대신이 독대한 경우는 예전에도 있었다. 그러나 승지와 사관이 극력 쟁론하면서 함께 입시한 것은 매우 옳은 일이다."

이때 이이명은 이미 물러나와 자기의 자리에 부복하고 있었기 때문에 이날 임금 앞에서 있었던 이야기는 드디어 전하지 못하게 되었다. 임금이 이어 여러 신하들에게 밖으로 나가라고 명하고 나서 시임·원임 대신만 부르게 하였다. -『숙종실록』, 1717년 7월 19일



## 조선 문화의 르네상스 시대가 시작되다

임진왜란과 병자호란으로 큰 상처를 입었던 조선 왕조는 17세기에 경제적 재건과 자부심 회복의 과정으로 견제와 균형, 상호 감시 체제를 확립했고 국가 청사진도 제시했다. 숙종 재위 후반부 즉 18세기 초부터 조선 문화의 르네상스 시대가 시작되었다.

숙종은 방납(토산물의 공출)의 폐단을 막고 국가재정의 충실을 기하기 위해, 1608년(선조 41년) 경기도에 처음 실시한 후 강원도와 충청·전라도로 확대된 공물을 쌀로 통일해 농민의 부담을 줄인 대동법의 적용 범위를 경상도(1677년)와 황해도(1717년) 확대하여 전국적으로 실시했다.

전정[745] 부문에서는 광해군 때부터 시작된 양전 사업[746]을 강원도와 삼남(충청·전라·경상도) 지방까지 확대하여 서북지방 일부를 제외한 전국에 걸쳐 실시하여 국가재정 수입의 안정적 기초를 마련했다. 민폐의 대상이었던 양역[747] 문제

745) **전정** : 국가가 백성들에게 토지에 대한 조세를 받아들이는 일.

746) **양전量田사업** : 경작 상황을 알기 위하여 토지의 넓이를 측량하던 일.

747) **양역良役** : 16세~60세까지의 양인 장정에게 부과하던 공역으로 노역에 종사하는 노동과 군사

를 해결하기 위해 호포제를 실시하고자 했으나 양반층의 반대로 벽에 부딪혔다. 1703년, 양역이정청[748]을 설치, 양역변통의 방안을 모색하여 군포균역절목으로 1필에서 3~4필의 심한 차이를 보이던 양민 장정 한 명의 군포 부담을 2필로 균일화했다.

호패법의 실시를 강행하여 유민과 도피자를 방지함과 동시에 전국 양민의 장정 수를 명확히 파악함으로써 봉건 질서의 안정·강화를 도모했다. 상품화폐경제의 발달에 맞추어 상업활동을 지원하기 위해 주화를 본격화하여 6차례에 걸쳐 상평청·호조·공조 및 훈련도감·총융청의 군영과 개성부, 평안·전라·경상감영에서 상평통보[749]를 주조(1678년)·통용하게 했다.



숙종 왕 때 이루어진 제반 제도의 정비와 운영상의 개선은 양 난 이후 문란해진 국가 재정구조를 개선하고 일반농민층의 부담을 부세제도의 면에서 경감시킴으로써 심화되어가는 사회적 모순을 해결하고 봉건지배체제를 안정화하려고 했다.

## 청나라가 일방적으로 백두산정계비를 세우다

즉위한 다음 해 대흥산성[750]을 완공하고 용강(평안남도 용강군의 군청 소재지)에 황룡산성[751]을 수축하여 변경지대의 방비를 강화하는 한편 1712년 북한산성을 대대적으로 개축, 남한산성과 함께 서울수비의 양대 거점으로 삼았다.

압록강 주변의 무창·자성의 2진을 개척하여 옛 영토의 회복 운동을 벌였으며,

---

적인 목적의 군역.

748) **양역이청정**良役釐正廳 : 양역의 폐해를 시정하고 양민 장정의 부담을 줄이기 위하여 설치한 관아.

749) **상평통보**常平通寶 : 엽전으로 인조 11년(1633년)부터 조선 후기까지 주조하여 사용하였다.

750) **대흥산성**大興山城 : 황해도 개풍군 영북면 천마산에 있는 조선 후기 대장 유혁연이 증건한 석축 성곽.

751) **황룡산성**黃龍山城 : 평안남도 남포시 용강군 옥도리 오석산에 있는 산성.

이선부

청과의 국경분쟁이 일어나자, 1712년 청국의 공문을 받은 조선 정부에서는 접반사 박권을 보내 함경감사 이선부[752]와 함께 가서 맞이하도록 하였다. 혜산진에서부터 산간 험지를 10일간이나 강행군해 5월 15일 백두산 천지가에 이르게 되었다. 일행은 거기서 내려와 동남쪽으로 4㎞ 지점인 2,200m 고지 분수령에 정계비를 세웠다.



**實錄記事 1712년 2월 24일, 청나라 예부에서 다시 사관을 보내 변경을 심사하겠다는 자문을 보내다**

청나라 예부에서 자문이 나왔으니, 그 자문에 말하기를,

"지난해 8월에 태학사 온달 등이 아뢰어 성지를 받들어서 금년에 목극등 등이 봉성에서 장백長白에 이르러 우리의 변경을 답사하려 하였으나, 길이 멀고 물이 큼으로 인하여 곧장 그곳에 이름을 얻지 못하였다. 명년 봄 얼음이 풀리는 때를 기다려 따로 사관司官을 차견하여 목극등과 함께 의주에서 작은 배를 만들어 흐름을 거슬러 올라가되, 만약 능히 전진하지 못한다면 곧장 육로로 토문강으로 가서 우리의 지방을 답사키로 한다. 다만 우리의 변지가 도로가 요원하고 지방이 매우 험준하여서, 만일 중로에 막힘이 있다면, 조선국으로 하여금 차츰 조관[753]케 하여야 하니, 이 정유를 해부에서 조선국에 효유하라."

하였다. [그 후 사신使臣 등이 원본을 얻었는데, 바로 목극등이 돌아가 아뢴 뒤에 황제가 판부한 것이지, 별건의 일이 있는 것은 아니었다.]

- 『숙종실록』, 1712년 2월 24일

752) **이선부**李善溥 : 1673년(현종 14년) 춘당대시에 병과로 급제하고 고창현감·지평·정언·헌납·사간·집의를 거쳐 1696년(숙종 22년) 충청도관찰사와 경상도관찰사를 역임하였다. 1710년에는 대사간, 이듬해 함경도관찰사를 지냈으며, 1713년에는 비국備局이 이선부의 건의로 북도 친기위 개혁안을 제출하기도 하였다. 1714년 경기감사, 1716년 형조판서를 역임하였다. 기로소에 들어가 김창집·신임 등과 같이 기영회에 참가하였다. 풍채와 위의가 엄숙하고 정려하였으며 술을 좋아하는 호탕한 성품이었다. 1696년에는 숭음다패하다 하여 장령 유신일의 탄핵으로 경상감사에서 파직되기도 하였다.

753) **조관**照管 : 보살핌.

**實錄記事** 1712년 4월 7일, 함경북도 병사 장한상 등이 백두산 남쪽의 형세에 대해 치계하고 도본을 바치다

함경북도 병마절도사 장한상과 함경남도 병마절도사 윤각이 백두산 남쪽의 형세를 살핀 뒤에 치계하고 도본을 바쳤다. 대개 장한상이 가서 살핀 것은 통행할 수 있는 곳에 그쳤는데, 두만강과 압록강 두 강의 원류는 혹은 길이 끊이지고 혹은 눈에 막혀 다만 높은 곳에 올라 멀리 바라보거나 또는 노인 및 장교배가 고하는 바에 빙거하여 말을 만든 것이다. 그 뒤 관찰사 이선부가 혜산 첨사와 인차외 만호를 시켜 다시 가서 자세히 살피게 하였더니, 남도의 압록강의 원류는 윤각의 계문한 바가 의거依據할 만한 것이 있는데, 두만강의 원류는 장한상의 장문狀聞과 서로 어긋났다고 한다.

- 『숙종실록』, 1712년 4월 7일

**實錄記事** 1712년 5월 23일, 접반사 박권이 백두산 정계의 일에 대해 치계하다



접반사 박권이 치계하기를,

"총관이 백산 산마루에 올라 살펴보았더니, 압록강의 근원이 과연 산 허리의 남변에서 나오기 때문에 이미 경계로 삼았으며, 토문강의 근원은 백두산 동변의 가장 낮은 곳에 한 갈래 물줄기가 동쪽으로 흘렀습니다. 총관이 이것을 가리켜 두만의 근원이라 하고 말하기를, '이 물이 하나는 동쪽으로 하나는 서쪽으로 흘러서 나뉘어 두 강江이 되었으니 분수령으로 일컫는 것이 좋겠다.' 하고, 고개 위에 비를 세우고자 하며 말하기를, '경계를 정하고 비석을 세움이 황상皇上의 뜻이다. 도신道臣과 빈신儐臣도 또한 마땅히 비석 끝에다 이름을 새겨야 한다.'고 하기에, 신 등은 이미 함께 가서 간심看審하지 못하고 비석 끝에다 이름을 새김은 일이 성실하지 못하다.'는 말로 대답하였습니다."

- 『숙종실록』, 1712년 5월 23일

## 1699년 울릉도와 우산도가 조선의 영토임을 일본이 인정하다

일본과는 1682년, 1711년 통신사를 파견하여 왜은[754] 사용조례를 확정지어 왜관무역을 정비하고, 막부[755]에게 왜인의 울릉도 출입금지를 보장받기도 했다. 일본의 침입에 맞서 울릉도를 사수한 안용복은 동래부 출신으로 동래수군

754) **왜은**倭銀 : 일본에서 사용하던 은화.

755) **막부**幕府 : 1192년서 1868년까지 일본을 통치한 쇼군의 정부. 천황은 상징적인 존재가 되고 쇼군이 실질적인 통치권을 가졌다.

에 들어가 능로군으로 복무했으며, 왜관에 자주 드나들며 일본말을 익혀서 일본 사람과 의사소통이 가능했다. 1693년 울릉도에 일본 어민이 침입하자 이에 항거하다 에도 바쿠후에 끌려가서 울릉도의 조선 영토임을 확인받았다. 1696년 울릉도에서 다시 일본어선을 발견하고 마쓰시마까지 추격하여 영토 침입을 꾸짖었으며 스스로 울릉우산양도감세관이라 칭하고 하쿠슈 태수로부터 영토침입에 대한 사과를 받고 귀국했다. 1697년 대마도주가 울릉도가 조선 땅임을 확인하는 공식 문서를 뒤늦게 조선에 보냈고, 1699년에는 조선과 일본 사이에 울릉도와 우산도가 조선의 영토임을 확인하는 최종 외교문서가 오갔다. 이로부터 도쿠가와 막부 시대에 만들어진 일본의 지도와 문헌에는 울릉도와 우산도를 조선 영토로 표시하였다.



**實錄記事 1696년 10월 13일, 좌의정 윤지선이 안용복의 죄를 논하고 죽이기를 청하다**

대신과 비국의 제신을 인견하였다. 좌의정 윤지선이 말하기를,

"안용복의 일을 외방에 있는 대신에게 물었더니, 영돈녕 윤지완은 말하기를, '안용복은 사사로이 다른 나라에 가서 외람되게 나라의 일을 말하였는데, 그가 혹 조정에서 시킨 것처럼 하였다면 매우 놀라운 일이니, 그 죄를 논하면 마땅히 죽여야 하는 데 의심할 바가 없습니다. 단지 대마도 사람이 전부터 속여 온 것은 우리나라에서 강호와 교통하지 못하였기 때문인데, 이제 다른 길이 따로 있는 것을 알았으니, 반드시 크게 두려움이 생길 것이나, 안용복이 주살되었다는 말을 들으면 또 그 길이 영구히 막힌 것을 기뻐할 것입니다. 우리나라에서 안용복을 죽이는 것이 법으로는 옳겠지만 계책으로는 그릇된 것이므로, 법을 폐기하는 것은 진실로 불가하나 계책을 잃는 것도 아까운데, 대마도에 통보하고 왜관 밖에 효시하여 교활한 왜인의 마음을 시원하게 하는 데 이르러서는 스스로 손상하는 데로 돌아가는 것을 면하지 못할 것입니다.' 하고, 영부사 남구만은 말하기를, '안용복이 계유년[756]에 울릉도에 갔다가 왜인에게 잡혀 백기주에 들어갔더니, 본주에서 울릉도는 영구히 조선에 속한다는 공문을 만들어 주고 증물도 많았는데, 대마도를 거쳐서 나오는 길에 공문과 증물을 죄다 대마도 사람에게

756) **계유년** : 1693년(숙종 19년).

빼앗겼다 하나, 그 말을 반드시 믿을 만하다고 여기지는 않았습니다마는, 이제 안용복이 다시 백기주에 가서 정문한 것을 보면 전의 말이 사실인 듯합니다. 안용복이 금령을 무릅쓰고 다시 가서 사단事端을 일으킨 죄는 진실로 주살하지 않을 수 없습니다.

*안용복을 죽이지 않으면, 말세의 간사한 백성 중에 반드시 다른 나라에서 일을 일으키는 자가 많아질 것이니, 어찌 죽이지 않을 수 있겠습니까?*

그러나 대마도의 왜인이 울릉도를 죽도竹島라 거짓 칭하고, 강호의 명이라 거짓으로 핑계를 대어 우리나라에서 사람들이 울릉도에 왕래하는 것을 금지하게 하려고 중간에서 속여 농간을 부린 정상이 이제 안용복 때문에 죄다 드러났으니, 이것은 또한 하나의 쾌사快事입니다. 안용복에게 죄가 있고 없는 것과 죽여야 하고 죽이지 말아야 하는 것은 우리나라에서 천천히 의논하여 처치할 것이고, 대마도에 주는 쌀·베·종이를 줄이는 자질구레한 일은 다 거론하는 것이 마땅하지 못하나, 울릉도를 변환하고 속인 정상에 관계되는 일에 이르러서는 이 기회로 인하여 동래부로 하여금 대마도에 글을 보내어 조목으로 열거하여 힐문해서 명확하게 분별하여 매우 배척하지 않을 수 없습니다. 저들이 만약에 다시 교묘히 꾸며서 승복하여 말하지 않는다면, 우리나라에서 또 글을 보내어 묻기를, 「너희가 두 나라 사이에 있으면서 모든 일에 이렇게 신의가 없으니, 안용복이 풍랑에 표류한 잔약한 백성으로서 국서가 없이 스스로 정문한 것은 진실로 믿을 수 없으므로, 조정에서 따로 사신을 일본에 보내어 그 허실을 살피게 하려는데, 너희는 장차 어떻게 처치하겠는가?」 하면, 대마도의 왜인이 반드시 크게 두려움이 생길 것입니다. 그런 뒤에 안용복의 죄를 우리나라에서 그 경중을 의논하여 처치하고, 울릉도의 일은 왜인이 감히 다시 입을 열지 못하게 하면, 교활한 왜인이 시험하여 보려는 생각을 조금 줄일 수 있을 것이니, 이것이 상책입니다. 그렇게 할 수 없다면, 또한 동래부로 하여금 도주島主에게 글을 보내어 먼저 안용복이 마음대로 정문한 죄를 말하고, 다시 본도本島에서 죽더라고 거짓 칭한 잘못을 말하되, 이치를 가려서 타이르고 자세히 조사措辭하고서 그 회답을 기다란 뒤에 처치하는 것이 옳겠고, 안용복을 단죄斷罪한다는 뜻은 결코 서계書契 가운데에 말하여서는 안 되니, 이것이 중책입니다. 대마도에서 간사한 술책으로 우리를 속인 정상은 힐문하지 않고서 버려두고, 안용복이 정문하여 변정한 죄는 먼저 논하여 죽인다면, 도주의 원한을 면하고자 하는 것으로 매우 약한 것을 보이는 것입니다. 또 도주의 뜻은, 속으로는 원한을 푼 것을 다행스럽게 여기더라도 겉으로는 반드시 분명하게 우리에게 감사해 하지 않을 것이니, 이 뒤로 모든 일에 조금이라도 뜻대로 되지 않는 것이 있으면, 반드시 안용복의 일을 핑계거리로 삼아 우리나라를 모욕하고 협박하는 말의 근본을 삼고 오래지 않아 울릉도의 일로 말을 고집하여 잇달아 차인을 보낼 것인데, 우리가 어떻게 감당하겠습니까? 이것은 하책일 듯합니다.' 하였습니다. 외방에 있는 대신의 뜻은 다 안용복을 죽이는 것을 옳지 않다 하나, 남구만의 상책은 쉽사리 의논하기 어려울 듯합니다. 안용복을 죄주지 않고 오로지 대마도를 꾸짖으면, 마치 국가에서 시킨 것인 듯할 것이니, 안용복·이인성은 우선 그대로 가두어 두었다가 수상首相이 출사하기를 기다린 뒤에 처치하고, 그 나머지 위협 때문에 따른 자는 이미 살리는 의논에 붙였으니, 먼저 석방하여야 하겠습니다."

임금이 말하기를,

"영상이 출사한 뒤에 상의하여 품처하고, 사람들은 먼저 놓아 보내도록 하라."

지사 신여철이 말하기를,

"안용복의 일은 매우 놀랍기는 하나, 국가에서 못하는 일을 그가 능히 하였으므로 공로와 죄과가 서로 덮을 만하니, 일죄[757]로 결단할 수 없겠습니다."



윤지선이 말하기를,

"안용복을 죽이지 않으면, 말세의 간사한 백성 중에 반드시 다른 나라에서 일을 일으키는 자가 많아질 것이니, 어찌 죽이지 않을 수 있겠습니까?"

임금이 말하기를,

"영상이 출사한 뒤에 처치하라."

윤지선이 패선의 쌀을 해변 고을에 나누어 준 것은 우선 기한을 물려서 받아들이기를 청하니, 윤허하였다. 신여철이 호조의 을해조에서 재감한 면포 7백 90동은 옮겨서 군사의 옷감에 보충하여 주기를 청하고, 호조판서 이세백이 경비가 다 없어진 것을 상세히 아뢰어 진청으로 하여금 헤아려 품처하게 하기를 청하고, 신여철도 이를 굳이 청하니, 임금이 말하기를,

"4백 동은 호조에서 먼저 주고, 그 나머지는 병조와 진청에서 상의하여 나누어 주도록 하라."

이세백이 말하기를,

"수인囚人 홍수성은 여덟 차례나 형신을 받았는데, 익명서를 써 낸 정상은 이미 곧바로 공초하였으므로 다시 숨긴 정상이 없고, 이세우도 이미 곧바로 공초하였으나 홍수성 때문에 옥에 오래 지체하여 있으니, 홍수성은 형신을 멈추고 다른 죄인과 마찬가지로 조율하여 결단하는 것이 마땅하겠습니다."

---

757) **일죄**一罪 : 사형.

임금이 윤허하였다. [홍수성은 이세우의 사인私人으로, 이세우와 함께 익명서를 만든 자이다.] 예조판서 신완이 묘현 때의 절목을 품정하였는데, 묘현 때에는 전알만을 행하고 독축·전폐하는 일은 없으며, 동시에 행례하면 방애妨礙되는 일이 많으므로, 임금이 먼저 전배하고 다음에 중궁전이 그 다음에 세자가 그 다음에 빈궁이 행하는 것으로 정탈하였다. 신완이 외의가 혹 태묘에 알현하면 영녕전에도 알현하지 않을 수 없다고 말한다고 아뢰니, 임금이 윤지선에게 물었다. 윤지선이 말하기를,

"신은 예문을 모르므로 요상에게 물어야 하겠습니다."

임금이 윤허하였다. 부교리 조태채가 말하기를,

"이것은 어려울 듯합니다."

임금이 말하기를,

"그러면 곧 정지하라."



강화 유수 최규서가 병자년[758]의 사절인死節人 강흥업에게 서손庶孫이 있는데, 가난하므로 돌보아야 한다는 것을 말하니, 임금이 수용하라고 명하였다. -『숙종실록』, 1696년 10월 13일

## 노산군을 단종으로 복위시키다

숙종은 사육신을 관직에 복권시키고, 노산군을 복위(단종편에 실록 수록)시켜 단종으로 묘호를 올렸으며, 폐서인이 되었던 소현세자빈 강씨를 복위시켜 민회빈으로 하는 등 왕실을 재정립했다. 또한『선원록』·『대명집례』 등을 간행하고,『대전속록』·『신증동국여지승람』 등을 편찬했다.

## 60세 나이로 승하하다

1720년 6월 4일 임금의 질환이 더욱 위중하니 세자가 기도를 드리고 소석疏釋할 것을 하령하였다. 인심이 흉흉하여 안정되지 않고, 잘못 전파된 말들이 갈수록 놀랍고 의혹스러워져 심지어 미리 물을 길어다 놓고 문을 걸어 잠근 채 나오지 않는 자도 있었다.

758) **병자년** : 1636년(인조 14년).

## 實錄記事 1720년 6월 8일, 임금이 승하하다

임금이 승하하였다. 시약청[759]의 세 제조와 사관 등이 어제 저녁부터 입시하여 밤을 새우고 기둥 밖으로 물러나왔는데, 조금 후에 날이 밝았다. 도제조 이이명이 환시[760]로 하여금 중궁(궁중전)께 아뢰기를,

"날이 이미 밝았으니, 신 등이 잠시 물러갔다가 문안드릴까 합니다."

이윽고 빠른 걸음으로 걸어 나오자 사관이 뒤따라 나왔는데, 막 시약청에 이르자 환관(내시)이 급히 나와 내교를 전하기를,

"우선 문안드리지 말고 빨리 들어오라."

이이명 등이 사관과 함께 황급히 달려 들어가니, 연잉군이 이이명을 맞으며 말하기를,

"드셨던 약물을 모조리 토해 내셨습니다."

여러 신하들이 와내(침실)로 들어가니, 임금이 목구멍 속에 담(가래) 끓는 소리가 크게 났다. 환시가 큰소리로 조정·승정원·옥당이 문안드린다고 아뢰었으나, 임금이 알아듣지 못하였다. 도승지 윤헌주가 세자에게 고하기를,

"감군[761]의 단자[762]는 성상의 환후가 이와 같으시니 낙점할 수가 없겠습니다. 어제 낙점한 것으로 그대로 시행하는 것이 어떻겠습니까?"

세자가 허락하였다. 연잉군이 내전(왕비의 존칭)으로부터 나와 말하기를,

"다만 부원군만 남아 있고 도제조 이하의 관원들은 조금 물러가 있으라."

세 제조와 사관이 물러나 기둥 밖에 엎드려 있었는데, 이때 궁녀들의 울부짖는 소리가 밖에까지 들렸고 환시들도 눈물을 흘리며 몹시 바쁘게 다녔다. 조금 후에 부원군 김주신이 나와 기둥 밖에 이르러 이이명에게 말하기를,

"내전께서 그래도 만에 하나 성상의 병세가 회복되기를 기대하시므로, 방금 다시 어떻게 해 볼 도리가 없다는 뜻으로 주달(임금께 아룀)하였습니다."

이윽고 내시가 여러 신하들을 불러서 도로 들어가니, 중궁(궁중전)이 연잉군으로 하여금 전교하게 하기를,

---

759) **시약청**侍藥廳 : 국왕 등의 병이 중환일 때 임시로 두었던 의료 기관.

760) **환시**宦侍 : 왕의 주변에서 시중을 들거나 궁궐에서 숙직을 하며 지키던 관원.

761) **감군**監軍 : 밤중에 도성 안팎을 돌면서 군사의 순찰을 검독하던 임시 벼슬. 날마다 병조에서 병조와 도총부의 낭청과 모든 선전관의 이름을 써서 임금께 올리고 낙점 받은 두 사람은 신시申時에 대궐 안에 들어가서 감군패를 받아 가지고 각기 맡은 구역을 순검하였음.

762) **단자**單子 : 부조나 선물 따위의 품목과 수량을 적은 종이.

"일찍이 듣건대 '명성왕후께서 병환이 나셨을 때는 단지 가슴 앞에 한 점의 미지근한 온기가 있을 뿐이었는데도 능히 회복을 하셨다.' 한다. 성상의 병환이 비록 위중하기는 하지만 가슴과 배에 모두 온기가 있으니, 약물을 신중히 써서 기필코 회복을 기약하도록 하라."

이이명이 대답하기를,

"만일 할 수 있는 방도만 있다면 감히 정성을 다하지 않겠습니까?"

중궁이 또 연잉군으로 하여금 나와 전교하게 하기를,

"금평위 박필성·동평위 정재륜·임창군 이혼·어영대장 김석연과 시임·원임 대신들을 모두 동궁(왕세자)에게 품하여 입시하게 하라."

또 연잉군을 시켜서 이이명에게 묻기를,



"원명귀[763]·정건일[764]·김도협(김석연의 아들) 등을 모조리 같이 불러들이는 것이 어떻겠는가?"

이이명이 대답하기를,

"너무 광범위합니다."

연잉군이 들어가 아뢰고, 다시 나와 심정보[765]를 부르라고 명하였다. 또 어유귀·김동필 두 사람을 불러들이라고 명하니, 이이명이 말하기를,

"이런 때에 어찌하여 반드시 인척을 다 불러들이겠습니까? 부디 이런 뜻으로 품주[766]하소서."

연잉군이 들어가 아뢰고 나와 내교를 전하기를,

"진달한 바가 옳다."

이에 시임·원임의 여러 대신이 다 같이 와내(침실)로 들어왔는데, 이이명이 어탑(임금이 앉는 상탑) 아래로 나아가 큰 소리로 아뢰기를,

"시임·원임 대신이 들어왔습니다."

영의정 김창집이 또 큰소리로 아뢰기를,

"소신 창집 등이 들어왔습니다."

임금이 알아듣지 못하였다. 연잉군이 어수(임금의 손)를 붙들고 울면서 말하기를,

---

763) **원명귀**元命龜 : 숙경 공주의 아들.

764) **정건일**鄭健一 : 숙휘 공주의 아들.

765) **심정보**沈廷輔 : 숙명 공주의 아들.

766) **품주**稟奏 : 임금께 말씀을 올림.

"손가락이 이미 다 푸른색으로 변했습니다."

의관이 나아가 콧마루를 살피고, 이어서 진맥을 한 뒤 물러나와 말하기를,

"오른쪽 맥이 먼저 끊어졌고, 왼쪽의 맥은 바야흐로 들떠 흔들리며 안정이 되지 않고 있습니다."

중궁이 환시를 시켜서 전교하기를,

"종전에 약을 쓰는 길이 잘못되었기에 이미 이런 지경에 이른 것이다. 이런 때에 약을 쓰기란 더욱 어려우니, 반드시 상세히 살펴서 쓰라."

이이명이 울면서 대답하기를,

"신 등이 보호하는 처지에 있으니, 비록 하교가 없으시더라도 어찌 십분 상세히 살피고 싶지 않겠습니까? 하지만 본래 약리에 어두운 까닭으로 이런 지경에 이르렀으니, 죽어도 여죄(주된 죄 이외의 다른 죄)가 있습니다. 지금 약을 쓰는 길이 여러 가지가 있기에 바야흐로 세심하고 신중히 골라 쓰고는 있으나 그것이 합당한지 합당하지 않은지는 알지 못하겠습니다."



조금 후에 임창군 혼·동평위 정재륜·금평위 박필성·어영대장 김석연·원주목사 심정보가 들어왔다. 이이명이 연잉군에게 묻기를,

"지난번 시약청을 설치할 때 빈전의 일로 하교한 바가 있었는데, 선정전은 창덕궁에 있어서 불편하여 시행하기 어려운 단시가 있습니다. 그때 진달하고자 하였으나 차마 아뢰지 못하였습니다."

연잉군이 말하기를,

"이것은 바로 유교[767]이니, 어찌 차마 어기겠는가?"

이때 여러 신하들이 모두 조용히 탑전[768]에 엎드려 있었는데, 임금이 기식[769]과 담향[770]이 점차 기늘어지다가 갑자기 크게 토한 뒤 드디어 승하하였다. 이때가 바로 진정[771]2각(30분)이었는데, 북쪽 협실[772] 안에서 일시에 울부짖고 곡하며 문을 밀치고 나오려 하다가 연잉군이 문을 막고 금하자 환시가 수족을 정돈하였다. 중궁(궁중전)이 연잉군을 시켜

767) **유교**遺敎 : 임종 때의 설교.

768) **탑전**榻前 : 임금의 자리 앞.

769) **기식**氣息 : 호흡의 기운.

770) **담향**痰響 : 가래가 끓는 소리.

771) **진정** 辰正 : 오전 여덟시.

772) **협실**夾室 : 안방에 딸리어 붙은 방.

전교하기를,

“초상에 있어서의 모든 일들을 중궁이 주관하라는 뜻으로 직접 성상의 하교를 받았다. 이제 마땅히 이것에 의거하여 시행할 것이니, 대신은 모름지기 이 뜻을 알아야 할 것이다.”

김창집이 부복(고개를 숙이고 엎드림)하여 말하기를,

“삼가 마땅히 전교를 받들겠습니다.”

이때 밖에 있던 여러 승지와 종척(왕의 종친과 외척)들이 모두 들어왔다. 대신 이하가 흐느껴 울면서 허둥지둥 어쩔 줄을 몰랐다. 『오례의』와 등록을 들추어 열람하면서 임금이 승하하신 시각이 꽤 오래 되었는데도 곧바로 속광[773]을 하지 않았다. 승지 한중희가 갑인년의 일기를 예조 판서 이관명에게 보이며 말하기를,

“그때는 장선징이 예조 판서로서 속광을 행하였으니, 오늘은 그대가 마땅히 속광하여야 합니다.”



이관명이 말하기를,

“장선징은 바로 척속(성이 다른 일가)이었기 때문이었다. 나는 불가하다.”

여러 의론이 박필성과 혼焜으로 하여금 하게 하려고 하였는데, 결정이 나지 않았다. 우의정 이건명이 손에 의주[774]를 들고 방으로 들어와 말하기를,

“속광의 절차는 내척(아버지 쪽의 친척)이 마땅히 행해야 할 것이니, 심정보로 하여금 하도록 하는 것이 좋겠다.”

이때 심정보가 대궐 밖으로 나가서 곧 들어오지 않았으므로 찾느라고 어수선한 사이에 내시가 이미 속광하였다. 중궁이 연잉군을 시켜 전교하기를,

“성상께서 평일에 매양 습렴[775] 등의 여러 가지 절차를 기필코 정제[776]하게 하라는 뜻으로 누누이 하교하셨다. 대신들은 부디 이 뜻을 깊이 체념하여 큰일은 내간에 품하고 세세한 절차는 짐작하여 시행하되, 반드시 꼭 정성을 쏟도록 하라.”

김창집과 이건명이 대답하기를,

“감히 마음을 다하지 않을 수 있겠습니까?”

대신이 내시 두 사람으로 하여금 호복[777]을 하게 하니, 내시 두 사람이 함(갑옷)에다 강사

---

773) **속광**屬纊 : 임종 때 솜을 코 밑에 대어 숨이 지지 않았나 알아보는 일.

774) **의주**儀註 : 나라의 전례의 절차를 주해하여 적은 책.

775) **습렴**襲殮 : 죽은 사람의 몸을 씻긴 다음, 옷을 입히고 염포殮布로 묶는 일. 염습殮襲.

776) **정제**整齊 : 옷을 격식에 맞게 차려입고 매무시를 바르게 함.

777) **호복**呼復 : 망인亡人의 혼魂이 되돌아 오기를 염원하는 의미에서 혼을 부르는 것을 말함.

곤룡포[778]를 담아 대궐 지붕으로 올라가 세 번 주상의 존호를 불렀다. 내시가 남쪽 협실에서 왕세자를 부축하고 나와 입(삿갓)과 사포(예복)를 벗기고 머리를 풀고 거애[779]하였다. 연잉군이 옷을 벗고 머리를 풀고 기둥 밖에서 거애하였다. 대신 이하가 침문(침실로 드나드는 문) 밖에서 부복해 거애하였는데, 뒤죽박죽으로 질서가 없었다. 곡이 끝나자 김창집이 주서(승정원의 정칠품 벼슬)로 하여금 '상대점[780]'이란 세 글자를 써서 외정(바깥 정원)에 내려다 보이게 하였다. 이때 비가 퍼붓듯 크게 쏟아졌다. 백관들이 세 곳에 나뉘어 모여 있었는데, 주서가 두루 돌아다니며 들어 보이니, 백관들이 모두 곡하였다. 대신이 마침내 외정으로 물러 나와 옷을 바꿔 입고 백관을 인솔하여 거애한 뒤 숭정전의 동쪽 월랑[781]에 모였다. 승정원·옥당·춘방[782]·익위사 등은 흥태문 밖에 모였다.
– 『숙종실록』, 1720년 6월 8일

## 實錄記事 1720년 6월 8일, 임금 승하 후의 반함에 관한 기록

숙종

임금이 승하하였다. 이날 밤 반함[783]할 때 중궁이 원상로 하여금 세자를 도와 행례하도록 하였다. 김창집[784]이 손을 씻으려고 하니, 우상 이건명[785]이 혼사 담당하는 것에 가깝다

---

778) **강사 곤룡포**絳紗袞龍袍 : 임금이 조하 때에 입던 붉은 빛깔의 예복. 모양은 관복과 같으나, 깃·도련·소맷부리와 폐슬의 가에 검은 선을 두름.

779) **거애**擧哀 : 발상發喪을 말함.

780) **익위사**翊衛司 : 세자 익위사.

781) **월랑**月廊 : 궁궐이나 사찰과 같이 규모 있는 건물에서 앞이나 좌우에 줄지어 만든 건물.

782) **춘방**春坊 : 세자 시강원.

783) **반함**飯含 : 염습할 때에 죽은 사람의 입 안에 구슬과 쌀을 물리는 일.

784) **김창집**金昌集 : 숙종 말년의 왕위계승문제를 둘러싸고 소론이 세자인 윤(경종)을 지지하자, 그는 노론으로서 연잉군(영조)을 지지했다. 결국 경종이 즉위했으나 경종이 자식이 없고 허약하자 이건명, 이이명, 조태채 등과 함께 노론 4대신으로서 연잉군을 왕세제로 세울 것을 주장했다. 1721년(경종 1년) 8월에 연잉군이 왕세제로 책봉되자, 10월에는 다시 왕세제의 대리청정을 상소했다. 경종은 세제의 대리청정을 명했다가 환수하기를 반복했고, 그에 따라 노론과 소론의 대립은 날카로워져 갔다. 같은 해에 김일경 등 소론에게 왕권교체를 기도한 역모를 꾸몄다고 탄핵을 받았다. 신임사화로 불리는 이 사건으로 노론의 권력 기반은 무너지고, 그는 거제도로 유배되었다가 1722년 성주에서 사약을 받고 죽었다. 1724년 영조 즉위 후 관작이 복구되었다.

785) **이건명**李健命 : 1686년(숙종 12년) 춘당대문과에 급제하여 설서·수찬·교리·이조정랑 등을 지냈다. 1697년 응교로 있을 때 시폐를 지적하고 제왕이 취해야 할 도리 및 경세·이민理民 방책과 병제·양역·전정 등에 대해 건의한 〈진계소〉를 올렸다. 1698년 서장관으로 청나라에 다녀온 뒤 우

고 하여 저지하였다. 바야흐로 반함하려고 할 때 세자가 숟가락을 잡고 쌀을 퍼내는데 손이 약간 떨렸다. 내시가 붙잡자 세자가 물리치고 석미淅米와 실주實珠를 입에 넣고, 이를 마치자 자리로 나갔으며, 김창집은 두 손을 마주잡고 상牀의 남쪽에 서 있을 뿐이었다. 반함은 대절大節이므로 내전의 하교가 있었던 것은 본디 세자의 애호哀號·경동驚動을 염려했기 때문이었다. 그런데 김창집은 손을 씻고 자기가 담당하려고 하였으니, 몹시도 어리석었다. 반함을 행하게 되자 세자가 내시를 물리치고 조용히 예를 다하여 끝내 김창집이 옆에서 도와주는 데 힘입은 바가 없었다. 초사初史가 대체로 상세히 기술하여 환시宦侍의 호읍號泣한 것까지도 상세히 기재되지 않은 것이 없었는데, 이러한 대절大節은 전혀 기록하지 않고 대점大漸 때 동궁이 체읍涕泣한 일까지 빼버렸다. 그 한 가지를 삭제하고 한 가지를 가필加筆하는 사이에 심장心腸을 숨기기가 어려우니, 통탄스러운 마음을 금할 수 있겠는가?

– 『숙종실록』, 1720년 6월 8일

김창집

이건명

숙종

숙종은 세자(20대 경종)에게 대리청정을 맡긴 지 3년째 되던 해 1720년(숙종 46년) 6월 8일 깊어진 병을 회복하지 못하고 향년 60세로 승하했다. 숙종 생전에 세자 교체는 이루어지지 않았고, 대리청정을 맡았던 세자가 그대로 왕위를 이어받았다.

묘호는 숙종, 시호는 현의광륜예성영렬장문헌무경명원효, 능은 명릉이다. 명릉은 숙종과 두 번째 왕비 인현왕후 민씨와 세 번째 왕비 인원왕후 김씨의 능으로 정자각 오른쪽 언덕이 숙종과 인현왕후의 쌍릉이고 왼쪽 언덕이 인원왕후의 단릉으로 경기 고양시 덕양구 서오릉로 334-32에 있는 서오릉 안에 있다.

---

승지·대사간·이조참의를 거쳐 이조·형조·호조·예조의 판서를 역임했다. 1717년 숙종이 그의 사촌형인 이이명을 불러 세자교체문제를 논의한 정유독대가 있은 후 우의정에 올랐다. 1720년 숙종이 죽고 경종이 즉위한 후 좌의정에 올라 영의정 김창집, 영중추부사 이이명, 판중추부사 조태채 등 노론의 영수들과 함께 경종이 병이 많고 자식이 없으니 하루 속히 왕위계승자를 정할 것을 건의했다.

신의 정원, 숙종 이순의 명릉으로 사진여행

오른쪽 언덕이 숙종과 인현왕후의 쌍릉이고 왼쪽 언덕이 인원왕후의 단릉이다.

숙종과 인현왕후의 쌍릉 능침

명릉은 조선 19대 숙종과 두 번째 왕비 인현왕후 민씨와 세 번째 왕비 인원왕후 김씨의 능이다. 명릉은 같은 능역 안에 하나의 정자각을 세우고 서로 다른 언덕에 쌍릉과 단릉으로 능을 조성한 동원이강릉의 형식이다. 정자각 앞에서 바라보았을 때 오른쪽 언덕이 숙종과 인현왕후의 쌍릉이고 왼쪽 언덕이 인원왕후의 단릉이다. 진입 및 제향공간에는 홍살문, 판위, 향로와 어로, 정자각, 비각이 배치되어 있다. 향로와 어로 양 옆에는 변로를 깔아 놓아 겉으로 봤을 때 4개의 길로 보인다. 비각 안에는 2개의 능표석이 있는데, 하나는 숙종과 인현왕후의 능표석이고 또 하나는 인원왕후의 능표석이다. 능침은 모두 병풍석을 생략하고 난간석만 둘렀으며, 문무석인, 석마, 장명등, 혼유석, 망주석, 석양과 석호 등을 배치하였다. 특히 숙종의 명으로 능역에 드는 인력과 경비를 감소하기 위하여 석물치수를 줄였다. 대표적으로 8각 장명등이 4각 장명등으로 바뀌었다.

숙종

명릉(숙종과 인현왕후·인원왕후)

1701년(숙종 27년)에 인현왕후 민씨가 세상을 떠나자 명릉에 제일 처음으로 능을 조성하였다. 숙종은 인현왕후의 능을 공사할 때 허우(오른쪽 자리를 비우게 함)제도로 공사하여 자신의 능자리를 미리 만들었다. 이후 1720년(숙종 45년)에 숙종이 세상을 떠나자 인현왕후의 능 옆으로 능을 조성하여 쌍릉의 형식을 이루었다. 명릉을 조성한지 37년이 지난 후 1757년(영조 33년)에 인원왕후 김씨가 세상을 떠났다. 인원왕후는 생전에 명릉에서 400여보 떨어진 곳에 미리 묻힐 자리를 정하였으나, 영조는 새로 산릉공사를 해야 하는 것(당시 영조의 첫 번째 왕비 정성왕후의 홍릉을 공사하고 있던 상황)을 염려하여 명릉 서쪽 언덕에 자리를 선정하고 필요한 인력과 국고를 줄여 산릉 공사의 부담을 덜었다.

제20대 **경종 이윤**

# 33 노론의 견제 속에 왕이 된 장희빈 아들

| 생애 | 1688년~1724년 | 재위 기간 | 1720년~1724년 |
|---|---|---|---|
| 본관 | 전주 | 휘(이름) | 윤 |
| 묘호 | 경종 | 능호 | 의릉 |

경종의 가계도

부부 —— 남자 ▭
자녀 ······ 여자 ▭

숙 종 — 희빈 장씨

경종 (제20대)
부인 : 2명
자녀 : 없음

단의왕후 심씨
선의왕후 어씨

〈우승우 화백이 그린 경종 이윤 상상 어진.〉

## 1720년 6월 13일, 경덕궁에서 즉위하다

임금이 경덕궁에서 즉위하였다. 정원·옥당·춘방의 관원이 조복을 갖추고 자정문 밖 동쪽 뜰에서 열 지어 앉아 욕위를 설정하였다. 김창집이 말하기를,

"사위[786]할 때에 명보를 쓰는 것은 대행 대왕의 유교[787]입니다."

하고, 드디어 중궁전 승전색을 불러 아뢰게 하였다. 예조판서 이관명이 여차[788]에 나아가 최복[789]을 벗고 면복[790]을 갖추기를 청하였다. 통례[791]가 집화문 밖에서 나오기를 청하니, 사왕[792]이 평천 구류관을 쓰고 흑면복을 착용하고, 큰 띠를 띠고 붉은 신을 신고 청규를 가지고 걸어서 집화문을 나갔다. 사왕이 욕위에 나아가 사배(네 번 절함)한 후에 향안[793] 앞에 오르니, 김창집이 빈전[794]에 나아가 대보[795]를 가져다 바쳤다. 사왕이 대보를 받아 도승지에게 주고 욕위에 나아가 사배례를 행하고는 걸어서 숭정문 동쪽 협문[796]을 나갔다. 정문의 중앙에 어좌를 베풀었는데, 사왕이 어좌의 동쪽에 서서 사양하고 나아가지 않다가, 승지와 대신이 앞으로 나아가 힘써 청하니 비로소 어좌에 올랐다. 3품 이상은 조복[797]을 갖추어 입고 3품 이하는 흑단령[798]을 갖추어 입었다. 백관이 머리를 조아리고 산호 천세[799]를 부르니, 환궁하였다.

- 『경종실록』, 1720년 6월 13일

경종

---

786) **사위**嗣位 : 왕위를 이어받음.

787) **유교**遺敎 : 임금이 죽을 때에 내린 명령.

788) **여차**廬次 : 혼백이나 신위를 모신 자리 옆이나 무덤 가까이에 짓고 상제가 살던 초막.

789) **최복**衰服 : 부모·증조부모·고조부모의 상중에 입는 상복.

790) **면복**冕服 : 면류관과 곤룡포.

791) **통례**通禮 : 통례원의 정삼품 벼슬.

792) **사왕**嗣王 : 왕위를 이은 임금.

793) **향안**香案 : 제사 때 향로나 향합을 올려놓는 상.

794) **빈전**殯殿 : 국상 때, 상여가 나갈 때까지 왕이나 왕비의 관을 모시던 전각.

795) **대보**大寶 : 임금의 도장.

796) **협문**夾門 : 대문이나 정문 옆에 있는 작은 문.

797) **조복**朝服 : 관원이 조정에 나아가 하례할 때에 입던 예복.

798) **흑단령**黑團領 : 벼슬아치가 입었던 검은 빛깔의 단령.

799) **산호천세**山呼千歲 : 임금의 만수무강을 비는 뜻으로 부르는 만세.

## 1720년 6월 13일, 즉위하여 반포한 교서

숭정문에서 교서를 반포하였다. 그 교서에 이르기를,

"왕은 말하노라. 선왕께서 조정의 여러 신하를 버리니 갑자기 큰 상사喪事를 만났고, 소자가 왕위에 올랐으니 옛 헌장을 부득이 따랐도다. 가슴을 치며 부르짖어도 미치지 못했으니, 이에 널리 교서를 전포하노라. 열성조께서 대통을 드리웠으니, 많은 역년을 누리었네. 조종의 공덕은 삼대[800]의 융숭함을 능가하였고, 다스리는 제도가 이루어져 백세의 후손을 계도해 주었도다. 오직 대행대왕께서는 크게 이어받고 널리 나타내시어 지극한 조행操行은 하늘에서 품부稟賦했으니, 효성이 신명神明에 통하였고, 다스리는 방도가 날로 승평하여 풍교가 온 나라에 미쳤도다. 유도儒道를 숭상하여 문화가 크게 밝아지고, 윤리를 닦아 기강이 바로 섰도다. 곤궁한 백성을 불쌍히 여겨 혜택을 널리 입혔고, 하늘을 공경하여 반성하고 수양하니 응답이 어김없었다. 40년의 근고는 쌓이어 영위[801]가 손상되었고, 10년 동안 병으로 신음하다가 마침내 약도 효험이 없었다. 금등金縢의 열쇠를 열어 복서卜筮의 해로움 없기를 바랐는데, 옥궤[802]에서 유명를 내렸으니 몽조夢兆의 징험 없음을 차마 말할손가? 어찌 하늘을 탓하리요, 나에게 재앙이 내렸노라. 얼굴 뵈올 날이 없으니 빈 궁전에 대하여 마음만 아팠고, 문안 올린 지 새벽을 격했으니 음성은 오히려 귀에 남아 있구나. 하물며 거적자리에서 거처하는 날을 당하여 어찌 어좌에 앉아 보새寶璽를 받는 의식에 편안할손가? 크고 어려움을 몸에 더하였다 생각하니 종사의 책임이 더 무거운데, 뜻과 일을 계술하는 의義에 힘쓰라고 신료의 간청이 더욱 굳었네. 자성[803]의 말씀을 우러러 본받았고, 옛 주나라의 전장[804]을 좇았도다. 옥새를 맡으며 슬퍼하였고, 어좌에 임하여 애통했노라. 곤룡포를 몸에 걸치니 의탁할 데 없는 듯하고, 백관의 반열이 뜰에 추창하니 나의 슬픔만 더하도다. 전위의 차서가 내 몸에 있으니 어떻게 기업을 이을 것이며, 어려운 일이 눈앞에 가득하니 어떻게 국가를 안정하리? 오직 밤낮으로 게을리하지 않을 것을 생각하고 왕업에 무너뜨림이 없기를 바라노라. 이미 칙명의 유지를 선포했으니, 어찌 은혜로운

경종

800) **삼대**三代 : 하夏·은殷·주周.

801) **영위**營衛 : 몸을 보양保養하는 혈기.

802) **옥궤**玉几 : 옥으로 장식한 책상.

803) **자성**慈聖 : 임금의 어머니. 곧 인원왕후.

804) **전장**典章 : 제도制度와 문물.

사전赦典이 없겠는가? 아! 깊은 연못에 떨어지는 듯하니 어찌 공功을 도모하는 데 소홀하리? 이제 다행히 정교政敎를 시행하는 초두初頭에 있으니, 만물과 더불어 함께 공생할 것을 생각하노라. 이에 교시하노니, 마땅히 모두 알지어다."

하였는데, 대제학 이관명이 지어서 바친 것이다.

## 노론 시대의 소론 왕으로 비운의 삶을 살다

원자로 정해진(1689년) 뒤 노론의 반대에 부딪혔으나 이듬해 소론의 지지를 받아 세자에 책봉되었다. 그러나 부왕 숙종은 이이명을 몰래 불러 후사는 연잉군으로 정할 것을 부탁했다. 즉위 다음 해인 1721년 연잉군을 세제에 책봉하고 세제의 대리청정을 허락했는데 이에 크게 반발한 소론의 의견을 받아들여 다시 친정을 했다. 1722년에는 노론 일파가 왕을 시해하고자 모의했다는 고변이 있자, 노론을 모두 숙청했고 두 해에 걸친 신임사화로 소론이 전권을 장악했다.



## 장희빈의 아들, 33세의 나이로 왕이 되다

경종은 1688년(숙종 14년) 10월 28일 숙종과 희빈 장씨의 첫째 아들로 태어났다. 숙종은 오래 기다리던 아들이 태어나자 매우 기뻐하며 서둘러 원자에 책봉했다. 조정의 대신들은 왕비가 아닌 궁인의 몸에서 태어났다는 이유로 원자 책봉을 반대했으나 숙종의 의지를 꺾을 수 없었다.

경종은 1690년(숙종 16년) 3세 나이로 세자가 되었다. 어린 경종이 세자에 오를 수 있었던 것은 비호하는 세력 남인이 집권하고 있었기 때문이다. 경종이 세자에 오르면서 인현왕후의 폐위로 공석이었던 왕비의 자리는 생모 장씨가 차지했다.

## 實錄記事 1690년 6월 16일, 세자의 책봉문과 교명문

죽책문[805]에 이르기를,

"왕은 이르노라. 원자가 주기主器함은 한漢나라 사책의 일찍 세웠다는 글에서 밝히고, 세 살에 세자를 봉함은 명나라의 이미 행한 법을 따르는 것이다. 이는 참으로 종묘·사직을 위한 대계이니, 어찌 어리다 하여 조금이라도 늦추겠는가? 아! 너 원자 모某는 품성이 잘나고 슬기를 타고나서, 무지개가 흐르고 번개가 감돌아 기이한 상서가 신성神聖의 부符에 맞고, 넓은 이마 복판에 일형日形의 융기가 있어 기이한 포상이 천인天人의 상相을 나타낸다. 주 성왕은 포대기를 떠나기 전에 책봉되었고, 상나라는 크게 어진 데에서 온 나라가 바루어졌다. 내가 나이 서른에 비로소 어린아이를 보는 즐거움을 알았고, 조종께서 이어 오신 통서를 이제 다행히도 부탁할 사람이 있다. 아들이 태어난 처음부터 온 백성이 희망을 걸었고, 겨우 일어선 나이에 모두들 위호가 주어지기를 바랐다. 문의하니 다들 의논이 같으므로 번거로운 의례를 거행한다. 이에 너를 왕세자로 책봉하니, 너는 어려서는 희롱을 좋아하지 말고 자라서는 어진이를 가까이하라. 평온한 기질이 절로 이루어진 것은 거의 타고난 것이니, 이제부터 학문이 날로 성취하기를 나는 나날이 바란다. 전후 좌우가 다 바른 사람이니, 덕을 쌓아 가는 데에 반드시 도움을 줄 것이고, 석石을 통용케 하고 고르게 하면 왕의 부고府庫가 그득해질 것이니[806], 끼친 계책에 절로 전상이 있다. 조금도 안일에 빠지지 말고, 친근한 자라 하여 서로 버릇없이 말라. 마지막을 삼가려면 처음을 잘 꾀하여야 하니, 깊은 못에 다가가고 얇은 얼음을 밟듯이 경계하고 두려워하여야 하고, 크고 어려운 일이 내 몸에 끼쳐 맡겨졌으니, 기업은 계승을 잃지 말라. 대인이 전왕의 밝은 덕을 이어가니 천하가 마침내 인仁으로 돌아가고, 문왕이 하루에 세 번 문안하는 일[807]을 부지런히 하니 백행百行이 반드시 효에 근본하였다. 하늘의 밝은 명을 항상 생각하고, 가르친 말을 공경하

805) **죽책문**竹冊文 : 대나무 간책에 쓴 세자·세자빈의 책봉문.

806) **석石을 통용케 하고 고르게 하면 왕王의 부고府庫가 그득해질 것이니** : 『서경』 하서편에 계啓의 아들 태강太康이 정사를 보지 않고 사냥과 놀이를 즐겨 멀리 낙수洛水 남쪽까지 가서 백일 동안 돌아오지 않으니, 태강의 다섯 동생이 낙수의 북쪽 물굽이에서 돌아오지 않는 태강을 기다리며 노래를 불렀는데, 그 가운데 세째 동생이 불렀다는 노래 가운데 있는 말임. 석石은 무게의 단위 중 제일 무거운 것(120근)인데, 여기에서는 민생에 꼭 필요한 물건을 가리킴.

807) **문왕文王이 하루에 세 번 문안하는 일** : 『예기』 문왕 세자편에, "문왕이 세자였을 때 왕계(王季 : 문왕의 아버지)에게 하루에 세 번씩 문안드렸다." 한 데에서 인용된 말임.

라. 그러므로 이에 교시하니, 잘 알아야 한다." [대제학 민암이 지어 바쳤다.]

교명문에 이르기를,

"왕은 이르노라. 『역경』에 동몽童蒙을 교양하는 공을 밝혔으므로 바야흐로 일을 공경하는 자손을 염려하고, 한사漢史에서 미리 세우는 의논을 밝혔으므로 이제 저군을 책봉하는 예를 거행하니, 말은 진심을 펴는 데에서 나오고 기쁨은 머리를 쓰다듬는 데에 깊다. 생각하건대, 내가 즉위한 뒤로 오랫동안 아들을 얻는 상서가 없어, 스물여덟의 한창 나이에도 아버지가 되지 못하여, 3백 년 동안 전수傳授하여 온 기업이 내 몸에 와서 잘못될까 염려하였다. 뒷일에 의지할 곳이 없어 궁중에서 어린아이를 보는 낙이 없고, 국본이 불안하여 전국이 목을 늘여 기다리더니, 무슨 다으로 하늘이 복을 내려 전성[808]의 경사가 있게 되었는가? 아아, 너 원자 모某는 생김새가 매우 잘나고 성질이 범상하지 않아서, 장중에 명주가 있으니 엄연한 천인天人의 표상이 있고, 슬하에 옷을 끄니 애연한 부자父子의 정이 있다. 좋은 명예는 태어날 때부터 이미 드러났고, 덕기德器는 주창主鬯하기에 합당하다.

원자의 위호를 처음 정하는 것은 본디 근본을 중하게 하는 계책이거니와, 세자의 자리가 오래 비어 있었으니, 어찌 명호를 정하는 전장을 늦추겠는가? 대신이 일제히 호소하는 것은 대개 주나라의 옛 의례를 따른 것이요, 어린 나이에 책봉하는 것도 명나라의 끼친 법에 있는 것이다. 그러므로 품을 떠나는 나이에 통서를 잇는 높은 자리에 올린다. 이에 너를 왕세자로 명하니, 너는 순결한 마음을 잃지 말고 점차로 아보阿保의 손을 떠나라. 춘방春坊의 요속僚屬을 두는 것은 오로지 어진이를 가까이하기 위한 것이요, 하夏나라 계啓처럼 구가謳歌를 받는 것은 성덕을 풍성하게 하기를 바라는 것이다. 선왕의 밝은 덕을 우러러 이어 밝히면 부탁에 무슨 근심이 있겠는가? 하루에 세 번의 문안을 부지런히 하는 것은 장성한 때를 기다린다. 가르침은 이미 오늘에 간절하였으니, 마음에 간직하여 뒷날에 더욱 힘쓰라. 그러므로 이에 교시하니, 잘 알아야 한다."

[홍문 제학 유명천이 지어 바쳤다.] – 『숙종실록』, 1690년 6월 16일

## 實錄記事 1720년 6월 8일, 왕세자의 책례가 끝났으므로 교서를 내려 사유를 반포하다

왕세자의 책례가 끝났으므로, 백관이 진하하고, 교서를 내려 사유를 반포하였다. [책봉하는 날에는 임금이 전殿에 나아가 사신을 보냈으나, 이 날에는 전에 나아가지 않았다.] 그 글에 이르기를,

"왕은 이르노라. 원자가 태어나서 겨우 품안을 벗어난 나이에 춘궁에 자리가 정하여져

808) **전성**前星 : 세자.

세자로 봉하는 전례를 거행하였으니, 대명을 선양하고 함께 기쁨을 같이하려 한다. 전대의 나라를 가졌던 임금을 두루 살피건대, 다 장자가 주기主器하는 것을 중하게 여겨, 주 성왕은 의리를 일찍 깨우쳐서 마침내 좋은 명예가 나타나게 되었고, 한漢 문제는 겸손으로 스스로 덕을 길렀으나 오히려 미리 세우자는 청을 따랐다. 우리나라의 제도를 생각하건대, 이 방도를 써서 어기지 않아, 예닐곱 성조께서 분명하게 자손에게 계책을 끼쳐, 3백 년 동안 계승하여 지금에 이르렀다. 내 나이가 스물여덟이 거의 차도록 후사에 근심이 깊은데 하늘이 도타이 돌보아 전성에 상서로운 광채가 문득 빛나서, 타고난 지혜로움이 염연한 천인의 상相이요, 즐기고 노는 것이 애연한 부자의 정이 있으니, 이는 참으로 종묘·사직의 큰 복이요 나만의 사사로운 기쁨이 아니다. 포대기에 있을 때부터 이미 온 백성의 마음이 걸렸고, 원량[809]으로 추대하기를 신하들이 간절히 바랐다.

이제 다행하게 아름다운 날을 당하여 위호를 정하였는데, 내전에서 의례를 베푼 것은 예조에서 새 절차를 강구한 것이요, 상신이 명을 전한 것은 명나라의 옛 제도를 따른 것이다. 시詩는 달이 차 가는 것을 기렸으니, 아아! 온갖 복록을 받을 것이고 노래는 변경에서도 일어나니, 참으로 온 나라가 바루어질 것이다. 확고하게 뽑히지 않을 기업을 세우는 데에 어찌 인력을 쓰겠는가? 하늘이 돌보아 끝없는 사업을 맡기니 능히 천심에 맞을 것이다. 이달 17일 매상昧爽 이전부터 잡범으로서 사죄死罪 이하를 다 사유하고, 벼슬에 있는 자는 각각 한 자급을 올리되 자궁인 자는 대가한다. 아! 경사가 이미 임금에게 컸으니, 은혜는 사유에 옮겨져야 할 것이다. 전대를 빛내고 후손을 넉넉하게 하면 문왕의 근심을 없앨 것이고, 열성을 이어받아 모훈을 나타내는 것은 참으로 임금의 책임일 것이다. 그러므로 교시하니, 잘 알아야 한다. [대제학 민암이 지어 바쳤다.]

– 『숙종실록』, 1690년 6월 17일

1694년 갑술환국으로 남인 세력이 몰락하고, 왕비의 자리에 올랐던 장씨는 희빈으로 강등되었다. 1701년 희빈 장씨가 죽자 경종은 세자의 지위마저 위협받게 된다. 남인을 몰아내고 집권한 노론은 세자가 죄인의 아들이라는 이유로 숙빈 최씨의 소생 연잉군을 세자로 세우려 했다. 마음이 변한 부왕 숙종의 냉대까지 더해지면서 상황은 더욱 불안해졌고, 세자는 몸도 마음도 쇠약해져만 갔다. 만약 소론이 세자의 비호하는 세력을 자처하지 않았다면 자리를 보전하기

809) **원량**元良 : 세자.

쉽지 않았다.

숙종은 병신처분을 통해 소론에게 정치적 타격을 입히고, 정유독대를 통해 노론과 정치적으로 결탁하여 세자의 대리청정 하교를 하자 노론들은 기다렸다는 듯 세자의 대리청정을 지지했다. 세자가 대리청정을 하면서 조금이라도 실수를 하면 세자 교체를 주장할 속셈이었다. 이런 정치적 꼼수에도 끝내 세자 교체는 이루어지지 않았다. 경종이 대리청정을 하는 3년 동안 흠이 될 만한 실수를 저지르지 않았다. 1720년 6월 숙종이 병으로 죽고 세자가 33세 나이로 왕위를 잇게 되었다.

경종은 2명의 부인이 있었으나 워낙 병약했던 탓에 자식은 없었다. 첫 번째 부인은 단의왕후(경종 즉위 후 추봉)는 심호의 딸로 1696년(숙종 22년) 세자빈에 책봉되었으나 경종이 왕위에 오르기 2년 전 1718년(숙종 44년) 죽었다. 세자빈에 책봉된 두 번째 부인 선의왕후는 어유구의 딸로 1730년(영조 6년) 죽었다.



## 경종과 소론의 반격, 신임옥사

숙종의 병신처분 이후 조정의 권력을 독점하다시피 한 노론은 힘없는 경종을 압박했다. 경종이 생모 희빈 장씨의 추존[810] 문제를 거론한 소론 유생 조중우를 죽인 것도 노론의 위세에 눌린 결과였다. 노론은 희빈 장씨가 인현왕후를 저주한 죄로 사사한 것을 명분화하자고 주장했다. 경종을 죄인의 자식으로 낙인찍어 왕의 권위와 정통성마저 흔들겠다는 의도였다.

경종과 소론의 원한이 깊어 가는 중에도 노론은 공세를 멈추지 않고 숙종의 둘째 아들이자 경종의 이복동생 연잉군(21대 영조)의 세제 책봉을 서둘렀다. 경종의 계비 선의왕후는 17세의 젊은 나이였으나 경종의 몸이 약해 후사를 볼 가능성이 없었다. 선의왕후 어씨[811]는 종친 중에서 입양할 계획을 세우고 있었다. 노론

810) **추존**追尊 : 왕위에 오르지 못하고 죽은 사람에게 임금의 칭호를 주던 일. 추숭追崇.

811) **선의왕후 어씨**宣懿王后魚氏 : 1718년(숙종 44년) 첫 번째 세자빈인 심씨가 죽자 그 해에 14세의 나이

은 왕위 계승 구도가 복잡해지기 전에 연잉군을 확실한 후계자로 내세우려 했다. 조정을 장악한 노론과 대비 인원왕후 김씨[812]의 결탁으로 연잉군의 세제 책봉은 논의를 시작한 지 하루 만에 일사천리로 진행되어 연잉군을 세제에 책봉했다.

**實錄記事 1721년 8월 20일, 영의정 김창집·좌의정 이건명·판중추 부사 조태채 등의 청에 따라 연잉군을 왕세제로 삼다**

영의정 김창집, 좌의정 이건명, 판중추부사 조태채, 호조판서 민진원, 판윤 이홍술, 공조판서 이관명, 병조판서 이만성, 우참찬 임방, 형조판서 이의현, 대사헌 홍계적, 대사간 홍석보, 좌부승지 조영복, 부교리 신방 등이 저사를 세우기를 청하니, 임금이 그대로 따라서 연잉군을 왕세제로 삼았다. 처음에 정언 이정소가 상소하기를,

"전하의 춘추가 한창이신데도 저사를 두지 못하시니, 삼가 엎드려 생각건대 우리 자성께서는 커다란 슬픔으로 애구하시는 중에도 반드시 근심하는 생각이 더하실 것이고, 우리 선왕의 하늘에 계신 혼령께서도 반드시 정성스럽게 돌아보며 민망하고 답답하게 여기실 것입니다. 더구나 우리 조종께서도 이미 행하신 영전이 있으니, 어찌 오늘날 마땅히 준용한 바가 아니겠습니까? 방금 국세가 위태롭고 인심이 흩어졌으니, 더욱 마땅히 국가의 대본을 생각하여 종사의 지극한 계책으로 삼아야 할 것인데도, 대신들이 오히려 세자 세우기를 청하는 일이 없으니, 신은 삼가 개탄스럽게 여기는 바입니다. 바라건대 전하께서는 조속히 이것을 위로는 자성께 품하시고, 아래로는 대신들과 의논하여 즉시 사직의 큰 계책을 결정해서 많은 백성들의 큰 기대를 잡아매소서."

임금이 대신들과 의논하여 품처하도록 명하였다. 김창집과 이건명이 빈청에 나아가, 원임 대신과 육경, 의정부의 서벽[813]과 판윤, 삼사의 장관을 명초하여 회의해서 품정하기

---

로 세자빈으로 책봉되어 가례를 올렸고, 1720년 경종이 즉위하자 왕비가 되었다. 1722년(경종 2년) 왕비책봉에 백관의 축하를 받았으며, 1726년(영조 2년) 경순왕대비라는 존호를 받았다. 1730년 죽자 시호를 선의라 하고 휘호를 효인혜목이라 하였다. 매사에 익숙하였고 온유하였으며 소생은 없다. 능호는 의릉으로, 서울특별시 성북구 석관동에 있다.

812) **인원왕후 김씨**仁元王后金氏 : 1701년(숙종 27년) 인현왕후 민씨가 죽자, 간택되어 궁중에 들어가 다음 해에 왕비로 책봉되었다. 1711년 천연두를 앓았으나 소생했고, 2년 뒤에 혜순이라는 호를 받았다.

813) **의정부**議政府**의 서벽**西壁 : 서벽은 회좌할 때 좌석의 서쪽에 앉는 벼슬. 『중종실록』 제 24권에 보면, 정부의 동벽은 좌우 찬성이고, 서벽은 좌우 참찬이라 하였다.

를 청하였는데, 판중추 김우항, 예조 판서 송상기, 이조 판서 최석항은 부름을 어기고 이르지 아니하였다. 김창집 등이 드디어 모두 청대하니, 임금이 시민당에서 인견하였다. 김창집이 말하기를,

"성상의 춘추가 한창이신데도 아직까지 저사가 없으니, 신은 외람되게 대신의 자리에 있으면서 밤낮으로 우려하였으나, 다만 사체事體가 지극히 중대한 까닭에 감히 앙청하지 못하였습니다. 이제 대간의 말이 지극히 마땅하니, 누군들 다른 의논을 제기할 수 있겠습니까?"

조태채는 말하기를,

"송나라 인종이 두 황자를 잃었을 때 춘추가 비록 많지는 않았지만, 간신 범진이 '태자太子를 세울 것'을 소청하였고, 대신 문언박 등은 정책을 극력 도왔습니다. 지금 대간의 말이 이미 나왔으니, 지연시킬 수가 없습니다. 청컨대 조속히 처분을 내리소서."

이건명은 말하기를,

"자성께서 하교하실 적에 매양 '국사를 우려하여 억지로 죽음粥飮을 마신다.'고 말씀하셨으니, 비록 애구하는 중에 있지마는 그 종사를 위한 염려가 깊으실 것입니다. 이 일은 일각인들 조금도 늦출 수 없기에, 신 등이 감히 깊은 밤중에 청대하였으니, 원컨대 성사를 가하여 조속히 대계를 결정하소서."

여러 신하들이 차례대로 진청하기를 마치자, 김창집·이건명·조태채가 다시 거듭 청하여 마지 않았다. 승지 조영복이 말하기를,

"대신과 여러 신하들의 말은 모두 종사의 대계이니, 청컨대 빨리 윤허하여 따르소서."

임금이 윤허하여 따를 것을 명하였다. 여러 신하들이 모두 말하기를,

"이는 종사의 무강한 복입니다."

김창집과 이건명이 말하기를,

"대신의 이른바 '조종의 영전'이란 공정대왕 때의 일을 가리키는 것인 듯합니다. 성상께서는 위로 자전을 받들고 계시니 들어가서 자전께 품하여 수필을 얻은 후에 봉행하지 않을 수가 없습니다. 신 등은 청컨대 물러나 합문 밖에서 기다리겠습니다."

임금이 이에 대내로 들어가서 오랫동안 나오지 않았다. 김창집 등이 승전 내관을 불러서 구두로 아뢰어 다시 입대를 청하니, 먼 동이 튼 뒤에 임금이 낙선당에서 인대할 것을 명하였다. 김창집이 말하기를,

"그것을 이미 자성께 품계하셨습니까?"

임금이 말하기를,

"그렇다."

이건명이 말하기를,

"반드시 자전의 수찰이 있어야만 거행할 수 있습니다."

임금이 책상 위를 가리키며 말하기를,

"봉서가 여기에 있다."

김창집이 받아서 뜯어보니, 봉서 안에 두 통의 종이가 있었는데, 하나는 해서楷書로 '연잉군'이란 세 글자를 써 놓았고, 하나는 언찰로 하교하기를,

"효종대왕의 혈맥과 선대왕의 골육은 단지 주상主上과 연잉군뿐이니, 어찌 다른 뜻이 있겠는가? 나의 뜻이 이와 같으니, 대신에게 하교함이 마땅할 것이다."

*효종대왕의 혈맥과 선대왕의 골육은 단지 주상과 연잉군뿐이니, 어찌 다른 뜻이 있겠는가? 나의 뜻이 이와 같으니, 대신에게 하교함이 마땅할 것이다.*



여러 신하들이 다 읽어보고 울었다. 이건명이 사관으로 하여금 해자로써 언교를 번역하여 써서 승정원에 내리게 하고, 승지로 하여금 전지를 쓰게 할 것을 청하니, 임금이 옳게 여겼다. 조영복이 탑전에서 전교를 쓰기를,

"연잉군을 저사로 삼는다."

이어서 예조의 당상관을 명초하여 거행하기를 청하고, 여러 신하들이 이에 물러나왔다. 뒤에 영조 계축년[814]에 민진원이 영조에게 고하기를,

"경자년[815] 국휼 후에 여러 신하들이 서로 만나면 번번이 머리를 맞대고 걱정하여 말하기를, '사왕의 성후가 불예하시고, 더욱 후사를 두실 희망이 끊어졌으니, 국사를 장차 어찌 하겠는가?' 하여, 이에 건저의 의논이 있었습니다. 신은 말하기를, '국사가 비록 급하지만 즉위한 지 한 해를 넘기지도 않았는데, 바로 건저한다면 중외에서 성후의 이와 같음을 알지 못하고 있는 터에 반드시 의혹이 있을 것이다. 힘을 다해 곁에서 보좌하여 3년이 지난 뒤에 마땅히 건저를 의논해야 할 것이다.' 하였고, 김창집은 말하기를, '왕자가 여러 분 계시다면 마땅히 일찍 건저를 의논하여 인심을 붙잡아 매어야 하겠지만, 우리 임금의 아드님은 단지 한 분이 계실 뿐이니, 천명과 인심이 다시 어느 곳으로 돌아가겠는가? 「3년 뒤에 해야 한다.」는 말이 진실로 옳다.' 하였습니다. 그 뒤에 조정의 신하들이 건저를 급하게 여겼으나, 김창집은 끝내 종전의 견해를 고집하였고, 고故 판서 이만성은 신을 꾸짖기를, '종사의 계책이 시급하니, 어찌 늦출 수 있겠는

814) **계축년** : 1733년(영조 9년).

815) **경자년** : 1720년(경종 즉위년).

가?' 하였습니다. 신축년[816]에 이르러 대소가 갑자기 나오자 신은 '이것은 국가의 중대한 일인데 일개 대관이 갑자기 상소한 것은 무슨 이유인가?' 하였습니다. 비답이 내려진 뒤에 김창집이 신을 빈청으로 나가는 길에 지나다가 보고, 신에게 말하기를, '3년의 뒤를 기다리려 하였는데 지금 대소가 나왔습니다. 이미 말이 나왔으니 극력 청하는 것이 어떻겠습니까?' 하기에, 신이 말하기를, '이 논의가 이미 나온 뒤에는 경각도 지연시킬 수 없으니, 반드시 오늘밤 정성을 다하여 극력 진달해서 꼭 정책을 해야 할 것입니다. 만일 혹시라도 지연된다면 종사의 변이 반드시 생길 것입니다.' 하니, 김창집이 그렇게 여기고 곧바로 대궐에 나아가 여러 재신들을 부르기를 청하여, 유문[817]한 다음 들어왔습니다. 이어서 청대하여 '동조에 입품하여 대책을 결정한 뒤 다시 신 등을 불러서 하교하실 것'을 진달하고, 합문밖으로 물러나와 기다렸습니다. 3, 4경이 되도록 소명이 내려지지 않으므로, 신이 말하기를, '이 일은 경각이 매우 급하니, 지금 다시 청대하는 것이 마땅하다.' 하니, 조태채가 말하기를, '이와 같이 하면 군부에게 재촉하는 것 같으니, 그렇게 할 수 없다.' 하였습니다. 파루 뒤 신이 말하기를, '일이 재촉하는 것 같은 것은 소절이고, 구대하여 입시하는 것은 대사이니, 곧바로 조속히 청대함이 마땅하다.' 하자, 여러 대신들이 말하기를, '그렇다.' 하였습니다. 즉시 승전색에게 구대를 청하여 날이 밝아지려 할 때 입시하니, 어좌의 곁에 서안이 있었고, 서안 위에는 글이 있었습니나. 경묘께서 서안을 돌아보며 가리키시기에, 대신이 가져다가 받들어 보니, 자전의 언교와 경묘의 친필이었습니다. 좌상 이건명이 받들어 읽으니, 입시한 여러 신하들이 모두 실성하여 눈물을 흘려 울고 물러나왔습니다."

– 『경종수정실록』, 1721년 8월 20일

**實錄記事 1721년 8월 21일, 연잉군을 궐내에 들어와 거처하게 하고 위호를 왕세제로 결정하다**

예조에서 아뢰기를,

"연잉군을 이미 저사로 정하였습니다. 그대로 사제에 거처하게 하는 것은 미안하니, 청컨대 조속히 궐내에 들어와 거처하도록 명하소서."

하고, 또 아뢰기를,

"연잉군은 윤서로 말한다면 비록 개제[818]이지만 지위로 말한다면 바로 저사입니다.

---

816) **신축년** : 1721년(경종 원년).

817) **유문**留門 : 궁문의 개폐는 정시에 행하는 것으로 되어 있으나, 꼭 나가야 할 사람과 들어올 사람이 있을 때는 그 개폐를 유보하던 일.

818) **개제**介弟 : 남의 아우의 높임말.

경종

그런데 조종의 고사에 의하면, 정종께서 태종을 책봉하여 세자로 삼으셨으니, 어찌 제왕의 집안에서는 계서를 중히 여기고, 윤서를 도리어 가볍게 여겨서 그렇게 하신 것이겠습니까? 아니면 그때에 태조께서 상왕의 지위에 계시어 지존에 압박받는 바 되어 세자의 호칭에 혐의가 없어서 그렇게 하신 것이겠습니까? 오늘날의 형편은 이것과는 같지 않습니다. 옛부터 역대의 군주가 그 아우를 세워 후사로 삼을 적에는 모두 태제로 책봉하였습니다. 이번의 명호를 '세제'로 결정하시는 것이 명의와 예절에 모두 진실로 합당하겠습니다. 그러나 사체가 지극히 중대하니, 청컨대 대신에게 논의해서 품처하도록 하소서."

하니, 임금이 그대로 따랐다. 영의정 김창집과 좌의정 이건명이 말하기를,

"오늘날의 형편은 정종 때와는 구별됨이 있습니다. 이언적이, 인종께서 위예하실 때 명종께서 바야흐로 대군이 되었는데, '세제로 책봉하여 국본을 결정해야 한다.'는 의논을 내었습니다. 연잉군의 위호는 마땅히 '왕세제'로 결정해야 합니다."

경종

하니, 김창집의 의논대로 시행하도록 명하였다.

"신이 삼가 살펴보건대 옛적에 송나라의 한기가 영종을 책립함에 있어서 일찍이 장승과 더불어 평소에 의논하지 않았으므로 장승이 한기를 힐난하기를, '공은 어찌하여 나와 평소에 의논하지 않았는가?' 하니, 한기가 응답하지 않다가 장승이 물러가자 한기가 웃으면서 말하기를, '만약 평소에 의논했다면 어찌 사직의 일을 무너뜨리지 않았겠는가?' 하였습니다. 김 충헌공[819]이 조급하게 서둘러서 밤중에 정책한 일이 너무 성급한 것 같았지만, 또 조태구와 평소에 의논하지 않았으니, 그도 한기의 지혜가 있었다 할 것입니다."

사신은 논한다.

"처음에 임금이 동궁에 있을 때 이이명이 와내에서 독대하니, 사람들이 혹 '이이명이 연잉군을 익대하려 한다.'고 의심하였는데, 오직 임금만은 이이명의 독대한 까닭을 알고 있었다. 임금이 즉위하자 영의정 김창집 등이 저사를 세울 것을 청하니, 임금이 흔연하게 연잉군을 세워 세제로 삼고, 마치 독대의 일을 알지 못하는 것같이 하여 일찍이 추호도 꺼림칙하게 여김이 있지 않았으니, 천하의 지극히 인자하고 크나큰 도량이 아니라면 어찌 이와 같았겠는가?"

– 『경종수정실록』, 1721년 8월 21일

세제 책봉 두 달 뒤 1721년(경종 1년) 10월 노론은 세제의 대리청정을 요구했다.

---

819) **김 충헌공**金忠獻公 : 김창집의 시호.

경종은 왕권을 침해하는 부당한 요청을 받자마자 세제의 대리청정을 허락했다.

**實錄記事 1721년 10월 10일, 집의 조성복이 세제를 정사에 참청하게 할 것을 청하다**

임금이 왕세제에게 나랏일을 재단하도록 명하였다가 곧바로 중지하였다. 집의 조성복이 상소하기를,

"근자에 전하께서 위로는 선왕의 뜻을 본받으시고 안으로는 자성의 뜻을 품의하시어 조속히 국본을 정하시고, 진실로 원량에게 맡겼으니, 전하의 이 조처는 진실로 백대의 제왕보다 월등히 뛰어난 것이며, 옛날의 기록에도 보기 드문 것입니다. 다만 세제에게 권강하는 것이 오늘날의 급한 일이니, 마땅히 춘궁을 면려하여 서연의 법강을 혹시 잠시라도 그치지 말고, 비록 재계를 만나더라도 바로 요속을 이끌어 서사를 토론하여 열흘 춥고 하루 햇볕을 쬐는 우려가 없게 해야 될 것입니다. 일찍이 선조 정축년[820] 무렵에 정신廷臣이 '신린臣隣을 인대引對할 즈음에 전하로 하여금 곁에서 모시고 참여하여 듣고 나랏일을 교습하게 하시라.'는 뜻으로 상소하여 진청한 적이 있었습니다. 신은 이 말을 한 자는 진실로 저군을 훈적[821]하는 방법을 얻었다고 생각합니다. 전하께서 그때 아직 충년沖年이셨지만 그래도 또 이와 같이 말하였는데, 오늘날 동궁의 나이와 용모의 장성함은 전하의 그 낭시보다 몇 갑절 이상일 뿐이 아니니, 서정을 밝게 익히게 하는 것이 더욱 어찌 시급한 당무가 아니겠습니까? 전하께서 혹시 신료들을 인접하실 때나 정령을 재결하시는 사이에 곧 세제를 이끌어 곁에서 모시고 참청하여 옳고 그름을 상량하고 이를 따라 훈습하게 하신다면, 반드시 서무를 밝게 연마해서 나라 일에 도움이 있을 것입니다. 삼가 바라건대 전하께서는 성의에 깊이 유의하시고, 자지慈旨에 앙품仰稟하시어 결정하소서."

임금이 답하기를,

"진달한 바가 좋으니, 유의하지 않을 수 있겠는가?"

땅거미가 질 무렵 이윽고 비망기를 내리기를,

"내가 이상한 질병이 있어서 10여 년 이래로 나아서 회복될 기약이 없으니, 바로 선조의 진념하시던 바로서 만기를 수응하기가 참으로 어렵다. 지난 정유년에 청정하라는 분부가 계셨는데, 이것은 선왕께서 조섭하던 중에 그 조섭의 편의를 위한 것이었다. 나

820) **정축년** : 1697년(숙종 23년).

821) **훈적**訓迪 : 훈계하여 인도함.

의 몸에 이르러서는 다른 것은 돌아볼 겨를이 없었고, 급기야 등극한 후로는 이른 아침부터 밤늦게까지 근심하고 두려워하였다. 요즘에는 증세가 더욱 침고하므로, 수응이 또한 어려워 정사가 지체됨이 많다. 이제 세제가 장성한데다 영민하고 총명하니, 만약 그에게 청정하게 한다면 나라 일을 의탁할 수 있고, 나는 안심하고 조양할 수 있을 것이다. 크고 작은 나라 일을 모두 세제로 하여금 재단하게 하라."

승지 이기익·남도규와 응교 신절·교리 이중협 등이 곧바로 청대하니, 임금이 인견하였다. 이기익 등이 모두 말하기를,

"선왕께서 임어하신 지 40여 년에 여러 해를 위예하셨고, 또 눈병이 있으시어 드디어 대리의 명을 내리셨으니, 실로 부득이한 데서 나온 것입니다. 그런데 지금 전하께서는 즉위하신 지 겨우 1년이고 춘추가 이제 한창이시며, 또 질환도 없으시어 기무가 정체되지 않고 있는데, 어찌하여 갑자기 이런 교지를 내리십니까? 신 등은 비록 죽더라도 감히 봉승하지 못하겠습니다. 청컨대 성명을 환수하소서."



임금이 대답이 없고, 다만 말하기를,

"번거롭게 하지 말라."

하였다. 이기익·남도규·신절·이중협 등이 다시 나아가 번갈아 간諫하기를 그치지 않으니, 곧 임금이 말하기를,

"번거롭게 하지 말라."

이기익 등이 말하기를,

"밤기운이 점점 차가워져서 옥체를 상하게 할까 두려워 신 등은 우선 물러가겠습니다만, 병침[822]의 중에 다시 깊이 더 생각을 하시어 특별히 환수하신다면, 인심을 진정시킬 수 있을 것입니다. 지금은 대궐 문이 이미 닫혔기 때문에 이처럼 조용하고 잠잠하지만 조정에서 장차 반드시 모두 나와서 극력 간쟁할 것이니, 이와 같이 되면 온 나라의 인심을 수습할 수 없을 것입니다. 신 등은 비록 물러가오나 결코 봉승하기 어렵습니다."

신절이 이어서 말하기를,

"지금 신료들의 동궁께 바라는 바는 단지 효도와 우애를 두텁게 하고 강학을 부지런히 하는 데에 있을 뿐이니, 참여하여 듣는 것이나 재단하는 일에 있어서는 오늘날 마땅한 바가 아닙니다. 정축년[823]의 일은 그때 전하께서 충년(10살 안팎 어린 나이)으로 선왕의 슬하에 계셨으니, 곁에 있으면서 참문하게 하신 것은 실로 '사물을 당하여 바로 가르

822) **병침**丙枕 : 하룻밤을 오야五夜로 나눈 셋째 시각으로서 임금이 잠자리에 드는 시각.

823) **정축년** : 1697년(숙종 23년).

치는' 뜻에서 나온 것이었습니다. 그러나 지금 '옳고 그름을 상량하여 결정하라'는 말은 무식하고 유망함이 심합니다. 청컨대 조성복을 파직하소서."

하였다. 이중협과 남도규가 서로 잇따라 극력 청하니, 임금이 그대로 따랐다.

- 『경종수정실록』, 1721년 10월 10일

소론이 경종을 설득하고, 성균관과 전국 각 도의 유생들이 대리청정을 환수하라는 상소에 부담을 느낀 세제도 환수를 요청했다. 경종은 본심이 아니었다며 세제의 대리청정을 환수했다가 며칠 만에 다시 세제의 대리청정을 명했다.

**實錄記事 1721년 10월 10일, 좌참찬 최석항 등이 세제에게 정사를 대행하게 한 명을 거둘 것을 청하다**



이날 영의정 김창집과 좌의정 이건명이 예궐했는데, 좌참찬 최석항이 보고를 듣고 크게 놀라 홀로 먼저 대궐문 밖에 나아가 유문하고 입대入對를 청하니, 승정원에서 계품하였다. 임금이 유문하고 들어올 것을 명하여 최석항을 인견하니, 승지와 옥당 또한 최석항을 따라서 입시하였다. 최석항이 말하기를,

"예로부터 제왕이 이와 같은 처분이 있었던 것은 모두 군주의 춘추가 높다거나 혹은 재위한 지 이미 오래 되어 몹시 지친 나머지 질병이 들었거나 혹은 몸에 녹실이 있어서 여러 해를 침고함으로 말미암아 하는 수 없이 그렇게 한 것입니다. 지금 전하께서는 춘추 겨우 서른이시고 재위한 지 1년이 안 되었습니다. 만약 질병 때문이라면 신이 약원[824]에서 대죄할 때 매양 문안에 대한 비답을 보면, '아무일 없다.'고 하교하셨습니다. 이른바 불안하시다는 대목이란 단지 담화 인음[825]과 소변이 잦은 것에 지나지 않으니, 이것이 어찌 침고의 질병이 되겠습니까? 이러한 세 가지의 일이 없는데도 즉위하신 원년에 갑자기 이런 하교를 내리시는 것은 무슨 이유에서입니까? 선왕께서 전하로 하여금 청정하게 하여 한정이 없는 휴휼의 대업을 부여하신 것은 나라 일에 부지런히 힘써서 지치를 이룩하게 하려 하신 것입니다. 그런데 이제 전하께서 즉위하신 초기에 세제에게 부여하신다면 어찌 선왕이 남기신 뜻에 어긋남이 있지 않겠습니까? 전하께서 질병이 선왕과 같으시고 춘추가 선왕과 같으시다면 오늘날의 조처는 진실로 괴이하게 여길 것이 없지만, 이제 한창 왕성한 나이로 겉으로 드러난 질병도 없으시면서

824) **약원**藥院 : 내의원內醫院.

825) **담화 인음**痰火引飮 : 담으로 해서 나는 열로 인해 물을 자꾸 켜는 병.

이런 조처를 하시니, 이에 신 등이 근심하고 두려워하며 망극해 하는 까닭입니다. 청컨대 세 번 더 생각하시어 빨리 성명을 거두소서."

이기익·남도규·신절·이중협 등도 다시 각각 진청하였다. 최석항이 말하기를,

"일찍이 을유년[826] 겨울에 선왕께서 '전선하겠다'는 하교를 내리셨는데, 그때 백료들이 모두 나와 조정에서 간절히 여러 날 간쟁하였습니다. 신도 대간으로 입시해 합사하여 쟁집해 마침내 선왕의 마음을 돌이키기에 이르렀습니다. 선왕의 받아들이신 아름다운 덕은 지금도 칭송이 끊이지 않고 있으니, 이것이 어찌 오늘날 마땅히 본받아야 할 바가 아니겠습니까? 한 번 마음을 바꾸어 옮기는 사이에 일만 가지 일이 사리에 순응하게 되는데, 전하께서는 어찌하여 이것을 생각하지 않으십니까?"

임금이 말하기를,

"내가 마땅히 생각해 보겠다."

최석항이 말하기를,



"이 일은 다시 생각해 볼 만한 도리가 없습니다. 마땅히 과감히 따르셔야 합니다."

이중협이 또한 말하기를,

"이것은 생각해 볼 만한 일이 아닙니다. 전하께서는 새로이 보위를 계승하셨으니, 오직 마땅히 정성을 다하여 정치에 힘쓰셔야 하고, 세제는 부지런히 강학하는 것이 옳습니다. 전하께서 비록 짐을 벗고 한가롭게 지내시려 하지만, 어찌 마음대로 스스로 할 수 있겠습니까?"

최석항이 말하기를,

"이중협의 말이 참으로 지극히 간절합니다. 전하께서 비록 한가롭게 지내시려 하시지만, 유독 선대왕께서 부탁하신 뜻을 생각하지 않으십니까? 일에는 간혹 한 번 생각해서 결정할 것이 있고, 또는 두 번 생각하고 세 번 생각한 뒤에 결정할 것이 있습니다. 이 일은 한 번 생각하여 결단할 수 있는 것이니, 어찌 세 번 생각하기를 기다리겠습니까?"

임금이 그래도 따르지 않았다. 최석항이 말하기를,

"신은 선조의 망극하신 은혜를 받아 벼슬에 오름이 이에 이르렀으니, '선제를 추모하고 폐하에게 보답하는 의리[827]'는 오직 전하께 있을 뿐인데, 늙어서도 죽지 않고 다시 이

---

826) **을유년** : 1705 숙종 31년.

827) **선제先帝를 추모하고 폐하陛下에게 보답하는 의리** : 이는 출사표의 한 글귀로, 제갈공명이 글을 마무리하면서 이렇게 아뢴 말들은 선제에게 보답하고 폐하에게 받은 직분에 충성하자는 소이에서라고 하였음. 여기에서는 숙종에게 받은 지우를 경종에게 갚아야 함을 말한 것임.

런 일을 보게 되었으니, 다만 지금껏 한 번 죽음이 늦어져 천하泉下에서 욕의[828]할 수 없음이 한스러울 뿐입니다. 예로부터 성왕은 큰 처분에 있어 반드시 모름지기 신중히 하였습니다. 『서경』 홍범에 이르기를, '의논을 네 마음에 미치며 의논을 시귀蓍龜에 미치며 의논을 경사卿士에 미치며 의논을 서인에 미치라.'고 하였습니다. 신중히 하는 도리가 이와 같은데, 이제 저런 보잘것없는 조성복의 말로 인해 경솔하게 막대한 일을 조처하셨으니, 오늘날의 나랏일은 다시 믿을 만한 것이 없습니다."

임금이 말하기를,

"중신이 누누이 진달하니, 아뢴 대로 시행하겠다."

최석항이 또 말하기를,

"조성복의 죄가 중대하여 파직에 그칠 수 없습니다. 청컨대 변방으로 귀양보내는 형벌을 시행하소서."

임금이 따르지 않았다. 왕세제가 처음에 하교가 내렸다는 말을 듣고, 울면서 궁료에게 말하기를,

"내가 본래 본분을 지키는 데에 편안하니, 태백·중옹의 일[829]을 또한 어찌 알지 못하겠는가마는, 자성慈聖의 하교 가운데, '효종의 혈맥이요 선대왕의 골육이라.'는 말씀을 차마 어기어 거절하지 못하고 마지못해 억지로 명령을 받들어 이 자리에 외람되게 있게 되었는데, 또 이런 천만 뜻밖의 하교를 받들게 되니, 비록 죽더라도 장차 선왕을 뵈올 면목이 없을 것이다."

장차 상소하여 극력 사양하려 하였는데, 후에 최석항이 입대하여 명령을 중지하게 되니, 그제야 그쳤다.

– 『경종수정실록』, 1721년 10월 10일

### 實錄記事 1721년 10월 13일, 시임·원임 대신 등을 불러 세제로 하여금 정사를 대행하게 할 것을 명하다

시임 대신·원임 대신과 2품 이상, 삼사를 불러 빈청에 모이라고 명하고, 임금이 비망기를

828) **욕의**褥蟻 : 잠자리를 만들고 땅강아지·개미를 쫓음. 죽은 임금을 따라 황천에서 봉사한다는 뜻. 전국 때 초 공왕에게 안릉이, "대왕께서 승하하신 뒤에 이 몸이 황천에 따라가서 잠자리를 만들고 땅강아지·개미를 쫓게 되기를 바랍니다.…" 하였다는 고사에서 나온 말.

829) **태백**泰伯·**중옹**仲雍**의 일** : 주나라 태왕에게는 세 명의 아들이 있었는데, 첫째가 태백, 둘째가 중옹, 셋째가 계력임. 태백이 태왕의 의중에 계력을 세우려는 뜻이 있음을 알고 동생인 중옹과 함께 형만으로 도망하여 문신·단발을 하고, 막내인 계력에게 양위하였음.

내리기를,

"나의 병근이 날로 점점 더하여 나을 기약이 없으니, 일찍 저사를 정한 것은 실로 대리를 행하게 하려고 한 것이었으며, 이를 자성께 품한 지 오래 되었으나, 책례를 이제 막 거쳤기 때문에 실행하지 못하였다. 이제 여러 신하들이 나의 본의를 알지 못하고 대간의 상소로 인하여 나온 것처럼 여겨서 쟁론이 분분하기 때문에 우선 환수하여 나의 뜻을 보이고, 조성복의 망령되고 경솔한 죄를 다스린 것이다. 공사는 적체되고 수응이 절박하니, 일체 그저께의 비망기에 의해 거행하여 조섭하는 방도를 온전하게 하라."

승정원 및 대신 2품 이상과 삼사의 여러 신하가 아울러 청대하였으나, 임금이 허락하지 아니하고 소회를 글로 써서, 올리도록 명하였다. 대신 이하가 다시 거듭 청한 것이 세 번이었으나, 임금이 끝내 들어주지 아니하였다. 영의정 김창집 등이 아뢰기를,

"전하께서 새로 보위에 오르셨고 춘추가 한창이시니, 밤낮 부지런히 정신을 가다듬어 다스리기를 도모하심이 바로 전하께서 오늘날 힘쓸 바인데, 어찌하여 하루아침에 갑자기 이 한가로이 수양하시겠다는 하교를 내리십니까? 전하께서는 비록 병환이 오래 되어 수응이 어렵다고 하교하시지만, 전하의 영예하심으로 연습하고 재처하시는 즈음에 어찌 어려운 일이 있겠습니까? 만약 신기가 조금 피로할 때를 당하면 줄곧 근로하실 필요는 없을 것입니다. 혹 편리한 대로 편하게 쉬시어 수양하는 방법으로 삼으신다면, 조금도 방해될 바가 없습니다. 전하께서는 어찌하여 이렇게 하지 않으시고 이런 예사롭지 않은 거조를 하시어 비자[830]의 책임을 스스로 가볍게 여기시며, 억조의 청을 억지로 거스른 채 돌아보지 않으십니까? 정유년[831]의 일은 지금과 아주 다릅니다. 선왕의 성후가 위중하고 오래 되어 비록 부득이한 거조가 있었으나, 이것이 어찌 오늘날 비교할 바이겠습니까? 죽음이 있을 뿐이며 결단코 봉행할 수 없습니다. 내리신 비망기를 삼가 작환합니다."

임금이 답하기를,

"내 병은 전후의 비답에 이미 자세히 말하였다. 만약 지금 치료하지 아니한다면 진실로 말하기 어려운 근심이 있을 것이며, 또 대리는 바로 조종조의 고사인데 어찌하여 이 지경에 이르는가? 경 등은 나를 괴롭히지 말고 다시 번거롭게 아뢰지 말라."

삼사에서 아뢰기를,

"전하께서는 춘추가 한창이시고 신기가 왕성하십니다. 비록 병환 때문이라고 하교하

경종

830) **비자**丕子 : 천자天子나 왕王의 적장자.

831) **정유년** : 1717년(숙종 43년).

시지만, 이미 드러난 증세가 없으니 마땅히 더욱 분려를 더하시고 지극한 다스림에 이르기를 기약하시어 선왕의 부탁하신 뜻에 저버림이 없어야 할 것입니다. 그런데 단지 편적한 방법만을 위하여 이런 정무를 놓을 생각을 가지시니, 신 등은 전대의 사첩에서 일찍이 이런 일이 있었음을 실로 알지 못합니다. 엎드려 바라건대 성심은 빨리 돌이켜 비망기를 도로 거두소서."

여러 승지들 또한 두 차례 비망기를 도로 거둘 것은 계청하였으나, 임금이 모두 '정신廷臣의 비답에 이미 유시하였다.'고 답하였다. 삼사와 승정원에서 재차 계달하였으나 역시 윤허하지 아니하였다. 대신 이하가 재차 아뢰었는데, 대략 이르기를,

"성상의 비답 가운데 조종조의 고사라는 것은 세종조의 일을 가리키는 듯한데, 그때는 영묘[832]께서 임어하신 지 여러 해였고, 또 오래 된 병환이 있었으니, 문종께서 저사로서 서무를 참결하신 것은 진실로 이에 말미암은 것입니다. 이것이 어찌 오늘의 일과 조금이라도 근사한 바가 있습니까?"

임금이 답하기를,

"병근이 내장을 손상시키고 심화가 점점 불어나 화열이 오르내리는 즈음에 정신이 아득하고 어두워 깨닫고 살피지 못하여 권태가 이와 같으니, 어찌 안타깝지 아니한가? 지금 국본은 이미 정해졌고 나의 화열은 점점 치료하기 어려운 지경에 이르렀으니, 억지로 행하면 반드시 후회가 있을 것이며, 소십하고 치료하는 데 뜻을 전적으로 기울이면 공무에 방해됨이 있을 것이다. 이 지경에 이르렀으니 세제로 하여금 근심을 나누게 하는 것 외에 다시 다른 도리가 없다. 이는 내 한 몸을 아끼는 것만이 아니라, 바로 국가를 위하는 것이다. 경 등은 나를 사랑하여 생각해 보라." - 『경종실록』, 1721년 10월 13일

### 實錄記事 1721년 10월 17일, 영의정 김창집 등이 대리 절목에 관한 차자를 올리고 임금이 조태구의 간언에 따라 세제 대행의 명을 회수하다

영의정 김창집·영중추부사 이이명·판중추부사 조태채·좌의정 이건명이 이미 여러 재상으로 하여금 아침이 되기를 기다려 와서 모이도록 하고, 밤에 비변사에서 자며 대리하는 일을 함께 의논하여 드디어 연명으로 차자를 올리기를,

"요즈음 갑자기 비상한 거조가 있어 복합한 지 나흘이 되었으나 윤허를 내리지 않으셨을 뿐 아니라, 청대를 예닐곱 차례 하였으나 굳게 거절하심이 갈수록 심해져 한 번도 청광[833]을 뵙지 못하였으며, 단지 성의가 천박하여 천심을 감회하지 못함을 한스러

832) **영묘**英廟 : 세종.

경종

워할 뿐이니, 신 등의 죄는 만 번 죽어도 오히려 가벼울 것입니다. 지난밤 내린 비지는 더욱 신자로서 차마 들을 수 없는 바이니, 받들어 반도 읽기 전에 심담이 함께 떨어져 놀랍고 떨린 나머지 우러러 대답할 바를 알지 못하였습니다. 다만 엎드려 생각하건대 당초의 비망기 가운데 있는, '대소의 국사를 아울러 재단하게 하라.'는 하교는 진실로 국조 이래로 있지 아니한 일이니, 신 등은 비록 만 번 죽음을 당할지라도 결단코 감히 받들지 못하겠습니다. 그런데 정유년[834]의 일에 이르러서는 본시 선조의 재정하신 바이며, 또 절목의 구별이 있었으니, '아울러 재단하게 하라.'는 명에 비하면 차이가 있을 뿐만이 아닙니다. 더욱이 이번의 성교는 지성으로 슬퍼하는 데서 나왔으니, 전하의 신하가 된 자로서 또한 어찌 감히 가볍고 갑작스럽다는 데 구애되어 일체 모두 거역하여 우리 전하의 마음을 상하게 하겠습니까? 엎드려 바라건대 빨리 유사에게 명하여 단지 정유년의 절목에 의하여 품지해 거행하도록 하소서."

차자가 들어가고 정청을 드디어 그만두니, 중외의 인심이 놀라고 분통해 하였다. 좌참찬 최석항이 약방의 문안 때문에 예궐하여 상소하기를,

"지난밤에 삼가 성비를 받들자, 여러 대신이 2품 이상과 삼사의 회좌를 청하고 순문하였습니다. 신이 '이 일은 비록 달을 넘기고 해를 지날지라도 받들어 순종할 리가 만무하다.'고 누누이 다투어 고집하였더니, 여러 대신이, '우선 차자를 진달하여 대죄待罪하고 이어 입대를 청하여 진달하겠다.'고 하였습니다. 그런데 곧 삼가 듣건대 대신이 차자에서, '정유년의 절목에 의하여 시행할 것을 청한다.'고 하였다 합니다. 아! 밤 사이에 갑자기 소견을 바꾸어 같이 일한 신하와 모의하지도 않고 이처럼 전에 없던 놀라운 거조를 하였으니, 신은 진실로 그 까닭을 알지 못하겠습니다. 전후의 성교는 간하는 말을 거절한 비답에 불과한데, 자신이 대신이 되어 힘을 다해 광구匡救하는 도리는 생각하지 아니하고, 받들어 행하기에 급급하여 마치 미치지 못할까 두려워하는 듯하니, 그 마음이 있는 바는 길 가는 사람도 알고 있습니다. 임금을 잊고 나라를 저버린 죄를 이루 다 죽일 수 있겠습니까? 신은 저으기 통분합니다. 엎드려 바라건대 성명을 빨리 거두어서 신인神人의 소망을 위로하소서."

승지 홍계적이 물리치고 기꺼이 상철上徹하려고 하지 않았다. 이광좌·이태좌·이조·김연 등이 조방에 있으면서 청대하여 다시 다툴 것을 함께 의논하고, 혹은 말하기를, '우의정 조태구는 비록 대론을 만났다고는 하나, 이 때를 당하여 보통 법에 구애될 수 없으니 대궐

833) **청광**淸光 : 임금의 얼굴.

834) **정유년** : 1717년(숙종 43년).

에 나아가 청대하여 죽음으로 힘써 다투는 것이 마땅하다.'고 하니, 조태구가 드디어 성 밖에서 궐하에 이르렀다.

이때 임금이 창경궁에 있었으므로, 여러 신하 가운데 나아가 뵙고자 하는 자는 모두 창덕궁에서 건양문을 지나 합문 밖에 나아갔다. 그런데 조태구는 병이 심하여 걸을 수가 없어서 견여로 큰 거리를 따라 창경궁 궐문 밖에 이르러 선인문 [창경궁의 협문이다.] 으로 들어가 사약방에 앉아서 사람을 승정원에 보내어 청대하였다. 이광좌 등은 금호문 [창덕궁 서쪽 문이다.] 으로 들어가 또한 각각 청대하였는데, 승지 홍계적 등이, '조태구는 바야흐로 대론을 입었는데 어찌 감히 청대하느냐?' 며 물리치고 상문하지 않으니, 갔다왔다 하는 것이 그치지 않았다. 양사의 관원이 바야흐로 대각에 나아갔다가 조태구가 입궐한 것을 듣자 먼저 원찬하기를 청하였는데, 계사가 미처 상철되지 아니하여 사알이 합문에서 승정원으로 내달려와서 조태구를 인견引見하겠다는 전교를 전하고, 또 임금이 이미 전에 나왔음을 말하니, 승지들이 당황하고 놀라 합문 밖으로 나아갔다. 이때 대궐 안팎이 물 끓듯 진동하였다. 김창집 등은 이미 차자를 올렸고, 조태채는 병을 핑계로 집으로 돌아갔는데, 김창집이 이이명·이건명과 더불어 비국에서 예관을 모아 바야흐로 절목을 강정하다가, 조태구가 장차 입대하려 한다는 것을 듣고서는 크게 놀라고 당황하여 지름길로 내달려 합에 올랐다. 이윽고 2품 이상과 삼사의 여러 신하가 잇따라 도착하여 아울러 입대를 청하니, 임금이 진수당에 나아가서 인견하였다.

영의정 김창집, 영부사 이이명, 좌의정 이건명, 우의정 조태구, 행 호조판서 민진원, 판돈녕 송상기, 행 좌참찬 최석항, 공조판서 이관명, 이조판서 권상유, 병조판서 이만성, 예조판서 이의현, 행 사직 이광좌, 청은군 한배하, 형조참판 이조, 강원 감사 김연, 예조참판 이집, 강화유수 이태좌, 병조참판 김재로, 이조참판 이병상, 행 사직 이정신, 승지 홍계적·한중희·안중필·유승·조영복, 사간 이유룡, 응교 신절, 장령 박치원, 교리 이중협, 지평 유복명, 정언 신무일·황재 등이 입시하였는데, 김창집이 말하기를,

"천만 뜻밖에도 갑자기 예사롭지 않은 하교를 받들었으므로, 신 등이 백관을 거느리고 정쟁하였으나 천청을 감회하지 못하였는데, 어젯밤에 또 차마 듣지 못할 하교를 받들었습니다. 줄곧 버티며 떠드는 것도 감히 할 수 없는 바가 있어서 아침에 차자를 올려 앙품仰稟한 바가 있었는데, 이제 우상의 입대로 인하여 같이 들어올 수 있었으니, 신 등이 힘써 다투지 못한 죄는 만 번 죽어도 애석할 것이 없습니다."

조태구는 말하기를,

"오늘 천안을 뵐 수 있으니, 죽어도 한이 없습니다. 신은 비망기를 갑자기 내리셔서 중외가 놀라고 당황한다는 것을 듣고는 감히 제 자신이 대간의 탄핵을 입었다 하여 시골

집에 물러가 있을 수 없었으므로, 성 밖에 와 엎드려 여러 차례 상소로 진달하고 호소하였으나, 유음을 얻지 못하였습니다. 그런데 오늘 갑자기 대신이 정청을 이미 정지했다는 것을 듣자 신이 하늘이 무너지는 듯한 놀라움을 견디지 못하여, 사생死生을 걸어 반드시 다투고자 감히 와서 청대하여 천의를 돌이키기를 바란 것입니다. 이는 신 한 사람의 말이 아니라 곧 온 나라 사람의 말입니다. 전하께서는 비록 화열火熱이 오르내림 때문에 기무를 사양하려고 하시지만, 화열이 오를 때는 잠시 재결을 정지하시고 화열이 내려 마음이 안정되고 뜻이 평탄해지기를 기다리신다면, 저절로 연기처럼 사라지고 안개처럼 흩어져 뜻과 생각이 맑고 밝을 것입니다. 이와 같을 때 일이 닥치는 대로 순조롭게 응하신다면 사무에 적체됨이 없어 병을 다스리고 나라를 다스리는 두 가지 일이 어긋나지 않을 것입니다. 전하께서는 어찌하여 생각이 이에 미치지 아니하십니까? 국가는 전하의 국가가 아니라 곧 조종의 국가입니다. 영고[835]께서 전하께 부탁하신 것이 어떠하며, 신인神人이 전하에게 의귀[836]하는 것이 어떠합니까? 대보[837]의 자리는 인군人君이 스스로 사사로이 하는 곳이 아닙니다. 전사前史를 두루 상고해 보아도 인주人主가 한갓 한 몸의 사사로움을 따라 경솔하게 행한 것이 전하의 오늘날 하시는 바와 같은 것은 있지 아니합니다. 흰 머리의 늙은 신하가 유궁[838]하는 날 죽지 못하고 오늘날 이 일을 차마 보게 되었으니, 신이 이것을 광구匡救하지 못하면 다만 전하를 저버릴 뿐만 아니라, 또한 선왕을 저버리는 것입니다. 신이 살아서 무엇을 하겠습니까? 만일 반한反汗의 명을 얻지 못하면 죽음이 있을 뿐이며, 청을 허락받지 못하면 감히 물러가지 못하겠습니다."

이어 눈물이 흘러내려 옷깃을 적셨다. 여러 신하가 각각 차례차례 반복해서 진청하고 이광좌·유복명이 더욱 힘써 다투었다. 김창집이 또 말하기를,

"어제의 비지批旨는 더욱 차마 듣지 못할 것이 있었으나, 밤이 깊어진 뒤라 글로 다시 계달하기 어려웠고, 또 절차가 복잡하여 말하기 어려운 지경에 이를까 두려워 감히 절목을 거행할 뜻을 차자로 품하였으니, 실로 부득이했기 때문이었습니다. 그런데 이제 여러 신하가 명을 도로 거두기를 청하니, 반드시 도로 거두시게 하려는 뜻이 신 또한 어찌 여러 신하와 다르겠습니까? 이제 만약 전의 명을 도로 거두신다면, 신이 비록

835) **영고**寧考 : 선왕.

836) **의귀**依歸 : 의탁.

837) **대보**大寶 : 왕위.

838) **유궁**遺弓 : 왕의 죽음.

경종

만 번 죽을지라도 어찌 감히 마다 하겠습니까?"

이건명은 말하기를,

"날마다 연달아 청대하였으나 끝내 허락받지 못하였고, 소회를 아뢴 것이 아침에 들어가 저녁에 비로소 내려졌으니, 이와 같은데 어찌 감히 천심을 감회하기를 바라겠습니까? 어젯밤의 전교는 전고에 듣지 못한 일이므로, 곧장 땅을 뚫고 들어가려 해도 할 수가 없었습니다. 2품 이상을 모아서 물었으나 말한 바가 각각 같지 아니하므로, 신 등이 반복해 생각했지만 어쩔 줄을 알지 못하였습니다. 일찍이 듣건대 을유년[839]에 선대왕께서 비망기를 내렸을 적에 고故 상신 윤지완이 여러 대신에게 글을 보내어 말하기를, '군하群下가 힘써 다투었으나 만약 혹시 난처한 지경에 이른다면 우선 순종하여 사무를 참결하기를 청하는 것이 낫다.'고 하였습니다. 그래서 신이 여러 대신들과 의논하여 진차陳箚한 것인데, 이제 만약 성상께서 군하의 청을 굽어 따르시어 빨리 성명을 도로 거두신다면 어찌 큰 다행이 아니겠습니까?"

최석항과 김연은 말하기를,

"선왕조 을유년의 전선은 또한 여러 신하의 힘써 다투는 것을 거스르기 어려워서 곧 도로 정지하였는데, 전하께서는 어찌하여 계술하는 도리를 생각하지 않으십니까?"

김창집이 말하기를,

"오늘의 일은 곧 대리하는 것입니다. 그런데 최석항과 김연은 곧 을유년의 일에 견주니, 인심이 놀라고 의혹하지 않겠습니까? 신이 비록 무상하기는 하지만 비망기를 환수하기를 청하는 성심이야 어찌 여러 사람보다 못하겠습니까?"

여러 신하가 다시 서로 잇따라 힘써 다투며 수작酬酢을 내리기를 청하였으나, 임금이 끝내 답하지 아니하였습니다. 김창집이 말하기를,

"크게 떠드는 것이 지극히 황공한 줄 압니다만, 먼저 신의 힘써 다투지 못한 죄를 다스린 후에 성명成命을 도로 거두는 것이 마땅합니다."

이이명은 말하기를,

"신 등이 어찌 죄가 없겠습니까? 여러 번 입대入對를 청하였으나 한 번도 허락하지 아니하셨으니, 이는 모두 신 등의 성의가 천박한 죄입니다."

김창집이 또 말하기를,

"전후의 비망기를 도로 거둘 것을 쾌히 허락하신 뒤에야 온 나라의 물결처럼 흔들리는 마음을 진정시킬 수 있습니다."

---

839) **을유년** : 1705년(숙종 31년).

임금이 말하기를,

"그렇게 하라."

김창집이 아뢰어 사관史官을 보내어 전후의 비망기를 가지고 들어오게 하여 받아서 임금 앞에 놓았다. 조태구가 말하기를,

"이제 대신의 말로 인하여 이처럼 도로 거두게 되었으니, 인심이 이제부터 안정될 것입니다. 신이 비록 물러가 구학丘壑에서 죽을지라도 무슨 유감이 있겠습니까?"

김창집·이이명·조태구가 이어서 자주 의관의 입진을 허락하고 증세에 대해 의약하도록 청하고, 민진원도 자주 신료를 접견하여 옳고 그름을 서로 의논하기를 청하였으나, 임금이 모두 답하지 아니하였다. 여러 신하는 물러가고 승지와 삼사는 남아서 일을 아뢰었다. 홍석보 등이 나아가 아뢰기를,

"본원[840]에서 바야흐로 우상이 탄핵을 무릅쓰고 들어와 청대한 잘못을 배척하여 계품을 허락하지 아니하였는데, 인견의 명이 갑자기 내렸습니다. 전하께서는 어디로부터 우상이 들어오는 것을 알 수 있으셨는지요? 인군人君이 나라를 다스리는 방법에 어찌 안팎을 막음이 없으며 사사로운 길을 열어 둘 수가 있겠습니까? 들어와서 고한 사람을 명백하게 적발하여 영원히 후일의 폐단을 막고 군정의 의혹을 풀지 않을 수 없습니다."

어유룡·박치원·신무일·황재 등이 아뢰기를,

"조태구는 대각에서 토죄하는 날 감히 마음대로 궐문으로 들어와 조금도 돌아보거나 꺼림이 없었으니, 오늘날 나라의 기강이 비록 여지가 없다 할지라도 하루라도 나라가 있다면 그 방자한 행동을 일체 그대로 둘 수가 없습니다. 청컨대 먼저 멀리 귀양보내소서."

임금이 윤허하지 아니하였다. 또 아뢰기를,

"조태구가 선인문으로 들어와서 청대하자, 승정원에서 대계가 바야흐로 한창이라고 하여 품달을 허락하지 아니하였는데, 사알司謁이 입시하라는 일을 전교하였습니다. 무릇 신하의 접견은 승정원을 경유하는 것이 3백 년의 정규인데, 지금 대신은 어떤 사사로운 길로 몰래 입래한 까닭을 품하였는지 알지 못하겠습니다. 이 길이 한 번 열리면, 비록 북문의 변[841]이 있을지라도 막을 수가 없을 것입니다. 청컨대 승전색·사알司謁을 나문拿問하여 엄하게 핵실하게 하소서."

임금이 윤허하였다. 박치원이 아뢰기를,

---

840) **본원**本院 : 사간원.

841) **북문**北門**의 변**變 : 중종 14년(1519년)에 남곤·심정·홍경주 등이 조광조·김정 등을 모함하여 사사 또는 유배하게 된 기묘사화를 말한 것. 북문은 경복궁의 북문인 신무문.

"최석항이 연중에서 진달하며 곧 오늘날 대리의 명을 을유년[842] 전선傳禪의 일로 지적함으로써 인심을 놀라게 하고 의혹하게 하는 계책으로 삼았으니, 그 마음에 있는 바를 참으로 헤아릴 수가 없습니다. 또 당초에 비망기는 깊은 밤에 내려졌는데, 최석항은 혹시라도 다른 사람이 같이 들어갈까 두려워하여, 대신大臣이 바야흐로 나아가는데 앞질러 들어가서 혼자 독대하여 여러 신하가 힘써 다투는 길을 거꾸로 막고 자기가 혼자 일을 처리한 자취를 자랑하려고 하였으니, 그 정태에 차마 바로 볼 수 없는 바가 있습니다. 청컨대 관작을 삭탈하여 문외 출송하소서."

임금이 윤허하지 아니하였다.

"삼가 살펴보건대 예로부터 국군國君에게 질병이 있을 경우 태자가 청정하고 선위받았던 것은 당나라에는 순종이 있고, 송나라에는 광종이 있었다. 순종은 풍암[843]으로 말을 못하여 조회를 보지 못하였고, 광종은 심지를 잃어서 부모에게 문안을 폐하고 집상을 하지 못하므로, 두황상과 조여우의 일[844]이 있었던 것이다. 임금이 비록 조회에 임하여 침묵하고 청단에 권태로움을 느낄지라도 기거 동작이 상도가 있고 조향을 폐한 적이 없으며, 비록 혹시 화기가 올라 섬미[845]함이 있을지라도 군하群下가 아뢰는 일에 대한 수답酬答이 어긋나지 아니하여 순종·광종 두 임금처럼 말을 못하거나 집상하지 못하는 것이 아니었으니, 대신으로서 비록 충성스러움이 두황상·조여우와 같은 자가 있을지라도 정무를 놓는 일을 즉위 원년에 갑자기 의논하는 것은 진실로 어려운 일이다. 돌아보건대 이이명과 김창집은 죄와 허물이 쌓이고 쌓여 항상 스스로 위태로와하는 마음을 품고 감히 이런 일을 하였던 것이다. 더욱이 그 자제와 문객의 흉측한 계획과 사악한 모의가 또 역안에 낭자한 경우이겠는가? 정무를 놓는 명이 있었는데도 정청을 또 거두니, 중외의 인심이 비분하고 대소 신민은 분주하여 허둥지둥하였다. 제생 중에는 대궐을 지키면서 울부짖는 자까지 있었는데, 조태구가 대궐에 나아가 입대하자 반한反汗의 명령이 있음을 듣고서는 모두 기뻐하여 뛰어 마지 않았으니, 경종의 거룩한

842) **을유년** : 1705년(숙종 31년).

843) **풍암**風瘖 : 중풍으로 말을 못 함.

844) **두황상**杜黃裳**과 조여우**趙汝愚**의 일** : 두황상은 당나라 덕종·순종·헌종 때의 명신으로, 순종이 중풍을 앓아 벙어리가 되어 정사를 보지 못하자, 순종 즉위년 7월에 사위 위집의를 시켜 백관을 거느리고 황태자가 정무를 대신 처리할 것을 청하게 하였고, 조여우는 송나라 효종 때의 명신으로, 효종이 죽고 광종이 정신병을 앓아 집상하지 못하자, 한탁주를 헌성 태후에게 보내어 내선을 청하고, 가왕嘉王을 받들어 황제에 즉위하게 하였음.

845) **섬미**譫迷 : 병을 앓아 정신을 잃고 헛소리를 함.

덕이야말로 전傳에 이른바, '슬퍼함을 백성에게 베풀지 아니하여도 백성이 슬퍼하고 공경함을 백성에게 베풀지 아니하여도 백성이 공경한다.'는 것이 어찌 아니겠는가?"

사신은 말한다.

"성상께서 즉위하신 이래 마음의 병이 갑절이나 심해져 군신을 대할 때는 말이 혹 뒤바뀌는 경우가 있고 만기에 임할 때는 살피지 못함이 많았으니, 진실로 두려워할 만한 종사의 근심이 있었으니, 이는 조성복의 상소와 네 대신의 차자箚子에서 빙자해 말한 바이다. 청정은 선조로부터 이미 이루어진 법이 있고 세제의 영명함은 족히 큰 임무를 맡아 감당할 만하니, 성상께서 정무를 놓고 한가로운 데 나아가 조양에 전심하되 1분分의 차효가 있다면 어찌 종사와 신민의 다행이 아니겠는가? 이것이 바로 두황상·조여우의 일이니, 어찌 곧장 역으로 논할 수 있으랴? 그러나 이윤·곽광[846]·두황상·조여우는 공公을 위한 것이었고, 왕망·동탁·사마의·환온[847]은 사私를 위한 것이었다. 오늘날 이 무리들의 충忠이 되고 역逆이 되는 것은 또한 오직 마음의 공公과 사私가 어떠한가에 있을 뿐이다. 마음을 속에 감추었으니, 그 공과 사를 어떻게 분변해 낼 것인가? 그 하는 일을 추적하면 그 마음을 알 수 있다. 대저 국군國君에게 질병이 있어 세자가 수고로움을 대신하는 것은 바로 나라의 큰 정사이니, 또한 숨기고 덮어서 비밀로 할 만한 것이 아니니, 대신이 애초에 바로 청하지 아니하고 다른 사람의 입을 빌어 은미하게 말을 낸 것은 무엇 때문인가? 3일 동안 정청하여 힘써 다투고 고집한 것은 무엇 때문인가? 이미 절목을 올렸는데 또 도로 거두기를 청한 것은 무엇 때문인가? 대신의 변하지 아니하는 충성된 마음으로 종사를 위해 큰 의논을 세우는 것이 또한 이와 같은가? 그 몰래 손과 다리를 놀려 힘써 덮으려고 한 것은 그 마음에 협잡한 바가 있어 속으로 부족한 바가 있었기 때문이다. 대저 이른바 협잡이라는 것은 이 무리가 성상을 등의 까끄라기처럼 보아 30년 이래 두려워하며 도마 위의 고기로 자처하고, 동궁에게는 또 스스로

경종

846) **이윤**伊尹·**곽광**霍光 : 이윤은 은나라의 명상으로, 왕인 태갑을 동궁으로 내쫓아 악행을 고치게 하였음. 곽광은 전한의 명신으로, 창읍왕 하賀의 정사가 문란하자 그를 폐하고 효선제를 영립하였음.

847) **왕망**王莽·**동탁**董卓·**사마의**司馬懿·**환온**桓溫 : 왕망은 한나라 효원황후의 조카로서 평제를 죽이고 한조漢朝를 빼앗아 신新나라를 세운 자. 동탁은 후한의 장군으로 정권을 장악한 뒤 헌제를 세워 허수아비로 만들고 전횡을 일삼다가 여포·왕충에게 살해된 자. 사마의는 삼국 시대 위나라의 장수로 문제 때 승상의 자리에 올라 손자 사마염이 제위를 찬탈할 기초를 닦은 자. 환온은 동진의 장군으로 황제 혁을 폐위하고 간문제를 옹립한 후 찬탈 음모를 꾸미다가 실패한 자. 이 네 사람은 모두 왕위를 직접 찬탈하거나 찬탈 음모를 꾸민 자임.

정책[848]의 공이 있다고 생각하여, 이 일의 거행은 바로 까그라기를 없애고 도마를 벗어나며 공功을 요구하고 보답을 바라는 계책을 도모하려 한 것이다. 비록 착함이 이윤伊尹과 같고 어질고도 충성스러움이 곽광·두황상·조여우와 같은 이가 이 처지에서 이 일을 행한다 하더라도 그 마음을 스스로 드러낼 수 없는데, 하물며 환득 환실[849]하고 옹치[850]를 입으로 빨아주는 탐욕스럽고 비루함이 이 무리와 같은 경우이겠는가? 아! 임금과 신하 사이는 분의分義가 엄중하니, 만약 한 몸의 사사로운 이해로 그 사이에 참여한다면, 맹자가 이른바 '이윤의 뜻이 있으면 가하다.'고 한 데에 크게 어긋남이 있지 않겠는가? 이것이 바로 장경부[851]가 이른바 '일신의 이해를 위하여 꾀하는 자는 반드시 죽여야지 용서할 수 없다.'라는 것이다. 그러나 경經에 이르기를, '그 큰 괴수를 죽인다.'라고 하였으니, 어찌 수종[852]의 구분이 없겠는가? 더욱이 애초에 옥안獄案에 관련되지 아니한 자는 더욱 구별하는 것이 마땅한데, 이제 한꺼번에 네 대신을 함께 죽였으니 그 또한 참혹하다."

– 『경종실록』, 1721년 10월 17일



노론의 대표적 대신 김창집[853], 이이명[854], 이건명, 조태채[855] 등이 대리청

848) **정책**定策 : 세제世弟로 세운 일.

849) **환득 환실**患得患失 : 벼슬을 얻기 전에는 얻지 못할까 근심하고 얻은 뒤에는 잃을까 근심하는 비루한 짓.

850) **옹치**癰痔 : 종기와 치질.

851) **장경부**張敬夫 : 송宋나라 유학자 장식張栻.

852) **수종**首從 : 수범자首犯者와 종범자從犯者.

853) **김창집** 金昌集 : 노론 4대신의 한 사람으로 신임사화에 연루되어 죽었다. 숙종 말년의 왕위계승문제를 둘러싸고 소론이 세자인 윤(경종)을 지지하자, 그는 노론으로서 연잉군(영조)을 지지했다. 1721년(경종 1년) 8월 연잉군이 왕세제로 책봉되자, 10월은 다시 왕세제의 대리청정을 상소했다. 경종은 세제의 대리청정을 명했다가 환수하기를 반복했고, 같은 해에 김일경 등 소론에게 왕권교체를 기도한 역모를 꾸몄다고 탄핵을 받았다. 신임사화로 거제도로 유배되었다가 1722년 성주에서 사약을 받고 죽었다.

854) **이이명**李頤命 : 1689년 기사환국으로 남인이 집권하면서 파직, 영해·남해에서 유배 생활을 했고, 1694년 갑술옥사로 서인이 정권을 잡게 되면서 호조참의로 복귀했다. 그후 대사간까지 승진했으나, 기사환국 때 송시열 등과 함께 죽은 형 사명이 정치적으로 신원되지 못하자, 1698년 이를 문제 삼다가 공주로 유배되었다. 이듬해 유배가 풀렸으나 기용되지 못하다가 1701년 예조판서로 특임되었으며, 이후 한성부판윤·이조판서 등을 지냈다.

855) **조태채**趙泰采 : 1686년(숙종 12년) 별시문과에 급제하여 수찬·교리·공주목사·정언·동지경연사·

정 환수를 요청했다. 경종이 뜻을 굽히지 않자 노론 대신들은 왕의 명대로 행하겠다고 했다. 소론의 우의정 조태구가 경종에게 명을 거둘 것을 청했고, 노론 대신들은 다시 대리청정 환수를 요청했다. 결국 몇 번의 번복을 거듭한 끝에 세제의 대리청정 문제는 무산되고 말았다.

김창집

소론은 노론을 공격하기 시작했고, 세력이 크게 위축되었던 소론에게 노론을 몰아내고 국면을 전환할 절호의 기회였다. 경종 왕에게 불경과 불충을 이유로 노론의 대신 4명이 위리안치되고, 50~60명의 노론 신료들이 처벌받았다.

이이명



이듬해 목호룡의 고변으로 노론은 더욱 위기에 빠져들었다. 목호룡이 역적으로 지명한 정인중, 김용택, 이기지, 이희지, 김성행 등 모두 노론 명문가의 자제이거나 친척이었다. 소론의 실력자 김일경의 주도로 인한 고변의 화는 관련자는 물론 노론 전체로 확대되었다. 위리안치되었던 노론의 대신 4명이 사사되고 수많은 사람이 목숨을 잃거나 유배되었다. 신축년(1721년)과 임인년(1722년) 두 해에 걸쳐 노론이 화를 입은 사건을 '신임옥사'라고 한다. 정권을 잡은 노론에 대한 소론의 대반격으로 평소 노론에 대해서 감정이

조태채

---

호조참판 등을 역임하고, 1713년 지중추부사로 동지사가 되어 청나라에 다녀왔다. 1715년 공조판서가 되고 이어 이조판서를 거쳐 1717년 우의정이 되었다. 이듬해 판중추부사로 전직했으며, 1720년(경종 즉위년) 사은사로 청나라에 다녀왔다. 1721년 영의정 김창집, 판부사 이이명, 좌의정 이건명, 호조판서 민진원 등과 함께 연잉군(뒤의 영조)의 세제 책봉을 건의하여 실현시켰으며, 이어 세제의 대리청정까지 이르게 했다. 그러나 소론인 우의정 조태구의 지휘를 받은 유봉휘의 건저반대소와 최석항의 대리청정 환수를 청하는 상소 등 소론의 적극적인 반대로 대리청정의 명이 철회되고 건저를 주장했던 노론세력이 대거 정계에서 제거되었다. 이때 그도 벼슬을 그만두었으며, 김일경이 올린 노론 4대신 축출의 소로 진도에 유배되어 다음해 사사되었다

좋지 않았던 경종의 묵인으로 이루어졌다.

## 뚜렷한 치적을 남기지 못했다

남구만

경종은 질병으로 인한 짧은 치세와 가열된 당쟁 탓에 뚜렷한 치적을 남기지 못했다. 1722년 각 도의 연분사목을 개정해 전세율을 낮추었으며, 삼남 지방의 양전 사업에 민원이 제기되자 시정했다. 1723년 긴급한 일로 왕이 중신을 부를 때 발급하는 명소통부[856]를 개조했으며, 화재진압에 사용되는 서양의 수총기(소화기)를 모방해 제작하게 했다. 관상감에서는 서양의 문신종(탁상시계)을 제작하게 하고, 독도가 조선의 영토라고 기록된 남구만[857]의 『약천집』이 간행되었다. 1724년 서원에 내던 전결(논밭에 물리는 세금)을 환수했다.



## 연잉군에 대해 형제의 의리를 지키다

경종은 숙종의 사랑을 받던 어린 시절에는 매우 총명하고 학문에도 조예가 깊었다. 생모의 비극적인 죽음과 마음이 변한 부왕 숙종의 냉대, 세자자리를 위협하는 노론 대신들의 압박으로 인해 몸과 마음에 병을 얻었다. 정적이었지

856) **명소통부**命召通符 : 임금이 기밀한 일로 밤에 의정 대신·포도 대장·삼군문 대장·병조 판서 등을 부를 때 사용하던 패로 반으로 쪼개어 오른쪽 것은 대신들에게 나누어 주고, 왼쪽 것은 궁중에 보관하였다가 불려 들어오는 대신들의 패와 맞추어 진위를 확인하고 출입을 허가했다.

857) **남구만**南九萬 : 숙종 초인 1679년 한성부좌윤을 지낼 때, 남인인 윤휴, 허견 등을 탄핵하다가 남해로 유배되었다. 이듬해 남인들이 대거 실각하는 경신대출척으로 도승지, 부제학, 대사간 등을 지냈다. 서인이 노론과 소론으로 나뉘자 소론의 우두머리가 되었다. 1684년 기사환국으로 유배되었다가 이듬해 풀려났다. 1694년 폐비 민씨 복위운동을 둘러싸고 소론이 남인을 쫓아낸 갑술옥사 후에 영의정에 올랐다. 1701년 희빈장씨 처벌문제에 의견을 달리해 사직하고 고향에 내려갔다. 그 뒤 유배와 파직 등 파란을 겪다가 다시 등용되었고 1707년 관직에서 물러났다. 저서로 『약천집』 등이 전한다.

만 인현왕후와 인원왕후에 효성이 지극했으며, 연잉군에 대해서도 형제로서의 의리를 지켰다. 신임옥사 당시 소론 강경파들은 연잉군의 처벌을 주장했지만, 경종은 그렇게 하지 않았다. 경종은 세자 때부터 갖은 수난과 심한 모욕을 겪었으며, 재위 4년 동안 당쟁이 치열했다. 경종은 질병으로 인한 짧은 치세와 가열된 당쟁으로 뚜렷한 치적을 남기지 못한 비운의 왕이었다.

### 實錄記事 1724년 8월 24일, 의식을 잃자 인삼차를 올리다

임금의 혼곤昏困한 증후가 더욱 극심하여 맥박이 낮고 힘이 없었다. 4경四更에 삼다蔘茶를 올리고 약방에서 주원廚院으로 이직移直하였다. 임금이 병을 앓은 이래 제신諸臣이 성후聖候에 대해 문안하면 임금은 그때마다 수답酬答이 있었는데, 이때에 이르러서는 옥음玉音이 점점 희미하여졌다. 도제조 이광좌, 제조 이조가 죽을 올리면서 마시기를 권하였으나, 모두 답하지 않았다. 왕세제가 일어나서 청하니, 임금이 비로소 머리를 들고 미음을 진어하였다. 이공윤이 소리를 높여 말하기를,

"삼다蔘茶(인삼차)를 써서는 안 됩니다. 계지마황탕 두 첩만 진어하면 설사가 즉시 멎습니다."

하였으므로, 드디어 달여서 올려 복용하게 하였다. 유각酉刻에 의관醫官들이 들어가 진찰하고 나서 물러나와 말하기를,

"증후가 아침에 비하여 더욱 위급합니다."

제신이 달려서 희인문으로 들어갔고, 이광좌 등이 입시하였다. 임금이 내시에게 의지해 있는데, 눈이 깊숙이 들어갔고 시선은 치뜨고 있었다. 이광좌가 문후하였으나, 임금이 답하지 않자 왕세제가 눈물을 흘리면서 말하기를,

"시급히 인삼과 부자를 써야 한다."

이광좌가 삼다를 올렸다. 그랬더니 임금의 시선이 조금 안정되었고 콧등이 다시 따뜻해졌다. 2경에 임금의 기식이 다시 희미해졌으므로 이광좌가 삼다를 올렸으나, 임금이 이미 마실 수가 없게 되매, 의관들이 숟가락으로 떠넣었다. 이광좌가 묘사에 기도할 것을 청하니, 왕세제가 이르기를,

"기도하는 것이 비록 때가 늦기는 했으나, 속히 거행해야 한다."

제관이 향香을 받기도 전에 임금이 속광[858]하였다. 이광좌가 사관史官에게 '상대점上大漸'이라는 글자를 써서 외정에 두루 보이게 하였다. – 『경종수정실록』, 1724년 8월 24일

경종

## 37세 나이에 승하하다

축각에 임금이 환취정에서 승하하였다. 내시가 옥상에 올라가서 복[859]을 부르고 나서 거애(발상)하였다.
- 『경종수정실록』, 1724년 8월 25일

임금이 시호를 올리기를, '덕문 익무 순인 선효'라고 하였다. 시법[860]에 사민[861]을 편안하게 하고 온유하게 하는 것을 덕德이라 하고, 도덕이 널리 알려진 것을 문文이라 하고, 사려가 심원[862]한 것을 익翼이라 하고, 대도[863]를 보전하여 공업[864]을 정한 것을 무武라 하고, 중정[865]하고 정수[866]한 것을 순純이라 하고, 인仁을 베풀고 의義를 실행한 것을 인仁이라 하고, 성선[867]함이 두루 알려진 것을 선宣이라 하고, 자혜[868]롭고 애경(경애)하는 것을 효孝라 한다고 하였다. 묘호는 경종이라고 했는데, 시법에 사려가 큰 것을 경景이라고 한다 했다.
- 『경종수정실록』, 1724년 9월 3일

경종

경종은 짧은 재위기간 내내 몸과 마음이 건강하지 못했고, 죽기 며칠 전부터 위독한 상태였다. 경종이 재위 4년 만인 1724년(경종 4년) 8월 25일 37세의 젊은 나이에 승하했다. 1724년 12월 16일 을유에 의릉에 안장하였다.

승하하기 전날 세제 연잉군이 올린 게장과 생감을 먹고 극심한 복통과 설사에 시달리다가 죽었다는 점에서 장안에는 독살이라는 소문까지 돌았다. 의가

858) **속광**屬纊 : 임종 때 솜을 코 밑에 대어 숨이 지지 않았나 알아보는 일. 전轉하여 임종, 임종 때.

859) **복**復 : 우레가 땅속에서 움직이기 시작함을 상징함.

860) **시법**諡法 : 시호를 의논하여 정하던 방법.

861) **사민**士民 : 양반과 평민.

862) **심원**深遠 : 중국 산수화의 삼원 중 하나.

863) **대도**大道 : 사람이 마땅히 지켜야 할 바른 도리.

864) **공업**功業 : 공적이 뚜렷한 큰 사업.

865) **중정**中正 : 모자르거나 넘치지 않으면서 치우침이 없이 곧고 올바름.

866) **정수**精粹 : 청렴하고 사욕이 없음.

867) **성선**聖善 : 자애로운 어머니.

868) **자혜**慈惠 : 자애롭게 베푸는 은혜.

에서는 게장과 생감은 함께 먹으면 안 되는 음식으로, 삼가는 것으로 알려졌다. 연잉군이 실제로 의도했든 그렇지 않았든 그것이 경종의 죽음에 직접적인 원인이 되었다면, 경종을 지지했던 소론과 연잉군을 지지했던 노론 사이에 충분한 정쟁거리가 될 수 있는 사안이었다. 결국 이 일은 노론의 '택군'으로 왕으로 옹립된 연잉군에게도 커다란 정치적 부담으로 작용했다.

묘호는 경종, 시호는 덕문익무순인선호대왕이고, 능호는 의릉이지요. 의릉은 경종과 두 번째 왕비 선의왕후 어씨의 능으로 한 언덕에 위의 봉분이 경종의 능, 아래의 봉분이 선의왕후의 능으로 서울시 성북구 화랑로32길 146-20에 위치하고 있다.



신의 정원, 경종 이윤의 의릉으로 사진여행

의릉 능침 정면

의릉은 조선 20대 경종과 두 번째 왕비 선의왕후 어씨의 능이다. 의릉은 같은 언덕에 왕과 왕비의 봉분이 앞뒤로 나란히 배치한 동원상하릉의 형식으로, 곡장을 두른 위의 봉분이 경종의 능, 곡장을 두르지 않은 아래의 봉분이 선의왕후의 능이다. 이러한 형식은 능혈의 폭이 좁아 왕성한 생기가 흐르는 정혈에서 벗어나지 않도록 하기 위한 풍수지리적인 이유이다. 능침은 두 봉분 모두 병풍석을 생략하고 난간석만 둘렀고, 장명등, 혼유석, 석양, 석호, 석마, 문무석인 등을 배치하였다. 경종의 능침에 배치된 망주석 세호는 왼쪽은 위를 향해 올라가 있고 오른쪽은 아래를 향해 내려가 있으나, 선의왕후의 능침은 반대로 조각되어 있다. 특히 경종의 능침 무석인의 뒷면에는 짐승 가죽을 나타내기 위해 꼬리가 말린 것을 조각하였고, 선의왕후의 능침 석호는 꼬리가 등 뒤로 올라가게 하는 등 재미있게 표현하였다.

의릉 정자각

의릉 : 경종(뒷)과 선의왕후(아래)



1724년(경종 4년)에 경종이 세상을 떠나자, 같은 해 양주 중랑포 천장산 언덕에 능을 먼저 조성하였다. 그 후 1730년(영조 6년)에 선의왕후 어씨가 세상을 떠나자, 의릉 동강 하혈에 능을 조성하였다. 의릉은 1960년대 초 당시의 중앙정보부가 능역 내에 있어서 일반인에게는 철저히 봉쇄된 구역이었다. 홍살문과 정자각 사이에 연못을 만들고 돌다리를 놓는 등 훼손이 심하였다. 이 후 중앙정보부가 국가안전기획부로 바뀐 후 서초구 내곡동으로 이전하면서, 1996년에 일반인에게 다시 공개되었고, 2003년 12월부터 2005년 12월까지 외래수종 제거, 전통수종 식재, 인공연못 성토, 금천교 복원 등 기초적인 의릉 능제복원 정비공사를 마쳤다.

경종

의릉과 정자각

의릉은 조선 20대 경종과 두 번째 왕비 선의왕후 어씨의 능이다. 의릉은 같은 언덕에 왕과 왕비의 봉분이 앞뒤로 나란히 배치한 동원상하릉의 형식으로, 곡장을 두른 위의 봉분이 경종의 능, 곡장을 두르지 않은 아래의 봉분이 선의왕후의 능이다. 이러한 형식은 능혈의 폭이 좁아 왕성한 생기가 흐르는 정혈에서 벗어나지 않도록 하기 위한 풍수지리적인 이유이다.

깨알 지식

### 한 가지 원칙으로 만 가지 일 처리한 세종대왕의 비법

"관대하고 어진 건문제建文帝는 망하고, 형살刑殺을 많이 행한 영락제永樂帝가 흥한 이유는 무엇인가?" 1414년 9월 태종이 정승 조준에게 던진 질문이다. 즉위 초반 정치적 반대파를 대규모로 처형한 영락제가 대내외적으로 성과를 거두며 오히려 민심의 지지를 얻은 이유에 대한 조준의 대답은 간단했다. "건문제는 기강을 세우지 않은 채[紀綱不立] 그저 관대하고 어진[寬仁] 조처만 취했기 때문입니다."

세밑에 태종과 조준의 대화를 떠올린 건 기강紀綱의 절실함 때문이다. 기강 없는 시혜는 헛된 인기 영합에 불과하며 결국 그 정치가는 물론이고 나라까지 망하게 한다는 조준의 통찰은 비단 600여 년 전 조선왕조에만 해당하는 게 아니다. '법률 위에 떼법이 있고 헌법 위에 국민정서법이 있다'는 말이 대한민국에 유행한 지 오래다. LH공사 직원 부동산 투기며 대장동 개발 사업 의혹 등으로 작년부터 온 나라가 들끓었지만 나라 재산 훔치고 뇌물 받는 풍토는 조금도 개선되지 않고 있다. 도대체 어디로부터 다시 시작해야 하는가? 조준의 통찰, 즉 기강 세우기에 답이 있지 않을까?

기강 하면 공직자 기강이나 군대 혹은 특별 감찰을 떠올리는 게 요즘 세태지만, 기강이란 말에는 훨씬 깊은 뜻이 들어있다. 그물의 작은 코를 꿰어 오므렸다 폈다 하는 기다란 세로 줄인 강綱과, 그 세로줄의 윗부분을 빙 둘러 연결시킨 굵은 줄인 기紀가 비유하듯이, 기강은 국가를 지탱시키는 근간根幹이다. 우리말로 벼리라고 불리는 기강을 가장 잘 세운 임금은 단연 세종이다. 1450년 2월 세종이 돌아갔을 때 사람들은 "강거목장綱擧目張"으로 그의 국가 경영을 집약했다. 왕이 그물의 벼리[綱]에 해당하는 핵심 부분만 들어 올리면 나머지 그물눈[目]이 저절로 펴지고 접혔다고 한다. '그물의 벼리와 그물눈'의 비유는 '서경書經'에서 유래해 전통 시대 지식인들이 애용하던 말로, 조선왕조실록에 서른세 번이나 등장한다. 예컨대 세조世祖는 '국왕·관찰사·수령 사이의 유기적인 지휘 체계'를 강거목장의 예로 들었다.

구체적으로 세종은 어떻게 벼리 장악 능력을 높였을까? '한 사람을 움직여 많은 사람을 움직이고, 한 가지 원칙으로 만 가지 일을 처리'할 수 있었던 비법은 무엇이었을까? 세종이 벼리, 즉 국가 기강을 바로 세운 방법으로 실록은 '임현사능任賢使能 이후 신상필벌信賞必罰의 인재 쓰기'라고 기록했다. 인사, 즉 사람 쓰는 일을 잘했더니 저절로 말이 순조로워지며, 일의 체제가 바로 섰으며, 민심도 결국 돌아왔다는 것이다. 실제로 세종은 "인재 얻는 일이 최고로 중요하다[得人爲最]."며 우수한 인재를 구하기 위해 온 마음을 기울였다. 그런데 우수한 인재가 조정에 많이 모인다고 나랏일이 돌아가지는 않는다. 우수한 인재가 최고로 많았지만, 국운이 최악으로 바닥을 친 선조시대만 보아도 그렇다. 중요한 건 인재를 가려내어 배치할 수 있는 지도자의 능력이다.

세종은 임현사능任賢使能에 뛰어났다. 임현사능이란 일을 기획할 수 있는 안목과 관리 능력을 가진 탁월한[賢] 인재에게 위임하고[任], 맡겨진 일을 성공적으로 완수해내는 유능한[能] 인재를 부리는 인재 경영 능력을 말한다. 가령 국방 분야의 경우, 세종은 정흠지, 김종서 등 탁월한[賢] 인재에게는 지휘권과 인사권을 통째로 위임했다. 이에 비해 최윤덕, 이천, 장영실 등 유능한[能] 인재에게는 구체적인 임무를 배당해 일을 성취케 했다.

다음으로 세종이 잘한 것은 신상필벌이었다 인재를 움직이게 하려면 상 주고 벌 내리는 데 엄정해야 한다. 전자(역할 구분)가 인재들로 하여금 신명 나게 일하도록 하는 필요조건이라면, 후자(신상필벌)는 충분조건이다. '신숙주 숙직사건'에서 보듯이 세종은 일 잘한 인재들을 칭찬하고 그들에게 후한 상을 주곤 했다. 하지만 잘못한 관리를 처벌하는 데는 서릿발같이 엄격했다. 지방 발령을 꺼려 병들었다고 거짓말한 조극관을 전라도에 유배 보냈다. 국왕 비서실장 조서로의 간통 사실이 확인되자 즉시 그를 파직하고 경상도로 귀양 보냈다.

〈출처 : 조선일보〉

# Index

ㅈ

<참고문헌 및 사진 출처>

『연산군일기』, 『중종실록』, 『인종실록』, 『명종실록』, 『선조실록』, 『광해군일기』, 『인조실록』, 『효종실록』
『현종실록』, 『숙종실록』, 『경종실록』, 나무위키, 국가유산청궁능유적본부, 국가유산포털
위키백과, 국가유산청, 한국민족문화대백과사전

"

최초의 조선왕조실록은 1409년 태조가 죽은 지 1년 후에
태종이 하륜에게 『태조실록』의 편찬을 명함으로써 편찬이 시작되었다.

"

"정족산, 태백산 사고의 실록은 1910년 일제가 당시 경성제국대학으로 이관하였다가 광복 후 서울대학교 규장각에 그대로 소장하게 되어 현재에 이르고 있다."

조선왕조실록

朝鮮王朝實錄

Jo Seonwangjosillok